LUIZ CARLOS PRESTES

ANITA LEOCADIA PRESTES

LUIZ CARLOS PRESTES
UM COMUNISTA BRASILEIRO

Copyright © Anita Leocadia Prestes, 2015
Copyright desta edição © Boitempo Editorial, 2015

As imagens não creditadas neste livro fazem parte do arquivo particular
de Anita Leocadia Prestes. Apesar dos esforços, nem sempre pudemos identificar os fotógrafos.
Aguardamos, então, que se manifestem para dar-lhes o devido crédito.

Direção editorial Ivana Jinkings

Edição Isabella Marcatti

Coordenação de produção Livia Campos

Assistência editorial Thaisa Burani

Assistência de produção Camila Nakazone

Edição de texto Ivan Marsiglia

Preparação Luciana Lima

Revisão Thais Rimkus

Diagramação Antonio Kehl

Capa Ronaldo Alves
sobre fotos dos arquivos particulares de
Anita Leocadia Prestes (frente) e Roberto Arrais (verso)

Equipe de apoio Allan Jones, Ana Yumi Kajiki, Artur Renzo, Bibiana Leme, Elaine Ramos,
Francisco dos Santos, Giselle Porto, Ivam Oliveira, Kim Doria, Leonardo Fabri,
Marlene Baptista, Maurício Barbosa, Renato Soares, Thaís Barros, Túlio Candiotto

CIP-BRASIL. CATALOGAÇÃO-NA-FONTE
SINDICATO NACIONAL DOS EDITORES DE LIVROS, RJ

P939L

Prestes, Anita Leocadia, 1936-
Luiz Carlos Prestes : um comunista brasileiro / Anita Leocadia Prestes. -
1. ed. - São Paulo : Boitempo, 2015.
il.

Inclui bibliografia
Inclui caderno de imagens
ISBN 978-85-7559-449-0

1. Prestes, Luís Carlos, 1898-1990. 2. Partido Comunista do Brasil
(1922-1960) - História. 3. Partido Comunista Brasileiro - História. 4.
Comunistas - Brasil - Biografia. 5. Comunismo - Brasil - História. I. Título.

15-24895
CDD: 324.281075
CDU: 324.15(81)

É vedada a reprodução de qualquer parte deste livro sem a expressa autorização da editora.

1ª edição: outubro de 2015
1ª reimpressão: maio de 2016; 2ª reimpressão: junho de 2022

BOITEMPO
Jinkings Editores Associados Ltda.
Rua Pereira Leite, 373
05442-000 São Paulo SP
Tel.: (11) 3875-7250 / 3875-7285
editor@boitempoeditorial.com.br
boitempoeditorial.com.br | blogdaboitempo.com.br
facebook.com/boitempo | twitter.com/editoraboitempo
youtube.com/tvboitempo | instagram.com/boitempo

In memoriam
Luiz Carlos Prestes e Olga Benario Prestes, meus pais

Capa de Klévisson Viana para o romance em cordel *Luiz Carlos Prestes, o Cavaleiro da Esperança*, de Antonio Queiroz de França. Arquivo de Roberto Arrais.

"Luiz Carlos Prestes não foi do comunismo à revolução.
Saltou da revolução ao comunismo."
(Florestan Fernandes, *A contestação necessária:
retratos intelectuais de inconformistas e revolucionários*)

"Qual será o partido mais nobre?
Suportar as pedradas e as frechadas
da fortuna cruel ou pegar em armas
contra um mundo de dores e acabar
com elas, resistindo?"
(William Shakespeare, *Hamlet*)

"Mesmo na noite mais triste,
em tempo de servidão,
há sempre alguém que resiste,
há sempre alguém que diz não."

(Manuel Alegre)

A vida de Olga Benario Prestes em cordel, por Antonio Queiroz de França. A capa é de Eduardo Azevedo e Klévisson. Arquivo de Roberto Arrais.

Sumário

Siglas utilizadas 13

Apresentação 15

I – Os primeiros anos 21
As origens familiares 21
A infância e a juventude.. 24
O início da conspiração tenentista e o levante de 5 de julho de 1922 29
Prestes no Rio Grande do Sul: capitão do Exército e conspirador tenentista 37

II – O levante no Rio Grande do Sul e a organização da Coluna
(outubro de 1924-janeiro de 1925) 49
A deflagração do levante 49
A organização inicial da Coluna.. 56
O rompimento do cerco de São Luís, o combate da Ramada e a marcha
para o norte 60

III – A Marcha da Coluna Prestes pelo Brasil (1925-1927) 67
A travessia de Santa Catarina e do Paraná 67
A incorporação dos rebeldes paulistas à Coluna 70
A campanha de Mato Grosso e a reorganização da Coluna................. 73
O combate de Zeca Lopes e a marcha por Goiás e Minas Gerais.......... 76
A recepção calorosa no Maranhão e no Piauí e o "cerco" de Teresina.... 81
O papel do padre Cícero, o combate de Piancó e a travessia do São Francisco.... 86
A campanha da Bahia e de Minas Gerais 90
A marcha para o exílio e o fracasso governista no combate à Coluna 94

IV – O exílio na Bolívia e na Argentina (1927-1930)......................... 99
O exílio boliviano 101
O exílio na Argentina: os primeiros tempos 106

O exílio na Argentina: da Aliança Liberal (1929) ao
O *Manifesto de maio de 1930*... 114

V – A aproximação do movimento comunista, a transferência para Montevidéu (1930) e a ida para Moscou (1931-1934) 129

A Internacional Comunista (IC) e o PCB repudiam Prestes......................... 129
Prestes recebe o apoio do Bureau Sul-Americano da IC 133
Prestes em Moscou 140
A III Conferência dos Partidos Comunistas da América Latina e do
Caribe (Moscou, outubro de 1934) e a virada tática na política da IC 148

VI – O regresso ao Brasil, a Aliança Nacional Libertadora e os levantes antifascistas de novembro (1935)...................................... 159

O regresso ao Brasil 159
Luiz Carlos Prestes: o cavaleiro de uma esperança que renasce....................... 162
A Aliança Nacional Libertadora... 166
Maio de 1935: a virada tática na política do PCB sob influência das
diretivas da IC... 169
A radicalização do movimento e a deflagração dos levantes de
novembro de 1935 173

VII – A derrota de novembro de 1935 e suas consequências 185

A polícia fecha o cerco a Prestes 185
A prisão de Prestes 192

VIII – A Campanha Prestes (1936-1945) 197

Os anos 1936-1939 197
Os anos 1940-1945 202

IX – Os anos de prisão (1936-1945) 207

O processo de deserção do Exército 209
A transferência para a Casa de Correção e a condenação pelo Tribunal de
Segurança Nacional 211
1938: a troca de bilhetes com o Secretariado Nacional do PCB
e a correspondência com o tenente Severo Fournier................................. 217
1940: a condenação a mais trinta anos de prisão 221
Prestes permanece preso em regime de isolamento (1941-1945) 224
O debate em torno da consigna de "União Nacional"................................... 231
1945: a preparação do golpe contra Vargas e a libertação dos presos políticos... 234

X – Luiz Carlos Prestes à frente do PCB na legalidade: a luta contra o golpe e pela "União Nacional" (1945-1947) 241

A Conferência da Mantiqueira: Luiz Carlos Prestes e o novo grupo
dirigente do PCB 241
A luta contra o golpe e a favor da Constituinte 244

Os comunistas mantêm a diretriz de "União Nacional" 255
Os comunistas na Assembleia Constituinte 263
1947: a repressão se abate sobre os comunistas 272

XI – Prestes e o PCB na clandestinidade: os primeiros anos (1948--1954) – da cassação dos mandatos dos parlamentares comunistas (e da virada "esquerdista" do PCB) ao IV Congresso do Partido (e à volta da política de alianças com a burguesia nacional) 279
Prestes na clandestinidade 279
A guinada "esquerdista" na tática do PCB 281
O *Manifesto de agosto de 1950* 286
O IV Congresso do PCB e o suicídio de Getúlio Vargas 293

XII – Prestes e o PCB na clandestinidade: os últimos anos (1955--1958) – o apoio à eleição de JK, a crise do movimento comunista e a *Declaração de março de 1958* 301
O apoio à eleição de Juscelino Kubitschek 301
A crise do movimento comunista 308
A *Declaração de março de 1958* 314

XIII – Prestes e o PCB frente aos governos Juscelino Kubitschek e Jânio Quadros (1958-1961) 321
1958: o avanço dos comunistas junto ao movimento nacionalista e às lutas dos setores sindicais e populares 321
A sucessão presidencial de 1960 326
O V Congresso do PCB 332
Os comunistas e o governo Jânio Quadros 338

XIV – Prestes e o PCB frente ao governo João Goulart (1961-1964) 349
Os comunistas em oposição ao governo João Goulart 349
A luta pelas reformas de base e contra a conciliação 356
As articulações para desestabilizar o governo João Goulart 363
A derrubada de João Goulart 373
Por que a derrota de abril de 1964? 380

XV – Prestes e o PCB: do golpe de 1964 ao Ato Institucional n. 5 (AI-5) (1964-1968) 387
Prestes e o PCB diante do golpe 387
Prestes frente ao Comitê Estadual de São Paulo: o combate à tese do "poder local" 396
Prestes e o PCB: a preparação do VI Congresso 400
Prestes e a vaga esquerdista no PCB 405
O VI Congresso do PCB e as posições de Prestes 412
1968: o PCB diante do avanço do movimento estudantil, operário e popular 421

XVI – Prestes e o PCB diante da fascistização do regime
(1969-1974) 425
O PCB define o regime como fascista 427
Prestes e o PCB frente ao nacionalismo de direita 431
As reuniões do Comitê Central de março e setembro de 1971 433
Os comunistas e o movimento sindical 437
Prestes e os comunistas: o Estado fascista e o "milagre econômico" 438
Os comunistas e a sucessão de Médici por Geisel 440
O PCB e as eleições de novembro de 1974 444
Evidenciam-se as divergências de Prestes com a direção do PCB 446

XVII – O Comitê Central (CC) no exílio: falência
e crise (1975-1979) 449
Prestes aprofunda a crítica à orientação do VI Congresso do PCB 450
Prestes e a reorganização do CC no exterior 456
Acirram-se as divergências entre Prestes e o CC 462
Uma vitória efêmera de Prestes no CC (novembro de 1978) 472
A deflagração da crise no CC 478

XVIII – Prestes: o regresso ao Brasil, a Carta aos comunistas e seus
desdobramentos (1980-1982) 485
A preparação, o lançamento e a repercussão da Carta aos comunistas 485
Prestes denuncia a permanência do regime ditatorial e a capitulação
do CC. O apoio ao novo sindicalismo 498
Prestes diante da proposta de formação da Comissão Nacional de
Reorganização do PCB 505

XIX – Prestes: os últimos anos – a continuação da luta por
um partido revolucionário (1983-1990) 511
Prestes participa da vida política nacional 511
Prestes frente às Diretas Já e à Nova República 523

Fontes consultadas 543

Referências bibliográficas 545

Índice onomástico 553

Sobre a autora 559

Siglas utilizadas

ALN – Ação Libertadora Nacional
ANL – Aliança Nacional Libertadora
Arena – Aliança Renovadora Nacional
CC do PCB – Comitê Central do Partido
Comunista Brasileiro
Cepal – Comissão Econômica para a América
Latina
CGT – Central Geral dos Trabalhadores
CGT – Comando-Geral dos Trabalhadores
CJPI – Comissão Jurídica e Popular de Inquérito
CNOP – Comissão Nacional de Organização
Provisória do PCB
CTB – Confederação dos Trabalhadores do Brasil
CUT – Central Única dos Trabalhadores
FMI – Fundo Monetário Internacional
GPNR – Governo Popular Nacional
Revolucionário
IC – Internacional Comunista
ISEB – Instituto Superior de Estudos Brasileiros
MDB – Movimento Democrático Brasileiro
MNPT – Movimento Nacional Popular Trabalhista
MOPR – Socorro Vermelho Internacional
MR-8 – Movimento Revolucionário 8 de Outubro
MUT – Movimento Unificador dos Trabalhadores
Olas – Organização Latino-Americana de
Solidariedade
PCB – Partido Comunista Brasileiro
PCdoB – Partido Comunista do Brasil

PCBR – Partido Comunista Brasileiro
Revolucionário
PCUS – Partido Comunista da União Soviética
PD – Partido Democrático
PDN – Partido Democrático Nacional
PDS – Partido Democrático Social
PDT – Partido Democrático Trabalhista
PFL – Partido da Frente Liberal
PMDB – Partido do Movimento Democrático
Brasileiro
PP – Partido Popular
PSB – Partido Socialista Brasileiro
PSD – Partido Social Democrático
PST – Partido Social Trabalhista
PT – Partido dos Trabalhadores
PTB – Partido Trabalhista Brasileiro
SN do PCB – Secretariado Nacional do PCB
STF – Supremo Tribunal Federal
STM – Superior Tribunal Militar
TSE – Tribunal Superior Eleitoral
TSN – Tribunal de Segurança Nacional
UDN – União Democrática Nacional
UNE – União Nacional dos Estudantes

Apresentação

A relevância da figura de Luiz Carlos Prestes[1] na história do Brasil do século XX tornou-se indiscutível. Sua participação na vida política nacional abrangeu um período de setenta anos, o qual coincide com o "breve século XX" definido e analisado por Eric Hobsbawm[2]. Caluniado ou silenciado pelos donos do poder enquanto viveu, após seu falecimento Prestes teve sua história falsificada por quem pretende legitimar interesses políticos que ele sempre combateu. Diversos exemplos poderiam ser mencionados, todos contribuindo para que se torne particularmente sentida a ausência de uma biografia do Cavaleiro da Esperança, líder da Coluna que adotou seu nome e do movimento antifascista de 1935 e dirigente máximo do Partido Comunista durante quase quatro décadas.

A obra de Jorge Amado *Vida de Luiz Carlos Prestes, o Cavaleiro da Esperança*, escrita em 1942, retrata menos da metade da trajetória de vida do personagem. Trata-se de uma biografia romanceada, de autoria de um notável literato, elaborada sem recursos documentais significativos e sem a utilização dos métodos peculiares ao ofício do historiador. Ainda assim, o livro cumpriu importante papel durante a campanha pela anistia dos presos políticos no final do Estado Novo.

A biografia que aqui apresento resultou de longos anos de investigação histórica, tanto da atuação política de Luiz Carlos Prestes quanto da trajetória do Partido Comunista Brasileiro (PCB), dois aspectos profundamente vinculados entre si, principalmente a partir da década de 1930. Trata-se de um trabalho de

---

[1] Embora na certidão de nascimento o prenome de Prestes esteja grafado com "s", durante toda a vida a grafia usada por ele, inclusive em sua assinatura, e registrada em seus documentos foi com "z". Por essa razão, nesta biografia optamos por "Luiz".

[2] Eric Hobsbawm, *A era dos extremos: o breve século XX (1914-1991)* (São Paulo, Companhia das Letras, 1995).

história política, segundo a concepção hoje amplamente aceita de que a *política* constitui um setor da vida das sociedades humanas com autonomia relativa quanto aos demais âmbitos. De acordo com o marxismo, ainda que determinada em última instância pelas relações econômicas, a *política* possui características peculiares que devem ser consideradas em suas especificidades[3].

A escrita de uma biografia com esse viés, centrada na abordagem preferencial dos principais momentos da atuação política do personagem retratado, não deve, contudo, desprezar suas características individuais, na medida em que elas podem contribuir para explicar as atitudes adotadas por esse personagem nas distintas fases de sua vida.

Ao mesmo tempo, a biografia deve retratar a época em que viveu e atuou o personagem estudado, procurando explicar seu interagir com o contexto histórico. O homem é fruto do meio social, mas também age permanentemente sobre ele, transformando-o. O grande historiador inglês Christopher Hill, ao apresentar sua biografia de Oliver Cromwell, escrevia que "qualquer estudo sobre sua pessoa [...] não será apenas a biografia de um grande homem. Deverá incorporar os acontecimentos da época em que ele viveu e que se revelaram cruciais para o posterior desenvolvimento da Inglaterra e de seu império". A seguir, o autor dizia que esperava "sugerir, neste estudo, algumas das implicações que decorreram dos atos do nosso biografado"[4]. Indicações preciosas para a escrita da biografia de Luiz Carlos Prestes.

Na trajetória de Prestes, a infância e a juventude constituem períodos importantes. A influência decisiva da mãe, Leocadia Prestes, revelada na formação de seu caráter, no incentivo a cultivar um interesse constante pelos acontecimentos políticos no Brasil e no mundo, no exemplo de uma preocupação permanente com os problemas sociais e na solidariedade total ao engajamento do filho na luta revolucionária, é um aspecto fundamental para explicar as características mais marcantes do biografado no decorrer de sua vida adulta.

Uma segunda fase de Luiz Carlos Prestes é constituída pela participação no movimento tenentista e, em particular, por seu papel à frente da Coluna Invicta, à qual emprestaria seu nome. Nessa fase, em que se inicia como um militar patriota indignado com os desmandos dos poderosos, Prestes iria se transformar numa liderança revolucionária, que lutou de armas na mão contra o poder oligárquico estabelecido na Primeira República. Durante a Marcha da Coluna, ele se convenceria de que a proposta liberal dos "tenentes" não era a solução para os

---

[3] Ver as obras de Karl Marx, Friedrich Engels e Antonio Gramsci citadas nas Referências Bibliográficas, ao final deste volume.

[4] Christopher Hill, *O eleito de Deus: Oliver Cromwell e a Revolução Inglesa* (São Paulo, Companhia das Letras, 1988), p. 14.

graves problemas sociais do povo brasileiro – em particular, dos trabalhadores rurais, com os quais entrara em contato em seu périplo de 25 mil quilômetros pelo interior do país.

Fazendo referência à experiência de Euclides da Cunha ao dirigir-se ao interior do Brasil, o sociólogo Francisco Weffort assinalou "a dramática experiência do intelectual republicano da cidade grande que chegou a uma nova visão do país observando a miséria e a grandeza dos 'rudes patrícios indomáveis'"[5]. Um quarto de século mais tarde, Prestes também descobriu o Brasil ao percorrer o interior do país. A revolta com a situação da maioria dos brasileiros e diante do "crime" do governo do país – nas palavras de Euclides da Cunha[6] – foi comum a Prestes e a Antônio de Siqueira Campos[7], seu camarada e amigo, alvo de sua profunda admiração.

Os anos de exílio na Argentina e no Uruguai propiciam a Prestes a oportunidade de estudar o marxismo e de aproximar-se do movimento comunista na América Latina, assim como dos representantes da Internacional Comunista (IC) por meio do Bureau Sul-Americano dessa organização.

O ano de 1930 tem grande significado na vida de Prestes; é o momento em que, diante da pressão para que assumisse a liderança do movimento que ficaria conhecido como a "Revolução de 30", ele rompe com seus antigos companheiros, os "tenentes", e se posiciona publicamente a favor do programa do Partido Comunista. É o momento em que Prestes repele a perspectiva de tornar-se uma liderança a serviço dos interesses das elites oligárquicas e/ou burguesas, optando pelo compromisso com os "de baixo", os explorados e os oprimidos, os trabalhadores. Prestes adota, então, o marxismo como teoria norteadora de sua vida e o comunismo como objetivo ao qual se consagraria até o final de seus dias.

A partir de 1934, quando finalmente é aceito nas fileiras do PCB, sua vida fica cada vez mais identificada com a história desse partido. Assim, na escrita da biografia política de nosso personagem, o esclarecimento da relação estabelecida entre o Partido Comunista e uma liderança nacional carismática adquire importância significativa. Trata-se da relação entre o partido fundado em 1922 e que teve atuação considerável em vários momentos da história contemporânea do país – o Bloco Operário Camponês (BOC), em 1928-1930, o movimento antifascista e a Aliança Nacional Libertadora (ANL), em 1934-1935, a política de "União Nacional", em 1938-1947 etc. – e o Cavaleiro da Esperança, aceito

---

[5] Francisco Weffort, *Formação do pensamento político brasileiro: ideias e personagens* (São Paulo, Ática, 2006).

[6] Ibidem, p. 240-1.

[7] Tenente Antônio de Siqueira Campos, herói dos "18 do Forte" e comandante do 3º Destacamento da Coluna Prestes.

no PCB com grande relutância dos dirigentes. Estes, temerosos de seu imenso prestígio popular, o acolheriam devido às determinações da Internacional Comunista. Mais tarde seria reconhecido que, justamente graças ao prestígio e ao carisma de sua liderança, Prestes dera uma contribuição decisiva para o avanço da ANL e, posteriormente, para os êxitos da política de "União Nacional", assim como para garantir a unidade partidária em momentos de crise, como aconteceu em 1958 e após o golpe civil-militar de 1964[8].

Estamos diante de um fenômeno singular: uma liderança popular carismática é incorporada ao Partido Comunista, tornando-se seu dirigente máximo, assim como a principal referência do comunismo no Brasil. Tal entrelaçamento entre as trajetórias do PCB e de Luiz Carlos Prestes confirma tanto o que foi apontado pelos clássicos do marxismo quanto o que se revelou na prática dos processos revolucionários no cenário mundial: a importância do papel da personalidade na História[9]. Não se conhece processo revolucionário sem lideranças destacadas, como é o caso de Lenin na Revolução Russa, Fidel Castro na Revolução Cubana e, mais recentemente, Hugo Chávez nas lutas do povo venezuelano. Quem faz a História são as massas populares, mas esse "fazer" não acontece sem a intervenção de lideranças, que expressam seus anseios e atuam dentro das circunstâncias históricas concretas, podendo alcançar vitórias, mas também colher derrotas, uma vez que o rumo dos acontecimentos jamais está previamente traçado. Tudo depende da correlação de forças a cada momento.

A liderança de Luiz Carlos Prestes está identificada com a luta pelo socialismo e pelo comunismo no Brasil, o que se explica pela coerência revelada durante sessenta anos, desde seu *Manifesto de maio de 1930*[10] até seu falecimento, em 1990. O compromisso de Prestes foi sempre com o socialismo revolucionário. Sua vida política ficou marcada pelo repúdio constante às tendências reformistas, ou seja, à possibilidade, que considerava ilusória, de se alcançar o socialismo apenas por meio de reformas, sem a tomada do poder. Considerado pelos liberais um político inflexível e inábil, provocou o ódio das classes dominantes e de seus "intelectuais

---

[8] Anita Leocadia Prestes, *Luiz Carlos Prestes e a Aliança Nacional Libertadora: os caminhos da luta antifascista no Brasil (1934-1935)* (Petrópolis, Vozes, 1997); *Da insurreição armada (1935) à "União Nacional" (1938-1945): a virada tática na política do PCB* (São Paulo, Paz e Terra, 2001); *Os comunistas brasileiros (1945-1956/58): Luiz Carlos Prestes e a política do PCB* (São Paulo, Brasiliense, 2010); *Luiz Carlos Prestes: o combate por um partido revolucionário (1958-1990)* (São Paulo, Expressão Popular, 2012).

[9] Karl Marx, *O 18 brumário de Luís Bonaparte* (São Paulo, Escrita, 1968), p. 15 [ed. atual. *O 18 de brumário de Luís Bonaparte*, São Paulo, Boitempo, 2001 – N. E.]; Karl Marx e Friedrich Engels, *Obras escogidas en tres tomos* (Moscou, Progreso, 1976), p. 531.

[10] Documento em que Prestes, sem se declarar comunista, adotava o programa de uma "revolução agrária e anti-imperialista" proposto pelo PCB.

APRESENTAÇÃO 19

orgânicos", uma vez que jamais abdicou dos ideais aos quais dedicou a vida. Sua ruptura em 1930 com os donos do poder foi um gesto inaceitável para as classes dominantes no Brasil, que nunca perdoariam sua opção pelos trabalhadores e, de maneira geral, pelos explorados. Eis a razão por que recorreram sempre ora às calúnias contra o líder comunista, ora ao silêncio ou à falsificação de sua trajetória como forma de apagar o legado do Cavaleiro da Esperança da memória das novas gerações de brasileiros.

Podemos afirmar que Luiz Carlos Prestes foi o principal *intelectual orgânico revolucionário* do século XX no Brasil se, a partir do conceito de *intelectual orgânico* proposto pelo filósofo e dirigente comunista italiano Antonio Gramsci, considerarmos como tal o intelectual *militante* que luta por transformações radicais da sociedade expressando os interesses de setores sociais revolucionários ou potencialmente revolucionários[11]. Essa caracterização se justifica, uma vez que Luiz Carlos Prestes desempenhou papel decisivo à frente da Coluna Invicta, que percorreu o Brasil durante mais de dois anos, preparando as condições para a derrubada da República oligárquica em 1930. Prestes foi a liderança mais destacada do movimento antifascista no Brasil nessa década e, a partir dos anos 1940, se transformou no líder comunista mais importante do país. Mais tarde, convencido de que os objetivos revolucionários do PCB haviam sido abandonados e substituídos pelo reformismo, Prestes não vacilou em romper com a direção partidária, tornando pública sua *Carta aos comunistas* de março de 1980 e dedicando os últimos dez anos de vida à luta pela formação de um partido revolucionário em nosso país.

Assim como Fidel Castro e os revolucionários cubanos se apoiaram na herança de José Martí, a revolução brasileira não poderá avançar sem resgatar o legado de Luiz Carlos Prestes.

***

Uma palavra sobre a autora e o método. Esta não é nem pretende ser a biografia definitiva de Luiz Carlos Prestes, porque na história e na historiografia não existe nada definitivo. Novos documentos podem surgir e transformar a interpretação dos fatos. Também não há a pretensão de revelar a grande e única verdade sobre o célebre Cavaleiro da Esperança. Como toda biografia, esta é um recorte da vida do biografado, um recorte que coloca em foco sua trajetória política, como patriota, revolucionário e comunista.

---

[11] Ariel Bignami, *El pensamiento de Gramsci: una introducción* (Buenos Aires, El Folleto, s/d), p. 112-3.

Sobre a figura de Prestes, sempre existiram versões caluniosas e foram divulgadas inúmeras inverdades e informações imprecisas. Levei mais de trinta anos me aprofundando no estudo de cada período da vida desse personagem singular na história do Brasil. Por fim julguei que, fiel ao compromisso do historiador com a evidência[12], tinha as condições necessárias para traçar um quadro abrangente da vida de Luiz Carlos Prestes. Considerei também que era meu dever de historiadora deixar esta obra como legado, especialmente para as futuras gerações.

Por uma série de circunstâncias na vida, tive acesso direto às fontes primárias fundamentais para a elaboração deste texto, assim como dos trabalhos por mim já publicados que, de alguma forma, lhe deram origem e, em certa medida, aqui se reproduzem[13]. Não me refiro a minha condição de filha, que, por si só, não me garantiria os meios necessários à realização de uma obra como esta, mas ao fato de durante os últimos 32 anos da vida de meu pai (1958-1990) eu ter convivido estreitamente com ele, assessorando com frequência sua atividade política. Tive o privilégio de conhecer de perto seu pensamento e acompanhar suas atitudes políticas. Pude entrevistá-lo inúmeras vezes e, dessa forma, esclarecer diversos momentos de sua trajetória revolucionária, o que não me eximiu de realizar demorado trabalho de pesquisa em numerosas instituições, em documentos e fontes diversificados, incluindo os arquivos da Internacional Comunista existentes em Moscou[14].

Como historiadora, é para mim motivo de grande satisfação recordar que a ilustre professora Maria Yedda Leite Linhares, ao prefaciar meu livro *A Coluna Prestes*, escreveu que a autora demonstrara "notável isenção como observadora do seu fato histórico", "superando a ligação afetiva com aquele que era, ao mesmo tempo, o principal ator e a fonte fundamental do seu relato", acrescentando:

> Como filha, colocava-se a doutoranda na situação privilegiada de dispor da mais autorizada – e cobiçada – fonte de informação para o trabalho que construía e, ao mesmo tempo, como historiadora era-lhe imprescindível despojar-se, na media do possível, da carga emocional inerente ao seu tema. Os examinadores da tese foram unânimes em ressaltar a objetividade da autora e a sua preocupação com a seriedade do trabalho científico.[15]

---

[12] Eric Hobsbawm, *Sobre história* (São Paulo, Companhia das Letras, 1998), p. 286-7.

[13] Consultar os textos da autora nas Referências Bibliográficas deste livro.

[14] Consultar arquivos listados ao final deste livro.

[15] Maria Yedda Leite Linhares, "Prefácio", em Anita Leocadia Prestes, *A Coluna Prestes* (São Paulo, Paz e Terra, 1997), p. 13.

I
Os primeiros anos

As origens familiares

Luiz Carlos Prestes nasceu em 3 de janeiro de 1898, em Porto Alegre, filho de Antônio Pereira Prestes e Leocadia Felizardo Prestes.

Seu avô paterno, Antônio Pereira Prestes, conceituado juiz, de origem social modesta, ficara conhecido por seu senso de justiça e sua independência de caráter, o que o tornara um homem popular na capital gaúcha. Quando faleceu, seu primogênito, que herdou o nome paterno, não completara sequer dez anos. O jovem Antônio Pereira Prestes, com apenas treze anos de idade, fugiu de casa para sentar praça no Exército como soldado raso. Seguiu carreira militar, cursando a Escola Militar da Praia Vermelha, no Rio de Janeiro. Ao falecer, com 38 anos de idade, era capitão de engenheiros do Exército. Homem progressista para seu tempo, o pai de Luiz Carlos Prestes foi um dos signatários dos célebres "pactos de sangue", firmados pelos jovens oficiais que, sob a liderança de Benjamin Constant, fizeram parte da "mocidade militar", participando ativamente da proclamação da República.

O avô materno de Luiz Carlos Prestes, Joaquim José Felizardo, um próspero comerciante de Porto Alegre, pertencia à maçonaria, era abolicionista e republicano; também foi um homem avançado para a época. A família Felizardo se tornara conhecida na cidade por cultivar valores culturais e humanistas. A esposa de Joaquim José, Ermelinda Ferreira de Almeida Felizardo, descendia da aristocracia portuguesa, mas se distinguia por ser uma pessoa de ideias abertas, que partilhava plenamente dos ideais de justiça social abraçados pelo marido. Com a morte do marido e a dilapidação dos bens da família por parentes inescrupulosos, d. Ermelinda enfrentou com serenidade e determinação toda sorte de dificuldades. Já com cerca de noventa anos, quando seu neto Luiz Carlos Prestes estava preso nos cárceres da ditadura Vargas, revelou-se extremamente corajosa e decidida ao apoiá-lo com firmeza. A avó de Prestes se dirigiu diretamente, mais de uma vez, a mandatários do regime do Estado Novo, exigindo que os legítimos direitos de seu neto fossem respeitados. Em carta de janeiro de 1939, enviada ao presidente do Supremo Tribunal Militar, d. Ermelinda lhe recordava que "os atuais governantes do país recorreram à violência para ocupar as posições em que se encontram. Este fato não pode deixar de ser pesado quando se faz o julgamento dos que são acusados de ação idêntica"[1]. Anteriormente, ainda em 1937, diante da trágica situação de Olga Benario Prestes, companheira de Prestes, extraditada para a Alemanha nazista pelo governo Vargas, d. Ermelinda não hesitou em se dirigir ao ministro da Justiça, protestando contra tal ignomínia e exigindo providências[2].

Leocadia Felizardo Prestes, a mãe de Prestes, mulher avançada e culta, ainda muito jovem, escandalizou a família ao revelar o desejo de ser professora e trabalhar fora, o que naqueles tempos era impensável para uma moça de seu nível social. Desde cedo, Leocadia manifestou pendor pelas artes, pela literatura e também pela política, interesse que, mais tarde, transmitiu aos filhos. Em 1896, casou-se com o jovem tenente Antônio Pereira Prestes. Juntos eles enfrentariam as vicissitudes da vida modesta de um oficial do Exército, no início da República, primeiro em Porto Alegre, onde o pai de Luiz Carlos foi professor na Escola Militar do Rio Pardo, depois no Rio de Janeiro, em seguida no interior do Rio Grande do Sul, em Ijuí e Alegrete, e, então, mais uma vez em Porto Alegre.

Sob a influência de Benjamin Constant, seu mestre na Escola Militar, Antônio Pereira Prestes abraçara a doutrina positivista, atraído pelo papel progressista que tais ideais desempenharam junto ao movimento republicano no Brasil. Jamais aderiu, contudo, à Igreja positivista, tendo contribuído para tal a enérgica oposição de Leocadia, conhecedora das atitudes de alguns próceres do positivismo brasileiro, as quais não correspondiam aos valores éticos por eles proclamados. Leocadia professava o catolicismo, mas, como seu pai, não frequentava a igreja e era radicalmente anticlerical. Ainda vivendo em Porto Alegre, o casal Prestes acompanhou o caso Dreyfus e vibrou com a célebre acusação de Émile Zola. Diferentemente das moças e das senhoras de seu tempo e sua posição social, Leocadia lia e comentava os jornais, assumia posições políticas e as defendia com ardor.

---

[1] Ermelinda de A. Felizardo, *Carta ao ilmo. sr. general Francisco Ramos de Andrade Neves, presidente do Supremo Tribunal Militar*, Porto Alegre, 12 jan. 1939 (2p.; Instituto Histórico e Geográfico do Rio Grande do Sul, IHGRGS, fundo Francisco Ramos de Andrade Neves).

[2] Idem, *Carta ao exmo. dr. J. C. de Macedo Soares, ministro da Justiça*, Porto Alegre, 10 set. 1937 (1 p.; Arquivo Estatal Russo de História Social e Política, RGASPH, fundo 495, op. 17, d. 124, f. 55). Ver também *Carta de Luiz Carlos Prestes à avó Ermelinda*, Rio de Janeiro, 21 set. 1937 (Arquivo Alfredo Carlos Felizardo).

Durante sua estada em Alegrete, Leocadia pôde conhecer bem a violência que imperava no Exército brasileiro no início do século XX. Mais tarde, indignada, contaria ao filho episódios que então presenciara. Relatos, segundo ele, reveladores de que fora educado "na luta, no desmascaramento" do que era o Exército. Prestes recordaria:

> Ela atacava violentamente a brutalidade com que os oficiais então tratavam os soldados. E contava um episódio [...]: um capitão, comandante da companhia, recebeu o dinheiro para fazer o pagamento do soldo dos soldados. A "pré" dos soldados, chamava-se "pré". De acordo [...] com o regulamento, ele era obrigado a fazer o pagamento imediatamente; mas, em vez disso, ele botou numa gaveta para [...] pagar no dia seguinte. Foi roubado. Arrombaram [...] a gaveta e tiraram o dinheiro. Mas rapidamente pegaram: dois soldados, dois civis e... pegaram o dinheiro. Tinham gastado alguma coisa, mas o resto... foi arrecadado. Pois, por essa falta, foi formado um pequeno piquete e, armados de molhos de varas de marmelo, foram para a beira de uma restinga, comandados por um tenente do Exército, para surrar esses marginais e ladrões. Dois deles não resistiram e morreram. Ela [Leocadia] fez um protesto tão violento que o Bento Ribeiro, comandante do Batalhão, teve que ir à casa dela – porque a família dela era muito conhecida em Porto Alegre – para se justificar, dizendo que isso eram coisas do Setembrino de Carvalho, que era o major fiscal do Batalhão, e que ele era contra etc. Mostrando a brutalidade, o outro acontecimento que ela contava bastante era: quando meu pai chegou em Porto Alegre, vindo de Alegrete [doente], ela contava que os companheiros dele roubaram tudo... até capa, livros, uniforme, fizeram uma verdadeira limpeza...[3]

Em 1904, Leocadia mudou-se com a família para o Rio de Janeiro, capital da República, em busca de tratamento médico para o marido, afetado por grave enfermidade. Foram anos difíceis, nos quais, apesar da grande dedicação de Leocadia, Antônio Pereira Prestes veio a falecer, em janeiro de 1908. Luiz Carlos, o primogênito, completara dez anos de idade. Ao ficar viúva com filhos pequenos para criar, contando apenas com a pensão de capitão do Exército, insuficiente para o sustento da família, Leocadia não hesitou em buscar trabalho. Começou a dar aulas de idiomas e de música, trabalhou como modista, foi balconista e costurou para o Arsenal de Marinha. Finalmente, em 1915, foi nomeada professora de escola pública, como coadjuvante do ensino primário,

---

[3] Entrevistas concedidas por Luiz Carlos Prestes a Anita Leocadia Prestes e Marly de Almeida Gomes Vianna, gravadas em fita magnética e transcritas para papel no Rio de Janeiro, entre 1981 e 1983 (de agora em diante, LCP), fita n. 1.

cargo que exerceu até 1930, quando viajou para o exterior. Trabalhava à noite dando aula nos subúrbios, em cursos noturnos frequentados por comerciárias, operárias e domésticas.

Coragem e dignidade seriam traços marcantes da personalidade de Leocadia Prestes na luta cotidiana pela sobrevivência e pela educação dos cinco filhos. A influência da mãe foi decisiva na formação do caráter de Luiz Carlos Prestes, o que, mais tarde, seria sempre por ele reconhecido. Órfão de pai, o menino cresceu num ambiente de privações, em que teve de assumir as atribuições de chefe de família. Apesar das grandes dificuldades, Leocadia não descuidava da educação dos filhos; orientava-os nas leituras, ensinava-lhes música e idiomas estrangeiros, discutia com eles os acontecimentos políticos em curso no Brasil e no mundo. Em sua casa nunca faltaram jornais e revistas, lidos e comentados por todos. Procurava participar da vida política nacional – assim, na "campanha civilista" às eleições presidenciais de 1910, Leocadia, acompanhada pelo filho Luiz Carlos, compareceu ao comício do candidato Rui Barbosa. Sob a influência da mãe, Prestes, desde cedo, adquiriu o hábito de tomar partido nos embates políticos – fosse no âmbito nacional, fosse no cenário mundial – de jamais permanecer indiferente.

A infância e a juventude

Ao recordar a infância do filho, Leocadia escreveu:

Luiz Carlos foi um menino alegre e brincalhão como todos os da sua idade. Possuía essa alegria tranquila e resignada das crianças pobres que sabem que têm de conformar-se com bonecos de papel, porque os outros, bonitos, custam caro. Porém desde pequeno demonstrou uma compreensão da vida fora do comum. Era sensato, criterioso, muito sensível.[4]

Prestes aprendeu as primeiras letras e as quatro operações em casa, com a mãe. Esteve matriculado por pouco tempo numa escola particular em Botafogo, no então Distrito Federal. Depois frequentou um colégio da prefeitura, em que, atacado por vários colegas, foi castigado pela diretora, irmã de um desses garotos, por ter se defendido dando mordidas, revelando "instintos de cachorro". Com a anuência da mãe, o menino não voltou mais às aulas, ficou estudando com ela, em casa. Nesse ambiente, aprendeu inclusive a tocar cítara, instrumento que muito apreciava e cuja técnica chegou a dominar.

---

[4] Frase de Leocadia Prestes citada em Jorge Amado, *O Cavaleiro da Esperança: vida de Luiz Carlos Prestes* (São Paulo, Companhia das Letras, 2011), p. 327.

Desde o falecimento do marido, Leocadia tentava o ingresso do filho no Colégio Militar. Órfão de militar, ele tinha direito à gratuidade nessa instituição. Dadas as dificuldades financeiras que a família atravessava, era a única carreira possível, uma vez que, além da gratuidade, o aluno recebia fardamento e material escolar, podendo ficar interno ou, se desejasse, ao menos fazer as refeições no colégio. Em 1908, Luiz Carlos Prestes foi aprovado no concurso para ingresso no Colégio Militar e classificado para cursar a segunda série. Entretanto, não foi matriculado, embora o coronel Bento Ribeiro Carneiro Monteiro, amigo da família, tivesse prometido isso a Leocadia. Na prática só eram matriculados os filhos de coronéis e os netos de generais. No ano seguinte, ele teve de concorrer novamente, obtendo por fim seu tão almejado ingresso, graças aos esforços de sua mãe junto ao coronel Bento Ribeiro.

No Colégio Militar, por vontade de Leocadia, Prestes era aluno externo, mas, para diminuir a despesa em casa, almoçava e jantava no colégio. Sua vida contrastava com a dos colegas, filhos de coronéis, que lhe diziam não entender por que, sendo externo, ele fazia as refeições lá, onde a comida era horrível. Ciente da situação de sua família, o menino calava. No curso primário do Colégio Militar, cujo ensino era deficiente, ele encontrou dificuldades em acompanhar as aulas e, no final do ano, suas notas eram insatisfatórias. Porém, tendo adoecido e permanecido em casa durante um mês, estudou com a ajuda da mãe e, ao prestar os exames finais, foi aprovado. Foi também promovido a cabo, pois os alunos, à medida que avançavam no curso, tinham graduação até tenente-coronel.

Já no secundário, Prestes revelou-se um excelente aluno, uma mente privilegiada para a matemática[5]. Como diria mais tarde, quem queria estudar podia adquirir ali uma base sólida – e o jovem estudante estava empenhado. Numa carta que escreveu aos catorze anos de idade à avó Ermelinda, declarou:

> Tenho muita vontade de estudar, pois meu maior desejo é chegar a conquistar uma posição somente pelo meu merecimento próprio. Só assim poderei ser útil aos que me são caros, mas também aos meus semelhantes e mais ainda à minha amada Pátria.[6]

Durante o curso, o professor de história do Brasil encarregou Prestes de fazer uma palestra sobre as riquezas do país. Aluno aplicado, empenhou-se na pesquisa e, com a farda do Colégio Militar, única roupa apresentável que possuía, dirigiu-se

---

[5] José Rodrigues, *Luiz Carlos Prestes: sua passagem pela Escola Militar* (Fortaleza, Typographia Minerva, 1927).

[6] Luiz Carlos Prestes, *Carta a Ermelinda Felizardo*, Rio de Janeiro, 5 mar. 1912 (arquivo particular da autora).

ao Centro Industrial, onde, segundo uma notícia que lera, poderia encontrar um livro sobre o tema. O funcionário que o atendeu ficou tão admirado com sua iniciativa que lhe ofereceu o livro. Eram três tomos, os quais Prestes mencionaria ao longo de toda uma vida e nos quais encontrou as informações de que precisava sobre as indústrias brasileiras.

Em 1916, Luiz Carlos Prestes ingressou na Escola Militar de Realengo como major-aluno. O posto de comandante-aluno, que lhe cabia de fato, uma vez que concluíra o Colégio Militar com dez em todas as matérias, fora concedido a um colega que, embora não tivesse desempenho comparável ao seu, era protegido por ser filho do chefe de gabinete de uma importante autoridade militar[7].

Com dezoito anos, Prestes atravessava uma "crise filosófica" – segundo palavras suas –, ou seja, tendo se mantido agnóstico até aquele momento, concordou, por influência de um de seus professores, Joaquim da Silva Gomes, em ser batizado na Igreja católica. Durante as férias, frequentou as aulas de catecismo na Igreja da Cruz dos Militares e, no dia 19 de março de 1916, batizou-se na Igreja de São José. Contudo, era difícil para o jovem conciliar a formação científica que já adquirira – o pensamento cientificista imperava no Colégio Militar – com os dogmas da religião. Além disso, decepcionado com o padre da igreja que passara a frequentar, resolveu abandoná-la ao cabo de três meses[8].

Deixara a igreja, mas continuava deísta. Prestes, que herdara do pai a célebre "biblioteca positivista" – da qual constavam desde as obras dos principais filósofos da Antiguidade até as dos iluministas do século XVIII, como Diderot, Voltaire, Rousseau etc. –, seria fortemente influenciado pelas ideias desses pensadores. Essa biblioteca muito contribuiria para sua formação humanística e para suas futuras convicções filosóficas materialistas.

Ao concluir o curso do Colégio Militar, o rapaz se propôs a trabalhar no comércio, uma vez que a situação econômica da família continuava difícil, mas a mãe se opôs, insistindo que ele prosseguisse com os estudos. A família poderia esperar mais algum tempo, até ele terminar a Escola Militar, única opção viável naquelas condições, pois não havia recursos para bancar outra carreira.

O capitão José Rodrigues, contemporâneo de Luiz Carlos Prestes na Escola Militar, recordaria mais tarde o impacto causado entre colegas e professores pelo desempenho de Prestes na primeira sabatina de geometria analítica, cuja dificuldade era agravada pelo rigor do professor José Pio Borges de Castro. Ele recebera grau nove, enquanto a maioria dos estudantes tirara zero[9].

---

[7] A foto de Prestes constava do quadro de honra dos melhores alunos do Colégio Militar; posteriormente, quando ele se tornou comunista, foi retirada.

[8] LCP, fita n. 1.

[9] José Rodrigues, *Luiz Carlos Prestes*, cit.

Na Escola Militar, o aluno brilhante se mostraria disponível para ajudar os colegas após as aulas; passava horas respondendo às perguntas deles e explicando-lhes as matérias em que encontravam dificuldade, principalmente matemática. Seu prestígio era enorme por sua atitude solidária, por sua modéstia e por seu desprendimento. Segundo o capitão José Rodrigues, Prestes era consultado e ouvido, dando a última palavra em todas as discussões[10].

O esforço desenvolvido nesse sentido foi de tal ordem que, ao final do primeiro ano na Escola Militar, o jovem Prestes estava esgotado, fisicamente debilitado; para esse mal-estar também contribuíra a péssima qualidade da comida servida aos alunos. Entretanto, com a ajuda da família, os problemas de saúde foram superados[11].

Em dezembro de 1918, ao ingressar no último ano do curso da Escola Militar, Prestes foi promovido a aspirante a oficial, deixando de ser interno na Escola e passando a receber um soldo de 450 mil-réis. A vida da família melhoraria muito, pois sua renda praticamente triplicara[12]. O jovem Luiz Carlos era muito ligado à mãe e às irmãs, às quais dedicava grande afeto, reconhecendo sempre o sacrifício feito por elas para assegurar o sucesso de seus estudos e a conclusão de seu curso na Escola Militar. Os anos de grandes privações de toda a família fizeram com que seu círculo de amizades ficasse restrito a alguns vizinhos. No entanto, a absoluta falta de recursos impossibilitara Prestes de participar das atividades sociais dos colegas. Sua vida consistia em estudar e ajudar a família; não havia condições para passeios nem divertimentos. Nas horas de folga, permanecia em casa, ajudando a mãe e as irmãs nos afazeres domésticos, nos cuidados com a horta e o jardim e participando das atividades culturais – música, leituras, jogos diversos – cultivadas por Leocadia, situação que era por ele aceita com naturalidade e vivida com alegria. Ao mesmo tempo, mostrava-se uma pessoa solidária com o próximo e sensível aos problemas sociais. Preocupava-se com a existência das pessoas humildes; costumava, por exemplo, conversar com a lavadeira da família, interessado em conhecer suas condições de vida, assim como as do marido estivador e dos filhos deles, atitude que o distinguia dos colegas e dos jovens de sua idade.

Prestes recordaria, mais tarde, que no ano em que saiu aspirante voltaria a ler jornais e a se interessar pela vida política, pois nas três primeiras séries da Escola Militar, quando esteve interno, sua vida era só estudar. Ninguém falava em política, e nem sequer a Revolução Russa de 1917 havia repercutido no meio de alunos e professores. As atenções estavam voltadas para a Guerra Mundial então em curso. O jovem aspirante passara a ler *O Jornal*, de Assis

---

[10] Idem.
[11] LCP, fita n. 1.
[12] Idem.

Chateaubriand, cuja oposição ao governo chegara a empolgá-lo. Em 1919, um dos candidatos à sucessão presidencial – motivada pelo falecimento de Delfim Moreira – era Rui Barbosa, criticado por ter recusado a representação do Brasil na Conferência de Paz de Versalhes. Entretanto, tal delegação, considerada então patriótica, foi aceita por Epitácio Pessoa, o outro postulante à presidência no pleito daquele ano. Prestes, como muitos jovens oficiais, entusiasmou-se com Epitácio, chegando a sufragar seu nome, embora, após a eleição, não tardasse a desilusão com o novo governo[13].

No último ano da Escola Militar havia mais discussão política, em particular sobre o desenvolvimento econômico nacional e sobre a industrialização do país. Prestes colou grau como engenheiro militar em janeiro de 1920. Escolhido como orador da turma, abordou, em seu discurso, o problema do desenvolvimento econômico do Brasil, em particular a questão da siderurgia, de um ponto de vista patriótico, da defesa dos interesses nacionais. O tema era atual, pois já se falava que o empresário norte-americano Percival Farquhar havia apresentado ao governo brasileiro um projeto de exploração de minério de ferro e de instalação de indústria siderúrgica no Brasil. Paraninfo da turma, o professor Manoel Liberato Bitencourt ficou surpreso e admirado com tamanha seriedade no discurso do jovem Prestes[14].

Em janeiro de 1920, Prestes foi promovido a segundo-tenente de engenharia. Como fora o primeiro aluno da turma, tinha o direito de escolher onde serviria. Sua escolha recaiu sobre a Companhia Ferroviária, aquartelada em Deodoro, subúrbio do Rio de Janeiro. Havia duzentos homens nessa unidade. Prestes recordaria que era uma ferrovia de campanha para contornar a frente e realizar o transporte na retaguarda. No entanto, era grande a falta de material para a realização do trabalho previsto, e o único ano em que se realizaram manobras foi aquele em que Prestes, substituindo o comandante, que estudava medicina e só comparecia para assinar o expediente, passou, na prática, a comandar a companhia. Imbuído de tamanha responsabilidade, o jovem tentente começou a revelar características que o distinguiriam para sempre.

> Eu fazia tudo, dominava completamente a obra, comandava realmente a companhia. [...] Chegava no quartel de manhã cedo, às seis horas, e, às vezes, só saía às oito da noite. Porque fiz escola para cabos, escola para sargentos e escola para alfabetização. Foi a primeira imagem que tive do povo brasileiro. Eu recebi uma turma de cem recrutas, todos eles originários aqui dessa baixada fluminense, aí de Mangaratiba etc. Analfabetos, dezoito anos. [...] Com dezoito anos, se alistavam

---

[13] Idem; declarações de Prestes à autora.
[14] Idem.

e tinham que fazer o serviço militar. [...] Na sua maioria, 90% analfabetos. Todos eles com vermes intestinais. [...] Os médicos tratavam com uma brutalidade tremenda – era erva-de-santa-maria e purgante de óleo de rícino. De maneira que o indivíduo levava um choque violento. [...] E um deles morreu. [...] E esses homens todos, eu consegui que aprendessem a ler, em pouco tempo, e depois tinha a escola de cabos, escola de sargentos. Fiquei ali na Companhia Ferroviária um ano. [...] Mas, em fins de 1920, como eu tinha sido o primeiro aluno da turma, fui convidado para ser instrutor na Escola Militar.[15]

O capitão José Rodrigues, ao exercer o comando da Companhia Ferroviária por um curto período, testemunhou que Prestes "também era um soldado", afirmando que para ele fora uma revelação vê-lo "empunhar a picareta e o facão do mato e mostrar ao soldado, em linguagem simples, clara, como se fazia uma trincheira ou uma rede de arame" e observar "como os soldados o ouviam atentos! E como manifestavam sua satisfação!"[16].

O início da conspiração tenentista e o levante de 5 de julho de 1922

Em janeiro de 1921, Prestes, já promovido a primeiro-tenente, assumiu, a convite do coronel Monteiro de Barros, comandante da Escola Militar, o posto de auxiliar de instrutor de engenharia. Cada arma tinha um instrutor e um auxiliar. Anos mais tarde, ele recordaria que "a instrução de engenharia era a coisa mais complicada que havia", porque era necessário dar vários tipos de instrução,

desde abrir trincheiras [...], construir pontes [...], telegrafia [...], radiotelegrafia, telefonia, fotografia [...], tudo isso cabia na instrução de engenharia. Para dois [o instrutor e o auxiliar] tinham que ser enciclopédicos [...]. E não havia material nenhum! De maneira que a primeira coisa que eu fiz foi pedir material.[17]

Os instrutores da Escola Militar, a partir de 1919, com a chegada da Missão Militar Francesa e em contraposição aos oficiais franceses, ficaram conhecidos como Missão Indígena. O atraso do Exército brasileiro era enorme e muito criticado pela jovem oficialidade formada na Escola Militar, a qual considerava que os oficiais brasileiros mais preparados tinham condições de modernizar a corporação, dispensando a colaboração dos franceses. Nesse período, a Missão

---

[15] Idem.
[16] José Rodrigues, *Luiz Carlos Prestes*, cit.
[17] LCP, fita n. 2.

Francesa não entrou na Escola Militar; sua orientação restringiu-se aos cursos de Estado-Maior[18].

O primeiro-tenente Luiz Carlos Prestes fazia parte da Missão Indígena. No entanto, o material que havia solicitado parecia não chegar nunca: "Tinha lá uma estação de radiotelegrafia, tinha algum material velho de telefonia de campanha, assim, muito pouca coisa, e com isso fui andando. Mas nada de receber o material". Finalmente, após uns seis meses, recebeu uma terça ou quarta parte do que havia pedido. "Fiquei tão indignado que resolvi pedir demissão. Porque, como instrutor de engenharia, eu tinha direito a uma diária de mil mil-réis, além do soldo de primeiro-tenente."[19] Porém, todos os alunos de engenharia lhe pediram insistentemente que não saísse. Nesse ínterim, Prestes já havia sido promovido a diretor de instrução da arma de engenharia, mas não lhe destinaram nenhum auxiliar. Ele dava aula também às outras armas, de infantaria e de cavalaria. Atendendo ao pedido dos alunos, Prestes permaneceu na Escola Militar até o final de 1921, quando, sem receber o material solicitado, fez um requerimento de demissão[20].

Antes disso, tanto o comandante da Escola Militar quanto o capitão Bentes Monteiro, oficial de gabinete do presidente da República, haviam insistido com Prestes para que não se demitisse. O jovem primeiro-tenente respondeu:

> Eu não posso dar instrução. Eu estou enganando a nação, fingindo que estamos formando oficiais de engenharia, mas não estamos, e eu estou recebendo uma diária a mais por isso. Não posso ficar nessa posição, tenho que sair daqui, desde que não me dão material.[21]

O capitão Bentes Monteiro sugeriu a Prestes que fizesse um requerimento especificando tudo o que ele considerasse necessário. Nesse requerimento, ele pedia

> o que era necessário e o que não era. Menos de três oficiais não podiam ser instrutores, porque eu tinha uma porção de assuntos diversos. Cada um tinha que se especializar n'alguma coisa para poder ensinar. E material. [...] Como não me deram resposta, deixei passar um mês, fiz outro requerimento, reiterando o pedido de demissão. Então me demitiram e eu voltei para minha companhia, em Deodoro.[22]

---

[18] Anita Leocadia Prestes, *A Coluna Prestes* (Rio de Janeiro, Paz e Terra, 1997), p. 73-90.

[19] LCP, fita n. 2.

[20] Idem.

[21] Idem.

[22] Idem.

Em outubro de 1921, o *Correio da Manhã* publicou as famosas "cartas falsas"[23], ofensivas aos militares e atribuídas a Arthur Bernardes, o candidato oficial às eleições presidenciais de março de 1922[24]. A efervescência nos meios militares era muito grande. Prestes não acreditava numa possível unidade da oficialidade militar para se contrapor às denúncias de Bernardes. Conhecia bem a mentalidade e o comportamento de seus colegas da Vila Militar, no Rio de Janeiro; vira de perto a falta de camaradagem existente entre eles quando trabalhara na construção de uma linha de bondes de Deodoro até o fim da Vila Militar. Mas, ao tomar conhecimento da convocação de uma reunião no Clube Militar para discutir o desacato perpetrado aos militares por Arthur Bernardes, sentiu-se na obrigação de comparecer, pois era sócio do clube, embora nunca frequentasse suas festas nem suas atividades sociais[25]. Eis seu relato:

> Sábado, cheio... Tinha mais de oitocentos oficiais lá no Clube. E um nervosismo tremendo, porque as duas facções se chocavam lá dentro. Então houve a votação de que se devia... mandar fazer uma perícia da carta do Bernardes, para ver se a carta era efetivamente do Bernardes. Eu disse aos meus companheiros: eu vou votar contra. O comandante da minha companhia votou contra, e eu também vou votar contra. E eu expliquei por que eu votava contra: primeiro, porque o Bernardes já tinha dito que não era dele. Então, já tinha se desdito. Aceitava-se isso. Além disso, o que ele dizia ali era o que todos os políticos pensavam... Eu, como militar, via os políticos como uma categoria [...] inimiga dos militares. Além disso, não existiam no Exército condições para os oficiais se unirem para darem a resposta que podiam dar a ele. [...] Para que passar recibo, verificando se a letra era verdadeira ou não? E minha opinião era de que era verdadeira mesmo, e de que aquela era a opinião do Bernardes, e que ele tinha o direito de dizer aquilo, e que nós não tínhamos condições de fazer qualquer... de tomar qualquer posição contra ele.[26]

Prestes recordaria a reação dos colegas à posição por ele assumida na reunião do Clube Militar:

---

[23] As "cartas falsas", então atribuídas ao candidato oficial à presidência da República, Arthur Bernardes, foram publicadas no jornal carioca *Correio da Manhã*, causando grande escândalo no meio da oficialidade militar, na medida em que eram insultosas aos militares. Provocaram, assim, tumultuadas reuniões no Clube Militar sediado na capital da República. Mais tarde, ficou esclarecido que tais cartas eram falsas e, provavelmente, haviam sido forjadas para comprometer a candidatura oficial junto aos militares.

[24] Anita Leocadia Prestes, *Os militares e a reação republicana: as origens do tenentismo* (Petrópolis, Vozes, 1994), p. 62-70.

[25] LCP, fita n. 2.

[26] Idem.

Eu era instrutor na Escola Militar. Quando cheguei, no dia seguinte, lá na Escola Militar, todos os meus colegas me davam as costas. Não queriam falar, estavam indignados comigo. O resultado da votação foram oitocentos a favor da perícia e quarenta[27], somente, contra. Eu estava no meio desses quarenta [risos]. Foi o Victor César da Cunha Cruz, que era meu amigo, que veio falar comigo: "Ora, os companheiros estão todos indignados com você, porque você votou contra, votou ao lado do Bernardes, votou contra a perícia". Eu disse: "Vocês não compreenderam meu gesto. Meu gesto foi lavar as mãos. Eu quero ver o que é que vocês vão fazer. Porque a perícia vai dizer que é do Bernardes. Eu não tenho dúvida de que a carta é do Bernardes mesmo. E o que vai fazer disso aí? Há unidade entre nós para fazermos alguma coisa? (Eu não acreditava que houvesse unidade.) Agora, eu te digo uma coisa: se vocês fizerem alguma coisa, enquanto eu vestir essa farda, eu estou junto com vocês" [risos]. Foi o que eu disse.[28]

Em janeiro de 1922, o primeiro-tenente Luiz Carlos Prestes, de volta à Companhia Ferroviária, em Deodoro, foi a primeira pessoa procurada pelos militares que conspiravam, fazendo questão de sua participação no movimento. Tendo aceitado prontamente o convite para comparecer a uma reunião numa casa na rua Senador Furtado, na Tijuca, Prestes lembraria que lá estavam uns quarenta oficias do Exército e da Marinha "a se insultarem e atacarem uns aos outros, porque a Marinha dizia que não havia nada, não se realizava coisa nenhuma por causa do Exército... o Exército dizia que era por causa da Marinha [risos]. Um berreiro tremendo". Prestes ficara com a impressão de que dali nada sairia, pois a polícia estaria mais informada do que os conspiradores. Além disso, não havia nenhum plano, nenhum dirigente, era uma anarquia total. Mais tarde, contudo, compareceu a outras reuniões e

afinal a coisa melhorou um pouco, quando chegou o general Joaquim Ignácio[29], que estava em Pernambuco e veio transferido para o Rio de Janeiro. [...] A conspiração era para botar o Bernardes abaixo [...], quer dizer, botar o Epitácio abaixo [...] e não permitir a candidatura do Bernardes. A coisa era só contra o Bernardes [...]. Nós todos entramos na política através [...] de uma publicação [...] do *Correio da Manhã*, que nos arrastou para essa política, porque o Exército

---

[27] Segundo Hélio Silva, o resultado foi de 439 votos a favor da perícia e 112 contra; cf. Hélio Silva, *1922: sangue na areia de Copacabana* (Rio de Janeiro, Civilização Brasileira, 1964), p. 56.

[28] Idem.

[29] Trata-se do general Joaquim Ignácio Cardoso.

se dividiu e [...] a questão era contra a candidatura do Bernardes [...] por uma ofensa feita ao Exército.[30]

Prestes passou a frequentar as reuniões dos conspiradores, realizadas numa casa em São Cristóvão, com a presença do general Joaquim Ignácio Cardoso. Na Companhia Ferroviária, o prestígio de Prestes continuava muito grande, tanto junto aos sargentos quanto a alguns segundos-tenentes, como Machado Lopes, Afonso de Carvalho, Ururahy etc., todos a ele subordinados. Prestes recordaria a seu respeito:

Cada qual mais revolucionário. De ir à avenida Rio Branco cantar o "Seu Mé"[31] [...]. Então, eu fiz com eles uma combinação: "Olha, vamos fazer o seguinte, vocês todos querem participar [...] da luta. Então, aqui na companhia, não se fala absolutamente de política. Trata-se aqui de cumprir, de respeitar a disciplina o mais possível. Porque o comandante é legalista [...]. Qualquer coisa que saiba, ele toma, ele vai tomar medidas. Ele tem [...] confiança cega em mim, ele não pode acreditar que um homem disciplinador (como eu era), trabalhador etc., possa ser [risos] conspirador, possa conspirar. De maneira que [...] aqui não se fala. Eu somente é que terei contato com os conspiradores. E, na medida em que for necessário, eu vou transmitindo a vocês as decisões tomadas pelos conspiradores". E, ao mesmo tempo, comecei a trabalhar com meus sargentos e ganhei os sargentos todos para o movimento. Já estavam todos prontos para participar da luta [...], de maneira que ia lá, nessas reuniões, e ficava calado [...], enquanto os outros oficiais falavam [...], porque cada um reclamava, tinha alguma desculpa para não estar preparado, adiando sempre. A luta se adiava sempre, porque faltava munição, outro dizia que não tinha armamento suficiente, tudo isso era pretexto.[32]

Prestes preparava ativamente a Companhia Ferroviária para o levante em gestação. Pretendia-se derrubar o presidente Epitácio Pessoa e realizar eleições livres, em que Arthur Bernardes fosse impedido de se candidatar à presidência da República, uma vez que teria ofendido o Exército. Nas reuniões com os militares conspiradores, Prestes repetia sempre que a companhia dele cumpria ordens,

---

[30] Idem. A respeito do tenentismo, ver Anita Leocadia Prestes, *A Coluna Prestes*, cit., cap. 2, e *Os militares e a reação republicana*, cit., cap. 3.

[31] "Seu Mé" era uma marchinha carnavalesca de 1922 que ridicularizava o candidato às eleições presidenciais Arthur Bernardes e que era cantada nas manifestações da campanha da Reação Republicana, cujo candidato era o político fluminense Nilo Peçanha; ver Anita Leocadia Prestes, Os militares e a reação republicana, cit.

[32] LCP, fita n. 2.

recusando-se a entrar em detalhes. Na última reunião, da qual ele participou, o general Joaquim Ignácio fez um resumo da situação:

"Então, afinal, aqui prontos mesmo para a luta só estão a Escola Militar e a Companhia Ferroviária." [...] Porque o Forte de Copacabana não participava dessas reuniões. [...] Não tinha nenhum representante do Forte nessas reuniões. Tinha representantes da Vila Militar – Costa e Silva, Frederico Buys eram tenentes aí da Vila Militar – que se comprometiam a levantar seus regimentos, suas unidades [...]. E eu ia levantar a companhia. E, quando eu vi que a coisa se preparava mesmo, tomei medidas. Eu já tinha um plano de ação todo preparado, tinha combinado com meus tenentes [...]. Nós tínhamos três tarefas: a primeira era ocupar a estação de Deodoro; a segunda era cortar todas as comunicações com o centro, com a cidade, da Vila Militar com a cidade; e a terceira era ocupar os paióis de Deodoro, que eram os paióis da infantaria. Nós íamos ocupar aqueles paióis. [...] A Companhia Ferroviária estava efetivamente pronta para cumprir a tarefa. [...] Eu estava disposto a fazer uma loucura, como o Siqueira Campos fez lá em Copacabana[33]. Era possível que botasse fogo no paiol [...] se tivesse necessidade.[34]

O plano da revolta era o seguinte: a partir do levante da Vila Militar, o marechal Hermes da Fonseca deveria assumir o comando das tropas revolucionárias[35] e marchar para tomar o Palácio do Catete. Mas, segundo Prestes, "a polícia sabia mais do que os conspiradores. [...] Porque falava-se que era uma coisa terrível! E é muito interessante isso, do ponto de vista do que é essa pequena burguesia. Até por vanglória [...]!", acrescentando: "Esse era o tipo de conspiração na época. De maneira que a polícia e o governo sabiam mais do que os conspiradores [...]"[36].

O levante foi marcado para o dia 5 de julho de 1922. A jovem oficialidade militar estava particularmente indignada com a "eleição" de Arthur Bernardes, reconhecidamente fraudulenta, como era a regra durante a Primeira República, realizada em 1º de março de 1922[37]. Entretanto, o marechal Hermes da Fonseca ficou numa casa situada na Vila Militar, esperando que as tropas chegassem para ele assumir o comando, mas "não veio ninguém [risos], de maneira que ele não assumiu comando nenhum"[38].

---

[33] O tenente Antônio de Siqueira Campos liderou o levante do Forte de Copacabana em 5 de julho de 1922.

[34] LCP, fita n. 2.

[35] Usamos o termo "revolucionárias" porque era o empregado pelos próprios rebeldes tenentistas.

[36] LCP, fita n. 2.

[37] Anita Leocadia Prestes, *A Coluna Prestes*, cit.; idem, *Os militares e a reação republicana*, cit., cap. 1.

[38] LCP, fita n. 2.

Na véspera do dia 5 de julho, repentinamente, Prestes caiu doente com tifo, cujo tratamento à época era feito com "dieta hídrica"[39], o que deixava o enfermo particularmente debilitado. Ele ainda tentou se levantar para assumir o comando das tropas revolucionárias na Companhia Ferroviária, mas, ao vestir a farda, desmaiou. "No dia seguinte, quando eu soube que minha companhia não tinha feito nada, que aqueles tenentes tinham ficado lá, junto com o comandante, até a meia-noite, esperando que a Vila Militar se levantasse – como ninguém se levantou, eles também não se levantaram –, eu fiquei indignado [...], tive a primeira decepção na vida"[40].

Anos mais tarde, Prestes lembrava que "um ficou esperando o outro". E houve acontecimentos anedóticos:

Um homem valente, como o Frederico Cristiano Buys, levantou o pelotão dele, no 2º Regimento de Infantaria, [...] e foi com o pelotão [...], a oficialidade toda reunida no cassino dos oficiais, uns quarenta oficiais lá dentro do cassino, comandante, [...] lá no cassino. De prontidão, todos. Os quartéis estavam de prontidão naquela época. E ele, então, deixa o pelotão do lado de fora e entra sozinho lá no cassino, de pistola em punho [...] para dar ordem de que estavam todos presos. Aí, espirrou gente para todo o lado [...]. Saltaram janela, outros se esconderam debaixo da mesa [risos]. E parece uma anedota contando, não é? O único homem que teve dignidade foi o comandante [...], que estava justamente na entrada e [...] disse para o Buys: "Tenente, o senhor está nervoso, que história [...], que é isso?". Começou a discutir com ele [...]. E a oficialidade que estava ali desapareceu. E um dos mais covardes, que estava embaixo da mesa, puxou a perna do Buys, ele caiu, o comandante botou a pistola na cara dele e acabou a revolução [risos]. Não tomaram nenhuma medida de organização.[41]

Devido à desorganização do movimento e às vacilações de muitos dos participantes, a maior parte da oficialidade comprometida com a conspiração não se levantou no dia 5 de julho de 1922, conforme havia sido combinado. Nos estados, apenas em Campo Grande (Mato Grosso) e Niterói (Rio de Janeiro) ocorreram tentativas de levantes militares, prontamente sufocadas. Na capital da República, a revolta da Escola Militar fracassou logo, e a Vila Militar sequer chegou a se levantar. A única unidade militar que efetivamente se rebelou no dia marcado foi a do Forte de Copacabana, situado numa das extremidades da praia carioca de mesmo nome. Sob o comando do tenente Antônio de Siqueira

---

[39] Ou seja, ao doente só era permitida a ingestão de água.
[40] LCP, fita n. 2.
[41] Idem.

Campos, num gesto heroico que repercutiria intensamente durante toda a década de 1920, cerca de trinta homens (quatro oficiais, soldados e cabos e um civil) marcharam de peito aberto pela praia de Copacabana. Foram metralhados pela tropa governista de mais de 3 mil soldados. Apenas dois conseguiram sobreviver, embora gravemente feridos: o próprio Siqueira Campos e o também tenente Eduardo Gomes[42].

Ao rememorar o acontecido naqueles dias de julho de 1922, Prestes constatava que o movimento acabara melancolicamente. Lembrava que o futuro presidente do Brasil, o general Artur da Costa e Silva – proclamado, à época do golpe civil--militar de 1964, herói de 1922 –, servindo na Vila Militar, não se levantara e se deixara prender. "Porque é a coisa mais cômoda que há [...] deixar-se prender, e pronto!" Prestes recordava que, durante a Revolta de 1924 em São Paulo, o mesmo Costa e Silva, que havia se comprometido a participar do movimento, na realidade nada fez. Concluía que se verificara

> aquilo que Marx diz no *18 brumário*[43] [...]: o pequeno-burguês [...] fala muito de revolução, é revolucionário, não toma uma medida de organização, tudo fracassa [...], e todo mundo é culpado, menos ele. E, amanhã, vai repetir o mesmo erro [risos]. Está lá [...] no *18 brumário*, Marx diz isso sobre o pequeno-burguês [...]. Mas é assim mesmo, era isso, é uma coisa incrível. Realmente incrível. Então, fracassou completamente. O Hermes ficou esperando, a Vila Militar não veio, e ele acabou preso, foram lá prendê-lo, na casa em que ele estava. [...] Porque o governo mandou prender. E alguns foram presos [...], começaram a ser processados.[44]

Prestes não foi preso porque não havia nenhuma prova de que tivesse participado do movimento. Tão logo recuperou a saúde, tratou de visitar, no Hospital Central do Exército, os dois feridos, sobreviventes do Forte de Copacabana. Num gesto de desafio ao governo, foi o primeiro a visitar os tenentes Siqueira Campos e Eduardo Gomes. Nessa ocasião também conheceu o capitão Joaquim Távora, que fora preso pela participação na tentativa de levante em Mato Grosso.

Prestes, doente, ficara em casa sem licença médica. Com a derrota do movimento, tratou de conseguir imediatamente, em sua companhia, um atestado comprobatório de que estivera enfermo. O atestado foi obtido, mas Prestes ficou sabendo que, na Vila Militar, um dos legalistas, "bernardistas mais ferozes [...], um tal major Pantaleão Teles [...], foi até a companhia e andou à procura [...]

---

[42] Anita Leocadia Prestes, *Uma epopeia brasileira: a Coluna Prestes* (São Paulo, Expressão Popular, 2009), p. 13-6.

[43] Trata-se da obra de Karl Marx, *O 18 de brumário de Luís Bonaparte*, cit.

[44] LCP, fita n. 2.

do tenente 'do bigodinho', que era eu"[45]. Mas, nada tendo sido provado contra ele, não teve seu nome incluído em nenhum processo.

A licença para tratamento de saúde concedida a Prestes era de três meses. Com a saúde em recuperação, para complementar o soldo de oficial passou a dar aulas no Colégio 28 de Setembro, pertencente ao professor Manoel Liberato Bitencourt; recebia cinco mil-réis por aula. Quando se sentiu mais forte, apresentou-se à Companhia Ferroviária. Embora, como primeiro aluno da sua turma na Escola Militar, tivesse direito a continuar no Rio de Janeiro, Prestes foi transferido para Santo Ângelo (RS). Essa foi a maneira encontrada para puni-lo pela participação no movimento tenentista.

Para favorecer o chefe de gabinete de Pandiá Calógeras, ministro da Guerra de Epitácio Pessoa, o quadro de engenharia do Exército fora ampliado. Em consequência dessa medida, Prestes foi promovido a capitão. Permanecera primeiro-tenente apenas um ano e meio. Já no posto de capitão de engenheiros do Exército partiu para o Rio Grande do Sul, em outubro de 1922[46].

Prestes no Rio Grande do Sul: capitão do Exército e conspirador tenentista

A missão delegada ao jovem capitão Luiz Carlos Prestes pela chefia da Comissão Fiscalizadora da Construção de Quartéis, com sede na capital da República, consistia em assumir a fiscalização da construção de quartéis nas cidades de Santo Ângelo, Santiago do Boqueirão e São Nicolau, no noroeste do estado do Rio Grande do Sul. Tratava-se de um contrato da administração com a Companhia Construtora de Santos, de propriedade de Roberto Simonsen, conhecido empresário paulista. Antes de partir para o Sul, Prestes procurou saber junto ao tenente-coronel que chefiava a Comissão Fiscalizadora no que consistiria sua função fiscalizadora, obtendo a resposta de que a documentação se encontrava toda no local, no canteiro de obras. Ao chegar a Santo Ângelo, constatou que não havia documentação alguma, apenas "simples desenhos sobre a disposição dos pavilhões. Nada mais. Eu não sabia, portanto, quais eram as especificações [o que seria] de cimento, de tijolo, de madeira [...], o telhado [...], nada"[47].

Prestes ainda viajou a Santa Maria (RS), onde estava instalado o escritório central da Companhia Construtora de Santos, dirigida pelo coronel reformado Barcelos, da arma de engenharia, mas não conseguiu esclarecer nada a respeito da referida documentação.

---

[45] Idem.
[46] Idem.
[47] Idem.

Então, resolvi tomar um trem e voltei [...] ao Rio. [...] Informei ao chefe que eu não podia fiscalizar. O que é que eu ia fiscalizar se [...] não tinha, não sabia quais eram as especificações? Ele disse que era isso mesmo. De maneira que eu fiz um pedido de demissão por [...] não poder fiscalizar a obra, não poder [...] cumprir a tarefa de que estava encarregado. Mas, como militar, a única solução que eu tinha era voltar para Santo Ângelo e aguardar [...] minha demissão. E voltei de novo para Santo Ângelo.[48]

Ao chegar a Santo Ângelo, Prestes relata que encontrou uma grande quantidade de contas da Companhia Construtora de Santos:

Eu examinei aquelas contas, para não dizer que estava sabotando [...]. Aquele material, que eu vi que realmente tinha entrado, que estava dentro dos preços normais, eu botava o visto nas contas. Porque, a questão [...], a pressa da Companhia Construtora de Santos, é que colocasse o visto, que ela cobrava. Era um contrato [...] terrível, porque a Companhia [...] tinha 10% líquidos sobre todas as despesas. Ela pagava as contas, as despesas e, em menos de um mês, ela recebia o pagamento pelo Exército, pelo Ministério da Guerra, pela Diretoria de Engenharia. Quer dizer que tinha um lucro de 10% ao mês [risos]. Esse é que era o negócio da Companhia Construtora de Santos. E a pressa que ela tinha [...] de que o fiscal desse logo o visto para ir carregar.[49]

Prestes recordaria:

As outras contas, que eu tinha dúvidas, eu fazia um relatório para o chefe da Comissão, informando porque eu não visava, quais eram os motivos que eu tinha para não visar [...], porque eu não tinha visto o material, achava que a qualidade era inferior [...] e mandava um relatório detalhado, conta por conta, que eu não visava, e devolvia as contas. Visitei, fui a Santiago do Boqueirão, onde a obra era dirigida por um [...] engenheiro civil. E estive também em São Nicolau, onde havia um pequeno quartel a construir também.[50]

Prosseguindo seu relato, ele conta:

Nesse ínterim [...] chegou de São Paulo um trem, um grande trem, [...] de cinco ou seis vagões, com madeira – portas, janelas, esquadrias, de pinho da pior

---

[48] Idem.

[49] Idem.

[50] Idem.

qualidade [...], dessa madeira cheia de nós que você metia o dedo e ficava um buraco. [...] O que me chamava muito a atenção, porque Santo Ângelo é uma região de muita madeira, barata, e mão de obra muito mais barata do que a de São Paulo. E o trabalho que ia dar para colocar essas portas, janelas, esquadrias [...] ia ser maior do que se fizesse lá mesmo [...], porque estava tudo desengonçado, madeira verde, que não dava, não acertava direito, era uma coisa terrível.[51]

Prestes não teve dúvida de embargar esse carregamento:

Eu, então, embarguei. [...] E, embargado [...], dentro de poucos dias, recebi um telegrama do chefe da Comissão, de que as janelas, as portas [...], a madeira que havia sido enviada de São Paulo – e de uma oficina de carpintaria que o Simonsen tinha em São Caetano – [...] eram realmente as que tinham vindo [...] e que eu, então, suspendesse o embargo. Então, eu fiz um ofício ao chefe da Comissão [...], uma carta, em que explicava que eu era um simples fiscal, mas que, nessas condições, eu não poderia permitir que suspendesse o embargo para permitir o emprego desse material enquanto não viesse uma ordem expressa da chefia da Comissão de que as portas, as janelas, as esquadrias deviam ser de pinho de péssima qualidade, mal confeccionadas etc. [risos]. De maneira que a coisa ficou embargada lá, ficou parada lá, não veio essa carta e o material ficou embargado.[52]

Mais tarde, o jovem capitão verificou que não havia sequer um plano de esgotos para o quartel:

Era uma rede de esgotos complicada, porque havia edifícios em altura – havia uma série de coxilhas –, de maneira que eram 54 pavilhões, era um regimento de cavalaria, com baias [...] para cavalos e alojamentos para os soldados e administração. De maneira que, para não dizer também que eu estava sabotando, eu mesmo comecei a tomar os pontos das cotas, das alturas, e iniciei um projeto de esgotos, de rede de esgotos, porque [...] senão [...] era possível que, descarregando num edifício, se levantasse noutro [risos], porque os vasos comunicantes [risos] levam a isso. Comecei a fazer [...], a estudar e a fazer esse projeto. Mas demorava, era um projeto demorado. Eu estava lá sozinho. [...] Chega, então, uma turma de uns vinte operários, especialistas [...] em esgotos, em [...] rede de esgotos, chegou de São Paulo. Todos eles com diária, tinham uma diária para hotéis – eles foram todos morar em hotel –, com uma determinada diária. De maneira que, quando eles chegaram, quando a primeira picareta levantou para abrir um local para

---

[51] Idem.
[52] Idem; grifos desta autora.

iniciar as valetas, a construção dos esgotos, eu também embarguei, não permiti. [...] Sem plano. Iam fazer simplesmente [...] os locais, colocar lá a rede de esgotos sem nenhum plano. [...] Embargado isso, dentro de pouco tempo, então, me deram minha demissão "por necessidade de serviço" [risos]. Fui transferido, por necessidade de serviço, para o Batalhão Ferroviário [...] em Santo Ângelo. [...] De maneira que essa foi minha vida com a Companhia Construtora de Santos.[53]

Ao referir-se a essa empresa de propriedade de Roberto Simonsen, Prestes ressaltava que esse grande empresário era muito amigo do general Cândido Mariano Rondon, que, por sua vez, ocupava o cargo de diretor do Serviço de Engenharia – o Departamento de Engenharia do Exército –, subordinado ao ministro do Exército. Nos escritórios da Companhia Construtora de Santos havia sempre um grande retrato do general Rondon[54].

Após enviar relatórios embargando os materiais recebidos e as obras iniciadas, Prestes recebeu um emissário do coronel Barcelos para informá-lo de que as contas que ele não quisesse visar fossem devolvidas e que não era necessário encaminhar relatórios para o chefe da Comissão Fiscalizadora da Construção de Quartéis no Rio de Janeiro. Prestes respondeu que não aceitava "absolutamente instruções por parte do coronel Barcelos". Na verdade, quando seus relatórios chegavam ao Rio, apenas após o recurso encaminhado pela Companhia Construtora de Santos é que o chefe da Comissão Fiscalizadora podia conceder o visto e o pagamento ser efetuado[55].

Ao mesmo tempo, prosseguia a conspiração tenentista, da qual Prestes participava. Em certa medida, os objetivos haviam mudado em relação àqueles de 5 de julho de 1922, pois o que passara a predominar entre os jovens conspiradores militares era a preocupação com os companheiros presos e que respondiam a processo na Justiça Civil. Ainda no Rio de Janeiro, em outubro daquele ano, antes de partir para o Rio Grande do Sul, o capitão Prestes esteve com o capitão Joaquim Távora – o principal articulador de uma nova revolta em preparação – e com outros companheiros, presos na antiga Escola do Estado-Maior do Exército, na rua Barão de Mesquita. A última pessoa com quem teve contato foi o tenente Eduardo Gomes, um dos poucos que persistiam na conspiração, com o objetivo de prestar solidariedade aos companheiros presos. Ao mesmo tempo, todos aqueles jovens militares continuavam contrários a Arthur Bernardes, que tomaria posse na presidência da República no dia 15 de novembro[56].

---

[53] Idem.
[54] Idem; grifos desta autora.
[55] Idem.
[56] Idem.

Após sua chegada a Santo Ângelo, Prestes pôde viajar por todo o estado rio-grandense.

> Porque eu tinha um talão que eu podia requisitar passagens de navio, de trem [...], tinha automóvel à disposição. Quando eu saía de Santo Ângelo, ia a Santa Maria, já tinha uma pessoa me esperando na estação, hotel à disposição, com quarto reservado etc. [risos]. Eu nunca tive tanta facilidade como nessa época [...]. Nunca![57]

Inicialmente, o jovem capitão esteve em Cruz Alta para contatar os oficiais desse regimento; era portador de uma carta para o coronel-comandante, com quem manteve conversação, pois este era considerado um revolucionário, um "tenente de 22". Em Santa Maria, estabeleceu contato com alguns oficiais; passou por Montenegro, onde havia um pequeno arsenal do Exército. Ao passar por Porto Alegre, aproveitou para visitar sua avó, d. Ermelinda Felizardo. A seguir, dirigiu-se a Pelotas, Bagé e, ao que parece, a São Gabriel, regressando, após um mês de viagem, a Santo Ângelo[58].

Segundo Prestes, seu objetivo era examinar a possibilidade de intensificar a conspiração contra o governo de Arthur Bernardes no Rio Grande do Sul. Quando voltou a Santo Ângelo, ele ainda escreveu uma carta ao tenente Eduardo Gomes, relatando que naquele estado

> ninguém estava se preocupando com o governo de Bernardes, que a única preocupação no Rio Grande era a luta entre assisistas e borgistas[59]. Eu me sentia bastante decepcionado, porque a maioria dos militares só se preocupava com a luta local entre borgistas e assisistas. Essa era a carta, e eu dizia isto: que ninguém se preocupava, que não havia condições, portanto, quase de qualquer mobilização, qualquer conspiração, no Rio Grande.[60]

Apesar das dificuldades apontadas, o capitão Prestes continuou insistindo na articulação do levante tenentista. Voltou a contatar os oficiais de Cruz Alta, de Santa Maria e, posteriormente, o tenente Aníbal Benévolo, que servia em São Borja. Também estabeleceu ligação com o tenente Pedro Gay, lotado em São Luiz Gonzaga, onde liderava a conspiração no regimento de cavalaria local.

---

[57] Idem.

[58] Idem.

[59] "Assisistas" eram os partidários de Joaquim Francisco de Assis Brasil, líder dos "maragatos", ou federalistas, que faziam oposição ao governo de Borges de Medeiros no Rio Grande do Sul; borgistas eram os partidários deste último, líder dos "chimangos", ou republicanos.

[60] LCP, fita n. 2.

Em todos esses quartéis havia diversos oficiais subalternos que estavam de acordo com o levante. Mas a conspiração era muito difícil, porque as distâncias eram muito grandes [...], cem quilômetros de um regimento a outro. De Santo Ângelo a São Luiz Gonzaga eram mais de cem quilômetros, a Cruz Alta também [...] uns sessenta quilômetros, mais Santa Maria [...] outro tanto, e de lá para Uruguaiana, ainda mais. Mas começou a [...] haver [...] alguns entendimentos entre nós [...] e achamos que o conveniente era encarregar o Benévolo, o Aníbal Benévolo, para coordenar a conspiração no Rio Grande do Sul.[61]

Prestes foi transferido para o 1º Batalhão Ferroviário (1º BF) de Santo Ângelo no segundo semestre de 1923. Eis seu relato:

Assumi o cargo de chefe da Seção de Construção e fui para um local a vinte quilômetros da cidade de Santo Ângelo, onde estava uma companhia do Batalhão. Eu era o único oficial; tinha uma companhia de duzentos homens, que estavam construindo uma ponte sobre um rio, afluente do Ijuí. Aí estávamos acampados. Os soldados estavam num alojamento, um barracão de palha, de chão de barro, cama de vara; terrivelmente mal alojados. Os sargentos eram uns burocratas terríveis, não se preocupavam [...], nunca houve instrução militar no Batalhão. *Eu, estando conspirando, resolvi dar instrução aos soldados*. De maneira que organizei e tive êxito no comando dessa companhia, principalmente porque tinha a liberdade administrativa. Eu recebia diretamente o dinheiro e administrava a etapa desses duzentos soldados. Então, a primeira medida que tomei – ao contrário do que se faz em geral nos quartéis –, em vez de escalar um soldado para cozinheiro, eu, com a etapa, aluguei um cozinheiro, um verdadeiro cozinheiro, por quatrocentos mil-réis ao mês, naquela época, e um padeiro. Mandei fazer um forno, desses fornos de campanha. Então, tinha um padeiro e um cozinheiro. E estabeleci uma divisão do trabalho. Com os soldados mesmo, eu fiz um campo de esporte. Preparamos um campo para poder dar instrução física e instrução militar também. Dividi os soldados em duas turmas de cem, e dia sim, dia não, uma dessas turmas ia para o campo para receber instrução física. Eu dava ginástica e fazia instrução física para esses soldados e, depois, dava ordem-unida para transformá-los realmente em solados. E a outra turma de cem eu dividia em pequenos grupos de quinze a vinte homens, e cada um deles com um responsável, para os quais eu dava ordens escritas. E eles iam, então, para a construção dos bueiros, ou nivelamento de linha, ou extensão de trilhos, colocação de dormentes. Enfim, cada um deles tinha uma tarefa definida. E, ao mesmo tempo, criei três escolas. Fiz escola de alfabetização, e eu tinha somente uns vinte analfabetos. Era um

---

[61] Idem.

pessoal saudável, filhos de colonos; em geral, eram filhos de alemães, de italianos, um pessoal que se alimentava mais ou menos bem. Alguns tinham o primeiro grau, e eu mesmo dava aula.[62]

A seguir, conta como era a vida no acampamento que dirigia:

Acordávamos pela manhã, com a alvorada, tomava-se um café muito diferente desse café que se dá nos quartéis, porque, além de um café com leite, com pão e manteiga, ainda tinha, pelo menos, um pedaço de carne com batata e o pão fresco que saía do forno. Depois que voltavam da instrução ou do trabalho, mais ou menos ao meio-dia, tinha um almoço e, depois do almoço, uma meia hora depois, se iniciava a escola regimental, que ia até as três horas da tarde. Às três horas davam um mate, e todos íamos para o trabalho, inclusive eu, que também ia para o trabalho na construção da linha. Quando voltávamos, à tarde, estávamos esgotados. Eu exigia trabalho. Tomavam banho, jantavam, e o pessoal ia era tratar de dormir. Eu ficava de tal maneira fatigado [...], tinha uma pequena casa onde eu vivia sozinho [...]. Eu comia a mesma comida dos soldados [...]. Houve noite em que eu acordei com o toque de alvorada [...]. Tinha dormido fardado, na mesa em que estava trabalhando [risos], de tão fatigado que estava [...]. Porque eu escrevia as ordens todas durante a noite [...], cada ordem para cada turma.[63]

Dessa forma, ao mesmo tempo que continuava conspirando e se preparando para o levante, o capitão Prestes ia formando os futuros combatentes.

Na alfabetização, eu empreguei o seguinte: cada soldado analfabeto entreguei a um soldado que sabia ler e escrever. E ensinava a ele como é que ele devia ensinar o analfabeto. Com grande êxito, não é? Em três meses, estavam todos já assinando o nome. Fizemos até uma festa para entrega de diploma aos que foram alfabetizados. Fizeram uma bandeira brasileira com as assinaturas, com uma dedicatória para mim, que eles me davam. E os outros graus [...], eu fiz um primeiro e um segundo grau, preparando os soldados para poderem fazer exame para cabo, *com o objetivo de elevar o nível de instrução desse grupo que eu pretendia levar à revolução, queria levar para a luta armada.*[64]

O próprio Prestes assinalava que esse novo tipo de instrução militar por ele adotado no comando de sua companhia levou a que "a disciplina e o entusiasmo

---

[62] Idem; grifos desta autora.

[63] Idem.

[64] Idem; grifos desta autora.

dos soldados [fosse] imensa"[65]. Seu prestígio tornar-se-ia enorme, garantindo-lhe a fidelidade do 1º BF no momento do levante em preparação. Nascia um novo tipo de relacionamento, desconhecido até então nas fileiras do Exército brasileiro entre os soldados e o comandante. Prestes conseguia estimular a iniciativa dos soldados sem desprezar a disciplina, que era alcançada com o exemplo de seu próprio comportamento, excluída a prática da violência e dos castigos corporais.

A tarde aos sábados era livre tanto para o capitão Prestes quanto para seus subordinados, que iam a Santo Ângelo, onde ficava a sede do 1º BF. Nesse período, Prestes recebeu a visita de tenente Juarez Távora, emissário dos conspiradores de São Paulo. Sua missão era articular o movimento no sul do país, tendo assumido o compromisso de avisar aos rebeldes do Rio Grande do Sul a data prevista para o início do movimento[66].

Um pouco depois, Prestes teve de viajar ao Rio de Janeiro para ajudar dona Leocadia e as irmãs, vítimas da perseguição de um vizinho que, sabedor da posição política de Prestes, importunava a família. Esse vizinho era filho do chefe de polícia, o célebre Marechal Fontoura, apelidado por sua truculência de "Marechal Sombra". Prestes pediu licença por uma semana e, no Rio, conseguiu organizar a mudança de casa da mãe e das irmãs[67].

Em março de 1924, os conspiradores no estado do Rio Grande do Sul receberam um telegrama cifrado de São Paulo, marcando a data do levante que vinha sendo preparado para o dia da posse do político J. J. Seabra no governo da Bahia, ocasião para a qual estava previsto um levante nesse estado. Prestes recordava que foram tomadas algumas medidas, inclusive o coronel comandante do 1º BF de Santo Ângelo "reuniu a oficialidade e concordou que o Batalhão se levantaria já sob o comando dele. Mas chegou, veio contraordem [risos], logo no dia seguinte [...] foi suspenso o levante, foi adiado o levante"[68].

Logo depois, em abril, houve um incidente entre Prestes e esse coronel comandante do 1º BF, que tinha viajado ao Rio de Janeiro para receber os recursos financeiros destinados ao pagamento das despesas feitas no ano anterior com a construção da linha da estrada de ferro que ia para Porto Lucena. Segundo Prestes, "era uma dificuldade tremenda para receber [...]. A verba de 23 só chegou no princípio de 24. [...] Nós sabíamos que eram mais ou menos uns quinhentos contos que ele tinha recebido". Entretanto, o dinheiro não apareceu, e Prestes soube que um intendente local estava fabricando contas com o comércio da cidade para justificar o desaparecimento dessa quantia. Enquanto isso, o coronel

---

[65] Idem.
[66] Idem.
[67] Idem.
[68] Idem.

Os PRIMEIROS ANOS   45

comandante se preparava para viajar novamente ao Rio a fim de receber os recursos destinados ao ano de 1924. Prestes, indignado, entrou intempestivamente no gabinete desse comandante para tomar satisfação e, em seguida, encaminhou uma reclamação ao Ministério da Viação. O coronel comandante, que era muito amigo do general Setembrino de Carvalho, então ministro da Guerra, partiu para o Rio e nada sofreu. Foi transferido a outro Batalhão. Alguns meses após esse incidente, Prestes leu no Diário Oficial que sua reclamação havia sido arquivada[69].

Nos primeiros dias de junho de 1924, chegou a Santo Ângelo o major Eduardo Sá de Siqueira Gomes para assumir o comando do 1º BF em substituição ao coronel que havia sido transferido. O novo comandante reuniu a oficialidade, e o capitão Prestes, como chefe da Seção de Construção, fez um relatório informando a situação existente e quais eram as medidas que deveriam ser adotadas, considerando os poucos recursos disponíveis. O major, entretanto, tomou decisões ostensivamente contrárias às propostas de Prestes, revelando o claro propósito de perseguir os conspiradores. Ameaças foram dirigidas pelo novo comandante do 1º BF a oficiais do Batalhão, alguns dos quais acabaram presos. Diante dessa situação, Prestes achou melhor encaminhar um pedido de licença para tratamento de saúde[70].

Enquanto o capitão Prestes trabalhava com sua companhia fora de Santo Ângelo, indo à cidade apenas aos fins de semana, quando participava ativamente das articulações conspiratórias da oficialidade militar, o tenente Mário Portela Fagundes dava instrução física e de ordem-unida para todo o 1º BF, na própria cidade de Santo Ângelo. E também conspirava ativamente. Sua coragem e sua audácia não tinham limites. Prestes sempre recordava o episódio em que Portela, ao dar instrução a seus soldados, em 14 de julho de 1924, referiu-se à queda da Bastilha, dizendo que nós também haveríamos de tomar nossa Bastilha. Episódio que lhe valeu perseguições, obrigou-o a esconder-se e relegou-o à condição de desertor do Exército[71].

Prestes dirigia a conspiração tenentista em Santo Ângelo com estreita colaboração de Portela, em quem depositava total confiança. Anos mais tarde, reconheceria que Portela fora seu melhor auxiliar, um homem de caráter e talento, que tinha um grande coração e era um verdadeiro patriota[72]. Portela dissera uma vez: "Todas as grandes causas tiveram seus mártires antes de seus heróis. Sejamos os mártires, que os heróis hão de vir"[73].

---

[69] Idem.

[70] Idem.

[71] Idem.

[72] LCP, fita n. 3; fita n. 6.

[73] Jacó Beuren, *O tenente Portela na Marcha da Coluna revolucionária* (Porto Alegre, A Nação, 1969), p. 25.

Após ter dado parte de doente, Prestes entrou em entendimento com o engenheiro Alexandre Rosa, que trabalhara antes para a Companhia Construtora de Santos e havia criado uma empresa para instalar a luz elétrica em Santo Ângelo.

> Era uma [...] instalação velha, muito má [...], a cidade muito mal iluminada, e [...], como fora inaugurada uma usina hidrelétrica em Ijuí, ele [Alexandre Rosa] fez um contrato para trazer a energia elétrica de Ijuí para Santo Ângelo. Eu fiquei encarregado [...], ele me encarregou, eu passei ao serviço da empresa, que ele organizou, para instalar [...] o serviço urbano, quer dizer, as linhas de transmissão dentro da cidade.[74]

O material para a obra era fornecido pela empresa alemã Siemens, e havia um técnico alemão a serviço dessa firma, encarregado da construção da linha de transmissão de Ijuí a Santo Ângelo, uma linha de 20 mil volts. Esse técnico alemão se chocava com os operários, e o trabalho não avançava. Alexandre Rosa pensou que, no estado em que se encontrava a obra, Prestes não aceitaria levá-la adiante. Prestes conta como enfrentou o novo desafio:

> Eu disse: "Tomo conta disso aí, eu faço essa linha aí. Em três meses, eu faço isso funcionar". Ele ficou muito admirado de eu aceitar [...], porque o mês de junho, julho, no Rio Grande é de vento [...], são meses de muito frio, muita chuva nessa época. Mas botei lá uma barraca, acampei e comecei a construir a linha de transmissão [...] e aproveitei o alemão, que era técnico e conhecia mais do que eu [risos] na questão da transmissão, da construção da linha. Era uma linha de três fases [...], três fios que tinha-se que colocar, levantar os postes etc. Eu botei a coisa em ordem [...], e [houve] um desastre terrível, porque logo no primeiro dia de trabalho caiu um poste em cima do meu joelho [risos]. Passei uma semana de perna estendida [...], felizmente não quebrou nada. [...] No fim de uma semana, eu já estava bom e fui para minha barraca. E houve dias em que não se podia acender um fogo para aquecer um chá, um café. E um frio terrível. Mas trabalhamos aí e realmente [...] isso foi, mais ou menos, em julho, agosto, setembro [...]. Dia 28 de setembro, ou 29, inauguramos a luz elétrica em Santo Ângelo. Quer dizer, um mês antes do levante. Aí eu estava recebendo, nesse tempo, meu salário de engenheiro e ainda mandava para o Rio [...], para minha mãe. Ela tinha meu soldo de capitão. Mamãe tinha perdido uma parte, porque, com a parte de doente, eu não tinha gratificação. Ela recebia menos de um conto, mas com o que eu mandava cobria a diferença. Inauguramos, ainda eu me lembro da linha [...], construímos lá duas estações transformadoras.[75]

---

[74] LCP, fita n. 2.
[75] Idem.

Em Santo Ângelo, o prestígio do capitão engenheiro Luiz Carlos Prestes era muito grande, principalmente após a inauguração da luz elétrica na cidade, "uma luz elétrica melhor que a anterior, [...] a anterior era péssima [...], uma usina térmica que estava parando quase sempre [...], a luz apagava a toda hora. De maneira que foi um grande êxito"[76]. O prestígio do jovem militar contribuía para que fosse considerado um bom partido pelas moças casadoiras da cidade e suas respectivas mães, que o submetiam a intenso assédio. Entretanto, nessa época Prestes já escandalizava seus camaradas do Exército quando dizia que só concordaria em viver com uma mulher que o aceitasse sem papel passado, numa relação baseada exclusivamente no afeto mútuo.

Esgotado o tempo de licença para tratamento de saúde, Prestes encaminhou às autoridades competentes, em 8 de setembro de 1924, um requerimento com o pedido de demissão do Exército, o qual foi reiterado um mês depois. Dessa maneira, evitava a reintegração ao 1º BF, o que poderia dificultar sua atividade conspirativa no estado[77].

Um mês após a inauguração da luz elétrica em Santo Ângelo, quando teve início o levante do 1º BF, operários da construção, motoristas e trabalhadores quiseram acompanhar o capitão Prestes. O engenheiro Alexandre Rosa chegou a implorar que ele pedisse para pelo menos alguns desses trabalhadores ficarem tomando conta da usina[78].

---

[76] Idem.

[77] *Ofício ao sr. ministro de Estado dos Negócios da Guerra, o capitão Luiz Carlos Prestes*, 3ª Região Militar, 1º Batalhão Ferroviário, Santo Ângelo, 10 out. 1924 (arquivo particular da autora).

[78] LCP, fita n. 2.

II
O levante no Rio Grande do Sul e a organização da Coluna (outubro de 1924-janeiro de 1925)[1]

A deflagração do levante

A conspiração tenentista prosseguiu durante todo o ano de 1924 e, após o levante de julho na capital de São Paulo, atingira um ritmo mais acelerado no Rio Grande do Sul, onde os revolucionários[2] só souberam da revolta paulista[3] pelos jornais. Não obstante os contatos mantidos com emissários que viajavam com certa frequência pelos estados do Sul – entre eles os irmãos Joaquim e Juarez Távora –, a falta de coordenação do movimento era uma realidade e levara a sucessivos adiamentos do levante nesse estado.

No Rio Grande do Sul, havia causas particulares que dificultavam as articulações da conspiração tenentista. Durante todo o ano de 1923, as forças políticas locais estiveram absorvidas pelas lutas entre os partidários de Borges de Medeiros, no governo, e os oposicionistas chefiados por Joaquim Francisco de Assis Brasil[4] – ou, como se dizia no Rio Grande do Sul, entre os "chimangos" e os "maragatos". Os "tenentes" sediados na região seriam envolvidos por esses conflitos sangrentos, o que dificultava a organização do levante militar, de caráter nacional, contra Arthur Bernardes. As disputas locais os ocupavam por inteiro; ambas as partes aspiravam a conquistar o apoio do presidente Bernardes[5].

---

[1] Para um relato detalhado e uma análise circunstanciada da Coluna Prestes, consultar Anita Leocadia Prestes, *A Coluna Prestes* (Rio de Janeiro, Paz e Terra, 1997).

[2] Adotamos a denominação "revolucionários" porque era a utilizada pelos próprios conspiradores tenentistas.

[3] Sobre a revolta paulista de 5 de julho de 1924, ver Anita Leocadia Prestes, *Uma epopeia brasileira: a Coluna Prestes* (São Paulo, Expressão Popular, 2009), p. 39-49.

[4] Joaquim Francisco de Assis Brasil, rico fazendeiro rio-grandense, líder dos libertadores, foi proclamado chefe civil da Revolução dos "tenentes" ainda em 1924.

[5] LCP, fitas n. H e n. 2.

De toda maneira, a conspiração tenentista recebera um novo alento com a notícia da revolta paulista. Também se fortalecia devido ao apoio dos caudilhos ligados a Assis Brasil, que começavam a ver nos "tenentes" possíveis aliados na luta dos "maragatos" contra o governo de Borges de Medeiros.

A situação política no Rio Grande do Sul tornara-se explosiva em outubro de 1924. Ademais, as condições precárias dos rebeldes paulistas, imobilizados àquela altura pelas tropas do general Rondon, no oeste do Paraná, estavam a exigir solidariedade, provocando o espírito de rebeldia da jovem oficialidade comprometida com a chamada revolução.

A alma da conspiração militar no Rio Grande do Sul, seu principal coordenador e organizador, viria a ser o tenente Aníbal Benévolo, jovem oficial do quartel--general da Brigada de cavalaria de São Borja. Na deflagração do levante gaúcho, o capitão Luiz Carlos Prestes desempenharia papel importante. Eis seu relato:

> Em outubro, dia 20, eu resolvi levantar o Batalhão Ferroviário sozinho. Mas queria combinar, pelo menos com o Aníbal Benévolo, que era um homem que eu respeitava, porque era um rapaz de muito valor, valente e de talento. Já o conhecia anteriormente. Tenente de cavalaria, participava do Estado-Maior da Brigada de cavalaria de São Borja. Então, eu resolvi formular um código com os dias até 31 de outubro.

Prestes escreveu um bilhete dirigido a Benévolo, em que dizia:

> Se até o dia 31 eu não recebesse nenhum telegrama marcando a data para levantar, ia me levantar de qualquer maneira, sozinho mesmo, só o Batalhão Ferroviário. Diante disso, ele se ligou com outros companheiros, e resolveram, então, marcar para a madrugada de 29 de outubro o levante das tropas no Rio Grande do Sul. Eu recebi o telegrama com antecedência de dois dias, dia 27, e realmente levantamos o Batalhão na noite de 28 para 29 de outubro. Eu e o Portela.[6]

Naquele momento, a chegada do capitão Juarez Távora e do tenente Siqueira Campos ao Rio Grande do Sul ajudou a impulsionar a preparação do levante, vencendo vacilações e resistências existentes na maior parte das unidades militares que conspiravam naquele estado[7]. Entretanto, grande parte das forças comprometidas com a revolução não se levantaria, como já havia acontecido nas revoltas tenentistas anteriores. Havia as mesmas desorganização e inconsequência

---

[6] LCP, fita n. 2; trata-se do tenente Mário Portela Fagundes.
[7] LCP, fita n. H.

típicas dos "elementos pequeno-burgueses", nas palavras pronunciadas por Prestes muitos anos depois[8].

Levantaram-se apenas, ainda na noite de 28 de outubro, o 1º BF de Santo Ângelo, sob o comando de Prestes e Portela e, na madrugada do dia 29, os regimentos de cavalaria das cidades de São Luís Gonzaga, São Borja e Uruguaiana. Dois dias depois, rebelou-se uma bateria do regimento de artilharia a cavalo de Alegrete. Mais tarde, um Batalhão de engenharia aquartelado em Cachoeira também se sublevou.

Ao mesmo tempo, vários caudilhos ligados a Assis Brasil aderiram ao levante. As tropas de "maragatos", de lenço vermelho no pescoço, incorporaram-se a diversas unidades rebeladas, constituindo um reforço para a Revolução tenentista.

Prestes conta os episódios que marcaram o levante do 1º BF de Santo Ângelo:

A primeira coisa que eu fiz [...] conversei com o [...] capitão-fiscal. O major era nosso inimigo, era o agente do Bernardes, era homem bernardista[9] mesmo. O capitão era desses que [ia] para a fazenda sempre que podia. De maneira que, aí pelo dia 27, logo que eu recebi o telegrama, eu disse a ele que era bom que ele fosse para a fazenda [...]. Ele compreendeu e foi. [...] Era para animá-lo. Ele não queria participar e foi. Havia dois tenentes [...], tinham sido meus alunos [...]. De maneira que, na tarde, já às seis da tarde, mais ou menos, do dia 28 de outubro [...], eu os procurei na pensão em que eles estavam hospedados [...] em Santo Ângelo. [...] Eu disse a eles: "Vocês conhecem minhas ideias [...]. Eu hoje vou levantar o Batalhão. Qual é a posição de vocês?" [risos]. Ficaram estatelados... porque eles não queriam participar. Eu disse: "Vocês não querem participar, não é? Eu não quero também comprometer vocês. Você, que é o tenente mais antigo" – porque o capitão tinha ido para a fazenda [...] ele ficou no lugar do capitão. "Você [...]" – que era o Machado Lopes [...] – "vai receber um telegrama do comandante da Região, mandando que me passe o comando. E você me passa o comando, uma coisa perfeitamente legal". A única coisa que ele me perguntou foi o seguinte: "E o major?". Eu disse: "O major, não tenha preocupação, que o major não aparecerá". Ele também não me perguntou se eu ia matar [risos]. Porque eu já estava com o major vigiado. O major morava sozinho, ele tinha deixado a família e morava sozinho, com uma empregada [...], numa casa de esquina. Eu já tinha combinado, então estava tudo preparado. Eu tinha um grupo de paisanos para sequestrá-lo, de civis. E foi o que fiz.[10]

---

[8] LCP, fita n. F.
[9] O termo "bernardista" refere-se aos partidários de Arthur Bernardes.
[10] LCP, fita n. 2.

Dando prosseguimento ao relato, Prestes recorda o episódio do sequestro do major Eduardo Sá de Siqueira Gomes, comandante do 1º BF de Santo Ângelo:

Mesmo que eles [os dois tenentes] quisessem comunicar ao major, já não podiam, porque ninguém mais entrava na casa do major, porque já estava guardado. [...] Então, tinha um curandeiro, que era um homem muito firme – Siciliano era o nome dele. Eu [...] mandei que ele fosse bater na casa do major. Já escurecendo [...], ele bateu na porta da casa do major para dizer ao major que ele estava preso, em casa, por ordem do comandante da guarnição de Santo Ângelo. Ele é que era o comandante da guarnição e, por ordem superior, estava preso. Mas eu fiquei a uns quinhentos metros de distância, com meu grupo de ação, que era comandado pelo José Pedro Bins. [...] Era um homem de muito valor. Eu tinha compreendido que ele era um homem que ia me ajudar muito. Morreu em combate logo depois. De maneira que eu tinha um grupo preparado para assaltar a casa do comandante por trás, e o Bins iria pela frente mesmo, com uns dois ou três outros homens. [...] O curandeiro esse falou com o major. Bateu na porta, ele veio e eu vi a discussão que se travou [risos] porque o major começou a discutir com ele [risos]. Eu disse: "Bins, vai lá e acaba com isso". Porque tinha que acabar com a discussão. Ah! Ele deu uma corrida [...] Quando chegou, o major estava dizendo que ia fazer escândalo. [...] E o Bins, então, deu-lhe logo um soco, ele caiu dentro de casa. Tirou do bolso uns lenços vermelhos, que todo gaúcho andava [...], para a revolução, estava preparado com uma porção de lenços desses vermelhos [risos]. Meteu um lenço vermelho na boca, amarrou, sentou o major lá [risos] no sofá da sala [risos]. Já tinham pegado a empregada [...], sentaram também lá ao lado do major. Fecharam a casa e esperaram que, às oito horas, ia o automóvel do Batalhão [...] porque ele ia dormir no Batalhão, no quartel, essa noite. Ele ia dormir com um dos tenentes, ia dormir no quartel. [risos] Episódio de gângsteres [risos].[11]

Após o sequestro do comandante do Batalhão, Prestes, já devidamente fardado, junto com o estafeta do telégrafo, assumiu o comando da unidade, pois os rebeldes, que já tinham o controle do telégrafo, haviam obrigado o estafeta a fazer um telegrama em nome do comandante da Região determinando que o comando da unidade fosse transferido ao capitão Prestes. Eis o relato de Prestes:

Era evidente que isso era falso [...]. Quando entregaram o telegrama, eu já estava lá junto com ele [o estafeta do telégrafo]. Eu entrei no quartel acompanhado dos dois tenentes. Fomos logo para a Casa de Ordem [...], eu mandei fazer um boletim

---

[11] Idem.

[...] legal [...]. O boletim transcreve o telegrama do comandante da Região e dá minha apresentação e me passa o comando. E eu fiz outro boletim, assumindo o comando da guarnição de Santo Ângelo. Enquanto isso, o Portelinha[12] já tinha entrado também e foi lá para os alojamentos – às nove horas é a revista – para levantar os soldados. [...] Levantou o grupo, porque os sargentos estavam todos conosco. Havia o entusiasmo. Gaúcho, para fazer revolução [risos] está disposto. [...] Os tenentes começaram a ouvir logo o barulho nos alojamentos. Perguntaram: "O que é isso?". Eu disse: "Isso é a revolução, nós estamos nos levantando contra o governo e..." – na frente dos sargentos – "se vocês não estão de acordo, considerem-se presos aí, na sala de comando". Eu deixei presos lá na sala de comando. E [...] porque eles salvaram a face. O essencial era salvar a face, de maneira que eles não estavam comprometidos e não puderam reagir. Mais tarde, eu, em papel do Batalhão, fiz um ofício ao prefeito da cidade de Santo Ângelo [...] – todas aquelas cidades do Rio Grande do Sul tinham um corpo de provisórios e tinham um armamento reservado, que estava na posse do prefeito. De maneira que, mais ou menos à meia-noite, eu organizei um pelotão, um grupo de combate, levando meu ofício ao prefeito [...], que acordou estremunhado e viu o papel do Batalhão; eu dizendo que tinha assumido o comando do Batalhão e da guarnição e que determinava a ele que me entregasse imediatamente todo o armamento que tinha em poder dele. [...] Ele entregou logo tudo, todo o armamento, que era pouca coisa [...]. Tinha uns cinquenta fuzis, mais ou menos. [...] No dia seguinte de manhã é que ele soube que [risos] era a revolução. [...] Aí quis ver se retomava o armamento. Eu disse: "Não, o armamento está conosco e não tem mais nada que sair"[13].

Sobre o destino do major Siqueira Gomes, Prestes recordava que, quando o automóvel chegou à casa dele, o soldado apontou o revólver na cara do motorista, obrigando o major e a empregada a entrar no carro. Foram levados para fora de Santo Ângelo, porque "major manda mais que capitão, e, se houvesse um choque entre nós dois [...], um dos dois morria. Não valia nada para a revolução. Então ele foi para fora de Santo Ângelo. De madrugada, já de manhã, no dia seguinte de manhã, eu mandei buscá-lo"[14]. Prestes mandou prender Siqueira Gomes no xadrez do quartel, que o próprio major havia inaugurado havia pouco tempo[15].

As forças governistas foram rapidamente mobilizadas, sob direção do comandante militar da região, general Eurico Andrade Neves, e lançadas contra os

---

12 Mário Portela Fagundes.
13 LCP, fita n. 2.
14 Idem.
15 LCP, fita n. 3.

rebeldes que haviam partido de São Borja com a intenção de tomar Itaqui. Devido à falta de coordenação entre as unidades rebeladas e à espontaneidade de suas ações, em poucos dias os revolucionários do sul do estado estavam desbaratados.

A revolução conseguiu sobreviver apenas na região de São Luís Gonzaga, graças a duas razões principais. A primeira decorria do fato de a cidade se encontrar distante de qualquer linha férrea, o que, naquela época, dificultava o acesso das tropas governistas, retardando sua investida contra os rebeldes. A segunda razão se devia ao papel decisivo do capitão Prestes na reorganização das tropas rebeldes que se reuniram em torno de São Luís Gonzaga. Na prática, Prestes passou a comandar não só o 1º BF, que partira com ele de Santo Ângelo, como também os elementos militares e civis remanescentes dos diversos levantes no estado.

Os soldados do 1º BF – o chamado "Ferrinho" – revelaram um grau de disciplina, dedicação e desprendimento muito superior ao dos soldados de qualquer outra unidade rebelde e, dessa forma, tornaram-se a força decisiva de aglutinação dos revolucionários que se concentraram em São Luís Gonzaga. Isso não fora obra do acaso, mas resultado do trabalho anteriormente realizado por Prestes e Portela.

No quartel de Santo Ângelo, a adesão ao levante foi total. Embora as reivindicações contidas no manifesto assinado por Prestes e lançado na cidade fossem as mesmas das demais revoltas tenentistas, a determinação revolucionária de Prestes e de Portela era diferente: eles estavam imbuídos da convicção de não permitir a derrota de modo algum.

Santo Ângelo era o ponto final da estrada de ferro pela qual chegariam as tropas do governo lançadas contra os rebeldes. Por essa razão, após uma tentativa infrutífera de tomar Ijuí, cuja posse poderia garantir a defesa dos rebeldes do 1º BF, Prestes e Portela ordenaram a retirada desse Batalhão para São Luís Gonzaga.

Em Santo Ângelo, não foi necessário fazer requisições de mantimentos, uma prática que, depois, tornar-se-ia corrente para assegurar a manutenção das tropas rebeldes. A própria população, junto à qual Prestes e Portela gozavam de grande prestígio, se solidarizou com a revolução; os comerciantes fizeram doações generosas, que foram levadas para São Luís Gonzaga. Já nessa vila, Prestes se impôs como chefe ao editar uma comunicação pública que estabelecia que apenas ele, pessoalmente, poderia assinar e autorizar as requisições. Evitavam-se, assim, atos de violência contra a população local por parte dos rebelados.

Nos primeiros dias de novembro, Aníbal Benévolo e Siqueira Campos (o herói dos 18 do Forte) partiram em direção a Itaqui, contando apenas com dois esquadrões do regimento de cavalaria de São Borja. Pretendiam tomar a cidade, importante ponto estratégico às margens do rio Uruguai. Houve uma séria resistência inimiga, e Benévolo viu-se obrigado a pedir reforço aos camaradas rebelados em São Borja e São Luís Gonzaga.

Apenas o 1º BF deslocou imediatamente duas companhias – sob o comando direto de Prestes e Portela – para socorrer os companheiros que combatiam nos arredores de Itaqui. Mas a superioridade das forças inimigas obrigou os rebeldes a recuar. O tenente Benévolo tombou heroicamente, abatido por um tiro na cabeça. Siqueira Campos atravessou a nado o rio Uruguai e arrebanhou, no lado argentino, as embarcações que conduziram os rebeldes remanescentes para o país vizinho. Em São Borja, diante da ofensiva governista, o que restara das forças revolucionárias se encontrava em franca desagregação.

Em sua passagem por São Borja, enquanto tentava mobilizar forças para socorrer Benévolo e Siqueira Campos, Prestes recebeu a visita do general João Francisco Pereira de Souza, caudilho gaúcho que participara da revolta de São Paulo e se deslocara para o Paraná junto com Isidoro Dias Lopes. João Francisco trazia uma incumbência do general Isidoro: promover Prestes a "coronel em comissão[16] para organizar e comandar a 1ª Brigada da Divisão do Centro", concedendo-lhe "autorização para promover e nomear comandantes de batalhões e regimentos", assim como "comissionar, nomear e promover todos os oficiais que vosso critério indicar para essa corporação"[17]. Era o reconhecimento do papel de destaque desempenhado por Prestes e sua consagração como chefe dos revolucionários gaúchos.

O governador Borges de Medeiros, contando com o apoio do presidente da República, já havia conseguido desbaratar os rebeldes no sul do estado, lançando contra eles as tropas disponíveis do Exército e da Brigada Militar gaúcha, os corpos auxiliares (ou antigos "provisórios"[18]) e os destacamentos de polícias militares saídos de vários estados da União.

Em meados de novembro, as atenções se voltaram para o único bastião revolucionário que ainda permanecia de pé naquele estado – as tropas acampadas em torno de São Luís Gonzaga, sob comando do coronel comissionado Luiz Carlos Prestes.

---

[16] Coronel em comissão ou comissionado: nas fileiras dos rebeldes, vigorava um sistema de promoções militares análogo ao existente no Exército. Dessa forma, até mesmo civis eram "comissionados" para os diferentes postos da hierarquia militar. O capitão Prestes foi coronel e depois general comissionado.

[17] João Francisco Pereira de Souza, *Promoção de Luiz Carlos Prestes ao posto de coronel*, São Borja (RS), 14 nov. 1924 (Arquivo Histórico do Exército), citado em Francisco Cascardo Carlos Pereira, *O tenentismo na Marinha: os primeiros anos* (1922-1924) (São Paulo, Paz e Terra, 2005), p. 757 e 813.

[18] Os "provisórios" eram corpos auxiliares criados a título provisório para facilitar as atividades das milícias ou das polícias estaduais.

A organização inicial da Coluna

De regresso a São Luís Gonzaga, após sua ida a São Borja, Prestes enfrentou a necessidade de organizar a resistência ao ataque inimigo em preparação. Para isso, contou com a colaboração de Mário Portela e de outros tenentes rebeldes (que iriam a ele se reunir), como Siqueira Campos, João Alberto Lins de Barros, Cordeiro de Farias, Aristides Corrêa Leal, Ary Salgado Freire e os ex-alunos da Escola Militar do Realengo (expulsos após o "primeiro 5 de julho"), Emygdio da Costa Miranda e André Trifino Corrêa.

Apoiado nesse grupo de homens de grande audácia, coragem, desprendimento e de excepcional competência militar, Prestes deu início à organização do que viria a ser, mais tarde, a Coluna Invicta. Naquele momento, a maior parte dos oficiais do Exército, que, em 29 de outubro, havia se levantado em diferentes pontos do Rio Grande do Sul, já tinha desistido da luta, emigrando para a Argentina. A inconsequência e a falta de persistência foram traços característicos de grande parte dos "tenentes", para quem os primeiros reveses constituíram motivo para abandonar os compromissos assumidos com a revolução.

Havia chegado o momento de estruturar as tropas revolucionárias concentradas na região de São Luís Gonzaga. Dispunha-se de uns 1,5 mil homens – somente a metade deles armados, uma parte com fuzis Mauser e a outra com simples pistolas. Os revolucionários não possuíam armas de longo alcance, mas não faltavam cavalos: dois para cada soldado.

Foram constituídos treze regimentos de cavalaria, sendo os três primeiros comandados, respectivamente, pelos tenentes Portela, João Alberto e Pedro Gay. Os demais regimentos ficaram entregues ao comando dos diversos caudilhos maragatos, que se consideravam "coronéis". Surgia a organização inicial da Coluna. No começo, tratava-se de uma tropa heterogênea e indisciplinada, cujo comando carecia de unidade, o que prejudicaria qualquer ação a ser empreendida.

A Coluna, além de mal armada (não dispondo de fábricas de armamento e munição), não contava com uma retaguarda que assegurasse o abastecimento da tropa. Prestes ocupou uma vasta região em torno de São Luís Gonzaga, montando guarda nos diversos pontos por onde poderia surgir o inimigo, à espera do armamento prometido pelo general João Francisco. Esse carregamento jamais chegou ao destino, pois os guardas argentinos não permitiram sua passagem pela fronteira.

Baseado na experiência do 1º BF, Prestes tentou transformar a tropa revolucionária num exército em que vigorasse a disciplina militar e, ao mesmo tempo, pudesse ser desenvolvida a iniciativa dos soldados. De fato, sem uma disciplina rigorosa e um comando único e centralizado, as forças rebeldes seriam desbaratadas. Mas, sem a participação ativa de cada soldado, sem a compreensão de cada um deles de que se lutava pela libertação do Brasil do governo despótico de Arthur Bernardes, seria impossível garantir a sobrevivência de uma força armada tão diferente – não havia soldo nem pagamento de qualquer espécie ou vantagens de qualquer tipo, e exigia-se, para permanecer em suas fileiras, um grande espírito de sacrifício e muita disposição de luta. Tratava-se de construir um exército completamente distinto das forças armadas regulares, nas quais a disciplina era imposta pela violência e os soldados não passavam de meros cumpridores de ordens superiores.

Essa não seria uma tarefa fácil para Prestes e os principais comandantes da Coluna em formação. Eram todos muito jovens e, por isso, encarados com desconfiança pelos "coronéis", velhos caudilhos, com grande experiência acumulada nas lutas travadas tradicionalmente no Rio Grande do Sul entre grupos civis em litígio, mas que revelavam dificuldade em entender que, para enfrentar as forças militares coligadas lançadas pelos governos federal e estadual contra os rebeldes, tornara-se necessário estruturar a Coluna de acordo com a concepção desenvolvida por Prestes.

A experiência dos maragatos foi, entretanto, valiosa na organização das forças revolucionárias. Os rebeldes adotaram o sistema gaúcho de "fogões": formaram-se grupos de cinco a oito combatentes, completamente independentes no preparo de sua alimentação; o comando apenas se preocupava com a distribuição da carne. Dessa forma, simplificava-se o abastecimento da tropa – um problema complexo e oneroso num exército regular. Depois, o "fogão" passou a designar um grupo coeso de combatentes da mesma unidade, dirigido pelo mais graduado, sobre o qual repousava a estrutura orgânica do destacamento. Seu chefe recebia ordens diretas do comandante do esquadrão a que estava subordinado.

Adotou-se também o método gaúcho de arrebanhar animais, as "potreadas": pequenos grupos de soldados se destacavam da tropa em busca não só de cavalos para a montaria e de gado para a alimentação, como também de informações, que eram transmitidas ao comando. Esses dados constituíram elementos valiosos para a elaboração de mapas detalhados sobre cada região atravessada pelos rebeldes, permitindo que a tática da Coluna fosse traçada com precisão e profundo conhecimento do terreno. Assim, reduziam-se os riscos de que os revolucionários acabassem pegos de surpresa pelo inimigo. Na verdade, em geral era a Coluna Prestes que, com seus lances inesperados, surpreendia as forças governistas. As potreadas eram fator fundamental para desenvolver a iniciativa e o espírito de responsabilidade dos soldados. Nas palavras de Prestes, foram "os verdadeiros olhos da Coluna".

A Coluna não poderia se transformar num exército revolucionário, movido por um ideal libertário, se não incutisse em seus combatentes uma atitude de respeito e solidariedade em relação ao povo com que mantinha contato. Desde o início, ainda no Rio Grande do Sul, o comando da Coluna deu grande importância ao tratamento que seus soldados deviam dispensar à população civil das localidades por onde passavam. Qualquer arbitrariedade era punida com grande rigor; em alguns casos de maior gravidade, chegou-se ao fuzilamento dos culpados, principalmente quando houve desrespeito a famílias e, em particular, a mulheres.

Da mesma forma, não se admitiam saques nem atentados gratuitos à propriedade. Por essa razão, ficou estabelecido que as requisições de artigos indispensáveis à manutenção da tropa (feitas junto a comerciantes, fazendeiros ou particulares) exigiam a apresentação de um recibo assinado pelo próprio Prestes ou por outro comandante devidamente credenciado. No recibo, os rebeldes assumiam o compromisso de, com a vitória da revolução, indenizar o interessado pelo valor dos bens requisitados. Com essa prática, inteiramente inusitada, a Coluna acabou conquistando a simpatia das populações que encontrou no caminho.

A tropa que ia sendo organizada na Coluna compunha-se de dois grupos principais: os soldados, que haviam se levantado nas unidades militares rebeladas, e os civis, chefiados pelos caudilhos maragatos, acostumados à indisciplinada luta guerrilheira, que deixara raízes no Rio Grande do Sul. Tanto uns quanto outros eram, em sua maioria, jovens moradores da região do planalto gaúcho, caboclos provenientes de famílias pobres, sem terra ou com pouca terra – os chamados "pelos duros". Em geral, trabalhavam como peões nas fazendas de criação de gado ou eram assalariados; muitos prestavam algum tipo de serviço na extração da erva-mate ou na agricultura de alimentos.

Os revolucionários alojaram-se em torno de São Luís Gonzaga, espalhando-se por um raio que chegava a noventa quilômetros. Esses acampamentos constituíram uma atração para algumas mulheres de origem humilde, moradoras da região, sendo que muitas se tornaram companheiras dos soldados e viriam a segui-los durante sua retirada da região. No Rio Grande do Sul, incorporaram-se à Coluna cerca de vinte mulheres, que, por vezes, chegaram a combater como soldados, revelando grande heroísmo e dedicação.

Desde os primeiros dias da revolução, Prestes apoiou-se na experiência adquirida nos meses que dirigira sua companhia do 1º BF e tratou de criar um novo tipo de relacionamento entre os comandantes e os soldados. Cientes de que o exemplo dos chefes desempenharia um papel fundamental nessa empreitada, Prestes, Portela, Siqueira Campos, João Alberto e Cordeiro de Farias levavam a mesma vida que os soldados, dormindo no chão, comendo a comida preparada nos "fogões", sem admitir qualquer privilégio. Ao contrário, durante toda a Marcha da Coluna, os soldados – e, em primeiro lugar, os feridos – tiveram prioridade na distribuição de alimentos, roupas, montaria e medicamentos. Formou-se, assim, um novo moral: o moral do combatente da Coluna, que lutava por um ideal sem medir sacrifícios, acompanhando seus chefes porque neles confiava e acreditava, porque via no comportamento deles um exemplo a seguir. A Coluna viria a se transformar numa grande família, na qual cada soldado permanecia sabendo que combatia por um ideal de liberdade e justiça para o povo brasileiro.

A Coluna Prestes não nasceu pronta. Foi fruto de uma série de circunstâncias, quando os rebeldes se viram na contingência de enfrentar um inimigo numeroso, bem armado e municiado, com fontes de abastecimento garantidas, enquanto sua própria situação era de total carência de armamentos e víveres, com um contingente humano também reduzido. Tratava-se de buscar formas de sobreviver e garantir a continuidade da revolução.

Nesse sentido, foi importante a experiência do ataque à cidade de Tupaceretã, a sudeste de São Luís Gonzaga. O governo havia enviado um Batalhão do Exército para a localidade. Ao planejar a investida contra essa unidade militar, Prestes visava a apoderar-se de seu armamento, item que se tornara imprescindível para os revolucionários. A ofensiva rebelde foi deflagrada em 2 de dezembro de 1924, mas o poder de fogo do inimigo era muito superior e as tropas revolucionárias, não obstante lutar com valor, agiram de maneira caótica. Na prática, revelaram que seu nível de organização deixava muito a desejar, demonstrando o despreparo para obedecer a um comando único e centralizado.

Prestes percebeu a tempo a necessidade de recuar e, antes que fosse demasiado tarde, os rebeldes voltaram para São Luís Gonzaga. Em Tupaceretã não houve vencidos nem vencedores. Por um lado, o combate revelou as debilidades da Coluna naquele momento e mostrou que era preciso melhorar sua organização, garantindo a obediência das tropas a um comando único; por outro, deixou evidente a extraordinária disposição dos rebeldes para a luta.

Durante os meses de novembro e dezembro, as forças rebeldes, acampadas na região de São Luís Gonzaga, prepararam-se para o confronto que, mais cedo ou mais tarde, se daria com as tropas inimigas. Enquanto isso, na cidade, surgia um pequeno jornal que entraria para a História como "o órgão da revolução". Chamava-se *O Libertador* e era dirigido pelo advogado José D. Pinheiro Machado, que participaria de toda a Marcha da Coluna. Sua impressão era feita na oficina do jornal local *Missões*, ocupada militarmente pelos rebeldes. Em São Luís, saíram suas seis primeiras edições; as demais, em número de quatro, foram publicadas em outros pontos do Brasil, por onde os rebeldes passaram.

O combativo órgão impresso da Coluna tornou-se um símbolo de suas lutas e um instrumento de divulgação de seus feitos pelo Brasil afora. Publicava os manifestos e as mensagens do comando revolucionário e noticiava os principais movimentos das tropas rebeldes. Seu lema "Liberdade ou Morte" expressava o sentimento que movia os revolucionários.

O rompimento do cerco de São Luís, o combate da Ramada e a marcha para o norte

Em dezembro de 1924, 14 mil homens, sob o comando do Estado-Maior governista, marchavam sobre São Luís Gonzaga. Dividiam-se em sete colunas de aproximadamente 2 mil soldados cada, formando o chamado "anel de ferro", com o qual se pretendia estrangular os rebeldes acampados em torno da cidade. Com o cerco de São Luís, o governo visava a encurralar o inimigo e destruí-lo, da mesma forma como pretendia o general Rondon, que mantinha os rebeldes paulistas sitiados no oeste paranaense. Era a famosa "guerra de posição" – a única tática que os militares brasileiros conheciam naquela época.

Pensava-se que os soldados da Coluna estivessem reunidos na cidade, mas, na realidade, o tão procurado "grosso da Coluna" não existia. Ao perceber a tática do governo, Prestes distribuiu seus soldados em torno de São Luís Gonzaga, posicionando-os a distâncias consideráveis, em sete pontos diferentes, de acordo com as sete direções por onde vinham as tropas governistas [ver mapa II.1].

MAPA II.1 – O rompimento do "cerco de São Luís" pela Coluna Prestes em dezembro de 1924

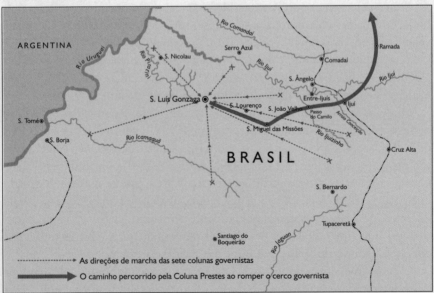

Para a maioria dos chefes rebeldes – com exceção dos mais próximos a Prestes –, a situação era desesperadora e considerada perdida. Havia uma enorme disparidade entre as forças governistas e as dos revolucionários, reduzidos a 1,5 mil homens, precariamente armados e quase desprovidos de munição.

Prestes tratou, contudo, de encontrar uma saída. Diante da "guerra de posição" desenvolvida pelos militares do governo, concluiu que a melhor solução seria inovar, adotar um novo tipo de tática. Pensou, então, em deslocar-se com bastante rapidez, mantendo contato com o inimigo, para assim conhecer seus movimentos e persegui-lo com eficácia. Mas, para que isso funcionasse, era fundamental montar um bom sistema de informações, e aí as potreadas entraram em ação. Mobilidade e surpresa foram dois aspectos importantíssimos da "guerra de movimento" imaginada por Prestes, a partir de sua própria experiência naquele mês e meio de luta no Rio Grande do Sul e da experiência das antigas guerras entre os caudilhos gaúchos. Tratava-se de uma espécie de "luta de guerrilhas", então novidade para o Exército brasileiro.

Os comandantes das guardas rebeldes – que cobriam as sete posições de chegada das tropas governistas – receberam instruções para manter contato com o adversário que avançava e recuar sem aceitar combate, permitindo, ao mesmo tempo, que o Estado-Maior acompanhasse os acontecimentos. O comando rebelde decidiu deixar que o inimigo se aproximasse a uns cinquenta quilômetros de São Luís Gonzaga, distanciando-se bastante de suas bases de abastecimento. Aí, então, seria o momento de furar o cerco.

Na noite de 27 de dezembro, quando a coluna inimiga, comandada pelo coronel Claudino Nunes Pereira, acercou-se da localidade de São Miguel das Missões, Prestes ordenou a João Alberto que mantivesse contato com ela, simulando a retirada de sua tropa em direção a São Luís Gonzaga. Ao mesmo tempo, reuniu rapidamente toda a força rebelde em São Miguel. Então, enquanto as sete colunas inimigas avançavam para São Luís, os revolucionários esgueiraram-se entre duas delas, sem serem notados.

Na mesma noite, a Coluna Prestes marchou em direção a Ijuí, visando ao norte do estado. Era necessário atravessar o rio Ijuizinho, em cujo vão profundo Prestes conseguiu ocultar a Coluna durante a noite, organizando a travessia pelo Passo do Camilo e, depois, em direção a Palmeira. Seria uma travessia difícil, demorada e acidentada. Ao raiar do dia, Prestes assistiu, do alto da ribanceira, sem que sua tropa fosse avistada pelo adversário, à passagem do coronel Claudino e de seus homens rumo a São Miguel das Missões e São Luís Gonzaga. Na manhã de 30 de dezembro, a Coluna reiniciou sua marcha para o norte.

Enquanto isso, as tropas governistas prosseguiam avançando sobre São Luís Gonzaga... Os jornais do governo anunciavam: "São Luís cercada pelas forças legais". No dia 30 de dezembro, a imprensa de Porto Alegre informou que os rebeldes, em fuga, abandonavam São Luís.

Na realidade, naquele dia, o comandante de uma tropa governista de reserva, que se encontrava em Ijuí, foi morto ao se chocar com uma patrulha rebelde nas proximidades do Arroio Conceição. Esse fato – bastante revelador do grau de desinformação do comando legalista sobre os movimentos dos revolucionários – causou escândalo, pois deixou evidente que Prestes e a Coluna já haviam rompido o cerco inimigo e, sem ser percebidos, seguiam vitoriosos para o norte. Quando os 14 mil soldados legalistas chegaram a São Luís, não encontraram mais nenhum rebelde pelas cercanias.

Foi a primeira vitória importante de Prestes e de sua tática de "guerra de movimento", o que lhe garantiu grande prestígio e contribuiu para consolidar sua liderança à frente da Coluna que tomaria seu nome.

Pouco tempo depois, em fevereiro de 1925, Prestes expôs, numa carta ao general Isidoro, sua concepção da "guerra de movimento", que deixaria os generais do governo desnorteados e perplexos:

> A guerra no Brasil, qualquer que seja o terreno, é a "guerra de movimento". Para nós, revolucionários, o movimento é a vitória. A "guerra de reserva" é a que mais convém ao governo que tem fábricas de munição, fábricas de dinheiro e bastantes analfabetos para jogar contra as nossas metralhadoras.[19]

O comando legalista tentou barrar a passagem da Coluna Prestes rumo ao norte do estado. Num lugarejo chamado Rincão da Ramada, o governo concentrou 1,6 mil homens, incluindo uma bateria de artilharia sob o comando do capitão Carlos de Oliveira Duro, à espera dos rebeldes.

Em 3 de janeiro de 1925, às oito horas da manhã, teve início o combate que passaria à História com o nome de "combate da Ramada". As tropas governistas atacaram a vanguarda da Coluna, na qual marchava, naquele momento, o 1º BF, comandado por Mário Portela. A situação era desesperadora, mas Portela soube contorná-la com uma manobra: infiltrou rapidamente sua tropa na orla da mata e, após duas horas de marcha fatigante, saiu no campo, entre o inimigo e o grosso revolucionário; então, enquanto atacava de surpresa o flanco e a retaguarda do adversário, enviou uma mensagem a Prestes.

Graças a essa manobra desenvolvida por Portela, Prestes pôde ordenar ao regimento comandado por João Alberto que avançasse ao longo da estrada de rodagem, evitando qualquer ataque ao adversário. Começou uma nova fase do combate, em que a artilharia governista, apoiada por uma concentração de metralhadoras, abriu fogo pesado sobre a tropa de João Alberto. Uma nova manobra, dirigida por Prestes, garantiu a vitória dos rebeldes: um regimento de cavaleiros civis lançou-se sob o flanco esquerdo do adversário, enquanto o regimento comandado por João Pedro Gay recebeu ordem de avançar para

---

[19] Anita Leocadia Prestes, *A Coluna Prestes*, cit., p. 421.

o posto de comando revolucionário. Com isso, a artilharia governista emudeceu e se retirou, a galope, rumo a Palmeira.

Se a Coluna dispusesse de armamento suficiente, teria sido possível aniquilar o inimigo, que batia em retirada. Os soldados rebeldes lutaram com valentia e ardor, combatendo durante oito horas consecutivas. Quando o capitão Duro resolveu debandar, às quatro horas da tarde, os rebeldes já ameaçavam tomar seus canhões, como seria lembrado por Prestes. Estava aberto o caminho para que a Coluna prosseguisse sua marcha.

O combate da Ramada foi um dos mais sangrentos de toda a saga da Coluna Prestes: os revolucionários tiveram cinquenta mortos e cem feridos. Apesar disso, os rebeldes saíram vitoriosos, pois repeliram o ataque inimigo, obrigando-o a bater em retirada. Mais tarde, Juarez Távora diria:

> Essa vitória tática, que aureolava de novos louros o gênio militar de Prestes, revelou, ainda, em Mário Portela Fagundes, o soldado intrépido e inteligente [...] e abriu, à coluna revolucionária, estrada livre para as fronteiras de Santa Catarina.[20]

Se no combate de Tupaceretã as tropas rebeldes ainda se mostraram despreparadas para aceitar e seguir um comando único, em Ramada a Coluna demonstrou melhor nível de disciplina e organização. Estava consolidado seu núcleo dirigente, composto por Prestes, Portela, João Alberto, Siqueira Campos e Cordeiro de Farias.

Após o combate da Ramada, a Coluna precisou atravessar uma mata densa e fechada em direção às margens do rio Uruguai, fronteira com Santa Catarina. A travessia foi extremamente penosa, pois a cavalhada teve de ser abandonada pelo caminho. Mas, para os gaúchos, que não estavam acostumados a andar a pé, tornou-se difícil descartar os arreios e a carga que levavam consigo.

Na retaguarda da Coluna marchava o 1º BF, que acabou descoberto pelos legalistas ao transpor uma passagem muito perigosa do rio Pardo [ver mapa II.2]. O ataque inimigo foi violento, e os rebeldes ofereceram uma resistência feroz. Nesse combate, ocorrido em 27 de janeiro de 1925, tombaram o tenente Mário Portela Fagundes e outros combatentes da Coluna. Nesse dia, a revolução perdeu Portela, uma de suas lideranças de maior valor. E Prestes perdeu um grande amigo e seu principal auxiliar na campanha militar do Rio Grande do Sul e na formação da Coluna.

Durante a difícil travessia do norte do Rio Grande do Sul, mais da metade dos soldados da Coluna abandonaram suas fileiras, vencidos pelas dificuldades e, principalmente, insatisfeitos com a única opção que lhes restava naquele momento –

---

[20] Juarez Távora, "O combate da Ramada", *A Esquerda*, Rio de Janeiro, 3 jan. 1928.

deixar seu estado natal. Junto com os soldados, alguns oficiais também desertaram das tropas revolucionárias, como foi o caso do tenente João Pedro Gay.

Diante da morte de Portela e da deserção de Gay, o comando dos destacamentos teve de ser reformulado: Cordeiro de Farias passou a dirigir o 1º BF e Siqueira Campos assumiu a chefia do 3º Regimento de Cavalaria. Ambos permaneceram frente a essas unidades até o final da Marcha, enquanto João Alberto comandava os remanescentes do 2º Regimento de Cavalaria.

MAPA II.2 – As regiões de Santa Catarina e do Paraná que a Coluna Prestes atravessou

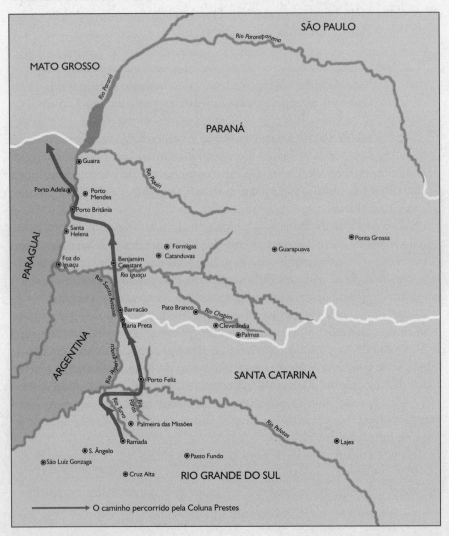

A Coluna havia sofrido fortes abalos, mas o inimigo não conseguira derrotá-la. Os revolucionários gaúchos deixaram, vitoriosos, o Rio Grande do Sul, tendo superado tanto os ataques dos adversários quanto "a fraqueza e o desânimo de certos companheiros", nas palavras de Prestes[21].

O governo, entretanto, cantava vitória e procurava enganar a opinião pública, tirando partido do estado de sítio e da censura à imprensa então em vigor. Durante toda a Marcha da Coluna Prestes, o noticiário oficial, publicado nos jornais governistas, "fabricou" uma imagem de permanente fuga e derrota iminente dos rebeldes.

Ao divulgar essa imagem, o governo pretendia desencorajar qualquer nova tentativa de levante por parte dos revolucionários, que continuavam a conspirar e a preparar novas rebeliões em vários pontos do país. Embora os métodos empregados pelos conspiradores fossem pouco eficazes, as notícias de que a Coluna Prestes prosseguia sua Marcha pelo Brasil constituíam um incentivo importante à deflagração de novos movimentos.

O noticiário falsificado divulgado pela imprensa governista ocultava outro lado da questão: o total despreparo dos generais legalistas para compreender a tática da "guerra de movimento", adotada pela Coluna Prestes. Toda vez que os rebeldes desapareciam da alça de mira do adversário, o comando governista era levado a acreditar que eles tinham sido desbaratados e liquidados. Entrementes, os soldados da Coluna Prestes surgiam em algum outro lugar, de maneira inesperada e desconcertante para os defensores da "legalidade".

---

[21] Anita Leocadia Prestes, *A Coluna Prestes*, cit., p. 420.

III
A Marcha da Coluna Prestes pelo Brasil (1925-1927)[1]

A travessia de Santa Catarina e do Paraná

Ao atravessar o rio Uruguai, adentrando Santa Catarina, os rebeldes iam acompanhados pelas mulheres que haviam aderido à Coluna ainda em São Luís Gonzaga. Temendo que perturbassem o funcionamento das tropas revolucionárias, distraindo a atenção dos combatentes, Prestes ordenara que elas ficassem no Rio Grande do Sul. Tendo sido o último a cruzar, foi com surpresa que encontrou, ao chegar a Porto Feliz, no lado catarinense do grande rio, todas as mulheres prontas para prosseguir a marcha pelos sertões de Santa Catarina. Prestes acabou aceitando a presença delas na Coluna e, mais tarde, reconheceria que foram muito úteis na campanha revolucionária, durante a qual mostraram dedicação e coragem.

Em perseguição à Coluna, que rumava para o norte, o governo Borges de Medeiros enviou tropas legalistas: de um lado, seguindo o rastro dos rebeldes, marchavam as forças do coronel Claudino Nunes Pereira; de outro, deslocavam-se as de Firmino Paim Filho, constituídas pelos corpos auxiliares rio-grandenses. Inicialmente, Paim Filho acompanhara a estrada de ferro com destino a Catanduvas, onde se concentravam os rebeldes paulistas sitiados no Paraná, mas acabou se desviando do caminho original para enfrentar a Coluna Prestes.

Os rebeldes moviam-se com dificuldade por Santa Catarina, quase desprovidos de alimento e deslocando-se a pé – haviam perdido a maior parte dos cavalos ainda na região do rio Uruguai. Finalmente, em 7 de fevereiro de 1925,

---

[1] Para um relato detalhado e uma análise circunstanciada da Coluna Prestes, consultar Anita Leocadia Prestes, *A Coluna Prestes* (Rio de Janeiro, Paz e Terra, 1997).

a Coluna atingiu a cidadezinha paranaense de Barracão, na fronteira oeste de Santa Catarina [ver mapa II.2].

De Barracão, Prestes propôs uma manobra audaciosa ao general Isidoro, comandante dos rebeldes paulistas: a Coluna gaúcha surpreenderia o general Rondon, que vinha combatendo os revolucionários paulistas no Paraná, com um ataque pela retaguarda. O êxito do plano dependia de Isidoro enviar armas e munição à Coluna gaúcha (Prestes imaginou que ele ainda dispusesse do armamento levado de São Paulo).

O general Isidoro, contudo, não conseguiu enviar o armamento solicitado por Prestes, dadas as dificuldades que os próprios paulistas enfrentavam. Enquanto aguardavam o carregamento prometido, os revolucionários gaúchos permaneceram 45 dias na região do Contestado, na fronteira do Paraná com Santa Catarina, desenvolvendo uma típica "guerra de guerrilhas". Por quase não disporem de armas, a emboscada foi a salvação encontrada por eles.

Nesse momento crítico, Prestes recebeu a visita do "coronel" Fidêncio de Melo, fazendeiro da região do Contestado, que prometera ao general Isidoro prestar ajuda à Coluna gaúcha. Mas, diante do avanço inimigo, os soldados desse "coronel" acabaram debandando junto com o chefe rumo à Argentina, deixando descoberto o flanco esquerdo da Coluna. Prestes foi forçado a manobrar com rapidez e, apelando para o destacamento de Siqueira Campos, organizou uma rápida retirada em direção a Barracão, de onde as tropas da Coluna haviam partido na tentativa de golpear o general Rondon pela retaguarda.

Enquanto o grosso da Coluna recuava, desenvolvendo uma "guerra de emboscadas" contra as forças de Firmino Paim Filho, o 1º BF, comandado por Cordeiro de Farias, montava guarda ao sul de Barracão, na vereda que levava para essa localidade. Entretanto, a coluna do coronel Claudino Nunes Pereira, que seguia com grande atraso pela picada percorrida pelos rebeldes em sua marcha de Porto Feliz a Barracão, começou a ter contato, em 22 de março, com uma pequena parte da tropa de Cordeiro de Farias. Dois dias depois, houve um violento combate, em que o inimigo sofreu numerosas baixas. Prestes ordenou, então, a retirada geral da Coluna para Barracão, rumo ao norte, visando à travessia do rio Iguaçu. O objetivo era reunir-se aos rebeldes de São Paulo, pois o ataque a Rondon se tornara inviável.

Na noite de 24 de março, quando os rebeldes já haviam iniciado a retirada, as duas colunas inimigas que pretendiam esmagá-los, comandadas respectivamente por Claudino Nunes Pereira e Firmino Paim Filho, acabaram por se chocar inadvertidamente, num lugarejo denominado Maria Preta, em Santa Catarina. As colunas de tropas legalistas combateram entre si, na escuridão da noite, durante quase quatro horas. Só se aperceberam do que ocorrera ao amanhecer do dia seguinte, quando a Coluna Prestes já estava longe e os governistas haviam perdido duzentos homens. Esse episódio tornou-se célebre, contribuindo para que os feitos da Coluna, atemorizando e confundindo os legalistas, começassem a virar lenda.

O período de permanência na região do Contestado foi muito importante para aprimorar a organização e a disciplina dos cerca de oitocentos homens que compunham a Coluna naquele momento. Com o abandono da luta por grande parte dos caudilhos maragatos, Prestes e seus colaboradores mais próximos – Siqueira Campos, João Alberto e Cordeiro de Farias – conseguiram finalmente atingir a unidade de comando pela qual se batiam desde o início, quando ainda se encontravam em solo gaúcho.

Após a retirada de Barracão, os revolucionários marcharam com grande dificuldade – alimentando-se apenas de palmito com mel – através de uma mata muito densa e quase impenetrável. Levavam consigo seus feridos, muitos transportados desde o Rio Grande do Sul, pois era norma na Coluna não os abandonar. Dispensavam-lhes a assistência possível – na maioria dos casos precária, uma vez que não havia medicamentos nem médicos nas fileiras rebeldes. Muitos feridos foram carregados durante semanas ou meses, em padiolas, no lombo de cavalos ou burros ou nos braços dos camaradas. Conforme Prestes declarou: "Nunca deixamos um ferido para trás. Isso mantinha o moral da Coluna, porque os soldados sabiam que não seriam abandonados"[2].

Nessas condições, a travessia do rio Iguaçu foi uma verdadeira epopeia. Segundo o relato de Prestes:

> O rio Iguaçu é impressionante, porque tem setecentos metros de largura. Eu me lembro de um episódio com o "coronel" Aquino. Era um velho, um homem de sessenta e poucos anos [...]. E eu mandei [que] o "coronel", esse com sessenta homens, fosse atravessando o rio (numa canoa que os próprios rebeldes fabricaram após derrubar uma árvore) [...]. Dois dias depois, eu apareci lá [...]. E ele disse: "Não se pode atravessar esse rio!". [...] Eu fiz a conta com ele: mesmo atravessando só dois homens (de cada vez), levando uma meia hora para ir, uma meia hora para voltar, já teria atravessado os sessenta homens se ele tivesse trabalhado dia e noite. Dava para atravessar. [...] Eu disse: "Mas vai ter que atravessar! Não tem outro remédio! O inimigo vem aí!". [...] E atravessamos. Todo mundo passou aí o rio.[3]

Em 11 de abril de 1925, os soldados da Coluna, finalmente, confraternizaram com as tropas rebeldes paulistas em Benjamin Constant [ver mapa II.2].

---

[2] LCP, fita n. 4 (A).

[3] LCP, fita n. B (1); ver também fita n. 4 (A).

A incorporação dos rebeldes paulistas à Coluna

Nos últimos dias de março de 1925, os rebeldes paulistas que resistiam na frente de Catanduvas capitularam, após um sítio de mais de quatro meses. Os soldados aprisionados pelo general Rondon foram mandados para Clevelândia – um verdadeiro campo de concentração criado na Amazônia pelo governo Bernardes. A situação ficou crítica. As tropas legalistas avançavam em direção a Foz do Iguaçu, local em que o general Rondon pensava obrigar os rebeldes à rendição final. O rio Paraná era considerado uma barreira intransponível, e os revolucionários, segundo Rondon, ficariam "engarrafados" entre três rios caudalosos – o Paraná, o Iguaçu e o Piquiri – e as tropas governistas que os empurravam em direção àquela localidade. O armamento levado pelos rebeldes de São Paulo também praticamente havia se esgotado.

Em tais circunstâncias, Prestes partiu imediatamente para Foz do Iguaçu, onde estava reunido o comando das tropas paulistas, sob a direção do general Isidoro. A história da reunião realizada no dia 12 de abril de 1925 é narrada por Prestes:

> Quando cheguei lá, estavam reunidos (os oficiais paulistas) [...]. A atmosfera, nas duas colunas, era oposta. Minha coluna chegava ali com a convicção da vitória [...] porque conseguira se ligar com os paulistas. Isso já era um grande triunfo [...]. Quando eu fui para Foz do Iguaçu, lá já estavam reunidos com o Isidoro quarenta homens. [...] A ordem era retirar. [...] Todo mundo só falava em ir embora para a Argentina. Eu estava com uma raiva fantástica, porque, vitorioso, chegar e encontrar esse ambiente! [...] Fiz um discurso, com muita energia, dizendo que eu não podia convencer meus soldados, que se consideravam vitoriosos, agora a emigrar nesse momento.[4]

A seguir, Prestes relata a proposta que fez:

> Vamos procurar sair daqui, dessa região. Vamos nos mobilizar e sair daqui. Se não conseguirmos sair, vamos resistir. E só na terceira hipótese é que vem a passagem à Argentina. [...] Quando eu disse isso, aqueles oficiais foram se levantando e cada qual foi tratando [...] de passar para a Argentina.[5]

Poucos paulistas mostraram-se dispostos a prosseguir a luta. Apesar disso, a posição de Prestes acabou prevalecendo e foi seguida pelos que decidiram permanecer. O principal objetivo da proposta era manter acesa a chama da revolução

---

[4]   LCP, fita n. 4 (A); ver também fita n. I (B).
[5]   LCP, fita n. I (B).

e, com isso, atrair as forças inimigas para o interior do país – o que, naquele momento, poderia contribuir para o êxito dos "tenentes", que conspiravam no Rio de Janeiro e em outras capitais, preparando novos levantes.

Em abril de 1925, avaliou-se que só restava uma saída para os rebeldes determinados a dar continuidade à revolução: rumar para Mato Grosso, atravessando o "intransponível" rio Paraná. Após uma tentativa fracassada de retomar a cidadezinha de Guaíra (para passar diretamente àquele estado), Prestes organizou a retirada das tropas gaúchas e paulistas para o porto de Santa Helena e também para Porto Mendes [ver o mapa anterior]. Essa estratégia visava a impedir o cerco planejado por Rondon, que continuava marchando em direção a Foz do Iguaçu, sem perceber que os revolucionários já haviam deixado essa cidade.

Por iniciativa de Prestes, foi planejada uma manobra para envolver as tropas do general Rondon pela retaguarda. Sob o comando do major Manoel Lira, um grupo de combatentes da Coluna marchou em total silêncio, abrindo uma picada no meio do mato em direção à retaguarda do inimigo. Ciente disso, o tenente João Cabanas – que pretendia abandonar a luta, mas não desejava que a Coluna prosseguisse sem ele – dirigiu-se imediatamente para o local e ordenou que seu corneteiro desse o toque de "Avançar!" às tropas rebeldes. Atacado, o inimigo recuou, abrindo trincheira mais atrás. A manobra de Prestes estava desmascarada devido à sabotagem de Cabanas. A situação era desesperadora. Eis o relato de Prestes:

> Aí ficamos numa situação das piores. Na retaguarda, o rio Paraná, que aí tem duzentos metros de profundidade. É um rio que você só pode atravessar em um barco relativamente grande, porque uma canoa não passa, tais os redemoinhos que tem aí.[6]

E eles tinham pela frente a tropa inimiga, que avançava. Havia chegado a hora de atravessar o rio Paraná a qualquer custo, ali mesmo na altura de Porto Mendes. Era a única saída. Isso também significava marchar mais uns 125 quilômetros pelo território paraguaio para atingir a fronteira de Mato Grosso. Não obstante as terríveis dificuldades, os rebeldes quebraram o "fundo da garrafa" em que, segundo o general Rondon, estariam presos, alcançando mais uma vitória: a travessia do "intransponível" rio Paraná. A passagem de Porto Mendes, no Brasil, para Puerto Adela, no Paraguai, foi realizada em três dias, de 27 a 29 de abril. Para vencer os quatrocentos, quinhentos metros de largura do caudaloso rio, os rebeldes dispunham apenas de uma canoa e do pequeno vapor Assis Brasil. Então, Prestes incumbiu João Alberto de apresar o vapor paraguaio Bell, o que facilitou muito o transporte da força revolucionária para o país vizinho. João Alberto encarregou-se também de entregar uma carta da oficialidade rebelde ao

---

6   Idem.

comandante da guarnição paraguaia em Puerto Adela. No documento explicava-se que os revolucionários não pretendiam atacar o país irmão, apenas necessitavam passar pelo território para entrar em Mato Grosso. Diante da situação de fato, o comandante paraguaio recuou, e os rebeldes passaram, levando toda a artilharia, os canhões etc.

Mais uma vez, os generais da "legalidade" foram surpreendidos pela manobra dos revolucionários. A Coluna ingressou em Mato Grosso em 3 de maio de 1925. Nesse mesmo dia, Arthur Bernardes, em sua mensagem anual ao Congresso Nacional, anunciava o desbaratamento final do "movimento sedicioso". Depois, tentando justificar seu fracasso, o general Rondon enviou um telegrama ao governo: "A hidra tem sete cabeças!".

Após a junção das colunas paulista e gaúcha, o comando das tropas revolucionárias fora reorganizado, tendo sido criada a 1ª Divisão Revolucionária, constituída pelas Brigadas "São Paulo" e "Rio Grande". O major Miguel Costa, que era o oficial de maior patente, foi promovido por Isidoro Dias Lopes a general de Brigada, assumindo o comando-geral da 1ª Divisão Revolucionária. A Brigada "São Paulo" ficou entregue ao comando de Juarez Távora, e a "Rio Grande", ao de Luiz Carlos Prestes. Cada uma dessas Brigadas era composta de batalhões, regimentos e esquadrões dirigidos por oficiais, que permaneceram nas fileiras rebeldes, e por alguns civis comissionados ao oficialato, de acordo com o sistema de promoções adotado. Ao todo, a divisão contava com menos de 1,5 mil combatentes, sendo oitocentos da Brigada "Rio Grande" e o restante da Brigada "São Paulo". Havia cerca de cinquenta mulheres, entre gaúchas e paulistas, que, na maioria dos casos, acompanhavam o marido ou o companheiro. Algumas eram enfermeiras e ajudaram a salvar vidas. Outras serviram como elementos de ligação em momentos graves e cumpriram pequenas tarefas, revelando grande coragem.

Nos dias que antecederam a travessia do rio Paraná, a maior parte da oficialidade rebelde saída de São Paulo emigrou, vencida pelo cansaço e pela desesperança no êxito da causa revolucionária. O general Isidoro, devido à idade avançada, e mais alguns oficiais, também idosos ou enfermos, foram dispensados da campanha militar, que se prolongaria pelo Brasil afora.

Entre os que desertaram estava o tenente Filinto Müller, que levantara um regimento de artilharia em São Paulo, no qual servia até a eclosão da revolta paulista. Durante sua permanência nas fileiras rebeldes, fora promovido a capitão e, depois, a major, sendo-lhe confiado o comando da artilharia na 1ª Divisão Revolucionária. Quando o comando rebelde soube que Müller considerava a causa da revolução perdida e propusera a seus subordinados a deserção coletiva, ele já fugira para a Argentina carregando cem contos de réis pertencentes às forças rebeldes, o que acarretou sua expulsão das fileiras revolucionárias. Onze anos mais tarde, na qualidade de chefe de polícia do governo Getúlio Vargas, Filinto Müller se tornaria célebre pelas torturas e pelas barbaridades perpetradas contra os prisioneiros políticos e, em particular, contra Luiz Carlos Prestes, de quem pretendia vingar-se por sua expulsão da 1ª Divisão Revolucionária, em abril de 1925[7].

A formação da 1ª Divisão Revolucionária não correspondeu à simples junção das colunas gaúcha e paulista. Na verdade, os rebeldes paulistas haviam sido derrotados em Catanduvas. Enquanto isso, a Coluna Prestes partia do Rio Grande do Sul coberta de glórias, e Prestes abria uma nova perspectiva para a revolução, ao propor a reorganização das forças rebeldes e a marcha para Mato Grosso, o que lhe daria papel destacado frente à 1ª Divisão Revolucionária. O general Miguel Costa tornara-se o comandante-geral, mas, reconhecendo a competência e o prestígio de Prestes, entregou-lhe, na prática, o comando da Coluna. De fato, ainda que isso não fosse dito abertamente, ocorrera a incorporação dos rebeldes paulistas à Coluna Prestes, que chegara ao Paraná com uma organização estável e sólida, alcançada após mais de cinco meses sob direção de um núcleo coeso de revolucionários, formado por Prestes, Siqueira Campos, João Alberto e Cordeiro de Farias.

A Coluna Prestes, que nascera no Rio Grande do Sul, partiu do Paraná revigorada pela junção com os revolucionários que haviam se levantado em São Paulo, em 5 de julho de 1924.

A campanha de Mato Grosso e a reorganização da Coluna

Para surpresa do comando militar legalista, que não acreditava na capacidade de os rebeldes realizarem tal façanha, a Coluna ingressou no sul de Mato Grosso [ver mapa III.1]. Após esconderem os canhões – pois seu emprego se tornaria impraticável na "guerra de movimento", na qual a rapidez de deslocamento era fundamental –, os rebeldes lançaram seus destacamentos em diferentes direções. Visavam a assegurar terreno a fim de se deslocarem para o norte.

Os legalistas que combatiam na região haviam recebido o reforço de uma tropa procedente de Campo Grande, sob comando do major do Exército Bertoldo Klinger. Ele passou a dirigir os mais de mil homens que constituíam o efetivo governista, contando com numerosas metralhadoras e abundante munição.

Entre 13 e 15 de maio, ocorreu um violento combate nas cabeceiras do rio Apa. João Alberto, dispondo de menos de trezentos homens, duas metralhadoras e escassa munição, investiu contra o adversário, revelando, como sempre, grande audácia, mas sem alcançar a vitória almejada. Nessa ocasião, ficou evidente a divergência entre as concepções estratégicas de Miguel Costa e Prestes. Enquanto o primeiro era partidário do combate decisivo, que levasse o inimigo à derrota, Prestes

---

[7] Comando da 1ª Divisão Revolucionária, boletim n. 5, acantonamento em Santa Helena (PR), 19 abr. 1925. Ver Anita Leocadia Prestes, *A Coluna Prestes*, cit., p. 425.

considerava necessário saber recuar no momento certo, evitando maiores perdas para os rebeldes, que estavam em situação de grande inferioridade militar. A opinião de Prestes foi vencedora e, a partir desse combate, o general Miguel Costa passou a aceitar a posição de Prestes, ouvindo-o sempre antes de tomar qualquer decisão.

MAPA III.1 – A travessia de Mato Grosso pela Coluna Prestes

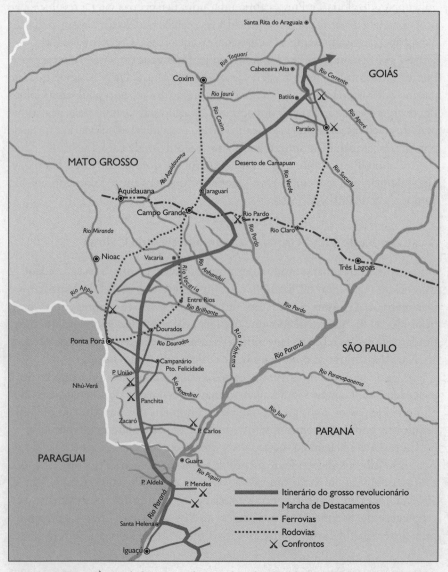

Fonte: Juarez Távora. *À guisa de depoimento sobre a revolução brasileira de 1924* (Rio de Janeiro, Mendonça, Machado & Cia., 1928).

A Coluna Prestes havia ficado quase em farrapos após a dura jornada do Rio Grande do Sul ao Paraná. Em Mato Grosso, porém, conseguiu não só obter montarias para os rebeldes, como também vesti-los e abastecê-los. Para isso, recorreu a requisições[8] junto à empresa Mate Laranjeira, sediada na cidade de Campanário e que forneceu inclusive peças de lã. Toda a Coluna vestiu-se de ponchos vermelhos.

Havia muitos cavalos no sul de Mato Grosso e, em pouco tempo, os soldados da Brigada "Rio Grande" estavam montados, desenvolvendo a tática das potreadas. Contrastando com os gaúchos, o pessoal da Brigada "São Paulo" não sabia pegar cavalo e, por isso, marchava a pé. A marcha da Coluna estava sendo prejudicada pela morosidade da Brigada comandada por Juarez Távora.

Diante disso, Prestes propôs a reorganização da Coluna, fundindo as duas Brigadas, de maneira que os soldados gaúchos ajudassem os de São Paulo a pegar cavalo, a conseguir arreios etc. Juarez Távora, entretanto, não aceitava essa proposta, mas Prestes conseguiu convencer os demais oficiais, que aprovaram a ideia. A Coluna foi reorganizada nos primeiros dias de junho, na localidade de Jaraguari, após ter atravessado a estrada de ferro Noroeste do Brasil. Estruturaram-se quatro destacamentos: o primeiro, sob o comando de Cordeiro de Farias; o segundo, de João Alberto; o terceiro, de Siqueira Campos; e o quarto, de Djalma Dutra. Todos incluíam gente do Rio Grande do Sul e de São Paulo. Miguel Costa continuou no comando da 1ª Divisão Revolucionária, enquanto Prestes foi nomeado chefe do Estado-Maior, ficando Juarez Távora na condição de subchefe.

Lourenço Moreira Lima, o secretário da Coluna, escreveu no diário da Marcha:

> Os comandantes dos destacamentos, inclusive o chefe e o subchefe do Estado-Maior, reuniam-se sob a presidência de Miguel Costa, a fim de serem resolvidas as questões graves. A opinião de Prestes era sempre predominante nesses conselhos. Ninguém o igualava em inteligência e capacidade militar. Todos lhe reconheciam a superioridade intelectual e gravitavam em torno de sua pessoa como satélites girando ao redor de um grande sol.[9]

Com a reorganização da Coluna, os paulistas acabaram se adaptando ao sistema dos gaúchos, à maneira de funcionamento e de organização da Coluna Prestes, em cujas fileiras vigorava uma disciplina rigorosa, aliada a uma ampla

---

[8] Em troca das mercadorias requisitadas, o comando da Coluna oferecia um recibo em que se comprometia a indenizar os proprietários após a vitória da revolução.

[9] Lourenço Moreira Lima, *A Coluna Prestes: marchas e combates* (São Paulo, Alfa-Ômega, 1979), p. 149-50.

iniciativa dos soldados. Os quatro destacamentos da Coluna se alternavam nas diferentes posições. Segundo o relato de Prestes:

> O destacamento que fazia a vanguarda, depois de três dias de marcha, passava para a retaguarda e, assim, o outro destacamento começava na vanguarda e passava. Porque o que estava na vanguarda, em geral, tinha maior facilidade para pegar cavalos, pois encontrava o terreno livre. [...] Porque a principal arma nossa era o cavalo, era ter cavalo.[10]

A forma de organização adotada pelo comando da Coluna e a maneira como era assegurado seu funcionamento permitiram que os soldados se sentissem inteiramente engajados na luta e, com isso, revelassem uma dedicação sem limites à revolução e a seus chefes. A bravura dos participantes da Coluna em combate era registrada inúmeras vezes por Lourenço Moreira Lima, o cronista da Marcha. Firmava-se, assim, um novo moral da Coluna: o orgulho de pertencer a suas fileiras e dar sua contribuição para a revolução e a libertação do Brasil da tirania de Arthur Bernardes.

As mulheres, ainda que poucas, também compartilhavam desse espírito de aventura e entusiasmo por uma causa que muitos combatentes, provavelmente, nem sabiam definir. Ainda em Mato Grosso, a rebelde Santa Rosa, que pertencia ao destacamento de Cordeiro de Farias, deu à luz um menino, o primeiro a nascer durante a Marcha. Mas o inimigo vinha atrás, em perseguição à Coluna. Santa Rosa parou em pleno campo, teve o filho e, menos de vinte minutos depois, já estava novamente montada a cavalo, marchando com a tropa.

Uma vez reorganizada a Coluna, tornou-se mais fácil avançar com rapidez em direção a Goiás, e dali para o Norte e o Nordeste, na esperança de receber armas, adesões ou algum outro tipo de reforço para a revolução.

O combate de Zeca Lopes e a marcha por Goiás e Minas Gerais

No percurso de Jaraguari, em Mato Grosso, à região de Mineiros, em Goiás, os rebeldes foram forçados a travar vários combates com as tropas motorizadas do major Klinger, que voltara a sair em seu encalço. A Coluna conseguia, contudo, livrar-se com êxito dessa perseguição [ver mapa III.2]. Continuava a "guerra de emboscadas", para a qual as tropas legalistas não estavam preparadas. Fracassaram os intentos governistas de não permitir o ingresso da Coluna Prestes em Goiás. Mas o major Klinger insistia em fustigar os rebeldes pela retaguarda, deslocando-se pelas estradas de rodagem existentes na região.

---

[10] LCP, fita n. 4 (B).

MAPA III.2 – Esboço geográfico do estado de Goiás

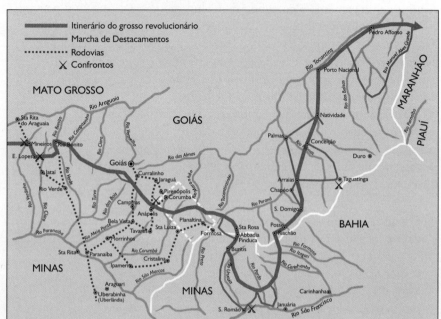

Fonte: Juarez Távora, *À guisa de depoimento sobre a revolução brasileira de 1924*, cit.

Em 29 de junho de 1925, ao acampar na fazenda Zeca Lopes, o comando da Coluna recebeu a segunda carta de Klinger[11]. O oficial intimava os rebeldes à rendição e oferecia-lhes garantia de vida, o que eles encararam como insulto. Logo depois, foram novamente atacados. Indignados com o comportamento do adversário e tomados pela emoção, os rebeldes resolveram tentar batê-lo. Mas a potência de fogo inimiga era muito superior. A Coluna perdeu cerca de trinta homens e, apesar do grande heroísmo de seus combatentes, teve de se retirar para não ser liquidada, ainda mais porque Klinger poderia receber reforços pelas estradas que cortavam a região.

O combate de Zeca Lopes ocorreu em 30 de junho e foi um dos mais sangrentos de toda a Marcha. Representou um marco importante na história da Coluna: nas cabeceiras do rio Apa, com a vitória da posição de Prestes, evitou-se um combate decisivo com o major Klinger; em Zeca Lopes, os revolucionários irritaram-se com as propostas insolentes do oficial e acabaram se empolgando com a ideia de obrigá-lo a capitular, partindo para o ataque frontal às tropas governistas.

---

[11] A primeira carta do major Klinger ao comando da Coluna fora entregue no início de sua incursão em Mato Grosso.

O erro tático cometido pelos rebeldes no combate de Zeca Lopes contribuiu decisivamente para que o comando da Coluna adotasse de uma vez por todas os procedimentos da tática guerrilheira: evitar, a qualquer custo, combates decisivos, fustigar o inimigo e recuar, recorrendo a emboscadas e abandonando as forças adversárias em suas trincheiras, sem que os rebeldes fossem incomodados. Optou-se, portanto, por uma estratégia que garantisse a própria sobrevivência e mantivesse viva a chama da Revolução tenentista.

É interessante assinalar que, ainda em Mato Grosso, o comando da Coluna revelou preocupação com a forte presença do latifúndio no país e, em documento intitulado *"Liberdade ou morte" – título de domínio*, apontou a necessidade de empreender medidas de reforma agrária, embora tal termo não fosse empregado. Afirmava-se no documento:

> Considerando que as *Terras Públicas devem ser repartidas pelos pobres* para que estes delas aufiram os meios necessários à sua subsistência; [...] considerando [...] que os pequenos proprietários agrícolas neste Estado se acham inteiramente desamparados, pela ausência de uma Justiça que os proteja, devido à degradação a que desceu a Magistratura, que constitui atualmente um verdadeiro flagelo para os deserdados da fortuna; *resolvem mandar lavrar título de domínio de terras devolutas para qualquer pessoa que pretender adquiri-los, ficando desde já revogadas todas as disposições em contrário.*[12]

Ao mesmo tempo, o comando da Coluna elaborou um modelo de título de domínio, a ser assinado pelos chefes da revolução libertadora quando da distribuição de terras devolutas, em que se diz que seria outorgado a determinado cidadão, "sabendo ler ou não, agricultor ou o que for",

> o domínio e posse de um trecho de terra situado em tal Município, neste Estado, com os seguintes limites e extensão [...] para que dele use e goze, para si e seus sucessores, de acordo com os princípios do direito e legislação não revogada por essa Resolução, ficando isento [...] de qualquer imposto [...].[13]

A Coluna rumou para o norte, em direção à cidade de Goiás, antiga capital do estado. O major Klinger ficou para trás, imobilizado pela ausência de estradas que permitissem a passagem de seus caminhões. Em 5 de julho, aniversário dos levantes tenentistas de 1922 e 1924, os rebeldes entraram em Rio Bonito (hoje Caiapônia) e comemoraram a data com uma missa campal, oferecida pelo vigário

---

[12] Arquivo Juarez Távora, CPDOC/FGV, JT 1924.05.10, IV-118; grifos desta autora.
[13] Idem.

da freguesia. Nessa marcha, os rebeldes simularam atacar a cidade de Goiás, provocando pânico no inimigo e nas populações locais; na realidade, não podiam nem pretendiam fazê-lo, uma vez que não dispunham de força para tanto.

Ao se aproximar de Anápolis, o comando da Coluna foi abordado por uma delegação de comerciantes locais, que lhe solicitou que os rebeldes não entrassem na cidade, já ocupada pelas tropas de Klinger. Como os revolucionários estavam interessados em evitar confrontos desnecessários, que lhes poderiam custar caro, não se cogitou atacar Anápolis.

Nesse meio-tempo, cresciam as divergências entre o major Bertoldo Klinger e o Estado-Maior bernardista. Desde o início da campanha militar contra a Coluna Prestes, Klinger compreendeu que seria impossível destroçar os rebeldes com os meios de que dispunha (infantaria e artilharia motorizada), devido à ausência de estradas adequadas para o trânsito dos caminhões do Exército e às dificuldades com o abastecimento de combustível. Mas seus superiores insistiam na necessidade de perseguir a Coluna. Os generais governistas não aceitavam as ponderações de Klinger de que seria preferível buscar um entendimento político com o inimigo.

O major Klinger foi o único oficial do Exército brasileiro que entendeu a "guerra de movimento" dos rebeldes, concluindo que não conseguiria derrotá-los com os métodos convencionais usados pelo governo. Mas seus superiores não lhe deram ouvidos e, como Klinger desobedeceria às ordens, terminaria preso e condenado.

Ao norte de Anápolis, Klinger, cumprindo ordens superiores, ainda tentou destroçar os rebeldes, mas caiu numa emboscada e perdeu dois de seus caminhões, com os quais os rebeldes fizeram uma fogueira, pondo os soldados governistas para correr. Impossibilitado de perseguir os revolucionários pelas estradas de rodagem, uma vez que a Coluna se embrenhou pelas matas, Klinger acabou desistindo de combatê-los. Foi mais uma vitória da Coluna Prestes e de sua tática de "guerra de movimento".

Após a retirada de Klinger da campanha militar, os rebeldes marcharam com relativa tranquilidade rumo ao Norte e ao Nordeste. A Coluna desviou-se para leste, atravessando o vão profundo do rio Paraná e seguindo pela margem do rio Urucuia, já em Minas Gerais. Visava a chegar ao rio São Francisco e, quem sabe, atravessá-lo, na tentativa de ameaçar Belo Horizonte e, se houvesse condições, marchar sobre o Rio de Janeiro [ver mapa III.2]. Logo a inviabilidade desse projeto ficou evidente – havia muitos policiais baianos, mobilizados pelo governo, navegando por aquele trecho do São Francisco, e os rebeldes não dispunham de armamento suficiente para enfrentá-los.

Diante disso, a Coluna recuou e, após atravessar o rio Carinhanha e marchar por uma pequena faixa do território baiano, voltou a penetrar em Goiás, dirigindo-se para o Norte. Ao passar pela vila de Arraias (hoje no estado de Tocantins), os rebeldes foram recebidos festivamente pela população local, que "ao som de músicas e foguetes ovacionou as tropas revolucionárias ao entrarem na cidade", conforme Moreira Lima registrou em seu diário[14].

Nessa região, que a Coluna atravessou com mais vagar, já corriam as lendas mais incríveis e fantásticas a respeito dos rebeldes. Em Chuva de Manga, dois veteranos moradores ficaram escandalizados quando Cordeiro de Farias lhes perguntou por canoas. Eles tinham ouvido falar que os revolucionários atravessavam os rios sem embarcações, pois possuíam um "aparelho de mangaba" que estendiam sobre as águas, passando por "riba deles!"; também achavam que eles dispunham de uma "rede" de apanhar homens e cavalos, à qual ninguém escapava. Dizia-se ainda que, para andar depressa, os rebeldes só comiam as partes dianteiras do gado; foi a explicação que os "matutos" encontraram para o fato de os gaúchos desprezarem os quartos das reses, que não se prestam para churrasco[15].

Porto Nacional foi a cidade mais importante do norte de Goiás visitada pela Coluna, que lá chegou em 16 de outubro de 1925. Alguns dias antes, o comando rebelde enviou uma mensagem às autoridades locais, pedindo que os habitantes não abandonassem suas casas nem temessem os soldados da Coluna. Procurava-se, dessa forma, combater a propaganda governista, que espalhava mentiras e calúnias a respeito da Coluna, com o intuito de induzir as populações do interior a se esconder, fugindo de vilas e cidades.

O apelo dos rebeldes surtiu efeito junto aos moradores e às autoridades de Porto Nacional, que os receberam com muita hospitalidade. O comando da Coluna alojou-se no convento dominicano da cidade; o próprio superior do convento, frei José Audrin, recepcionou os revolucionários, tratando-os com grande consideração e respeito. Em retribuição, Prestes mandou destruir toda a cachaça existente na cidade, pois o frei a considerava uma ameaça à manutenção da ordem pública.

Como em outros lugares do Brasil, a tortura fazia parte do cotidiano dos humildes de Porto Nacional. Na cadeia pública, os rebeldes encontraram, preso com uma corrente, um homem negro e idoso, esquelético, acusado de homicídio. Apesar de ter sido julgado e absolvido, fora condenado a trinta anos de prisão celular, porque o juiz o encontrara embriagado quando lavrou a sentença. Como seu advogado não havia apelado da sentença absurda, o homem permanecia encarcerado havia onze anos, tendo passado os sete primeiros num tronco e os quatro últimos acorrentado. A Coluna considerou tal fato uma injustiça e libertou o prisioneiro, atitude que voltaria a repetir muitas vezes, em outros pontos do país.

---

[14] Lourenço Moreira Lima, *A Coluna Prestes*, cit., p. 187-8.

[15] Ibidem, p. 193-4.

Lourenço Moreira Lima escreveu no diário da Coluna:

Goiás é a terra dos troncos, gargalheiras e palmatórias. Esses instrumentos de tortura povoam as suas cadeias. Destruímos quantos deparamos, bem como as palmatórias existentes nas escolas públicas.[16]

Após permanecer uma semana em Porto Nacional, onde editou o sétimo número do jornal *O Libertador*, a Coluna partiu, prosseguindo sua marcha em direção ao Maranhão.

A recepção calorosa no Maranhão e no Piauí e o "cerco" de Teresina

Em Carolina, a primeira cidade maranhense no caminho da Coluna, os rebeldes foram recebidos com grande entusiasmo, tanto pela população quanto pelas autoridades locais. Prestes explica:

Ao entrar no Maranhão, fomos recebidos como heróis. Por quê? Por ter vindo do Rio Grande e chegado até o Maranhão... Era um grande feito. O povo todo era simpatizante, porque havia no Maranhão uma grande oposição ao governo.[17]

Principalmente em Carolina, houve numerosas e expressivas manifestações de simpatia aos rebeldes, partindo também dos frades capuchinhos do convento existente na cidade. O semanário local, *A Mocidade*, dedicou alguns de seus números à chegada e à permanência dos revolucionários, dando-lhes cobertura completa. Além disso, suas oficinas foram oferecidas para a impressão da oitava edição de *O Libertador*.

Enquanto o grosso da Coluna marchava em direção ao rio Parnaíba, chegou a Carolina apenas o 1º Destacamento, comandado por Cordeiro de Farias, acompanhado por Juarez Távora, subchefe do Estado-Maior [ver mapa III.3]. Nessa cidade, os rebeldes cumpriram uma intensa programação, que incluiu missa pela alma do capitão Joaquim Távora, hasteamento da bandeira nacional na Câmara Municipal e discursos de Juarez Távora e Lourenço Moreira Lima. Na mesma solenidade, foram queimados os documentos fiscais para cobrança de impostos, o que provocou demonstrações de grande júbilo por parte da população, que jamais assistira a coisa igual.

A Coluna, em sua Marcha pelo Brasil, tentava fazer justiça, queimando livros e listas de cobrança de impostos, soltando prisioneiros e destruindo os

---

[16] Ibidem, p. 193-4 e 199.
[17] LCP, fita n. 4 (B).

instrumentos de tortura que encontrava. Esse comportamento dos revolucionários conquistava a simpatia dos humildes e injustiçados, mas não era suficiente para mobilizá-los a uma participação ativa na luta.

MAPA III.3 – Esboço geográfico do Maranhão e do Piauí

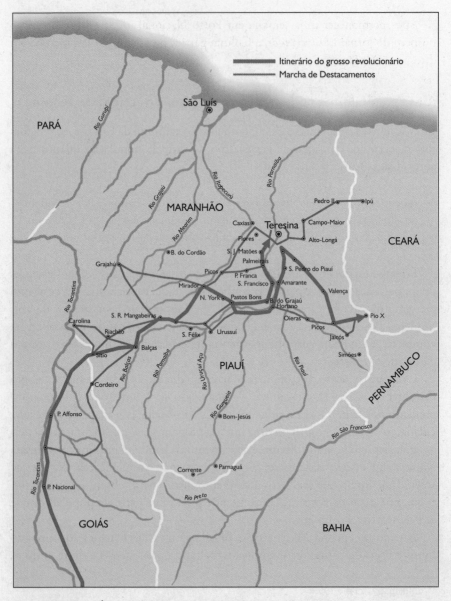

Fonte: Juarez Távora, *À guisa de depoimento sobre a revolução brasileira de 1924*, cit.

Além disso, a oficialidade da Coluna não tinha uma ideia clara do problema da terra, não avaliava devidamente a importância dessa questão para o trabalhador rural. Por isso, não foi capaz de propor ao homem do campo um programa que o atraísse. Para os "tenentes", a reforma agrária era um assunto desconhecido, aí residindo, provavelmente, a principal causa da passividade revelada pelo sertanejo diante da Marcha dos rebeldes. Era sintomático que a Coluna tratasse o fazendeiro e o trabalhador rural do mesmo jeito. Prestes é explícito: "Essa noção de classe nós não tínhamos ainda. Tratávamos, às vezes, o fazendeiro melhor do que o camponês"[18].

Ao ingressar no Maranhão, em novembro de 1925, a Coluna dividiu-se em três corpos, para melhor distrair a atenção do inimigo. Prestes recorda:

> Uma parte da Coluna ficou comigo e tomamos a direção do rio das Balsas, que corre no sul do Maranhão, é um afluente do Parnaíba, que é o rio que separa o Maranhão do Piauí. Uma segunda coluna, comandada por Siqueira Campos, para marchar mais ao norte, para chegar também naquele rio, um pouco abaixo de Floriano, que é a cidade principal do Piauí. E uma terceira coluna, que era comandada pelo João Alberto, para marchar mais pelo centro. Mas todas orientadas no sentido do rio Parnaíba.[19]

O governador do Piauí, Matias Olímpio, havia mandado o tenente Jacob Gaioso e Almendra, comandante da polícia do Estado, à frente de 2,3 mil homens, para Benedito Leite, no lado maranhense do rio Parnaíba. Quando os rebeldes se aproximaram e seu piquete de vanguarda teve um ligeiro contato com o inimigo, este entrou em pânico e desatou a atirar a esmo. Os legalistas gastaram toda a munição durante a noite, sem atingir os revolucionários, que nem sequer pretendiam atacá-los, dada sua inferioridade numérica e em armamento. Depois de atirarem nas sombras, partiram em fuga desabalada pelo Parnaíba abaixo, em direção a Teresina, capital do estado. Uma parte deles foi de barco, outra, por terra, pela margem piauiense do rio. Muitos se afogaram.

Enquanto isso, a Coluna dividia-se em duas alas: uma marchava pela margem maranhense do Parnaíba, a outra, pelo lado piauiense. Os rebeldes passaram pela cidade de Floriano e encontraram, no telégrafo local, um telegrama do tenente Gaioso ao governador. O texto narrava o combate que não houve, afirmando que os revolucionários vinham morrer nas trincheiras e que, à meia-noite, a munição acabara. Por isso, ele havia retirado. Era a suposta "vitória de Uruçuí" – cidade

---

[18] LCP, fita n. 5.
[19] Idem.

em frente a Benedito Leite, no lado piauiense do Parnaíba –, cujas "glórias" o governo procurou difundir.

A debandada das tropas do tenente Gaioso levou o pânico a toda a região, abrindo passagem para que os "revoltosos" (como eram chamados no Norte e no Nordeste) chegassem às portas de Teresina e de Flores (hoje Timon), situada defronte à capital do estado, na margem oposta do rio Parnaíba. A Coluna Prestes havia superado mais uma "barreira intransponível", segundo a concepção dos legalistas.

Prestes comandava as tropas que incluíam o 1º e o 3º Destacamentos, marchando pela margem maranhense do Parnaíba. Ao alcançar Flores, essa força atacou a cidade, mas os rebeldes quase não dispunham de munição. Havia apenas três tiros por soldado. Siqueira Campos, que era muito brincalhão e andava sempre a fazer troça, não perdeu a oportunidade de lançar uma de suas ironias, dizendo, com uma caixa de charutos embaixo do braço: "É minha reserva de munição!".

Os rebeldes chegaram às portas de Teresina, mas não pretendiam tomá-la – sabiam que seus recursos humanos e militares eram insuficientes para um confronto com os 4 mil homens que o governo havia concentrado na capital do Piauí. Mas os generais legalistas temiam o ataque rebelde, mostrando total desinformação e incompetência diante das investidas da Coluna. O comandante em chefe das forças federais enviadas para a defesa do Norte e do Nordeste, o general João Gomes, instalara-se na capital do Maranhão e de lá dirigia as operações militares no Piauí. Sua tática consistia em entregar Teresina aos rebeldes para depois recuperá-la. O governador do Piauí, não aceitando semelhante absurdo, tratou de organizar a defesa da capital, pedindo ajuda ao governo federal, pois a Polícia Militar do Estado já atestara sua incapacidade em Uruçuí.

Na realidade, houve incompetência tanto do general quanto do governador. Ambos fracassaram no intento de liquidar os revoltosos. Após levar os legalistas ao pânico, tendo ameaçado a própria capital do Piauí, a Coluna retirou-se de Teresina. E, num primeiro momento, as autoridades nem sequer se aperceberam do fato. A Coluna deixou o Piauí sem sofrer a tão falada derrota, embora os informes oficiais continuassem a apresentar os rebeldes em permanente fuga.

Ainda em território piauiense, ocorreu o primeiro e único contato da Coluna Prestes com elementos do Partido Comunista do Brasil (PCB), fundado em 1922. No início de 1926, o capitão Waldemar de Paula Lima e o jornalista Josias Carneiro Leão, emissários de Cristiano Cordeiro, dirigente comunista de Pernambuco, e do tenente Cleto Campello, informaram ao comando rebelde sobre a conspiração que se desenvolvia no Recife. Campello pretendia sublevar o Batalhão de Caçadores dessa cidade, contando com o apoio do operariado local, dirigido pelo PCB. Também estavam programados levantes na Paraíba, no Ceará e em Sergipe. Cristiano Cordeiro e Cleto Campello solicitaram o apoio da

Coluna, cujo comando comprometeu-se a conduzir os rebeldes às proximidades do Recife. Mas, assim como os demais levantes planejados em outros pontos do país, as revoltas previstas fracassaram no nascedouro ou foram descobertas pela polícia antes de eclodirem.

Entre os diversos documentos referentes a esses contatos, destaca-se uma carta dirigida a Josias Leão pelo Quartel-General da 1ª Divisão Revolucionária, ou seja, o comando da Coluna Prestes. É uma resposta às reivindicações de Pernambuco[20], em que os chefes rebeldes afirmam sua disposição de estabelecer "um entendimento da revolução brasileira com os elementos operários de Pernambuco, por intermédio do Partido Comunista daquele Estado"; afirmação que constitui novidade para o tenentismo, que, até então, não se preocupara em aliar-se ao movimento operário e, durante a rebelião de 1924, em São Paulo, recusara o apoio das lideranças anarquistas.

Nesse documento, o comando da Coluna Prestes declara que a revolução brasileira, "quando vitoriosa, assegurará a inteira liberdade de propaganda de todas e quaisquer ideias *sociais e comunistas*, bem como a *organização de partidos operários*, sem a vexatória intervenção policial" e "permitirá naturalmente o ingresso nas assembleias e cargos eletivos de *representantes do operariado* e, portanto, mais fácil propaganda no parlamento de todas as ideias que defendem". Afirma-se ainda que a revolução, "assegurando o ensino primário gratuito em todo o país e fomentando o ensino profissional, trará a desanalfabetização [sic] do nosso povo e, portanto, uma mais fácil compreensão dos *direitos do operariado*"[21].

Observa-se, portanto, uma evolução importante no posicionamento político dos chefes da Coluna: a preocupação com o operariado, suas reivindicações e seus direitos sociais e políticos, reconhecendo-lhe inclusive o direito de professar ideias comunistas.

Adiante, no mesmo documento, os chefes rebeldes se pronunciam a favor do "barateamento da vida e melhor bem-estar para o povo", afirmando que a revolução, procurando "modernizar a legislação social – de maneira a conseguir que a *revolução social* seja feita no Brasil sem maior derramamento de sangue –, protegerá o operariado contra os abusos do capital"[22].

Temos, pois, as lideranças tenentistas da Coluna, provavelmente influenciadas pelos emissários do Partido Comunista, pronunciando-se a favor da *revolução social*, fato inédito nos documentos dos "tenentes, de cunho marcadamente liberal"[23]. Tal avanço no posicionamento de Prestes e de pelo menos parte dos

---

[20] Arquivo Juarez Távora, CPDOC/FGV, JT 1924.05.10, V-9.

[21] Idem; grifos desta autora.

[22] Ibidem, V-12; grifos desta autora.

[23] Anita Leocadia Prestes, *A Coluna Prestes*, cit.

chefs da Coluna constitui aspecto extremamente interessante e novo para a historiografia do tenentismo[24].

Ao lado do reconhecimento da necessidade de uma revolução social, a carta dirigida pelo comando da Coluna a Josias Leão, emissário dos comunistas de Pernambuco, afirma que a revolução, "procurando fazer uma melhor distribuição da riqueza pública, *tornará o pequeno trabalhador proprietário de fato da terra* e, portanto, constitui-lo-á a verdadeira base do progresso econômico nacional"[25].

Temos outro dado inédito para os documentos tenentistas: a defesa do acesso dos trabalhadores rurais à propriedade da terra. Trata-se de um avanço significativo em relação às posições assumidas pelos "tenentes", que não chegaram a levantar seriamente a questão da reforma agrária ou de medidas parciais nesse sentido[26].

No início de fevereiro de 1926, Cleto Campello levantou-se com um pequeno grupo de civis na cidade pernambucana de Jaboatão e partiu para Gravatá, onde, após resistir heroicamente, foi morto. O comando dessa pequena força foi ocupado pelo sargento Waldemar de Paula Lima, que terminou barbaramente degolado um pouco adiante, quando tentava, junto com seus companheiros, alcançar a Coluna Prestes no sertão do estado.

Em janeiro de 1926, a Coluna marchava com pressa rumo a Pernambuco, com a intenção de colaborar com o levante de Campello. Deixara para trás, entrincheiradas em Teresina, as forças governistas, que, temerosas, aguardavam um ataque rebelde.

Pouco antes de chegar à fronteira com o Ceará, num lugarejo chamado Riachão (hoje Monsenhor Hipólito), Prestes foi promovido a general, e Siqueira e João Alberto, a coronéis. Era, assim, reconhecida pelo comandante Miguel Costa uma situação de fato: o papel destacado de Prestes à frente da Coluna.

O papel do padre Cícero, o combate de Piancó e a travessia do São Francisco

Enquanto o grosso da Coluna invadia o sul do Ceará, o destacamento de João Alberto ingressava nesse estado pelo norte, ameaçando Sobral e Fortaleza [ver mapa III.4]. O objetivo dessa manobra era atrair as forças governistas para a defesa da capital do estado, permitindo ao grosso revolucionário atravessar tranquilamente o sul do Ceará.

---

[24] Cf. Anita Leocadia Prestes, "O Arquivo Juarez Távora e a Coluna Prestes", *Cultura Vozes*, Petrópolis, v. 94, n. 3, 2000, p. 94-110.

[25] Arquivo Juarez Távora, CPDOC/FGV, JT 1924.05.10, V-12; grifos desta autora.

[26] Anita Leocadia Prestes, *A Coluna Prestes*, cit., cap. 9.

MAPA III.4 – A Coluna Prestes no Ceará, no Rio Grande do Norte e na Paraíba

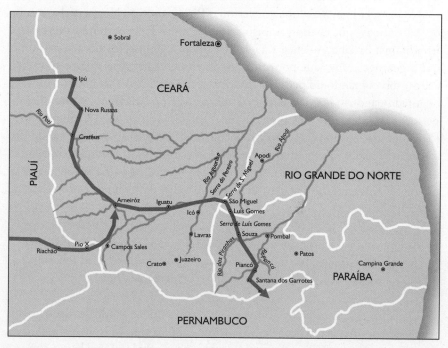

Em 26 de janeiro, a Coluna reuniu-se novamente na cidade de Arneiroz, em pleno sertão cearense, e de lá rumou para o Rio Grande do Norte. Os revoltosos passaram livremente pelo Ceará, conseguindo driblar o inimigo, que se concentrara no norte, atraído pelas tropas de João Alberto, e no sul, nas cercanias de Campos Sales, Crato e Juazeiro. Nessa região, o deputado Floro Bartolomeu – político ligado ao padre Cícero – reunira forças consideráveis, integradas por cangaceiros e criminosos; essas tropas, contudo, não se arriscaram a atacar os rebeldes.

Padre Cícero, famoso sacerdote de Juazeiro, mostrou-se solidário ao governo de Bernardes e disposto a colaborar com os legalistas durante todo o período em que a Coluna Prestes marchou pelo Nordeste. Quando os rebeldes já se encontravam em território pernambucano, o sacerdote concordou em receber Lampião em Juazeiro e participou da cerimônia de concessão da patente de capitão do Exército ao chefe cangaceiro, abençoando-o, assim como seus comandados. Nessa ocasião, eles receberam a missão de combater a Coluna nos sertões nordestinos, dispondo de armas e munições fornecidas pelo ministro da Guerra.

Em 3 de fevereiro, a Coluna iniciou a travessia da serra do Pereiro, divisa com o Rio Grande do Norte. Foi uma passagem difícil, por um terreno muito abrupto. Chegando ao topo, a vanguarda de João Alberto teve de enfrentar as tropas governistas, que, batidas, debandaram, deixando mortos e feridos.

No dia seguinte, a Coluna atravessou o Rio Grande do Norte, desbaratando os "patrióticos" que encontrou pelo caminho, e em 5 de fevereiro os revoltosos invadiram a Paraíba. Ao chegar à vila de Piancó, a Coluna foi atacada pela força que a guarnecia, formada por cerca de sessenta policiais e perto de cem cangaceiros, sob comando do padre Aristides Ferreira da Cruz, chefe político local e deputado estadual. Logo ao entrar na vila, o sargento Laudelino, muito querido pela tropa e integrante da Coluna desde o Rio Grande do Sul, foi atingido pelo fogo cruzado do inimigo. Isso provocou uma indignação muito grande dos soldados rebeldes, que atacaram o adversário feito feras, levando à debandada.

O padre Aristides, isolado, içou bandeira branca, mas, na sequência, seus capangas conseguiram matar mais cinco soldados da Coluna. Eis o relato de Cordeiro de Farias:

> As primeiras balas mataram à queima-roupa seis homens que vinham comigo desde o Rio Grande... Isso me provocou um ódio incontrolável. Decidi resistir a qualquer preço [...]. Ninguém evita o ódio numa situação daquelas.[27]

O padre e seus homens acabaram se entregando e sendo fuzilados pelos rebeldes. Foi uma explosão de ódio, provocada pela traição (o hasteamento da bandeira branca e, ao mesmo tempo, o ataque aos rebeldes) que levara à morte de companheiros queridos. Não se tratou de um ato de simples vandalismo, igual àqueles cometidos pelas tropas da "legalidade" contra mulheres e homens indefesos, como o bárbaro assassinato da velha cozinheira Tia Maria – que acompanhava a Coluna desde São Paulo –, cruelmente sangrada pela polícia da Paraíba na mesma época.

Em Pernambuco, num lugarejo chamado Carneiro, a Coluna travou seu primeiro combate com as tropas da polícia do Estado [ver mapa III.5], batalha que entraria para a História devido à violência. Os revoltosos destroçaram completamente o inimigo, apoderaram-se de seus canhões e os incendiaram, como já haviam feito com os do major Klinger, em Goiás.

Nos dias que se seguiram, os rebeldes não tiveram descanso, sendo permanentemente acossados por tropas inimigas do Exército, de diversas polícias estaduais e de cangaceiros. A Coluna era obrigada a permanecer na região, pois o rio Pajeú estava cheio, o que tornava muito difícil sua travessia. Entre 15 mil e 20 mil homens combatiam os revolucionários na zona do vale do Pajeú e do riacho do

---

[27] Aspásia Camargo, Walder de Góes (org.), *Meio século de combate: diálogo com Cordeiro de Farias* (Rio de Janeiro, Nova Fronteira, 1981), p. 145.

MAPA III.5 – A travessia de Pernambuco pela Coluna Prestes

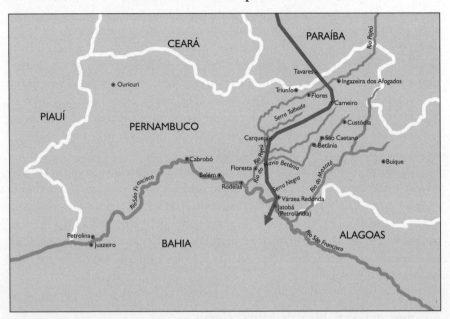

Navio. Nesse meio-tempo, uma patrulha rebelde que partira em direção ao Recife na tentativa de obter informações sobre o projetado levante do tenente Cleto Campello acabou regressando, pois, ao chegar à cidade de Buíque, soubera do fim trágico dos companheiros que se rebelaram em Jaboatão.

A única saída para os rebeldes era tentar alcançar o rio São Francisco e atravessá-lo, passando à Bahia, onde havia esperanças de conseguir armas e algum tipo de apoio.

Chegando à fazenda Cipó, a Coluna foi violentamente atacada, enfrentando um de seus mais sérios combates, com grande número de mortos e feridos. Mais uma vez os rebeldes conseguiram escapar, escoando-se pelas estradas vicinais. Reuniram-se adiante, na fazenda Buenos Aires, onde acamparam em 22 de fevereiro. Estavam num contraforte da serra Negra. No entanto, três poderosas colunas inimigas aproximavam-se, com a intenção de envolver a Coluna num círculo de ferro.

Prestes fez, então, uma manobra audaciosa, marchando dia e noite por caatingas e atoleiros, acossado por uma chuva torrencial, saindo na fazenda Brejinho, perto do rio São Francisco. E, novamente, o conhecimento minucioso do terreno, um "detalhe" desprezado pelos legalistas, contribuiu de forma decisiva para o êxito da manobra. O serviço de informação da Coluna, apoiado nas potreadas, funcionou bem.

Após ultrapassar atoleiros terríveis, os rebeldes conseguiram chegar ao São Francisco. A travessia do rio foi empreendida entre o lugarejo de Várzea Redonda e a cidade de Jatobá (hoje Petrolândia), durante o dia 25 e a madrugada de 26 de fevereiro. O inimigo já levara todas as embarcações disponíveis para o lado baiano do São Francisco, mas um soldado da Coluna descobriu uma pequena canoa escondida no mato e usou-a para atravessar o rio; na volta, levou outra maior, com a qual se iniciou a passagem da Coluna para a Bahia. Barcaças maiores foram arranjadas no lado direito do São Francisco e, rapidamente, todos os revolucionários alcançaram a margem oposta, vencendo mais uma "barreira intransponível", segundo os generais legalistas.

A Coluna passou para a Bahia sem encontrar resistência inimiga: os governistas não esperavam tal façanha dos rebeldes e continuavam concentrados mais ao norte, na região do riacho do Navio e da serra Negra. Mais uma vez, 1,2 mil homens quase desarmados, mas animados pela garra da Coluna Prestes, conquistavam uma grande vitória, deixando para trás cerca de 20 mil soldados bem armados e municiados, dispondo de veículos motorizados que o governo deslocara para a região.

A campanha da Bahia e de Minas Gerais

Durante algum tempo, os rebeldes seguiram a pé pelos sertões da Bahia, pois os poucos animais que os acompanharam na travessia do rio São Francisco destinavam-se aos doentes e às cargas. Só após vários dias de marcha encontraram cavalos e, de Salgado Melão em diante, grande quantidade de jumentos, que também serviram de montaria para os soldados da Coluna [ver mapa III.6]. O próprio Prestes marchava a pé, e o contato direto e permanente com os soldados criou laços de grande amizade e afeição entre ele e seus comandados. Prestes conhecia todos por nome e apelido.

Devido à propaganda feita pelo governo contra os rebeldes, as populações, em pânico, abandonavam as vilas, os povoados e as cidades, temerosas do que lhes poderia acontecer com a chegada dos revoltosos. Quem, entretanto, cometia toda sorte de tropelias contra o povo indefeso eram as tropas a serviço da "legalidade".

Os revolucionários marcharam em direção ao sul, através da Chapada Diamantina, entre os rios que correm para o Atlântico e os que escoam para o São Francisco. O trajeto foi uma escolha deliberada de Prestes a fim de evitar as águas desses rios naquele período de chuvas intensas.

Ao atravessar a Chapada Diamantina, a Coluna escapou das enchentes dos rios, mas passou a ser fustigada pelos jagunços do "coronel" Horácio de Mattos, verdadeiro dono da região. Tanto esse "Batalhão patriótico" quanto outros – compostos por cangaceiros chefiados por diversos "coronéis" do Nordeste, pagos

MAPA III.6 – A travessia da Bahia e do norte de Minas Gerais (ida e volta) e a manobra do "laço húngaro"

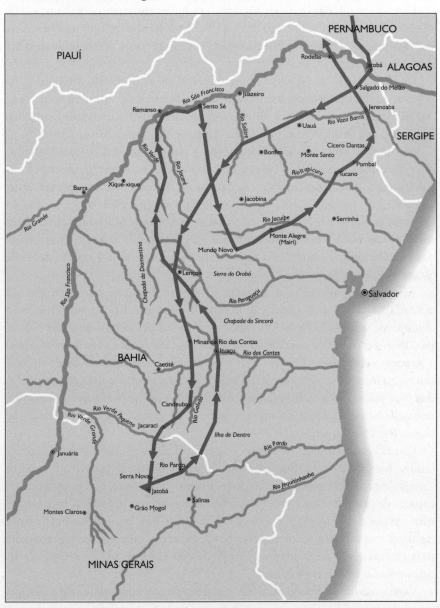

pelo governo federal e armados pelo Ministério da Guerra – empenharam-se, a partir dos sertões baianos, numa perseguição atroz aos rebeldes. Devido aos repetidos insucessos das forças militares governistas no combate à Coluna Prestes, os jagunços dos "coronéis" nordestinos passaram a representar o principal instrumento do governo na luta contra os revoltosos.

Com o objetivo de destroçá-los, todos os meios tornaram-se válidos, e o dinheiro correu a rodo, sendo fartamente distribuído entre os "coronéis" a serviço da "legalidade". Chegou-se a oferecer cem contos de réis pela cabeça de cada um dos comandantes da Coluna.

Os "batalhões" de jagunços, juntamente com as tropas do Exército e das polícias estaduais, formaram um contingente de cerca de 20 mil homens, que, nas palavras de Moreira Lima, "nos agrediam, quase diariamente, de dentro das caatingas, nos desfiladeiros, por detrás das penedias, numa fúria satânica"[28].

No final de fevereiro de 1926, chegou à Bahia o general Álvaro Mariante, designado pelo ministro da Guerra para comandar as operações das tropas legalistas em Goiás, em Minas Gerais e no oeste da Bahia. As divergências entre esse oficial e o general João Gomes, que chefiava as operações contra os rebeldes em todo o Norte e o Nordeste, não tardaram a surgir. Mariante criticava seu superior hierárquico por ter subestimado a capacidade do inimigo de atravessar o rio São Francisco e por não ter deslocado para Juazeiro os 4 mil homens que as autoridades militares lhe haviam prometido.

Mas a principal causa das desavenças entre os dois generais – situação que acabaria levando João Gomes e se demitir do posto que ocupava, sendo imediatamente substituído por Mariante – residia no plano proposto por Gomes para derrotar os revoltosos. Ele concebera uma complicada manobra para deter a passagem da Coluna Prestes: criar uma extensa barreira, de mais de quatrocentos quilômetros, composta por forças legalistas. Mariante logo compreendeu que esse plano era irrealizável, pois os rebeldes conseguiriam escapar e passar tranquilamente ao largo da suposta barreira idealizada pelo comandante das tropas legalistas na região.

Considerando a tática de Prestes – que consistia em durar e, para isso, a Coluna se mantinha em permanente movimento –, Mariante propôs a criação de "grupos de caça" de grande mobilidade. Em sua concepção, essas tropas seriam capazes de marchar tanto quanto os rebeldes e estariam preparadas para arrebanhar cavalos pelo caminho, como fazia o inimigo. Esse general percebeu que os jagunços e os cangaceiros dos sertões nordestinos estavam mais bem preparados para enfrentar a "guerra de movimento" do que as forças regulares do Exército e das polícias militares estaduais.

Com a substituição do general João Gomes pelo general Mariante no comando-geral das tropas legalistas, acionou-se um grande dispositivo militar contra os rebeldes: agora, a perseguição avançava tanto por terra quanto ao longo do rio

---

[28] Lourenço Moreira Lima, *A Coluna Prestes*, cit., p. 293.

São Francisco. Não obstante tudo isso, a Coluna atravessou a Chapada Diamantina, passando pelo sul da Bahia, e entrou em Minas Gerais em 19 de abril de 1926, tomando a direção de Montes Claros. Mas o governo, temendo que os rebeldes marchassem sobre Belo Horizonte ou mesmo sobre o Rio de Janeiro, já havia concentrado um enorme contingente militar no norte de Minas, visando a impedir a passagem da Coluna.

A situação tornou-se muito grave para os destinos revolucionários. Prestes compreendeu que era preciso retroceder. Diante disso, o comando da Coluna pôs em prática uma manobra audaciosa e inesperada, que ficou conhecida por "laço húngaro", pois o trajeto da Marcha dos rebeldes lembrava o desenho de um laço desse tipo [ver mapa III.6]. A manobra teve início com o deslocamento da vanguarda revolucionária, comandada por João Alberto. Essa tropa atraiu uma primeira coluna legalista para o lugarejo Riachão dos Machados e, em seguida, cortou o contato com ela, juntando-se ao grosso da Coluna, que Prestes escondera atrás de umas elevações não muito altas. Assim que esse primeiro Batalhão inimigo passou, os rebeldes despencaram rapidamente das colinas e cruzaram o caminho por onde passaria, logo depois, uma segunda coluna de legalistas, que também se dirigia para Riachão dos Machados. Dessa forma, enquanto o inimigo avançava sobre Minas, os rebeldes marchavam em direção oposta, rumo a Rio Pardo. Com essa manobra – que viria a ter grande repercussão, trazendo mais glórias para a Coluna e seu chefe –, livraram-se da perseguição governista e voltaram tranquilamente à Bahia, que havia sido abandonada pelos legalistas.

Em 30 de abril, a Coluna ingressou na Bahia. Houve um primeiro momento de certa calma, mas a situação logo se tornou perigosa. O adversário voltava a deslocar suas tropas para o estado da Bahia, na tentativa de impedir que os revoltosos atravessassem de novo o rio São Francisco. Diante desse contexto, só restava uma saída para a Coluna: retornar para Goiás e Mato Grosso, de onde seria possível tentar um contato com o general Isidoro. E, para isso, era necessário cruzar novamente o São Francisco.

Em sua caminhada rumo ao rio, os rebeldes enfrentaram condições terríveis para driblar as forças legalistas. Primeiro, tiveram de percorrer uma árdua caatinga, tão assustadora que ficara conhecida pelo nome de "estrada cruel". Depois, marcharam pelas margens pantanosas do São Francisco em plena cheia, sem poder atravessá-lo, muitas vezes com água até a cintura. Por fim, precisaram desviar-se do leito do rio, além de Sento Sé [ver mapa III.6], e infletir rumo ao interior da Bahia.

Enquanto isso, as tropas inimigas avançavam sob comando do general Mariante, que pretendia esmagar a Coluna Prestes, primeiro na caatinga e, depois, nas margens pantanosas do São Francisco. Mas o oficial foi surpreendido pela capacidade infinita dos rebeldes de desaparecer de um lugar para reaparecer invictos em outro, mais adiante. Nem mesmo os jagunços a serviço dos "coronéis" conseguiam vencer os soldados da Coluna.

Os revolucionários traçaram um grande arco até a cidade de Monte Alegre (hoje Mairi) e de lá se dirigiram para o nordeste, atravessando a estrada de ferro Central da Bahia e infletindo para o norte, até as proximidades de Jeremoabo. Dessa região, a Coluna marchou para a vila de Rodelas, nas margens do São Francisco, lugar em que, afinal, conseguiu atravessar o rio, ingressando em Pernambuco em 2 de julho de 1926. Nas palavras de Moreira Lima, "a campanha da Bahia e de Minas foi mais uma vitória da inteligência sobre a superioridade de número e dos elementos"[29].

A marcha para o exílio e o fracasso governista no combate à Coluna

A Coluna marchou pelos sertões de Pernambuco, rumo ao sul do Piauí, sempre perseguida pelas tropas de jagunços. Dali retornou à Bahia pela margem esquerda do São Francisco. Finalmente, em 20 de agosto, reingressou em Goiás, local do combate em que o general Miguel Costa foi ferido; mas os jagunços a soldo do governo tiveram de bater em retirada, acossados e desbaratados pelos rebeldes, após violento entrevero.

Em setembro do ano anterior (1925), chegara a Goiás, na região do Planalto Central, o comandante da Força Pública de São Paulo, coronel Pedro Dias de Campos, à frente de 4 mil homens bem treinados e municiados. Diante do fracasso do combate governista aos rebeldes, o presidente Bernardes decidiu aceitar a oferta do referido coronel, que se propôs a barrar o avanço da Coluna para o sul daquele estado. Com esse objetivo, mobilizou-se até uma flotilha de aviões da Força Pública paulista. Prestes recordava:

> Eram 4 mil homens. Um regimento de cavalaria, dois batalhões de infantaria e uma companhia de metralhadoras. Agora... a burrice desse coronel... Havia três estradas principais, que saíam do sul de Goiás, indo para o norte. Então, na estrada central, a trezentos quilômetros do quartel-general dele, colocou o regimento de cavalaria. Na outra estrada, à direita, colocou um Batalhão; na outra estrada, outro Batalhão. O regimento de cavalaria foi colocado justamente na cidade de Arraias, que eu conhecia. [...] Agora, aí tem rios muito grandes para atravessar. [...] Mas ele não colocou nenhuma guarda nas passagens dos rios.[30]

---

[29] Ibidem, p. 370.
[30] LCP, fita n. 6.

A Marcha da Coluna Prestes pelo Brasil   95

Dispondo de um eficiente sistema de informações, garantido pela ação das potreadas, Prestes, mais uma vez, desvendou a tática do adversário e tratou de evitá-la. Após contornar Arraias, pois era impraticável atacar um regimento de cavalaria, a Coluna atravessou a estrada que ligava esse regimento ao Batalhão de infantaria. Prestes contava:

> Eles estavam fazendo patrulhamento de caminhão. De maneira que pegamos logo um caminhão desses. E, com esse caminhão, com os soldados que pegamos aí, nós localizamos a tropa toda de Pedro Dias de Campos! [...] Aí saímos em marcha relativamente acelerada, atravessamos esses rios, não encontramos nenhuma objeção nos passos e fomos cair em cima do quartel-general de Pedro Dias de Campos. Não atacamos, porque estava lá a companhia de metralhadoras pesadas.[31]

A Coluna deixou para trás Pedro Dias de Campos, como antes deixara vários outros generais do Exército. Esse coronel havia guardado as três principais estradas de Goiás, esquecendo-se de guardar o fundamental: os passos dos rios, que constituíam caminho obrigatório para quem marchasse em direção ao sul do estado. Seu plano grandioso de obstruir a passagem dos rebeldes falhara vergonhosamente.

Da mesma forma, todas as outras tentativas do governo de deter os rebeldes, impedindo sua marcha para Goiás e Mato Grosso, viriam a fracassar. Foram incontáveis os desastres sofridos pelos legalistas empenhados na perseguição à Coluna. Pelo menos duas vezes eles combateram entre si, repetindo o célebre episódio de Maria Preta, em Santa Catarina. Ao mesmo tempo, intensificavam-se as acusações mútuas entre as autoridades que pretendiam esmagar os revolucionários.

Dado o fracasso governista no combate à Coluna Prestes, ela poderia continuar percorrendo o país, tirando partido de sua mobilidade extrema, a grande arma que a tática da "guerra de movimento" lhe conferia. Mas Prestes compreendeu que havia chegado a hora de mudar de tática. Uma nova visão do Brasil – que adquirira durante a Marcha da Coluna, ao se deparar com a terrível miséria em que vegetava a maior parte da população do país – contribuiu de forma decisiva para essa conclusão. Prestes ficara profundamente impressionado com a situação das massas rurais do interior do Brasil. Seu depoimento ajuda a entender aquele contexto:

> Já estávamos em outubro de 1926. O Washington Luís já tinha sido eleito [presidente da República]. Eu já estava convencido de que nós estávamos diante de um problema social muito grave. Como é que um país tão rico, e o povo vivia

---

[31] Idem; ver também LCP, fita n. E (B).

naquela miséria! E que nós tínhamos de estudar esse problema para encontrar a solução, saber qual era a solução. Essa era minha opinião. Mas os outros [os outros comandantes da Coluna] não se preocupavam com isso, em geral os outros não se preocupavam.[32]

Prosseguindo, Prestes tornava mais clara sua posição naquele momento:

Eu já estava convencido de que a substituição pura do Bernardes não ia resolver nenhum problema. Nós estávamos diante de um problema social profundo, mas não conhecíamos as causas dessa miséria. Por que um país como o nosso, e o povo vivia num estado de miséria tão grande?! Por outro lado, com a guerra civil, quem mais sofria era o próprio povo. Porque o próprio camponês, de quem nós tirávamos um cavalo, ficava desarmado, porque era o animal que tinha para todo o trabalho, para o transporte de mercadorias e tudo. Além disso, o inimigo, que vinha atrás, cometia desatinos. De maneira que contribuir para terminar com a guerra civil, eu achava que já era um dever, já que nós víamos que não era com a substituição do Bernardes – que era o nosso objetivo – que íamos resolver esse problema.[33]

Com a posse do novo presidente da República, Washington Luís, em novembro de 1926, tornou-se evidente para o comando da Coluna que era necessário buscar novos caminhos de luta, caminhos que efetivamente apontassem para a real solução dos graves problemas que o país enfrentava.

Vencendo enormes dificuldades – através de terríveis atoleiros, muitas vezes com água até o peito ou mesmo a nado – e sempre combatendo as tropas governistas, que nunca abandonaram a perseguição, a Coluna ingressou na Bolívia em 3 de fevereiro de 1927. Como assinalou Moreira Lima, "não vencemos, mas não fomos vencidos"[34]. Durante dois anos e três meses, dezoito generais a serviço do governo Bernardes, contando com a colaboração das polícias militares estaduais e dos chefes cangaceiros do Nordeste, perseguiram os rebeldes, sem terem conseguido derrotá-los.

Alguns dias antes de ingressar na Bolívia, Prestes reuniu os soldados para explicar-lhes as razões da emigração: embora a Coluna não tivesse sido desbaratada nem derrotada, não fazia sentido continuar causando tantos sacrifícios às populações das regiões por onde os rebeldes passavam; um novo presidente já assumira o poder e havia chegado a hora, portanto, de buscar outros caminhos para dar prosseguimento à luta.

---

[32] LCP, fita n. 5; ver também Lourenço Moreira Lima, *A Coluna Prestes*, p. 444-52.

[33] LCP, fita n. E (A).

[34] Lourenço Moreira Lima, *A Coluna Prestes*, cit., p. 500.

Foi um espetáculo impressionante e significativo: seiscentos e poucos homens (o que restara da Coluna), em andrajos, feridos e enfraquecidos, mas vitoriosos, a ouvir de seu comandante as razões por que as armas seriam ensarilhadas.

Apesar de todas as dificuldades, os revolucionários chegaram à Bolívia com o moral elevado, conscientes de que haviam cumprido seu dever, sem nada receber em troca. Os comandantes e os soldados da Coluna foram para o exílio num estado de absoluta pobreza, enquanto os generais e os "coronéis" da "legalidade" tinham enchido os bolsos à custa do erário público, que lhes oferecera verbas generosas para liquidar os revoltosos.

A Coluna não fugiu; partiu organizada para a Bolívia, tendo repelido todas as investidas inimigas até os últimos dias de seu périplo pelo Brasil. Na Bolívia, o comando da Coluna depôs armas voluntariamente e assinou uma ata conjunta com as autoridades daquele país. Feito o inventário, os rebeldes entregaram às autoridades bolivianas noventa fuzis Mauser, quatro metralhadoras pesadas (sendo uma inutilizada) e dois fuzis metralhadoras – quase todos descalibrados –, além de munição para 8 mil tiros. A Coluna, praticamente desarmada, contando com apenas 620 homens, havia vencido todos os embates com as forças governistas.

IV
O exílio na Bolívia e na Argentina
(1927-1930)

O ano de 1927 iniciou-se em clima de certa liberalização, por conta de medidas tomadas após a posse de Washington Luís na presidência da República, que foi "acompanhada de uma euforia geral, em que governantes e governados parecem querer esquecer o passado"[1]. Ainda em novembro de 1926, um grande número de presos políticos foi posto em liberdade, incluindo o líder carioca Maurício de Lacerda, e alguns revolucionários foragidos se apresentaram; entre janeiro e fevereiro de 1927, regressaram ao Rio de Janeiro e foram libertados os prisioneiros que sobreviveram aos horrores do campo de concentração criado às margens do Oiapoque. A partir de 1º de janeiro, foi atenuada a censura e foram soltos os jornalistas condenados pela Lei de Imprensa. O estado de sítio fora suspenso a 31 de dezembro de 1926 – mantido apenas nos estados onde perduravam perturbações da ordem até março de 1927, quando foi totalmente extinto[2].

As medidas iniciais do novo governo estavam, contudo, muito aquém das expectativas das forças oposicionistas e da opinião pública nacional, cujos anseios, naquele momento, resumiam-se, antes de tudo, à conquista da *anistia*. Tal aspiração difundia-se por todo o país e repercutia intensamente na imprensa e no Congresso Nacional, onde diversos projetos foram apresentados nesse sentido. Washington Luís, no entanto, mantinha-se irredutível, e a anistia só seria decretada após sua deposição e a vitória da "Revolução de 30"[3].

---

[1]   Edgard Carone, *A República Velha*, v. 2: *Evolução política, 1889-1930* (São Paulo, Difel, 1977), p. 402.

[2]   Ibidem, p. 403-4. Ver também os jornais *Correio da Manhã* e *O Jornal*, do Rio de Janeiro, do referido período.

[3]   Ibidem, p. 405. Ver também os jornais *Correio da Manhã* e *O Jornal*, do Rio de Janeiro, e *Diário Nacional*, de São Paulo, do referido período.

Prosseguiam os processos contra os revolucionários e as medidas repressoras contra o movimento operário e a liberdade de opinião. Em agosto, foi aprovada pelo Congresso Nacional a chamada "Lei Celerada", que reforçou a Lei de Imprensa anterior, tornando o PCB, que desde janeiro atuava na legalidade[4], novamente ilegal. Nas palavras de Edgard Carone, "Washington Luís realiza um jogo entre a concessão de algumas medidas liberais e uma repressão sistemática, provocando, afinal, um descontentamento cada vez maior"[5].

O internamento da Coluna Prestes na Bolívia e a suspensão da censura à imprensa permitiram que a opinião pública nacional tomasse conhecimento do que efetivamente fora a epopeia da Marcha realizada por Prestes e seus soldados pelo Brasil. O interesse e a curiosidade eram enormes, estimulados pela repressão durante os anos de rigorosa censura e total arbítrio; vivia-se uma explosão jornalística – numerosas reportagens e entrevistas eram estampadas nas páginas dos principais jornais, tanto da oposição quanto da própria "situação", provocando uma vaga de entusiasmo "revolucionário" nas populações das grandes cidades[6]. O carioca *O Jornal*, de Assis Chateaubriand, desempenharia um papel particularmente importante na divulgação dos feitos da Coluna, da vida dos exilados na Bolívia e nos países platinos e das opiniões dos revolucionários, em especial de Luiz Carlos Prestes[7].

As camadas médias urbanas, em especial, vibravam com a figura de Prestes: surgia e consolidava-se a imagem do Cavaleiro da Esperança[8], cujo "gênio" era glorificado em incontáveis editoriais, artigos e reportagens nos jornais da época. Prestes virara mito, e sua figura passava a ser a encarnação das esperanças das populações urbanas, ansiosas por mudanças que não sabiam definir, mas confiantes de que o Cavaleiro da Esperança, que havia vencido dezoito generais bernardistas, saberia conduzir o país pelo caminho da libertação e da prosperidade. Para as camadas médias urbanas, ideologicamente influenciadas pelas classes dominantes, o único caminho que se vislumbrava era o da espera por um grande homem capaz de mudar o Brasil. Não se cogitava organização nem mobilização popular, atividades às quais se dedicavam apenas os comunistas e os anarcossindicalistas no meio operário, grupos de reduzida expressão no âmbito nacional.

---

[4] Ibidem, p. 405-6. Ver também os jornais *Correio da Manhã* e *O Jornal*, do Rio de Janeiro, e *Diário Nacional*, de São Paulo, do referido período.

[5] Ibidem, p. 406.

[6] Ver a imprensa da época: *Correio da Manhã, O Jornal, Jornal do Comércio, A Noite, A Esquerda* e *O Globo*, do Rio de Janeiro; *Diário Nacional* e *O Combate*, de São Paulo; *Diário da Manhã*, de Recife etc.

[7] Ver *O Jornal*, Rio de Janeiro, 1927.

[8] A expressão "Cavaleiro da Esperança" foi lançada pelo jornal carioca *A Esquerda*, 3 jan. 1928, em edição dedicada ao 30º aniversário de Prestes.

O exílio boliviano

Uma vez na Bolívia, a preocupação de Prestes foi procurar trabalho para assegurar a sobrevivência dos combatentes da Coluna, cuja situação era de total penúria, e, pouco a pouco, garantir seu regresso à pátria. A companhia inglesa de colonização de terras, Bolivian's Concession Limited, sediada na vila de Gaiba e que até aquele momento explorava brutalmente os indígenas locais, propôs a Prestes realizar, com seus homens, a abertura de uma estrada no meio da mata e a construção de pontilhões para depois plantar café e outras culturas, assim como construir depósitos para armazenamento dos produtos. O salário de cinco mil-réis por oito horas de trabalho era pequeno, mas aceitável naquelas condições. Entretanto, quando a direção da empresa percebeu que se tratava de um número considerável de trabalhadores – cerca de quatrocentos ex-combatentes da Coluna –, mudou de ideia, fazendo a Prestes a proposta de um contrato por empreitada, em que lhe seriam pagos duzentos mil-réis por quilômetro de estrada. Pela nova proposta não seria possível pagar cinco mil-réis a cada trabalhador, e Prestes recusou-se a aceitá-la. Propôs que os próprios ingleses tomassem a direção, enquanto ele se comprometeria a ajudar, mantendo a disciplina dos empregados. Diante disso, a empresa aceitou a contraproposta de um conto de réis (mil mil-réis) por dia, feita por Prestes. O que ainda assim não cobria o total das despesas, uma vez que elas cresciam com o aumento do número de enfermos entre os ex-combatentes da Coluna, que eram tratados e mantidos com esses recursos. O déficit seria grande, mas era coberto em parte com o dinheiro das subscrições feitas no Brasil em solidariedade aos rebeldes exilados por vários órgãos da imprensa do país[9].

Após o ingresso na Bolívia, a maior parte dos comandantes da Coluna dirigiu-se para a Argentina e o Paraguai para dar continuidade à conspiração no Brasil. Já Prestes decidiu que só sairia da Bolívia após resolver a situação de seus soldados, garantindo volta deles ao país em condições seguras. Djalma Dutra, ex-comandante do 4º Destacamento da Coluna, permaneceu com ele na Bolívia. Ambos trataram de angariar mais recursos financeiros recorrendo ao comércio, apoiados por pessoas amigas de Corumbá (Mato Grosso), como José Silvino da Costa, e outros comerciantes e admiradores de Prestes. Eis seu relato:

> Estávamos vendo [Prestes e Dutra] uma maneira de viver, porque com a companhia [...], o dinheiro que davam não dava para nada. O dinheiro que recebemos era para mandar os soldados voltarem. [...] Pagávamos quinhentos mil-réis, mandávamos comprar roupa em Corumbá, e o indivíduo recebia mais quinhentos mil-réis

---

[9] LCP, fitas n. 6 e F (B).

para voltar para casa. [...] Tínhamos que viver [...]. Então, fazíamos comércio. [...] A cidade mais próxima de Gaiba era Santo Corazón, a 250 quilômetros de distância. Nós recebíamos mercadoria de Corumbá, porque tínhamos muitos amigos em Corumbá, inclusive comerciantes, que nos mandavam mercadoria, e a mercadoria entrava sem pagar imposto nenhum, porque em Gaiba não havia alfândega, não havia nada. [...] E mandávamos em carro de boi essa mercadoria, porque não tinha estrada para Santo Corazón. E lá nos pagavam com couro, com peles de animais, porque dinheiro também não havia. Era troca [...]. E essas peles nós vendíamos em Corumbá. Mandávamos a Corumbá para vender.[10]

Prestes firmou base em Gaiba, de onde enviava mercadorias para Djalma Dutra comercializar em Santo Corazón. O primeiro estabelecia os preços dos produtos chegados de Corumbá (fósforos, tecidos baratos, quinquilharias), enquanto o segundo, em Santo Corazón, era forçado a multiplicá-los por duas ou três vezes para que os indígenas – acostumados a ser explorados – acreditassem que não se tratava de mercadorias falsificadas[11]. Menos de um ano depois, no entanto, essa atividade comercial ficou prejudicada pela criação de um imposto de importação adotado pelo governo boliviano[12].

Prestes costumava viajar de Gaiba para Santo Corazón montado em uma mula – percurso que levava uns três dias –, dormindo em rede com mosquiteiro, pois a região era infestada de mosquitos. Prestes conta que Santo Corazón era um povoado muito interessante, fundado por jesuítas e habitado por índios chiquitanos que não tinham qualquer assistência médica. Prestes e Dutra, então, passaram a medicar os indígenas, aproveitando-se da experiência adquirida no tratamento dos combatentes da Coluna – vários dos quais, inclusive o próprio Prestes, adoeceram com impaludismo. Com os medicamentos que recebiam do Brasil, passaram a tratar diversas enfermidades. Para tal, faziam uso de um então famoso *vade mecum* alopático chamado Chernoviz. Nos casos mais graves, encaminhavam os doentes para o Hospital de Caridade de Corumbá, onde, contando com o apoio de amigos locais, recebiam os cuidados necessários.

Prestes conta que ele e Dutra realizaram "curas espetaculares", na visão da população local, que passou a considerá-los verdadeiros milagreiros. Seu prestígio era inegável. Prestes recorda:

Todos os indivíduos que tratamos do impaludismo, nenhum deles morreu. Alguns deles [...] [tiveram] consequências cerebrais [...], mas ficaram curados. Porque

---

[10] LCP, fita n. 7.
[11] Idem.
[12] LCP, fitas n. 6 e 8.

nós tínhamos uma atenção tremenda; porque, tendo febre altíssima, tinha que se dar um remédio contra a febre, mas estávamos atentos para não baixar demais a temperatura. Porque, se a temperatura baixava [sic] demais, tinha que se dar uma injeção de cafeína, imediatamente, para subir. Senão, morria de síncope. [...] Depois, chegou lá um médico. Aí entregamos ao médico. Morreram logo seis! [...] Enterramos lá [...], fizemos um cemitério lá na Bolívia.[13]

Ao relatar sua vida em Gaiba, Prestes recordava como era difícil trabalhar em meio a enxames de mosquitos:

Para trabalhar – eu tinha que fazer desenhos, cálculos... essas coisas –, eu tive que fazer um quadrado de algodãozinho fino... Aí eu me metia ali dentro... tinha uma mesa e um banquinho e pegava uma vela, acendia e matava tudo quanto era mosquito que estava lá dentro. Calçava com pedras, para ver se assim os mosquitos não entravam. Houve dia de eu contar mais de trezentos mosquitos... matando assim [risos]. Eletrocutados... de dentro do mosqueteiro, antes de eu poder trabalhar. Agora, com o algodãozinho, o vento não corre. [...] E era um calor tremendo, um calor terrível, não podia ficar muito tempo na minha tenda. [...] A casa em que nós vivíamos era uma casa que não tinha paredes. [...] Era um galpão. Tinha cobertura e os postes de sustentação e nada mais.[14]

Durante o exílio boliviano, vários correspondentes de jornais brasileiros visitaram os comandantes e os combatentes da Coluna Prestes. Dentre eles, destacaram-se os jornalistas Rafael Correia de Oliveira – portador dos primeiros livros recebidos por Prestes na Bolívia – e Luís Amaral, cujas reportagens em *O Jornal* fizeram sucesso na época. Esses jornalistas também levaram o dinheiro de subscrições feitas por alguns órgãos da imprensa simpáticos aos revolucionários. No entanto, mais de um ano após o ingresso da Coluna na Bolívia, o dinheiro da subscrição realizada por *O Globo* não havia sido recebido. Quando Prestes chegou a Buenos Aires, em abril de 1928, divulgou uma prestação de contas de todos os recursos recebidos, sem mencionar *O Globo*, o que causou escândalo junto à opinião pública brasileira. Imediatamente, os diretores do jornal quiseram enviar o dinheiro a Prestes, que o recusou, uma vez que não era mais necessário – os ex-combatentes da Coluna já haviam regressado às suas casas –, recomendando que os recursos fossem entregues à mãe do tenente Eduardo Gomes, que os destinaria às famílias dos perseguidos políticos[15].

---

[13] LCP, fita n. 7.

[14] Idem.

[15] LCP, fitas n. 8 e F (B); "Correspondência de Genny Gomes e Leocadia Prestes", anos 1928-
-1930, prestando contas sobre a distribuição dos recursos recebidos de *O Globo*; ver *Prontuário*

Em dezembro de 1927, Prestes recebeu, na cidade boliviana de Puerto Suarez, localizada às margens do rio Paraguai, a visita do secretário-geral do PCB, Astrojildo Pereira. Prestes faz o seguinte relato sobre o encontro:

> Passamos juntos uns dois dias e duas noites com as redes armadas, um ao lado do outro. [...] Conversamos, e ele me informou alguma coisa [...]. Eu fiz muitas perguntas a ele, porque eu tinha muita curiosidade de saber o que era o comunismo, como era a vida lá na União Soviética. Mas a verdade [...] é que tive que arrancar, porque o Astrojildo era calado por natureza. Ele tinha estado na União Soviética no ano anterior. [...] Me deu algumas informações sobre o que era a vida na União Soviética, o que era o socialismo etc., e me trouxe alguns livros marxistas, além dos que eu já tinha recebido em Gaiba. [...] Não levava proposta nenhuma. [...] Ele queria era uma conversa comigo, expor a posição do Partido e mostrou [...] a posição do II Congresso do Partido. [...] Foi antes de ele ir à União Soviética, foi antes do III Congresso. [...] *De maneira que ele não fez nenhuma proposta propriamente, não houve nenhuma proposta.* Ele foi muito prudente, queria somente conhecer minhas posições e expor a opinião dele. Foi um primeiro contato. [...] De maneira que a influência dele, propriamente, na minha marcha para o comunismo, foi relativamente pequena. [...] *Não ficou uma impressão maior da possibilidade de uma unidade entre nós, que fosse possível essa unidade.* Ele via a mim como um chefe militar da Coluna etc., pequeno-burguês etc., não como um homem que pudesse entrar propriamente para o Partido. Podia ser um aliado [...]. De maneira que foi esse o contato que eu tive com o Astrojildo. Ele escreveu uma entrevista que foi publicada em *A Esquerda*.[16]

Desde que recebera os primeiros textos marxistas levados por Rafael Correia de Oliveira em Gaiba, Prestes começara a lê-los avidamente. Teve, assim, um primeiro contato com o *Manifesto Comunista* de Karl Marx e Friedrich Engels e com alguns artigos de Lenin, reunidos num volume de obras seletas. Segundo Prestes, "isso já começou a exercer certa influência, porque eu colocava a racionalidade e aceitava as teses que Lenin levantava [...]. Eu achava positivas [...]. Talvez tenha até um trabalho meu, dessa época, em que eu repito mecanicamente alguma coisa do que havia lido de Lenin"[17].

Já no início do exílio boliviano, enquanto a maioria dos "tenentes" continuava fiel ao programa liberal adotado pelos políticos de oposição, Prestes revelava a preocupação com a necessidade de "modificações profundas" na "organização

---

de Luiz Carlos Prestes (Arquivo Estatal Russo de História Social e Política, RGASPH, fundo 495, op. 197, d. 1, pasta 1).

[16] LCP, fita n. 8; grifos desta autora.

[17] Idem.

política" do país, conforme chegou a escrever em uma carta de maio de 1927, publicada posteriormente no *Correio da Manhã*[18]. Embora ainda se tratasse de um palavreado vago e impreciso, a missiva refletia o início do afastamento de seus antigos companheiros "tenentistas" e um primeiro passo no caminho que o levaria, mais tarde, à adesão às teses marxistas.

Em abril de 1928, uma vez concluída a volta dos ex-combatentes da Coluna às respectivas casas, Prestes, atendendo aos insistentes apelos de seus companheiros "tenentes", resolve partir para Buenos Aires. Diferentemente de Djalma Dutra, que pôde regressar ao Brasil por Corumbá, Prestes era muito conhecido e não o poderia fazer sem correr o risco de ser preso. Viajou, então, pelo Chaco boliviano-paraguaio, em uma expedição repleta de peripécias.

> Eu fui a Puerto Suarez... daí de Gaiba fui a cavalo até Puerto Suarez. E em Puerto Suarez tive que contratar um vaqueano – um morador que conhecia a região. Porque o Chaco [...], você quase não se pode orientar, a não ser pelo sol ou pelas estrelas. Porque é tudo igual. [...] Mandei avisar, através dos amigos de Corumbá, para que avisassem aos camaradas, aos elementos, lá do governo paraguaio, aos militares paraguaios, que eu ia bater no fortim – porque no Paraguai tinha um fortim – no rio Negro, que era a fronteira da Bolívia com o Paraguai. [...] Eu não tive contato com o Exército boliviano para nenhuma ajuda, enquanto que os paraguaios se dispuseram a me ajudar. Então, marchamos, mas o vaqueano se perdeu [...]. Afinal, eu é que tive que orientá-lo pelas estrelas. [...] Levamos, em vez de dois dias de viagem de marcha, levamos mais de quatro dias. O que valeu foi a comida que levamos [...] e montados em boi. Porque, para atravessar o Pantanal, precisa ser... só boi. Cavalo não pode marchar no Pantanal, por causa da própria pata. Porque o cavalo, com a pata, com o casco inteiriço, mete no barro, na lama, e depois não pode tirar, porque forma um vácuo. Enquanto que o boi tem a pata dividida... assim... ele abre. O boi tem... duas partes... [risos]. Uma parte para meter na lama, depois fecha e tira. Pode tirar o lodo. É desagradável [...], por isso não é nada agradável andar montado em boi, pela maneira que o boi anda. Para você, que está habituado a andar a cavalo, andar no boi é desagradável. Mas foi em boi, esses dias. Quando eu cheguei perto do rio Negro, já tinha tropa paraguaia do lado de cá do rio Negro – quer dizer, em território boliviano – me procurando. Porque já estavam achando que eu estava demorando: sabiam a data em que eu devia chegar. De maneira que fomos guiados até o fortim, no rio Negro, e nesse mesmo dia, à noite, eles me ofereceram uma lancha do Exército paraguaio. Nessa lancha descemos o rio Negro. Ali, há um

---

[18] Luiz Carlos Prestes, "Carta a Rafael Correia de Oliveira", Gaiba (Bolívia), 25 maio 1927, *Correio da Manhã*, Rio de Janeiro, 5 fev. 1929, p. 1.

espetáculo que eu nunca esquecerei, porque às margens do rio Negro, de um lado e do outro, só tem jacaré. [...] E com o barulho da lancha, os jacarés olham para a lancha. Com uma lanterna elétrica, você [...] refletia nos olhos dos jacarés. Então, você só via aqueles dois fogos brilhando [...]. Fomos até a cidade de Rio Negro, que fica na confluência do rio Negro com o rio Paraguai, para esperar o vapor, que ia nos levar à Assunção. Os vapores fazem a viagem de Corumbá a Assunção. Eram um vapor brasileiro e um vapor paraguaio. Escolhi o vapor paraguaio, porque eles tinham um vapor maior. [...] Fui a Assunção e, no mesmo dia, tomei o trem para Buenos Aires.[19]

O exílio na Argentina: os primeiros tempos

Em Buenos Aires, Prestes entrou em contato com o ex-tenente Orlando Leite Ribeiro, seu contemporâneo no Colégio Militar e participante da revolta tenentista de São Paulo. Embora exilado, Orlando pertencia a uma família rica – seu irmão Oswaldo era corretor de café em São Paulo – que lhe proporcionava os recursos financeiros de que precisava. Juntos, Prestes e Orlando fundaram uma firma comercial, contando com as ofertas de amigos do Paraná e de São Paulo que lhes haviam prometido fornecer produtos brasileiros. Montaram um escritório de representações num armazém alugado na esquina das *calles* Gallo com Mancilla. Prestes passou a morar num quartinho nos fundos do armazém, em condições extremamente precárias, embora recebesse alguma ajuda de Orlando.

Entretanto, o negócio não ia adiante, só dava prejuízo, porque o "único produto que recebemos em maior volume foram cabos de vassoura [risos]. Davam um trabalho terrível! Eram molhos de cinquenta cabos de vassoura, e só podíamos vender a fábricas pequenas, pequenos artesãos etc., porque as grandes fábricas compravam diretamente do Paraná"[20]. Prestes ocupava-se da escrituração e das relações públicas do escritório, enquanto Orlando cuidava da parte de aduana, do despacho no consulado e do recebimento dos produtos do Brasil. Na prática, embora muita coisa tivesse sido prometida – café e outros produtos –, quase nada chegava a Buenos Aires, e a firma vendia muito pouco[21].

Só dois anos depois, em 1930, é que foi possível ganhar algum dinheiro com o comércio de café, pois, diante da crise, Washington Luís proibiu que uma safra fosse exportada sem a venda da anterior. Então, os produtores despachavam o café para Porto Esperança (Mato Grosso) e, descendo pelos rios Paraguai e Paraná, o

---

[19] LCP, fita n. 8.

[20] Idem.

[21] Idem; correspondência de Prestes (1928-1930) sobre os negócios comerciais em Buenos Aires (arquivo particular da autora).

produto acabava chegando a Buenos Aires. O café era vendido em Santos, mas a firma de Prestes recebia a ordem de embarque de Nova Orleans ou Nova York. Segundo Prestes, "nós tínhamos uma boa comissão, e foi aí que ganhamos algum dinheiro, foi com a fraude [dos produtores de café] saindo do porto errado"[22].

Em Buenos Aires, Prestes visitou a sede do Partido Comunista da Argentina, onde fez uma assinatura do semanário da organização. Foi muito bem recebido na livraria do PCA e, posteriormente, pelo secretário-geral Victorio Codovilla. Prestes tratou de dedicar o tempo livre dos negócios à leitura, tirando proveito da existência de vasta literatura marxista nas livrarias da capital argentina, trilhando o caminho de um autodidata em marxismo-leninismo.

Desde que a chegada de Prestes a Buenos Aires tornou-se conhecida no Brasil, teve início uma romaria de políticos brasileiros à *calle* Mancilla para visitar o Cavaleiro da Esperança e, principalmente, tentar conquistá-lo para os objetivos políticos dos setores de oposição ao governo Washington Luís. Logo de início, esteve com Prestes Paulo Nogueira Filho, rico fazendeiro paulista, dissidente do Partido Republicano Paulista (PRP) e presidente do Partido Democrático de São Paulo (PD), criado em fevereiro de 1926. Prestes foi visitado por Carlos de Lima Cavalcanti, usineiro de Pernambuco e futuro governador desse estado, que se dizia adepto de Marx e do comunismo, assim como por seu irmão, Caio de Lima Cavalcanti, que, mais tarde, foi cônsul do Brasil na Alemanha nazista[23]. Numerosos jornalistas entrevistaram Prestes no período, produzindo longas reportagens publicadas na imprensa brasileira[24].

Diante do novo quadro político que se configurara a partir da posse de Washington Luís e da internação da Coluna Prestes na Bolívia, setores políticos de oposição ao governo federal compreenderam que havia chegado o momento de articular-se nacionalmente, tirando proveito das possibilidades criadas pelos levantes tenentistas e pelo sucesso da Marcha da Coluna Prestes – que, embora tivessem sacudido o país, não haviam logrado golpear o monopólio do poder concentrado nas mãos das oligarquias dominantes. O imenso prestígio da Coluna e, principalmente, de Luiz Carlos Prestes permitiu transformar seu nome numa bandeira que empolgou a opinião pública nacional e conseguiu atraí-la para os desígnios de grupos oligárquicos dissidentes, cujos objetivos se limitavam a mudanças no sistema político que os favorecessem e, principalmente, impedissem que o descontentamento popular viesse a ameaçar seus interesses e seus privilégios.

---

[22] Entrevista de Luiz Carlos Prestes concedida a Edgard Carone, Rio de Janeiro, 24-25 mar. 1982 (texto original; arquivo particular da autora).

[23] LCP, fita n. 8.

[24] Ver jornais brasileiros dos anos 1928 a 1930.

Em agosto de 1927 foi criado o Partido Democrático Nacional (PDN), fruto da unificação do PD de São Paulo com a Aliança Libertadora do Rio Grande do Sul, liderada por Joaquim Francisco de Assis Brasil[25], e o Partido Democrático do Distrito Federal. O PDN recebeu também o apoio dos políticos cariocas Adolfo Bergamini e Maurício de Lacerda[26].

O objetivo era reformar o sistema político oligárquico para conservá-lo. Se até então predominara a "opção militar", chegara a hora da "opção política" para as oposições oligárquicas[27]. Ainda em março de 1927, Assis Brasil, o chefe civil da revolução, havia declarado ao periódico *O Jornal* que a revolução devia contentar-se com uma *pacificação*, "em que fique substancialmente encaminhada a elaboração de seu ideal, que se resume na fórmula: representação e justiça"[28].

Para tanto, era preciso atrair a opinião pública, sensibilizada com o prestígio de Prestes e da Coluna. Para os grupos oligárquicos de oposição, a luta armada havia cumprido seu papel, permitindo-lhes agora partir para um entendimento, uma "pacificação" pela cúpula, desprezando, como sempre fizeram as classes dominantes no Brasil, as aspirações populares. Para os políticos de oposição, passara o tempo dos "radicalismos" tenentistas e soara a hora dos entendimentos políticos, tendo em vista chegar à presidência da República por meio das eleições previstas para março de 1930.

Assis Brasil afirmava na Câmara dos Deputados que a revolução já havia triunfado[29] e que, para alcançar a "pacificação" almejada, era necessário, primeiro, decretar a *anistia*. Embora os "tenentes" também desejassem a *anistia*, que lhes permitiria a volta ao Brasil e a participação legal na vida política do país. Mas como Washington Luís se recusava a decretá-la, consideravam que ela só poderia ser conquistada por uma nova revolução, a chamada Terceira Revolta. Por isso, continuavam conspirando, alguns no Brasil, outros nos países vizinhos[30].

Referindo-se àquele período (o ano de 1928), Prestes lembrava que Assis Brasil, que se elegera deputado federal, o convidara a visitá-lo em sua fazenda em Melo (Uruguai). No encontro, ficara claro para Prestes que "ele só pensava numa coisa: anistia". A posição de Prestes – a mesma dos "tenentes" naquele

---

[25] Ver nota 4 do capítulo II deste livro.

[26] Maria Lígia Coelho Prado, *A democracia ilustrada: o Partido Democrático de São Paulo, 1926--1934* (São Paulo, Ática, 1986), p. 78.

[27] Paulo Gilberto Fagundes Vizentini, *Os liberais e a crise da República Velha* (São Paulo, Brasiliense, 1983), p. 50.

[28] Ver *O Jornal*, Rio de Janeiro, 6 mar. 1927, p. 1.

[29] Ibidem, 3 jun. 1927.

[30] Para uma análise mais detalhada da conjuntura política brasileira naquele momento, ver Anita Leocadia Prestes, *A Coluna Prestes* (Rio de Janeiro, Paz e Terra, 1997), p. 366-86.

momento – era contrária à campanha pela anistia, pois "queríamos preparar outra insurreição".

> Mais tarde, tomei posição contra o Assis Brasil. Eu escrevi uma carta ao Juarez Távora, ao Cordeiro de Farias, de Buenos Aires, criticando o Assis Brasil pelas posições que eu notava; ele disse que ia para o Parlamento para lutar pela anistia, no Parlamento [...] porque o Assis Brasil não queria o movimento armado.[31]

As conspiratas tenentistas eram as mesmas de antes, marcadas pela espontaneidade e a falta de coordenação. Siqueira Campos, um dos chefes tenentistas mais radicais e dedicados à causa revolucionária, deslocara-se para a capital paulista, onde, num apartamento, dirigia um pequeno grupo de correligionários que fabricavam bombas de dinamite para a revolução. Contudo, entregavamnas à direção do PD paulista – os novos aliados dos "tenentes" – para que as guardassem até o momento insurrecional que haveria de chegar[32].

Embora Prestes tivesse sido proclamado chefe militar da revolução pelos "tenentes"[33] e se mantivesse solidário com seus antigos camaradas, sua posição, desde o início do exílio, seria mais radical. Enquanto a maioria dos "tenentes" continuava fiel ao programa liberal dos políticos de oposição, Prestes já afirmava, em novembro de 1928:

> Nós, militares, já demos o que tínhamos de dar. Já abrimos o caminho e apontamos o rumo dos sublevamentos [sic] regeneradores. Hoje, compete ao povo concluir essa obra e livrar-se do organismo parasitário implantado no Brasil pela política das oligarquias. Essa revolução de *natureza popular* é fatal, se bem que não possamos fixar-lhe data, ela terá que defluir naturalmente de uma situação todos os dias agravada pelos erros políticos, pela desorientação econômica, pelas aventuras monetárias, pela apertura de vida das classes proletárias.[34]

Cada vez mais, a perspectiva política de Prestes era abandonar o ideário liberal tenentista e trilhar o caminho de uma *revolução popular*, embora não tivesse ainda uma definição clara para esta última.

Dessa forma, enquanto os políticos das oposições oligárquicas procuravam consolidar suas posições com a intensificação da campanha pela anistia e pelo

---

[31] LCP, fita n. 8.

[32] Idem.

[33] Maurício de Lacerda, *Segunda República* (Rio de Janeiro, Freitas Bastos, 1931), p. 55-6.

[34] Luiz Carlos Prestes, "Entrevista", *Correio da Manhã*, Rio de Janeiro, 30 nov. 1928, p. 3; grifos desta autora.

voto secreto, aproveitando-se do prestígio de Prestes e do tenentismo, o Cavaleiro da Esperança distanciava-se tanto dos políticos quanto dos "tenentes", cujos objetivos programáticos coincidiam – ainda que os primeiros dirigissem sua atuação principalmente para o processo eleitoral, enquanto os segundos preparavam um levante militar.

Maurício de Lacerda assumira posição de distanciamento em relação aos "democráticos" do PD e se proclamara porta-voz dos "tenentes" e "soldado de Prestes"[35]. Desempenhava o papel de elo entre os políticos oposicionistas e a corrente tenentista. O ilustre tribuno fazia profissão de fé revolucionária ao discursar na Câmara Municipal do Rio de Janeiro – e também durante as caravanas do PD – e empolgava o público quando se referia a Prestes e à Coluna. Procurava, entretanto, ocultar da opinião pública as mudanças ocorridas nas posições de Prestes, quem ele dizia representar[36]. Mais tarde, justificaria sua posição naquele período alegando que isso fora importante para concretizar a aliança dos revolucionários com os liberais, tendo em vista conquistar a opinião pública para a revolução que viria depois[37].

Era criada, assim, uma imagem distorcida dos acontecimentos: a suposta existência de duas correntes aliadas, mas independentes, no bojo do movimento oposicionista – a dos "democráticos" e a dos "revolucionários de julho" –; versão que seria difundida por alguns autores que se ocuparam do período[38].

Na realidade, estava em curso um processo – repleto de ambivalências e vaivéns – de adesão por parte dos "tenentes" às posições dos "democráticos", ou seja, dos setores oligárquicos dissidentes. Prestes ficaria isolado, enquanto seus antigos companheiros, assim como Maurício de Lacerda, aproximavam-se da corrente dita "democrática", embora tanto um quanto os outros desenvolvessem ingentes esforços para reconquistar o Cavaleiro da Esperança.

Em novembro de 1928, Prestes foi procurado em Buenos Aires por um empresário brasileiro, dr. Otávio Botelho, que trabalhava com pavimentação de estradas e lhe oferecera trabalho em Santa Fé (Argentina). Tratava-se de pavimentar uma grande avenida marginal do rio Paraná nessa cidade. Prestes ficaria com a administração da obra, enquanto a parte técnica seria de responsabilidade da Texaco. Atravessando uma situação financeira difícil e sem saber que o empresário era amigo de Getúlio Vargas – e que a oferta de emprego consistia numa

---

[35] Ver, por exemplo, *A Esquerda*, Rio de Janeiro, 9 ago. 1928, p. 6.
[36] Ver jornais *Correio da Manhã*, Rio de Janeiro, e *Diário Nacional*, São Paulo, de 1928.
[37] Maurício de Lacerda, *Segunda República*, cit., cap. 10.
[38] Ibidem, p. 71-2; Maria Cecília Spina Forjaz, *Tenentismo e Aliança Liberal: 1927-1930* (São Paulo, Polis, 1978), p. 61-3.

O EXÍLIO NA BOLÍVIA E NA ARGENTINA   111

forma de tentar conquistar seu apoio à oposição oligárquica[39] –, Prestes aceitou a proposta e partiu imediatamente para Santa Fé.

Eis seu relato sobre o referido trabalho:

> Quando eu cheguei lá, em novembro, já fazia um calor terrível [...]. Às duas horas da tarde, fazia 42 graus à sombra. E eu via os operários caindo, insolados [sic], porque a insolação é depois do almoço. [...] O horário era: de manhã, começavam às oito [e seguiam] até o meio-dia; iam almoçar e às duas horas da tarde, justamente no maior sol, voltavam para o trabalho. E aí caíam... diversos operários caíam com insolação. Eu resolvi, então, mudar o horário. Consultei os operários. Eles concordaram. Eram argentinos... poucos, a maior parte eram estrangeiros – iugoslavos, checos, imigrantes. [...] E o inglês, que era o encarregado técnico [...], estava puxando os cabelos, porque os operários sabotavam o inglês. [...] A primeira vez que ele fez o asfalto, saiu todo ruim. Ele teve que mandar desmanchar [...] e já estava meio desesperado. [...] Mudamos o horário: começar às quatro da manhã, numa tirada só, até o meio-dia... de oito horas. E eu dava, às nove horas, quinze minutos para tomar um café, sem descontar do horário. [...] O patrão, quando soube disso, ficou indignado comigo, porque eu dei esses quinze minutos! Só depois é que ele percebeu que ganhava mais com quinze minutos. Eu fui bom "explorador" dos trabalhadores [risos], porque o rendimento era muito maior.[40]

Como o inglês, encarregado técnico da obra, sofreu um acidente que o impossibilitou de trabalhar por algum tempo, Prestes não só cuidou dele, como estudou com ele o processo de preparação do concreto asfáltico e, de posse do manual com as instruções técnicas que lhe foi fornecido pelo próprio inglês, tornou-se "dono da situação", segundo suas palavras[41].

Durante mais de um ano, ele trabalhou em Santa Fé e, quando a avenida já estava quase pronta, Prestes cedeu lugar ao amigo Victor César da Cunha Cruz, "tenente" revolucionário que chegara perseguido do Rio de Janeiro. O dr. Botelho prometera a Prestes empregar o amigo, mas quando ele chegou, acompanhado de numerosa família, não havia trabalho. Prestes não vacilou em ceder o lugar, voltando para Buenos Aires, onde continuou empregado no escritório da mesma firma, pois o patrão getulista seguia interessado em atraí-lo para a "causa" dos "revolucionários de 30"[42].

---

[39] Em outubro de 1930, quando Vargas percebeu que não poderia contar com sua participação na "Revolução de 30", Prestes foi despedido pelo dr. Botelho.

[40] LCP, fita n. 8.

[41] Idem.

[42] Idem.

Em Santa Fé havia boas livrarias em que era possível encontrar obras de Marx, Engels e Lenin, em espanhol e em outros idiomas. Prestes tratou de aproveitar o tempo livre para dar continuidade aos estudos desses autores:

> Foi lá que eu li *O capital*. Foi lá, em Santa Fé, que eu fui ler *O capital*[43]. Porque eu fazia o seguinte: saía às quatro horas da madrugada, começava o trabalho; ao meio-dia, terminava, tomava meu banho, almoçava, dormia um pouco e, depois, ficava com toda a tarde e a noite para estudar. E não tinha visitas [risos], ninguém lá foi para me aporrinhar [...]. Aqueles brasileiros que iam a Buenos Aires, todos eles iam lá para as *calles* Gallo e Mancilla [...]. Assim mesmo, ainda alguns foram até lá, falar comigo. [...] Eu tinha uma vida relativamente calma, trabalhando e ao mesmo tempo [...] nos estudos. Alguns meses assim.[44]

Maurício de Lacerda foi um dos poucos políticos que foram até Santa Fé conversar com Prestes: "O Maurício chocou-se comigo [...]. Houve um choque, porque a posição do Maurício era muito mais cordata e de acordo com as posições de 'representação e justiça' do programa dos 'tenentes'. Tanto que ele não saiu satisfeito de lá"[45]. Enquanto isso, Prestes frequentemente ia a Buenos Aires e estreitava relações com comunistas argentinos e de outros países latino-americanos:

> Nesse ínterim, eu avancei do ponto de vista do estudo do marxismo. Fiquei cada vez mais convencido de que o único caminho era o caminho revolucionário indicado pelo Partido Comunista Brasileiro e pelo Partido Comunista Argentino, nessa época.[46]

Numa de suas estadas em Buenos Aires, chegou a falar em público:

> Foi a primeira vez que eu falei em público [...], nunca tinha falado. [...] Fizemos um grande ato público pela paz. Falei eu... falou o Codovilla[47]... falou um companheiro boliviano, tinha um chileno... todos falaram pela paz. [...] Eu dava

---

[43] Trata-se da obra de Karl Marx, *O capital: crítica da economia política*.

[44] LCP, fita n. 8.

[45] Idem.

[46] Idem.

[47] Victorio Codovilla era dirigente do PC da Argentina e um dos responsáveis pelo Bureau do Secretariado Sul-Americano da Internacional Comunista, com sede em Buenos Aires, que acompanhava de perto as atividades políticas de Prestes, conforme registros existentes no RGASPH; cópia no Cedem/Unesp.

O exílio na Bolívia e na Argentina   113

entrevistas, levantando o problema agrário [...], dando uma orientação... pensando já... aproximando-me do marxismo.[48]

Prestes lembrava que os companheiros que chegavam a Buenos Aires – Juarez Távora, Siqueira Campos e outros – estavam preocupados somente com a preparação do levante e, então, discutia muito principalmente com Siqueira Campos, seu companheiro e grande amigo. Mostrava-lhe a necessidade do estudo, mas "ele não estudava absolutamente" e insistia no fato de que sua tarefa era fabricar bombas de dinamite em São Paulo. Os outros "tenentes" conspiravam nos quartéis:

> João Alberto, o Cordeiro, o Dutra... todos eles estavam procurando contato com os militares da ativa para conseguir organizar outro levante contra o governo, para aplicar o programa, que eles diziam que era um programa revolucionário. [...] Era moralidade... justiça... Não havendo justiça... eles pregavam... representação e justiça... era o lema. Quer dizer, liberdade de eleições, porque as eleições, nessa época, no Brasil, ainda eram uma verdadeira farsa. [...] Mas não falavam em problema social... muito pouco, quase nada. [...] Eu já estava muito mais avançado, muito mais adiantado do que eles. E a divergência entre nós começava a vir à tona, pouco a pouco.[49]

Anos mais tarde, Prestes escreveria sobre o influxo decisivo que teve sobre ele o livro de Lenin *O Estado e a revolução*, cuja leitura o fez compreender

> o quanto era falsa e errônea a concepção que tinha do Estado, que me havia sido inculcada pelo ensino universitário e que me fazia ver no Estado uma instituição situada acima das classes sociais e encarregada de distribuir a justiça e de dirigir como árbitro os destinos do país em benefício de toda a população. Foi esse, sem dúvida, o livro que me decidiu a iniciar uma revisão profunda de minha concepção da vida e do cabedal de conhecimentos acumulados até então. O primeiro tomo de *O capital* revelou-me o segredo da exploração capitalista e tornou-me socialista por convicção científica.[50]

Como consequência de tal influxo, Prestes, para ser honesto com ele mesmo, "não poderia deixar de tomar o caminho revolucionário. Era preciso entregar-me por inteiro à causa da luta pela transformação radical da situação

---

[48] LCP, fita n. 8.

[49] Idem.

[50] Luiz Carlos Prestes, "Como cheguei ao comunismo", *Cultura Vozes*, n. 2, mar.-abr. 1998, p. 144.

LUIZ CARLOS PRESTES: UM COMUNISTA BRASILEIRO

do povo brasileiro"[51]. Preocupava-o, entretanto, se ele seria capaz de "ganhar para as novas ideias revolucionárias os companheiros das lutas anteriores", uma vez que "o problema familiar [...] foi de fácil solução", já que a mãe e as irmãs "estavam dispostas a enfrentar todas as vicissitudes da vida". A situação era diferente com os velhos companheiros, que, "entusiasmados com a polaridade alcançada, esperavam que os próximos acontecimentos lhes permitissem ganhar o poder político"[52].

O exílio na Argentina: da Aliança Liberal (1929) ao *Manifesto de maio de 1930*

Em junho de 1929 foi criada a Aliança Liberal, formada pelos Partidos Republicanos de Minas Gerais, do Rio Grande do Sul e da Paraíba. Participavam também dessa coligação partidária, com vistas às eleições presidenciais de 1º de março de 1930, o Partido Libertador (PL), do Rio Grande do Sul, o Partido Democrático (PD), de São Paulo, e o recém-criado Partido Democrático Nacional (PDN), assim como alguns políticos independentes. Tinha início a campanha eleitoral da Aliança Liberal, cujo programa era basicamente o mesmo que já vinha sendo divulgado pelas forças de oposição ao governo federal, incluindo algumas ligeiras referências à questão social, com o intuito de atrair as camadas populares[53].

Diante desse novo fato político, quando os antigos políticos situacionistas Arthur Bernardes, Epitácio Pessoa, Antônio Carlos Ribeiro de Andrada, Borges de Medeiros se uniram com as forças oposicionistas que os haviam combatido durante vários anos, sob a liderança do chefe civil da revolução e presidente do PDN, Joaquim Francisco de Assis Brasil, os "tenentes" teriam que se definir. Surgia o seguinte dilema: dar mais um passo no caminho de adesão e de reboquismo em relação à classe dominante ou buscar outra via – e, nesse caso, qual seria ela?

Um mês após a criação da Aliança Liberal, Carlos de Lima Cavalcanti, diretor do *Diário da Manhã*, órgão dos "democráticos" de Pernambuco, enviou a Prestes um telegrama, solicitando o apoio dos "tenentes" à candidatura de Getúlio Vargas à presidência da República. Estavam em Buenos Aires, nessa ocasião, Prestes, Siqueira Campos, Juarez Távora e Djalma Dutra. Segundo Prestes:

---

[51] Idem.

[52] Ibidem, p. 144-5.

[53] A bibliografia sobre a Aliança Liberal é vasta. Ver, por exemplo, Edgard Carone, *A República Velha*, v. 2, cit., p. 413-23; Joseph L. Love, *O regionalismo gaúcho e as origens da Revolução de 1930* (São Paulo, Perspectiva, 1975), cap. 10; Paulo Gilberto Fagundes Vizentini, *Os liberais e a crise da República Velha*, cit., p. 57-69.

Eu e o Siqueira tomamos posição imediatamente contrária. Não podíamos apoiar um homem que era da ditadura, daquela oligarquia que tinha nos perseguido, que sempre tinha sido reacionário. Mas o Juarez era a favor, e o Dutra vacilou. Ficamos em maioria. Então, com o apoio do Dutra, passamos um telegrama ao Carlos Cavalcanti, dizendo que absolutamente não apoiávamos a candidatura de um elemento que era da oligarquia inimiga, que sempre fora inimigo da revolução. Um telegrama violento e *tranchant*.[54]

Vale a pena conferir o texto desse telegrama:

Respondendo a seu telegrama, pedimos declarar aos amigos do Brasil, por intermédio do *Diário da Manhã*, que continuamos intransigentemente fiéis aos ideais da Revolução, desinteressando-nos, portanto, das competições das oligarquias, bem como de alianças incompatíveis com as aspirações revolucionárias e ultrajantes à memória dos companheiros sacrificados na luta. Conquanto convencidos da ineficiência das campanhas eleitorais no atual ambiente político, não podemos aconselhar aos amigos se desinteressarem da sucessão. Cabe, no momento, aos verdadeiros revolucionários agitar a opinião em torno de nossos ideais e princípios independentes das situações dominantes. Essa é realmente a única maneira de fortalecer os sentimentos da renovação nacional.[55]

Enquanto Prestes repudiava com firmeza qualquer adesão à Aliança Liberal – apoiado neste momento por Siqueira Campos –, a maioria dos "tenentes" era atraída pela candidatura Vargas e aderindo à campanha dele. A conspiração tenderia a declinar, e as esperanças se voltariam para o pleito de março de 1930.

Os "tenentes" – devido à condição de elementos pertencentes aos setores intermediários da sociedade – não poderiam aceitar o caminho proposto por Prestes, ou seja, um programa de inspiração comunista, voltado para a solução dos problemas sociais de forma revolucionária. Sendo ideologicamente caudatários das classes dominantes, também não poderiam formular um programa independente. Restava-lhes apenas o caminho da adesão aos liberais e, naquele momento, ficaram prisioneiros de um paradoxo: aliar-se com os representantes das oligarquias que haviam combatido de armas na mão durante vários anos[56]. A Aliança Liberal empolgou as populações urbanas do país, valendo-se, em grande medida, das glórias conquistadas pelos "tenentes" e, em especial, pela Coluna Prestes.

---

[54] LCP, fita n. 8.

[55] Ver Miguel Costa Filho, *Os farsantes da revolução* (Rio de Janeiro, s/e, 1931), p. 29-30.

[56] Barbosa Lima Sobrinho, *A verdade sobre a Revolução de Outubro: 1930* (São Paulo, Alfa-Ômega, 1983), p. 92.

Poucos sabiam – devido às dificuldades de comunicação da época – que Prestes discordava do apoio à candidatura de Getúlio Vargas.

Ao mesmo tempo, Prestes vacilava em provocar uma ruptura com seus antigos companheiros. Alimentava, ainda, a esperança ou a ilusão de convencê-los da justeza de suas posições. Ao ser procurado em Buenos Aires por dois emissários do PCB, Paulo Lacerda e Leôncio Basbaum, que lhe levaram a proposta de candidatar-se à presidência da República pela legenda do PCB, com um programa baseado nas reivindicações sociais dos trabalhadores e comprometido com a reforma agrária e a luta anti-imperialista[57], Prestes lhes deu a seguinte resposta:

> Com o programa, eu concordo – quer dizer, eu estava de acordo com o programa –, mas não posso assumir esse compromisso nem aceitar essa candidatura, porque ainda tenho compromisso com os "tenentes". Eu teria que explicar aos "tenentes" primeiro, reunir-me com eles, entregar o posto que eles me deram de chefe militar da revolução, porque eu não posso mais continuar nesse posto, porque eu sou contra isso aqui, porque eles já estavam se aproximando do Getúlio.[58]

Enquanto Prestes agia com prudência, seus antigos camaradas tentavam pressioná-lo, com vistas a que emprestasse apoio à candidatura de Vargas. Insistiam para que fosse a Porto Alegre conversar com o candidato, na expectativa de que o Cavaleiro da Esperança fosse conquistado para a Aliança Liberal. Sua adesão era vista como decisiva tanto pelos liberais quanto pelos "tenentes", pois seu nome era a bandeira que empolgava grandes massas durante os comícios eleitorais da campanha oposicionista. Segundo Barbosa Lima Sobrinho, "para conquistar aplausos e provocar delírio no auditório, era indispensável aos oradores hastear a flâmula da revolução"[59]. Paulo Duarte escrevia: "Nesse tempo, era o do sr. Luiz Carlos Prestes o nome de maior prestígio em todos os estados nortistas. A um orador infeliz, bastava a citação do nome do ex-Cavaleiro da Esperança, para arrebatar a assistência"[60].

Silo Meirelles e Osvaldo Cordeiro de Farias constituíam, no Rio de Janeiro, o centro coordenador da conspiração tenentista dentro do país. Seu quartel-

---

[57] Os dois emissários, ao procurar Prestes, representavam a posição não só do PCB como também do Bureau do Secretariado Sul-Americano da Internacional Comunista (IC), com sede em Buenos Aires, onde havia sido discutida essa questão. (O PCB fazia parte da IC e, portanto, sua política era discutida no âmbito dessa organização.) Ver RGASPH, fundo 503, op. 001, d. 027; fundo 495, op. 029, d. 037; cópia no Cedem/Unesp.

[58] LCP, fita n. 8.

[59] Barbosa Lima Sobrinho, *A verdade sobre a Revolução de Outubro*, cit., p. 92.

[60] Idem.

-general ficava na casa de saúde do dr. Pedro Ernesto Batista, médico civil, aliado dos militares rebeldes e participante ativo da movimentação revolucionária que havia se desenvolvido durante a década de 1920 na capital da República. Silo Meirelles e Cordeiro de Farias mantinham contato permanente com Prestes, exilado na Argentina, e com Maurício de Lacerda, intendente municipal no Distrito Federal. Este último, em seus discursos, dizia-se representante dos "tenentes" e de Prestes[61].

Na segunda metade de 1929, precipitavam-se os acontecimentos políticos no Brasil. Eis o relato de Prestes:

> Eu continuava estudando e compreendi que os "tenentes" estavam todos ao lado do Getúlio. E eu, aceitando a linha do Partido Comunista do Brasil (PCB), de que se tratava de uma luta interimperialista, entre o imperialismo inglês e o imperialismo americano; que o Getúlio tinha o apoio dos americanos, que queriam aproveitar a situação difícil do capitalismo, que se agravou particularmente em outubro, com a crise de 29 [...].[62]

Diante dos insistentes apelos de seus camaradas, Prestes enfim viajou a Porto Alegre para encontrar-se com Vargas.

> Resolvi ir falar com o Getúlio, com o objetivo de pretender desmascará-lo. Para mostrar aos "tenentes" que ele não queria fazer nenhuma revolução. Foi com esse objetivo que fui visitar o Getúlio. Mas eu não confiava absolutamente em Getúlio, nem em Osvaldo Aranha, nem em ninguém. O Osvaldo Aranha era o secretário do Interior do Getúlio[63]. De maneira que fui com o Emygdio Miranda, entrei clandestinamente no Rio Grande do Sul. Não tinha nem passaporte, não tinha nenhum documento, mas entrei [...]. Fui para Porto Alegre, fui para um hotel e mandei avisar, então, ao João Alberto que eu já estava lá. O Aranha ficou indignado – porque era secretário do Interior – em não saber que eu já tinha chegado lá, já estava lá em Porto Alegre. E marcaram uma reunião à meia-noite, no Palácio Piratini. O Siqueira Campos e o Osvaldo Aranha foram comigo. O João Alberto não foi. Isso em setembro de 29.[64]

A conversa de Prestes com Getúlio transcorreu de maneira inusitada.

---

[61] LCP, fita n. 8.

[62] Idem.

[63] Getúlio Vargas havia sido eleito governador do Rio Grande do Sul em 1928.

[64] LCP, fita n. 8.

Quanto ao que eu disse ao Getúlio, desde logo, do início: "Eu estou aqui, porque meus companheiros me dizem que o senhor quer fazer uma revolução. [...] Sua candidatura eu não apoio, nem jamais apoiarei, porque se o senhor for eleito, dentro desse regime, vai fazer a mesma coisa que todos os outros, não vai modificar coisa alguma". Foi a posição que eu tomei. E expus ao Getúlio o que era que eu chamava de revolução. E, na verdade, eu era sectário, terrivelmente sectário! Tinha lido *O Estado e a revolução*, de Lenin, tinha lido já algumas coisas de Lenin; de Marx era *O capital* etc. Eu, então, expus o que lia nos jornais do Partido: a revolução agrária e anti-imperialista. Foi o que eu expus ao Getúlio. O Getúlio ouviu pacientemente aquele catatau; falei, esperando que ele tomasse uma posição contra, que ele se manifestasse contra. [...] Eu disse, então, que para fazer isso precisávamos de conspirar, de ter recursos para poder viajar ao Brasil e que eu precisava, estando no estrangeiro, de dinheiro, em quantidade suficiente, para comprar armamento para colocar onde eu quisesse. Coloquei todo o programa abertamente assim. Então, seria uma importância grande, alguns milhões, alguns milhares de contos de réis. Aí o Getúlio prometeu tudo. Logo que eu acabei, ele disse: "O senhor" – fez a frase –, "o senhor tem a eloquência da convicção!". [...] E prometeu tudo. Tudo seria satisfeito. Ele mandaria recursos para Buenos Aires.[65]

Ainda em Porto Alegre, Prestes obteve seu primeiro passaporte falso com o nome de João de Souza, concedido pela Secretaria do Interior do Estado do Rio Grande do Sul, por determinação de Osvaldo Aranha. Prestes recordava que, ao sair do Palácio Piratini, de madrugada, Aranha fez questão de acompanhá-lo, argumentando que àquela hora não havia ninguém na rua, mas o conduziu, propositalmente, de maneira a passarem defronte a um café muito frequentado pela intelectualidade da cidade, para que Prestes fosse visto e, assim, corresse a notícia de que estaria dando apoio a Vargas[66].

Enquanto Prestes se esforçava por desmascarar Getúlio Vargas perante seus antigos camaradas, tentando ganhá-los para as posições comunistas, eles aderiam ao candidato e se subordinavam a seus ditames. A liderança de todo o movimento, legal e extralegal, passara para as mãos de Vargas e de próceres da Aliança Liberal. Alguns "tenentes" iam sendo virtualmente "comprados" por eles. Prestes recordava:

O João Alberto já estava realmente submetido a ele [Getúlio Vargas], completa-mente; tinham-lhe dado um apartamento, um automóvel... Ele gostava muito de música; então, tinha boa vitrola e discos, uma coleção grande de discos, estava

---

[65] Idem.
[66] Idem.

completamente submetido. Compraram com dinheiro. A palavra é essa: estava comprado. E os outros, pelo Brasil afora, já estavam todos getulistas. [...] O João Alberto estava satisfeito com o apoio que eles estavam dando. Estavam dando cinquenta contos para um, vinte contos para outro, para ir para o interior do Brasil para conspirar.[67]

Prestes ficara decepcionado por não ter conseguido desmascarar Vargas, conforme pretendia. Ao mesmo tempo, entrara em contato com um banqueiro em Montevidéu, pessoa de confiança, para quem poderia ser enviado o dinheiro prometido pelo candidato. Mas os meses se passavam, e o dinheiro não chegava[68].

A campanha da Aliança Liberal empolgava o país, galvanizando grandes contingentes de populações urbanas. No início de outubro de 1929, Maurício de Lacerda, que continuava a intitular-se "soldado de Prestes", discursou no Conselho Municipal da cidade do Rio de Janeiro, afirmando ter passado a apoiar a candidatura de Getúlio Vargas "com o apoio de Prestes", declaração que seria amplamente divulgada pela imprensa[69].

Diante disso, Prestes encaminhou um telegrama a Cordeiro de Farias e Silo Meirelles, solicitando que desmentissem Maurício de Lacerda de maneira categórica. Alguns dias depois, era recebida em Buenos Aires a resposta dos dois líderes tenentistas a seu chefe militar. Prestes recordaria, mais tarde, aquele episódio:

Mandaram-me uma resposta telegráfica. Era toda de justificativa do Maurício: que o Maurício era um companheiro muito bom, que eu não devia fazer isso com ele, que isso ia prejudicar toda a campanha. Enfim, era toda uma desculpa do Maurício de Lacerda. [...] No dia 22 de novembro, eu bati à máquina uma carta, que é uma lauda só, sem espaço; mandei para o Cordeiro de Farias e o Silo Meirelles; em que se mostrava que eles já estavam com o Getúlio e que eu não concordava com o Getúlio mesmo, que era contra e que já estávamos divididos. Já dizia que entre nós existia uma cisão.[70]

Nessa carta, Prestes foi claro e explícito quanto a sua posição frente à Aliança Liberal:

Não sei em que pé estão os entendimentos com a Aliança Liberal nem sei o que de prático tenhamos conseguido. Sinto somente que, se não tomamos uma medida

---

[67] Idem.

[68] Idem.

[69] Idem; *Correio da Manhã*, Rio de Janeiro, 3 out. 1929; *O Jornal*, Rio de Janeiro, 3 out. 1929.

[70] LCP, fita n. 8.

enérgica, desautorizando as explorações do Maurício [...]; se não rompermos clara e positivamente com os tais *liberais*; se não aproveitarmos o momento político e econômico para radicalizarmos o nosso programa, seremos ridiculamente envolvidos pelos bernardes e epitácios, sacrificando por um problemático auxílio material a grande força moral de que dispúnhamos, fruto do sacrifício de numerosos companheiros. Dia a dia aumenta em mim a convicção de que os tais *liberais* desejam tudo menos a revolução e que, portanto, transferirão todos os dias qualquer auxílio prometido, até que possam fazer um acordo ou conchavo mais ou menos vantajoso.[71]

Essa carta de Prestes tem uma história curiosa, pois, em maio de 1930, quando ele lançou o Manifesto[72] que se tornaria célebre por anunciar seu rompimento definitivo com os antigos camaradas e sua adesão às posições dos comunistas, os "tenentes" alegaram que a posição de seu chefe militar fora uma surpresa, na tentativa de justificar perante a opinião pública o silêncio, durante meses, a respeito do pensamento de Prestes. Entretanto, a Censura havia tirado cópia dessa carta, remetida pelo correio, e, em 2 de junho de 1930, o jornal carioca *A Noite* publicou seu *fac-símile* em primeira página, desmentindo as declarações dos "tenentes"[73].

Prestes continuava alimentando esperanças de ganhar ao menos alguns de seus ex-companheiros para suas posições políticas. Raciocinava da seguinte maneira:

> Ou o Getúlio se desmascarava [...] e eles aceitavam... Eu ainda tive a ilusão de ganhar alguns "tenentes" para minha posição revolucionária. Essa é que era minha ilusão nessa época, nesse período. [...] Naquela hora, não ganhei ninguém, não ficou ninguém.[74]

Em janeiro de 1930, Prestes decidiu procurá-lo novamente.

> Eu resolvi ir de novo a Porto Alegre. Eu ainda tive a ilusão de novamente ir procurar o Getúlio para ver se o desmascarava. Porque não chegou um tostão. [...] O Getúlio me recebeu de novo. Aí se desmanchou em desculpas... as dificuldades financeiras, não tinha recursos, as dificuldades eram imensas, mas que, agora,

---

[71] *A Noite*, Rio de Janeiro, 2 jun. 1930, p. 1; grifos do original.

[72] "Manifesto de maio de 1930 de Luiz Carlos Prestes", *Diário da Noite*, São Paulo, 2. ed., 29 maio 1930, citado em Abguar Bastos, *Prestes e a revolução social* (Rio de Janeiro, Calvino, 1986), p. 225-9.

[73] *A Noite*, Rio de Janeiro, 2 jun. 1930, p. 1.

[74] LCP, fita n. 8.

ele ia receber, porque o Antônio Carlos [Antônio Carlos Ribeiro de Andrada, governador de Minas Gerais] ia mandar 4 mil contos de réis e, então, aí, ele poderia mandar. Promessas, não é? Tive que ouvir as promessas do Getúlio e fiquei também sem poder desmascará-lo, porque era uma enguia, porque ele cedia tudo, não se desmascarava, não permitia que se desmascarasse. Que estava disposto a apoiar, continuava apoiando. Eu fui violento, principalmente conversando com o Aranha [Osvaldo Aranha], na presença do João Alberto. [...] Eu usei uma linguagem violenta contra a posição do Getúlio de não ter mandado coisa nenhuma e que ele estava ganhando tempo.[75]

Dando continuidade ao relato, Prestes recordava:

Ao nos despedirmos, Getúlio me disse: "O senhor já leu minha plataforma?". No dia 2 de janeiro, ele tinha lido a plataforma dele, no Castelo[76]. Se você lê a plataforma, há trechos sobre a reforma agrária, entrevistas minhas, quer dizer, ele botou de propósito. Quase que palavras minhas estão lá na plataforma do Getúlio, sobre a reforma agrária – fazer a reforma agrária, entregar a terra aos camponeses. Tudo isso, que eu tinha dito em entrevistas diversas, ele tinha recortado. Então, ele perguntou se eu tinha lido. Eu disse: "Sim, li". "Então, agora que o senhor já leu, de certa forma, era a oportunidade de o senhor apoiar minha candidatura." Porque ele queria... Se havia uma pessoa que não queria luta armada, era o Getúlio. Ele queria utilizar a bandeira da revolução e meu nome no movimento de 30 para ganhar a eleição de 1º de março. Ele não queria perder. E podia ganhar a eleição, o descontentamento era muito grande. Aí, eu tive que dizer a ele: "Eu lamento, presidente [...], eu lamento que tenhamos falado duas horas e eu não me tenha feito entender. Sua candidatura não me interessa, eu não estou aqui por causa da sua candidatura". Ele disse: "Ah, que coisa, mas que coisa...".[77]

Vargas procurou ganhar tempo e alimentar uma situação de aparente apoio de Prestes a sua candidatura à presidência, sem, contudo, comprometer-se com os intuitos radicais daquele que continuava a ser o chefe militar da Revolução dos "tenentes".

Com a derrota eleitoral da Aliança Liberal no pleito de março de 1930, a conspiração tomou novo alento, culminando com a eclosão do movimento

---

[75] Idem.

[76] Essa plataforma foi lida por Getúlio Vargas em comício realizado na Esplanada do Castelo, no Rio de Janeiro, em 2 jan. 1930; ver *Correio da Manhã*, Rio de Janeiro, 3 jan. 1930.

[77] LCP, fita n. 8.

armado de outubro[78]. Prestes percebera que a preparação da luta armada estava sendo feita sob direção do próprio candidato derrotado, Getúlio Vargas. Sua indignação foi muito grande:

> "Isso é um crime! Como é que eu vou deixar, vou permitir que utilizem meu nome para fazerem uma luta armada em que o povo vai morrer, vai haver derramamento de sangue, para não mudar coisa nenhuma, para substituir uma oligarquia por outra?" Isso era meu raciocínio. "Eu tenho que tomar uma posição; não pode mais continuar essa situação." Foi aí que [surgiu] minha ideia de fazer um manifesto rompendo publicamente, porque já não era mais viável continuar conivente com essa posição.[79]

A indignação de Prestes ficou ainda maior quando soube que Miguel Costa – que também se encontrava em Buenos Aires – não só aceitara um convite para ir a Porto Alegre conversar com Vargas, como, ao chegar lá, recebera homenagens públicas dos chefes da Aliança Liberal e se deixara fotografar a seu lado:

> Eu fiquei com uma raiva do Getúlio, um ódio, porque eu recebi os jornais do Rio Grande e vi que era a utilização do nome da Coluna e, através do Miguel, do meu próprio nome também, para o movimento que eles estavam preparando. Aí, eu esperei o Miguel. No dia em que o Miguel chegou, nos sentamos, e ele fez um relatório. O relatório dele era todo otimista. Depois que ele acabou, eu disse: "Está bem! Agora, aqui, nesta hora, neste momento, nós não temos mais nada que ver um com o outro, nem eu com vocês todos que estão com o Getúlio. Está rompida... minha posição é completamente diferente". Ele ficou tonto. Foi nessa reunião com o Miguel, depois que ele voltou de lá... eu percebi que ele se passara completamente...[80]

Prestes decidira romper definitivamente com os "tenentes". Durante os meses de março e abril, ele redigiu o manifesto que veio à luz nos últimos dias de maio de 1930. Antes, porém, de torná-lo público, Prestes quis dar uma satisfação a seus antigos camaradas: "Falava-se abertamente de conspirata, de luta armada, e eu queria romper... tornar/público... Mas não queria fazer

---

[78] A bibliografia sobre o tema é vasta. Ver, por exemplo, Joseph L. Love, *O regionalismo gaúcho e as origens da Revolução de 1930*, cit., cap. 10; Edgard Carone, *A República Velha*, v. 2, cit.; Barbosa Lima Sobrinho, *A verdade sobre a Revolução de Outubro*, cit.

[79] LCP, fita n. 8.

[80] Idem.

isso sem primeiro entregar o posto que tinham me dado de chefe militar da Revolução dos 'tenentes'. Então, chamei-os a Buenos Aires"[81].

À reunião convocada por Prestes, compareceram Miguel Costa, João Alberto, Siqueira Campos e Djalma Dutra. Juarez Távora e Cordeiro de Farias não puderam deslocar-se a Buenos Aires. Quando Prestes terminou de ler seu manifesto, a perplexidade foi geral. Prestes recordava:

> O único que teve coragem de falar alguma coisa foi o João Alberto [...]. Ele disse: "O que você diz aí, tudo isso é verdade, mas agora chegou a nossa hora e eu não nasci para apóstolo!". Era isso. O Siqueira ficou também calado, mas pediu para conversar comigo. Foi o único que pediu para conversar. E realmente conversamos. Eu trabalhava durante o dia [...]. Então, à noite, nos reuníamos. Depois do jantar, sentávamos assim em frente, um ao outro, na mesma mesa. O Siqueira querendo convencer-me de que eu devia participar do movimento, e eu a querer convencê-lo de que ele não devia participar. Mas não houve meio. Levamos uma semana, dez dias... Eu devo ter perdido, assim, alguns quilos, porque era uma discussão com um amigo, e eu admirava muito o Siqueira. E ele também não podia admitir a luta continuar sem mim.[82]

Prestes relata os detalhes do diálogo com Siqueira Campos, lembrando a pergunta que lhe dirigia:

> "Mas como é que tu vais marchar, vais participar de um movimento com o Bernardes, Epitácio, Borges de Medeiros... com toda essa cambada?" E Siqueira respondia: "São os primeiros que eu fuzilo". Prestes retrucava: "Tu é que estás equivocado. Eles é que vão te fuzilar, porque qual é a força que tu tens? Estão todos eles do lado do Getúlio! [...] Eles é que vão te fuzilar, se você quiser continuar a fazer alguma coisa mesmo. Porque eles vão fazer a política da oligarquia gaúcha aqui e a política deles, o que eles quiserem".[83]

Prestes recorda que não houve meio de convencer seu grande amigo Siqueira Campos:

> No fim, ele me pediu: "Me dá quinze dias. Não publica esse manifesto" – pediu só quinze dias –, "não publica esse manifesto senão daqui a quinze dias". [...] Porque ele achava que era o caminho para dar o primeiro passo e que podíamos levar a

---

[81] Idem.

[82] Idem.

[83] Idem.

revolução adiante. Ele absolutamente não aceitava as teses que eu aceitava. Eu tinha dado livros até para ele ler, mas ele não punha um livro na mão, não lia. O Siqueira era um homem muito talentoso, mas, do ponto de vista ideológico, ele era um anarquista. [...] O patriotismo dele não era o patriotismo verde-amarelo, era o patriotismo da indignação pela miséria e o atraso de nosso povo. Ele dizia: "Sabe? Isso precisa ser arrasado!". Eu dizia: "Mas como é que vamos...?". "Ah, isso depois a gente vê, com o que é que vai substituir! Depois a gente vê!" O essencial era arrasar isso tudo. Precisa arrasar tudo isso. Quer dizer, era um anarquista nesse sentido.[84]

Prestes resolveu atender ao pedido de Siqueira, adiando o lançamento do manifesto por quinze dias[85]. João Alberto avisou imediatamente a Osvaldo Aranha o rompimento definitivo de Prestes com seus antigos aliados. Poucos dias depois, era depositado um cheque de 100 mil pesos uruguaios (aproximadamente oitocentos contos) em uma conta de banco em Montevidéu, que fora destinada por Prestes a esse fim. Tratava-se do dinheiro prometido por Vargas em setembro de 1929. Configurava-se uma última tentativa de evitar o rompimento do Cavaleiro da Esperança com os políticos da Aliança Liberal[86]. Referindo-se a esse episódio, Prestes lembrava o dilema surgido:

Entrego o dinheiro? Devolvo o dinheiro? Comprar não me compravam, não ia mudar de posição. Mas... vou devolver o dinheiro... para o Getúlio? O raciocínio que eu fazia: esse dinheiro não é do Getúlio. Depois, eu vi, eu vim a saber até qual a origem desse dinheiro. [...] Foi a venda de uma usina elétrica de Belo Horizonte à Light pelo Antônio Carlos [...], que era governador de Minas. [...] Era o tal dinheiro de Minas que ele estava esperando. O Antônio Carlos vendeu por quase nada à Light uma usina elétrica de Belo Horizonte. [...] Eu sou teimoso, acabei conseguindo [...] a transação, a cópia da transação, feita em cartório [...] no Rio de Janeiro, no cartório do Belisário Távora. Eu consegui *pública-forma* desse documento... foi assinado pelo Virgílio de Melo Franco em nome do governo de Minas e pela Light.[87]

Quando Prestes decidiu não devolver o dinheiro, considerando que esse pertencia ao povo brasileiro e deveria ser usado para a "verdadeira revolução" brasileira, Miguel Costa ficou desesperado, pois já tinha gasto certa quantia com a fabricação de lança-chamas. Chegou a dizer que daria um tiro em Prestes.

---

[84] Idem.

[85] Siqueira Campos, após a reunião com Prestes, morreu tragicamente num desastre de avião, quando regressava ao Brasil.

[86] LCP, fita n. 8. Informações de Prestes dadas à autora.

[87] Idem.

Este o tranquilizou, comprometendo-se a pagar a despesa já feita. O dinheiro restante foi entregue por Prestes ao Bureau do Secretariado Sul-Americano da Internacional Comunista, então sediado em Buenos Aires, como contribuição para as atividades do movimento comunista na América Latina[88].

O *Manifesto de maio de 1930*, assinado por Luiz Carlos Prestes, foi tornado público no Brasil no dia 29 de maio daquele ano[89]. O documento consagrou a ruptura de Prestes com o movimento tenentista e explicitou sua posição revolucionária, anti-imperialista e de luta contra o latifúndio e pelo poder para os trabalhadores. Dizia o texto:

A revolução brasileira não pode realizar-se com o programa anódino da Aliança Liberal. Uma simples mudança de homens no poder, o voto secreto, promessas de liberdade eleitoral, honestidade administrativa, respeito à Constituição, moeda estável e outras panaceias nada resolvem nem podem interessar, de modo algum, à grande maioria de nosso povo, sem cujo apoio qualquer revolução que se faça terá o caráter de uma simples luta entre as oligarquias dominantes.[90]

Mais adiante, afirmava-se no mesmo texto:

Apesar de toda essa demagogia revolucionária e das afirmações dos liberais de que propugnam pela revogação das últimas leis repressoras, não houve na Aliança Liberal quem protestasse contra a brutal perseguição política de que foram vítimas as associações proletárias de todo o país durante a última campanha eleitoral, e no próprio Rio Grande do Sul. Em plena fase eleitoral, foi desencadeada a mais violenta perseguição aos trabalhadores que lutavam por suas reivindicações. Os propósitos das oligarquias em pugna são idênticos.[91]

Embora Prestes não fizesse referência ao comunismo no manifesto, sua adesão ao programa da "revolução agrária e anti-imperialista", proposta pelo PCB, o identificava com os comunistas perante a opinião pública. O documento teve o efeito de uma verdadeira bomba na imprensa da época[92]. Ruíam os propósitos dos setores oligárquicos de continuar utilizando o mito do Cavaleiro da Esperança

---

[88] Idem; entrevista de Luiz Carlos Prestes concedida a Edgard Carone, cit.

[89] "Manifesto de maio de 1930 de Luiz Carlos Prestes", *Diário da Noite*, São Paulo, 2. ed., 29 maio 1930, citado em Abguar Bastos, *Prestes e a revolução social* (São Paulo, Hucitec, 1986), p. 197-200.

[90] Idem.

[91] Idem.

[92] Ver a imprensa da época.

para a conquista de seus objetivos. Até aquele momento, esse mito alimentara a ilusão das classes dominantes de transformar Prestes num líder a serviço de seus interesses exclusivistas, num líder que conduzisse as massas populares pelo caminho das reformas liberais, de acordo com a fórmula enunciada por Antônio Carlos Ribeiro de Andrada: "Fazer a revolução antes que o povo a faça".

A nova posição de Prestes o transformaria num renegado para os políticos das classes dominantes que contavam com sua liderança. Para setores ponderáveis das populações urbanas, era o abandono, o sentimento de orfandade. A maioria das pessoas não conseguia entender por que Prestes abrira mão da possibilidade de ser o chefe militar da revolução que se aproximava, por que não aproveitara a oportunidade que lhe era oferecida para chegar ao poder e pôr em prática um programa de medidas populares.

Ainda hoje, o gesto de Prestes continua sendo criticado e mal compreendido, inclusive no âmbito dos textos acadêmicos. Vejamos um exemplo:

> Teriam sido outros os rumos e o sentido da revolução de 1930, se Prestes tivesse participado dela liderando o tenentismo. [...] Talvez contando com sua liderança carismática e sua imensa penetração popular, o movimento tivesse conseguido impor seu projeto para a sociedade. Nesse caso, 30 poderia ter sido uma revolução das camadas médias, e não a revolução oligárquica que foi.[93]

O tenentismo não possuía a independência que muitos lhe atribuem. Foi um movimento ideologicamente caudatário das classes dominantes – o que se pode explicar por suas raízes sociais –, que se revelou incapaz de evoluir para posições autônomas de efetiva liderança dos setores populares. Num contexto de aprofundamento da crise do sistema oligárquico, agravada pela crise internacional de outubro de 1929, os "tenentes" foram habilmente envolvidos pelos políticos das oligarquias, articulados em torno da figura de Getúlio Vargas. Com a ruptura de Prestes, a chefia do movimento armado foi entregue ao tenente-coronel Pedro Aurélio de Góis Monteiro, ex-comandante de tropas legalistas que combateram os rebeldes paulistas e perseguiram a Coluna Prestes. Os "tenentes" – mesmo os mais conhecidos, como Juarez Távora, João Alberto Lins de Barros, Djalma Soares Dutra, Osvaldo Cordeiro de Farias etc. – ficaram subordinados ao comando de Góis Monteiro e do próprio Vargas[94].

---

[93] Maria Cecília Spina Forjaz, *Tenentismo e Aliança Liberal*, cit., p. 88.

[94] Para uma análise mais detalhada e consistente do papel do tenentismo na "Revolução de 30", ver Anita Leocadia Prestes, *Tenentismo pós-30: continuidade ou ruptura?* (São Paulo, Paz e Terra, 1999).

Se Prestes tivesse aceitado participar do movimento armado, teria sido levado a abdicar de suas posições revolucionárias, tornando-se um instrumento a serviço das oligarquias dissidentes que – após a derrubada de Washington Luís por um grupo de generais – assumiram o poder em novembro de 1930. Não existiam no Brasil organizações populares preparadas para dar respaldo e sustentação a um programa efetivamente revolucionário liderado por Prestes, o que foi por ele compreendido. Prestes preferiu ficar isolado – "um general sem soldados", segundo suas palavras – a capitular frente às classes dominantes. Escolheu o caminho da revolução socialista, o árduo caminho da luta junto aos explorados e aos oprimidos por uma solução radical dos problemas sociais, pela extinção da exploração do homem pelo homem, pela conquista de justiça social.

Certidão do batismo de Luiz Carlos Prestes realizado em 19 de março de 1916, no Rio de Janeiro.

Luiz Carlos Prestes aos três meses de idade, com os pais. Porto Alegre, 1898.

Luiz Carlos Prestes (no canto direito) aos 3 anos e meio. Em pé, atrás dele, seu pai; sentadas, da esquerda para a direita, sua avó materna Ermelinda Felizardo, uma tia e sua mãe. Porto Alegre, 1901.

Luiz Carlos Prestes com a mãe e as irmãs Clotilde e Eloiza.
Rio de Janeiro, 1906.

Acima, Prestes aos 18 anos, por
ocasião de sua formatura no Colégio
Militar do Rio de Janeiro.

Acima, à esquerda, Prestes aos 22 anos, em sua formatura da Escola Militar do Realengo, no Rio de Janeiro. À direita, como 1º tenente, no Batalhão Ferroviário de Deodoro, no Rio de Janeiro, onde serviu em 1920-1922. A seu lado, o comandante do Batalhão, José E. R. Galhardo.

Como capitão do Exército (sentado, o segundo da esquerda para a direita), em serviço no Rio Grande do Sul, 1923-1924.

À frente da Coluna Prestes, chega ao encontro dos rebeldes paulistas. Benjamim Constant, oeste do Paraná, 11 de abril de 1925.

O comando da Coluna Prestes. Miguel Costa (1), Luiz Carlos Prestes (2), Juarez Távora (3), João Alberto Lins de Barros (4), Antônio de Siqueira Campos (5), Djalma Soares Dutra (6), Osvaldo Cordeiro de Farias (7), José Pinheiro Machado (8), Atanagildo França (9), Emygdio da Costa Miranda (10), João Pedro Gonçalves (11), Paulo Kruger da Cunha Cruz (12), Ary Salgado Freire (13), Nélson Machado de Souza (14), Manuel Alves Lira (15), Sady Valle Machado (16), André Trifino Correia (17) e Ítalo Lauducci (18). Porto Nacional, Goiás, outubro de 1925.

Prestes (sentado, o quarto da direita para a esquerda) e parte de seus comandados, exilados. Gaiba, Bolívia, 1927.

Da esquerda para a direita, os comandantes Osvaldo Cordeiro de Farias, Luiz Carlos Prestes e Djalma Dutra. Santo Corazón, Bolívia, 1927.

Da esquerda para a direita, o jornalista Rafael Correia de Oliveira – enviado do carioca *O Jornal*, primeiro a entrevistar o Cavaleiro da Esperança em seu exílio na Bolívia – Luiz Carlos Prestes, o capitão Barron, comandante do destacamento boliviano em Gaiba, e um jornalista de Corumbá. Gaiba, Bolívia, fevereiro de 1927.

Leocadia Prestes e as filhas Lygia, Lúcia e Clotilde recebem a primeira carta de Prestes, trazida de Gaiba pelo jornalista Rafael Correia de Oliveira (sentado ao lado de Leocadia). Estão também na foto outro jornalista, não identificado, e uma amiga da família (no fundo, à direita). Rio de Janeiro, março de 1927.

O Cavaleiro da Esperança diante da cabana em que morou enquanto trabalhava em Gaiba, 1927-1928.

Prestes (sentado, o terceiro da esquerda para a direita) e exilados brasileiros. Paso de los Libres, Argentina, 1928.

Encontro de Luiz Carlos Prestes com o caudilho libertador Joaquim Francisco de Assis Brasil, chefe civil da revolução tenentista. Em pé, o tenente rebelde João Alberto Lins de Barros. Buenos Aires, 1928.

Prestes sentado à sua mesa de trabalho no galpão da Calle Gallo. Buenos Aires, *c.* 1928-1929.

Leocadia Prestes e as filhas, Clotilde (sentada), Eloiza, Lygia e Lúcia, em sua casa. Rio de Janeiro, 1929.

Acima, Prestes com a mãe e com a irmã Clotilde. Montevidéu, Uruguai, 1931.

À direita, pouco antes de regressar ao Brasil. Moscou, dezembro de 1934.

Passaporte em nome de Antonio Vilar e Maria Bergner Vilar, com o qual Prestes e Olga Benario entraram no Brasil em abril de 1935.

Prestes e Olga no dia de sua prisão. Rio de Janeiro, 5 de março de 1936. Arranjo fotográfico de fotos de jornais.

Luiz Carlos Prestes depõe na Polícia Central no dia da sua prisão. Rio de Janeiro, 5 de março de 1936.

Olga Benario Prestes na Polícia Central.
Rio de Janeiro, março de 1936.

Olga Benario é conduzida por policial
para interrogatório na Polícia Central.
Rio de Janeiro, 1936.

Leocadia Prestes (ao centro) e sua filha Lygia (à direita) em comício da Campanha Prestes pela libertação dos presos políticos no Brasil. Oviedo, Espanha, 24 de maio de 1936.

O Comitê H. Barbusse, contra a Guerra e o fascismo, da França, adere à Campanha Prestes. De pé, da direita para a esquerda, o arquiteto Francis Jourdain e André Malraux. Sentadas, na mesma ordem, Mme. Dechêne, Leocadia Prestes, Lygia Prestes e, de pé, Annette Vidal, secretária do Comitê. Paris, junho de 1936.

À direita, Leocadia Prestes durante a Campanha Prestes na Inglaterra. Londres, junho de 1936.

Abaixo, perante o Conselho Especial de Justiça Militar, Prestes é julgado pelo crime de deserção do Exército, no quartel da Polícia Especial, onde estava preso. Rio de Janeiro, 26 de fevereiro de 1937.

Prestes no Supremo Tribunal Militar, quando da apelação contra a sentença do Tribunal de Segurança Nacional que o condenara, em maio de 1937, a dezesseis anos e oito meses de detenção. Violentamente espancado pelos policiais, protesta com veemência perante o presidente do STM, general Andrade Neves. Rio de Janeiro, 9 de setembro de 1937

Campanha Prestes nos Estados Unidos. Nova York, 1937.

Prestes perante novo Conselho Especial de Justiça Militar, respondendo a processo de deserção do Exército. Rio de Janeiro, abril de 1939.

No Tribunal de Segurança Nacional, lê sua própria defesa, aproveitando a data para saudar a Revolução de Outubro de 1917 e a União Soviética. Rio de Janeiro, 7 de novembro de 1940.

Acima, entre o jornalista equatoriano José Joaquim Silva, à sua direita, e o capitão Orlando Leite Ribeiro, companheiro de exílio. Primeira visita permitida a Prestes desde sua prisão, ocasião em que foi entrevistado para o jornal chileno *El Siglo*. Casa de Correção, Rio de Janeiro, 28 de novembro de 1941.

À esquerda, Prestes em sua cela triangular na Casa de Correção, pouco tempo após o fim da greve de fome parcial que ele sustentou por três anos e sete meses. Rio de Janeiro, 28 de novembro de 1941.

Acima, velório de Leocadia Prestes, que durou quatro dias. Registro da 1ª Guarda de Honra: na frente, da esquerda para a direita, o líder sindical Lombardo Toledano, Lygia Prestes e o general Lázaro Cárdenas, ministro da Defesa do México. Sindicato dos Hoteleiros, Cidade do México, 14 a 18 de junho de 1943.

Abaixo, enterro de Leocadia Prestes, transformado em grande manifestação popular. Cidade do México, 18 de junho de 1943.

Acima, à esquerda, Pablo Neruda, cônsul geral do Chile no México, lê seu poema "Dura Elegia", em homenagem a Leocadia Prestes, à beira de sua sepultura. Cidade do México, 18 de junho de 1943. À direita, Luiz Carlos Prestes aos 47 anos, após sair da prisão. 1945. Foto de Kurt Klagsbrunn.

Prestes deixa a Casa de Correção após ser decretada a libertação dos presos políticos pelo governo Vargas. Rio de Janeiro, 18 de abril de 1945.

Acima, Luiz Carlos Prestes concede a primeira entrevista coletiva à imprensa após sua libertação. Rio de Janeiro, 23 de abril de 1945.

Abaixo, comício do PCB no estádio de São Januário, primeira vez em que Prestes falou diretamente ao povo brasileiro. Rio de Janeiro, 23 de maio de 1945.

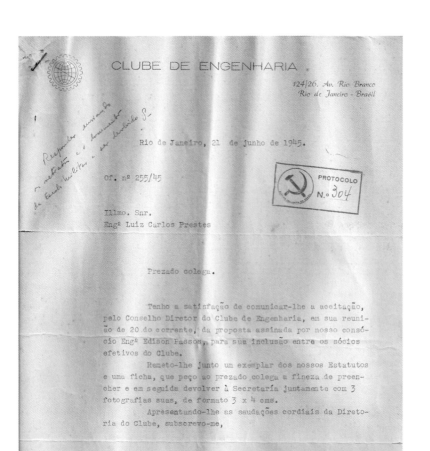

Carta de aceite de Prestes como sócio do Clube de Engenharia. Rio de Janeiro, 21 de junho de 1945.

Salvo-conduto concedido pelo chefe de polícia João Alberto Lins de Barros, em 12 de julho de 1945, para que Prestes pudesse locomover-se pelo país enquanto não obtinha carteira de identidade legal.

Acima, entre Pablo Neruda e Jorge Amado, por ocasião do comício do Pacaembu. São Paulo, julho de 1945.

À direita, Prestes chega ao comício do PCB no estádio do Pacaembu. São Paulo, 15 de julho de 1945.

Acima, Prestes e outros dirigentes do PCB participam da recepção popular aos combatentes da Força Expedicionária Brasileira (FEB) em seu regresso da Europa, após a vitória sobre as potências do Eixo. Rio de Janeiro, 1945.

Abaixo, com os dirigentes do PCB Gregório Bezerra, a seu lado, e Agildo Barata, mais à direita. Rio de Janeiro, 1945.

Acima, no comício em que denunciou a intromissão do embaixador americano Adolf Berle nos assuntos internos brasileiros. Porto Alegre, 1º de outubro de 1945.

Abaixo, em visita a cidade gaúcha, é recebido por mineiros de carvão. Arroio dos Ratos, Rio Grande do Sul, outubro de 1945.

À esquerda, recebe no aeroporto Santos Dumont a filha Anita Leocadia e a irmã Lygia, provenientes do exílio no México. Primeiro encontro de Prestes com a filha, nascida numa prisão da Alemanha nazista em novembro de 1936. Rio de Janeiro, 28 de outubro de 1945.

Abaixo, Prestes chega à capital de Pernambuco para participar de comício. Logo atrás, o líder camponês Gregório Bezerra. Recife, 26 de novembro de 1945.

Discursando em comício na capital de Alagoas. Maceió, 1945

Acima, Prestes ao lado de Yeddo Fiúza, candidato à presidência da República apoiado pelos comunistas, em comício eleitoral. Rio de Janeiro, novembro de 1945.

À direita, os candidatos Luiz Carlos Pretes e Yeddo Fiúza em visita a uma fábrica durante campanha eleitoral para a Assembleia Constituinte e a presidência da República. Rio de Janeiro, novembro de 1945.

À esquerda, Prestes com o pintor Cândido Portinari, também candidato à Constituinte pelo PCB. Rio de Janeiro, 1945.

Abaixo, em visita ao Morro de São Carlos. Rio de Janeiro, janeiro de 1946.

Acima, bancada do PCB na Assembleia Constituinte, composta pelo senador Prestes e catorze deputados, entre eles, Jorge Amado, Gregório Bezerra e Carlos Marighela. Rio de Janeiro, 1946.

À direita, Prestes discursa na Assembleia Constituinte, revidando as provocações anticomunistas de Juracy Magalhães e outros parlamentares reacionários. Rio de Janeiro, 26 de março de 1946.

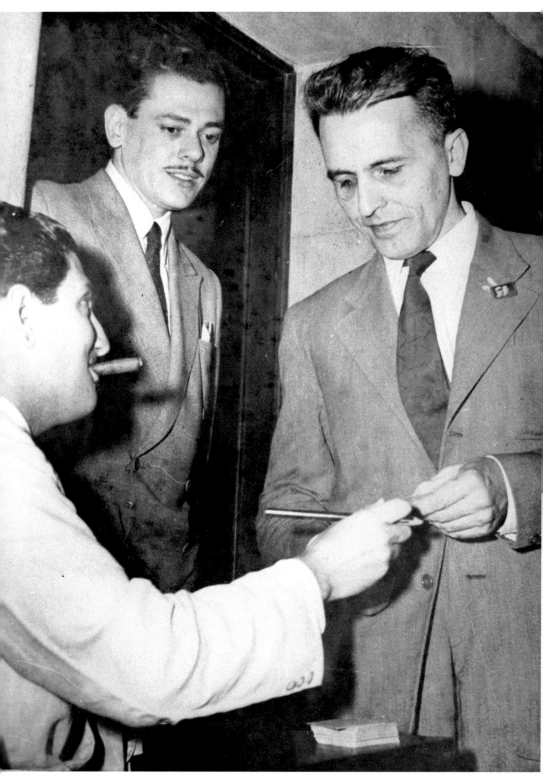
Prestes recebe o diploma de senador pelo Distrito Federal.
Rio de Janeiro, janeiro de 1946.

O Desembargador Afrânio Antônio da Costa, Presidente do Tribunal Regional Eleitoral do Distrito Federal, tendo sido eleito senador por êste Distrito Federal o cidadão *Luiz Carlos Prestes*, registado pelo Partido *Comunista do Brasil* com *cento e cincoenta e sete mil trezentos e noventa e sete em um total de 890.195* votos apurados nas eleições realizadas aos dois de dezembro de 1945, conforme tudo consta da ata da sessão do mesmo Tribunal realizada aos 18 de janeiro de 1946, mandou expedir o presente para que lhe sirva de diploma, nos têrmos do art. 100 do Decreto-lei n.º 7.586, de 28 de maio de 1945.

Rio de Janeiro, D. F., em *28* de *Janeiro* de 19*46*, *123* da Independência e *56* da República.

Afrânio Antônio da Costa

Acima, diploma de senador pelo Distrito Federal. Rio de Janeiro, 28 de janeiro de 1946.

À direita, a carteira de senador. Rio de Janeiro, 25 de março de 1946.

SENADO FEDERAL

CARTEIRA N. 9

A presente carteira de identidade pertence ao Sr. Senador

LUIZ CARLOS PRESTES

Côr *branca* Cabelos *castanhos*
Barba — Bigodes —
Olhos *cast.* Altura 1m *63*

Rio, *25* / *3* de 19*46*

Luiz Carlos Prestes
ASSINATURA DO PORTADOR

Julio Barbosa
DIRETOR GERAL DA SECRETARIA

Prestes entrega o carnê de membro do PCB a Cândido Portinari sob os aplausos do escritor Graciliano Ramos (sentado) e dos jornalistas comunistas Aidano de Couto Ferraz, Pedro Mota Lima e Álvaro Moreira (da esquerda para a direita). Rio de Janeiro, 21 de abril de 1946.

Dedicatória de Prestes, clandestino, com soneto de Camões e frase de Rui Barbosa, à filha Anita, aos 13 anos de idade, na folha de rosto de *Oração aos moços*, de Rui Barbosa. 17 de abril de 1950.

17-IV-50

À Anita-Leocadia
  Com este soneto do grande vate:

A formosura desta fresca serra
E a sombra dos verdes castanheiros,
O manso caminhar, destes ribeiros,
Donde toda a tristeza se desterra;

O rouco som do mar, a estranha terra,
O esconder do Sol pelos outeiros,
O recolher dos gados derradeiros,
Das nuvens pelo ar a branda guerra;

Enfim, tudo o que a rara Natureza
Com tanta variedade nos oferece,
Me está, se não te vejo, magoando.

Sem ti, tudo me enoja e me aborrece,
Sem ti, perpetuamente estou passando
Nas mores alegrias mor tristeza.

"Aspirar à clareza, à simplicidade e à precisão sem um bom vocabulário e uma gramática exata seria querer os fins sem os meios."
(Rui Barbosa, "Réplica", p.224)

Acima, Prestes com Graciliano Ramos. Rio de Janeiro, 1946.
Abaixo, sessão de encerramento da III Conferência Nacional do PCB. Rio de Janeiro, junho de 1946.

À esquerda, Luiz Carlos e Anita Prestes durante a campanha de Cid Sampaio ao governo de Pernambuco. Ao lado de Prestes vê-se David Capistrano e, atrás dele, Joaquim Câmara Ferreira. Recife, 1958. Arquivo de Roberto Arrais.

Abaixo, com o levantamento pela Justiça da ordem de prisão contra os dirigentes do PCB, Prestes concede sua primeira entrevista à imprensa após dez anos de clandestinidade. Rio de Janeiro, 26 de março de 1958.

V

A APROXIMAÇÃO DO MOVIMENTO COMUNISTA, A TRANSFERÊNCIA PARA MONTEVIDÉU (1930) E A IDA PARA MOSCOU (1931-1934)

A Internacional Comunista (IC) e o PCB repudiam Prestes

Conforme Prestes escreveria anos mais tarde, "se bem que o Manifesto fosse considerado uma declaração de adesão ao movimento comunista, naquela época, não era essa ainda minha posição"[1]. O documento fora muito mal recebido pelo PCB, principalmente por não haver nele nenhuma referência ao papel hegemônico que, segundo os comunistas, deveria ser desempenhado pela classe operária na "revolução agrária e anti-imperialista", a primeira etapa da estratégia revolucionária traçada pelo PCB e aceita por Prestes. A direção do PCB mostrava-se extremamente hostil a qualquer aproximação do Cavaleiro da Esperança, dada sua "natureza pequeno-burguesa", e frisava que "só o proletariado pode levar a revolução agrária e anti-imperialista ao triunfo definitivo"[2].

Essa era também a posição do Secretariado Latino-Americano da Internacional Comunista (IC) – sediado em Moscou e ao qual estava subordinado o Bureau Sul-Americano –, que defendia uma política de combate permanente a Luiz Carlos Prestes e ao chamado "prestismo", pois o Cavaleiro da Esperança era visto como um líder da pequena-burguesia, que estaria disputando com o PCB a liderança do movimento revolucionário no Brasil. O Secretariado Latino-Americano orientava os comunistas brasileiros a travar uma luta sem tréguas contra Prestes. Um dos quadros dirigentes da IC, o lituano August Guralski (codinome Rústico)[3],

---

[1] Luiz Carlos Prestes, "Como cheguei ao comunismo", *Cultura Vozes*, n. 2, mar.-abr. 1998, p. 147.

[2] "O Partido Comunista perante o Manifesto de Luiz Carlos Prestes (junho de 1930)", em Edgard Carone, *O PCB*, v. 1: *1922-1943* (São Paulo, Difel, 1982), p. 83-7.

[3] Seu verdadeiro nome: Abram Jakovlevich Jeifets. Ver Lazar Jeifets, Victor Jeifets e Peter Huber, *La Internacional Comunista y América Latina, 1919-1943: diccionario biográfico* (Moscou/

que a partir de 1930 tornou-se o responsável pelo Bureau do Secretariado Sul-
-Americano da Internacional Comunista, então com sede em Buenos Aires, afirmara, em reunião realizada em outubro/novembro de 1929 em Moscou, que o
PCB "deve criticar Prestes, que vacila e está mais próximo dos liberais", tratando
de afastar-se dele. Insistia que era necessário criticar seu programa e não permitir
que Prestes "utilizasse" os comunistas. Nessa reunião, o Cavaleiro da Esperança
chegou a ser chamado de Chiang Kai-shek brasileiro[4] – em referência ao militar
chinês dirigente do Kuomintang, partido da burguesia nacionalista, que em 1927
traiu seu aliado, o PC da China, provocando o massacre dos comunistas chineses.

Violentamente repudiado pelos antigos camaradas, assim como pelos políticos
da Aliança Liberal, e hostilizado pela direção do PCB, Prestes, após a publicação
do *Manifesto de maio de 1930*, foi procurado, por meio do PC argentino, por
Guralski, que continuava criticando-o tanto nas reuniões do Secretariado Latino-
-Americano, em Moscou, quanto nas do Bureau Sul-Americano, em Buenos
Aires[5]. Apesar disso, o representante da IC fez um primeiro contato direto com
Prestes para felicitá-lo pela posição assumida com a publicação do manifesto e
dizer-lhe que, com isso, ele dera um grande passo para a luta revolucionária, em
direção ao Partido Comunista.

Na opinião de Prestes, Guralski – com quem ele se encontrou algumas
vezes – o ajudou a "tomar o caminho acertado", que o levaria a "renunciar
definitivamente às honras" com que pretendiam seduzi-lo "os partidários do
imperialismo e do latifúndio", a livrá-lo de "influências estranhas" e a convertê-lo
em "soldado do único movimento revolucionário consequente, do movimento
operário e comunista"[6].

Após o *Manifesto de maio*, a preocupação de Prestes era "organizar uma
força política que, com uma plataforma radical, pudesse aliar-se como força
independente ao Partido Comunista". Anos mais tarde, ele faria uma avaliação
de que "dessa circunstância quiseram aproveitar-se alguns intelectuais brasileiros de ideias trotsquistas", os quais se encontraram com ele em Buenos Aires e
conseguiram, por algum tempo, influir em sua "busca de um caminho revolucionário". Segundo Prestes, foi "sob a influência deles" que tomou a decisão de

---

Genebra, Instituto de Latinoamérica de la Academia de las Ciencias/Institut pour l'histoire de
communisme, 2004), p. 145.

[4] Arquivo Estatal Russo de História Social e Política (RGASPH), fundo 495, op. 079, d. 051;
fundo 495, op. 079, d. 056; fundo 495, op. 079, d. 057; fundo 495, op. 079, d. 058; existem
cópias no Cedem/Unesp.

[5] Arquivo Estatal Russo de História Social e Política (RGASPH), fundo 503, op. 001, d. 034;
fundo 503, op. 001, d. 037; existem cópias no Cedem/Unesp; *Komintern e América Latina*
(Moscou, Nauka, 1998), p. 135-41 (seleção de documentos).

[6] Luiz Carlos Prestes, "Como cheguei ao comunismo", cit., p. 147.

criar a Liga de Ação Revolucionária (LAR), em julho de 1930, publicando "um novo manifesto ao povo brasileiro, no qual, conquanto sem nenhuma crítica ou ataque ao PCB, algumas expressões refletiam posições esquerdistas, sectárias e inclusive tipicamente trotsquistas"[7]. Era o caso da proposta de "poder ao governo proletário", em contraposição à defendida pelo PCB e a IC de um "governo operário-camponês"[8].

Prestes não estava em contato direto com o PCB, mas mantinha eventuais ligações com dirigentes comunistas de outros países latino-americanos. Antes de divulgar o *Manifesto de fundação da LAR*, procurou Victorio Codovilla, secretário do PC da Argentina e membro do Bureau Sul-Americano da IC, que não fez nenhuma restrição à publicação, considerando que seria positivo criar uma organização paralela para ajudar o PC[9].

No *Manifesto da LAR*, Prestes já reconhecia a necessidade de o proletariado conquistar a *hegemonia* do processo revolucionário, sob a liderança do PCB, mas afirmava que, devido à fraqueza das massas trabalhadoras do campo e da pequena burguesia empobrecida, era necessária

> a criação de um bloco capaz de congregar e organizar revolucionariamente aqueles elementos que, embora dispostos a realizar a verdadeira revolução democrática, a revolução agrária e anti-imperialista, não estão identificados com o proletariado para todas as suas finalidades. Com esse fim, nasce a LAR [...]. Será um órgão técnico de preparação do levante das massas, pela propaganda, pela agitação, pela criação de núcleos irradiadores do pensamento revolucionário e preparadores materialmente das massas, que deverão no momento oportuno estar prontas para tomar o poder. [A LAR] deverá, pois, contar com o estímulo do PC, embora esse não perca sua autonomia de ação.[10]

Após a publicação desse manifesto, Guralski procurou novamente Prestes para dizer-lhe "com toda franqueza" o quanto lamentava sua nova posição, a qual, a juízo dele, significava "um passo para trás". Segundo Guralski, o *Manifesto de maio* "significava uma aproximação franca com o movimento comunista, enquanto no segundo se propunha a criação de um partido político que, não sendo do proletariado, não passaria de um novo partido burguês"[11].

---

[7] Idem.

[8] LCP, fita n. 9.

[9] Idem.

[10] Comitê Provisório de Organização da Liga de Ação Revolucionária, "O último manifesto do sr. Luiz Carlos Prestes", *O Jornal*, Rio de Janeiro, 2 ago. 1930, p. 3; grifos da autora.

[11] Luiz Carlos Prestes, "Como cheguei ao comunismo", cit., p. 147.

A reação de repúdio de parte do PCB ao *Manifesto de fundação da LAR* foi imediata. Prestes foi acusado de tentar repetir no Brasil a experiência do Kuomintang na China ao criar um partido de "diferentes classes sob a direção da pequena burguesia". Afirmava-se que "a formação da LAR é a formação de um partido político que luta contra o PC". Ficou claro que o PCB temia a possibilidade de que Prestes assumisse a liderança do processo revolucionário em curso, representando os interesses pequeno-burgueses, e não os dos proletários ou dos camponeses. Em documento público, o PCB declarava: "Não se deve dar a possibilidade a nenhum grupo pequeno-burguês, a nenhum general revolucionário, de quebrar a verdadeira união do proletariado e das massas camponesas". Dizia-se ainda: "A LAR criará um obstáculo sério no caminho do desenvolvimento da revolução agrária e camponesa no Brasil"[12].

Embora Prestes tentasse aproximar-se do PCB, era repudiado pela direção partidária, temerosa de seu grande prestígio junto a amplos setores populares no Brasil. Na cidade paulista de Santos, por exemplo, os comunistas locais eram simpáticos às posições do Cavaleiro da Esperança externadas no *Manifesto da LAR*[13]. Frente ao "perigo" representado por sua influência ideológica "pequeno-burguesa", o PCB levantou a bandeira do combate ao "prestismo", que seria a expressão de tais concepções perniciosas no meio proletário. E tanto o Secretariado Latino-Americano quanto o Bureau Sul-Americano da IC continuavam a orientar o partido no sentido do combate às posições de Prestes e ao "prestismo"[14].

Prestes ficara isolado no exílio. Contando com a colaboração de uns poucos correligionários, em particular a do jornalista Aristides Lobo – que era simpático ao trotsquismo –, passara a elaborar panfletos com o objetivo de desmascarar Vargas, os quais eram enviados pelo correio para o Brasil[15]. A maioria era interceptada pela Censura. Mas alguns emissários os distribuíam nas regiões fronteiriças do Brasil com o Uruguai. Ao lembrar a influência exercida por esses panfletos, Prestes registra que, quando teve início o movimento armado

---

[12] "O movimento revolucionário do Brasil e a Liga Revolucionária de Prestes", *Revista Comunista*, Buenos Aires, ano 1, n. 1, set. 1930, citado em Edgard Carone, *Movimento operário no Brasil (1877-1944)* (São Paulo, Difel, 1979), p. 517-26; ver também Edgard Carone, *O PCB*, v. 1, cit., p. 87-96.

[13] Rodrigo Rodrigues Tavares, *A "Moscouzinha" brasileira: cenários e personagens do cotidiano operário de Santos (1930-1954)* (São Paulo, Humanitas/Fapesp, 2007, Coleção Histórias da Repressão e da Resistência, n. 6), p. 72-4.

[14] Arquivo Estatal Russo de História Social e Política (RGASPH), fundo 495, op. 079, d. 121; fundo 503, op. 001, d. 034; fundo 503, op. 001, d. 037.

[15] Ver, por exemplo, Luiz Carlos Prestes, *Aos revolucionários do Brasil*, Buenos Aires, 6 nov. 1930 (panfleto impresso; arquivo da Desps/Aperj), citado em Paulo Bonavides e Roberto Amaral, *Textos políticos da história do Brasil* (Brasília, Senado Federal, 2002), p. 331-4.

A APROXIMAÇÃO DO MOVIMENTO COMUNISTA   133

liderado por Vargas, em outubro de 1930, os corpos do Exército da fronteira não se levantaram, e o regimento de São Borja preferiu passar para a Argentina a acompanhar Getúlio. O regimento da cidade do Rio Grande lutou, durante mais de dez dias, sem participar do levante. Em Itaqui, no Rio Grande do Sul, houve o primeiro soviete[16] no Brasil, proclamado pelos soldados que seguiam a orientação do *Manifesto de maio* de Prestes[17].

Nesse período, Prestes pôde encontrar-se algumas vezes com Guralski. Este nunca o aconselhou a dissolver a LAR, insistindo apenas para que meditasse sobre o assunto, uma vez que o dirigente da IC acreditava que tal atitude só deveria ser assumida por convicção pessoal[18]. Prestes também soube que Guralski ficara indignado com a posição do PCB, que continuava a considerar o Cavaleiro da Esperança um possível Chiang Kai-shek brasileiro[19]. Ao recordar os encontros com Guralski, Prestes escreveu:

Tais encontros não eram fáceis, pois a Argentina já passara a ser governada por uma ditadura militar[20]. Apesar disso, ainda tivemos alguns encontros. Rústico falava-me da luta de Lenin contra os populistas, os economistas e os mencheviques. Foram verdadeiras lições sobre a história do movimento bolchevique, que me fizeram compreender o caminho da revolução russa[21].

Prestes recebe o apoio do Bureau Sul-Americano da IC

Embora os manifestos de Prestes fossem datados de Buenos Aires, desde o início de outubro de 1930 ele se encontrava em Montevidéu, pois fora expulso da Argentina pelo governo do general Uriburu, que assumira o poder nesse país por meio de um golpe militar de direita, em 6 de setembro daquele ano. A repressão contra os comunistas e todos os democratas logo se fizera sentir. Ainda em setembro, Prestes fora detido por alguns dias[22].

---

[16] Sovietes foram conselhos de operários, camponeses, soldados e marinheiros criados na Rússia durante a Revolução de 1917.

[17] LCP, fita n. 9.

[18] Idem.

[19] Idem; entrevista de Luiz Carlos Prestes concedida a Edgard Carone, Rio de Janeiro, 24-25 mar. 1982 (texto original; arquivo particular da autora).

[20] Em 6 de setembro de 1930, assumiu o poder na Argentina, por meio de um golpe militar, o general José Félix Benito Uriburu y Uriburu.

[21] Luiz Carlos Prestes, "Como cheguei ao comunismo", cit., p. 147-8.

[22] Entrevista de Luiz Carlos Prestes à imprensa de Buenos Aires em 10 set. 1930 (Arquivo Osvaldo Aranha, cód. 03/09/10/1), citada em Paulo Bonavides e Roberto Amaral, *Textos políticos da história do Brasil*, cit., p. 213.

No final desse mês, chegara a Buenos Aires, acompanhada das quatro filhas, Leocadia Prestes, convidada pelo filho, que, empregado pelo dr. Botelho, alugara um apartamento na cidade. A família estava separada desde 1922 e sofrera grandes privações com o ingresso de Prestes na luta revolucionária, sem, contudo, jamais se queixar nem deixar de lhe dar apoio e incentivo. Na noite de 2 de outubro, quando a família jantava reunida, Prestes foi novamente intimado a comparecer à presença do chefe de polícia. Eis seu relato:

> O chefe de polícia era um almirante. [...] Ele me falou: "O senhor disse que os generais argentinos são agentes do imperialismo". Eu disse a ele: "Eu não me lembro de ter dito isso. Publicamente, não". Ele voltou-se para trás e abriu um cofre e tirou um documento escrito e me mostrou: "Não é seu?". Eu disse: "É... é uma entrevista". [...] A Rosalina Coelho Lisboa[23]... Ela era casada com o vice-presidente da United Press – Arthur Muller era o nome dele –, e ele me pediu, depois do golpe na Bolívia [...], parece que foi em agosto de 1930, e preparava-se um golpe na Argentina, abertamente estava se preparando – então me pediu uma entrevista, antes de setembro, foi mais ou menos em fins de agosto, sobre o golpe na Bolívia e sobre a situação argentina. Eu disse que só daria a entrevista por escrito e se fosse publicada na íntegra. Então, me mandou as perguntas, eu respondi, bati à máquina e entreguei a ele. Não foi publicada, mas foi bater na chefatura de polícia. Aí eu tive que tomar a ofensiva, porque cair na defensiva seria pior. [...] A única coisa que me que veio à cabeça foi dizer ao almirante: "Veja bem a data desse documento". [...] Ele disse: "E o que é que tem a data?". Eu disse: "Está aí a data? É de agosto, não é?". [...] Ele disse: "E então?". [...] Eu disse: "E que culpa eu tenho que se tenha verificado aquilo que eu disse?!". Ele ficou [...]: "Eu lhe [sic] fuzilo! Eu lhe fuzilo!". [risos] Disse que me fuzilava![24]

Prestes ficou preso três dias e foi posto em liberdade por interferência de Rosalina Coelho Lisboa, com a condição de que abandonasse imediatamente o país. Quando Prestes chegou a Montevidéu, o emprego na firma do dr. Otávio Botelho – que tinha uma filial na cidade – havia sido cortado, uma vez que o Cavaleiro da Esperança não dera seu apoio ao levante armado liderado por Vargas, de quem o patrão era amigo[25].

Prestes estava novamente desempregado, em plena crise mundial do capitalismo, com a família passando dificuldades em Buenos Aires. Em Montevidéu,

---

[23] Rosalina Coelho Lisboa, jornalista brasileira simpática aos "tenentes".

[24] LCP, fitas n. 8 e 9.

[25] Idem; Luiz Carlos Prestes, "Como cheguei ao comunismo", cit., p. 148.

A APROXIMAÇÃO DO MOVIMENTO COMUNISTA 135

arrumou um trabalho de capataz numa empresa que fazia canalizações para águas pluviais. "Eram de cimento armado, grandes galerias de cimento armado. Eu trabalhava como engenheiro [...], mas me pagavam como capataz. Era um trabalho pesadíssimo."[26] Na capital uruguaia Prestes manteve mais alguns encontros com Guralski, que, juntamente com o Bureau Sul-Americano da IC, tivera também que deixar a Argentina devido à intensa repressão policial contra os comunistas[27]. Segundo Prestes, sob a influência da argumentação de Guralski e do estudo que pôde fazer do problema, compreendeu "o erro cometido e também a impossibilidade de levar adiante a ideia de organizar a Liga de Ação Revolucionária"[28].

A LAR, entidade natimorta, foi dissolvida por Prestes em novembro de 1930. Na ocasião, ele lançou um "Apelo aos revolucionários do Brasil", conclamando-os a dar "seu apoio moral e material ao Partido Comunista, ingressando em suas fileiras ou militando nas organizações de massa, como a Liga Anti-Imperialista, o Socorro Vermelho Internacional etc.". Prestes afirmava:

> Só o Partido Comunista merece o apoio decidido e constante dos verdadeiros revolucionários. Qualquer tentativa de criar, na hora presente, organizações intermediárias ou aparentemente paralelas, só poderá significar uma traição, mais ou menos velada, aos supremos interesses da Revolução Proletária.[29]

De Montevidéu, logo no início do movimento militar de outubro de 1930, Prestes chegou a enviar um amigo à fronteira brasileiro-uruguaia, "onde contava com numerosos partidários, inclusive nas unidades do Exército brasileiro, para verificar a possibilidade de organizar uma força armada independente que pudesse modificar o curso da luta popular que ocorria no país". Entretanto, em 24 de outubro, com o golpe dos generais no Rio de Janeiro que depôs o presidente Washington Luís, cessou a luta armada e não havia mais qualquer possibilidade de impedir a subida de Vargas ao poder[30].

Prestes estabeleceu contato com o PC uruguaio, inclusive com seu secretário-geral, e com inúmeros militantes comunistas. Participava das manifestações de massa que o PC organizava e, ao mesmo tempo, prosseguia na atividade de escrever e enviar ao Brasil panfletos combatendo o governo Vargas, procurando

---

[26] LCP, fita n. 9.

[27] Idem.

[28] Luiz Carlos Prestes, "Como cheguei ao comunismo", cit., p. 148.

[29] Idem, *Apelo aos revolucionários do Brasil (a propósito da dissolução da Liga de Ação Revolucionária)*, Buenos Aires, 17 nov. 1930 (panfleto impresso, arquivo da Desps/Aperj).

[30] Idem, "Como cheguei ao comunismo", cit., p. 148.

"desmascarar sua atividade reacionária, sua submissão ao imperialismo e ao latifúndio e seu profundo sentido antipopular"[31].

Uma vez vitoriosa a "Revolução de 30", Vargas concedeu a anistia a todos os rebeldes presos e processados, reincorporando-os às Forças Armadas. Na mesma jogada demagógica, Prestes foi reincorporado ao Exército. Imediatamente, foi divulgado por ele um manifesto intitulado "Contra a demagogia", no qual fazia a denúncia do gesto de Vargas e lhe atribuía "o fim inconfessável" de, uma vez conseguido seu regresso ao país, ser-lhe dado "o mesmo destino que tiveram vários companheiros cujo 'crime' foi não quererem lutar ao lado de Bernardes, Epitácio & Cia"[32]. Prestes afirmava ser "evidente a hipocrisia de uma ditadura" que, conhecendo sua opinião, o reincorporava ao Exército, enquanto "dissolve a pata de cavalo os comícios em que os trabalhadores reclamam o direito de opinar". Finalmente, o Cavaleiro da Esperança dirigia-se aos "mistificadores do povo", lançando-lhes "à cara os galões de capitão do exército burguês"[33].

No início de 1931, Prestes já aderira inteiramente às posições do PCB. Era um "cristão novo" em matéria de marxismo e, como tal, a única proposta revolucionária que naquele momento lhe parecia viável para o Brasil era a do PC brasileiro, apoiada pela IC. O desconhecimento da realidade do país, aliado à assimilação dogmática da teoria marxista, foi determinante para que tanto Prestes quanto o PCB e os dirigentes da IC, assim como muitos outros revolucionários da época, não conseguissem elaborar um programa realista de transformações profundas para a sociedade brasileira. A tendência que predominou foi a de copiar o modelo da Revolução Russa, cuja influência era indiscutivelmente avassalante.

Em *Carta aberta*, de 12 de março de 1931, Prestes faz uma profissão de fé no Partido Comunista:

> A todos os revolucionários sinceros e honestos, à massa trabalhadora que, neste instante de desilusão e desespero, se volta para mim, só posso indicar um caminho: a Revolução Agrária e Anti-imperialista, sob a hegemonia incontestável do proletariado, o Partido Comunista do Brasil, Seção Brasileira da Internacional Comunista.[34]

---

[31] Ibidem, p. 148-9; LCP, fita n. 9; entrevista de Luiz Carlos Prestes concedida a Edgard Carone, cit.

[32] Prestes fazia alusão à expulsão do Brasil pelo governo Vargas do dirigente comunista Octávio Brandão com a esposa e três filhas pequenas.

[33] Luiz Carlos Prestes, *Contra a demagogia*, Buenos Aires, 1º dez. 1930 (panfleto impresso; arquivo da Desps/Aperj).

[34] Idem, "Carta aberta" (Buenos Aires, 12 mar. 1931), *Diário da Noite*, 24 mar. 1931, citado em Abguar Bastos, *Prestes e a revolução social* (São Paulo, Hucitec, 1986), p. 220-31.

Nesse documento, Prestes apresenta a crítica aos resultados da "Revolução de 30" e revela, conforme Abguar Bastos observou, "a preocupação de cortar as amarras com os restos do sentimentalismo pequeno-burguês que ainda pudessem obstar sua desintegração mítica na sua marcha de humanização e incorporação ao partido do proletariado". Sua linguagem é violenta ao estigmatizar os "ex--companheiros da jornada revolucionária liberal", revelando o empenho em deixar clara sua nova posição, de maneira que "seu nome fique, de uma vez, livre das especulações políticas dos agrupamentos burgueses, que porventura insistam em ver nele o Herói de uma classe dominante ou de oposicionistas em marcha para o poder por cima do proletariado"[35]. Prestes deixa claro em sua *Carta aberta* o repúdio ao "prestismo", visto como um desvio pequeno-burguês, e declara sua aceitação da "direção do proletariado através de seu partido de classe"[36].

Poucos dias após a publicação de sua *Carta aberta*, Prestes recebeu uma correspondência assinada por vários oficiais de uma das guarnições federais – o 21º Batalhão de Caçadores, sediado no Recife – em que o convidavam a assumir, juntamente com Juarez Távora, o comando de um levante em preparação. Diziam que Juarez Távora se mostrara disposto a participar, desde que no programa, a ser apresentado por Prestes, não constassem dois pontos básicos: "O não reconhecimento das nossas dívidas e a abolição da propriedade privada". Prestes respondeu aos "ingênuos tenentes" divulgando um manifesto intitulado "Contra a mazorca interimperialista! Aos trabalhadores do Brasil e, muito especialmente, a seus irmãos de luta e sofrimento – os soldados e os marinheiros". Dizia que havia recebido outras duas mensagens do mesmo tipo, representativas dos "dois bandos" imperialistas[37] que procuravam, segundo ele, obter sua adesão. Numa linguagem violenta, Prestes afirmava que a carta enviada pelos tenentes revelava quem era o "safadíssimo general do Norte" (Juarez Távora), que sabia que os dois pontos levantados constituíam questões de princípio, das quais ele, Prestes, jamais abriria mão, pois tratava-se da posição assumida com o *Manifesto de maio de 1930*. Prestes aconselhava os tenentes a não se envolver nessa aventura, apelando aos soldados e aos marinheiros para que, "com as armas de que dispõem, auxiliem seus irmãos trabalhadores a liquidar essa canalha". Para quem ainda tinha dúvidas, ficava evidente o rompimento definitivo do Cavaleiro da Esperança com seus ex-camaradas[38].

---

[35] Abguar Bastos, *Prestes e a revolução social*, cit., p. 220.

[36] Ibidem, p. 230.

[37] Na visão do PCB, adotada por Prestes, tratava-se do imperialismo inglês e do imperialismo norte-americano.

[38] Luiz Carlos Prestes, *Contra a mazorca interimperialista! Aos trabalhadores do Brasil e, muito especialmente, a seus irmãos de luta e sofrimento – os soldados e marinheiros*, Buenos Aires, 30

Apesar das advertências feitas por Prestes, os sargentos do 21º Batalhão de Caçadores se levantaram, no final de outubro de 1931, sem a participação da oficialidade, o que resultou na prisão e na transferência desses sargentos para a ilha de Fernando de Noronha[39]. Segundo carta dirigida a Prestes, seu nome foi "torpemente explorado por meia dúzia de aventureiros", que

> espalharam retratos e meteram na cabeça de centenas de homens que era chegada a hora de o general Prestes desembarcar no Recife! E a nossa gente, ignorante e conseguidamente [sic] crédula ao extremo, supunha que o movimento era geral no país e chefiado por Juarez, João Alberto e Miguel Costa para entregar a presidência da República a Prestes![40]

Em Montevidéu, a situação financeira de Prestes era muito difícil; ganhava pouco "num trabalho pesadíssimo [...]. Chegava em casa ultraliquidado. Com a roupa coberta de cimento [...] e morando na casa de um operário" num subúrbio da cidade, "uma casa cheia de frestas", onde "o frio era tremendo" devido ao vento que vinha do Polo Sul[41]. Ao Brasil, não era possível voltar, pois se havia intensificado a perseguição aos comunistas. Nessa situação, os companheiros do Partido Comunista do Uruguai lhe propuseram que fosse para a União Soviética, onde poderia trabalhar como engenheiro[42], teria a possibilidade de conhecer a experiência soviética e lhe ofereceriam mais oportunidades para estudar o marxismo--leninismo[43]. Prestes aceitou a proposta, com a condição de que pudesse levar a mãe e as quatro irmãs, que enfrentavam grandes dificuldades em Buenos Aires, onde, em plena crise econômica, era quase impossível conseguir um emprego[44]. O Bureau Sul-Americano da IC – dirigido primeiro por Guralski e, a partir de 1931, por Harry Berger[45] – apoiou a viagem de Prestes à União

---

mar. 1931 (panfleto impresso; Arquivo Estatal Russo de História Social e Política, RGASPH, fundo 495, op. 029, d. 057), citado em Abguar Bastos, *Prestes e a revolução social*, cit., p. 233-6.

[39] LCP, fita n. 9.

[40] *Carta de Newton Maia*, Recife, 1º nov. 1931 (Arquivo Estatal Russo de História Social e Política, RGASPH, fundo 495, op. 029, d. 055); cópia no Cedem/Unesp.

[41] LCP, fita n. 9; entrevista de Luiz Carlos Prestes concedida a Edgard Carone, cit.

[42] O governo soviético contratava engenheiros estrangeiros para as obras do primeiro Plano Quinquenal, pois os profi ssionais nacionais, fugindo do poder soviético, tinham, em grande parte, saído do país.

[43] Luiz Carlos Prestes, "Como cheguei ao comunismo", cit., p. 149.

[44] LCP, fita n. 9; entrevista de Luiz Carlos Prestes concedida a Edgard Carone, Rio de Janeiro, 24-25 mar. 1982; texto original (arquivo particular da autora).

[45] Harry Berger, pseudônimo de Arthur Ewert, foi um dirigente comunista alemão que teria participação destacada no movimento antifascista de 1935 no Brasil. Prestes conheceu Berger em Montevidéu, reencontrando-o em 1935, no Brasil.

Soviética, recomendando-o ao Secretariado Latino-Americano, em Moscou. Os dirigentes da IC consideraram que Luiz Carlos Prestes era um quadro no qual valia a pena investir, dada sua reconhecida evolução para o comunismo[46]. Assim, em 29 de agosto de 1931, o Bureau Sul-Americano dirigiu mensagem ao Comitê Central (CC) e aos Comitês Estaduais do PCB, conclamando-os a mudar sua atitude hostil em relação a Prestes, considerando suas declarações de total adesão às posições do PCB e de combate ao "prestismo". Afirmava-se no documento que, com suas últimas declarações, Prestes rompera todas as ligações com os políticos e as agrupações da pequena-burguesia, incluindo o "prestismo", para "alistar-se nas fileiras do movimento proletário revolucionário. Prestes manifesta sua vontade de incorporar-se à frente de luta dos operários e dos camponeses e aparece como o liquidador do prestismo". A mensagem informava que ele iria à União Soviética "para estudar a teoria e a prática do leninismo, a teoria das condições para a vitória do proletariado e a construção socialista, com a qual quer colaborar"[47].

Prestes saiu de Montevidéu no final de setembro de 1931, viajando num navio francês para o Havre. Portava um passaporte uruguaio, usando o nome de Pedro Fernandes, enquanto, por motivos de segurança, a mãe e as irmãs foram embarcadas em um vapor alemão para Hamburgo. Encontraram-se nessa cidade, de onde partiram para Berlim e, depois, para Moscou. O navio em que Prestes viajou parou em vários portos, inclusive no Rio de Janeiro, onde ele chegou a descer e comprar os jornais do dia – sem barba, passava desapercebido. No mesmo navio, ia o jornalista Oscar Pedroso Horta, que, tendo-o entrevistado em Montevidéu, reconhecera-o, mas se mantivera discreto durante a viagem[48].

Antes de partir, Prestes divulgou um manifesto "Aos trabalhadores das cidades e dos campos! A todos os explorados e oprimidos!", em que reafirmava sua adesão ao PCB, reconhecia suas vacilações anteriores e declarava: "Incorporo-me, assim, como soldado, entre os operários e camponeses trabalhadores do Brasil, disposto a empregar todas as minhas energias na luta formidável que, contra os

---

[46] Ver *Cartas de Harry Berger para o Secretariado Latino-Americano*, 1931 (Arquivo Estatal Russo de História Social e Política, RGASPH, fundo 495, op. 79, d. 151; fundo 495, op. 79, d. 152; cópias no Amorj) e *Carta do Secretariado Latino-Americano da IC ao Bureau Sul-Americano*, 22 jun. 1931 (Arquivo Estatal Russo de História Social e Política, RGASPH, fundo 495, op. 79, d. 153), citadas em *Komintern* e América Latina, cit., p. 196.

[47] "Bureau Sudamericano de la Internacional Comunista. Al Comite Central y a los Comites Regionales del Partido Comunista de Brasil. Luiz Carlos Prestes ha hecho una declaración que, en vários aspectos, tiene gran importáncia", Montevidéo, 29 ago. 1931, 3 p., incluído no Arquivo Estatal Russo de História Social e Política (RGASPH), fundo 503, op. 001, d. 044, existe cópia no Cedem/Unesp.

[48] LCP, fita n. 9.

exploradores nacionais e estrangeiros, sustentam as grandes massas de trabalhadores explorados e oprimidos". Informava que, dentro em pouco, viajaria para a Rússia Soviética, explicando:

> Ali poderei aprender o marxismo-leninismo, o instrumento teórico em que se apoiou o proletariado para tomar o poder em 1917, assim como conhecer a organização do único Estado proletário, em plena realização das bases do socialismo. Na pátria do proletariado, tomando praticamente parte na construção do socialismo, eu poderei me integrar melhor na grande experiência da luta do proletariado, transformando-me, assim, mais rápida e seguramente em um comunista, em um elemento capaz e útil, nas grandes lutas que se aproximam para as massas trabalhadoras do Brasil.[49]

Prestes em Moscou

Da Alemanha, Prestes partiu de trem, acompanhado da família, para a União Soviética.

> O trem até a fronteira soviética era relativamente bom. Mas, depois, o trem soviético era uma coisa terrível. Isso porque os companheiros alemães acharam que nós devíamos viajar em segunda classe [...], e segunda classe na União Soviética era horrível. Os carros cheiravam a desinfetante; os bancos de madeira, duros [...]. Minha mãe sofreu muito nessa viagem [...]. E compreende o que é mãe [...]. Ela me considerava um chefe revolucionário aqui no Brasil [...]. E eu tinha desistido de tudo [...]. E recebi passagem assim, não tive nenhuma recepção. Nada! Chegamos em Moscou numa noite de 7 de novembro. Não havia ninguém nos esperando.[50]

Chegaram a Moscou no dia 7 de novembro, data em que a capital soviética estava tomada pelos festejos comemorativos da Revolução de Outubro. Diferentemente do que havia sido acertado em Berlim, com os representantes locais da Internacional Comunista, ninguém os esperava na estação da estrada de ferro. Com dificuldade, sem falar russo, Prestes conseguiu um transporte até o Hotel Lux, na principal rua da cidade, onde moravam os dirigentes da IC. Foi um percurso acidentado, numa espécie de carro aberto, através de avenidas superlotadas pelo povo em festa: Leocadia e as filhas foram hostilizadas pela massa popular,

---

[49] *Declaração de Luiz Carlos Prestes. Aos trabalhadores das cidades e dos campos! A todos os exploradores e oprimidos!*, Montevidéu, 1º out. 1931 (panfleto impresso, arquivo da Desps/Aperj).

[50] LCP, fita n. 9.

que as identificava como damas burguesas por causa dos trajes ocidentais que vestiam. Por sorte, Prestes, ao chegar ao hotel, encontrou Victorio Codovilla, dirigente da IC e velho conhecido dos tempos na Argentina.

Ficaram uns dois dias alojados no Hotel Lux, mas faltavam acomodações. Então, a família foi transferida para um hotel, e Prestes, para outro, onde não ficou sozinho, mas num quarto com um oficial do Exército soviético, que "todas as noites chegava bêbado [...]. Eu ficava horrorizado [risos], mas eu já estava meio fanatizado. [...] Tudo isso eu deixava passar [...]. Não concordava muito [...]. Nem fiz referência nem reclamei de ninguém. E, assim, passei alguns meses". A comida também era horrível, e a família, principalmente Leocadia, tinha dificuldade em aceitar tal situação[51]. Depois foram morar num apartamento:

> Eram os primeiros apartamentos que se faziam em Moscou [...], feitos por engenheiros americanos com paredes de concreto, de cimento armado, relativamente finas, de maneira que o frio [...] era uma coisa tremenda. [...] Era um bom apartamento [...], mas a dificuldade para conseguir-se o fundamental para uma família viver [...]. Conseguir talheres, toalhas e dessas coisas assim; não havia nada para vender. Nós íamos aos *magazins* soviéticos, e era um contraste tremendo com o que tínhamos visto, [...] eu tinha visto em Paris e na Alemanha. [...] Em Berlim, os armazéns estavam abarrotados de mercadoria e não havia compradores. Lá, na União Soviética, nessa época, era o contrário. Literalmente vazias as prateleiras! Não sei por que o *magazin* estava aberto! [risos] Não havia nada para comprar. [...] Mas, pouco a pouco, foi se montando a casa. [...] Agora, as dificuldades de alimentação eram terríveis.[52]

No dia seguinte à chegada a Moscou – embora seu cartaz fosse de "general latino-americano, que não era um cartaz muito bom"[53] – Prestes foi recebido pelo secretário do Comitê Executivo da IC, Dimitri Manuilski, responsável pelo Secretariado Latino-Americano e que falava francês, como Prestes, facilitando o contato direto entre eles, sem necessidade de tradutor. Ficou acertado que Prestes seria designado para um "truste" de construção subordinado ao Ministério da Indústria Pesada em Moscou. Manuilski lhe disse: "Você trabalha aqui um ano e, depois de um ano, entra para o Partido", porque naquela época o PCUS aceitava o ingresso de estrangeiros, que depois podiam ser transferidos para o PC de seu país de origem[54].

---

[51] Idem.
[52] Idem.
[53] Entrevista de Luiz Carlos Prestes concedida a Edgard Carone, cit.
[54] LCP, fita n. 10.

Como engenheiro, Prestes tinha direito a um talão especial para compras no sistema de racionamento vigente. Sem conhecer as regras de funcionamento, ele concordou em ganhar como engenheiro soviético, sem receber uma parte do pagamento em divisas. Entretanto, o aluguel do apartamento que lhe fora destinado consumia quase a metade dos vencimentos: "Chegou um momento em que fui falar com o Manuilski. Disse que, com aquele salário, eu não podia pagar o aluguel da casa. [...] Então, ele mandou aumentar alguma coisa para resolver"[55].

Prestes trabalhava no truste e logo começou a sentir que estava sendo pressionado por vários funcionários soviéticos com quem mantinha contato a não ficar na União Soviética e a transformar-se em adversário do poder soviético. Assim, na visita a Leningrado, seu tradutor procurou lhe mostrar um quadro desolador da situação em que vivia a população. Segundo Prestes,

pouco a pouco, as coisas iam se sucedendo. Fomos ver numa cidade do interior as causas de um desastre [...]. Um edifício, que já estava no segundo andar, veio todo abaixo. E viajamos... porque eu, como engenheiro estrangeiro, podia viajar em melhores condições. Mas [...] viajamos [...] em carro de terceira classe... levando [...] salame e tomando chá nas estações [...]; fazia-se o chá [com água fervendo]. Porque tudo isso era... depois eu vi, percebi que isso tudo era desnecessário. Eu tinha a impressão que ele [o tradutor] queria me mostrar todos os aspectos maus da União Soviética [...]. Talvez poucos estrangeiros tenham visto o que eu vi na União Soviética nessa época. A sabotagem que havia. Aí, esse edifício foi abaixo porque o construíram sem alicerce.[56]

Reportando-se também aos tempos em que trabalhou na construção, Prestes destacou:

Havia sabotagem dos engenheiros estrangeiros, particularmente dos franceses e dos ingleses, que eram os piores nessa época. Os americanos eram os melhores, porque eram os mais democratas [...], o americano tinha mais facilidade [...], mas se desesperava, porque o americano está habituado a fazer uma ordenzinha para o contramestre, e [...] ele decide. Mas lá tinha que formar o contramestre, porque os operários que vinham fazer as construções – eu estive em diversas construções –, os operários [...] eram camponeses que nunca tinham visto uma colher de pedreiro. Porque a melhor parte do proletariado tinha morrido na guerra [...], tinha sido sacrificada na guerra.[57]

---

[55] Idem.
[56] Idem.
[57] Idem.

A APROXIMAÇÃO DO MOVIMENTO COMUNISTA   143

Comentando o panorama da capital da União Soviética, "que parecia desolador", no início dos anos 1930, Prestes registrou que,

> apesar das dificuldades da vida, suscitavam verdadeira admiração os ingentes esforços do povo soviético para cumprir em quatro anos o primeiro Plano Quinquenal e, de modo particular, a grande atividade desenvolvida pelo Partido Comunista, que explicava pacientemente ao povo as causas das dificuldades que atravessava.[58]

Diferentemente de muitos intelectuais que visitaram a União Soviética na época e tornaram-se críticos acerbos do socialismo, Prestes compreendeu "o que era o esforço do povo soviético e qual era a importância do partido":

> Foi uma epopeia, porque o povo soviético passava até fome... Porque toda a orientação do partido era para a obtenção de aço, construção de altos-fornos para carvão e petróleo. [...] Todo esforço econômico estava voltado para essa frente, a grande indústria e mais particularmente a produção de aço, nesse momento. E havia dificuldades muito grandes. Aí também eu reconheci o papel do partido. Havia dias em que não havia quase nada para comprar. Os dirigentes iam todos para as fábricas, para as grandes fábricas, para explicar aos operários por que não havia. E ganhavam a maioria. Mas havia uma oposição, uma minoria que combatia, que era contra o governo, e havia liberdade na União Soviética nesse período. E ali cada um falava.[59]

Prestes queria aprofundar seus estudos de marxismo-leninismo, e a IC lhe designou alguns professores – de economia política, filosofia, história do PCUS e também de russo – que iam a sua casa. Segundo ele, "pessoas muito boas, muito interessantes, mas que eu tinha a impressão de [...] que não compreendiam nada da América Latina. [...] Todos eles falavam espanhol [...]. Eu ia estudando política e aprendi alguma coisa... com esses professores"[60].

Ao mesmo tempo que trabalhava no escritório do truste de construção, Prestes tinha a preocupação não só de estudar, mas também de manter contato com os comunistas latino-americanos que chegavam a Moscou.

> Eu percebi, logo na primeira vez que participei de uma reunião [na sede da IC] – parece que nessa primeira fui convidado – [...], que, com a informação que o

---

[58] Luiz Carlos Prestes, "Como cheguei ao comunismo", cit., p. 150-1.
[59] Entrevista de Luiz Carlos Prestes concedida a Edgard Carone, cit.
[60] LCP, fita n. 10.

delegado trazia, dos diversos países da América Latina, com a discussão que se fazia e com a conclusão do Sinani[61], se aprendia mais do que com os professores teóricos, com as teorias que eles davam.[62]

Mas Prestes encontrava grande dificuldade para ter acesso ao prédio em que ficava a IC, pois "a segurança era muito grande, não entrava quem quisesse". Tinha que telefonar para seu amigo Júlio Gomes[63], assessor do Secretariado Latino-Americano, para que este fosse à portaria e o conduzisse às reuniões com os camaradas latino-americanos. Dessa maneira, Prestes conheceu alguns dirigentes dos Partidos Comunistas latino-americanos, como o cubano Blas Roca[64], que, mais tarde, tornar-se-ia o dirigente máximo dos comunistas de Cuba.

A partir de 1932, chegavam à União Soviética numerosas delegações espanholas que viajavam pelo país. Júlio Gomes conduzia os visitantes e costumava convidar Prestes, que tinha um passaporte de cidadão uruguaio, a acompanhá-los. "As viagens eram todas de trem, e essas viagens de trem facilitavam conversar com os delegados que, na sua maioria, eram ou membros do Partido Socialista, ou anarquistas." Prestes conversava com eles, explicando-lhes as dificuldades soviéticas e, ao mesmo tempo, podia conhecer melhor o país. Assim, esteve em Kiev, em Karkov, em Rostov, em Ialta e visitou Leningrado mais de uma vez. Segundo ele, essas viagens foram muito instrutivas. Esteve também umas duas vezes na escola para garotos infratores, criada por Anton Makarenko, autor de *Poema pedagógico*[65].

Em fevereiro de 1933, Prestes, que estava interessado em ingressar no Partido Comunista, procurou Manuilski. A resposta dele foi: "Agora Stalin decretou uma depuração no partido. Está suspenso por um ano o recrutamento. De maneira que só se você esperar mais um ano"[66]. Prestes chegou a assistir a sessões de depuração no PCUS.

---

[61] Sinani era o pseudônimo de G. B. Skalov, vice-chefe do Secretariado da América do Sul e Central da IC. Ver Lazar Jeifets, Victor Jeifets e Peter Huber, *La Internacional Comunista y América Latina, 1919-1943*, cit., p. 306-8.

[62] LCP, fita n. 10.

[63] Júlio Gomes era o pseudônimo de Y. I. Rosovski, assessor do Secretariado Latino-Americano da IC. Ver Lazar Jeifets, Victor Jeifets e Peter Huber, *La Internacional Comunista y América Latina, 1919-1943*, cit., p. 289-90.

[64] LCP, fita n. 10.

[65] Idem. Anton Makarenko, destacado educador soviético, cuja obra mais conhecida é *Poema pedagógico*, concebeu um modelo de escola baseado na vida em grupo, na autogestão e na disciplina, contribuindo para a recuperação de jovens infratores.

[66] LCP, fita n.10; entrevista de Luiz Carlos Prestes concedida a Edgard Carone, cit.

A depuração nas fábricas, nos trustes e nos escritórios principais... era uma assembleia de massas. Comparecia todo mundo. E uma comissão do Comitê Central chamava os comunistas, que iam para a tribuna e tinham que fazer, então, sua autocrítica. [...] Contar o que eles fizeram nos últimos anos. Eu vi homens de cabelo branco chorando na tribuna. Porque levantava-se qualquer cidadão no meio da massa, e, quando ele estava falando, se dizia: "Isso que você está dizendo é mentira!". Assim! Era uma depuração de verdade [...], porque era uma coisa feita pela própria massa, defendendo o partido. Defendendo... querendo que o partido fosse realmente dos melhores. A isso eu assisti, a diversas cenas dessas. Era uma coisa muito, bastante dura. E, depois, mais tarde é que a comissão decidia quem ficava no partido e quem era depurado. Quem era afastado do partido. Isso foi a depuração de 1933.[67]

Embora não tenha sido aceito no PC, Prestes conseguiu, na conversa com Manuilski, sua transferência do truste de engenharia para o Instituto Agrário, uma instituição anexa à IC. Ali ele trabalhava como assessor de informações. Lia os jornais da América Latina, inclusive a imprensa burguesa que era recebida[68]. Chegou a escrever alguns artigos, publicados na revista *A Correspondência Internacional*, órgão oficial da IC, sobre a luta pela terra no continente latino--americano, sobre o Exército no Brasil, sobre o movimento de 1932 em São Paulo e sobre o cangaço. E afirmava:

Mostrando o que eram os cangaceiros [...], eu citava aquela frase de Engels, no prefácio às *Guerras camponesas na Alemanha*, [...] que o camponês, num regime feudal, só tem duas saídas: ou pega em armas e vai lutar pela sua liberdade, ou vai atrás de um místico qualquer.[69]

Convidado por Sinani, Prestes pronunciou uma conferência sobre a Marcha da Coluna em um dos institutos existentes à época em Moscou. Ao encerrar o evento, Sinani observou que Prestes havia sido muito crítico em relação ao movimento – ao considerar apenas seu caráter pequeno-burguês –, pois, segundo ele, de qualquer forma, a Coluna tivera um conteúdo anti-imperialista e antilatifundiário[70].

Com a ajuda dos professores soviéticos, Prestes estudou com afinco o marxismo--leninismo durante os anos 1932-1933. Mas "todo esse ensino era feito à luz das decisões, das resoluções do VI Congresso da Internacional Comunista, que

---

[67] LCP, fita n. 10.

[68] Declarações à autora; entrevista de Luiz Carlos Prestes concedida a Edgard Carone, cit.

[69] LCP, fita n. 10.

[70] Idem.

havia se realizado em 1928". Nesse congresso, a socialdemocracia foi denominada socialfascismo, e o principal inimigo dos comunistas – num período de ascensão do fascismo – passou a ser a socialdemocracia. Na América Latina, de acordo com as resoluções do VI Congresso[71], considerava-se que os países do continente eram semicolônias e, consequentemente, o caráter de suas revoluções deveria ser democrático-burguês ou, em outras palavras, agrário e anti-imperialista. E, segundo os ensinamentos recebidos por Prestes, o inimigo principal nesses países era o nacional-reformismo, contra o qual se deveria dirigir o fogo principal[72]. Ele reconhecia sua condição de cristão-novo no marxismo e, dessa maneira, seguia os ensinamentos dos soviéticos, sem condições de questioná-los, tornando-se presa do dogmatismo então reinante no movimento comunista internacional.

Prestes foi convidado a participar como observador de dois plenos da IC, o XII, em 1932, e o XIII, em 1933. Nessas ocasiões, teve a oportunidade de ouvir os discursos de lideranças comunistas como Ernst Thälmann (PC da Alemanha), Dimitri Manuilski (PCUS), Palmiro Togliatti (PC da Itália), Julian Lenski (PC da Polônia) etc. Para Prestes, o melhor orador era Manuilski, por quem tinha grande admiração – partilhada por sua família –, sentimento correspondido pelo dirigente soviético[73].

Em fevereiro de 1934, Prestes, entusiasmado com a experiência da construção do socialismo na URSS, continuava empenhado em ingressar no PC, convencido de ser esse o caminho que o levaria a contribuir para a revolução mundial. Voltou a procurar Manuilski, que lhe disse: "Agora a coisa piorou! Porque foi prorrogada indefinidamente a depuração e está suspenso indefinidamente o recrutamento, também. A única solução [...]: você entra para o Partido Brasileiro"[74]. Nesse meio--tempo, estivera em Moscou Cina, a esposa de Fernando de Lacerda – ambos da direção do PCB –, que transmitiu a Prestes a opinião do Comitê Central e dela, pessoal, contrária radicalmente à entrada dele no partido, pois considerava um absurdo aceitar no PC um elemento "de origem pequeno-burguesa e com prestígio de massas", que "era um perigo para o partido"[75].

Enquanto isso, ele continuava participando de reuniões do Secretariado Latino-Americano da IC. Numa dessas longas assembleias, realizada em março de 1934, discutiu-se o informe apresentado, durante doze horas, por Guralski, sobre

---

[71] Ver *VI Congreso de la Internacional Comunista*, parte I: *66 Cuadernos de Pasado y Presente* (Cidade do México, Pasado y Presente, 1977); parte II: *67 Cuadernos de Pasado y Presente* (Cidade do México, Pasado y Presente, 1978).

[72] LCP, fita n. 10; entrevista de Luiz Carlos Prestes concedida a Edgard Carone, cit.

[73] LCP, fita n. 10.

[74] Idem.

[75] Idem.

A APROXIMAÇÃO DO MOVIMENTO COMUNISTA   147

a situação nos países da América do Sul e do Caribe. Na também extensa intervenção de Sinani foi abordada a questão do "prestismo" no Brasil, caracterizado como uma "determinada corrente pequeno-burguesa, historicamente condicionada no tempo e no espaço", cujas sobrevivências, lamentavelmente, ainda eram fortes, inclusive, no partido. Sinani assinalava que "ilusões 'prestistas' ainda existiam junto às massas no Brasil". E, embora concordasse com a necessidade de levar adiante uma "luta intransigente contra todas as sobrevivências 'prestistas' no partido", considerava que o PC, "em sua luta revolucionária", poderia, de alguma forma, utilizar em seus interesses certos setores populares influenciados pelo "prestismo", com o objetivo de aumentar sua influência e ampliar suas fileiras. Nesse sentido, Sinani criticava a posição de Prestes, que não teria destacado suficientemente a necessidade de dar continuidade à luta contra as ilusões "prestistas" *fora das fileiras do partido*, desmascarando-as perante as massas[76].

Nessa reunião de março de 1934, foi aprovada uma resolução solicitando à direção do PCB que admitisse Prestes no partido, a qual novamente não foi atendida[77]. Finalmente, em junho de 1934, ele procurou Manuilski outra vez, "porque eu via [...] que o integralismo estava avançando no Brasil, que era necessário travar a luta contra a fascistização do país. E eu queria vir [...] para a luta contra a fascistização do país. Minha situação era incerta, porque eu não era membro do partido". Recebido por Manuilski, Prestes lhe passou as informações de que dispunha sobre o Brasil, falou sobre o avanço do integralismo e a ameaça do fascismo no país. O dirigente da IC abriu sobre a mesa um mapa do Brasil, pedindo que Prestes lhe falasse sobre a Coluna. Depois disso, Manuilski mandou consultar a correspondência do PCB, verificando que os comunistas brasileiros de fato mantinham a recusa ao ingresso de Prestes em suas fileiras. Então, ele deu um murro na mesa e ordenou: "Telegrafem ao Brasil! Que eles publiquem o ingresso de Prestes no PCB!"[78].

O empenho do Secretariado Político do Comitê Executivo da IC no ingresso de Prestes no PCB ficou registrado em atas de suas reuniões de 8 de junho – quando foi decidida sua entrada no Comitê Executivo da IC e recomendado seu ingresso no PCB – e de 11 de junho daquele ano, ocasião em que tais resoluções foram confirmadas[79]. Entretanto, somente no número de 12 de setembro de

---

[76] *Estenograma da reunião do Secretariado Latino-Americano*, 27 mar. 1934 (Arquivo Estatal Russo de História Social e Política, RGASPH, fundo 495, op. 79, d. 193, folhas 138-211), citado em *Komintern* e América Latina, cit., p. 295-6; grifos desta autora.

[77] Extrato de protocolo n. 214, *Ata do Secretariado Político do Comitê Executivo da IC*, 11 mar. 1934 (em alemão; Arquivo Estatal Russo de História Social e Política, RGASPH, fundo 495, op. 003, d. 410; cópia no Cedem/Unesp).

[78] LCP, fita n. 10.

[79] Extrato de protocolo n. 381, *Ata do Secretariado Político do Comitê Executivo da IC*, 8 jun. 1934 (em alemão; Arquivo Estatal Russo de História Social e Política, RGASPH, fundo 495,

1934 de *A Classe Operária* – órgão oficial do PCB – foi publicada, na página 4, uma pequena nota com a notícia da filiação de Luiz Carlos Prestes ao partido[80].

Ao avaliar sua trajetória do tenentismo ao Partido Comunista, Prestes escreveu que o exílio na União Soviética contribuiu decisivamente para definir seu destino:

> Culminava assim minha evolução, que me levara do tenentismo às fileiras do partido do proletariado e de minha condição de oficial das forças armadas a serviço das classes dominantes à honrosa situação de soldado do grande exército do proletariado.[81]

Em outra ocasião, Prestes referiu-se às transformações ocorridas em seu pensamento no exílio:

> Não posso contar o que foram aqueles anos de exílio, mas é fácil imaginar o que foram aquelas lutas tremendas que tive que travar comigo mesmo, à medida que me convencia do que havia de falso e ilusório no mundo de preconceitos que haviam sido metodicamente arrumados na minha cabeça. Foi a especulação teórica, em busca da solução de um problema político, que me levou ao marxismo. Não nasci marxista, muito pelo contrário, não foi sem vencer as maiores resistências do meu próprio eu que consegui assimilá-lo.[82]

A III Conferência dos Partidos Comunistas da América Latina e do Caribe (Moscou, outubro de 1934) e a virada tática na política da IC

Já é truísmo dizer que os levantes armados de novembro de 1935 resultaram de ordens expedidas de Moscou ou, melhor, de decisões tomadas pela Internacional Comunista. O historiador e brasilianista norte-americano John W. F. Dulles escreve que "os planos para uma insurreição no Brasil foram traçados em Moscou, em 1934, no curso de reuniões a que estiveram presentes uns poucos comunistas brasileiros e membros da cúpula do Comintern (Terceira Internacional)"[83].

---

op. 004, d. 294; cópia no Cedem/Unesp); extrato de protocolo n. 223, *Ata do Secretariado Político do Comitê Executivo da IC*, 11 jun. 1934 (em alemão; Arquivo Estatal Russo de História Social e Política, RGASPH, fundo 495, op. 003, d. 418; cópia no Cedem/Unesp).

[80] *A Classe Operária*, n. 169, 12 set. 1934, p. 4.

[81] Luiz Carlos Prestes, "Como cheguei ao comunismo", cit., p. 150-1.

[82] "Palavras de Prestes sobre o exílio", citado em Leila Magalhães, "Luiz Carlos Prestes, o incorruptível em seus ideais", *Gazeta de Notícias*, Rio de Janeiro, 7 jan. 1986.

[83] John W. F. Dulles, *O comunismo no Brasil, 1935-1945: repressão em meio ao cataclismo mundial* (Rio de Janeiro, Nova Fronteira, 1985), p. 13.

Ronald H. Chilcote, outro historiador norte-americano, acrescenta que "a maioria dos autores concorda que Moscou esteve envolvida através do envio de agentes importantes do Comintern ao Brasil"[84] e "na União Soviética, Prestes convencera o Comintern da necessidade de um golpe militar e do estabelecimento de um governo de frente popular sob sua liderança"[85].

Jacob Gorender, conhecido ex-dirigente do PCB, que se tornou historiador, escreve que, embora a Internacional Comunista tivesse deixado de "estimular os movimentos insurrecionais" e passado a "recomendar a formação de frentes populares, que deveriam ser organizações abrangentes, formadas não só de partidos comunistas, mas também de partidos radicais e socialdemocratas", o Comintern abrira uma exceção para o partido brasileiro. "Ao PCB foi recomendada a tática insurrecional, que já deixara de ser recomendada para os outros partidos."[86]

O cientista político Paulo Sérgio Pinheiro confirma que "a explicação mais convencional é que, em 1934, a decisão da revolta foi tomada em Moscou"[87], mas reconhece que não se deva recorrer ao "simplismo da 'mão de Moscou' em 1935"[88], concluindo que "não há como atribuir a revolta de 1935 simplesmente a uma deliberada vontade de 'experimentação' decidida em Moscou"[89].

Após a dissolução da União Soviética, com a abertura dos arquivos de Moscou, surgiram novas possibilidades de esclarecimento do que efetivamente foi discutido e aprovado lá com relação aos acontecimentos de 1935 no Brasil. Dispomos hoje, no Brasil, de importante acervo de cópias microfilmadas e digitalizadas de documentos da Internacional Comunista relacionados às atividades dos comunistas no país, dentre os quais se incluem as Atas taquigráficas da III Conferência dos Partidos Comunistas da América do Sul e do Caribe, realizada em Moscou, entre os dias 16 e 28 de outubro de 1934[90].

Os delegados latino-americanos nessa conferência viajaram a Moscou com o objetivo de participar do VII Congresso da IC, que, entretanto, acabaria sendo transferido para o ano seguinte. Diante disso, decidiu-se aproveitar sua

---

[84] Ronald H. Chilcote, *O Partido Comunista Brasileiro: conflito e integração (1922-1972)* (Rio de Janeiro, Graal, 1982), p. 82.

[85] Ibidem, p. 79.

[86] Jacob Gorender, "O ciclo do PCB: 1922-1980", em Alexandre Fortes (org.), *História e perspectivas da esquerda* (São Paulo/Chapecó, Fundação Perseu Abramo/Argos, 2005), p. 165.

[87] Paulo Sérgio Pinheiro, *Estratégias da ilusão: a revolução mundial e o Brasil, 1922-1935* (São Paulo, Companhia das Letras, 1991), p. 289.

[88] Ibidem, p. 288.

[89] Ibidem, p. 291.

[90] *Atas taquigráficas da III Conferência dos Partidos Comunistas da América do Sul e do Caribe*, Moscou, 1934 (em russo; Arquivo Estatal Russo de História Social e Política, RGASPH, fundo 495, op. 101, d. 38, 22, 23, 26; op. 79, d. 216; existe cópia no Cedem/Unesp).

presença em Moscou para a realização da III Conferência dos Partidos Comunistas dessa região[91].

A delegação brasileira fora escolhida na I Conferência Nacional do PCB, realizada pouco antes no Brasil e composta por Antônio Maciel Bonfim (Miranda ou Queiroz), Lauro Reginaldo da Rocha (Bangu), José Caetano Machado (Alencar, Almeida ou Bruno), Elias Reinaldo da Silva (André ou Souza) e Valduvino Barbosa Loureiro (Marquez ou Divinho)[92]. Luiz Carlos Prestes (Fernandez), recém-aceito no PCB, embora não fizesse parte da direção, também participou dos chamados "encontros de Moscou", assim como Octávio Brandão, ex-dirigente do PCB exilado nessa cidade desde o início dos anos 1930.

Vale assinalar que, durante a conferência e nos encontros dos delegados brasileiros com Dimitri Manuilski e outros dirigentes da IC, a questão da virada tática do sectarismo do "terceiro período" da IC para a tentativa de formar "frentes populares" foi um dos pontos importantes discutidos[93], o que se evidencia no texto do artigo publicado no órgão oficial da IC, a revista *A Internacional Comunista*, a respeito das decisões tomadas na conferência:

> A luta da libertação nacional contra o imperialismo colocou em primeiro plano a necessidade aguda de organizar a revolução nacional conduzindo sistematicamente as mais amplas massas nacionais à luta contra o imperialismo e seus agentes locais, formando, assim, *a mais ampla frente anti-imperialista.*[94]

Ao consultar as Atas taquigráficas da III Conferência dos Partidos Comunistas da América do Sul e do Caribe, chamam atenção os informes feitos pelo então secretário-geral do PCB, Antônio Maciel Bonfim, o Queiroz, codinome adotado durante os encontros de Moscou. O caráter fantasioso e triunfalista das informações transmitidas por Queiroz na ocasião é chocante. A segurança

---

[91] Anita Leocadia Prestes, *Luiz Carlos Prestes e a Aliança Nacional Libertadora: os caminhos da luta antifascista no Brasil (1934-1935)* (Petrópolis, Vozes, 1997), p. 62-3.

[92] Ver Lazar Jeifets, Victor Jeifets e Peter Huber, *La Internacional Comunista y América Latina, 1919-1943*, cit., p. 361-405. Não é verdadeira a informação da presença de Fernando de Lacerda (que só chegou a Moscou em maio de 1935 para tratamento de saúde), conforme escrevem vários autores; ver Marcos Del Roio, *A classe operária na revolução burguesa: a política de alianças do PCB, 1928-1935* (Belo Horizonte, Oficina de Livros, 1990), p. 273, e Marly de Almeida Gomes Vianna, *Revolucionários de 1935: sonho e realidade* (São Paulo, Companhia das Letras, 1992), p. 61, entre outros.

[93] Ver *Atas taquigráficas da III Conferência dos Partidos Comunistas da América do Sul e do Caribe*, cit.

[94] *The Comunist International*, 20 maio 1935, p. 459, citada em Manuel Caballero, *La Internacional Comunista y la Revolución Latinoamericana, 1919-1943* (Caracas, Nueva Sociedad, 1987), p. 101; grifos desta autora.

com que desfiou, na conferência, dados minuciosos sobre a situação brasileira –
falando correntemente em francês, idioma que Manuilski e outros dirigentes
da IC compreendiam – impressionou profundamente tais dirigentes, tendo
para isso contribuído, certamente, o desconhecimento então existente sobre a
América Latina e, em especial, o Brasil. Queiroz afirmava, por exemplo, que
havia uma "profunda crise revolucionária no Brasil", exagerando o diapasão
das lutas camponesas "pelo país todo", assim como das lutas do proletariado.
Referia-se a uma crise "terrível" no país e dizia que os cangaceiros "conclamam
à luta, unificam todos os miseráveis, que lutam por pão, pela vida"[95].

O dirigente chegou a afirmar – sem ser contestado por nenhum dos membros
da delegação brasileira – que os camponeses lutavam sob a direção do PCB: "Os
camponeses em todo o país veem agora como única saída da situação criada a
luta dirigida pelo Partido Comunista". Atribuindo acriticamente a Lampião e
ao cangaço um papel revolucionário, o secretário-geral do PCB acrescentava:
"Já não são grupos isolados, mas guerrilheiros, que de boca em boca se tornam
defensores da liberdade, defensores da vida do campesinato [sic]. Essa luta di-
funde-se e estende-se de um estado para outro"[96]. Os cangaceiros, continuava
ele, possuíam uma base de massas que já estaria disposta a seguir Luiz Carlos
Prestes – por isso, os comunistas deveriam utilizar o prestígio dessa liderança –,
acrescentando que "os camponeses querem lutar de armas nas mãos" e que a
autoridade do PC no campo era indiscutível[97].

Ao referir-se ao proletariado urbano, o secretário-geral do PCB também
exagerava as proporções dos movimentos grevistas e, em particular, da influência dos comunistas, chegando a dizer que "a autoridade do PC é colossal", "nós
dirigimos todas as greves" e "no Rio de Janeiro, a maioria das greves é dirigida
pelo partido"[98]. Queiroz afirmava que o PCB estava organizado praticamente em
todas as empresas e que todos os membros do partido e da direção atuavam de
forma permanente nas organizações de base – embora reconhecesse que o baixo
nível ideológico fosse a principal debilidade dos comunistas brasileiros. Por essa
razão, solicitava ajuda da IC para formar quadros capazes de dirigir as lutas que se
avizinhavam. Pedia "cinco ou seis camaradas que nos ajudem a formar quadros"[99].

Na peroração de Queiroz, marchava-se "agora" para a "unificação de todo o
país em torno do PC". E, em resposta a questionamento feito por Manuilski,

---

[95] Atas taquigráficas da III Conferência dos Partidos Comunistas da América do Sul e do Caribe,
cit., p. 1.193, 192 e 203.

[96] Ibidem, p. 206.

[97] Ibidem, p. 1.197-8, 1.201, 1.203 e 1.204-5.

[98] Ibidem, p. 212 e 217.

[99] Ibidem, p. 192, 211, 218 e 222.

disse que o partido contava com mais de 3 mil membros quando a delegação saiu do país, acrescentando que, após cada greve, ingressavam nas fileiras do PCB "centenas de milhares de novos membros"[100].

No que se refere às Forças Armadas brasileiras, as afirmações de Queiroz foram especialmente espetaculares, suscitando surpresa e admiração dos dirigentes da IC, conforme Prestes lembraria anos mais tarde[101]. O secretário-geral do PC afirmara que o Exército estava "em decomposição de cima abaixo", que era uma corporação com grandes tradições de luta, na qual o partido possuía bases na maioria dos corpos, sendo que as tropas simpatizavam com os sovietes[102]. Queiroz afirmava que havia cerca de 150 organizações de base do partido nas fileiras do Exército – o que significava o maior número de células comunistas da América do Sul. Dizia ainda que o prestígio dos comunistas na tropa era grande e que 70% dos soldados simpatizavam com o PCB[103].

Em documento intitulado "Brazil. Exército e Marinha de Guerra", datado de 18 de novembro de 1934 e assinado por Queiroz, são apresentados dados numéricos detalhados sobre ambas as corporações[104], reafirmando o estado de desagregação das Forças Armadas e, ao mesmo tempo, ressaltando que elas estavam "muito politizadas devido às lutas políticas e golpes que têm tomado [sic] parte desde o Império"[105]. Queiroz escrevia que "de cinco anos para cá se multiplicam as lutas sob nossa direção" e "ultimamente a maioria dos conflitos nos quartéis em defesa das reivindicações dos soldados e das lutas está sob nossa direção ou influência". Afirmava-se também nesse documento que "os soldados, sobretudo no Exército, no Brasil, são muito queridos pelo povo, e muitas vezes se negam a atirar contra o povo e a fazer reação. Sobretudo no Norte, é comum e tradicional até para certos batalhões, nunca negam armas ao povo, nos dias de grandes lutas"[106]. O secretário-geral do PCB deixou, ainda, registrado no referido informe:

> Temos uma enorme influência, cada vez mais crescente, no Exército sobretudo, e também na Marinha e na Polícia. A nossa influência é de 70% no Exército, depois das desilusões crescentes dos soldados nos demagogos e esquerdistas,

---

[100] Ibidem, p. 207.

[101] LCP, fita n. 10.

[102] *Atas taquigráficas*, cit., p. 207-8.

[103] Ibidem, p. 209-10 e 218.

[104] Queiroz (Delegação do P. C. do Brasil), *Brazil. Exército e Marinha de Guerra*, 18 nov. 1934 (13 p., em russo, Arquivo Estatal Russo de História Social e Política, RGASPH; cópia no Cedem/Unesp).

[105] Ibidem, p. 10.

[106] Ibidem, p. 10-1.

A APROXIMAÇÃO DO MOVIMENTO COMUNISTA   153

e depois da entrada de Prestes no Partido, pois este camarada tem um enorme prestígio em todas as Forças Armadas. [...] Entre Exército, Polícia e Marinha tínhamos em julho de 1934 mais de 45 células e alguns comitês de lutas. Destas 45 células, mais de 30 no Exército (no Rio, só no Exército temos 16 células), e depois policiais 12 e o resto na Marinha (4).[107]

Diante de informações tão otimistas, Rodolpho Ghioldi (Altobelli) – dirigente do PC argentino e membro do Secretariado Sul-Americano da IC – concluía, durante a III Conferência, que o fato de "70% do Exército estar sob nossa influência" é uma "boa perspectiva, que, entretanto, nos obriga a desenvolver um enorme trabalho"; mais adiante, acrescentava que "devemos também encabeçar o movimento de Lampião"[108].

Os informes de Queiroz não só não foram contestados pelos demais membros da delegação brasileira à III Conferência, como, ao contrário, no fundamental o triunfalismo também esteve presente em suas intervenções. Caetano Machado (Almeida), por exemplo, ao tratar da luta dos camponeses, afirmava que Lampião não era bandido, e Prestes (Fernandez) dizia que só o PC seria capaz de dirigir os cangaceiros[109]. Naquele momento, Prestes, no exílio havia vários anos, desconhecia a real situação do país e a efetiva influência do PCB na sociedade brasileira. Anos mais tarde, ele lembraria que Elias Reinaldo da Silva (André ou Souza) foi o único a protestar contra os exageros de Miranda (Queiroz), mas o fez de tal maneira que pareceu uma questão pessoal contra o secretário-geral, a qual não foi, por isso, levada em consideração. Por determinação de Miranda, Elias ficou em Moscou, representando o Brasil junto à Internacional Sindical, com sede nessa cidade[110].

Embora Prestes participasse dos "encontros de Moscou", não era membro da direção do PCB nem fazia parte da delegação do partido à III Conferência. Segundo suas palavras, a delegação lhe solicitara tratar apenas do problema do negro no Brasil. Ao abordar tal questão, Prestes reconhecia que existia no país "opressão de raça", concluindo que "devemos, no fundamental, levantar perante os negros a questão da igualdade de direitos. Nós, comunistas, somos contra qualquer forma de opressão racial das massas"[111]. É interessante destacar que, já em 1934, os comunistas brasileiros estavam preocupados com o problema racial no país e, em particular, com a questão do negro na sociedade brasileira.

---

[107] Ibidem, p. 12.
[108] *Atas taquigráficas*, cit., p. 1.306 e 1.309.
[109] Ibidem, p. 1.161-2 e 789.
[110] LCP, fita n. 10.
[111] *Atas taquigráficas*, cit., p. 789, 792 e 793.

Se a delegação brasileira à III Conferência partira diretamente do Brasil, Prestes encontrava-se no exílio desde aquele fevereiro de 1927, quando à frente da Coluna Prestes emigrara para a Bolívia. Durante a Marcha, percorrera o interior do país, ficando distante, portanto, da vida política nacional, que, dada a precariedade dos meios de comunicação da época, transcorria fundamentalmente nas grandes cidades. Dessa forma, o líder da Coluna, recém-aceito no PCB, não estava em condições de questionar as informações fantasiosas apresentadas pelos delegados brasileiros na III Conferência. O triunfalismo foi geral entre todos os participantes do conclave.

Dimitri Manuilski foi um dos participantes dos "encontros de Moscou" mais entusiasmados com as perspectivas revolucionárias supostamente existentes no Brasil, de acordo com as informações levadas à III Conferência pelos delegados brasileiros. Na ocasião, logo no início de sua fala, ele afirmaria que "a questão brasileira" era "o problema central e básico" da conferência, explicando:

> Se no período de formação de nossos partidos comunistas, no período de atividade de agitação e propaganda junto às massas, de preparação da revolução, a hegemonia no continente latino pertencia ao partido mais antigo, o argentino, é necessário reconhecer, camaradas, que agora no centro de tudo se coloca a questão brasileira. [...] O eixo central de toda esta conferência é a questão brasileira.[112]

O dirigente da IC afirmava que o "Secretariado Latino-Americano não percebeu esse processo de transição do período de agitação e propaganda para um novo período, em que se coloca a questão da tomada do poder em alguns países da América Latina"[113]. Acreditando nas informações transmitidas pela delegação brasileira, Manuilski chegou a dizer que "os camaradas brasileiros não exageram a respeito do amadurecimento da situação revolucionária no país". Abordou também várias outras questões, ressaltando que a revolução no Brasil repercutiria em toda a América Latina e que o país marchava "rapidamente para uma situação revolucionária, isto é, para a revolução de fato, e a correlação de forças no Brasil será muito mais favorável para tal revolução do que, por exemplo, nos grandes países-metrópoles capitalistas"[114].

Qual era, contudo, o caráter dessa revolução em que apostavam suas cartas os participantes da III Conferência dos Partidos Comunistas da América do Sul e do Caribe? Desde 1929, tanto os dirigentes do PCB quanto os da IC haviam definido a situação no Brasil como *revolucionária*, acreditando que estavam

---

[112] Ibidem, p. 1.208.
[113] Idem.
[114] Ibidem, p. 1.211.

A APROXIMAÇÃO DO MOVIMENTO COMUNISTA 155

criadas as condições para a realização, nesse país, da primeira etapa da revolução socialista, denominada de "democrático-burguesa", ou, em outras palavras, da "revolução agrária e anti-imperialista". O objetivo de tal revolução seria eliminar a dominação imperialista e a presença do feudalismo [sic] no campo, abrindo caminho para um suposto desenvolvimento capitalista autônomo do país, condição considerada necessária para que, sob a hegemonia do proletariado, se tornasse possível a vitória da etapa socialista do processo revolucionário. Era a visão *etapista* da revolução, aceita e amplamente difundida, durante décadas, entre os partidos comunistas dos países "coloniais e semicoloniais", de acordo com as teses aprovadas no VI Congresso da IC, realizado em 1928[115].

A partir do III Pleno do Comitê Central do PCB, realizado em outubro de 1929, sob influência das resoluções do VI Congresso da IC e da I Conferência dos Partidos Comunistas Latino-Americanos – promovida, em Buenos Aires, em julho de 1929 –, os comunistas brasileiros passaram a definir as "principais forças motrizes" da revolução no Brasil como "o proletariado e a massa de assalariados agrícolas e os camponeses pobres"[116]. Partindo da definição de uma situação revolucionária no Brasil e da suposição de que seria possível promover uma insurreição das massas trabalhadoras, o PCB e a IC apelavam abertamente à luta armada e à criação de um "governo operário e camponês baseado nos Soviets, isto é, nos Conselhos de Operários e Camponeses, Soldados e Marinheiros"[117].

Durante os "encontros de Moscou", tinha-se em vista essa primeira etapa da revolução. Não se tratava de implantar, de imediato, o socialismo ou o comunismo no Brasil, como a "direita" sempre se encarregou de propalar. Pretendia-se a conquista de um poder dos trabalhadores, que libertasse a nação do jugo do imperialismo e de seus agentes internos, estes entendidos como os grandes proprietários de terras ou, em outras palavras, os latifundiários ou "feudais" [sic].

A realização da III Conferência em outubro de 1934 – em consequência do adiamento do VII Congresso da IC – revelou as sérias contradições existentes entre os dirigentes da IC. Na ocasião, manifestaram-se, em particular, as divergências a respeito da política de alianças a ser adotada pelos partidos comunistas frente ao avanço do fascismo em escala mundial. Se até aquele momento fora posta em prática a tática de "classe contra classe" – de acordo com as resoluções do VI Congresso da IC, realizado em 1928 – a partir da vitória alcançada, no final de 1933, com a libertação de Jorge Dimitrov da prisão na Alemanha nazista, após o rumoroso Processo de Leipzig, tal tática passaria a

---

[115] Anita Leocadia Prestes, *Luiz Carlos Prestes e a Aliança Nacional Libertadora*, cit., p. 43-9.

[116] "O III Pleno do C.C. (out. 1929)", citado em Edgard Carone, *O PCB*, v. 1, cit., p. 78.

[117] "O Partido Comunista perante o Manifesto de Luiz Carlos Prestes" (jun. 1930), citado em Edgard Carone, *O PCB*, v. 1, cit., p. 87.

156 Luiz Carlos Prestes: um comunista brasileiro

ser questionada não só pelo próprio Dimitrov, cujo prestígio se tornara enorme junto aos comunistas e à opinião pública democrática mundial, como também por setores importantes da IC[118].

Os trabalhos da III Conferência se realizaram nesse ambiente. Nos documentos aprovados, não estão presentes supostas diretivas da IC para o desencadeamento de uma insurreição armada no Brasil. Tratava-se de dar continuidade à orientação política anteriormente aprovada pela direção do PCB e que já vinha sendo posta em prática no país. Atendendo à solicitação feita por Queiroz, a IC enviaria um grupo reduzido, de cerca de dez pessoas, para assessorar a direção do PCB na formação de quadros e para ajudar na montagem de alguns elementos logísticos – uma equipe excessivamente reduzida, se houvesse a intenção da IC de desencadear e dirigir uma insurreição no país.

Segundo Prestes, nessa reunião não foi tomada nenhuma decisão a fim de desencadear a luta armada no Brasil, porque "a decisão era luta de massas, fazer a luta contra o fascismo, intensificar a luta contra o fascismo, intensificar o trabalho nas Forças Armadas, melhorar o movimento sindical"[119]. Prestes voltou ao Brasil por decisão própria, sendo que Manuilski achava que ele não deveria retornar, porque "era muito perigoso":

> Eu falei também nessa reunião. E, dentro da orientação do VI Congresso, eu achava que, aqui no Brasil, tinha que se travar a luta armada, porque havia força militar, tínhamos influência nas Forças Armadas[120], e que devíamos fazer isso. Isso era minha opinião pessoal. [...] Mas não houve uma decisão de volta minha. [...] Nenhuma tarefa foi dada.[121]

Os dirigentes do PCB presentes em Moscou em outubro de 1934 concordaram com o regresso de Prestes ao Brasil, que voltou como "livre atirador, como membro do partido", mas sem que lhe fosse dada alguma tarefa específica. "Eu pedi para voltar porque eu já estava satisfeito... daqueles três anos [em Moscou]."[122] Preocupado com sua segurança – Prestes havia sido considerado desertor do Exército pelo governo Vargas[123] –, Manuilski designou para acompanhá-lo

---

[118] Anita Leocadia Prestes, *Luiz Carlos Prestes e a Aliança Nacional Libertadora*, cit., p. 49-52.

[119] LCP, fita n. 10.

[120] Prestes se baseava nas informações transmitidas pela delegação do PCB na III Conferência de Moscou.

[121] LCP, fita n. 10. Ver também a entrevista de Luiz Carlos Prestes concedida a Edgard Carone, cit.

[122] LCP, fita n. 10.

[123] Aproveitando-se do fato de Prestes ter recusado a anistia em 1930, Vargas instaurou um processo contra ele como desertor do Exército; essa foi a maneira encontrada para legalizar sua prisão, caso regressasse ao Brasil.

Olga Benario, jovem comunista alemã de comprovada coragem e de total confiança da IC, que havia se destacado em diversas missões clandestinas da Internacional da Juventude Comunista realizadas em países da Europa Ocidental. Prestes e Olga, que já ouvira falar no Cavaleiro da Esperança, foram apresentados por Manuilski às vésperas da viagem, após a jovem ter aceitado a nova missão de grande responsabilidade[124]. O dirigente comunista alemão Arthur Ewert (Harry Berger) foi enviado ao Brasil a pedido de Miranda, na qualidade de assessor para o trabalho do PCB e com a recomendação de "não intervir nos assuntos internos do partido. Simplesmente, responder às consultas da direção do partido. Foi isso que houve"[125].

No dia 29 de dezembro de 1934, Prestes, acompanhado por Olga, partiu clandestinamente de Moscou de volta ao Brasil. Deixaram a União Soviética como Pedro Fernandez, espanhol, e Olga Sinek, estudante russa, disfarçados de casal endinheirado em viagem de lua de mel. Quanto à família de Prestes, a mãe e as irmãs permaneceram na capital soviética, as duas irmãs mais velhas trabalhando fora, enquanto as duas mais moças estudavam. Em março de 1936, após a prisão de Prestes no Rio de Janeiro, Leocadia e Lygia, sua filha mais moça, viajaram para a França a fim de impulsionar a campanha pela libertação dos presos políticos no Brasil[126], enquanto as outras três irmãs permaneceram na União Soviética até 1946, quando, com o final da Segunda Guerra Mundial, puderam regressar ao Brasil.

---

[124] Ver Fernando Morais, *Olga* (São Paulo, Alfa-Ômega, 1985).
[125] LCP, fita n. 10.
[126] Ver o capítulo VIII deste livro.

VI
O REGRESSO AO BRASIL, A ALIANÇA NACIONAL LIBERTADORA E OS LEVANTES ANTIFASCISTAS DE NOVEMBRO (1935)

O regresso ao Brasil

Prestes e Olga partiram de trem para a Finlândia e de lá foram a Amsterdá, onde permaneceram por algum tempo aguardando a chegada do emissário da IC que lhes levaria os documentos com os quais viajariam para o Brasil:

> Saímos com documentos muito ruins. Era impossível viajar com aqueles documentos. [...] Ali, na Europa, dava, ainda era possível. Mas vir aqui, para a América Latina, era um perigo. Eram documentos espanhóis, todos riscados, muito malfeitos, de maneira que a própria Olga protestou contra esses documentos. E eles ficaram, então, de mandar uma pessoa a Paris para nos levar documentos melhores. Nós esperamos em Amsterdá algum tempo. Não veio, passamos a Bruxelas. Já estávamos havia alguns dias, quinze dias, em Amsterdá... Em Bruxelas, ficamos também uma semana e resolvemos ir a Paris para ver se era possível receber os documentos.[1]

Afinal, chegou a Paris Inês Guralski[2], a esposa de Guralski, que, no entanto, não levara os esperados documentos:

> Ficamos muito surpreendidos, porque estávamos esperando que ela trouxesse os documentos já feitos. [...] E os documentos que ela apresentou foram iguais aos

---

[1] LCP, fita n. 10.

[2] Inês Guralski, pseudônimo de N. Y. Tulchinskaya; ver Lazar Jeifets, Victor Jeifets e Peter Huber, *La Internacional Comunista y América Latina, 1919-1943* (Caracas, Nueva Sociedad, 1987), p. 377.

outros [...]. O primeiro que foi apresentado não foi aceito: "Nós não podemos viajar com isso!". [...] Nós vimos que a dela era uma posição de sabotagem. A impressão que tivemos foi de que ela estava sabotando. A Olga também teve, parece, essa impressão. [...] Então veio um cidadão, que era do Secretariado de Propaganda do Comintern (IC), veio a Paris [...], trouxe a carta do Van Min[3] pedindo minha opinião. Eu dei a opinião e escrevi uma carta reservada ao Manuilski, me queixando dessa... que eu chamava de uma certa sabotagem da própria Inês. [...] Esse cidadão depois traiu. Escreveu [...] um dos primeiros livros contra a União Soviética.[4]

Prestes partiu de Moscou logo após o assassinato, em Leningrado, de Serguei Mironovitch Kirov, destacado dirigente bolchevique, no episódio que marcou o início dos célebres expurgos na União Soviética. Olga deixara muitas amigas em Moscou e Leningrado. Segundo Prestes, "as pessoas escreviam sobre o ambiente de terror que já existia no mês de janeiro... fevereiro... em Leningrado, particularmente em Leningrado. [...] Já muita gente estava sendo presa". Mas ele e Olga interpretavam tudo isso como uma reação ao trotsquismo, que teria organizado o assassinato de Kirov. Ainda em Moscou, Prestes lembrava-se de Manuilski ter levantado numa reunião da IC o fato de que a própria organização estava infiltrada de trotsquistas, o que justificaria os expurgos[5].

Em Paris, Prestes encontrou Afonso de Figueiredo (filho do conde de Figueiredo e cunhado de Honório de Freitas Guimarães, secretário de organização do Comitê Central do PCB), que era membro do partido e seu conhecido desde Buenos Aires. Tendo falado com Afonso sobre a necessidade de conseguir um passaporte que lhes permitissem, a ele e a Olga, viajar com segurança, a resposta foi: "Eu vou mandar você para um companheiro anarquista português, que é membro do partido, pessoa de confiança. E você fala com ele". O militante encaminhou Prestes para o cônsul português em Rouen (França), dizendo: "Pode ir lá! Porque ele é comunista... o cônsul do Salazar, em Rouen, e ele resolve esse problema". O cônsul Israel Abrahão Anahory recebeu Prestes e Olga muito bem e lhes forneceu um passaporte legal: Antônio Vilar, português, e a esposa, Maria Bergner Vilar, alemã[6].

Com essa documentação, ambos conseguiram visto para os Estados Unidos – o que ajudava a legitimar os passaportes – e, no final de março, partiram do porto

---

[3] Van Min (por vezes grafado Wang Ming), pseudônimo do comunista chinês Chen Shao-Yu, dirigente do Secretariado da América do Sul e Central a partir do início de 1935, após o afastamento e a prisão de Sinani; ver ibidem, p. 300-1.

[4] LCP, fita n. 10.

[5] Idem.

[6] LCP, fita n. 11. Com a prisão de Prestes e Olga no Brasil, no início de 1936, o cônsul Anahory perdeu o cargo e ficou retido durante alguns meses pela Polícia Política de Portugal.

de Brest, na França, rumo a Nova York. Para despistar, continuaram viajando como casal de ricaços em lua de mel. Durante o percurso ao longo do Atlântico, uma profunda compreensão mútua os deixou apaixonados, e, assim, tornaram-se marido e mulher de verdade[7]. De Nova York seguiram para Miami, onde tomaram um avião em direção à América do Sul, passando pelo Chile e chegando finalmente a Buenos Aires. Prestes recorda que, na ocasião, para entrar no Brasil com passaporte português, era necessário visto brasileiro. Por coincidência, estava substituindo o cônsul do Brasil em Buenos Aires um funcionário da embaixada, Manoel Paranhos, que Prestes conhecia bem. Prontamente, o visto foi concedido ao casal – atitude que mais tarde, após a prisão de Prestes, custaria o cargo a Paranhos. Prestes e Olga passaram, então, por Montevidéu, de onde seguiram de avião até Florianópolis; dessa cidade, partiram para Curitiba e São Paulo, viajando em carros alugados. Em abril de 1935, ao chegar à capital paulista, o contato que Prestes tinha era o dono do Café Paraventi, Celestino Paraventi, velho militante do PCB, que levou o casal para uma fazendola que possuía em Santo Amaro[8].

Ainda em Moscou, havia sido combinado com Miranda, secretário-geral do PCB, que este prepararia um esquema clandestino para a chegada de Prestes e sua instalação no Rio de Janeiro, então capital da República. Após uma espera de vários dias na propriedade de Paraventi, Miranda apareceu, dizendo que não dispunha de carro nem de nada preparado para a viagem de Prestes até o Rio. Diante disso, Prestes resolveu por conta própria alugar um carro e partir com Olga para a capital do país. Ele deveria manter-se na clandestinidade, pois, considerado desertor do Exército, corria o risco de ser preso a qualquer momento[9]. Entretanto, o dirigente do partido não tomara qualquer medida para garantir sua segurança. No encontro com Prestes, ainda em São Paulo, o secretário-geral do PCB informara que tudo caminhava bem e que a direção do partido preparava-se para desencadear a luta armada. Prestes recordaria, mais tarde, que "tudo eram mentiras dele". E que o comportamento de Miranda não inspirava confiança: "Vimos bem que, pelo menos, ele estava ou resistindo, ou sabotando, ou [...] estava tudo muito anarquizado. Porque não tinha um carro para fazer a viagem!"[10].

No Rio, Prestes e Olga alugaram uma casa na rua Barão da Torre, em Ipanema, próxima à residência de Arthur Ewert[11] e sua esposa Elise, que já estavam na cidade, na rua Paul Redfern, no mesmo bairro. Foi então que Prestes começou a

---

[7]   Relato de Prestes à autora e às irmãs dele.

[8]   Idem. Para uma descrição detalhada da viagem de Prestes e Olga para o Brasil, ver Fernando Morais, *Olga* (São Paulo, Alfa-Ômega, 1985), p. 63-5.

[9]   Ver nota 123 do capítulo V deste livro.

[10]   LCP, fita n. 11.

[11]   Ver nota 45 do capítulo V deste livro.

procurar contato com os dirigentes da recém-criada Aliança Nacional Libertadora (ANL), pois dela havia sido proclamado presidente de honra durante um grande ato público, realizado no Rio de Janeiro, em março daquele ano de 1935. Olga atuava como estafeta para tais contatos, que eram feitos por troca de bilhetes entre Prestes e Ilvo Meirelles, membro do PCB menos conhecido e menos marcado pela polícia, ligado tanto aos dirigentes da ANL quanto aos antigos "tenentes" e a políticos de oposição. Era dessa maneira que Prestes recebia informações sobre os acontecimentos políticos em curso.

As relações com Miranda continuavam tensas: Prestes sentia que o secretário-geral do partido temia ser por ele deslocado do cargo. E, embora discordasse de muita coisa que o dirigente dizia, procurava agir com prudência e diplomacia, lembrando-se da recomendação que lhe havia sido feita por Jorge Dimitrov[12] antes de sua partida de Moscou: "Os intelectuais, quando entram para o partido, têm que se preocupar com a disciplina e servir ao partido, servir à classe operária, e não participar de lutas pelo poder, não disputar cargos".

Miranda praticamente não informava Prestes a respeito do partido, e "o partido era só ele, nós só tínhamos contato com ele!"[13]. Durante todo o ano de 1935, Prestes praticamente não se comunicou com outros dirigentes do PCB, tampouco com sua militância partidária. Por isso, estava pouco a par da situação real da organização e de sua efetiva inserção na sociedade brasileira.

Luiz Carlos Prestes: o cavaleiro de uma esperança que renasce

Prestes pagava com o ostracismo a audácia de ter compreendido a necessidade da revolução social no Brasil. O jornal conservador argentino *La Nación* escrevia a seu respeito na época: "Uma coisa, sem dúvida, [ele] compreendeu bem: o tempo das revoluções políticas no Brasil já passou. Atualmente, no Brasil, só é possível uma revolução social"[14].

Ao mesmo tempo, devido ao crescente desencanto com seu governo, Vargas percebera que a liderança de Prestes poderia voltar a empolgar a nação, o que o levou a inculpá-lo como desertor do Exército[15].

---

[12] Jorge Dimitrov, após o Processo de Leipzig e seu regresso a Moscou, havia assumido a direção da IC, substituindo Manuilski.

[13] LCP, fita n. 11.

[14] *La Nación*, Buenos Aires, 1º ago. 1930, citado em *Revista Comunista*, Buenos Aires, ano 1, n. 1, set. 1930, citado em Edgard Carone, *O PCB*, v. 1: *1922-1943* (São Paulo, Difel, 1982), p. 89.

[15] *Termo de deserção, movido na Justiça Militar*, 4 jun. 1931; ver *Aviso n. 385 do Ministério da Guerra*, de 27 dez. 1939 (Arquivo Nacional, IJ1, ex. 1.432, pasta 1, CAD. 5, 1939). Ver também *A Pátria*, Rio de Janeiro, 5 jun. 1931, p. 2.

O REGRESSO AO BRASIL, A ALIANÇA NACIONAL LIBERTADORA E OS LEVANTES ANTIFASCISTAS   163

As preocupações do Governo Provisório com a possibilidade do ressurgimento da liderança de Prestes não estavam desprovidas de razão e seriam confirmadas pelo desenrolar dos acontecimentos. Durante ato comemorativo dos levantes tenentistas de 1922 e 1924, realizado no Teatro Municipal do Rio de Janeiro, em 5 de julho de 1931, na presença de Vargas e de demais autoridades, um dos oradores, o primeiro-tenente Airton Lobo, inesperadamente declarou que não poderia deixar de se referir ao "herói Luiz Carlos Prestes", ainda que muitos tivessem receio de pronunciar esse nome. Segundo registro do *Correio da Manhã*: "Instintivamente, o teatro, repleto, se levanta e aclama o orador e o nome por ele invocado. Os aplausos se prolongam. O orador para e espera"[16]. Logo a seguir, discursou a conhecida poetisa Rosalina Coelho Lisboa, também homenageando Prestes: "E outra vez os aplausos recrudescem, olhando todos instintivamente para os elementos oficiais presentes. O entusiasmo, porém, é contagiante"[17].

O silêncio que imperava na imprensa a respeito de Prestes passaria a ser interrompido com frequência crescente. Um jornal carioca, preocupado com a suposta infiltração comunista na América do Sul, estampou no dia 22 de abril de 1932 uma foto de Luiz Carlos Prestes em sua primeira página[18].

Em novembro de 1932, durante o chamado Grande Congresso Revolucionário no Rio de Janeiro – reunindo antigos "tenentes" e elementos civis preocupados com a "regeneração da Revolução de 30" e a redefinição dos rumos da revolução brasileira –, ficou evidente a manifestação de apreço por Luiz Carlos Prestes. Ilka Labarthe, secretária do congresso, externou abertamente no discurso de encerramento sua admiração pelo Cavaleiro da Esperança, sendo interrompida por "cinco minutos de palmas e delírio" em homenagem a Prestes[19].

O ressurgimento de tamanho entusiasmo pelo antigo Cavaleiro da Esperança pode ser explicado pela divisão que minava as hostes tenentistas, levando seus elementos mais radicais ou desiludidos com o governo Vargas a se voltarem novamente para o grande ausente, antes repudiado por todos.

Em julho de 1933, por ocasião de mais um aniversário dos levantes tenentistas, tiveram lugar novas demonstrações de apreço por Prestes. O jornal *Correio da Manhã* publicou reportagem de primeira página lembrando a epopeia da Coluna Prestes e a figura do seu líder[20]. Em solenidade comemorativa da data, novamente realizada no Teatro Municipal do Rio de Janeiro, na presença de representantes

---

[16] *Correio da Manhã*, Rio de Janeiro, 7 jul. 1931, p. 1.

[17] Idem.

[18] *A Pátria*, Rio de Janeiro, 22 abr. 1932, p. 1.

[19] *Correio da Manhã*, Rio de Janeiro, 25 nov. 1932, p. 3; Roberto Sisson, *La revolución democrática progresista brasileña* (Buenos Aires, Rio-Buenos Aires, s/d), p. 12.

[20] *Correio da Manhã*, Rio de Janeiro, 5 jul. 1933, p. 1.

do governo federal, o capitão do Exército Francisco Moesia Rolim, participante do movimento tenentista desde 1922, também prestou homenagem a Prestes, tendo seu discurso igualmente interrompido por "aplausos entusiásticos"[21].

O ressurgimento da liderança do Cavaleiro da Esperança, que continuava ausente do país, seria confirmado pela reprodução no jornal carioca *A Pátria* – que não fazia muito defendera posições anticomunistas – de artigo de Prestes sobre o Exército Vermelho, transcrito da folha *Informaciones*, de Madri. A repercussão da matéria foi tamanha que *A Pátria* voltou a publicá-la no dia seguinte, alegando que o fazia "em virtude de se haver esgotado a nossa edição de ontem"[22].

No final de 1934, início de 1935, já se falava abertamente da criação da ANL e de um possível regresso de Prestes ao Brasil para chefiar a entidade[23]. A legenda passava a ser associada ao nome de Luiz Carlos Prestes, lembrado ainda como Cavaleiro da Esperança. Uma esperança que renascia junto a amplos setores da opinião pública nacional[24]. Em editorial de *A Pátria*, intitulado "O prestígio do Cavaleiro da Esperança", registrava-se:

> Anseia o povo brasileiro pela volta daquele que foi o Cavaleiro da Esperança. Conhecendo-lhe as virtudes cívicas e o temperamento inquebrantável de idealista, sabendo-o capaz de todos os sacrifícios para a vitória dos grandes ideais, as populações dos quatro cantos do país, que lhe conhecem as façanhas sobejamente, aguardam-lhe a chegada, neste momento angustiado da história do Brasil, sob a emoção que o prestígio do seu nome e de sua figura encerra. [...] Ele, se fora um oportunista como os que pululam por aí atualmente, poderia ter desfrutado das melhores situações quando a Revolução de 30 venceu. Não quis, no entanto, macular a pureza de suas intenções às investidas menos dignas dos que, reconhecendo-lhe o prestígio, o convidaram a partilhar do botim que se sucedeu às horas da vitória, e que continua, até hoje, a defraudar as energias da nação para proveito do mais nefasto dos governos. [...]
> Luiz Carlos Prestes [...], não nos atemoriza qualquer prevenção contra sua pessoa nem contra o partido [a ANL] que virá chefiar. [...] Basta a idoneidade, o prestígio, a glória do nome de Luiz Carlos Prestes para a apresentação condigna do mesmo à opinião pública do país.[25]

---

21 Ibidem, 6 jul. 1933, p. 7.

22 *A Pátria*, Rio de Janeiro, 9 ago. 1934, p. 1 e 10; 10 ago. 1934, p. 1 e 3.

23 Ibidem, 24 jan. 1935, p. 10, e 6 fev. 1935, p. 4.

24 Cf. *Correio da Manhã*, Rio de Janeiro, 5 fev. 1935, p. 6; 6 fev. 1935, p. 3; 13 fev. 1935, p. 4; 27 fev. 1935, p. 3. *A Pátria*, Rio de Janeiro, 24 jan. 1935, p. 10; 6 fev. 1935, p. 4 e 10; e 9 fev. 1935, p. 2.

25 *A Pátria*, Rio de Janeiro, 6 fev. 1935, p. 4.

O general Miguel Costa, também insatisfeito com os resultados da "Revolução de 30", declarou-se solidário com a orientação política de Luiz Carlos Prestes e aceitou o convite para presidir a seção regional da ANL em São Paulo[26]. Disse, nessa oportunidade, "com lágrimas nos olhos", que, se Prestes estava à frente da ANL, ele também estaria, concordando com seu programa "agrário e anti-imperialista"[27].

A ANL foi enfim lançada num grande ato público realizado no Teatro João Caetano, no Rio de Janeiro, em 30 de março de 1935, contando com a adesão de Miguel Costa, que dirigiu carta aberta aos presentes[28]. Nessa assembleia foi lido um manifesto-relatório em que se afirmava:

> Não tinham razão Prestes e seus companheiros quando nos advertiam do erro funesto em que iríamos incidir, participando de um movimento que só aproveitava de nós para substituir um imperialismo por outro? A verdade é que a maioria de nós, a quase totalidade mesmo, não o escutou. E nos deixamos levar por aquele velho romantismo que nos havia encaminhado a participar das rebeliões desde os albores do ciclo revolucionário. [...] E lançamo-nos à aventura, embora meros títeres, com o mesmo ardor, com o mesmo entusiasmo dos primeiros tempos. *Os anos que se sucederam vieram tornar realidade aquilo que nos fora dito com tanta lealdade pelo general Luiz Carlos Prestes e o partido que adotara.* A dura experiência desses anos aí está patente na trágica realidade dos dias que correm: o país entregue de pés e mãos atados à voracidade do imperialismo estrangeiro; as liberdades públicas massacradas de uma maneira desconhecida pela violência das leis de arrocho, enfim, o Brasil se encontra em uma situação deplorável em todos os sentidos, sem similar em sua história.[29]

Naquele início de 1935, tornava-se patente, de um lado, o acentuado desencanto com o governo Vargas e, de outro, o inegável renascimento do prestígio de Prestes. E segmentos ponderáveis da opinião pública brasileira voltavam seus olhares para o programa proposto por ele no *Manifesto de maio de 1930*, então por eles rejeitado.

---

[26] *Correio da Manhã*, Rio de Janeiro, 5 fev. 1935, p. 6.

[27] Citado em *Extrato de carta do camarada Altobelli (R. Ghioldi)*, 25 fev. 1935 (em russo; Arquivo Estatal Russo de História Social e Política, RGASPH; cópias no Centro Russo de Conservação e Pesquisa de Documentos de História Contemporânea/Amorj/IFCS-UFRJ).

[28] "A adesão pública do general Miguel Costa", *A Pátria*, Rio de Janeiro, 3 abr. 1935, p. 8.

[29] *A Pátria*, Rio de Janeiro, 31 mar. 1935, p. 12; grifos desta autora.

A Aliança Nacional Libertadora

A partir do segundo semestre de 1933, a repercussão do Processo de Leipzig contra J. Dimitrov, no qual o dirigente da IC foi acusado pelos nazistas de ter incendiado o prédio do Parlamento alemão, e da campanha mundial movida na Europa contra a guerra e o fascismo viriam a criar, no Brasil, um clima favorável à formação do *Comitê de Luta contra a Guerra Imperialista, a Reação e o Fascismo*, conhecido como "Comitê Antiguerreiro"[30], fundado por iniciativa dos comunistas com o apoio de setores da intelectualidade progressista e da opinião pública.

Durante o ano de 1934, com o agravamento da situação econômica do país e o crescimento do movimento grevista[31], diante do desencanto já generalizado com o governo Vargas – e, principalmente, com os resultados da Constituinte – e devido à agressividade cada vez maior dos integralistas contra o movimento popular e democrático, verificava-se uma mobilização inédita no Brasil em torno das consignas levantadas inicialmente pelo Comitê Antiguerreiro[32]. Os choques dos antifascistas com os integralistas e as forças policiais tornavam-se cada vez mais violentos, deles resultando mortos, feridos, numerosos presos e muitos deportados[33]. É nesse contexto que se forma a Comissão Jurídica e Popular de Inquérito (CJPI), visando a apurar os casos de desaparecimento de militantes antifascistas e de violências praticadas pela polícia de Vargas e pelos integralistas. Entre os organizadores da comissão estavam advogados pertencentes ao PCB, à Juventude Comunista ou ainda muito próximos dessas entidades[34]. As adesões que essa organização recebeu foram múltiplas e variadas[35].

É possível afirmar que a CJPI, contando com a adesão e o apoio do Comitê Antiguerreiro e de diversas entidades criadas naquele período, foi a grande aglutinadora das forças que viriam a constituir a maior frente única já formada no Brasil – a Aliança Nacional Libertadora[36].

---

[30] *Correio da Manhã*, Rio de Janeiro, 25 nov. 1933, p. 4; Edgard Carone, *Movimento operário no Brasil (1877-1944)* (São Paulo, Difel, 1979), p. 247; idem, *A República Nova (1930-1937)* (São Paulo, Difel, 1976), p. 127-8; Marcos Del Roio, *A classe operária na revolução burguesa: a política de alianças do PCB, 1928-1935* (Belo Horizonte, Oficina de Livros, 1990), p. 237.

[31] Ver a imprensa do ano de 1934; Karine Dull Sampaio, *A luta do movimento operário no Rio de Janeiro e sua relação com o PCB nos anos 1934 e 1935* (Dissertação de Mestrado em História, Rio de Janeiro, PPGHIS/IFCS/UFRJ, 2003).

[32] Anita Leocadia Prestes, *Luiz Carlos Prestes e a Aliança Nacional Libertadora* (Petrópolis, Vozes, 1997).

[33] Cf. *A Pátria*, números desse período; ver também outros jornais.

[34] *A Pátria*, Rio de Janeiro, 11 nov. 1934, p. 3.

[35] Ibidem, nov.-dez. 1934.

[36] Anita Leocadia Prestes, *Luiz Carlos Prestes e a Aliança Nacional Libertadora*, cit., p. 60-1.

O REGRESSO AO BRASIL, A ALIANÇA NACIONAL LIBERTADORA E OS LEVANTES ANTIFASCISTAS   167

Diante da ofensiva reacionária do governo, que iniciara entendimentos para o envio ao Congresso Nacional do projeto de Lei de Segurança Nacional (sintomaticamente apelidado de "Lei Monstro"), intensificou-se a atuação da CJPI. Foi no bojo desse movimento crescente pela aglutinação de amplas forças populares e democráticas que nasceu a ANL. A mobilização em torno do combate ao projeto da "Lei Monstro" revelou-se o *acontecimento-chave*, que precipitou, por meio da intensa atividade pública da CJPI, a criação da ANL. Seu surgimento representou a culminância de um processo de aglutinação de grupos, setores, organizações e personalidades, decepcionados com o rumo tomado pela "Revolução de 30", desiludidos de Vargas e de seu governo. Ao mesmo tempo, para que essa unidade fosse alcançada, o nome e a liderança de Luiz Carlos Prestes se mostraram essenciais.

Naquele ano de 1935, a figura de Prestes viria a congregar em torno da ANL grande parte dos setores da nação insatisfeitos de maneira geral com o governo Vargas e com o modo como haviam sido conduzidos os trabalhos da Constituinte, mas também com a dominação imperialista do país e a força do latifúndio, com o avanço do integralismo e as medidas antidemocráticas adotadas, como a Lei de Segurança Nacional. O Cavaleiro da Esperança, embora inicialmente distante do país e posteriormente vivendo na clandestinidade, sintetizou os anseios desses setores que no passado lhe haviam dado as costas[37].

Embora não se saiba exatamente de quem foi a iniciativa de fundação da ANL, as informações de que se dispõe e, principalmente, os textos de pronunciamentos feitos por essa entidade não deixam dúvida sobre a influência das teses defendidas pelo PCB. No entanto, havia nos primeiros documentos dessa entidade uma diferença significativa em relação às posições do PCB, pois a ANL, na fase inicial de sua existência, não levantava a questão do *poder*, ou seja, de qual seria o governo que deveria executar as propostas consubstanciadas no lema "Pão, Terra e Liberdade"[38].

A partir da divulgação de seu manifesto-programa[39], a ANL encontraria ampla aceitação, fosse nos meios civis (que incluíam tanto setores das camadas médias urbanas quanto do operariado, e mesmo elementos das classes dominantes e das elites políticas), fosse junto aos militares de diferentes patentes (oficiais, subalternos e praças)[40]. Como diria anos mais tarde Gregório Bezerra,

---

[37] Ibidem, cap. 2.

[38] Ibidem, cap. 6.

[39] "Manifesto da Comissão Provisória de Organização da ANL", *A Pátria*, Rio de Janeiro, 1º mar. 1935, p. 1 e 4.

[40] Ver, entre outros, os jornais citados; Vitor Manoel da Fonseca, *A ANL na legalidade* (Dissertação de Mestrado em História, Niterói, UFF, 1986); Diorge Alceno Konrad, *1935: a Aliança*

sargento do Exército que ingressou no PCB e teve papel destacado no partido e na ANL: "Sectário ou não, foi um programa [o da ANL] que empolgou as massas populares"[41].

A ANL transformou-se numa frente formada tanto por adesões individuais de destacadas personalidades da cultura, da ciência e da política quanto de organizações populares, sindicais, femininas, juvenis, estudantis, democráticas etc. Sua composição era marcada pela presença de setores das camadas médias urbanas, de segmentos do movimento operário e de jovens militares, oriundos em grande parte das lutas tenentistas dos anos 1920.

A direção da entidade contava com a presença de "tenentes", atraídos pela liderança de Prestes, de personalidades progressistas e de militantes do PCB. A presença dos comunistas foi significativa, embora, no início, houvesse restrições de alguns dirigentes do PCB à participação na ANL, pois existia o temor de que o partido pudesse se dissolver nessa entidade, conforme se considerava ter ocorrido com o Bloco Operário Camponês (BOC), no final dos anos 1920.

A atuação da ANL caracterizou-se pela organização de grandes atos públicos, caravanas aos estados do Norte e do Nordeste e participação em lutas de rua contra os integralistas, além de publicação e vasta distribuição de boletins, volantes e jornais aliancistas. No Rio de Janeiro, *A Manhã* e, em São Paulo, *A Platéa* foram os principais jornais que deram publicidade aos documentos e às atividades da ANL.

No entanto, não havia na ANL unanimidade nem clareza quanto aos meios a ser empregados para a conquista dos objetivos inscritos em seu programa. Seus primeiros documentos foram omissos nesse particular[42]. Entre os dirigentes da ANL existia a tendência legalista de considerar possível levar adiante as mudanças almejadas "dentro da ordem e da lei", posição criticada pelos comunistas desde o início[43].

Nacional Libertadora no Rio Grande do Sul (Dissertação de Mestrado em História, Porto Alegre, PUC-RS, 1994); Marly de Almeida Gomes Vianna, *Revolucionários de 1935: sonho e realidade* (São Paulo, Companhia das Letras, 1992).

[41] Gregório Bezerra, *Memórias,* 1ª parte: *1900-1945* (Rio de Janeiro, Civilização Brasileira, 1979), p. 234.

[42] Cf. "1º Manifesto da ANL", lido pelo deputado Gilberto Gabeira na Câmara dos Deputados, *Diário do Poder Legislativo*, Rio de Janeiro, 18 jan. 1935, p. 388-9; "Manifesto da Comissão Provisória de Organização da ANL", lançado por intermédio de seu Comitê Provisório de Organização, *A Pátria*, Rio de Janeiro, 1º mar. 1935, p. 1 e 4; "Manifesto-relatório da ANL", *A Pátria*, Rio de Janeiro, 31 mar. 1935, p. 12.

[43] Cf. Lauro Reginaldo da Rocha (Bangu), "Os perigos do nacional-reformismo na Aliança Nacional Libertadora", *A Classe Operária*, n. 180, 1º maio 1935, citado em Marly de Almeida Gomes Vianna, *Revolucionários de 1935*, cit., p. 42.

O regresso ao Brasil, a Aliança Nacional Libertadora e os levantes antifascistas 169

Mantendo-se fiel à orientação política aprovada em sua I Conferência Nacional, de julho de 1934[44], o PCB continuava a crer na existência, no Brasil, de uma suposta "situação revolucionária" e convocava os trabalhadores a "pegar em armas desde já", a multiplicar as guerrilhas no campo[45] e a lutar pela instalação de um "governo operário e camponês, na base de conselhos de operários, camponeses, soldados e marinheiros (sovietes)"[46]. Embora a ANL tivesse adotado o programa anti-imperialista, antilatifundiário e democrático proposto pelo PCB e amplamente aceito pela opinião pública, devido à influência decisiva de Prestes, os *caminhos* para atingir esses objetivos eram vistos de maneiras distintas e contraditórias. Fator que provocaria reservas em relação à ANL de parte da direção do PCB.

Maio de 1935: a virada tática na política do PCB sob influência das diretivas da IC

Em um documento intitulado "A luta pela revolução agrária e anti-imperialista e a posição do partido perante a ANL"[47], os comunistas deixariam claro suas discordâncias com a entidade que haviam ajudado a criar, afirmando que "não aderimos e não aderiremos à ANL, pois somos um partido político que visa ao poder político para uma classe, a proletária". Na verdade, os comunistas queriam dizer que, embora atuando ativamente nas fileiras da ANL, não admitiriam se dissolver nessa entidade nem perder a independência política e programática, erros que reconheciam ter cometido à época da participação no Bloco Operário e Camponês, no final da década anterior[48].

Na realidade, havia uma contradição entre a linha política do PCB, voltada para a instalação imediata dos sovietes, e a nova orientação, acertada nos "encontros de Moscou", de outubro de 1934, e trazida pelos dirigentes do partido em seu regresso ao Brasil, a qual pregava a criação de "frentes populares"[49].

---

[44] Anita Leocadia Prestes, *Luiz Carlos Prestes e a Aliança Nacional Libertadora*, cit., cap. 3.

[45] Miranda, "Como os trabalhadores do Brasil resolverão a crise lutando e pegando em armas contra os esfomeadores do Brasil", *A Classe Operária*, n. 174, 11 mar. 1935.

[46] Idem, "A luta pela revolução agrária e anti-imperialista e a posição do partido perante a Aliança Nacional Libertadora", *A Classe Operária*, n. 179, 23 abr. 1935, citado em Marly de Almeida Gomes Vianna (org.), *Pão, terra e liberdade: memória do movimento comunista de 1935* (Rio de Janeiro/São Carlos, Arquivo Nacional/Universidade Federal de São Carlos, 1995), p. 36.

[47] Idem.

[48] Cf. "Resolução da Internacional Comunista sobre a questão brasileira" (fev. 1930), *A Classe Operária*, n. 89, 17 abr. 1930; "Resolução do C. C. do PCB", 11 fev. 1929, em Edgard Carone, *O PCB*, v. 1, cit., p. 74-6.

[49] Anita Leocadia Prestes, *Luiz Carlos Prestes e a Aliança Nacional Libertadora*, cit., cap. 6.

Como seria possível conciliar a formação de uma frente tão ampla, como a recém-criada Aliança, com a proposta de "sovietes de operários e camponeses, soldados e marinheiros", totalmente dissociada – conforme hoje se percebe – das reais condições existentes no país?

Em 27 de fevereiro de 1935, quando ainda se encontrava clandestino em Paris, Prestes recebeu um telegrama proveniente de Moscou[50], enviado pelo Comitê Executivo da IC – o que na época se justificava, pois o PCB era uma seção da IC –, no qual se dizia textualmente: no manifesto a ser lançado, "a palavra de ordem de sovietes talvez no momento não deva ser lançada"[51]. Anos mais tarde, Prestes recordaria a satisfação com que recebera tal sugestão, acrescentando que, na ocasião, fora também consultado por Van Min[52] (um dos dirigentes da IC) sobre a conveniência de substituir a palavra de ordem de "Governo Soviético" por "Governo Popular Nacional Revolucionário". Prestes respondera a Moscou concordando com a proposta, pois considerava que assim a frente seria muito mais ampla e, portanto, mais adequada à nova orientação de criar "frentes populares"[53].

Já no Brasil, durante o mês de abril, Prestes redigiu sua célebre carta de adesão à ANL, dirigida ao presidente da entidade, Hercolino Cascardo. Por motivos de segurança, sua presença não foi revelada, e a carta foi datada de Barcelona[54]. Nesse documento eram reafirmados os objetivos programáticos da ANL, enfatizando a luta contra a "barbárie fascista ou fascistizante" e o integralismo[55]. Levantava-se, pela primeira vez, a *questão do poder*, que deveria realizar o programa aliancista. Afirmava-se que a ANL "pode chegar rapidamente a ser uma grande organização popular-nacional revolucionária, capaz de sustentar a luta de massas pela instalação de um *governo popular nacional-revolucionário* em todo o Brasil"[56].

Embora a *Carta de Barcelona* estivesse datada de 25 de abril, ela só seria tornada pública em 13 de maio, quando a ANL realizou no Estádio Brasil, na capital da República, um grande ato público alusivo à data da Abolição. Na presença de cerca de 10 mil pessoas, foi lida a carta de Prestes, recebida com grande vibração popular e logo em seguida publicada tanto nos jornais ligados

---

[50] LCP, fita n. 10.

[51] *Telegrama confidencial da IC para Prestes*, Paris, 27 fev. 1935 (em francês; Centro Russo de Conservação e Pesquisa de Documentos de História Contemporânea/Amorj/IFCS-UFRJ).

[52] Ver nota 3 deste capítulo.

[53] LCP, fita n. 10.

[54] "Carta de L. C. Prestes a H. Cascardo", Barcelona, 25 abr. 1935, em Edgard Carone, *A Segunda República (1930-1937)* (São Paulo, Difel, 1978), p. 425-30.

[55] Ibidem, p. 426-7.

[56] Ibidem, p. 430; grifos desta autora.

à ANL quanto na imprensa em geral, por exemplo, no *Correio da Manhã*, do Rio de Janeiro[57].

A partir desse momento a consigna de um Governo Popular Nacional Revolucionário (GPNR) foi adotada oficialmente pela ANL e ganhou as ruas. Sua repercussão foi imensa e a aceitação, generalizada, embora na carta de Prestes já se falasse em "dar à ANL um caráter anti-imperialista combativo e *revolucionário*"[58], apontando, portanto, o caminho da ruptura da legalidade e do apelo à luta armada, o que seria feito logo a seguir pela própria direção da ANL.

Se Prestes lançara, por sugestão da IC, a palavra de ordem de GPNR, que rapidamente conquistara a adesão da ANL e de seus seguidores, a direção do PCB se mantinha fiel à tese do "poder soviético". Em telegrama enviado pelo Comitê Executivo da IC a Queiroz (Miranda), então secretário-geral do PCB, havia referência a artigo por ele publicado em *A Classe Operária* de 10 de abril de 1935, no qual insistiu-se na tese do "poder aos sovietes", posição que era criticada pela IC[59].

Somente na segunda metade de maio de 1935 foi realizado o Pleno do Comitê Central do PCB, durante o qual se aprovou a nova orientação proposta pela IC. Mesmo assim, na resolução tomada nessa reunião, o GPNR era apresentado como uma etapa no processo de luta pela conquista do "poder soviético". Foi essa, portanto, a maneira encontrada pela direção do PCB de conciliar as diretivas da IC com as teses até então vigentes em seus documentos partidários[60]. Ao caracterizar a situação brasileira como *revolucionária*, os comunistas consideravam que o objetivo da revolução democrático-burguesa ou agrária e anti-imperialista deveria ser o estabelecimento do "poder soviético", mas passavam a admitir a necessidade do GPNR para *começar* a revolução[61].

Em maio de 1935, uma importante virada tática na política do PCB aconteceu, sob influência de diretivas oriundas da IC. Foi, enfim, adotada uma estratégia partidária mais ampla e mais flexível que a anterior – de apelo direto ao "poder dos sovietes" – e mais de acordo com a política de "frentes populares", que vinha sendo levada à frente pela IC e teria sua consagração no VII Congresso dessa

---

[57] Conferir *Correio da Manhã*, Rio de Janeiro, 14 maio 1935, p. 1 e 7; *A Pátria*, Rio de Janeiro, 14 maio 1935, p. 1 e 8; *A Manhã*, Rio de Janeiro, 14 maio 1935, p. 1.

[58] "Carta de L. C. Prestes a H. Cascardo", cit., p. 426; grifo desta autora.

[59] Telegrama da IC para o CC do PCB, camarada Queiroz, 13 maio 1935, Centro Russo de Conservação, em alemão.

[60] Cf. Comitê Central do PCB, *O Governo Popular Nacional Revolucionário e as tarefas do partido*, maio 1935 (documento datilografado, 8 f.; Arquivo do Dops, setor Comunismo, pasta 11; cópia no Aperj).

[61] Anita Leocadia Prestes, *Luiz Carlos Prestes e a Aliança Nacional Libertadora*, cit., p. 111-3.

entidade mundial, realizado em agosto de 1935, ocasião em que Prestes e Miranda foram eleitos membros do Comitê Executivo da IC, e R. Ghioldi, suplente[62].

A influência crescente de Prestes sobre a Aliança e das teses por ele avalizadas – aprovadas pela direção do PCB na segunda quinzena de maio – fica evidenciada no documento lançado na mesma época pelo Diretório Nacional da ANL, intitulado "O Governo Popular Nacional Revolucionário e seu programa". O documento diz que o GPNR não é o "governo soviético" nem "a ditadura democrática de operários, camponeses, soldados e marinheiros", numa linguagem típica dos comunistas[63].

Afirma ainda a direção: "O que nós, da ANL, proclamamos é a necessidade de um governo surgido realmente do *povo em armas*", esclarecendo a seguir que "o GPNR não significará a liquidação da propriedade privada sobre os meios de produção nem tomará sob seu controle as fábricas e empresas nacionais"[64]. Surge pela primeira vez nos documentos da ANL a proposta da luta armada como meio de chegar ao GPNR. A concepção insurrecional do processo revolucionário, adotada tanto pelo PCB quanto pela IC, era assim encampada pela ANL, o que certamente não significava que todos seus dirigentes estivessem com ela de acordo. Cascardo, presidente da ANL, comandante da Marinha e "tenente histórico", manter-se-ia fiel às concepções legalistas, externadas por ele desde o momento da criação da ANL[65], desmentindo, assim, a tese de que a radicalização das posições da ANL e do próprio PCB seria decorrência direta das influências tenentistas, supostamente levadas por Prestes e os antigos "tenentes" para o movimento.

Durante os meses de maio e junho de 1935, o movimento antifascista no Brasil, sob a direção da ANL, deu consideráveis passos. Repetiam-se as manifestações aliancistas no Rio de Janeiro e em São Paulo, assim como nos mais diversos pontos do país, destacando-se a cidade fluminense de Petrópolis como um dos lugares em que o movimento adquiriu maior força e onde também ocorreriam choques particularmente violentos com os integralistas. Sob pressão da campanha liderada pela ANL, os integralistas foram obrigados a recuar, tendo, muitas vezes, suas marchas e suas manifestações dissolvidas por massas mobilizadas pelos diretórios aliancistas[66].

---

[62] Cf. Lazar Jeifets, Victor Jeifets e Peter Huber, *La Internacional Comunista y América Latina, 1919-1943*, cit., p. 128, 218 e 270.

[63] *O Governo Popular Nacional Revolucionário e seu programa*, maio 1935 (documento datilografado, 5 f.; Arquivo Getulio Vargas; cópias impressas no processo de Taciano José Fernandes, Tribunal de Segurança Nacional, caixa 10.561, Arquivo Nacional).

[64] Idem.

[65] Anita Leocadia Prestes, *Luiz Carlos Prestes e a Aliança Nacional Libertadora*, cit., p. 107-8.

[66] Ver os jornais *A Manhã*, *A Pátria* e *Correio da Manhã*, Rio de Janeiro, maio-jun. 1935; Paulo Henrique Machado, *Pão, terra e liberdade na Cidade Imperial: a luta antifascista em Petrópolis no ano de 1935* (Rio de Janeiro, IFCS/UFRJ, 2008).

O REGRESSO AO BRASIL, A ALIANÇA NACIONAL LIBERTADORA E OS LEVANTES ANTIFASCISTAS   173

Ao mesmo tempo, o governo Vargas, apoiado na "Lei Monstro" e contando com a colaboração da polícia do Distrito Federal, sob comando do capitão Filinto Müller, intensificava a perseguição não só aos comunistas, como aos aliancistas e antifascistas, prendendo e sequestrando seus líderes, proibindo atos públicos e invadindo ou depredando suas sedes e as de jornais democráticos, por um lado; por outro, as autoridades policiais fechavam os olhos aos distúrbios promovidos por integralistas, quando não os incentivavam, na busca de pretextos para identificar a ANL com o "comunismo internacional", justificando, assim, a necessidade do seu fechamento[67].

O ambiente político tornava-se visivelmente mais tenso, e era evidente que o governo sentia-se ameaçado pelo avanço do movimento antifascista e os êxitos alcançados pela ANL e demais entidades democráticas e populares, cujo inegável crescimento atraía setores ponderáveis da opinião pública nacional, incluindo parte das Forças Armadas.

Enquanto aumentavam a influência e o prestígio da ANL junto aos mais diversos segmentos da opinião pública brasileira, embora seu objetivo programático – "o povo em armas" para conquistar o GPNR – ultrapassasse os limites da legalidade constitucional, as posições dos comunistas mudavam. Desde o início de abril, a IC insistia junto a seu Bureau Sul-Americano e à direção do PCB para que fosse adotada a consigna de "todo o poder à ANL"[68]. Em telegrama enviado pelo Comitê Executivo da IC a Queiroz (Miranda), o secretário-geral do PCB, era feita a ligação da ANL com o GPNR, deixando claro que, de acordo com a análise da IC, o GPNR deveria ser um poder constituído pela própria ANL, o que, naquele momento, ou seja, antes da reunião do Comitê Central do PCB de maio de 1935, significava a adoção pelos comunistas de uma *concepção mais ampla* da frente destinada a conquistar o poder[69].

A radicalização do movimento e a deflagração dos levantes de novembro de 1935

A consigna de "todo o poder à ANL" foi lançada a 5 de julho, em manifesto assinado por Luiz Carlos Prestes e lido por Carlos Lacerda no ato comemorativo à

---

[67] Ver os jornais da época.

[68] Telegrama da IC para o Secretariado Latino-Americano, 29 abr. 1935, em russo. Telegrama da IC "pessoal" a Altobelli (R. Ghioldi), Ferreira (Prestes) e Queiroz (Miranda), 7 maio 1935, Centro Russo de Conservação, em alemão.

[69] Telegrama da IC para o CC do PCB, camarada Queiroz (Miranda), 13 maio 1935, Centro Russo de Conservação, em alemão.

data dos levantes tenentistas. Se, por um lado, o Manifesto[70] revelava a influência da IC na política adotada pelo PCB e pela ANL, por outro, expressava a radicalização que vinha se dando no país. Ao intensificar a perseguição movida à ANL e a todas as forças democráticas, o governo contribuía para que elas se sentissem crescentemente ameaçadas e motivadas a reagir contra um poder desmoralizado, aparentemente isolado, conivente com os integralistas e empenhado em reprimir os movimentos populares e democráticos.

Entretanto, os dirigentes da ANL, das demais entidades progressistas e democráticas e do PCB não se davam conta do *nível incipiente de organização* do movimento aliancista e popular e, desta forma, não percebiam que tal movimento seria incapaz de enfrentar com eficácia o golpe a ser desfechado pelas forças de direita, cuja preparação se tornara evidente para todos. O entusiasmo com o crescimento das adesões à ANL, com os comícios extremamente concorridos por ela promovidos, com os movimentos grevistas e as manifestações de insatisfação generalizada de variados setores da vida nacional levara essas lideranças a superestimar suas forças e acreditar que os dias do governo Vargas estavam contados.

Hoje é possível perceber que a avaliação da situação política feita no *Manifesto de 5 de julho* não correspondia à real correlação de forças existente, naquele momento, no cenário nacional, mas parcela considerável e mais radicalizada dos aliancistas não só concordava com tal avaliação, como considerava que o apelo de Prestes deveria ser seguido. Explicam-se, assim, o entusiasmo com que o documento foi recebido em todo o país e a confiança dos aliancistas em que o chamamento à *greve geral*, anunciado pela ANL, seria atendido imediatamente pelas massas, caso o governo decretasse o fechamento da entidade ou resolvesse implantar o estado de sítio[71].

A 11 de julho, Vargas assinou o decreto fechando a ANL, acusada de ser um instrumento a serviço do "comunismo internacional"[72]. Embora o *Manifesto de 5 de julho* fornecesse um bom pretexto para a adoção dessa medida, sua verdadeira causa residia no fato de a ANL e as demais entidades democráticas ampliarem sua penetração junto à opinião pública e atraírem número crescente de adeptos e simpatizantes[73]. O movimento aliancista adquiria caráter marcadamente *unitário*. Como foi apontado pelo historiador britânico Eric J. Hobsbawm, a estratégia das "frentes populares", adotada nos anos 1930 pelo movimento

---

[70] "Manifesto de 5 de julho", citado em Edgard Carone, *A Segunda República (1930-1937)*, cit., p. 430-40.

[71] Cf. *A Pátria*, *A Manhã*, *Correio da Manhã* etc. daquele período.

[72] Cf. *Correio da Manhã*, Rio de Janeiro, 12 jul. 1935, p. 1. Ver também: *A Pátria*, Rio de Janeiro, 11 jul. 1935, p. 1; 13 jul. 1935, p. 1; *A Manhã*, Rio de Janeiro, 12 jul. 1935, p. 1; 13 jul. 1935, p. 1; e os dias subsequentes desses periódicos.

[73] Isso fica evidente ao serem consultados os jornais da época.

O regresso ao Brasil, a Aliança Nacional Libertadora e os levantes antifascistas 175

comunista internacional até hoje é aquela mais temida pelas forças da direita, pois a "reação" sabe que os revolucionários, isolados não representam perigo[74]. Nada mais temível, pois, do que sua unidade.

Deve-se reconhecer, contudo, que o processo de constituição da ANL como "frente popular" apenas dava os primeiros passos, e a extrema radicalização do discurso aliancista, com apelos à luta armada, não poderia deixar de alimentar *concepções golpistas*[75] – o que dificultou, apesar de todas as declarações em contrário, o efetivo avanço da organização popular[76].

O fechamento da ANL provocou inúmeros protestos, mas a greve geral, a ser desencadeada em resposta aos repetidos apelos feitos pelos núcleos aliancistas em todo o país, não aconteceu. Era compreensível que a proibição da ANL não provocasse a reação esperada por alguns de seus dirigentes, pois, na realidade, não havia preparação nem para a greve geral nem para resistir às medidas repressivas desencadeadas com violência pela polícia. As massas que acorriam com entusiasmo aos comícios da ANL não estavam mobilizadas nem organizadas o bastante para resistir. E os repetidos chamamentos à greve revelaram-se insuficientes para levá-las a uma resistência efetiva.

Na esteira da violenta repressão desencadeada pelo governo, diversos militantes e seguidores da ANL afastaram-se da entidade. Como aconteceria com frequência em situações similares, de derrota ou de descenso do movimento democrático e progressista, os que permanecem dispostos a persistir no combate pelos objetivos traçados são os mais conscientes e desprendidos, os mais destemidos e consequentes. Foi o caso dos comunistas filiados ao PCB. Dispondo de uma estrutura clandestina que lhe conferia condições de assegurar a atividade política de seus militantes nos diretórios aliancistas, o PCB assumiu o controle da entidade, que, a partir de seu fechamento, também se tornara clandestina. Detentores de um grande trunfo político – o nome de Luiz Carlos Prestes –, os comunistas, levados pelas circunstâncias do momento, intensificaram os apelos à luta armada e à insurreição.

Em reunião do Comitê Central do PCB, realizada na segunda quinzena de julho, não só foi reafirmada a orientação aprovada na reunião de maio, mantidas

---

[74] Eric J. Hobsbawm, *Estratégias para uma esquerda radical: escritos políticos, 1977-1988* (Rio de Janeiro, Paz e Terra, 1991), p. 135.

[75] Chamamos de *concepções golpistas* o conjunto de ideias e atitudes, amplamente difundidas na sociedade brasileira, segundo as quais um levante, uma revolta ou um golpe militar poderiam desencadear a insurreição popular. Ainda que os comunistas combatessem o chamado *golpismo*, na prática não conseguiram resistir à influência das concepções golpistas presentes na sociedade brasileira; ver Anita Leocadia Prestes, *Luiz Carlos Prestes e a Aliança Nacional Libertadora*, cit., p. 104 e 129-140.

[76] Cf. declarações da ANL e do PCB, publicadas em *A Manhã, A Pátria* etc. daquele período.

as consignas de GPNR e "todo o poder à ANL", como foi reafirmada a existência de uma "situação revolucionária" e a necessidade de se desencadearem tanto lutas grevistas como "lutas armadas e guerrilhas" em nome do GPNR[77].

As diretivas do PCB e, sob sua influência, as da ANL, voltaram-se para o desencadeamento de lutas armadas parciais, que deveriam permitir às massas populares chegar a uma insurreição nacional. Tal insurreição derrubaria o governo Vargas, estabelecendo o GPNR com Prestes à frente, ou seja, o poder da ANL, que realizaria seus objetivos programáticos. Não se tratava, portanto, de uma insurreição para estabelecer o comunismo no Brasil, conforme a história oficial sempre difundiu – consagrando a pejorativa designação de "Intentona Comunista" para os levantes de novembro de 1935.

As posições do PCB foram apoiadas e referendadas pelo Bureau Sul-Americano da IC[78], o que é confirmado por uma série de telegramas por ele enviados ao Comitê Executivo da IC, em Moscou[79]. É nesse contexto que deve ser apreciada a posição de Prestes, cujo regresso ao Brasil ocorrera em abril de 1935, após um exílio de quase dez anos. Enfrentando o risco de ser preso, ele foi obrigado a viver na clandestinidade, afastado tanto de uma efetiva militância no PCB, de cuja direção não fazia parte, quanto do contato mais direto com aliancistas e demais correligionários e amigos. Embora mantivesse correspondência com diversos correligionários, em particular com antigos participantes da Coluna, Prestes, na prática, estava isolado e acompanhava a situação, do movimento popular e do próprio PCB, por meio de Miranda – seu secretário-geral, que prosseguia lhe transmitindo informações exageradas e fantasiosas – e do Bureau Sul-Americano da IC, cujo conhecimento da real situação do país era precário. Presidente de honra da ANL e líder máximo da projetada insurreição nacional, Prestes foi compelido a assumir a direção de um movimento cujo controle não lhe pertencia.

Mais ainda do que com a direção do PCB, Prestes revelaria a preocupação de combater o golpismo. Em carta a Roberto Sisson, secretário-geral da ANL, datada de setembro de 1935, ele escrevia: "À diferença dos simples conspiradores, dos golpistas de todos os tempos, nós, os aliancistas, preparamos e marchamos

---

[77] "Concentremos todas as nossas forças na preparação e desencadeamento das greves, das lutas camponesas e populares", *Revista Proletária*, Rio de Janeiro, n. 5, ago. 1935.

[78] Em 1935, o Bureau Sul-Americano da IC havia se transferido de Montevidéu para o Rio de Janeiro, tendo em vista a suposta *situação revolucionária* presente no Brasil. O Bureau era composto pelo argentino Rodolpho Ghioldi (Altobelli ou Índio), o alemão Arthur Ewert (Berger ou Negro) e Prestes (Ferreira ou Garoto), que mantinham contato permanente com Antônio Maciel Bonfim (Miranda, Américo ou Queiroz), secretário-geral do PCB.

[79] Anita Leocadia Prestes, *Luiz Carlos Prestes e a Aliança Nacional Libertadora*, cit., p. 126.

O REGRESSO AO BRASIL, A ALIANÇA NACIONAL LIBERTADORA E OS LEVANTES ANTIFASCISTAS   177

para a insurreição, isto é, a *luta de massas*, a grande luta em que deve e precisa participar o povo brasileiro"[80].

Para deixar ainda mais clara sua posição, referindo-se aos violentos acontecimentos ocorridos em Petrópolis[81], os quais haviam parecido a Roberto Sisson o sinal de que chegara a hora de pegar em armas, Prestes argumentava: "Há treze anos que se conspira no Brasil[82]. Mas falta-nos a experiência das verdadeiras lutas insurrecionais, das grandes lutas de massas, das lutas populares conscientemente e cientificamente preparadas"[83]. Por isso, enfatizava a importância das "lutas parciais", acrescentando: "Lutas, como a de Petrópolis, precisam ser preparadas e levadas a efeito em todo o Brasil. Depois de uns vinte Petrópolis, a insurreição será inevitavelmente vitoriosa"[84].

Na visão de Prestes, a preparação da insurreição teria de ser mais longa, pois "vinte Petrópolis" demandariam algum tempo para ser desencadeados. E tanto os documentos do PCB e do Bureau Sul-Americano da IC quanto os assinados por Prestes deixam clara a preocupação dos comunistas com o perigo representado pelas tradições golpistas, sabidamente presentes na vida política brasileira. Os comunistas insistiam na necessidade de preparar e organizar as massas para que a insurreição planejada – uma vez que se postulava a existência de uma "situação revolucionária" no país, num evidente erro de avaliação política – não corresse o risco de se transformar em mais um golpe militar, como tantos outros antes tentados.

Havia, contudo, uma enorme distância entre os propósitos dos comunistas, enfatizados com insistência em seus documentos, e a avassaladora influência das concepções golpistas, das quais eles próprios não conseguiram escapar.

Durante os meses de outubro e novembro de 1935, o clima de insatisfação generalizada se tornara particularmente grave no Exército, pois o governo resolvera executar com energia a política de redução dos efetivos militares, planejada havia meses[85]. Numa situação de crescente agitação nos meios operários, quando se intensificava o movimento grevista por todo o país, destacando-se a greve dos ferroviários nordestinos da Great Western[86], os comunistas foram levados a concluir que corriam o risco de ter suas bases dentro do Exército solapadas

---

[80]   "Carta de L. C. Prestes a Roberto Sisson" (set. 1935), em Luiz Carlos Prestes, *Problemas atuais da democracia* (Rio de Janeiro, Vitória, s/d), p. 18-9; grifos desta autora.

[81]   Quando os integralistas atacaram a manifestação aliancista disparando tiros contra a multidão, ferindo vários operários e matando o operário Leonardo Candu.

[82]   Prestes refere-se às conspirações tenentistas, iniciadas em 1922.

[83]   "Carta de L. C. Prestes a Roberto Sisson" (set. 1935), cit., p. 19.

[84]   Ibidem, p. 20.

[85]   Anita Leocadia Prestes, *Luiz Carlos Prestes e a Aliança Nacional Libertadora*, cit., cap. 7.

[86]   *A Manhã*, Rio de Janeiro, 17 nov. 1935, p. 1 e 8.

pelas expulsões iniciadas pelo governo. Dessa forma, perderiam a oportunidade de desencadear a insurreição armada, cuja preparação "vinha sendo feita desde havia meses", segundo documento do próprio Secretariado Nacional do PCB[87].

O risco era real, pois, como se dizia nesse documento do partido, a preparação para a insurreição, na região do Rio de Janeiro, "caminhava com bastante lentidão. A preparação de destacamentos civis de combatentes não tinha sido feita", mas "a preparação do setor Militar era melhor e a influência da ANL e do partido no seio do Exército, entre os oficiais de pequena patente e soldados, era decisiva"[88]. Não é de admirar, pois, que os comunistas, convencidos de que a "desagregação do país" marchava "a passos rápidos, a passos agigantados"[89], e apostando no Exército[90] como instrumento capaz de desencadear a insurreição popular, decidissem acelerar os preparativos para seu início. A insurreição estava sendo preparada para dezembro ou janeiro, mas acabou ocorrendo nos últimos dias de novembro, devido à precipitação dos acontecimentos no Nordeste do país.

O movimento começou em Natal, no Rio Grande do Norte, em 23 de novembro, provocado por causas locais e, na realidade, não passou de uma quartelada iniciada com o levante do 1º BC. Os rebeldes tomaram o poder no estado durante quatro dias, e a insurreição contou com participação popular. No Recife, Pernambuco, a revolta do 29º BC, no dia 24 de novembro, foi decidida pela direção local do PCB, convencida da necessidade de apoiar o movimento de Natal e acreditando que estariam vivendo o início da revolução nacional-libertadora no Brasil. O que também não passou de uma quartelada, fracassada como a do Rio Grande do Norte[91].

A situação no Nordeste do país, na segunda metade de 1935, tornara-se particularmente explosiva tanto pela insatisfação existente nas unidades militares quanto pelo descontentamento generalizado de setores populares. Em junho daquele ano, Harry Berger (Arthur Ewert), o comunista alemão enviado pela IC para assessorar a direção do PCB, esteve em Pernambuco e voltou alarmado com as posições de Silo Meirelles e Caetano Machado, dirigentes do partido na

---

[87] *Situação do movimento revolucionário no Brasil* (documento do Secretariado Nacional do PCB), Rio de Janeiro, 23 maio 1936 (datilografado, 16 f.; Arquivo do Dops, setor Administração, pasta 14, p. 5; cópia no Aperj).

[88] Idem.

[89] Luiz Carlos Prestes, "O Grande Exército Popular Nacional", *O Libertador*, s/d (anterior a 27 nov. 1935) (documento datilografado, 5 f.; Arquivo do Dops, setor Comunismo, pasta 9; cópia no Aperj).

[90] A respeito do papel atribuído pelos comunistas naquele período e ao Exército como detonador da insurreição popular, ver Anita Leocadia Prestes, *Luiz Carlos Prestes e a Aliança Nacional Libertadora*, cit., p. 129-33.

[91] Marly de Almeida Gomes Vianna, *Revolucionários de 1935*, cit., cap. 7 e 8.

O REGRESSO AO BRASIL, A ALIANÇA NACIONAL LIBERTADORA E OS LEVANTES ANTIFASCISTAS   179

região, pois eles estavam fazendo "uma série de provocações para precipitar uma luta armada", pretendiam desencadear "levantes artificiais de camponeses no interior de Pernambuco; coisas feitas fora do contexto". Naquele momento, Berger conseguiu impedir essa aventura, que, lembra Prestes, "não era a nossa posição"[92].

Embora houvesse a preocupação de não precipitar os acontecimentos, principalmente por parte de Prestes, a direção do partido continuava empenhada na preparação da insurreição. Entre os dias 21 e 24 de novembro, reuniu-se no Rio de Janeiro o Comitê Central do PCB, ocasião em que se "resolveu por unanimidade que o momento mais propício para a insurreição estava se aproximando a largos passos", sem, contudo, marcar uma data[93]. No dia 24, quando já tinham sido deflagrados os movimentos insurrecionais de Natal e do Recife, esses fatos ainda eram desconhecidos da direção do partido, então reunida, o que confirma a precipitação dos acontecimentos no Nordeste.

Prestes desejava comparecer a essa reunião do Comitê Central e ter contato com a direção do partido, cujos membros ele não conhecia, mas Miranda não consentiu, alegando questões de segurança. Rodolpho Ghioldi (Índio) compareceu representando o Bureau Sul-Americano e, segundo Prestes, o argentino saiu do encontro entusiasmado com os dirigentes que conhecera e com a decisão de preparar a insurreição. Harry Berger (Negro) participou da reunião apenas no último dia, convidado para fazer uma conferência sobre a China, o que lhe custaria caro, pois facilitou sua identificação pela polícia e sua prisão um mês depois[94].

Nessa reunião, por sugestão de Berger e Ghioldi, Prestes foi incorporado ao Comitê Central. Em carta por eles anteriormente enviada a Miranda, era feita essa proposta, alegando que Prestes havia sido eleito, no VII Congresso da IC, para o Comitê Executivo e, além disso, "a situação do Brasil, o especial papel e o trabalho realizado por Garoto [Prestes] exigem que ele seja eleito para o Comitê Central e Birô Político". Afirmava-se, ainda, nessa carta:

> Quanto melhor agora conseguirmos criar um inteiro, firme e indivisível elo entre a direção proletária do Partido e o chefe popular nacional, tanto mais fácil será vencer as dificuldades nas diversas etapas da revolução no Brasil. A eleição de

---

[92] LCP, fita n. 11; entrevista de Luiz Carlos Prestes concedida a Edgard Carone, Rio de Janeiro, 24-25 mar. 1982 (texto original; arquivo particular da autora).

[93] Direção do PCB, *Relação dos fatos ocorridos em fins de novembro de 1935*, 15 dez. 1935 (TSN, processo n. 1, apelação 4.899, série C, v. 3, Arquivo do STM); ver também Marly de Almeida Gomes Vianna, *Pão, terra e liberdade*, cit., p. 193-5; *Resoluções do C. C. sobre as tarefas dos comunistas na preparação e na realização da revolução nacional*, nov. 1935 (documento datilografado, 13 f.; Arquivo Góis Monteiro, AP51[12], documento 1, Comunismo; Arquivo Nacional).

[94] LCP, fita n. 11; entrevista de Luiz Carlos Prestes concedida a Edgard Carone, cit.

Garoto para o CC seria uma demonstração: o Partido e sua diretoria reconhecem nele a igualdade de direitos na administração do Partido, e sua diretoria salienta que o especial papel de Garoto não representa um enfraquecimento, mas, sim, um grande valor positivo e reforço para o Partido; o Partido e sua diretoria sabem estimar o desenvolvimento de Luiz Carlos Prestes desde o pequeno-burguês revolucionário para o bolchevismo e chefe popular nacional, caminho este que milhares de chefes e elementos nacional revolucionários ainda farão durante a revolução no Brasil.[95]

Terminada a reunião, na manhã do dia 24 de novembro, Miranda finalmente convidou Prestes para um encontro com alguns companheiros que ainda não haviam regressado a seus estados[96]. O encontro teria lugar na mesma casa onde se realizara a reunião do Comitê Central, à qual Prestes não compareceu por determinação de Miranda, alegando razões de segurança. Ainda assim, Prestes decidiu comparecer para não perder a oportunidade. Ficou mal impressionado com o camarada do Rio Grande do Norte, "completamente por fora de tudo, não tinha nada que dizer!". Antes disso, outro companheiro havia partido para o Norte e "eu tinha dito a ele, falei com ele... o que ficou decidido é [...] que não se iniciasse coisa alguma, lá no Nordeste, sem consultar o Centro, sem consultar aqui o Comitê Central... Eu tinha medo que se iniciasse alguma coisa fora do nosso controle"[97].

Somente na noite do dia 24 de novembro, um domingo, Prestes ficou sabendo dos levantes em Natal e no Recife: "Há muita gente que diz que não acredita que eu tenha sido surpreendido com o levante de Natal. Pois para mim foi uma surpresa!"[98]. Imediatamente ele tratou de encontrar Miranda, mas este, embora já soubesse dos levantes no Nordeste, não teve pressa em contatá-lo ou a direção do partido. Como segunda-feira não saía jornal, os demais membros do Comitê Central só ficaram sabendo dos acontecimentos na segunda-feira, dia 25, por meio de emissários[99]. Prestes não queria tomar nenhuma medida sem antes consultar o secretário-geral do partido. Somente na noite de 26 aconteceu a reunião com Miranda, da qual participaram

---

[95] *Carta de Índio Negro para Américo (Miranda)*, 6 out. 1935 (TSN, processo n. 1, apelação 4.899, série A, v. 4, Arquivo do STM); ver também Marly de Almeida Gomes Vianna, *Pão, terra e liberdade*, cit., p. 465-7.

[96] Direção do PCB, *Relação dos fatos ocorridos em fins de novembro de 1935*, cit.; ver também Marly de Almeida Gomes Vianna, *Pão, terra e liberdade*, cit., p. 193-5.

[97] LCP, fita n. 11; entrevista de Luiz Carlos Prestes concedida a Edgard Carone, cit.

[98] Idem.

[99] Direção do PCB, "Relação dos fatos ocorridos em fins de novembro de 1935", cit.; ver também Marly de Almeida Gomes Vianna, *Pão, terra e liberdade*, cit., p. 193-5.

O regresso ao Brasil, a Aliança Nacional Libertadora e os levantes antifascistas   181

Prestes, Ghioldi e Berger. Miranda vacilava no sentido da necessidade de apoiar o movimento do Nordeste. Segundo Prestes:

> Fui eu quem disse: "Não podemos deixar os companheiros do Norte sozinhos, se temos a força que você disse aqui" – porque ele dizia que tínhamos o Batalhão Naval, a Vila Militar inteira, o 3º Regimento de Infantaria –, "por que não damos apoio e aproveitamos para iniciar a luta?". E ele afinal concordou, o Berger também concordou... Fui eu que insisti, assumo essa responsabilidade, porque fui eu que insisti; eles já vacilavam.[100]

Em outro depoimento sobre a mesma reunião, Prestes conta:

> Houve muita discussão. Miranda começou a recuar. Berger e Ghioldi queriam ouvir a opinião dele e, como Miranda recuasse, os dois ficaram assim... na dúvida. Mas em nenhum momento, que eu me lembre, qualquer dos três foi taxativamente contra. [...] A decisão final não foi só minha. Foi aceita unanimemente. Quem vacilou mais foi o Miranda.[101]

Ao comentar a decisão tomada, Prestes escreveu:

> A vida nos colocou frente ao dilema: ir à insurreição com todos os perigos ou assistir passivos aos acontecimentos do Nordeste e à prisão dos nossos oficiais e à expulsão de nossos soldados, aqui no Rio. A cada dia que passasse, mais difícil seria a nossa situação. Perderíamos, sem combate, as mesmas forças que perdemos combatendo. A um revolucionário, a escolha não era difícil.[102]

Decidida a deflagração da insurreição, Miranda imediatamente reuniu o Bureau Político do partido "com a presença de dois quadros mais fortes do trabalho militar". Segundo seu informe:

> O inesperado dos levantes do Nordeste e o dilema em que nos encontrávamos: ou marchar com as forças que tínhamos o mais depressa possível [...], ou, então, deixar passar os levantes do Nordeste sem a solidariedade nossa, permitindo assim o embarque de tropas contra os nacional-libertadores de lá e assistir às prisões de nossos melhores elementos. [...] Em seguida, falaram nossos camaradas

---

[100] Entrevista de Luiz Carlos Prestes concedida a Edgard Carone, cit.

[101] LCP, fita n. 11.

[102] *Carta de Prestes de dezembro de 1935* (rascunho; TSN, processo n. 1, Arquivo do STM); ver também Marly de Almeida Gomes Vianna, *Pão, terra e liberdade*, cit., p. 378.

militares, informando rapidamente das forças existentes nesse setor, sem grande preparação. Em seguida, falaram os demais membros do Bureau Político, todos unanimamente [sic] optando pela primeira alternativa e resolvendo mobilizar todas as forças nas posições que ainda restavam para que fosse desencadeada a insurreição durante a noite de 26 para 27. A marcação da hora H ficou a cargo do Comando Revolucionário.[103]

Após a reunião do Bureau Político, Prestes encontrou os dois oficiais que haviam dela participado, ocasião em que foram avaliadas as forças militares de que se dispunha e decidiu-se iniciar a insurreição naquela noite de 26 para 27 de novembro. Segundo Prestes, a empolgação era geral[104].

Ao mesmo tempo, tratou-se de comunicar ao Secretariado Latino-Americano da IC, em Moscou, a decisão tomada. Alguns dias antes, o comunista norte--americano Victor Allen Barron – participante do grupo de assessores enviados ao Brasil pela IC – havia completado a instalação de uma estação radiotrans-missora, o que permitiu a Prestes falar diretamente com Moscou. Manuilski insistiu com ele para que fosse para o Nordeste, pois considerava que lá haveria melhores condições para o processo revolucionário e mais segurança para o pró-prio Prestes, sugestão que não foi por este aceita, pois ele entendia que o centro dos acontecimentos estava no Rio de Janeiro: "Tínhamos uma força tal aqui no Rio que eu disse: 'Não, eu devo ficar é aqui!'"[105].

Ainda na noite de 26 para 27 de novembro, Prestes foi à casa em Vila Isabel, alugada de última hora por Miranda para servir de quartel-general para o Co-mando Revolucionário. Prestes ficou indignado com o despreparo do local, no qual não havia sequer móveis, "quase que tivemos que nos sentar no chão"[106]. Na ocasião, Prestes mostrou a Miranda a carta que recebera do jornalista Barreto Leite, dizendo que o secretário-geral do PCB o estava enganando, assim como a maioria dos membros do partido: "Tomei muito cuidado com ele [Miranda], para não feri-lo. 'Olha, recebi uma carta assim, assim...'. Ele disse: 'Eu já conheço e já está expulso do partido!'". Miranda tinha seu próprio serviço de autodefesa e já conseguira cópia da carta de Barreto Leite no jornal em que este trabalhava[107].

---

[103] Direção do PCB, "Relação dos fatos ocorridos em fins de novembro de 1935", cit.; ver também Marly de Almeida Gomes Vianna, *Pão, terra e liberdade*, cit., p. 193-5.

[104] LCP, fita n. 11.

[105] Idem.

[106] Idem.

[107] Idem; *Carta de Barreto Leite a Prestes*, 26 nov. 1935 (TSN, processo n. 1, Arquivo do STM); ver também Marly de Almeida Gomes Vianna, *Pão, terra e liberdade*, cit., p. 139-53; Dario Canale, Francisco Viana, José Nilo Tavares (org.), *Novembro de 1935: meio século depois* (Petrópolis, Vozes, 1985), p. 145-61.

Naquela mesma noite, outro assessor da IC, Léon-Jules Vallée[108], aconselhou Prestes a passar por cima de Miranda e tomar a direção dos acontecimentos em suas mãos, pois não considerava que o secretário-geral fosse pessoa confiável[109].

Nas 24 horas que antecederam o levante da madrugada do dia 27 no Rio de Janeiro, Prestes desenvolveu grande atividade, expedindo ordens militares para as diferentes unidades que, segundo as informações de que dispunha, deveriam levantar-se, inclusive para camaradas de outros estados. Esses fatos foram amplamente documentados nas mensagens apreendidas pela polícia e existentes nos arquivos do Superior Tribunal Militar[110].

Enquanto Prestes expedia ordens às forças militares, o Bureau Político do PCB tratava de mobilizar o apoio civil aos levantes: "A hora H foi transmitida aos elementos mais responsáveis da região no dia 26 pela manhã, numa reunião com chefes de grupos de Brigadas Civis, que ao mesmo tempo ficariam conhecendo os objetivos que deveriam lutar para conquistar." Foram mobilizadas onze Brigadas e tomadas algumas outras providências, segundo informe apresentado posteriormente pela direção. "As granadas de mão só começaram a ser feitas no dia 26, e sua entrega começou à tarde, ficando diversos grupos desprevenidos. Não havia depósitos de armas, e a maioria dos membros dos grupos não tinha armas"[111]. Enfim, a desorganização era completa, o que não condizia com as informações irresponsáveis transmitidas por Miranda.

O desenrolar dos acontecimentos que levaram à derrota da insurreição é conhecido[112]. Os levantes de novembro não resultaram de supostas "ordens de Moscou", conforme versões consagradas pela história oficial; o melhor desmentido para tais invencionices é o telegrama enviado pelo Comitê Executivo da IC, em Moscou, para o Bureau Sul-Americano e o Comitê Central do PCB, em 27 de novembro de 1935, no próprio dia do levante no Rio de Janeiro:

> A questão da ação geral, *decidam vocês mesmos, quando julgarem necessário*. Procurem garantir o apoio à ação do Exército pelo movimento operário e camponês. Tomem todas as medidas contra a prisão de Prestes.[113]

---

[108] Léon-Jules Vallée, pseudônimo do comunista soviético P. V. Stuchevski; ver Lazar Jeifets, Victor Jeifets e Peter Huber, *La Internacional Comunista y América Latina, 1919-1943*, cit., p. 311.

[109] LCP, fita n. 11.

[110] TSN, processo n. 1, Arquivo do STM; ver também Marly de Almeida Gomes Vianna, *Revolucionários de 1935*, cit., p. 248.

[111] "Relação dos fatos ocorridos em fins de novembro de 1935" cit.; ver. também Marly de Almeida Gomes Vianna, *Pão, terra e liberdade*, cit., p. 193-5.

[112] Marly de Almeida Gomes Vianna, *Revolucionários de 1935*, cit.

[113] *Telegrama do Secretariado da IC para o Bureau da América Latina e o CC do PCB*, Moscou, 27 nov. 1935 (em russo e francês; Centro Russo de Conservação; grifos desta autora).

À consulta feita pelos comunistas brasileiros, a IC respondia que decidissem de acordo com as condições locais, segundo a avaliação feita por eles próprios da situação nacional.

Se as diretivas da IC repercutiram de alguma forma nos acontecimentos de 1935 no Brasil, tal influência visou principalmente a *ampliar* o caráter da frente popular que estava se formando no país, contribuindo para que o PCB substituísse a consigna de "poder dos sovietes" por outra, de maior amplitude, como o GPNR, e lutasse por um poder de todas as forças aglutinadas na ANL. Se a orientação da IC foi inadequada às condições brasileiras, a responsabilidade por tal situação coube fundamentalmente aos dirigentes do próprio PCB.

Na realidade, tanto os comunistas brasileiros quanto os dirigentes da IC revelaram profundo desconhecimento da realidade que pretendiam transformar. Não havia no Brasil uma "situação revolucionária" nem os setores (civis e militares) em que se apostava para desencadear a "insurreição nacional popular" estavam preparados para desempenhar esse papel. As concepções golpistas marcaram de maneira decisiva toda a atividade desenvolvida pelo PCB e pela ANL. Luiz Carlos Prestes também estava sob influência de tais ideias, com um agravante: o isolamento[114] em que se encontrava, seu desconhecimento dos dirigentes do PCB e de sua militância, levando-o a se transformar no comandante de um movimento cujo controle não era seu, diferentemente do que ocorrera durante a Marcha da Coluna.

---

[114] Isolamento que é assinalado na carta que lhe escreveu o jornalista Barreto Leite; ver "Carta de Barreto Leite a Prestes", cit.; ver também Marly de Almeida Gomes Vianna, *Pão, terra e liberdade*, cit., p. 139-53; Dario Canale, Francisco Viana e José Nilo Tavares (orgs.), *Novembro de 1935*, cit., p. 145-61.

VII
A DERROTA DE NOVEMBRO DE 1935 E SUAS CONSEQUÊNCIAS

A polícia fecha o cerco a Prestes

Se a derrota do movimento antifascista de 1935 deve ser atribuída, em grande medida, aos erros cometidos pelos comunistas na avaliação da situação econômica, social e política do Brasil naquele período – e, também, às falhas em seu trabalho clandestino –, não se pode ignorar outro fator significativo: a ação do agente inimigo que, recrutado pelo Serviço Secreto da Inglaterra (Intelligence Service), cumpriu a missão de se infiltrar entre os assessores da IC enviados ao país para colaborar com o movimento revolucionário. O alemão Johann de Graaf[1], técnico em explosivos treinado na União Soviética, era espião a serviço do governo da Inglaterra. Ao instalar o dispositivo que deveria garantir a explosão do cofre existente na residência de Prestes, caso esse fosse violado, fez de tal maneira que, quando a polícia invadiu a casa e o arrombou, o efeito esperado não aconteceu, e um número considerável de documentos caiu nas mãos dos órgãos da repressão. Johann de Graaf não só realizou atos de sabotagem contra a atividade dos comunistas, como delatou a preparação da insurreição, informando sua data ao governo brasileiro, história hoje definitivamente esclarecida[2].

Não foi fácil para os comunistas e seus aliados aliancistas reconhecer o duro revés de novembro de 1935. Apesar da repressão desencadeada contra todos os democratas e os antifascistas – e, em primeiro lugar, contra os comunistas e os aliancistas –, os documentos do PCB e da ANL insistiram, durante meses, na

---

[1] No Brasil, o pseudônimo de Johann de Graaf era Franz Paul Gruber; ver Lazar Jeifets, Victor Jeifets e Peter Huber, *La Internacional Comunista y América Latina, 1919-1943* (Caracas, Nueva Sociedad, 1987), p. 136-7.

[2] R. S. Rose e Gordon D. Scott, *Johnny: a vida do espião que delatou a rebelião comunista de 1935* (Rio de Janeiro, Record, 2010).

tese da "desagregação das forças governistas" e do amadurecimento das "condições para a insurreição"[3]. Continuava-se a apostar na luta armada por meio do desencadeamento de guerrilhas no Nordeste do país, perspectiva que se revelou absolutamente irrealista[4].

Ainda assim, a repressão policial seria violenta. Em 3 de dezembro de 1935, realizou-se uma reunião dos generais presentes à capital da República, convocada pelo ministro da Guerra, general João Gomes, e na qual ele recebeu total apoio para criar a Comissão de Repressão ao Comunismo[5]. Nessa ocasião, o general Góis Monteiro defendeu a concessão de "plenos poderes" ao governo "para enfrentar a situação sob todos os aspectos"[6]. No dia 7 de dezembro, em reunião ministerial convocada por Vargas, Filinto Müller, o famigerado chefe de polícia da época, apresentou relatório em que defendia "meios rápidos e enérgicos de repressão ao extremismo e remoção das causas que o determinaram"[7]. Em setembro de 1936, foi criado o Tribunal de Segurança Nacional (TSN)[8], corte de exceção destinada a julgar os responsáveis pelos chamados "crimes contra a segurança nacional", entre os quais estavam os participantes das revoltas de novembro daquele ano e de pessoas que supostamente teriam colaborado com o movimento.

No final de dezembro de 1935, Arthur Ewert (Berger) e sua esposa Elise, localizados pela polícia de Filinto Müller com a colaboração da Intelligence Service, foram presos em sua residência na rua Paul Redfern, no bairro de Ipanema. Prestes e Olga moravam perto dali, na rua Barão da Torre. Olga, que ia levando documentos enviados por Prestes para Ewert, assistiu da esquina à prisão do casal e conseguiu correr para casa e avisar o marido. Imediatamente, os dois deixaram a residência da rua Barão da Torre e foram para o apartamento do jovem comunista norte-americano Victor Allen Barron, na avenida Nossa

---

[3] Anita Leocadia Prestes, *Da insurreição armada (1935) à "União Nacional"* (1938-1945) (São Paulo, Paz e Terra, 2001), cap. 1; ver também Secretariado Nacional do PCB, *Relatório (sobre a situação do movimento revolucionário no Brasil)*, Rio de Janeiro, 23 maio 1936 (16 p. datilografadas; Arquivo do Dops, setor Administração, pasta 14, Aperj, p. 6).

[4] Cf. a correspondência de Luiz Carlos Prestes com a direção do PCB (TSN, processo n. 1, Arquivo do STM); ver também Marly de Almeida Gomes Vianna, *Pão, terra e liberdade: memória do movimento comunista de 1935* (Rio de Janeiro/São Carlos, Arquivo Nacional/Universidade Federal de São Carlos, 1995), p. 491-550.

[5] *Reunião dos generais presentes à capital da República*, 3 dez. 1935 (Arquivo Getulio Vargas/ CPDOC/FGV).

[6] *Voto de general Góis Monteiro*, 3 dez. 1935 (Arquivo Getulio Vargas/CPDOC/FGV, XX-51).

[7] *Relatório do chefe de polícia Filinto Müller ao presidente, sobre os acontecimentos de novembro* (Arquivo Getulio Vargas/CPDOC/FGV, doc. 87, v. XX).

[8] Alzira Alves de Abreu, Israel Beloch et al. (coords.). *Dicionário histórico-biográfico brasileiro pós-1930* (Rio de Janeiro, Editora da FGV, 2001), 5 v., p. 5.797.

A derrota de novembro de 1935 e suas consequências   187

Senhora de Copacabana. No dia seguinte, mudaram-se para outra casa na mesma avenida e, em meados de janeiro, foram para o Méier, onde um casal de confiança da direção do partido havia alugado uma residência na rua Honório para abrigá-los. O único que conhecia esse endereço era Barron, que os levara em seu carro. Nesse ínterim, Miranda também foi preso com sua companheira, a jovem Elza Fernandes (Elvira Cupello Caloni)[9].

Pouco depois da prisão de Miranda, Ghioldi procurou Barron, cuja casa conhecia, e convenceu o norte-americano a pô-lo em contato com Prestes. Barron não deveria ter feito isso, mas o argentino era a figura mais importante da direção, o dirigente máximo do Bureau Sul-Americano da IC. Prestes recordava ter levado um susto quando bateram em sua casa na avenida Nossa Senhora de Copacabana à noite:

> Ghioldi estava num estado de nervos tremendo! Insistia em que eu tinha que sair daqui, que isso aqui estava muito perigoso. Eu mostrei-lhe que, nesses momentos, movimentar-se é que era perigoso, mas ele insistia em sairmos. Nessa ocasião, eu disse que ia para o Méier.[10]

Rodolpho Ghioldi resolveu partir, com a esposa, de qualquer maneira. Viajando de trem para São Paulo, o casal foi preso em Jacareí. Na prisão, o argentino, sabedor das torturas a que haviam sido submetidos Ewert e Elise, confirmou o que a polícia já sabia e lhe forneceu informações de que esta sequer suspeitava. Contou que Prestes estava casado com uma alemã, "Olga de Tal", deu os endereços das casas onde se reuniam e, entre outras coisas, forneceu à polícia o endereço de onde, levado por Barron, se encontrara com Prestes. Consta de um de seus depoimentos que

> se reuniu em pontos diferentes [...] na rua José Higino, em casa especialmente alugada para esse fim, e num apartamento na rua Sá Ferreira, cujo número ignora, tendo como companheiro Luiz Carlos Prestes, "Negro" [Ewert] e [...] e uma senhora de cor branca, chamada Olga, que ali compareceu em companhia de Luiz Carlos Prestes limitando-se apenas a assistir a essas reuniões sem tomar parte em qualquer discussão; que [...] pressupõe seja a referida Olga mulher de Luiz Carlos Prestes, pois este com ela habitava à casa na rua Barão da Torre, em Ipanema.[11]

---

[9] LCP, fita n. 11; processo n. 1.381 (Luiz Carlos Prestes e outros) (TSN, apelação, ano 1940, 3 v., Arquivo Nacional).

[10] Idem.

[11] *Depoimento de Rodolpho Ghioldi*, 13 fev. 1936. (TSN, processo n. 1, apelação 4.899, série A, v. 2, Arquivo do STM); ver também *Depoimento de Rodolpho Ghioldi*, 21 fev. 1936 (TSN,

Logo em seguida à prisão de Ghioldi, foram presos Vallée e a esposa, assim como Barron. O casal conseguiu driblar a perseguição e escapar, mas Barron, barbaramente torturado, foi assassinado pela polícia – que divulgou a versão de suicídio – no dia 5 de março, logo após a prisão de Prestes. Segundo Filinto Müller, em entrevista à imprensa, Barron teria dito que transportara Prestes de carro até o Jardim do Méier[12]. Entretanto, a pesquisa feita nos arquivos do Tribunal de Segurança Nacional (TSN) – assim como no prontuário de Victor Allen Barron existente nos arquivos da Polícia Política – revelou "não existir nos autos de nenhum processo qualquer depoimento de Victor Allen Barron"[13]. Além dele, a única pessoa que conhecia o destino de Prestes, que soubera por ele mesmo que pretendia ir para o subúrbio do Méier, era Rodolpho Ghioldi. Se Barron tivesse falado, teria informado à polícia o endereço preciso, pois fora ele quem conduzira Prestes e Olga à rua Honório, número 279.

Imediatamente após a prisão de Ghioldi, Filinto Müller iniciou a busca de Prestes no Méier – confirmando a suspeita de que fora ele o informante. Além disso, quando já se encontrava detido no quartel da Polícia Especial do Rio de Janeiro, Prestes ouviu muitas vezes os policiais se queixarem dos quarenta dias que gastaram, debaixo de chuvas torrenciais, percorrendo todo o Méier em busca desse ilustre prisioneiro. Efetivamente, haviam transcorrido quarenta dias entre a prisão de Ghioldi e a de Luiz Carlos Prestes[14]. O papel de Rodolpho Ghioldi como principal informante da captura de Prestes está registrado no prontuário de R. Ghioldi da Polícia Política do Rio de Janeiro[15]:

> Rodolpho Ghioldi é preso em companhia de sua esposa quando tentava fugir do Brasil. Tratado o casal com cavalheirismo e generosidade que caracterizam a alma brasileira, Ghioldi prontificou-se logo a colaborar com as autoridades na captura de Luiz Carlos Prestes, tendo, para isso, saído diversas vezes pela cidade

---

processo n. 1, apelação 4.899, série A, v. 4, Arquivo do STM); e Marly de Almeida Gomes Vianna, *Revolucionários de 1935: memória do movimento comunista de 1935* (Rio de Janeiro/ São Carlos, Arquivo Nacional/Universidade Federal de São Carlos, 1995), p. 289 e 352 (notas 53 e 54).

[12] Fernando Morais, *Olga* (São Paulo, Alfa-Ômega, 1985), p. 153-4.

[13] Marly de Almeida Gomes Vianna, *Revolucionários de 1935*, cit., p. 290. A pesquisa nos documentos do processo n. 1 do TSN, Arquivo do STM, assim como no prontuário n. 1.447 de Victor Allen Barron, da Polícia Política do Rio de Janeiro (Aperj) confirma isso.

[14] Relato de Luiz Carlos Prestes à autora.

[15] *Relatório acerca das atividades de Rodolpho Ghioldi, apresentado ao major Filinto Müller pelo delegado especial Batista Teixeira, em 8 set. 1941*, prontuário n. 5.878 de Rodolfo Ghioldi da Polícia Política do Rio de Janeiro (Aperj), p. 42-3; ver também R. S. Rose, *Uma das coisas esquecidas: Getúlio Vargas e controle social no Brasil* (São Paulo, Companhia das Letras, 2001), p. 46a e b.

A DERROTA DE NOVEMBRO DE 1935 E SUAS CONSEQUÊNCIAS   189

acompanhado de agentes da polícia carioca. Foi graças a essa colaboração que a polícia conseguiu deter um elemento ligado a Prestes, que, interrogado, denunciou o esconderijo do chefe comunista onde foi ele, efetivamente, preso[16].

D. Carmen, esposa de Ghioldi, apesar de envolvida nos acontecimentos, foi posta em liberdade como um gesto de tolerância para com seu marido em virtude da colaboração por ele prestada às autoridades.

Condenado a quatro anos e quatro meses de reclusão, Rodolpho Ghioldi cumpriu a pena que lhe foi imposta pela Justiça brasileira por ter participado de um levante armado – que veio ensanguentar o nosso solo roubando a vida de tantos compatriotas dignos e honrados que se sacrificaram na defesa das instituições nacionais. Apesar de estrangeiro, Rodolpho Ghioldi não teve sua pena agravada por essa circunstância, antes pelo contrário, dado seu espírito de cooperação depois de preso, seu castigo foi muito mais brando que o aplicado aos outros chefes comunistas.[17]

Efetivamente, o Tribunal de Segurança Nacional foi generoso com Ghioldi, condenando-o a quatro anos e quatro meses de reclusão. Contrastando com essa medida, Berger, barbaramente torturado, ficou louco e, mesmo assim, permaneceu preso durante nove anos. Como já foi dito, Barron, submetido a torturas, foi assassinado. Olga e Elise – esta também torturada com crueldade – foram entregues à Gestapo, sabendo-se que seriam assassinadas. E Prestes foi condenado a mais de 46 anos de prisão.

Entre a prisão de Berger, em 26 de dezembro de 1935, e sua própria, no dia 5 de março de 1936, Prestes vivenciou momentos cruciais. Não só havia que encontrar meios de escapar da intensa perseguição policial, descartando uma possível saída do país, como também era necessário enfrentar as vacilações de muitos dirigentes. Com a prisão de Berger, Miranda entrara em pânico. Prestes conta:

> Quando o Berger foi preso, o Miranda me escreveu um bilhete. Estava alarmadíssimo por termos um estrangeiro em nosso meio. Ora, ele mesmo é que convidou o cidadão. Para ver o que é um nacionalista... Alarmado, porque foram encontrados documentos na casa de Berger, e que era um estrangeiro que estava junto conosco. Então, eu escrevi uma resposta a ele. [...] Pensou que a luta era muito fácil. E estava desesperado só porque havia um estrangeiro! Eu escrevi a

---

[16] Insinuação de que Barron seria o responsável pela captura de Prestes, o que não corresponde à verdade, conforme foi apontado anteriormente.

[17] *Relatório acerca das atividades de Rodolpho Ghioldi apresentado ao major Filinto Müller pelo delegado especial Batista Teixeira, em 8 set. 1941*, cit., p. 42-3; ver também R. S. Rose, *Uma das coisas esquecidas*, cit., p. 46a e b.

ele que a posição dele era uma posição semelhante – eu me lembro bem disso – à de Geraldo Rocha, que era o nosso maior inimigo aqui no Rio, nessa época. Era diretor de *A Noite*. [...] Eu propunha a ele que fizesse um volante dizendo que o Berger era meu amigo e que a documentação que estava lá, toda, era minha. E esse volante foi feito.[18]

Realmente, em *Voz Operária*, o órgão central do PCB, a direção nacional divulgou nota no sentido apontado por Prestes[19].

A prisão de Miranda, o secretário-geral do PCB, representou outro duro golpe para o partido, desencadeando uma sucessão de episódios com graves consequências para os comunistas. A companheira de Miranda, Elza (Elvira Cupello Caloni), uma jovem de 21 anos, foi logo posta em liberdade pela polícia, mas passou a visitar seguidamente o marido na prisão e, ao mesmo tempo, a procurar diversos companheiros, levando recados e bilhetes de Miranda. Seu comportamento, como não poderia deixar de ser, despertou suspeitas de que ela estaria a serviço da repressão.

Ainda assim, tanto para a direção nacional do partido quanto para Prestes, era difícil acreditar que Miranda pudesse ter fornecido informações à polícia. No início, consideravam que seus bilhetes teriam sido forjados e os recados seriam falsos. Depois, alguns passaram a acreditar que Miranda fraquejara diante da repressão. Elza estaria sendo usada habilmente pela polícia para atingir o partido. Por isso, foi isolada pelo Secretariado Nacional e, posteriormente, tragicamente justiçada. Pela primeira vez, a eliminação física de Elza foi sugerida em carta de um dos membros dessa direção, dirigida a Prestes[20]. Para os dirigentes comunistas, estava-se numa guerra e, nesse caso, os traidores deveriam ser justiçados. Para Prestes, que já havia vivenciado a experiência da Marcha da Coluna, não havia dúvidas a respeito:

> Estou inteiramente de acordo com as conclusões a que chegou o SN (Secretariado Nacional): precisamos tomar medidas enérgicas e extremas, porque se já nos fez mal, pode ainda nos fazer pior, comprometendo e servindo de testemunha contra uma infinidade de pessoas. Não podemos, portanto, vacilar nessa questão.[21]

---

[18] LCP, fita n. 11.

[19] *Voz Operária*, n. 197, 25 jan. 1936, p. 4-5.

[20] *Carta de Honório a Prestes*, 5 fev. 1936, processo n. 1.381 (Luiz Carlos Prestes e outros) (TSN, apelação, ano 1940, 3 v., Arquivo Nacional, v. 2).

[21] *Carta de S. (Prestes) a "meu caro amigo"*, 16 fev. 1936, processo n. 1.381 (Luiz Carlos Prestes e outros) (TSN, apelação, ano 1940, 3 v., Arquivo Nacional, v. 2).

A DERROTA DE NOVEMBRO DE 1935 E SUAS CONSEQUÊNCIAS   191

Mas o Secretariado Nacional vacilava e, diante disso, Prestes escrevia a seus membros:

Fui dolorosamente surpreendido pela falta de resolução e vacilações de vocês [...]. Assim não se pode dirigir o partido do proletariado, da classe revolucionária consequente. [...] Se vocês julgam que os bilhetes são verdadeiros, como podem qualificar isso de "fraqueza" de nosso companheiro Miranda? *Traição é traição e tanto maior quanto mais responsável for o traidor.*[22]

Em relação a Elza, Prestes questionava:

Por que modificar a decisão a respeito da Garota? [...] Há ou não há traição por parte dela? É ou não é ela perigosíssima ao Partido, como elemento inteiramente a serviço do adversário, conhecedor de muita coisa e testemunha única contra um grande número de companheiros e simpatizantes? [...] Com plena consciência de minha responsabilidade, desde os primeiros instantes tenho dado a vocês minha opinião sobre o que fazer com ela. Em minha carta de 16, sou categórico e nada mais tenho a acrescentar, nem receio que os últimos bilhetes atribuídos ao Miranda possam modificar tal decisão. Por isso não compreendo as vacilações de vocês. [...] Ou bem que vocês concordam com as medidas extremas e, nesse caso, já as deveriam ter resolutamente posto em prática, ou então discordam e deveriam, portanto, defender corajosamente a opinião própria, não se deixando influenciar por ninguém. Não é possível dirigir sem assumir responsabilidades. Por outro lado, uma direção não tem direito de vacilar em questões que dizem respeito à defesa da própria organização.[23]

Na época, embora a polícia tivesse apreendido na casa da rua Honório, número 279, a correspondência trocada entre Prestes e o Secretariado Nacional do partido, nada foi apurado a respeito do trágico fim de Elvira Cupello Caloni. Em 1940, todos os membros do Secretariado Nacional foram presos e, numa atitude de capitulação frente à repressão, narraram em seus depoimentos os fatos ocorridos quatro anos antes; e a polícia foi por eles conduzida ao sítio onde a vítima havia sido sacrificada e estava enterrada[24]. Esses acontecimentos seriam

---

[22] *Carta de S. (Prestes) ao Secretariado Nacional do PCB*, 19 fev. 1936, prontuário n. 11.328 (Luiz Carlos Prestes) (Aperj); processo n. 1.381 (Luiz Carlos Prestes e outros) (TSN, apelação, ano 1940, 3 v., Arquivo Nacional, v. 2); grifos desta autora.

[23] Idem.

[24] *Cópias de autobiografias e relatos de elementos da direção do PCB*, Ministério da Justiça e Negócios Interiores, Polícia Civil do DF, Delegacia Especial de Segurança Política e Social, 30 mar.

amplamente publicizados pelo governo Vargas e pela direita no Brasil para tentar destruir a imagem dos comunistas[25].

Da mesma forma como fora falsa a avaliação feita pelo PCB da situação política do país, caracterizada então como supostamente "revolucionária", foi errônea, desnecessária e inaceitável, nas condições então existentes, a solução adotada para o caso de Elvira Cupello Caloni.

A prisão de Prestes

Escondido com Olga na casa da rua Honório, número 279, Prestes resolveu acolher no mesmo local Léon Vallée e a esposa, que, após terem passado pela prisão, conseguiram driblar a polícia e, uma vez soltos, ficaram sem ter para onde ir. Atendendo à orientação de Prestes, Victor Barron despistou a repressão, conduzindo de carro o casal ao refúgio localizado no Méier. Eram três casais morando na mesma casinha modesta: os companheiros Manoel dos Santos e a esposa Júlia, responsáveis pelo "aparelho"[26], Prestes e Olga, Vallée e a esposa, Alphonsine. Aguardavam que a direção do partido lhes disponibilizasse outro aparelho, destinado a um dos casais abrigados naquela casa da rua Honório. As condições de vida eram precárias; somente Manoel saía à rua para fazer compras e alguns contatos com o Secretariado Nacional, evitando, assim, que os demais moradores fossem vistos e identificados pelos vizinhos.

Ao mesmo tempo, Prestes passou a receber informações de que a polícia estava batendo o Méier. Um primeiro aviso foi dado por João de Sousa, o Sousinha, que participara da Marcha da Coluna e que, como outros ex-soldados da Coluna, trabalhava com Filinto Müller, o chefe de polícia. Sousinha mandou avisar Prestes por intermédio de Aristides Corrêa Leal, um dos antigos companheiros da Coluna. Aristides transmitiu o aviso a Ilvo Meirelles, que mantinha contato com Prestes por meio do Secretariado Nacional. Prestes o considerava um homem de boa-fé e, acreditando que todos correriam mais risco se saíssem do esconderijo, desconfiou da informação.

Também chegaram a Prestes várias ofertas de casas para onde poderia ir:

> Mas eram casas em que eu não tinha confiança. Me ofereciam casas... – imaginem vocês! – do Pedro Ernesto e do Virgílio de Melo Franco. [...] Como é que eu ia?

1940 (Secretaria da Presidência da República, Arquivo Nacional do Rio de Janeiro); processo n. 1.381 (Luiz Carlos Prestes e outros) (TSN, apelação, ano 1940, 3 v., Arquivo Nacional).

[25] Conferir a imprensa da época e também de períodos posteriores.

[26] "Aparelho" era a denominação dada pelos comunistas às casas clandestinas onde viviam e se reuniam.

[...] Eu não tinha confiança nenhuma. [...] Seria um erro do ponto de vista de classe, um erro político muito grave. Eu preferia ficar onde estava. Tanto mais que eu me sentia forte.[27]

No início de março, poucos dias antes da prisão de Prestes, ficou pronto o "aparelho" que estava sendo preparado para um dos dois casais abrigados na casa da rua Honório. Segundo Prestes: "Nós discutimos qual é [sic] o casal que devia ir: se iria eu com a Olga ou ele [o outro casal]. Afinal, achamos que melhor que fosse ele. E eu fiquei". Todos concordaram que, do ponto de vista da segurança, era melhor Prestes não se movimentar[28].

Enquanto isso, a polícia estava batendo o Méier de casa em casa, informação de que Prestes não dispunha:

Eles tinham batido o Méier, do lado de Boca do Mato, porque nós moramos muito lá. Minha mãe morou lá. [...] Mas, depois, bateram em Cachambi, do outro lado. Começaram a bater do outro lado do trem. E ficavam nas esquinas, tinha polícia... quer dizer, a mobilização da polícia foi muito grande. Eu soube mais disso depois que eu fui preso, fui lá para a Polícia Especial. E, então, os policiais me contaram o que tinha sido a batida que eles tinham feito. Foram dias de muita chuva. Todo esse verão, fim de verão, mês de março...[29]

Na madrugada de 5 de março, uma patrulha policial chegou à rua Honório, número 279. Prestes relembraria muitas vezes:

A polícia, de madrugada, bateu na casa. Cercou e entrou. Eu olhei pela janela, a casa era pequena, não havia mais saída. Nós não tínhamos nenhuma arma, qualquer resistência seria um suicídio. Quando eles entraram, Olga ficou na minha frente e cobriu meu corpo com o dela. Diante de uma mulher, eles vacilaram. No momento que vacilaram, eu senti que estava salvo. Não fosse o gesto de Olga, eles teriam me matado.[30]

O casal foi conduzido, sob forte vigilância policial, para a Delegacia de Ordem Política e Social, na rua da Relação, onde Prestes e Olga se veriam pela última vez. Depois Prestes foi levado para o quartel da Polícia Especial, situado no morro

---

[27] LCP, fita n. 11.
[28] Idem.
[29] Idem.
[30] LCP, fita n. 12.

de Santo Antônio, no centro da então capital da República, e comandado pelo tenente Eusébio Queiroz Filho.

Lá, Prestes foi interrogado pelo delegado Eurico Bellens Porto, ocasião em que se recusou a prestar declarações e a assinar qualquer documento. Limitou-se a assumir toda a responsabilidade pelos levantes de novembro de 1935: "Só disse isso, que eu assumia inteira responsabilidade por todos os acontecimentos e que eu não tinha mais nada a dizer. [...] Eu não assino coisa nenhuma! [...] E não conseguiram que eu assinasse o documento. Nunca assinei nenhum papel"[31].

Passados alguns dias, Prestes foi conduzido novamente à Delegacia de Ordem Política e Social para ser acareado com Miranda, que era mantido preso:

> Então, trouxeram o Miranda. Ele vinha... me olhou assim e ficou calado. E o comandante da Polícia Especial, que estava presente, porque tinha me levado até lá, disse a ele: "Então! Diga, sr. Miranda, o que o senhor tinha a dizer aí...?". E ele ficou calado. [...] A mentalidade dele era a do indivíduo que estava já a serviço da polícia. Foi a impressão que eu tive. [...] Ele não teve coragem de falar! [...] Como ele não falou, o cidadão começou a gritar com ele, a dar grandes berros com ele. E eu disse para [...] o Queiroz Filho: "O sr. não deve gritar com ele; o sr. deve gritar é comigo, porque ele não está falando por causa da minha presença aqui". Aí me levaram. Acabou a acareação. Não houve acareação. [...] Essa acareação comigo... quando eu vi o estado dele, eu vi que estava cabisbaixo, tremendo, quase tremendo na minha frente. [...] A gente sente logo, a gente vê que o homem já tinha cedido.[32]

O secretário-geral do PCB, Antônio Maciel Bonfim (Miranda), como tantos outros, havia capitulado diante da violência da repressão policial.

No quartel da Polícia Especial, Prestes ficou num cubículo, isolado por uma grade de ferro, e havia dois guardas na porta, com armas apontadas para dentro da cela. O maior prazer do tenente Queiroz Filho era levar visitantes para ver o preso, como se fosse uma fera enjaulada. Prestes recorda:

> Eles botavam sentinelas duplas na porta do quarto. Eu vivia na cama, com um cobertor, porque fazia um frio danado. Março foi um período todo de chuva. De maneira que a única coisa que eu tinha lá era um banquinho, uma mesa e a

---

[31] LCP, fita n. 11. Informação confirmada pela consulta ao relatório do delegado Eurico Bellens Porto, *A Insurreição de 27 de novembro*, Polícia Civil do Distrito Federal, Rio de Janeiro, Imprensa Nacional, 1936, p. 29; também em processo n. 1.381 (Luiz Carlos Prestes e outros) (TSN, apelação, ano 1940, 3 v., Arquivo Nacional).

[32] LCP, fita n. 11.

cama para deitar. Não tinha nem serviço sanitário. Para eu ir ao serviço sanitário, ia acompanhado até um serviço sanitário que tinham numa outra sala. Era acompanhado por um polícia especial.[33]

Apesar disso, alguns policiais levavam os jornais ao prisioneiro. Prestes nunca passou mais que três ou quatro dias sem ler as notícias. Bastava sair um guarda para o outro lhe entregar um jornal[34]. Prestes cortava cada página em coluna dupla, enrolava e, deitado embaixo do cobertor, ia desenrolando os jornais. Lia até os anúncios, pois era sua única distração. Uma vez lidos, os jornais eram postos embaixo do colchão. Periodicamente o tenente Queiroz Filho realizava uma busca na pequena cela e ficava indignado ao encontrar os recortes. Não podia fazer nada, pois sabia que eram levados pelos próprios policiais. Afora isso, a incomunicabilidade do preso era total, ele não dispunha de lápis, papel nem livros. Algumas vezes pensou em fugir quando os guardas dormiam, mas não o fez pois sabia haver policiamento em torno do quartel e sabia que uma tentativa de fuga seria suicídio.

Se não foi torturado fisicamente, como aconteceu com centenas de outros presos, Prestes foi submetido a tortura psicológica, pois, além do isolamento, não podia receber notícias da família nem da situação de Olga. Ele sofreu o impacto da notícia da extradição dela para a Alemanha[35] pela leitura de um jornal[36]. Antes, conseguira trocar alguns poucos bilhetes[37] com a companheira, que lhe comunicara estar grávida e, após ter permanecido algum tempo incomunicável na Casa de Detenção, fora transferida para a chamada Sala 4, onde ficara junto às companheiras presas após os acontecimentos de novembro de 1935, até sua extradição. Em um dos bilhetes dirigidos a Olga, Prestes, preocupado, escrevia:

> Tu compreendes que o teu processo de expulsão é a forma jurídica encontrada pelo atual governo para tornar efetivo mais um ato de perseguição política contra mim... Preciso assistir com coragem aos golpes que, impotentes para

---

[33] Idem.

[34] Prestes explicava que muitos policiais da Polícia Especial não eram profissionais da polícia, mas apenas desportistas ou futebolistas aposentados.

[35] Olga foi extraditada no sétimo mês de gravidez para a Alemanha nazista, em setembro de 1936, junto com Elise, esposa de Berger, num navio cargueiro alemão, na calada da noite. Embora não existisse nenhuma acusação contra ela, o Supremo Tribunal Federal recusou o pedido de *habeas corpus* requerido pelo advogado Heitor Lima. Cf. Fernando Morais, *Olga*, cit.

[36] LCP, fita n. 11.

[37] *Bilhetes de Prestes e Olga*, anexo do prontuário Olga Benario ou Maria Prestes, n. 1.675, caixa 2.231 (Aperj).

assestarem diretamente contra mim, dirigem contra as pessoas a quem dedico meu maior afeto.[38]

De sua cela, Prestes ouvia os gritos dos prisioneiros sendo torturados ou assassinados. E protestava constantemente contra o tratamento a que eram submetidos Berger e os outros detentos e contra as condições de sua própria prisão. Berger fora colocado num socavão na parte de baixo da escada do prédio da Polícia Especial, onde não podia sequer ficar de pé. Passava os dias encolhido, sem cama, cadeira nem qualquer outro móvel, dormindo numa esteira, sem direito a banho ou a fazer a barba, sendo diariamente torturado e assistindo às torturas a que era submetida sua esposa, que chegou a ser estuprada na frente dele. O advogado Heráclito Fontoura Sobral Pinto até recorreu à Lei de Proteção aos Animais em sua defesa, mas não teve êxito. O máximo que conseguiu foi a ida do ministro da Justiça, José Carlos de Macedo Soares, à prisão, onde este pôde constatar que as denúncias eram brandas se comparadas com a realidade do prisioneiro[39].

Prestes, devido a seu grande prestígio internacional, não chegou a ser torturado fisicamente, mas permaneceu um ano em regime de total incomunicabilidade. Só a partir de março de 1937, cedendo à pressão de uma campanha de âmbito mundial – a Campanha Prestes[40] – e graças à interferência direta da Cruz Vermelha Internacional, lhe foi permitido corresponder-se com a família[41] pela primeira vez. Prestes também recebeu os advogados Eugênio do Nascimento e Heráclito Fontoura Sobral Pinto, mas a visita de parentes e amigos continuou vetada.

---

[38] *Carta de Olga Benario a Ermelinda Felizardo (avó de Luiz Carlos Prestes)*, Rio de Janeiro, 12 ago. 1936 (Arquivo Alfredo Carlos Felizardo); Filinto Müller declarou mais tarde que a decisão de deportar Olga, feita pela polícia, havia sido enviada ao ministro da Justiça, que a submeteu para aprovação final ao presidente da República. *Diário Carioca*, Rio de Janeiro, 12 set. 1945, citado em John W. F. Dulles, *Sobral Pinto: a consciência do Brasil* (Rio de Janeiro, Nova Fronteira, 2001), p. 385-6.

[39] Relato de Prestes à autora; ver também John W. F. Dulles, *Sobral Pinto*, cit., p. 92-8.

[40] Conferir próximo capítulo.

[41] Para a correspondência com a família, a partir de março de 1937, ver Anita Leocadia Prestes e Lygia Prestes (orgs.), *Anos tormentosos. Luiz Carlos Prestes: correspondência da prisão (1936--1945)*, v. 1 (Rio de Janeiro, Aperj/Paz e Terra, 2000) e v. 2 e 3 (Rio de Janeiro, Aperj/Paz e Terra, 2002).

VIII
A Campanha Prestes (1936-1945)

Os anos 1936-1939

No dia seguinte à prisão de Prestes, Dimitri Manuilski, dirigente da IC à época e grande admirador do Cavaleiro da Esperança, foi à casa de Leocadia – residente então em Moscou junto com as quatro filhas – para avisá-la do ocorrido e propor-lhe que encabeçasse de imediato uma campanha internacional pela libertação do filho e dos demais presos políticos no Brasil.

A organização da campanha, assim como a destinação de parte considerável dos recursos financeiros para sua realização, ficou a cargo do Socorro Vermelho Internacional (MOPR)[1], entidade de âmbito internacional fundada pela IC e a ela ligada desde os anos 1920, com o objetivo de prestar socorro às vítimas da reação e do fascismo. À frente da entidade encontrava-se a conhecida dirigente soviética Elena Stassova. Na França, era responsável pelo Socorro Vermelho o comunista italiano Bonnet, que contava com a colaboração de sua imediata, Germaine Willard[2].

Poucos dias após a visita de Manuilski, Leocadia, acompanhada por Lygia, sua filha mais moça, de 22 anos, viajou para Paris, onde ficaria localizado o centro coordenador da Campanha Prestes. Desde o início, mãe e filha depararam-se com grandes obstáculos a sua organização. De erros na documentação pessoal e na obtenção de vistos necessários para as viagens programadas a falhas na escolha de locais para hospedagem, passando por entraves à liberação e destinação de recursos financeiros, as dificuldades enfrentadas por Leocadia e Lygia – registradas em considerável número de cartas dirigidas ao representante

---

[1] MOPR é a sigla em russo do Socorro Vermelho Internacional.
[2] Octávio Brandão, *Combates e batalhas ou alegrias e amarguras*, v. 2 (inédito), p. 92-3.

do PCB em Moscou, assim como às irmãs de Lygia residentes nessa cidade[3] – são reveladoras da presença de elementos sabotadores entre os funcionários do MOPR e da IC, conforme já havia sido observado por Prestes e Olga durante a estada em Paris[4]. Cabe ressaltar que os obstáculos e as dificuldades foram constantes durante os longos anos em que se desenvolveu a Campanha Prestes (1936-1945) e também encontraram registro em relatório elaborado por Octávio Brandão – antigo dirigente do PCB exilado em Moscou que, durante o ano de 1937, colaborou em Paris com a Campanha Prestes[5].

Ainda assim, propagou-se um movimento crescente e de caráter mundial em prol da libertação de Luiz Carlos Prestes e de outros presos políticos no Brasil e de Olga Benario Prestes, deportada pelo governo brasileiro para a Alemanha nazista em setembro de 1936[6].

Leocadia e Lygia percorreram alguns dos principais países da Europa (Espanha, França, Inglaterra, entre eles), denunciando o terror desencadeado no Brasil pelo governo Vargas, o perigo de morte para os presos políticos e as torturas constantes empregadas contra eles e clamando por solidariedade e apoio para sua luta. Na Espanha republicana – em que a Frente Popular, ampla coligação de forças democráticas e antifascistas, havia alcançado o poder nas eleições de fevereiro de 1936[7] –, o movimento de solidariedade a Prestes e a seus companheiros teve enorme abrangência e repercussão[8].

Em pouco tempo, a campanha estendeu-se a outros continentes. Comitês de defesa de Prestes foram criados nos Estados Unidos, no Canadá, na Austrália, na Nova Zelândia e em diversos países da América Latina. O governo brasileiro era bombardeado com milhares de cartas, telegramas de protesto e manifestos do mundo inteiro, exigindo a libertação de Prestes e de seus companheiros ou, ao menos, o respeito à vidas deles[9].

A pressão da opinião pública mundial foi decisiva para salvar a vida de Prestes, sob a ameaça constante de ser liquidado fisicamente nas masmorras

---

[3] Cartas de Lygia Prestes e Leocadia Prestes (Arquivo Estatal Russo de História Social e Política, RGASPH, fundo 495, op. 029, d. 104, p. 149-52; fundo 495, op. 197, d. 1, p. 9-14 e 34; fundo 495, op. 194, d. 1, p. 17-8; fundo 495, op. 17, d. 159, p. 19-20, 29, 30, e 39; fundo 495, op. 17, d. 158, p. 12-3; fundo 495, op. 029, d. 119).

[4] Ver capítulo VI deste livro.

[5] *Documento ass. Octávio Brandão* (Arquivo Estatal Russo de História Social e Política, RGASPH, fundo 495, op. 194, d. 1, p. 1 e 7-8).

[6] Sobre a deportação de Olga, ver Fernando Morais, *Olga* (São Paulo, Alfa-Ômega, 1985).

[7] Valéria Ianni, *Guerra y revolución en España* (México, Ocean Sur, 2008).

[8] Anita Leocadia Prestes, "*Campanha Prestes" pela libertação dos presos políticos no Brasil (1936-1945)* (São Paulo, Expressão Popular, 2013).

[9] Idem.

A Campanha Prestes (1936-1945)   199

policiais, e para que sua incomunicabilidade fosse quebrada e ele passasse a se corresponder com a família, a receber livros, revistas e jornais e a avistar-se com seus advogados, "concessões" sempre sujeitas a interrupção por parte das autoridades policiais.

Em setembro de 1936, com a notícia da extradição de Olga em adiantado estado de gravidez para a Alemanha nazista, o Comitê Prestes, sediado em Paris (França), com apoio da Confederação Geral do Trabalho (CGT) francesa, passou a exigir que o navio cargueiro que a conduzia, juntamente com Elise Ewert, parasse num porto da Espanha ou da França. Havia a esperança de, assim, impedir a entrega das duas prisioneiras à Gestapo[10]. Portuários de ambos os países estavam dispostos a retirá-las do navio à força, se preciso fosse. Diante do fracasso de tal tentativa, um advogado foi enviado pelo Comitê Prestes a Hamburgo, ponto de chegada do cargueiro. Entretanto, ele não pôde sequer ver o navio, dado o extraordinário esquema policial montado na ocasião. Para Leocadia e Lygia surgia, então, a preocupação de estabelecer contato com Olga, que se encontrava presa e incomunicável em Berlim, e prestar-lhe toda a assistência possível, a ela e à criança que estava para nascer. Leocadia foi três vezes a Berlim, acompanhada pela filha e por delegações de mulheres de países como a Bélgica e a Inglaterra, sem jamais conseguir permissão para falar ou ver a nora[11].

Com o nascimento de Anita Leocadia – a autora que ora lhes escreve –, a Campanha Prestes alcançou ainda maior repercussão, pois tratava-se agora de salvar a vida de uma criança, ameaçada de ser entregue a um orfanato nazista. A Cruz Vermelha Internacional, sediada em Genebra, foi visitada por Leocadia e Lygia e, com sua ajuda, tornou-se possível saber do nascimento da menina – quando esta já tinha três meses de idade –, obter permissão para corresponder-se com Olga e enviar-lhe dinheiro, alimentos e roupas. A cada duas semanas, Leocadia e Lygia lhe remetiam via correio postal um pacote de vinte quilogramas, contendo alimentos e outros artigos de que necessitava. Apesar das dificuldades financeiras enfrentadas devido à sabotagem de elementos do MOPR, a Campanha Prestes prosseguiu e assegurou a sobrevivência da criança, assim como, por fim, sua libertação. Indiscutivelmente, o esforço de Leocadia e Lygia foi decisivo para o sucesso dessa importante batalha[12].

A Campanha era, agora, não só pela libertação de Prestes e de seus companheiros, no Brasil, mas igualmente de Olga e sua filha, na Alemanha. Material de propaganda elaborado pelo artista plástico Honório Peçanha – jovem comunista

---

[10]   Gestapo é a sigla da polícia da Alemanha nazista.

[11]   Anita Leocadia Prestes, *"Campanha Prestes" pela libertação dos presos políticos no Brasil (1936--1945)*, cit.

[12]   Idem.

brasileiro, que se encontrava com bolsa em Paris –, retratando Olga com a filha nos braços e exigindo sua libertação, foi impresso pelo Comitê Prestes e distribuído aos milhares para a imprensa mundial, assim como para organizações e autoridades do Brasil[13].

Nesse momento, também tiveram grande importância gestões feitas pelo afamado jurista francês François Drujon, que, sensibilizado pela causa da libertação de mãe e filha, viajou à Alemanha para sondar a Gestapo e obteve autorização para ver Anita Leocadia na prisão, tendo recebido a promessa das autoridades alemãs de entregar a menina à avó paterna desde que lhes fosse apresentado um documento oficial de paternidade de Prestes[14]. Quanto a Olga, não foi dada ao advogado qualquer esperança de possível libertação. Finalmente, no dia 21 de janeiro de 1938, Anita Leocadia, com catorze meses de idade, foi entregue pela Gestapo à avó paterna e à tia, que, acompanhadas por Drujon, foram buscá-la na prisão, sem terem obtido, contudo, permissão para que Olga as visse ou fosse ao menos informada do destino da filha. Imediatamente, Leocadia e Lygia, sempre acompanhadas pelo advogado, partiram de trem para Paris. Uma significativa vitória da Campanha Prestes, ainda que parcial, pois não se obtivera a libertação de Olga[15].

Os organizadores da Campanha Prestes nos Estados Unidos consideravam que o movimento poderia adquirir maior desenvoltura e repercussão com a presença de Leocadia Prestes no país[16]. Leocadia e Lygia compreendiam perfeitamente a importância dos americanos, pois era reconhecida a influência que a mobilização da opinião pública do país poderia exercer sobre o governo brasileiro. Por essa razão, desde o início, consideravam prioritária essa viagem. Entretanto, dirigentes do MOPR, influenciados pelo representante da IC na Espanha, o argentino Victorio Codovilla, determinaram que mãe e filha se dirigissem primeiro à Espanha. Nesse meio-tempo, a representação dos Estados Unidos em Paris pôde formar um volumoso dossiê sobre a Campanha Prestes

---

[13] Idem. Nos arquivos brasileiros há uma grande quantidade de mensagens enviadas de diversos lugares do mundo ao governo brasileiro, exigindo a libertação de Prestes e de seus companheiros. Ver Gabinete Civil da Presidência da República, série Diversos, caixa 1.423 (antiga caixa 3.121), pasta Levante da ANL em 1935, 1936-1937, Arquivo Nacional.

[14] O empenho, no Brasil, do advogado Heráclito Fontoura Sobral Pinto foi decisivo para que as autoridades policiais brasileiras permitissem a Prestes assinar na prisão a declaração de paternidade de Anita Leocadia. Cf. John W. F. Dulles, *Sobral Pinto: a consciência do Brasil* (Rio de Janeiro, Nova Fronteira, 2001), p. 108-11; relato de Lygia Prestes à autora.

[15] Anita Leocadia Prestes, *"Campanha Prestes" pela libertação dos presos políticos no Brasil (1936--1945)*, cit. Para mais detalhes, ver Fernando Morais, *Olga*, cit., p. 233-44.

[16] Anita Leocadia Prestes, *"Campanha Prestes" pela libertação dos presos políticos no Brasil (1936--1945)*, cit.

naquele país, o qual serviu de justificativa para o embaixador norte-americano negar o visto a Leocadia e Lygia. Posteriormente, outras tratativas foram feitas nos consulados norte-americanos em Londres, Bruxelas e Genebra, sempre com resultados negativos. Em 1938, após o resgate de Anita Leocadia, mais uma vez mãe e filha se dirigiram à embaixada norte-americana em Paris, ocasião em que o embaixador lhes disse: "Agora, com essa criança, não há a menor possibilidade de lhes conceder visto de entrada nos Estados Unidos!"[17].

Durante os anos 1936 e 1937, a Campanha Prestes contribuiu para que, na luta pela libertação de Prestes e dos presos políticos no Brasil, houvesse alguns êxitos: uma relativa melhoria nas condições carcerárias de Prestes e de Ewert, a soltura de 408 presos políticos sem culpa formada[18] e, por fim, o resgate da filha de Prestes das garras do nazismo. Ao mesmo tempo, a opinião pública mundial tomara consciência da situação existente no Brasil e fora mobilizada contra a repressão policial desencadeada pelo governo Vargas não só contra os comunistas, mas também contra democratas e antifascistas.

A partir de 1938, após os avanços alcançados, o movimento encabeçado por Leocadia Prestes sofreu um acentuado refluxo[19], que teve lugar na conjuntura de crescente ameaça de guerra no continente europeu. Instadas pelos dirigentes da IC e do MOPR, temerosos de que pudessem ser atingidas pelo expansionismo nazifascista na Europa, Leocadia, Lygia e a pequena Anita seguiram da França para o México, onde o governo progressista do general Lázaro Cárdenas concedia asilo a todos os antifascistas perseguidos em seus países e, em particular, na Europa. Mãe e filha, preocupadas com o destino de Olga, partiram relutantes, conscientes de que do México seria mais difícil dar continuidade à campanha por sua libertação pela Gestapo[20].

No México, assim como nos Estados Unidos, a Campanha Prestes demorou a deslanchar novamente, situação que deixou Leocadia e Lygia indignadas com o desinteresse, a indiferença e a inépcia dos responsáveis pela condução do movimento[21].

---

[17] Relato de Lygia Prestes à autora.

[18] Em junho de 1937, com a posse de José Carlos de Macedo Soares, o novo ministro da Justiça, foram libertados no Rio de Janeiro 408 prisioneiros políticos que não haviam sido acusados formalmente de quaisquer crimes – foi a célebre "macedada", cf. Alzira Alves de Abreu, Israel Beloch et al. (coords.), *Dicionário histórico-biográfico brasileiro pós-1930*, cit., p. 5.525; John W. F. Dulles, *Sobral Pinto*, cit., p. 96.

[19] Cf. Cartas de Lygia Prestes e Leocadia Prestes, citadas na nota 3 deste capítulo.

[20] Relato de Lygia Prestes à autora.

[21] *Carta de Lygia Prestes* (em espanhol), México, 10 jul. 1940 e *Carta de Leocadia Prestes à filha Eloiza*, México, início de 1941 (Arquivo Estatal Russo de História Social e Política, RGASPH,

Os anos 1940-1945

Em 1940, com um novo processo judicial iniciado no Brasil pelo Tribunal de Segurança Nacional contra Prestes e vários dirigentes do PCB, a Campanha Prestes ganhou novo alento nos Estados Unidos e em diversos países do continente americano. Leocadia Prestes telegrafou aos presidentes Roosevelt (Estados Unidos), Cárdenas (México), Prado (Peru), Aguirre (Chile) e Fulgencio Batista (Cuba), dirigindo-lhes um chamamento urgente, no qual afirmava que Vargas pretendia liquidar Prestes fisicamente, pois a reação no Brasil não estaria tranquila enquanto ele permanecesse vivo. O presidente cubano Fulgencio Batista foi o primeiro a responder ao apelo de Leocadia, informando-lhe que faria por Prestes tudo que fosse possível[22].

Dos Estados Unidos foi enviada uma mensagem a Vargas assinada por 150 destacadas personalidades norte-americanas – juristas, sacerdotes, escritores, cientistas, reitores, inclusive professores das universidades de Harvard, Stanford, Smith, Columbia, Pensilvânia – exigindo a libertação de Prestes[23].

A condenação de Prestes pelo Tribunal de Segurança Nacional a mais trinta anos de prisão, em novembro de 1940, contribuiu para que a campanha adquirisse maior amplitude e ressonância. Foi programada, no continente americano, a realização da "Semana Prestes", de 3 a 10 de janeiro de 1941, por ocasião do aniversário dele (3 de janeiro). Nos Estados Unidos, editou-se uma brochura sobre a vida de Prestes, e uma campanha pelo envio de cartões de congratulações pela passagem do ano-novo a Prestes foi promovida. Esses cartões foram confeccionados de tal forma que pudessem ser distribuídos nos Estados Unidos, funcionando como material de propaganda[24].

No início de 1941, haviam sido organizados comitês para Prestes nos Estados Unidos, em Cuba, no Chile, no México, na Argentina, no Uruguai, na Colômbia e no Peru[25]. Em informe apresentado ao Secretariado Latino-Americano da IC, Miguel Velasco, dirigente do PC do México, escreveu:

---

fundo 495, op. 17, d. 159, p. 19-20 e 29); *Carta de Lygia Prestes às irmãs*, México, 6 out. 1940 (RGASPH, fundo 495, op. 17, d. 158, p. 12-3). Relato de Lygia Prestes à autora.

[22] *Presidente de Cuba responde ao chamamento da mãe de Luiz Carlos Prestes*, 12 nov. 1940, e *De Nova York*, 14 nov. 1941 (em espanhol; Arquivo Estatal Russo de História Social e Política, RGASPH, fundo 495, op. 17, d. 160, p. 4 e 14). Nesse momento, Fulgencio Batista encabeçava um governo democrático em Cuba.

[23] *De Nova York*, 11 e 12 nov. 1941 (em espanhol; Arquivo Estatal Russo de História Social e Política, RGASPH, fundo 495, op. 17, d. 160, p. 14 e 32-3).

[24] Idem. Nos arquivos brasileiros, há uma grande quantidade de mensagens enviadas dos Estados Unidos ao governo brasileiro, exigindo a libertação de Prestes; ver Aperj, pasta Comunismo-8-1.

[25] Miguel Velasco (membro do Bureau Político do PC no México), *Un movimiento de ayuda a Prestes se esparce por todo el continente*, 31 jan. 1941 (Arquivo Estatal Russo de História Social e Política, RGASPH, fundo 495, op. 17, d. 160, p. 21).

A campanha para Prestes se torna a cada dia mais continental. Os operários estão interessados em seu êxito. E todo operário, todo camponês e intelectual, toda pessoa com ideias progressistas que chega a saber quem é Prestes – sua história heroica, seu comportamento diante dos juízes – se converte em seu mais ardente defensor. Apesar das debilidades e deficiências, a Semana Prestes, de 3 a 10 de janeiro, teve grande êxito, em especial a celebração do seu aniversário natalício.[26]

Para o dia 5 de março, data em que a prisão de Prestes completaria cinco anos, a campanha programou uma mobilização popular em todo o continente. De acordo com seus organizadores, havia condições de mobilizar operários e camponeses, poetas e escritores, advogados e cientistas, jovens, mulheres e crianças – em outras palavras, todos os setores progressistas do continente americano[27].

Para coordenar as atividades do movimento continental em defesa de Prestes, participavam do Comitê pela Libertação de Luiz Carlos Prestes, com sede no México, figuras de destaque da vida política e cultural desse país e de outras nações das Américas[28].

Exiladas no México, Leocadia e Lygia Prestes participaram de atividades da campanha promovidas na capital mexicana. E, poucos dias após a nova condenação de Prestes, Leocadia seria informada de que o general Cárdenas, presidente mexicano, estava disposto a fazer o que estivesse ao alcance dele para conseguir a libertação de seu filho. Ao mesmo tempo, o Parlamento mexicano aprovava por unanimidade uma resolução exigindo do presidente Vargas a libertação de Prestes. Na resolução era oferecida ao prisioneiro a possibilidade de asilo no México. O dia 3 de janeiro de 1941, aniversário natalício de Prestes, seria celebrado o "dia de Prestes" naquele país para manifestar a solidariedade dos povos do continente americano ao Cavaleiro da Esperança[29].

Em junho de 1943, após longa enfermidade, faleceu no México Leocadia Prestes, acontecimento que provocou verdadeira comoção nacional nesse país. Foi decretado luto nacional pelo governo mexicano. A mãe de Luiz Carlos Prestes foi velada por milhares de pessoas na sede do Sindicato dos Hoteleiros durante quatro

---

[26] Idem.

[27] Idem; ver Arquivo Estatal Russo de História Social e Política, RGASPH, fundo 495, op. 17, d. 160, p. 32-3.

[28] *Presidente de Cuba responde ao chamamento da mãe de Luiz Carlos Prestes*, 12 nov. 1940 (em espanhol, Arquivo Estatal Russo de História Social e Política, RGASPH, fundo 495, op. 17, d. 160, p. 4).

[29] *Uma resolução do Parlamento mexicano em favor de Prestes*, 24 nov. 1940 (em espanhol; Arquivo Estatal Russo de História Social e Política, RGASPH, fundo 495, op. 17, d. 160, p. 15).

dias e quatro noites. O general Cárdenas, então ministro da Defesa, dirigiu-se pessoalmente ao presidente Vargas, pedindo-lhe que permitisse a Prestes viajar ao México para despedir-se da mãe. Propunha enviar um avião militar mexicano ao Brasil a fim de levar o prisioneiro e oferecia-se como refém em garantia de que Prestes voltaria à prisão. O governo brasileiro nem sequer respondeu. Mas as exéquias de Leocadia transformaram-se numa gigantesca manifestação popular em solidariedade a seu filho e pela luta a favor de sua libertação, assim como de todos os prisioneiros políticos no Brasil, numa expressiva demonstração da continuidade da Campanha Prestes. Nessa ocasião, o poeta chileno Pablo Neruda leu o poema de sua autoria, "Dura elegia", escrito especialmente para aquele momento, no qual homenageia Leocadia Prestes com a frase: "*Señora, hiciste grande, más grande, a nuestra América...*"[30].

No México estava centralizada a coordenação das principais atividades da Campanha Prestes, que passaram a ocorrer em diversos países do continente americano. Em Cuba, a campanha contou não só com o apoio do presidente Batista[31]; 35 deputados do Congresso Cubano dirigiram-se a Vargas, exigindo garantias da vida de Prestes[32]. Os comunistas cubanos – Partido Socialista Popular – atuavam legalmente e contavam com bancada no Parlamento, o que facilitou sua atuação na Campanha Prestes. Leocadia fora convidada para participar do movimento em Cuba, mas seu estado de saúde a impediu de viajar à ilha caribenha. Com seu falecimento, em junho de 1943, o convite foi renovado a sua filha Lygia, que, junto com Anita Leocadia, permaneceu quatro meses em Cuba, participando de numerosos atos públicos, congressos de trabalhadores e manifestações populares em prol da libertação de Luiz Carlos Prestes[33].

Em julho daquele ano realizou-se em Havana o Congresso da Confederação Geral dos Trabalhadores da América Latina (CTAL), presidido pelo mexicano Vicente Lombardo Toledano. Assistiram ao conclave delegações de todas as centrais operárias do continente, inclusive dos Estados Unidos, que discutiram, em especial, a maneira de os trabalhadores darem sua contribuição à luta contra o nazifascismo, assim como os problemas a ser enfrentados no pós-guerra. Lygia Prestes e sua pequena sobrinha, convidadas, estiveram presentes no ato inaugural. Em carta ao irmão preso no Brasil, Lygia escreveu:

---

[30] Relato de Lygia Prestes à autora.

[31] Ver nota 22 deste capítulo.

[32] *En Cuba*, Nova York, 21 nov. 1940 (Arquivo Estatal Russo de História Social e Política, RGASPH, fundo 495, op. 17, d. 160, p. 14).

[33] Ver, por exemplo, *Sindicato de Trabajadores del Transporte Motorizado de Carga por Carretera y sus Anexos – Resolución sobre el caso Prestes*, Havana, 16 ago. 1943 (arquivo particular da autora). Relato de Lygia Prestes à autora.

Cerca de 9 mil operários se apinhavam no salão do Palácio dos Trabalhadores de Cuba, e o entusiasmo reinante era indescritível. Fazia muito que não assistia a um ato desta natureza e não pude deixar de recordar-me dos comícios no "Vel d'Hiver", em Paris, ou na Praça de Touros, de Madri. E mais uma vez, apesar da imensa multidão que me rodeava, senti vivamente o enorme vazio que a morte da mamãe me deixou. É que sempre ia aos comícios e atos junto com ela e, agora, ter de comparecer em público, sem ela, me emociona muito. Cresceu ainda mais minha emoção com a atitude do povo cubano, que, exuberante como é, ao perceber minha presença na sala, prorrompeu em estrepitosas aclamações, não a mim, por certo, mas a quem eu representava.[34]

A Campanha Prestes em Cuba adquiriu grande repercussão e contribuiu decisivamente para a mudança do clima político no Brasil e no continente americano, o que enfim levaria, em abril de 1945, à libertação de Prestes e de todos os presos políticos no Brasil.

Com momentos de ascenso e descenso, a Campanha Prestes durou nove anos (1936-1945), durante os quais foi travada uma intensa luta para levar setores progressistas do mundo todo a se comprometer com a causa da libertação de Prestes e dos presos políticos no Brasil. A iniciativa e a direção da Internacional Comunista e do Socorro Vermelho Internacional foram decisivas para que o movimento começasse e se estendesse por grande número de países. Enfrentando todo tipo de adversidades, Leocadia e Lygia Prestes empenharam-se incansavelmente para que campanha tivesse prosseguimento e alcançasse o sucesso que teve. O movimento tornou-se um exemplo da eficácia da solidariedade internacional na luta pelos direitos humanos e pela democracia.

---

[34] "Carta de Lygia Prestes a L. C. Prestes", em Anita Leocadia Prestes e Lygia Prestes (orgs.), *Anos tormentosos. Luiz Carlos Prestes: correspondência da prisão (1936-1945)*, v. 2 (Rio de Janeiro, Aperj/Paz e Terra, 2002), p. 484.

IX
Os anos de prisão (1936-1945)

Preso incomunicável no quartel da Polícia Especial havia quase um ano, Prestes foi levado a uma audiência promovida pelo Tribunal de Segurança Nacional (TSN) nas dependências do próprio quartel. Segundo Prestes, uma "reunião clandestina que se realizou no dia 29 de dezembro de 1936", ocasião em que o sr. Raul Machado – juiz relator do processo instaurado pelo TSN contra ele e outros companheiros – gritou a seus ouvidos, "sob a evidente coação da chibata policial e ante o riso alvar dos policiais da reação": "Vamos, defende-te, que eu estou sendo pago para te julgar"[1]. Nessa oportunidade, Prestes aproveitou para protestar "contra a situação de Berger e de seu próprio isolamento, privado de qualquer jornal, qualquer livro, papel, lápis, não tinha nada". Tratou também de ridicularizar o TSN, pois lhe mostraram um folheto com o decreto do governo criando o tribunal e informando, inclusive, os vencimentos dos juízes: "Por tão pouco se prestaram a esse papel!"[2].

Como os demais aliancistas presos após os acontecimentos de novembro de 1935, Prestes se recusou a reconhecer o TSN como instância jurídica aceitável, dado seu caráter de exceção e considerando que o julgamento dos acusados não

---

[1] *Carta de Luiz Carlos Prestes a Heráclito Fontoura Sobral Pinto*, 24 abr. 1937, ass. por H. F. Sobral Pinto em 24 set. 1937 (confidencial, cópia, 10 p.; Arquivo Estatal Russo de História Social e Política, RGASPH, fundo 495, op. 29, d. 118, p. 21-30). Trata-se da reconstituição, feita por Prestes, de carta de 24 abr. 1937, que pretendia entregar a seu advogado, Sobral Pinto, no dia 4 de maio de 1937, mas foi impedido de fazê-lo por agentes da Polícia Especial. Na ocasião, em protesto, Prestes conseguiu rasgá-la. Cf. Sobral Pinto, *Por que defendo os comunistas* (Belo Horizonte, Comunicação, 1979), p. 112-5.

[2] Entrevista de Luiz Carlos Prestes concedida a Edgard Carone, Rio de Janeiro, 24-25 mar. 1982 (texto original; arquivo particular da autora).

passaria de uma farsa. Nas audiências promovidas por tal tribunal na Casa de Detenção, os presos expressavam sua revolta apresentando-se de cuecas e gritando impropérios[3]. Nas palavras de Prestes:

> Quaisquer razões escritas que fossem por mim apresentadas ao Tribunal de Segurança Nacional, na situação concreta em que nos encontramos, [...] seria querer participar conscientemente de uma farsa, [...] seria alimentar em milhões de brasileiros, que confiam na minha integridade e na minha experiência de lutador, ilusões infundadas a respeito do verdadeiro caráter e da real finalidade do tribunal de exceção que pretende me julgar.[4]

O não reconhecimento de competência do TSN para julgá-lo foi o que fez com que Prestes não aceitasse a defesa do dr. Heráclito Fontoura Sobral Pinto, nomeado advogado *ex officio*[5] pelo conselho da Ordem dos Advogados do Brasil (OAB). Em carta a ele dirigida, Prestes explicava que desejava se defender, desde que lhe fosse concedida uma tribuna, mas isso causava tanto medo aos "senhores do governo" que "eles se viram na contingência de adotar essa legislação judiciária especial que, afinal, só vai servir [...] para precipitar sua própria queda". Finalmente, esclarecia que, no processo político que lhe estavam movendo, "qualquer defesa eficiente só poderá ser feita por mim mesmo ou por um correligionário político, um companheiro ou um amigo, enfim, que esteja do mesmo lado em que estou"[6].

De início, Prestes não aceitava sequer as visitas de Sobral Pinto. Como Leocadia soubera que este era o advogado de Prestes e continuava impedida pela polícia brasileira de se corresponder com o filho, resolveu escrever-lhe por seu intermédio:

> Então, ele me mandou dizer que tinha uma carta para me entregar. Daí foi que eu o recebi. Disse a ele o que eu sentia, o que eu via no advogado burguês, de outra classe. Ele compreendeu, mas disse que tinha que cumprir o dever dele. Eu disse: "O senhor cumpre seu dever e eu cumpro o meu". Pouco a pouco ele começou a fazer algumas visitas, consultando sobre algumas coisas que ele queria incluir na defesa.[7]

---

[3] LCP, fita n.12.

[4] *Carta de Luiz Carlos Prestes a Heráclito Fontoura Sobral Pinto*, cit., p. 21-30.

[5] Advogado *ex officio* é aquele não nomeado por seus constituintes.

[6] *Carta de Luiz Carlos Prestes a Heráclito Fontoura Sobral Pinto*, cit., p. 21-30.

[7] Entrevista de Luiz Carlos Prestes concedida a Edgard Carone, cit.

O processo de deserção do Exército

Com a prisão de Prestes, o processo de deserção do Exército movido contra ele pelo Conselho Especial da Justiça Militar fora desarquivado e, em julgamento realizado no dia 14 de agosto de 1936, sem a presença do réu, o tribunal o absolveu por quatro votos a um, considerada a acusação improcedente, uma vez que, anistiado em 1930, Prestes tinha o direito de não voltar ao Exército. Entretanto, como segundo o Código Penal Militar era exigida a presença do réu para o julgamento de deserção, o Superior Tribunal Militar terminou por anular a sentença e determinar a realização de novo julgamento com a presença de Prestes[8].

Em 27 de fevereiro de 1937, o Conselho Especial da Justiça Militar reuniu no recinto da Polícia Especial – para evitar a presença de público – o julgamento de Prestes por deserção. Estavam presentes apenas policiais e o advogado *ex officio* da Justiça Militar, dr. Eugênio Carvalho do Nascimento, designado para a defesa do réu. Referindo-se àquele momento, Prestes dizia que estava "guardado à vista, cercado por feras com semblante humano". Prestes protestou contra a situação em que se encontrava, dizendo que desejava fazer sua própria defesa e não aceitaria advogado militar ou advogado *ex officio* da Justiça. O coronel que presidia o Conselho pedia que ele tivesse calma, que tudo iria se resolver, quase afirmando que ele seria absolvido.

> Mas eu queria utilizar a palavra, utilizar a oportunidade para defender minhas ideias, torná-las públicas o mais possível, embora nesta reunião dentro da Polícia Especial a assistência que estava presente [...] eram só policiais. [...] Eu me defendi com unhas e dentes. [...] Afinal o presidente deu a palavra ao advogado e eu resolvi interromper o advogado. Qual era a arma que eu tinha? Já tinha dito de todas as formas que eu não aceitava. Então eu contei a anedota do amigo urso, mas com detalhes e tudo, e fiz a resposta. Aí a assistência gargalhou, deu uma gargalhada e o advogado ficou vermelho, resolveu sentar e desistir da minha defesa. E o Conselho teve que me dar o que eu pedia. E o que eu pedia era que o advogado me visitasse e que eu tivesse papel e lápis para poder escrever e também através do advogado eu pudesse obter documentos que eu tinha na França e na União Soviética. Que escrevendo para minha mãe, estes documentos poderiam vir e que eram indispensáveis à minha defesa.[9]

Prestes queria mostrar por que Vargas o acusara de deserção ainda em 1931, quando o prestígio do Cavaleiro da Esperança crescia. Tratava-se de expediente

---

[8]   Idem; LCP, fita n. 9; *Folha de S.Paulo*, São Paulo, 14 ago. 1986.
[9]   Entrevista de Luiz Carlos Prestes concedida a Edgard Carone, cit.; LCP, fita n. 9.

que permitiria prendê-lo caso voltasse ao Brasil[10]. O Conselho teve de conceder a Prestes o direito de receber os documentos enviados por Leocadia, e o advogado Eugênio do Nascimento começou a visitá-lo. Entretanto, o Conselho Especial só voltaria a se reunir após a decretação, por Vargas, do estado de guerra, em 1º de outubro de 1937, ocasião em que Filinto Müller retirou do cubículo de Prestes todos aqueles documentos. Houve várias reuniões desse Conselho, durante as quais o réu sempre protestava contra a situação carcerária de Berger, assim como de sua própria, e exigia seus documentos de volta. Sessões foram adiadas diversas vezes, e os documentos não eram devolvidos. Houve uma sessão em abril de 1939 e outra em 28 de abril de 1940, durante a qual lhe foi comunicado que o dr. Nascimento não seria mais seu advogado, pois fora transferido para outra função. Foi quando Prestes, enfim, designou Sobral Pinto para defendê-lo no processo de deserção[11].

Finalmente, Filinto Müller mandou entregar ao prisioneiro fotocópias dos documentos e, em 12 de junho de 1941, às vésperas da invasão da União Soviética pelas tropas de Hitler, teve lugar a sessão que absolveria Prestes da acusação injustificada de deserção do Exército. Na oportunidade, ele pronunciou um longo discurso em que, prevendo o próximo ataque nazista à União Soviética[12], alertava a opinião pública a respeito, afirmando que os comunistas brasileiros seriam contra tal guerra[13]:

> Minha opinião era de que o Hitler iria atacar a União Soviética por uma necessidade histórica. Tinha que atacar, porque ele precisava de petróleo. A única maneira de ele conseguir petróleo seria ou através da União Soviética ou baixando para a Turquia, para chegar ao Irã, Iraque etc., lugar onde havia petróleo. [...] Também trigo. [...] Mas eu sabia bem, principalmente do combustível, que era o fundamental para ele [...] E o Exército soviético estava nos Cárpatos. Se ele estendesse muito a linha de ligação de Berlim, com o front, ele podia ser... a União Soviética podia se lançar dos Cárpatos e rompia a ligação dele com Berlim. Então, do ponto de vista estratégico, seria um erro. Ele tinha que atacar a União Soviética.[14]

---

[10] Idem; idem. Ver o capítulo VI deste livro.

[11] Anita Leocadia Prestes e Lygia Prestes (orgs.), *Anos tormentosos. Luiz Carlos Prestes: correspondência da prisão (1936-1945)*, v. 1 (Rio de Janeiro, Aperj/Paz e Terra, 2000), p. 248; John W. F. Dulles, *Sobral Pinto: a consciência do Brasil* (Rio de Janeiro, Nova Fronteira, 2001), p. 153-4.

[12] Há de se lembrar que, naquele momento, setores importantes da opinião pública mundial, inclusive muitos comunistas, não acreditavam nesse ataque da Alemanha nazista à União Soviética.

[13] Anita Leocadia Prestes e Lygia Prestes (orgs.), *Anos tormentosos*, v. 1, cit., p. 469 e 473; LCP, fita n. 9.

[14] Entrevista de Luiz Carlos Prestes concedida a Edgard Carone, cit.

Diante dessa situação, Prestes entendia que os comunistas teriam que apoiar a União Soviética e tomar posição aberta contra o nazismo:

> Desde que foi declarada guerra [21 de junho de 1941], *minha posição clara foi esta de "União Nacional", mas lutando também pelas liberdades democráticas, simultaneamente lutando pelas liberdades democráticas.* E não cedendo tudo gratuitamente ao Estado Novo de Getúlio. Tendo uma posição contra o Estado Novo nesse terreno. E o fundamental era apoiar a tropa que ia para a Europa, que chegou a ir para a Europa.[15]

A transferência para a Casa de Correção e a condenação pelo Tribunal de Segurança Nacional

Em janeiro de 1937, foi apresentada a Prestes a denúncia que o procurador do TSN Himalaia Virgulino preparara sobre seu envolvimento nos acontecimentos de 1935[16]. Pouco tempo depois, a 7 de maio do mesmo ano, o TSN realizou uma "sessão solene" para dar o veredicto sobre os "chefes vermelhos". Segundo relatos da época, uma multidão de espectadores ouviu o relator Raul Machado falar sobre os papéis encontrados na residência de Prestes e declarar que os cinco juízes haviam chegado a uma decisão unânime em todos os casos, discordando apenas sobre a pena do ex-prefeito Pedro Ernesto, condenado a três anos e meio, votada pela maioria. Prestes teve uma sentença de dezesseis anos e oito meses, enquanto Berger foi sentenciado a treze anos e quatro meses[17]. Durante todo esse período, a polícia tratou de impedir o contato do advogado *ex officio* com seus clientes, provocando numerosos e constantes protestos de Sobral Pinto, relatados detalhadamente no texto da apelação por ele apresentada ao Superior Tribunal Militar, no qual se referia ao fato de a polícia descumprir as decisões dos juízes relativas ao direito do preso de encontrar-se com o advogado, sem que essa mesma Justiça tomasse nenhuma medida para sanar semelhante situação[18].

A partir de março de 1937, devido à pressão internacional promovida pela Campanha Prestes e aos esforços de Sobral Pinto, Prestes pôde começar a se

---

[15] Idem; grifos desta autora.

[16] Sobral Pinto, *Por que defendo os comunistas*, cit., p. 132; John W. F. Dulles, *Sobral Pinto*, cit., p. 104.

[17] *O Estado de S. Paulo*, São Paulo, 8 maio 1937, citado em John W. F. Dulles, *Sobral Pinto*, cit., p. 96 e 98; Relatório e acórdão do processo em que são acusados Luiz Carlos Prestes, Harry Berger, dr. Pedro Ernesto e outros, redigido pelo juiz dr. Raul Machado para o Tribunal de Segurança Nacional, Rio de Janeiro, Imprensa Nacional, 1937, p. 165-6.

[18] "Apelação de H. F. Sobral Pinto ao STM", 24 maio 1937, em Sobral Pinto, *Por que defendo os comunistas*, cit., p. 131-40.

corresponder com a mãe, a esposa, as irmãs e demais familiares, apesar das incontáveis interrupções provocadas pela interferência das autoridades policiais brasileiras. Foi por uma carta enviada por Olga a Leocadia que Prestes ficou sabendo do nascimento da filha, Anita Leocadia[19]. Sobral Pinto, em carta a Leocadia, relataria algumas das arbitrariedades policiais cometidas durante a entrega que ele fazia de roupas e objetos enviados a Prestes pela mãe:

> O comandante da Polícia Especial, auxiliado por três subordinados seus, submeteu terno, pijamas, cuecas, lenços, gravatas, tudo, enfim, a uma busca e revista tão minuciosas que gastou nessa tarefa mais de meia hora. Os lenços eram desfraldados contra a luz, e o cós das cuecas dobrados de milímetro em milímetro para que pudessem esses policiais ter a certeza de que nenhum bilhete ou serrinha de aço estivessem sendo remetidos por V. Exa. a Luiz Carlos Prestes. O sabonete foi partido ao meio, e os paus de chocolate miudamente quebrados, pois o sr. capitão-chefe de polícia ordenara, no seu despacho – que autorizava a entrega das coisas constantes da relação por mim fornecida –, que houvesse o máximo rigor na revista a ser efetuada. Por isso, as gravatas foram viradas do avesso, e o forro do terno de casimira quase que foi descosido, ato esse, entretanto, que não chegou a ser praticado, à vista das minhas ponderações, logo secundadas pelo secretário da corporação, de que isso implicaria na inutilização daquele vestuário.[20]

Em 7 de junho de 1937, com a posse do novo ministro da Justiça, José Carlos de Macedo Soares, foram libertados no Rio de Janeiro 408 prisioneiros políticos sem processo formado, envolvidos nos levantes de 1935. Foi a célebre "macedada"[21]. Instado por Sobral Pinto, o novo ministro compareceu ao quartel da Polícia Especial para verificar a situação crítica em que se encontravam Berger e Prestes. Finalmente, por determinação do ministro da Justiça[22], em 8 de julho daquele ano, Prestes foi transferido para a Casa de Correção, em cela preparada especialmente para ele. Já Berger só seria transferido para cela vizinha à de Prestes em outubro de 1937[23].

---

[19] Para a correspondência de Prestes durante os nove anos de prisão, ver Anita Leocadia Prestes e Lygia Prestes (orgs.), *Anos tormentosos*, cit.; Sobral Pinto, *Por que defendo os comunistas*, cit., p. 62-3 e 83-4.

[20] Sobral Pinto, *Por que defendo os comunistas*, cit., p. 141.

[21] Alzira Alves de Abreu, Israel Beloch et al. (coords.), *Dicionário histórico-biográfico brasileiro pós-1930* (Rio de Janeiro, Editora da FGV, 2001), p. 5.525; John W. F. Dulles, *Sobral Pinto*, cit., p. 96.

[22] Sobral Pinto, *Por que defendo os comunistas*, cit., p. 152 e 160.

[23] John W. F. Dulles, *Sobral Pinto*, cit., p. 101 e 103; LCP, fita n. 12.

Na Casa de Correção havia um edifício circular, com 24 cubículos voltados para o centro, onde ficavam quatro banheiros. Macedo Soares mandou levantar uma muralha de oito metros de altura em torno desse local, isolando a área do resto da prisão. Aí construiu duas celas: uma para Prestes, outra para Berger. Havia uma portinha de ferro, onde ficavam dois guardas: um do lado de dentro do muro e outro do lado de fora, vigiando o primeiro. Os guardas eram proibidos de falar com os prisioneiros. Quando Berger chegou, já havia enlouquecido e gritava a noite inteira. Prestes gritava palavras em alemão ou inglês, o que às vezes acalmava o vizinho por alguns minutos. Logo começava tudo de novo. Nas palavras de Prestes, era uma coisa medieval, um inferno; estava evidente que queriam enlouquecê-lo. Os próprios guardas reclamavam do isolamento a que eram submetidos, e muitos foram punidos por terem sido flagrados conversando com o preso[24].

Apesar das condições carcerárias descritas, na Casa de Correção a situação de Prestes melhorou, pois o diretor da prisão, Carlos de Lassance, o tratava com respeito, permitindo que recebesse jornais diários e escrevesse e se correspondesse com a família. Em carta a Olga, presa na Alemanha, Prestes contou:

Minha situação é atualmente bem melhor que antes. Imagina que eu posso ler alguns jornais; e tu sabes bem o que isso significa para mim. Estou apenas começando a procurar livros e ainda não sei em qual direção fazer um trabalho sério. Penso em aprofundar meus conhecimentos de francês e fazer o possível para aprender o alemão necessário para poder ler tuas cartas.[25]

Efetivamente o prisioneiro conseguiu adquirir um dicionário alemão-português e os livros necessários para o estudo desse idioma, o que lhe permitiu corresponder-se com a esposa em alemão a partir do início de 1939[26].

Esse tratamento, no entanto, durou pouco. Com a decretação, pelo governo, do estado de guerra em 1º de outubro de 1937, Lassance foi preso, acusado de favorecer Prestes, com a alegação de que o levava inclusive a passear... Assumiu a direção da Casa de Correção Aloyzio Neiva, que procurou não alterar nada no regime carcerário que encontrou. Entretanto, em dezembro daquele ano, após o golpe do Estado Novo (10 de novembro de 1937), a direção do presídio passou ao tenente Vitório Caneppa, que perseguiria Prestes até o último dia de sua prisão, embora, depois de algum tempo, tivesse permitido que ele recebesse

---

[24] LCP, fita n. 12; entrevista de Luiz Carlos Prestes concedida a Edgard Carone, cit.

[25] "Carta de Prestes a Olga", Rio de Janeiro, 16 jul. 1938, em Anita Leocadia Prestes e Lygia Prestes (orgs.), *Anos tormentosos*, v. 3 (Rio de Janeiro, Aperj/Paz e Terra, 2002), p. 292.

[26] Anita Leocadia Prestes e Lygia Prestes (orgs.), *Anos tormentosos*, v. 3, cit., p. 294, 298, 300 e 352-81.

alguns livros enviados de Paris por Leocadia ou de Porto Alegre pela avó d. Ermelinda e o primo Alfredo Carlos Felizardo. Mas era só descobrir que algum guarda colaborava com o prisioneiro para puni-lo, deixando-o sem livros, sem papel nem lápis, durante três meses[27].

Prestes recordaria, anos mais tarde, que o tenente Caneppa carimbava páginas dos livros que ele recebia com a palavra "censurado". Prestes pedia a algum guarda disposto a ajudá-lo que solicitasse a Sobral Pinto algum dinheiro da verba que Leocadia lhe enviava e lhe comprasse certos livros. Uma vez *recebidos*, o próprio prisioneiro escrevia em algumas páginas a palavra "censurado". Dessa maneira, Prestes conseguiu adquirir e ler o *Anti-Dühring* de Friedrich Engels e outras obras de filosofia marxista, sem que Caneppa se desse conta[28].

O tenente proibia Prestes até de conversar com Berger, que já estava completamente fora de si e se recusava a comer. Prestes tentava ajudá-lo, e havia guardas que procuravam colaborar. Em algumas ocasiões, Prestes conseguiu contatar companheiros na Casa de Detenção por meio de um preso, corajoso, que lhe levava refeição. Era um preso comum, que tinha feito amizade com os companheiros detidos e que, mesmo acompanhado por um guarda, levava junto com a comida um pacote de jornais ou um bilhete. Foi insistentemente perseguido por Caneppa, que nunca conseguiu flagrá-lo, mas tratou de substituí-lo por um preso de sua confiança, um camponês saído da Ilha Grande, um "pobre coitado" que não entendia nada. Sua função era espionar os guardas, ver se algum deles conversava com Prestes e denunciá-lo ao tenente Caneppa. Prestes resolveu assumir posição de protesto, dizendo que não podia admitir aquele indivíduo imundo lhe levando comida. A partir de janeiro de 1938, declarou-se em greve de fome, consumindo diariamente apenas um "vidrinho de leite, um pãozinho (que vinha embrulhado) e uma laranja"[29].

Em agosto de 1941, aquele servente foi substituído por outro preso, levando Prestes a suspender a greve. Havia emagrecido muitos quilos, e o governo não queria apresentá-lo em público naquele estado. Diante da pressão internacional movida pela Campanha Prestes, Vargas desejava exibi-lo vivo e em bom estado. Resolveu, assim, permitir a um jornalista equatoriano, José Joaquim da Silva – que trabalhava para um jornal chileno –, entrevistar Prestes. A visita à Casa de Correção estava marcada para o dia 27 de novembro de 1941, e Vargas pretendia que nessa ocasião o prisioneiro estivesse com uma aparência melhor, o que na realidade não se verificou[30].

---

[27] LCP, fita n. 12; entrevista de Luiz Carlos Prestes concedida a Edgard Carone, cit.

[28] Idem; idem.

[29] Idem; idem.

[30] Idem; idem.

Antes disso, em 21 de setembro de 1937, após vencer uma verdadeira batalha contra as resistências encontradas por parte de funcionários do ministério da Justiça, Sobral Pinto conseguiu levar à Casa de Correção um tabelião para que Prestes fizesse uma declaração de reconhecimento de paternidade da filha Anita Leocadia, nascida na prisão na Alemanha. Na ausência de documento registrando o casamento legal de Olga com Prestes, a Gestapo não reconhecia Leocadia como parente da menina, o que impedia sua entrega à avó. O advogado foi incansável no empenho para obter esse documento e enviá-lo à Gestapo, assegurando que a vida da criança fosse salva[31].

Uma vez transferido para a Casa de Correção, na medida em que passou a dispor de papel e lápis e a receber livros, revistas e jornais, Prestes tratou de organizar seu tempo da melhor maneira possível, embora as condições carcerárias fossem pouco propícias para tal – isolamento total, calor exasperante no verão e frio intenso no inverno. Adotou uma disciplina rigorosa em relação a horários: levantava-se cedo, fazia ginástica, tomava banho e vestia-se adequadamente; tinha horários estabelecidos para leitura de jornais, para estudo de diferentes assuntos, para leituras variadas e para a escrita de cartas à família. Dessa forma, durante os longos anos de prisão, pôde aprofundar seus estudos de filosofia, história, sociologia e, em particular, da realidade brasileira. Aproveitou para conhecer melhor a literatura nacional, latino-americana e mundial[32].

No dia 8 de setembro de 1937, a sentença do TSN, considerado tribunal de primeira instância, que condenara Prestes a dezesseis anos e oito meses de detenção, foi confirmada pelo Superior Tribunal Militar (STM), presidido pelo general Andrade Neves. Ao julgamento no STM, além de Prestes, compareceram Berger, Agildo Barata, Agliberto Vieira de Azevedo e outros participantes dos acontecimentos de 1935 inculpados pelo TSN[33]. Prestes recordaria aquele dia:

> Eu fui levado ao Superior Tribunal Militar para confirmar a sentença do Tribunal de Segurança. [...] Me retiraram da Casa de Correção, o Queiroz e o Romano, que era o delegado de Ordem Política, Emílio Romano. No automóvel, eu fiquei sentado no centro, um ao meu lado e outro do outro lado. Eu saía de uma prisão, não era necessária nenhuma revista, porque eu estava lá e não podia sair de lá armado. Mas, quando o automóvel entrou ali

---

[31] Idem; idem; Sobral Pinto, *Por que defendo os comunistas*, cit., p. 182.

[32] Cf. Anita Leocadia Prestes e Lygia Prestes (orgs.), *Anos tormentosos*, 3 v., cit.

[33] LCP, fita n. 9; entrevista de Luiz Carlos Prestes concedida a Edgard Carone, cit.; Anita Leocadia Prestes e Lygia Prestes (orgs.), *Anos tormentosos*, v. 1, cit., p. 98 e 101.

no pátio do STM, os dois saltaram e me deixaram sozinho. Eu estava com uma pasta na mão, porque eu tinha escrito uma carta ao Sobral Pinto. Essa carta, quando eu quis entregar ao Sobral Pinto, a Polícia Especial não permitiu. Eu ainda consegui rasgá-la e joguei pela janela. Posteriormente, quando eu fui para a Casa de Correção, refiz o trabalho. Ficou como uma espécie de declaração minha[34]. Eu ia com essa declaração, queria ler e li no STM. Mas eu olhei assim, só estava cercado de policiais especiais, resolvi saltar. Comecei a saltar, e, a pretexto de me passar revista, começaram a me dar socos. Eu reagi. Reagi e levei um soco aqui na cara, um talho, muito sangue e, se não fosse um próprio polícia especial, com um corpanzil [...], ele colocou o corpo dele, porque se eu tivesse recebido um soco daqueles, eu caía, era posto em *knock-out*. Quiseram que eu fosse para a enfermaria [...], não permiti. Entrei no Tribunal com a cara toda sangrando, um espetáculo terrível. Eu fui o primeiro a ser chamado. Falei. Tinha o direito de falar uns dez minutos somente, falei quase meia hora, apesar disso, desobedecia à campainha, o presidente. E afinal terminei o que tinha a dizer, o principal que eu tinha a dizer e ainda pedi ao Tribunal garantias para mandar buscar documentos na Europa.[35]

Aproveitando a oportunidade do julgamento no STM, Prestes resolvera expor publicamente as razões pelas quais solicitava o recebimento de documentos guardados na Europa. Dizia-se que ele havia recebido dinheiro de Getúlio Vargas para colaborar com a "Revolução de 30", e tanto Vargas quanto Osvaldo Aranha jamais haviam tocado no assunto. Prestes declarou, então, que, como circulavam notícias de que a ANL teria recebido dinheiro do estrangeiro, particularmente de Moscou, ele poderia provar com os documentos solicitados que, se algum dinheiro chegara a suas mãos, teria sido por meio de Osvaldo Aranha e Getúlio Vargas: "Havia passado pelas mãos deles e cabia a eles dizer se tinha vindo de Moscou ou de Nova York". Um escândalo, pois o recinto do STM estava repleto, e Prestes fez questão de levantar o problema com o propósito de causar sensação. Osvaldo Aranha, então embaixador em Washington, passou recibo, declarando aos jornalistas que Vargas não tinha participado, em 1930, do negócio da venda da usina elétrica de Minas Gerais aos norte-americanos[36], que ele era o único responsável[37].

---

[34] *Carta de Luiz Carlos Prestes a Heráclito Fontoura Sobral Pinto*, cit., p. 21-30.

[35] Entrevista de Luiz Carlos Prestes concedida a Edgard Carone, cit.; ver também LCP, fita n. 9.

[36] Ver o capítulo IV deste livro.

[37] Entrevista de Luiz Carlos Prestes concedida a Edgard Carone, cit.; LCP, fita n. 9; *Carta de Adalberto Egídio de Sousa Aranha a Osvaldo Aranha*, Rio de Janeiro, 11 set. 1937 (4 p., Arquivo Osvaldo Aranha [37.02.18/1], CPDOC/FGV); John W. F. Dulles, *Sobral Pinto*, cit., p. 109-10.

Os anos de prisão   217

Diante do veredicto do STM, Sobral Pinto ainda interpôs o recurso de embargos, sem, contudo, conseguir revisão alguma da sentença expedida pelo TSN e confirmada pelo STM[38].

1938: a troca de bilhetes com o Secretariado Nacional do PCB e a correspondência com o tenente Severo Fournier

Apesar da rigorosa vigilância a que era submetido pelo tenente Caneppa na Casa de Correção, a partir de março de 1938 Prestes chegou a trocar alguns bilhetes clandestinos com o Secretariado Nacional (SN) do PCB[39], dirigido então por Lauro Reginaldo da Rocha (o Bangu). Tal correspondência (cerca de vinte cartas e bilhetes) foi interrompida, ao que parece, em fevereiro de 1939, em razão da transferência dos presos políticos para Fernando de Noronha, uma vez que eram eles os responsáveis pelo repasse desses bilhetes para fora do presídio[40].

Através dessa correspondência, Prestes (codinome Domingos José) revelaria sérias divergências com a orientação política adotada pelo SN a partir de agosto de 1937. Ao referir-se ao "Documento de Agosto" desse ano[41], ele discordaria da tônica, pois, segundo sua avaliação, o *empenho pela industrialização* do país era erradamente transformado em questão central da luta dos comunistas[42]. Prestes afirmava ter tomado conhecimento desse documento "com tristeza e repugnância", devido às "barbaridades" nele contidas, acusando o SN de "oportunismo" ao postular o abandono do caminho revolucionário pela "possibilidade da progressão pacífica, isto é, pelo caminho nacional-reformista". Acrescentava ser justo, taticamente, lutar por uma frente, a mais ampla possível, sem contudo "abdicar do nosso programa

---

[38] Sobral Pinto, *Por que defendo os comunistas*, cit., p. 214-20; John W. F. Dulles, *Sobral Pinto*, cit., p. 150.

[39] Informação confirmada pelo membro do SN, Eduardo Ribeiro Xavier (Abóbora), em depoimento à Polícia Civil do Rio de Janeiro, em 10 abr. 1940, no processo n. 1.362 do TSN (Arquivo Nacional, p. 200-1). Ao todo, constam do relatório policial do material apreendido na residência de Eduardo Ribeiro Xavier cerca de vinte cartas e bilhetes de Domingos José. Cópias desses bilhetes, assinados com o codinome de Domingos José, encontram-se no Arquivo da IC, datadas de 25, 26 e 27 abr. 1938 (resposta do SN), 9 e 26 maio 1938 (resposta do SN), s/d, e 1º e 8 jun. 1938 (ver Arquivo Estatal Russo de História Social e Política, RGASPH, fundo 495, op. 197, d. 1-2, p. 163, 164, 166-8 e 169-70; fundo 495, op. 029, d. 131). Existem cópias de algumas dessas cartas no Cedem/Unesp, Fundo IC.

[40] Idem.

[41] *Traducción del Informe al B. P. Ampliado de agosto de 1937, hecho por el camarada Bangú – sec. general interino* (confidencial, 26 f.; Arquivo Estatal Russo de História Social e Política, RGASPH, fundo 495, op. 29, d. 21, p. 118-43; existe cópia no Cedem/Unesp, Fundo IC).

[42] Idem.

revolucionário". E concluía afirmando que o PC abandonava o "esquerdismo da ANL" e passava a "defender o programa da burguesia"[43].

Em outro de seus bilhetes, ao comentar o documento intitulado "União Nacional pela democracia e pela paz!"[44], divulgado pelo SN em março de 1938, Prestes concordava com o apoio a Osvaldo Aranha, ministro das Relações Exteriores do governo Vargas, pelas posições antinazistas assumidas, mas "com uma ressalva: o PC não pode aparecer ante o proletariado e o povo como criança ingênua que acredita piamente no cínico demagogo". E acrescentava ser necessário apoiar "as palavras do Aranha e o próprio Aranha, mas dizer ao povo que exija outras mais claras e principalmente atos". Ao mesmo tempo, Prestes fazia um "protesto veemente", dizendo que não podemos absolutamente chamar Getúlio de "nosso presidente"[45], como se fazia no referido documento, no qual o SN do PCB deixava explícita a nova tática adotada de "União Nacional", *inclusive com Vargas*, visando isolar e derrotar o fascismo – entendido este como o nazismo das potências do Eixo e seus agentes internos, os integralistas[46].

Nessa troca de bilhetes com o SN, se esboçava cada vez com maior clareza o repúdio de Prestes ao *apoio incondicional* a Vargas, posição assumida desde então pela direção do PCB e mantida até o final de seu governo, apesar de insistentemente combatida por Prestes[47]. Em uma dessas cartas, Prestes afirmava que, naquele momento, o principal inimigo era o fascismo e, por isso, a tarefa política central do PCB deveria ser a constituição de uma "frente nacional unificada de todas as forças populares sem distinções de classe ou de partidos, crenças ou ideologias, povo e governo (se for possível) contra a invasão fascista exterior e seus agentes internos". Mas acrescentava que isso não significava que deveríamos "modificar o caráter da nossa Revolução nem fazer concessões de princípios. Somos um partido revolucionário. Continuamos revolucionários e não nos confundimos com os nacional-reformistas". Prestes insistia ser necessário voltar "nossas atenções, na prática, contra os fascistas nacionais, e não só contra o fascismo estrangeiro", frisando que, com a dissolução do integralismo após o *putsh* de 11 de maio de 1938, "o maior perigo fascista" passara a ser a Constituição de 1937 (o "monstrengo") e a "ala fascista do governo", para

---

[43] *Carta de Domingos José (Prestes) a prezados camaradas*, 8 jun. 1938 (6 f.; Arquivo Estatal Russo de História Social e Política, RGASPH, fundo 495, op. 29, d. 131).

[44] Bureau Político do PCB, *União Nacional pela democracia e pela paz!*, Rio de Janeiro, 28 mar. 1938 (2 p. datilografadas, Fundo Hermínio Sacchetta, FHS, pasta 33); publicado em *A Classe Operária*, São Paulo, n. 207, abr. 1938.

[45] *Carta de Domingos José (Prestes) a Silva (Bangu)*, 26 abr. 1936 (3 f.; Arquivo Estatal Russo de História Social e Política, RGASPH, fundo 495, op. 197, d. 1-2, p. 166-8).

[46] Anita Leocadia Prestes, *Da insurreição armada (1935) à "União Nacional" (1938-1945)* (São Paulo, Paz e Terra, 2001), p. 36-7.

[47] Idem.

concluir: "Devemos concentrar todo o nosso fogo contra os elementos fascistas no seio do governo"[48]. Na mesma carta, o prisioneiro do Estado Novo escrevia:

> Nosso apoio ao governo só poderá ser dado ante medidas concretas contra o fascismo, especialmente contra os elementos fascistas que participam do governo, e desde que sejam asseguradas as liberdades populares mínimas. O contrário será simples cambalacho que só servirá para amortecer a vigilância das massas e dar tempo a Getúlio e aos elementos fascistas do governo para implantarem definitivamente o terror fascista. [...]
> *Não devemos ter receio, nem mesmo de participar do governo com Getúlio, desde que sejam asseguradas as liberdades populares e concedida a anistia.*[49]

Naquele ano de 1938, Prestes alertava o SN quanto ao perigo de semear ilusões a respeito do governo Vargas: "É em nome da luta contra o integralismo e contra os 'reacionários' que os fascistas do governo querem consolidar suas posições e implantar definitivamente o terror fascista"[50].

Diante da correlação de forças então presente no cenário nacional, Prestes entendia a justeza de apoiar a ala americanófila dentro do governo, liderada por Osvaldo Aranha, contra a ala fascista, liderada pelos generais Dutra e Góis Monteiro. Ao mesmo tempo, considerava necessário combater as ilusões numa hipotética postura democrática de Vargas e mobilizar as massas para exigir dele medidas efetivas de democratização da nação, como a revogação da Constituição de 1937 e a anistia para todos os presos e os perseguidos políticos[51].

Nos últimos meses de 1938, Prestes chegou a entabular correspondência clandestina com o jovem tenente Severo Fournier, participante do *putsch* integralista e que também se encontrava preso na Casa de Correção. A preocupação de Prestes era esclarecer o jovem militar e tentar atraí-lo para as posições políticas que considerava mais justas naquele momento. Embora em bilhete de junho de 1938, dirigido ao SN, Prestes escrevesse que "em vez de falarmos em *nacionalismo, democracia e bem-estar do povo*, precisamos apontar sempre as reivindicações concretas"[52], alguns meses mais tarde, em carta ao tenente Fournier, essa consigna era por ele adotada, pois compreendera que isso poderia contribuir para mobilizar amplos setores em torno de uma possível "União Nacional" contra o fascismo. Ao

---

[48] *Carta de Domingos José aos companheiros*, 1º jun. 1938 (5 f.; Arquivo Estatal Russo de História Social e Política, RGASPH, fundo 495, op. 29, d. 131); grifos desta autora.

[49] Idem; grifos desta autora.

[50] *Carta de Domingos José (Prestes) a prezados camaradas*, cit.

[51] Cf. Anita Leocadia Prestes, *Da insurreição armada (1935) à "União Nacional" (1938-1945)*, cit.

[52] *Carta de Domingos José (Prestes) a prezados camaradas*, cit.; grifos desta autora.

explicar o programa resumido em tal fórmula, Prestes afirmava que os aliancistas reivindicavam, tanto em 1935 quanto em 1938, a "emancipação nacional do Brasil e uma democracia de verdade e a melhoria das condições de vida de nosso povo". A seguir, dizia: "Nesta luta [...], não devemos ver os homens e apoiar até o próprio Getúlio se, amanhã, compreender a necessidade nacional de um tal programa"[53].

Segundo a política de "União Nacional", aprovada durante Pleno Político Ampliado do PCB, realizado em outubro de 1938, os comunistas se declaravam a favor da "União Nacional" entre "povo e governo", propondo a formação de um "governo de frente nacional" contra "o integralismo e o perigo de invasão nazista"[54]. Em "Mensagem ao povo e ao governo do Brasil", denunciavam as ameaças de uma agressão fascista estrangeira, emprestando apoio ao discurso pronunciado por Osvaldo Aranha, em 8 de outubro de 1938, quando o chanceler brasileiro fez um apelo à unidade de "todos nós". Nesse documento, o PCB voltava a apresentar sua proposta de formação de uma "frente nacional", defendendo a "União Nacional" contra o integralismo[55].

Tal política de "União Nacional" contaria com o apoio de Luiz Carlos Prestes. Nas cartas dirigidas ao tenente Severo Fournier, ele escrevia que "ante qualquer ameaça fascista, nós, os aliancistas, procuraremos sempre o outro lado da barricada e *apoiaremos portanto Getúlio se ele também estiver do nosso lado*"[56]. Prestes se mostrava preocupado com a "questão prática da atividade atual dos que desejam a *união nacional pela democracia*"[57], revelando que não deixava de manter-se em consonância com a nova orientação dos comunistas que atuavam em liberdade. Mas, diferentemente do SN, dirigido por Bangu, Prestes escrevia que "nós nem por um instante deixaremos de lutar contra a atual tirania e [...] só o apoiaremos [Getúlio] ante medidas concretas, como anistia, convocação de eleições, suspensão da censura à imprensa etc."[58]. Para Prestes, o apoio a Vargas não deveria ser *incondicional*, numa clara condenação da linha "seguidista" da então direção do PC, mais tarde criticada no "Informe de balanço do Comitê Central do PCB ao IV Congresso do PCB"[59].

---

[53] Luiz Carlos Prestes, "Cartas ao tenente Severo Fournier", nov. 1938, em Luiz Carlos Prestes, *Problemas atuais da democracia* (Rio de Janeiro, Vitória, s/d), p. 25.

[54] Bureau Político do PCB, *Resolução do Bureau Político ampliado do PCB*, out. 1938 (folheto impresso; processo n. 827, TSN, AN).

[55] Idem, *Mensagem ao povo e ao governo do Brasil*, Rio de Janeiro, 20 out. 1938 (folheto impresso; processo n. 827, TSN, AN).

[56] Luiz Carlos Prestes, *Problemas atuais da democracia*, cit., p. 25; grifos desta autora.

[57] Ibidem, p. 32-3; grifos desta autora.

[58] Ibidem, p. 32.

[59] "Informe de Balanço do Comitê Central do PCB ao IV Congresso do PCB", em *Problemas*, n. 64, dez. 1954-fev. 1955, p. 92; ver Anita Leocadia Prestes, *Da insurreição armada (1935) à "União Nacional" (1938-1945)*, cit.

1940: a condenação a mais trinta anos de prisão

Os anos de 1939-1940 seriam de completo isolamento para Prestes.

> Vivo isolado e, quando não estou "de castigo", posso caminhar num pequeno pátio e apanhar um pouco de sol. A atual administração, porém, não se entende facilmente comigo e continuadamente pretende castigar-me – como acontece agora –, fechando-me no cubículo e proibindo minha correspondência. A suspensão da correspondência é feita com o objetivo de torturar-me moralmente, porque os bandidos sabem o quanto sofre minha mãe com a falta de minhas cartas.[60]

Em outra carta a Olga, de março de 1939, ele escrevia que havia mais de cinco meses que não via um só jornal, acrescentando: "Somente agora, com uma revista brasileira de economia e finanças, do mês de outubro, enviada pela minha avó e que acabo de receber, fiquei sabendo alguma coisa dos acontecimentos mundiais de setembro", ou seja, da assinatura do Pacto de Munique[61]. E repetia a frase usual: "Minha situação é sempre a mesma, isolado e incomunicável"[62]. Em carta dirigida a Leocadia, ele dizia que ficara sem receber sequer um jornal de setembro de 1938 a agosto de 1939[63]. Até mesmo das visitas do advogado Sobral Pinto Prestes ficaria privado por longos períodos[64], que chegaram a atingir dez meses consecutivos[65].

No início de 1940, com a prisão dos membros do SN do PCB e os depoimentos por eles prestados à Polícia Especial de Segurança Política e Social, veio à tona o caso do desaparecimento de Elvira Cupello Calonio (Elza ou Garota) e de seu "justiçamento" pela direção do partido[66]. Na noite de 10 de julho de

---

[60] Bilhete de Prestes a amigo não identificado, enviado clandestinamente e com nome suposto por meio dos próprios guardas da prisão, Rio de Janeiro, 12 fev. 1939, em Anita Leocadia Prestes e Lygia Prestes (orgs.), *Anos tormentosos*, v. 3, cit., p. 475.

[61] "Carta de Prestes a Olga", Rio de Janeiro, 3 mar. 1939, em Anita Leocadia Prestes e Lygia Prestes (orgs.), *Anos tormentosos*, v. 3, cit., p. 346.

[62] Idem.

[63] "Carta de Prestes a Leocadia", Rio de Janeiro, 11 ago. 1939, em Anita Leocadia Prestes e Lygia Prestes (orgs.), *Anos tormentosos*, v. 1, cit., p. 254-5.

[64] "Cartas de Prestes a Leocadia", Rio de Janeiro, 27 jan. 1939; 8 mar. 1939; 4 jul. 1939; 18 ago. 1939; 14 set. 1939; 26 out. 1939; 18 out. 1940; 22 out. 1940, e 29 out. 1940, em Anita Leocadia Prestes e Lygia Prestes (orgs.), *Anos tormentosos*, v. 1, cit., p. 231, 235, 251, 260, 271, 283, 403, 406 e 407.

[65] Ibidem, p. 251.

[66] Ver o capítulo VII deste livro, item "A polícia fecha o cerco a Prestes"; ver também processo n. 1.381 (Luiz Carlos Prestes e outros) (TSN, apelação, ano 1940, 3 v., Arquivo Nacional).

1940, Prestes foi conduzido para uma acareação com Lauro Reginaldo da Rocha (o Bangu) e os demais presos do SN:

> Eu fui acareado com eles, com os que foram presos em 1940. Tentaram acarear, naquela noite em 10 de julho, quando Hitler entrou em Paris... Foi o acontecimento de maior repercussão aqui no Brasil. A tomada de Paris teve uma repercussão muito grande. Na noite de 10 de julho, o Caneppa me avisou, mais ou menos à meia-noite, onze horas [da noite], que eu ia à polícia. Estava sendo chamado para ir à polícia [ao Departamento de Ordem Política e Social, o Dops], que eu me preparasse que eu certamente ia passar muito tempo na polícia, levasse objetos pessoais que eu quisesse levar. Fui lá na polícia. Chegando lá, me colocaram numa pequena sala no quarto andar, lá onde era a "Ordem Política e Social" e uma mesa, uma cadeira assim e uma mesa ao lado com todos os jornais do dia. Cada título deste tamanho sobre a tomada de Paris, para me impressionar. Eu estava sem jornais, calmamente me sentei e comecei a ler os jornais. Nisso aparece um polícia, correndo, afobado, indignado, surpreendido, porque a janela estava aberta. Querendo, pensando que eu fosse me suicidar, ou querendo me sugerir o suicídio.

Prestes recordava essa "acareação":

> Depois eu fui levado a outra sala. Mais tarde, uma meia hora depois, eles me levaram a uma outra sala, onde estavam todos os presos de 1940. Bangu, Xavier, Honório... Honório de Freitas, estavam todos lá sentados. E um delegado, parece que era o Julião [sic], um tal Julião, ao meu lado, eu fiquei em pé, ele também estava em pé, e ele chamou o Bangu e disse: "Senhor Bangu, então diga agora aí o que o senhor sabe sobre os acontecimentos... o senhor disse e o que vai dizer agora na frente do seu chefe aqui". Aí o Bangu levantou-se e, para minha surpresa, começou a teorizar, dizendo que "ele era comunista e, como comunista, ele dizia a verdade" – imagine –, "só ia dizer a verdade". Quando eu vi ele dizendo essas coisas, eu disse: "O que eu vou fazer para calar a boca desse cidadão?". A única coisa que eu podia dizer foi o seguinte: "Você, usando essa linguagem e procedendo desta maneira, você vai apanhar muito". Eu disse a ele, aí me retiraram, me levaram, não houve acareação, não houve acareação nenhuma. [...] O Caneppa ficou muito assombrado porque rapidamente eu voltei para a prisão.[67]

Perante a polícia e diante do TSN, Prestes sempre se recusou a prestar qualquer depoimento, nada declarou, negando-se a reconhecer a autoria das cartas a ele atribuídas. Jamais assinou qualquer declaração. Na defesa do acusado, o dr. Sobral

---

[67] Entrevista de Luiz Carlos Prestes concedida a Edgard Carone, cit.; também LCP, fita n. 12.

Pinto argumentou que faltava competência ao TSN para conduzir o caso, pois aquele tribunal fora criado para realizar julgamentos relacionados à segurança da nação e de suas instituições, além de casos relativos à economia popular. E, segundo o advogado, o assassinato em questão não constituía nem representava, direta ou indiretamente, crime contra a segurança e integridade do Estado, das instituições ou contra a economia popular. Anteriormente a justiça comum se julgara competente para analisar o caso. A defesa de Prestes considerava que o Supremo Tribunal Federal (STF) deveria decidir a disputa entre o TSN e a justiça comum.

Apesar de ser considerado crime comum, o assassinato de Elza foi levado a julgamento no TSN, tendo sido considerado conexo ao crime político do levante de novembro de 1935[68].

Em 7 de novembro de 1940, Prestes foi conduzido à audiência no TSN, ante o juiz Maynard Gomes, ex-tenente da revolta de 1922 em Sergipe. Prestes recordaria, anos mais tarde, que, ao chegar ao Tribunal, Sobral Pinto lhe segredou ao ouvido que seria absolvido, pois não havia provas contra ele. Ante sua indagação sobre os demais acusados, o advogado respondeu que seriam condenados. Para Prestes, isso era inaceitável. Seu discurso no TSN foi de denúncia das condições carcerárias a que estava submetido Berger, que deveria estar internado numa casa de saúde, declarando também que se orgulhava de estar diante de um Tribunal reacionário no dia 7 de novembro, dia do 23º aniversário da gloriosa Revolução Russa. O juiz respondeu que isso não tinha nada a ver com o tribunal. Ao que Prestes contestou: "O aniversário da Revolução Russa é uma data que pertence à humanidade!". Nesse momento, uma jovem, Raquel Gertel, que assistia ao julgamento gritou: "Viva Prestes!". Imediatamente a polícia invadiu o recinto e ela foi levada presa. Prestes acabou sentenciado a trinta anos de prisão, além dos dezesseis anos e oito meses a que havia sido condenado anteriormente pela participação nos acontecimentos de 1935. Ele lembraria que, ao ler a sentença, percebia-se claramente que, no último momento, o juiz emendou sua redação, transformado a absolvição em condenação[69].

Em carta à mãe, Prestes escreveu a respeito da condenação a mais trinta anos de prisão:

> Esta última condenação, pela própria brutalidade de sua grandeza, muito me tem feito pensar; seja ela definitiva ou transitória, eu bem sinto que marcou

---

[68] John W. F. Dulles, *Sobral Pinto*, cit., p. 155-60; processo n. 1.381 (Luiz Carlos Prestes e outros) (TSN, apelação, ano 1940, 3 v., Arquivo Nacional); ver também Mayara Paiva de Souza, "Memória, história e esquecimento: o julgamento de Luiz Carlos Prestes no Tribunal de Segurança Nacional (1940)", *Revista Chrônidas*, ano 2, n. 4, ago. 2009, p. 31.

[69] LCP, fita n. 12; John W. F. Dulles, *Sobral Pinto*, cit., p. 156-7.

definitivamente minha vida. [...] Essa sentença livrou-me agora dos restos de orgulho ou de vaidade que certamente ainda possuía e atirou-me definitivamente no mar imenso dos mais humildes e desprotegidos. E isto – sinceramente – não me desagrada.[70]

Sobral Pinto apresentou apelação ao TSN em 25 de novembro de 1940, sem sucesso, assim como a tentativa do advogado de unificar as duas sentenças de Prestes para serem contadas em conjunto. O Tribunal considerou a sentença "definitiva", e a condenação foi mantida até a decretação da anistia, em 1945. Ao todo, Prestes estava condenado a 46 anos e 8 meses de detenção[71]. Apesar de tudo, para ele, "a consciência do dever cumprido" seria "a única e suprema compensação a que devemos aspirar; o resto é acessório e fugaz"[72].

Prestes permanece preso em regime de isolamento (1941-1945)

No início de 1941, a situação de Prestes lhe parecia pouco animadora:

> Não sou pessimista, mas confesso-te que me parece bem sombria a perspectiva que tenho pela frente. Este 1941, pela maneira por que começou, parece-me que vai ser um segundo 1936 ou algo pior. A experiência destes cinco anos me diz que o pior está sempre por vir.[73]

Prestes permanecia "completamente ignorante do que se passa lá por fora"[74]. Escrevendo a Leocadia, já em agosto de 1941 ele reconhecia mais uma vez que era bem grande a sua ignorância sobre o que se passava no mundo[75]. Mas, no final de novembro daquele ano, Prestes foi surpreendido pela visita de

---

[70] "Carta de Prestes a Leocadia", Rio de Janeiro, 12 nov. 1940, em Anita Leocadia Prestes e Lygia Prestes (orgs.), *Anos tormentosos*, v. 1, cit., p. 411.

[71] John W. F. Dulles, *Sobral Pinto*, cit., p. 157-9; processo n. 1.381 (Luiz Carlos Prestes e outros) (TSN, apelação, ano 1940, 3 v., Arquivo Nacional); ver também Mayara Paiva de Souza, "Memória, história e esquecimento: o julgamento de Luiz Carlos Prestes no Tribunal de Segurança Nacional (1940)", cit., p. 32.

[72] "Carta de Prestes à avó Ermelinda", Rio de Janeiro, 17 mar. 1939, em Anita Leocadia Prestes e Lygia Prestes (orgs.), *Anos tormentosos*, v. 1, cit., p. 242.

[73] "Carta de Prestes a Leocadia", Rio de Janeiro, 10 abr. 1941, em Anita Leocadia Prestes e Lygia Prestes (orgs.), *Anos tormentosos*, v. 1, cit., p. 448.

[74] "Carta de Prestes a Leocadia", Rio de Janeiro, 24 abr. 1941, em Anita Leocadia Prestes e Lygia Prestes (orgs.), *Anos tormentosos*, v. 1, cit., p. 451-2.

[75] "Carta de Prestes a Leocadia", Rio de Janeiro, 14 ago. 1941, em Anita Leocadia Prestes e Lygia Prestes (orgs.), *Anos tormentosos*, v. 1, cit., p. 495-6.

Os anos de prisão   225

um velho conhecido, Orlando Leite Ribeiro[76], ex-tenente que participara das revoltas de 1922 e 1924 e, no exílio argentino, se tornara amigo do Cavaleiro da Esperança. Entrementes, ingressara na carreira diplomática e fizera amizade também com Vargas.

Com o beneplácito do próprio Vargas, Orlando acompanhou o jornalista equatoriano José Joaquim Silva, que trabalhava para o jornal chileno *El Siglo*, durante a entrevista anteriormente citada dele com Prestes. Era o dia 27 de novembro, sexto aniversário do levante de novembro de 1935 no Rio de Janeiro, num momento em que "Hitler estava em cima de Moscou, as forças alemãs que iam tomar Moscou"[77]. Prestes concedeu ao jornalista longa entrevista, abordando principalmente a guerra, mas também a situação brasileira:

> O homem arregalou os olhos quando eu disse alguma coisa sobre a luta na União Soviética. E ele: "O senhor ainda acredita que a União Soviética ainda possa ganhar essa guerra? Que o Hitler possa ser derrotado?". Eu disse: "Eu não tenho a menor dúvida, eu estive lá na União Soviética e eu sei que o povo soviético absolutamente não aceitará o fascismo. Está certo que está recuando, mas vai responder a isto". Ele ficou... me chamou de fanático. Então, ele fez uma entrevista que o *Jornal do Comércio* aqui no Rio publicou.[78]

A entrevista também foi publicada no Chile. Prestes recordaria que, dez dias depois, a 7 de dezembro, começou o contra-ataque soviético que fez Hitler recuar de Moscou, embora o chefe nazista já tivesse mandado as pedras para construir o monumento da vitória nessa capital[79].

Para o ilustre prisioneiro, ficara evidente que fora a pressão provocada pela Campanha Prestes – com grande repercussão nas Américas por ocasião da sua condenação a mais trinta anos de detenção[80] – que levara Vargas a tentar apresentá-lo vivo e em bom estado diante da opinião pública mundial. Por isso, lhe fora possível suspender a greve de fome que mantivera durante mais de três anos[81]. Ao mesmo tempo, interessava a Vargas conhecer o pensamento de Prestes

---

[76] "Carta de Prestes a Leocadia", Rio de Janeiro, 3 dez. 1941, em Anita Leocadia Prestes e Lygia Prestes (orgs.), *Anos tormentosos*, v. 1, cit., p. 536-7.

[77] Entrevista de Luiz Carlos Prestes concedida a Edgard Carone, cit.

[78] *Entrevista de Luiz Carlos Prestes concedida ao jornalista José Joaquim Silva*, Rio de Janeiro, 27 nov. 1941 (27 p., datilografada; texto encaminhado a Vargas por Filinto Müller; Arquivo Getúlio Vargas; GV42.01.25 – confidencial, em CPDOC/FGV).

[79] Idem.

[80] Conferir o capítulo VIII deste livro, item "Os anos 1940-1945".

[81] Conferir o capítulo IX deste livro, item "A transferência para a Casa de Correção e a condenação pelo Tribunal de Segurança Nacional".

sobre a situação mundial e nacional, pois a proposta dos comunistas de "União Nacional" contra o nazifascismo poderia lhe ser útil para os propósitos de se manter no poder. Vargas começara a perceber que o poderio de Hitler estava com os dias contados e, dessa maneira, para suas pretensões continuístas, lhe seria conveniente uma aliança com os Estados Unidos e as forças democráticas no cenário internacional, assim como o apoio dos comunistas e dos setores democráticos no país. Eis as razões pelas quais Orlando Leite Ribeiro passou a visitar, de vez em quando, a cela de Prestes[82].

No cenário internacional, o ataque japonês a Pearl Harbor (7 de dezembro de 1941), com o consequente envolvimento dos Estados Unidos na guerra e o rompimento do Brasil com as potências do Eixo, ao final da Conferência de Ministros do Exterior, realizada no Rio de Janeiro em janeiro de 1942, levaram à intensificação do sentimento nacionalista de amplos setores da opinião pública brasileira, desencadeando grandes manifestações antinazistas em diversos pontos do país. A reação popular cresceu rapidamente a partir de fevereiro de 1942, quando navios mercantes brasileiros começaram a ser afundados pela Alemanha[83].

Sob a pressão dos acontecimentos mundiais e de manifestações populares no Brasil, Vargas, apesar das resistências dentro de seu governo, revelava-se cada vez mais propenso à aliança com as forças democráticas no cenário mundial, empenhadas na luta pela derrota militar dos países do Eixo. Em agosto de 1942, o Brasil declarava guerra ao Eixo e, mais tarde, em 1944, enviava os soldados brasileiros para lutar na Itália junto aos Aliados[84]. Havia, pois, prenúncios de uma "abertura" política, que viria a ser promovida por Vargas a partir, principalmente, da derrota de Hitler na batalha de Stalingrado (início de 1943), quando ficaria evidente que o nazifascismo não tinha mais futuro.

As condições carcerárias de Prestes permaneceriam sem alterações significativas, embora, a partir do final de 1941 e do início de 1942, lhe tivesse sido permitido corresponder-se com alguns poucos amigos, que lhe escreviam da Argentina e do Uruguai[85].

---

[82] LCP, fita n. 12; "Cartas de Prestes a Leocadia", Rio de Janeiro, 17 jun. 1942; 2 jul. 1942; 29 jul. 1942; 19 ago. 1942; 8 set. 1942; 9 out. 1942; 29 out. 1942; 12 nov. 1942; 25 nov. 1942; 27 jan. 1943; "Carta a Alfredo Felizardo", Rio de Janeiro, 28 jul. 1942, em Anita Leocadia Prestes e Lygia Prestes (orgs.), *Anos tormentosos*, v. 1, cit., p. 84, 91, 103, 106, 114, 121, 135, 148, 152, 157 e 184.

[83] Anita Leocadia Prestes, *Da insurreição armada (1935) à "União Nacional" (1938-1945)*, cit., p. 69-70.

[84] Ibidem, p. 74 e 83-8.

[85] Anita Leocadia Prestes e Lygia Prestes (orgs.), *Anos tormentosos*, v. 3, cit., p. 482-650.

Em abril de 1942, Sobral Pinto se dirigiu ao TSN requerendo a concessão de "direitos fundamentais" ao prisioneiro Luiz Carlos Prestes, que havia seis anos era submetido a "torturas morais indescritíveis"[86]. Mas, em junho, o STM recusou o pedido de *habeas corpus* solicitado pelo advogado, apesar do voto favorável do juiz general Rabelo, "formulado em discurso impressionante", segundo Sobral Pinto[87].

Dois meses depois, Prestes recebeu na prisão a visita do deputado cubano Blas Roca, secretário-geral do Partido Socialista Popular (nome do PC de Cuba à época), grande amigo que conhecera ainda nos tempos de Moscou[88]. Graças à intermediação de Osvaldo Aranha, ministro das Relações Exteriores do governo Vargas e defensor de sua política externa anti-Eixo[89], o dirigente cubano pôde conversar com Prestes e, posteriormente, divulgar suas opiniões a respeito da situação mundial, assim como sobre a evolução dos acontecimentos políticos no Brasil. Na conversa, Prestes dissera considerar seu dever, e dever dos verdadeiros patriotas brasileiros, cessar todas as disputas de caráter interno e unir esforços para acelerar a derrocada das potências do Eixo[90].

Na mesma ocasião, ainda preso na Casa de Correção, escrevia a Agildo Barata, que, junto com outros comunistas antifascistas, encontrava-se no presídio da Ilha Grande:

> Hoje [...] sou de opinião que só pelo sacrifício voluntário do sangue de nosso povo, pela participação ativa na luta dos povos antifascistas, onde for necessário, em qualquer parte do mundo, salvaremos nossas cidades da destruição e evitaremos o massacre de mulheres e crianças, para não falar da ignomínia que seria permitir, por omissão, a organização em nossa Pátria de bases nazistas para o ataque ao povo brasileiro.[91]

---

[86] "Requerimento de Sobral Pinto ao ministro presidente do Tribunal de Segurança Nacional de 30.4.42", em Sobral Pinto, *Por que defendo os comunistas*, cit., p. 221-9.

[87] "Carta de Prestes a Leocadia", Rio de Janeiro, 10 jun. 1942, em Anita Leocadia Prestes e Lygia Prestes (orgs.), *Anos tormentosos*, v. 1, cit., p. 81.

[88] "Carta de Prestes a Leocadia", Rio de Janeiro, 2 jul. 1942, em Anita Leocadia Prestes e Lygia Prestes (orgs.), *Anos tormentosos*, v. 1, cit., p. 91; LCP, fita n. 12; John W. F. Dulles, *Sobral Pinto*, cit., p. 221.

[89] Anita Leocadia Prestes, *Da insurreição armada (1935) à "União Nacional" (1938-1945)*, cit.

[90] "Visita Blas Roca a Prestes", *Hoy*, Havana, 12 jul. 1942; "I Talk to Prestes" (baseado numa carta de Blas Roca), *World News and Views*, n. 22, v. 30, 25 jul. 1942, citado em John W. F. Dulles, *O comunismo no Brasil, 1935-1945: repressão em meio ao cataclismo mundial* (Rio de Janeiro, Nova Fronteira, 1985), cit., p. 232 e 326.

[91] "Carta de Luiz Carlos Prestes a Agildo Barata", Rio de Janeiro, 22 jun. 1942, em Luiz Carlos Prestes, *Problemas atuais da democracia*, cit., p. 41.

228 LUIZ CARLOS PRESTES: UM COMUNISTA BRASILEIRO

Os ataques à navegação de cabotagem brasileira por parte de agressores nazifascistas continuaram com intensidade crescente durante o ano de 1942. Em agosto, vários navios de bandeira nacional foram afundados pelo submarino alemão *U-507*, provocando uma onda de indignação e revolta em diversas cidades do país, que seriam palco de grandes manifestações populares[92].

A 21 de agosto de 1942, Luiz Carlos Prestes, refletindo o sentimento que se apoderara de amplos setores da opinião pública nacional, escreveu em telegrama enviado ao jornal *La Razón*, de Montevidéu:

> O povo brasileiro [...] demonstrou mais uma vez seu ódio ao fascismo e volta-se para o sr. Getúlio Vargas na esperança de que o antigo chefe do movimento popular de 1930 queira guiá-lo sem vacilações na luta de morte contra a barbárie fascista. [...] É necessário abrir as prisões onde se encontram os mais consequentes lutadores antifascistas, porque só assim, consolidada a *união nacional*, será possível esmagar a quinta coluna e desmascarar os agentes do inimigo que se escondem nas posições elevadas do aparelho estatal.[93]

Prestes deixava claro ali que não dissociava a política de "União Nacional", inclusive com Vargas, da luta pela democratização do país, exigindo a libertação dos presos políticos e o empenho para isolar e derrotar os agentes do nazifascismo enquistados no governo.

A liberalização do governo Vargas transcorria lentamente e sempre sujeita a retrocessos de caráter autoritário. Assim, em outubro de 1942, alguns brasileiros exilados em Montevidéu – entre eles Fernando de Lacerda, antigo dirigente do PCB, o escritor Jorge Amado e os jornalistas Pedro e Paulo Mota Lima – decidiram voltar ao Brasil no intuito de contribuir para a "União Nacional" na luta contra o nazifascismo, dispostos a emprestar sua colaboração ao governo do país. Para surpresa de todos, ao desembarcar, foram levados para a Casa de Correção, onde ficaram detidos durante algum tempo. Prestes não alimentava ilusões quanto a seu próprio destino naquele momento, opinião registrada em carta a Leocadia:

> Não deves [...] ter nenhuma ilusão a respeito da minha situação, pois é claro que meu destino é muito diferente do daqueles amigos. [...] Antes do sol da

---

[92] João Falcão, *O Partido Comunista que eu conheci: 20 anos de clandestinidade* (Rio de Janeiro, Civilização Brasileira, 1988), cap. 6 e 7; John W. F. Dulles, *O comunismo no Brasil, 1935-1945*, cit., p. 234.

[93] *Telegrama de Luiz Carlos Prestes a La Razón (Montevidéu)*, 21 ago. 1942 (original manuscrito, em AN-IJ, cx. 1.401 – pasta Caso L. C. Prestes); ver também Luiz Carlos Prestes, *Problemas atuais da democracia*, cit., p. 43, grifos desta autora.

Os anos de prisão   229

liberdade [...], ainda teremos que atravessar esse momento mais escuro da noite, que, segundo provérbio japonês, anuncia a madrugada.[94]

Em outra carta a Leocadia, Prestes escrevia que os acontecimentos em geral [no mundo] deveriam ser separados de "seu caso particular", que não sofrera "modificações para melhor, pois nem o Orlando [Leite Ribeiro] pode agora visitar-me, mas seria tolice negar que aqueles evoluem, e num bom sentido"[95].

Em dezembro de 1942, Prestes foi transferido para um local melhor dentro da própria Casa de Correção. Mas continuaria separado dos demais presos políticos e privado do convívio humano, reivindicação que jamais seria atendida pelas autoridades carcerárias, não obstante os esforços empreendidos nesse sentido pelo dr. Sobral Pinto.

Fui afinal transferido para outro local dentro deste mesmo presídio – em vez do cubículo em que vegetava desde julho de 1937, deram-me agora um amplo salão, tão grande que me lembra, pelo tamanho, minha velha residência da *calle* Gallo[96]. Não há dúvida de que a melhora foi grande e que disponho agora de um conforto material a que já não estava habituado, inclusive ótimo banheiro com aquecedor. Além disso, o local parece ser menos quente e até o pequeno pátio de que disponho tem um aspecto mais agradável, pois deixaram junto aos muros uma estreita faixa não cimentada, onde crescem algumas plantinhas, que não cesso de admirar. [...] Sinto-me ainda um pouco como que perdido e desorientado neste novo ambiente e até um tanto assustado, porque este conforto material é um indício bem claro de que *não cessará tão cedo o isolamento a que me condenaram.*[97]

Prestes era visitado esporadicamente por Sobral Pinto, Orlando Leite Ribeiro e uns poucos parentes – primos residentes no Rio, em Porto Alegre e em São Paulo. Sua correspondência permanecia irregular e sob controle da censura carcerária. Nesse período, constituía um verdadeiro martírio para Prestes a total ausência de notícias de Olga, cuja última carta datava de novembro de 1941. Na realidade, ela fora assassinada em abril de 1942 numa câmara de gás do campo de

---

[94] "Carta de Prestes a Leocadia", Rio de Janeiro, 15 out. 1942, em Anita Leocadia Prestes e Lygia Prestes (orgs.), *Anos tormentosos*, v. 1, cit., p. 138; John W. F. Dulles, *O comunismo no Brasil, 1935-1945*, cit., p. 235-6.

[95] "Carta de Prestes a Leocadia", Rio de Janeiro, 25 nov. 1942, em Anita Leocadia Prestes e Lygia Prestes (orgs.), *Anos tormentosos*, v. 1, cit., p. 157.

[96] Referência ao velho galpão onde Prestes morou junto com outros exilados em Buenos Aires, após a Marcha da Coluna.

[97] "Carta de Prestes a Leocadia", Rio de Janeiro, 8 dez. 1942, em Anita Leocadia Prestes e Lygia Prestes (orgs.), *Anos tormentosos*, v. 1, cit., p. 162-3; grifos desta autora.

concentração de Bernburg, na Alemanha, informação que só chegaria a Prestes em julho de 1945, após a vitória dos Aliados na guerra[98].

A saúde de Leocadia era outra grande preocupação que o afligia, principalmente a partir do momento em que a mãe deixou de lhe escrever as cartas semanais que lhe enviava desde março de 1937. Seu falecimento, em junho de 1943, constituiu um duro golpe para o filho, ao qual somou-se o fato de o governo brasileiro não lhe ter permitido viajar ao México para despedir-se[99].

Em 1943, a posição de Prestes em relação a um possível apoio a Vargas permanecia a mesma manifestada em 1938 e transmitida por Sobral Pinto em carta a Lygia Prestes:

> Seu irmão não compreende o apoio a Vargas, a não ser que este desse demonstrações positivas de ter modificado sua linha política de governo. A primeira dessas demonstrações seria a libertação imediata de todos quantos se batem, no país, contra os regimes fascistas ou nazistas, quaisquer que sejam os disfarces ou denominações sob as quais estes regimes se apresentem.[100]

No início de 1944, Prestes esperava receber a visita do líder mexicano Lombardo Toledano, presidente da Confederação dos Trabalhadores da América Latina (CTAL) e importante personalidade pública do continente[101], durante sua passagem pelo Rio de Janeiro rumo a Montevidéu, mas isso não chegou a acontecer. Toledano esteve com Orlando Leite Ribeiro, que lhe serviu de intermediário junto a Prestes, transmitindo-lhe notícias da irmã e da filha, residentes no México. A avaliação da situação mundial feita por Lombardo Toledano naquele momento coincidia no fundamental com a do prisioneiro do Estado Novo. Ao combater aqueles que, no México, como no Brasil, desejavam primeiro democratizar os países latino-americanos, para então defender a democracia no plano internacional contra a ameaça fascista, Toledano apontava para a necessidade de subordinar todos os problemas de cada país ao objetivo de vencer a guerra contra o Eixo[102]. Certamente, declarações que interessavam a Vargas divulgar, pois eram úteis a suas pretensões de permanecer no poder.

---

[98] Anita Leocadia Prestes e Lygia Prestes (orgs.), *Anos tormentosos*, cit.

[99] Idem. Conferir o capítulo VIII deste livro, item "Os anos 1940-1945".

[100] "Carta de Heráclito Fontoura Sobral Pinto a Lygia Prestes", Rio de Janeiro, 20 abr. 1943, citada em John W. F. Dulles, *Sobral Pinto*, cit., p. 229 e 230.

[101] Anita Leocadia Prestes e Lygia Prestes, *Anos tormentosos*, v. 3, cit., p. 36, 45, 46, 48, 53, 56, 59, 63 e 68.

[102] *Continental*, Rio de Janeiro, ano 2, n. 5, jan. 1944, p. 27-9; n. 5, fev. 1944, p. 20-2; n. 7, mar. 1944, p. 13.

Os anos de prisão   231

A partir de 1944, contando com a aprovação do presidente, as visitas de Orlando Leite Ribeiro a Prestes tornar-se-iam mais frequentes[103]. Havia o intuito deliberado, da parte de Vargas, de tentar um "entendimento" com Prestes, de forma a fortalecer a política de "União Nacional" no esforço de guerra[104]. Tal empenho era claramente perceptível ao ilustre prisioneiro do Estado Novo, cujo pensamento favorável à política de "União Nacional" já se tornara conhecido do ditador, que, apesar disso, hesitava em adotar as medidas de democratização nacional que Prestes exigia.

O debate em torno da consigna de "União Nacional"

Desde a declaração de guerra ao Eixo, em agosto de 1942, a palavra de ordem "União Nacional" passou "a estar na boca de todos" e, segundo Edgard Carone, "a antiga hegemonia das forças autoritárias, que domina até 1942, deixa de existir e, a partir de então, a reviravolta é a favor das forças democráticas"[105]. A proposta de "União Nacional" aglutinava amplos setores da opinião pública brasileira, mas era entendida de maneiras diferentes. Em São Paulo, a Comissão Executiva Provisória do PCB, criada em 1941 por alguns dirigentes comunistas oriundos da Bahia, levantava a consigna de "União Nacional pela Guerra e Paz com Vargas". Diretriz que encontrava resistência na maioria dos setores de "esquerda" naquele estado, pois lhes parecia excessivamente incondicional[106]. Muitos desses elementos seguiam posições defendidas pelos estudantes anti-Vargas da faculdade de direito de São Paulo, que mobilizavam a opinião pública em favor da guerra, pela "condenação dos fascismos e quaisquer outras formas de ditadura" e "pela exaltação da democracia"[107].

Entre os comunistas, três posições se delineavam no período, todas favoráveis à "União Nacional". A primeira, de alcance limitado, era defendida por Fernando de Lacerda que, junto com os irmãos Paulo e Pedro Mota Lima, pregava a dissolução do PCB[108]. Resultava da influência exercida pelo

---

[103] Anita Leocadia Prestes e Lygia Prestes (orgs.), *Anos tormentosos*, v. 3, cit., p. 18, 21, 23, 25, 29, 36, 38, 45, 46, 61, 63, 70, 105, 125 e 146.

[104] Cf. "Orlando Leite Ribeiro, Prestes e Vargas (maio de 1944)", em John W. F. Dulles, *Sobral Pinto*, cit., p. 287-90.

[105] Edgard Carone, *O Estado Novo (1937-1945)* (São Paulo, Difel, 1977), p. 298.

[106] Entrevista de Milton Caires de Brito a J. F. Dulles, Salvador, 14 out. 1967, 25 jul. 1979, citada em John W. F. Dulles, *O comunismo no Brasil, 1935-1945*, cit., p. 237 e 328.

[107] Luís Arroba Martins, "Notas sobre a 'resistência acadêmica' ao 'Estado Novo' (1938-1944)", depoimento, 7 nov. 1973 (datilografado, 10 p.), citado em John W. F. Dulles, *O comunismo no Brasil, 1935-1945*, cit., p. 237 e 328.

[108] Edgard Carone, *O PCB*, v. 1: *1922-1943* (São Paulo, Difel, 1982), p. 2; Anita Leocadia Prestes, *Da insurreição armada (1935) à "União Nacional" (1938-1945)*, cit., p. 77.

"browderismo"[109]. Tratava-se de uma orientação que estendia ao âmbito de cada PC a medida de autodissolução adotada pela IC, a 15 de maio de 1943, com a justificativa de que seria necessária para garantir uma ampla unidade na luta contra o nazifascismo.

A segunda posição era defendida pelo grupo paulista liderado por Caio Prado Júnior e Heitor Ferreira Lima, para quem a "União Nacional" deveria estar dirigida apenas contra o inimigo externo. Eram contrários ao apoio a Vargas, declarando ser necessário combater a direita concomitantemente na Europa e no Brasil. Por isso, defendiam a luta "contra o Estado Novo, mesmo no momento de mobilização para o esforço de guerra"[110].

Esta posição de "combate ao Estado Novo num apelo [...] à unidade nacional" passou a ser criticada por Prestes. Em documento escrito na prisão, no início de 1944, e logo a seguir amplamente divulgado, ele argumentava: "Não poderão [...] formar ao nosso lado na luta contra o nazismo todos aqueles que por ignorância, ou mesmo por interesse de classe, julgam necessários às condições específicas do Brasil os preceitos fundamentais da Carta de 1937?"[111].

A terceira posição, a mais importante e que aglutinou maior número de adeptos, era defendida pelos grupos baiano e carioca, empenhados na reorganização do PCB que ficara esfacelado com a prisão, em 1940, dos dirigentes do SN[112]. O grupo carioca se denominava Comissão Nacional de Organização Provisória (CNOP), nome adotado por ambos os grupos após a unificação realizada em agosto de 1943 na Conferência da Mantiqueira. Nessa ocasião, Prestes foi eleito, pela primeira vez, secretário-geral do PCB *in absentia*. A orientação por ele defendida de "União Nacional" contra o inimigo externo, mas emprestando apoio ao governo Vargas, coincidia com as diretrizes aprovadas na conferência[113]. Segundo Prestes:

> Estamos em guerra contra o nazismo. Essa guerra é para nós questão de vida ou de morte, é sem exagero uma guerra pela independência nacional. O essencial,

---

[109] "Browderismo" é um termo derivado do nome de Earl Browder, secretário-geral do PC dos Estados Unidos, cujas posições em defesa da tese de "União Nacional" e de dissolução do PC tiveram, na época, grande repercussão junto aos comunistas latino-americanos. Cf. Manuel Caballero, *La Internacional Comunista y la Revolución Latinoamericana, 1919-1943*, cit., p. 195-213.

[110] Edgard Carone, *O PCB*, v. 1: *1922-1943* (São Paulo, Difel, 1982), p. 2; Anita Leocadia Prestes, *Da insurreição armada (1935) à "União Nacional" (1938-1945)*, cit., p. 78.

[111] "Comentários a um documento aliancista aparecido nos últimos meses de 1943", Rio de Janeiro, 14 mar. 1944, em Luiz Carlos Prestes, *Problemas atuais da democracia*, cit., p. 45.

[112] Conferir neste capítulo o item "1940: a condenação a mais trinta anos de prisão".

[113] Edgard Carone, *O PCB*, v. 1, cit., p. 3; Anita Leocadia Prestes, *Da insurreição armada (1935) à "União Nacional" (1938-1945)*, cit., p. 78-9.

portanto, é vencer a guerra. Para isso, precisamos no país da mais forte e ampla *unidade nacional*. Essa unidade, praticamente, pode e deve ser alcançada *em torno do governo constituído*, o que aí temos e que [...] já deu incontestavelmente grandes passos ao lado das Nações Unidas: cortou relações com o Eixo, cedeu bases militares aos Aliados, de acordo com a vontade nacional reconheceu o estado de beligerância, tem acompanhado a política internacional dos Estados Unidos e Inglaterra, assinou a Carta do Atlântico, permite a publicação de livros que nos dizem a verdade sobre a União Soviética etc. [...] Mas não basta declarar apoio ao governo e cruzar os braços na expectativa das medidas internas indispensáveis à efetivação de uma verdadeira unidade nacional.[114]

De acordo com o recém-eleito secretário-geral do PCB, era necessário "apoiar aberta, franca e decididamente o governo na sua luta política de guerra contra o nazismo" e, ao mesmo tempo, exigir do governo a revogação imediata de todas as leis "que impedem ou limitam as liberdades populares", "anistia para todos os presos políticos" e "medidas práticas imediatas, eficientes contra a carestia de vida, contra a fome, a miséria, as doenças etc."[115].

Em outro documento da mesma época, Prestes enfatiza:

Longe de ser incompatível com a guerra e com a união nacional de que necessitamos para ganhá-la, torna-se cada vez mais evidente que, sem *liberdade*, impossível será mobilizar a Nação para a guerra e organizá-la de maneira viva e consciente em torno do governo.[116]

Se Prestes considerava acertada, no fundamental, a orientação tirada na Conferência da Mantiqueira – "União Nacional em torno do governo" e "apoio irrestrito à política de guerra e ao governo que a realiza" –, fazia, contudo, restrições à formulação de "apoio *incondicional* na política de guerra", conforme constava do documento então aprovado[117]. No informe político por ele apresentado no "Pleno da Vitória" (agosto de 1945), afirmava-se:

---

[114] "Comentários a um documento aliancista aparecido nos últimos meses de 1943", Rio de Janeiro, 14 mar. 1944, em Luiz Carlos Prestes, *Problemas atuais da democracia*, cit., p. 45.

[115] Ibidem, p. 48.

[116] "Projeto de Declaração da ANL e do PCB", abr. 1944, em Luiz Carlos Prestes, *Problemas atuais da democracia*, cit., p. 55; grifo desta autora.

[117] "Os comunistas na luta pela democracia" (informe político apresentado em nome da Comissão Executiva ao Pleno do Comitê Nacional do PCB, ago. 1945, "Pleno da Vitória"), em Luiz Carlos Prestes, *Problemas atuais da democracia*, cit., p. 136-7; grifo desta autora.

Acertando no fundamental, não soube no entanto a Conferência [da Mantiqueira] assinalar que a luta pela guerra era inseparável da luta pela democracia no país e, adotando, de maneira um tanto esquemática a política de apoio ao governo, não soube mostrar ao Partido e ao próprio governo o quanto seria este reforçado e o quanto seria mais sólida a União Nacional à medida que fossem dados passos no sentido da democracia, especialmente com a libertação dos presos políticos e a suspensão da censura à imprensa e restrições às liberdades civis.[118]

Se Prestes era crítico ao "apoio incondicional" ao governo, tampouco aceitava os argumentos das "pretensas forças democráticas", que não se solidarizavam com o governo, pois, "se não apoiam o governo em guerra contra o nazismo, ficam de fato ao lado do nazismo". Para Prestes, a unidade nacional não era um fim, mas um meio – "o instrumento que devemos forjar e aperfeiçoar na luta contra o nazismo". Segundo ele, "a unidade nacional é um processo de democratização do país", sendo "impossível prever a que nível já teremos chegado nesse longo e difícil processo de unificação, quando terminar a guerra". Mas, "qualquer que seja" esse nível, "terminada a guerra, a luta pela unidade nacional deve continuar para que se alcance a completa democratização do país"[119]. Concluindo, Prestes, ainda na prisão, escreveria:

Se o governo se opuser então à democratização do país, o instrumento se voltará contra ele, com tanto maior vigor quanto mais elevado tenha sido o nível de unidade nacional alcançado durante a guerra. É difícil imaginar um Estado Novo que resista à derrota do nazismo.[120]

1945: a preparação do golpe contra Vargas e a libertação dos presos políticos

A história do ano de 1945 parece ter dado razão a Prestes, pois a vitória dos Aliados na Segunda Guerra Mundial seria acompanhada, no Brasil, pelo processo de "abertura" ou, melhor, de descaracterização e desarticulação do Estado Novo. Nas palavras da socióloga Maria Victoria Benevides, vivia-se a "galopante desagregação das forças estado-novistas"[121].

---

[118] Ibidem, p. 137.

[119] "Carta a um amigo", Rio de Janeiro, 20 jun. 1944, em Luiz Carlos Prestes, *Problemas atuais da democracia*, cit., p. 64.

[120] Ibidem, p. 64-5, grifos desta autora.

[121] Maria Victoria de Mesquita Benevides, *A UDN e o udenismo: ambiguidades do liberalismo brasileiro (1945-1965)* (Rio de Janeiro, Paz e Terra, 1981), p. 24.

Em discurso pronunciado a 10 de novembro de 1943 por ocasião do sexto aniversário do Estado Novo, Vargas, respondendo ao *Manifesto dos mineiros* – primeira manifestação importante dos interesses anti-Vargas das elites liberais – prometera, para quando terminasse a guerra, reajustar "a estrutura política da nação", fazendo "de forma ampla e segura as necessárias consultas ao Povo Brasileiro"[122].

Diante das atitudes democratizantes esboçadas por Vargas ainda no final de 1944, os setores oposicionistas, sob liderança das elites liberais, tratariam de articular a candidatura à presidência da República do brigadeiro Eduardo Gomes[123], postulante a uma eleição que ainda não fora posta em pauta. Era o "candidato irrevelado", nas palavras de José Américo de Almeida em uma célebre entrevista concedida ao *Correio da Manhã* em fevereiro de 1945, cujo resultado imediato fora o fim da censura à imprensa[124].

Ao mesmo tempo, os liberais, mobilizados em torno da liderança de Eduardo Gomes e convencidos de que Vargas não estaria disposto a abandonar o poder, tratavam de se preparar para sua derrubada por meio de um golpe militar, articulado com setores das Forças Armadas em estreita colaboração com a embaixada dos Estados Unidos. Golpe que, afinal, seria perpetrado em outubro de 1945[125].

Em janeiro de 1945, sob influência dessas elites liberais, realizou-se em São Paulo o I Congresso Brasileiro de Escritores, cujas resoluções, marcadas pelo repúdio ao Estado Novo e a Getúlio Vargas, tiveram grande repercussão[126], contribuindo para o desgaste do regime estado-novista.

Uma nova situação havia se criado no país, o que levaria Vargas "a pensar seriamente em não mais condicionar as eleições ao fim da guerra"; "para essa solução também contribuiu o contexto internacional, especialmente a realização das eleições nos Estados Unidos, dando vitória a Roosevelt"[127]. A 28 de fevereiro de 1945, Vargas assinava a Lei Constitucional n. 9 – uma reforma constitucional tímida, que abriria caminho para eleições presidenciais e parlamentares sem levantar a questão da Constituinte. Pode-se dizer que "era a primeira iniciativa concreta de Vargas na tentativa de comandar a redemocratização"[128].

---

[122] Hélio Silva, *1945: por que depuseram Vargas* (Rio de Janeiro, Civilização Brasileira, 1976), p. 77.

[123] Ibidem, p. 107.

[124] *Correio da Manhã*, Rio de Janeiro, 22 fev. 1945, p. 14, citado em Hélio Silva, *1945*, cit., p. 83-96.

[125] Anita Leocadia Prestes, *Os comunistas brasileiros (1945-1956/58): Luiz Carlos Prestes e a política do PCB* (São Paulo, Brasiliense, 2010), cap. 3.

[126] Edgard Carone, *O Estado Novo (1937-1945)*, cit., p. 316; John W. F. Dulles, *O comunismo no Brasil, 1935-1945*, cit., p. 261-3.

[127] Angela de Castro Gomes, *A invenção do trabalhismo* (São Paulo/Rio de Janeiro, Revista dos Tribunais/Iuperj, 1988), p. 301.

[128] Hélio Silva, *1945*, cit., p. 112; ver Edgard Carone, *O Estado Novo (1937-1945)*, cit., p. 111-7.

Frente ao lançamento da candidatura oposicionista de Eduardo Gomes, setores governistas apresentaram a candidatura do general Eurico Gaspar Dutra, uma das principais figuras do Estado Novo. As duas candidaturas já estavam postas na rua, embora a Lei Eleitoral só viesse a ser editada em maio de 1945[129].

Ao mesmo tempo, a palavra de ordem da anistia para os presos e os perseguidos políticos ia assumindo proporções crescentes e, a partir do final de fevereiro de 1945, se concretizou em um amplo movimento de massas. "Em março, formava-se o Comitê Pró-Anistia de Jornalistas e Profissionais de Rádio; depois surgem os Comitês Femininos, os Comitês Médicos etc."[130] A anistia passava a ser um reclamo generalizado.

No início de março de 1945, o avanço do processo de liberalização do regime levaria à substituição do repressor chefe de polícia Coriolano de Góis, nomeado por Vargas no ano anterior, pelo antigo "tenente" João Alberto Lins de Barros, que, ao assumir o novo cargo, declarara à imprensa que a anistia deveria ser concedida "sem restrições"[131].

Vargas soubera que a data de sua deposição estava marcada para o dia 14 de março[132] e, numa hábil jogada política, determinou a João Alberto que anunciasse a imediata liberação de visitas para Prestes[133], que continuava preso, visto apenas pelos parentes, o advogado e Orlando Leite Ribeiro. Vargas apostava na influência de Prestes junto aos comunistas e a diversos setores democráticos na defesa de "União Nacional" para derrotar o nazifascimo. Sabedor das posições de Prestes, Getúlio esperava dessa maneira evitar o golpe e sair fortalecido do embate com a oposição. Como relata Prestes:

Ele [Vargas] abriu minha prisão em março de 45. É porque naquele momento estava na hora, no dia do golpe; eles iam fazer o golpe naquele momento. Desde janeiro de 45 que o golpe[134] estava decidido. Então, abrindo a prisão, não imagina meu esforço qual era. Era de receber pessoas de manhã à noite, de manhã à noite[135], todos, quase todos, a não ser os comunistas,

---

[129] Anita Leocadia Prestes, *Os comunistas brasileiros (1945-1956/58)*, cit., p. 66.

[130] Edgard Carone, *O Estado Novo (1937-1945)*, cit., p. 325.

[131] John W. F. Dulles, *O comunismo no Brasil, 1935-1945*, cit., p. 258 e 265.

[132] Entrevista de Luiz Carlos Prestes concedida a Edgard Carone, cit.

[133] Idem; John W. F. Dulles, *O comunismo no Brasil, 1935-1945*, cit., p. 266, e *Sobral Pinto*, cit., p. 129; LCP, fita n. 12.

[134] Cf. Alzira Alves de Abreu, Israel Beloch et al. (coords.), *Dicionário histórico-biográfico brasileiro pós-1930*, v. 5, cit., p. 5.938.

[135] Cf. "Carta de Prestes a Lygia", Rio de Janeiro, 15 mar. 1945, em Anita Leocadia Prestes e Lygia Prestes (orgs.), *Anos tormentosos*, v. 3, cit., p. 148.

estavam com esta posição de que o fundamental era *combater o Getúlio, e não a unidade com Getúlio.*

Caio Prado esteve lá comigo, Schemberg[136] também, Carlos Drummond de Andrade, intelectuais, jornalistas, antigos membros do partido, todos estiveram. E minha opinião era essa, mostrando a eles que estavam todos equivocados. O próprio Astrojildo[137] caiu também nessa. Chegou lá na minha prisão para conversar comigo, muito satisfeito dizendo que: "Acabo de assinar um manifesto da ABI..." – da ABI, dos jornalistas – "apoiando a candidatura do brigadeiro". Eu disse: "Mas, Astrojildo, onde que você está com a cabeça? O brigadeiro é o candidato do imperialismo, dos que não querem a luta contra... que o Brasil continue a luta contra o nazismo". E ele compreendeu, e isso se tornou claro naquele discurso que o Berle[138] fez em Quitandinha, no dia 1º de outubro de 1945. Nessa data foi também meu primeiro comício em Porto Alegre, quando eu ataquei o Berle contra sua intervenção nos assuntos internos do Brasil, porque ele chamava abertamente para a luta contra o Estado Novo.[139]

O jornalista e comunista Pedro Mota Lima foi um dos primeiros a estar com Luiz Carlos Prestes após a liberação das visitas na prisão. Quando pediu ao prisioneiro uma declaração para a imprensa, este lhe passou um escrito de maio de 1944, que foi publicado no jornal *O Globo* de 15 de março de 1945[140], no qual afirmava que, "se a democracia for restabelecida durante a guerra, a união nacional em torno do governo permitirá uma transição dentro da lei e da ordem até a constitucionalização definitiva do país"[141]. Era a reafirmação da "União Nacional" com Vargas, aliada à defesa concomitante da democratização da vida política no país, tentando, assim, evitar o golpe preparado pelos setores mais conservadores, articulados com os interesses imperialistas dos Estados Unidos.

De acordo com documentos do National Archives, em Washington, havia interesse direto norte-americano na queda de Vargas, e o embaixador Adolf Berle se mostrava preocupado com

a viabilidade de um presidente brasileiro que, além de contar com o apoio popular, desenvolvesse uma política econômica prejudicial – como a legislação

---

[136] Caio Prado Júnior, historiador paulista; Mário Schemberg, conhecido físico de São Paulo.

[137] Astrojildo Pereira, ex-secretário-geral do PCB.

[138] Adolf Berle, embaixador dos Estados Unidos no Brasil à época.

[139] Entrevista de Luiz Carlos Prestes concedida a Edgard Carone, cit.; grifos desta autora.

[140] John W. F. Dulles, *O comunismo no Brasil, 1935-1945*, cit., p. 267; ver *O Globo*, Rio de Janeiro, 15 mar. 1945; Luiz Carlos Prestes, *Problemas atuais da democracia*, cit., p. 69-74.

[141] Luiz Carlos Prestes, *Problemas atuais da democracia*, cit., p. 70.

antitruste – aos interesses das classes produtoras, naturalmente convergentes com a expansão do capital americano.[142]

Conforme é apontado por Maria Victoria Benevides, a partir de abril, "a grande imprensa passa a dirigir suas críticas a Getúlio não por ser um ditador, mas por 'não controlar a classe operária' e 'permitir que seu ministro do Trabalho, Marcondes Filho, encorajasse as greves"[143].

Sentindo-se fortalecido pelo apoio popular e também dos comunistas, proclamado de público por Luiz Carlos Prestes[144], cujo prestígio renascia com força, Vargas oficializou as relações diplomáticas do Brasil com a União Soviética em 2 de abril de 1945 – reivindicação agitada havia meses por amplos setores da vida pública nacional[145].

Frente a tal medida, Prestes imediatamente se pronunciou por meio de telegrama dirigido a Vargas; nele, após as congratulações pelo estabelecimento de relações com o "heroico povo soviético", afirmava:

> Urge, agora, para que se restabeleça a confiança popular nas inclinações democráticas de Vossa Excelência, a decretação imediata da *anistia*, com exclusão do meu caso pessoal, se necessário; e que seja assegurada sem maior demora a *livre organização dos partidos políticos* para que estes por seus representantes autorizados possam intervir na redação de uma lei eleitoral capaz de assegurar as eleições livres e honestas que reclama a Nação.[146]

Em abril de 1945, a campanha pela anistia ampla e irrestrita adquiria grande repercussão. Com o fim da censura à imprensa, os jornais passaram a noticiar as iniciativas pró-anistia e, de 8 a 15 de abril, realizou-se no auditório da Escola Nacional de Música a Semana Pró-Anistia. A União Nacional dos Estudantes (UNE) e o Movimento Unificado dos Trabalhadores (MUT) desempenharam papel ativo na mobilização popular, garantindo grande repercussão ao evento. A campanha pela anistia ganhou definitivamente as ruas, exercendo pressão sobre Vargas, que, afinal, no dia 18 de abril assinou o Decreto-Lei n. 7.474.

---

[142] Maria Victoria de Mesquita Benevides, *A UDN e o udenismo*, cit., p. 55.

[143] Ibidem, p. 54.

[144] Deve-se esclarecer que tal apoio a Vargas foi concedido sem qualquer acordo, entendimento ou troca de favores, por motivos exclusivamente políticos, e que Prestes não teve qualquer encontro pessoal com Vargas.

[145] Edgard Carone, *O Estado Novo (1937-1945)*, cit., p. 324.

[146] Anita Leocadia Prestes e Lygia Prestes (orgs.), *Anos tormentosos*, v. 3, cit., p. 563, grifos desta autora.

O texto concedia anistia[147] a todos os prisioneiros políticos, incluindo Luiz Carlos Prestes[148].

No mesmo dia, acompanhado por Orlando Leite Ribeiro e Trifino Corrêa (antigo camarada da Coluna), Prestes deixou o cárcere onde permanecera por mais de nove anos. Continuava, àquela altura, ainda sem notícias de Olga, preocupação e angústia que não o abandonavam. Ele seria conduzido à casa de Leôncio Basbaum, antigo dirigente do PCB, onde ficou hospedado até fixar residência em um imóvel alugado no Rio de Janeiro pela direção do partido, para alojá-lo junto com a família – as irmãs e a filha, que chegariam ao Brasil poucos meses depois.

---

[147] Na realidade, foi concedida liberdade aos presos políticos, pois eles não foram reintegrados a seus postos e cargos anteriores, como seria no caso de uma anistia. Diante da resistência de Dutra à concessão da anistia, Prestes, ainda na prisão, propôs à direção do PCB levantar a bandeira da liberdade aos presos políticos, o que facilitou a adoção dessa medida pelo governo (LCP, fita n. 13).

[148] Edgard Carone, *O Estado Novo (1937-1945)*, cit., p. 325; ver também *O Globo*, Rio de Janeiro, abr. 1945.

X
Luiz Carlos Prestes à frente do PCB na legalidade: a luta contra o golpe e pela "União Nacional" (1945-1947)

A Conferência da Mantiqueira: Luiz Carlos Prestes e o novo grupo dirigente do PCB

Após a prisão dos membros da direção nacional do PCB em 1940 e o decorrente esfacelamento da organização partidária, vários grupos tentaram sua reorganização. Enfim, a reconstrução do PCB teve sucesso com a iniciativa da Comissão Nacional de Organização Provisória (CNOP) de realizar a II Conferência Nacional do PCB – conhecida como Conferência da Mantiqueira, realizada clandestinamente em algum lugar do vale do Paraíba, em agosto de 1943, reunindo 48 militantes[1].

O exame das concepções político-ideológicas norteadoras da conferência é essencial para o esclarecimento das condições em que se formou o novo *grupo dirigente* eleito nessa oportunidade e que assumiu a direção do PCB, tratando de reunificá-lo. Vale lembrar a importância que Antônio Gramsci atribuía à formação do *grupo dirigente* do Partido Comunista. O teórico marxista escreveu que "todos os problemas de organização são problemas políticos"[2] e, preocupado com a construção do PC italiano, afirmou: "É preciso criar no interior do Partido um núcleo [...] de companheiros que tenham o máximo de homogeneidade ideológica e, portanto, consigam imprimir à ação partidária um máximo de unidade de orientação"[3]. Para Gramsci, a formação do *grupo dirigente*, ou *núcleo dirigente*, do PC era condição indispensável para que o partido pudesse cumprir seus objetivos políticos. A tal grupo caberia o papel

---

[1] Conferir o capítulo IX deste livro, item "O debate em torno da consigna de 'União Nacional'"; ver também *Tribuna Popular*, Rio de Janeiro, 27 jun. 1946, p. 1.

[2] Antonio Gramsci, *Escritos políticos*, v. 2 (Rio de Janeiro, Civilização Brasileira, 2004), p. 348.

[3] Ibidem, p. 129-30.

de garantir a "formação de uma vanguarda proletária homogênea e ligada às massas"[4]. Em outras palavras, para Gramsci, a formação do grupo dirigente constituía um ponto de partida fundamental para a construção do Partido Comunista e, consequentemente, as características de tal grupo dirigente definiriam o perfil da organização partidária em questão.

Como foi dito, a tática de "União Nacional" adotada pelos comunistas a partir de 1938 levou seus dirigentes e seus militantes a se inserir de maneira espontânea e pouco crítica no movimento generalizado de repúdio às ameaças expansionistas e agressoras do nazifascismo europeu, secundado pelos integralistas, seus agentes internos em nosso país. Tal movimento empolgou setores amplos do espectro político brasileiro, incluindo numerosas camadas populares. A análise da atuação do PCB nesse período nos revela que, após os acontecimentos de novembro de 1935, os comunistas, profundamente golpeados e desarticulados, com dificuldades para restabelecer os contatos com a IC, não tiveram condições de manter uma postura ideologicamente independente[5].

Também a ausência, por parte do PCB, de uma justa compreensão da realidade do país contribuiu para que a direção do partido tivesse dificuldade de formular uma orientação política capaz de articular adequadamente a luta pela democracia no plano internacional, ou seja, o combate ao nazifascismo e a seus agentes internos, com a luta pela democratização do país – contra o regime ditatorial do Estado Novo – e o empenho necessário para a construção das forças sociais e políticas capazes de levar adiante um projeto voltado para a emancipação econômica e social do país. Projeto esse que apontasse para uma efetiva transformação socialista, conforme constava dos documentos programáticos do PCB[6].

Tais impasses na trajetória do movimento comunista no Brasil teriam como consequência a transformação do PCB num partido *nacional-libertador*, sob influência das ideias nacionalistas presentes na sociedade brasileira – um partido progressista em que, entretanto, o conflito entre trabalho e capital ficaria relegado a um segundo plano[7].

A partir da Conferência da Mantiqueira, a orientação oficial do PCB, baseada na defesa da "União Nacional", não só deixou transparecer essa postura nacionalista, de defesa da soberania nacional diante do expansionismo nazifascista, mas também certo adesismo ao governo Vargas, o que se

---

[4] Ibidem, p. 351; ver também p. 129-402.

[5] Anita Leocadia Prestes, *Da insurreição armada (1935) à "União Nacional" (1938-1945)* (São Paulo, Paz e Terra, 2001).

[6] Idem.

[7] Idem.

evidenciava nas páginas da revista *Continental*, tornada, na prática, o órgão oficioso do partido[8].

Na Conferência da Mantiqueira foram consagradas a hegemonia e a vitória das posições defendidas pela CNOP. Na ocasião foi nomeado um Comitê Central provisório, que se consolidaria com o apoio de Prestes, então eleito secretário-geral do partido. Segundo o historiador Edgard Carone, "é em agosto de 1945, na reunião legal do Comitê Nacional do PCB, denominado 'Pleno da Vitória', que os recalcitrantes irão aceitar a situação hegemônica do CNOP"[9]. Dessa forma, constituía-se o *novo grupo dirigente* do PCB, que proclamava a liderança de Prestes e incluía entre seus membros nomes que figurariam à frente do PCB durante anos, como Diógenes de Arruda Câmara, João Amazonas, Maurício Grabois, Pedro Pomar, Mário Alves, Amarílio Vasconcelos, Ivan Ramos Ribeiro, Giocondo Dias e Álvaro Ventura, entre outros.

Tal grupo dirigente sofreria modificações no decorrer do tempo, mas foram seus elementos mais destacados que orientaram a reconstrução do PCB e o dotaram de um tipo de organização que correspondia aos objetivos políticos traçados na Conferência da Mantiqueira: de caráter *nacional-libertador*.

Que alternativas partidárias se apresentavam a Luiz Carlos Prestes, ainda prisioneiro do Estado Novo? Isolado e sem condições de manter contato com os diversos grupos de comunistas que tentavam reorganizar o PCB, só lhe restaram duas escolhas: o Comitê de Ação criado em São Paulo ou a CNOP, vitoriosa com a realização da Conferência da Mantiqueira. Além da discordância em relação às posições políticas, a própria debilidade organizacional do grupo paulista foi decisiva para que Prestes não lhe apoiasse. A CNOP mostrava-se mais forte e organizada, sendo suas propostas políticas bastante próximas das defendidas por Prestes.

Apostando na liderança de Prestes, a CNOP o elegera secretário-geral do PCB. Não se tratava de mero convite, mas de uma convocação irrecusável. Segundo a mentalidade imperante à época entre os comunistas, caso Prestes não aceitasse tal imposição, seria acusado de oportunismo e de abandono da luta revolucionária, execrado como inimigo e traidor do proletariado e dos ideais comunistas. Dessa forma, Prestes se viu compelido a assumir a direção de um partido cujos dirigentes e militantes eram por ele desconhecidos. Viu-se forçado a integrar um núcleo dirigente de cuja formação não havia participado. E as consequências de tal situação não tardariam em se fazer presentes.

---

[8] Anita Leocadia Prestes, *Os comunistas brasileiros (1945-1956/58)* (São Paulo, Brasiliense, 2010), p. 51-2.

[9] Edgard Carone, *O PCB*, v. 2: *1943-1964* (São Paulo, Difel, 1982), p. 3-4.

Ao deixar a prisão, em abril de 1945, o novo secretário-geral do PCB assumiria na prática as funções para as quais fora eleito dois anos antes. No turbilhão dos acontecimentos daquele ano, Prestes naturalmente seria levado a assumir a liderança dos assuntos políticos do partido. Enquanto isso, Diógenes de Arruda Câmara, que, na qualidade de secretário de organização, já havia conquistado posição de comando junto ao novo núcleo dirigente – ou, nas palavras de Prestes, "havia assaltado a direção do partido" ainda durante a existência da CNOP e "ficado com o partido na mão"[10] – detinha o controle da estrutura orgânica do PCB.

Tal divisão de tarefas teria como resultado o afastamento de Prestes dos problemas de organização do partido. Embora fizesse parte do núcleo dirigente e compartilhasse, no fundamental, das mesmas concepções nacional-libertadoras do grupo, a inserção de Prestes foi incompleta, pois a máquina partidária em construção escapara de seu controle. Prestes ficara nas mãos de Arruda e do novo núcleo dirigente – controlado por Arruda, Amazonas e Grabois – com poucas possibilidades de alterar o rumo dos acontecimentos pré-traçados pela nova direção.

O PCB, ao renascer dos violentos golpes desfechados pelo governo no início dos anos 1940, surgia como um partido marcado pela ideologia nacional-libertadora, com um grupo dirigente então desconhecido, mas prestigiado pela presença de Luiz Carlos Prestes, cujo aval fora decisivo para sua consolidação. E o núcleo dirigente se empenhou na construção de uma estrutura partidária que correspondesse aos objetivos políticos traçados, ou seja, à defesa da soberania nacional, entendida como fruto do desenvolvimento de um capitalismo autônomo no Brasil[11].

A luta contra o golpe e a favor da Constituinte

Quando Prestes saiu da prisão, a opinião pública democrática, que apoiava os Aliados no cenário da guerra, vivenciava um momento de forte comoção, ocasionada pelo falecimento, no dia 12 de abril de 1945, de um dos três grandes líderes "aliados", o presidente norte-americano Franklin D. Roosevelt[12]. A direção do PCB tomou a iniciativa de convocar uma grande manifestação de pesar pelo falecimento dessa liderança mundial à frente da embaixada dos Estados Unidos, no Rio de Janeiro. Na ocasião, Prestes saudou do balcão da embaixada a multidão ali presente, pela primeira vez após sua libertação, tendo ao lado o embaixador Adolf Berle. Foi ovacionado na manifestação, na qual destacavam-se bandeiras

---

[10] LCP, fita n. 13.

[11] Anita Leocadia Prestes, *Os comunistas brasileiros*, cit.

[12] Conferir a imprensa de abril de 1945; os três líderes "aliados": Stalin, Churchill e Roosevelt.

vermelhas com a foice e o martelo dos comunistas brasileiros. Dessa forma, foi conquistada, nas ruas, a legalidade do PCB, que em poucos meses vivenciou um crescimento dos cerca de mil membros para mais de 200 mil afiliados[13].

Dois dias depois, por insistência de Silo Meirelles[14] e na presença de Juarez Távora, Prestes encontrou-se com o brigadeiro Eduardo Gomes, cuja candidatura à presidência da República acabara de ser oficializada pela recém-criada UDN (União Democrática Nacional). Ambos os militares, ex-tenentes, haviam apoiado o Estado Novo e recebido promoções em suas carreiras. Naquele momento, queriam derrubar Vargas e, com esse objetivo, apostavam no golpe. Prestes lhes disse que era contra um golpe e a favor da convocação da Constituinte. Os comunistas apoiavam Vargas porque ele estava garantindo as eleições, a liberdade de imprensa e permitindo a organização do PC. O brigadeiro argumentou que não poderia haver eleições livres com Getúlio. Ao que Prestes retrucou, repetindo que, naquele momento, havia liberdades públicas e, além disso, quem iria substituir Vargas, senão o presidente do STF, nomeado pelo ditador e homem de sua confiança? Segundo tal raciocínio, só havia uma alternativa para tirar Vargas: o golpe. Na verdade, essa era a saída sugerida tacitamente pelo brigadeiro[15].

Na mesma ocasião, a pedido de Agildo Barata, houve um encontro de Prestes com Juracy Magalhães, ex-tenente e "revolucionário de 30", ex-governador da Bahia, deposto pelo golpe que instaurou o Estado Novo. Magalhães também iria integrar a UDN e participar da articulação golpista para derrubar Vargas. Ao receber Prestes, o acusou pelo fato de os levantes de 1935 terem contribuído para o golpe de 1937. Prestes rebateu: "O golpe de 37 só aconteceu porque os governadores não souberam defender a autonomia estadual!". Nisso a conversa se encerrou[16].

No dia 23 de abril de 1945, Prestes concedeu a primeira entrevista coletiva à imprensa após sua saída da prisão, durante a qual condenou a proposta do brigadeiro de "substituir o ilegal pelo ilegal, o ilegítimo pelo ilegítimo", ou seja, Vargas pelo presidente do STF, de confiança do chefe do governo[17]. Para o secretário-geral do PCB, "a única solução cabível é a da legitimação de órgãos

---

[13] LCP, fita n. 13.

[14] Silo Meirelles, ex-tenente, participante das conspirações dos anos 1920 e do levante de 1935 no Recife; amigo íntimo de Eduardo Gomes.

[15] LCP, fita n. 13; declarações de LCP à autora.

[16] Idem.

[17] O brigadeiro Eduardo Gomes, em entrevista concedida em 16 de abril de 1945, defendera a renúncia de Vargas, pois, segundo ele, dado o estado de decomposição em que se encontrava o Estado Novo, seria "urgente o restabelecimento no Brasil da ordem constituída" e "não é possível esperar que esta ordem resulte de um processo eleitoral conduzido, dirigido e manipulado pela própria ditadura", cf. Edgard Carone, *A Terceira República (1937-1945)* (São Paulo, Difel, 1976), p. 121.

governamentais por meio de um parlamento que delibere como Constituinte"[18]. Na mesma ocasião, Prestes, para escândalo dos meios políticos, dissera que "dificilmente poderia haver dois candidatos tão semelhantes" como o brigadeiro Eduardo Gomes e o general Eurico Gaspar Dutra[19]. Ambos estavam envolvidos na conspiração golpista para derrubar Vargas – que estaria, segundo eles, fazendo demasiadas concessões aos setores populares e democráticos. Como lembraria Prestes, referindo-se aos liberais de então, "esses mesmos acusadores [dos comunistas por apoiar Vargas], em 1935 a 1937, dispunham de tribuna parlamentar e nada fizeram em defesa da democracia"[20].

Para os comunistas, com Prestes à frente, desde o início de 1945 e, em particular, desde o lançamento da candidatura do brigadeiro, o processo de conquista efetiva da democracia no país só poderia ter êxito por meio de uma Assembleia Constituinte livremente eleita pelo povo, que viesse a elaborar uma Constituição democrática[21].

A luta pela "União Nacional", segundo os comunistas, deveria prosseguir para assegurar a completa democratização do país. E, nas condições concretas daquele momento histórico, a Constituinte seria o único meio capaz de levar à implantação de um regime democrático no Brasil, sepultando a Constituição de 1937 e as instituições autoritárias do Estado Novo. Ao mesmo tempo, era preciso impedir a consumação de um golpe militar por parte das forças conservadoras, que viesse a reverter o processo de democratização inaugurado por Vargas.

Tal orientação seria defendida por Prestes, em nome dos comunistas, nos meses seguintes. No discurso pronunciado no grande comício realizado no estádio do Vasco da Gama a 23 de maio de 1945, Prestes combatia a tese da renúncia de Vargas, afirmando:

> A oposição exige que o sr. Getúlio Vargas abandone o cargo, para que seja mantida a paz interna. Mas será esse realmente o caminho democrático da ordem, da paz e da união nacional? Não terá, ao contrário, razão o sr. Getúlio Vargas, ao afirmar que seu dever é manter a ordem para levar o país a eleições livres e honestas e entregar o poder ao eleito da Nação?[22]

---

[18] "Entrevista de L. C. Prestes", *Folha da Manhã*, 27 abr. 1945, em Edgard Carone, *A Terceira República*, cit., p. 522.

[19] Ibidem, p. 519.

[20] Luiz Carlos Prestes, "Discurso proferido no comício no parque 13 de Maio" (Recife, 26 nov. 1945), em *Problemas atuais da democracia* (Rio de Janeiro, Vitória, s./d.), p. 176.

[21] Cf. *Tribuna Popular*, Rio de Janeiro, abr.-dez. 1945.

[22] Luiz Carlos Prestes, *Problemas atuais da democracia*, cit., p. 89.

Ao mesmo tempo, o secretário-geral do PCB acrescentava:

O que queremos é chegar, através da União Nacional, à verdadeira democracia, antes e acima de tudo a uma Assembleia Constituinte de que participem os legítimos representantes do povo, assembleia democrática que, efetivamente apoiada pelo povo, organizado em seus partidos políticos e Comitês Populares Democráticos, possa, livre e soberanamente, discutir e votar a Carta Constitucional que almejamos, a lei fundamental que permita o progresso da Pátria e nos assegure, a todos nós, e para sempre, sagrados e inabaláveis direitos do homem e do cidadão, a par dos direitos que todos devemos ter ao trabalho, à saúde, à instrução e cultura, ao bem-estar, assim como ao socorro e ajuda na doença, na invalidez e na velhice.[23]

Em julho daquele ano, no também célebre comício no estádio do Pacaembu, em São Paulo, diante de 100 mil pessoas, Prestes voltaria a bater na mesma tecla, afirmando que os comunistas tudo fariam para "unificar as mais amplas camadas sociais, visando, antes e acima de tudo, a levar ao parlamento a que se refere o Ato Adicional n. 9 ou à Assembleia Constituinte, que preferimos, o maior número possível de genuínos representantes do povo, capazes de defender a democracia"[24].

O secretário-geral do PCB insistia também na denúncia do golpe em gestação, esclarecendo que "nosso apoio [ao governo] franco, aberto e decidido é porque vemos os pregadores da desordem, dos golpes 'salvadores', agentes mascarados, conscientes ou inconscientes, [...] da provocação fascista"[25].

Nesse comício, ao qual compareceram o general Miguel Costa, o jornalista Júlio de Mesquita Filho, representando a UDN, os capitães Agildo Barata e Trifino Corrêa, o comandante Roberto Sisson e o poeta e senador comunista chileno Pablo Neruda, delegações de cidades do interior de São Paulo e de várias categorias profissionais desfilaram durante duas horas pela pista do estádio. O escritor Monteiro Lobato enviou uma mensagem gravada, e Pablo Neruda declamou um poema que fizera em homenagem a Prestes, cujas últimas estrofes diziam: "*Silencio: la palavra al Capitán del Pueblo/ Silencio: que el Brasil hablará por su boca*"[26].

O entusiasmo popular durante o comício do Pacaembu fora impressionante. Prestes deixara o lugar visivelmente emocionado. Foi ao chegar à estação Roosevelt, onde tomaria o trem de volta ao Rio de Janeiro, que um repórter da agência

---

[23] Ibidem, p. 92.
[24] Ibidem, p. 118.
[25] Ibidem, p. 112.
[26] Fernando Morais, *Olga* (São Paulo, Alfa-Ômega, 1985), p. 291.

de notícias United Press o abordou, entregando-lhe um telegrama em que as autoridades aliadas informavam a morte de Olga Benario Prestes, executada, entre outras duzentas mulheres, na câmara de gás da cidade alemã de Bernburg, na Páscoa de 1942[27]. O choque foi enorme para Prestes.

Apesar disso, a determinação revolucionária não o abandonaria. Tinha pela frente tarefas gigantescas. Um mês depois, no informe político apresentado em nome da Comissão Executiva ao Pleno do Comitê Nacional do PCB – o "Pleno da Vitória" –, Prestes voltava a afirmar:

O melhor caminho para a efetiva democratização do país não é [...] o estabelecido pelo Ato Adicional. Reclamamos a convocação de uma Assembleia Constituinte, em que os verdadeiros representantes do povo possam livremente discutir, votar e promulgar a Carta Constitucional que pede a Nação.[28]

Ao justificar a defesa da convocação imediata da Constituinte e o adiamento da eleição presidencial para depois da promulgação de uma nova Carta, a direção do PCB dava a seguinte explicação:

O governo que temos é um governo de fato, e qualquer eleição presidencial, enquanto estiver em vigor a Carta de 1937, inaceitável para qualquer patriota consciente, nada mais significa do que a simples mudança de homens no poder, a substituição de um governo de fato por outro governo de fato, igualmente armado dos poderes vastos e arbitrários que confere ao Executivo a referida Carta.[29]

Em setembro de 1945, Prestes reafirmaria as mesmas posições quanto à necessidade de promover eleições gerais para a Constituinte, expressando a confiança de que "as forças populares organizadas juntamente com o Partido Comunista" viessem a eleger uma Assembleia com os "legítimos representantes do povo", aos quais caberia proclamar "uma Constituição efetivamente democrática, impedindo, por exemplo, que o presidente da República, se eleito em 2 de dezembro[30], exercesse o governo com os poderes fascistas da Carta de 1937, inclusive para dissolver o próprio Parlamento"[31].

---

[27] Ibidem, p. 292-3; relatos de Prestes à autora.

[28] Fernando Morais, *Olga*, cit., p. 156.

[29] Idem.

[30] Referência a 2 de dezembro de 1945, data prevista para as eleições, segundo o Ato Adicional n. 9.

[31] "Entrevista de L. C. Prestes", *Diário de S. Paulo*, São Paulo, 9 set. 1945; *Folha da Manhã*, São Paulo, 9 set. 1945, citada em Edgard Carone, *O Estado Novo (1937-1945)* (São Paulo, Difel, 1977), p. 336-7.

A 29 de setembro de 1945, o embaixador norte-americano Adolf Berle pronunciou um discurso[32] cujo teor é um indisfarçável convite ao golpe contra Vargas, revelando a preocupação do governo dos Estados Unidos com o avanço do movimento popular no Brasil e, em particular, com o PCB atuando legalmente, conquista alcançanda durante o ato em homenagem ao falecido presidente Roosevelt diante da embaixada americana. Dois dias depois, Prestes desmascarava os intuitos golpistas do embaixador em comício realizado em Porto Alegre, na presença de 70 mil pessoas[33].

Era evidente que a preparação do golpe se intensificava. Prestes recordaria, mais tarde, que, através de Orlando Leite Ribeiro, o PCB transmitiu a Vargas a opinião de que chegara a hora de se unir contra o golpe. Nos primeiros dias de outubro, o irmão do presidente, Benjamim (Bejo) Vargas, solicitou um encontro com Prestes, o qual se deu na casa de Orlando Leite Ribeiro, com a intenção visível de conhecer a força real dos comunistas. Na visão de Prestes, Vargas desejava que o PCB iniciasse um contragolpe, o que, no entendimento dele, poderia lhe propiciar o papel de "pacificador", garantindo sua continuidade no poder[34].

Frente a tal situação, durante o mês de outubro, os comunistas intensificaram as denúncias do golpe em preparação. Prestes declarou que "o Partido Comunista está realmente decidido a defender o governo contra quaisquer perturbações, e insistiremos na campanha pela Constituinte, esperando que, dentro de poucos dias, o sr. Getúlio Vargas satisfaça a vontade do povo"[35].

Documentos da época revelam que em momento nenhum o PCB ou Prestes defenderam a palavra de ordem de "Constituinte com Getúlio", bandeira do movimento queremista[36]. "Queremos Constituinte com Getúlio" era a consigna de tal movimento, que, com o beneplácito e o incentivo do próprio Vargas, se batia por seu continuísmo.

Diferentemente do que foi difundido por seus detratores – e, mais tarde, consagrado em grande parte dos escritos existentes sobre o assunto –, os dirigentes comunistas jamais defenderam a continuidade de Vargas no poder. Pelo contrário, lutaram por eleições presidenciais efetivamente democráticas, entendendo que, para tal, era necessário que as mesmas se realizassem numa nova situação institucional, livre do autoritarismo da Carta estado-novista de 1937.

---

[32] Edgard Carone, *O Estado Novo (1937-1945)*, cit., p. 340.
[33] *Tribuna Popular*, Rio de Janeiro, 2 out. 1945, p. 1; LCP, fita n. 13.
[34] LCP, fita n. 13.
[35] "Entrevista de L. C. Prestes", *Folha da Manhã*, São Paulo, 23 out. 1945, citada em Edgard Carone, *O Estado Novo (1937-1945)*, cit., p. 337.
[36] Sobre o queremismo, ver ibidem, p. 332-6.

Para o PCB, apoiar Vargas, exigindo concomitantemente a convocação da Assembleia Constituinte, era o meio de evitar o golpe das forças mais conservadoras – aquelas que desejavam impedir a aproximação de Getúlio com as massas e deter o processo de democratização por ele promovido, apesar das vacilações e das limitações evidenciadas. Para os comunistas, tratava-se de dar sustentação ao governo existente, que vinha tomando medidas de "abertura" do regime, e pressioná-lo no sentido da realização de eleições livres para a Constituinte, em que fosse elaborada e promulgada uma nova Lei Magna, representativa da correlação de forças presente no país. Dessa forma, o presidente da República a ser eleito governaria respeitando os preceitos de uma Constituição democrática, expressão da vontade nacional.

Essa posição assumida pela direção do PCB seria duramente criticada tanto pelos liberais congregados na UDN quanto pelo grupo de intelectuais ligados ao PCB que, sob liderança de Caio Prado Júnior e Heitor Ferreira Lima, permaneciam contrários a qualquer aliança com Vargas, considerando necessário apoiar a candidatura oposicionista do brigadeiro Eduardo Gomes e apostando nas eleições presidenciais convocadas para 2 de dezembro.

Para esse grupo de intelectuais, a eleição do brigadeiro seria o meio possível de derrotar, naquele contexto, o Estado Novo. Ponto de vista que desconsiderava a manobra golpista e conservadora das forças oposicionistas agrupadas em torno da candidatura udenista. Caio Prado Júnior e seus correligionários não entenderam que o Estado Novo estava derrotado, pois mudanças consideráveis haviam ocorrido com as medidas liberalizantes adotadas por Vargas. A candidatura oposicionista visava justamente a reverter tal processo de democratização, cujo avanço se dera com "a ruptura na prática de toda a legislação reacionária que havia tantos anos vinha tolhendo as mais elementares liberdades civis"[37].

Cabe assinalar que Caio Prado Júnior, em seus diários políticos – mantidos inéditos até recentemente –, reconheceria que Prestes e a direção do PCB tinham razão quando defendiam o adiamento das eleições presidenciais para depois da Constituinte. Escrevia o historiador paulista:

> A ideia fundamental dele [de Prestes] é acertada. De fato, para nada serve uma substituição de presidente dentro dos quadros da Constituição de 1937. E a reforma desta, processada regularmente, é quase impossível. Nessas condições, o ideal seria mesmo a convocação de uma Assembleia.[38]

---

[37] Luiz Carlos Prestes, "Organizar o povo para a democracia" (discurso proferido no estádio do Pacaembu, São Paulo, jul. 1945), em *Problemas atuais da democracia*, cit., p. 105.

[38] Paulo Teixeira Iumatti, *Diários políticos de Caio Prado Júnior: 1945* (São Paulo, Paz e Terra, 1998), p. 101.

Caio Prado Júnior argumentava, contudo, que, "na altura em que estão os acontecimentos, é impossível desprezar o problema da sucessão"[39], pois "a tese de Prestes" lhe parecia "abstrata e teórica", na medida em que, segundo o autor do referido diário, a tese da Constituinte não levava em conta "o momento psicológico, sobretudo a impressão que causa sobre elementos democráticos, mas não comunistas, a ideia de adiamento das eleições presidenciais, que para eles é e será sempre tida como manobra getulista"[40].

O erro político de avaliação desse grupo de intelectuais foi não perceber que Vargas contava com considerável apoio popular, o que lhe permitiu – mesmo após sua deposição pelo golpe de 29 de outubro de 1945 – eleger seu sucessor, o general Dutra, derrotando a candidatura supostamente democrática do brigadeiro. A vitória eleitoral de Dutra "é produto do carisma do ditador e da criação da máquina político-coronelística forjada durante seus quinze anos de governo"[41].

Anos mais tarde, Caio Prado Júnior reconheceria o erro do grupo de que fizera parte:

> É difícil dar lições à História e saber o que teria acontecido se tivéssemos agido de forma diferente. Reconheço, no entanto, que minha posição era errada, que meu plano de frente única não era correto. Essa frente que acabou dando nascimento à UDN [...]. Enfim, minha ideia era fazer um movimento democrático e popular, e me iludi com os "democratas" da UDN.[42]

Naquele contexto, foram a UDN e seu candidato à presidência que ficaram isolados. Prestes e o PCB haviam se aliado com os setores que vinham contribuindo para a democratização do país, setores que incluíam Getúlio Vargas. O "momento psicológico" de que nos fala Caio Prado Júnior se mostrou muito mais favorável a Vargas do que às teses dos liberais da UDN.

O crescente conflito entre o continuísmo de Vargas, fortalecido pela ofensiva queremista, e as pretensões golpistas da UDN e de setores da oficialidade do Exército terminaram por levar ao golpe militar, que afastou Vargas do poder. Para tal desfecho, foi decisivo o apoio dos Estados Unidos, cujo embaixador Adolf

---

[39] Idem.

[40] Ibidem, p. 102.

[41] Edgard Carone, *A República Liberal*, v. 1: *Instituições e classes sociais (1945-1964)* (São Paulo, Difel, 1985), p. 15.

[42] Caio Prado Jr., *O Estado de S. Paulo*, São Paulo, 11 jun. 1978, p. 14, citado em Evaristo Giovannetti Netto, *A bancada do PCB na Assembleia Constituinte de 1946* (São Paulo, Novos Rumos, 1986), p. 43.

Berle deixara clara a simpatia de seu governo pelas forças que se articulavam contra Vargas[43].

Em 28 de outubro de 1945, véspera do golpe que derrubou Vargas, realizou-se uma grande manifestação popular no Aeroporto Santos Dumont, no Rio de Janeiro, para receber a filha e a irmã de Prestes, que chegavam ao Brasil provenientes do México, após um exílio de sete anos. Visivelmente emocionado, Prestes – que já sabia do fim trágico de Olga – via a filha pela primeira vez e reencontrava a irmã após uma separação de onze anos. A vibração popular ali manifestada era reveladora do carinho do povo pelo líder, martirizado durante nove anos nos cárceres da ditadura estado-novista, e do inegável prestígio do Cavaleiro da Esperança[44].

No dia do golpe, 29 de outubro de 1945, Prestes, reunido com o antigo "tenente" general Estillac Leal, mandou um recado a Vargas – quando os tanques marchavam para depô-lo –, de que resistisse, porque a massa o apoiaria e havia tenentes que iriam virar os canhões contra o comandante das tropas. Mas Vargas não estava disposto a resistir e, segundo informação de seu amigo Orlando Leite Ribeiro, ele estava estatelado numa poltrona, esperando ordens para ir para sua fazenda em São Borja, no Rio Grande do Sul[45].

O desenrolar dos acontecimentos é conhecido[46]. Há que considerar que a divisão do Exército facilitou a atividade golpista da oposição civil e, finalmente, sua aliança com o general Góis Monteiro. Este último, conforme é assinalado por Carone, "percebendo a mudança, aceita liderar definitivamente a corrente eleitoral para não ser deslocado do poder, como será o caso de Getúlio Vargas"[47]. Góis Monteiro, numa atitude oportunista, assumiria o comando do movimento armado que levou Vargas à renúncia, visando a "permanecer à frente da classe para não perder sua hegemonia, que ele vem mantendo desde 1930"[48].

O verdadeiro sentido do golpe torna-se claro quando se verifica que Vargas, após a renúncia, embarcava cercado de garantias para suas fazendas no Rio Grande do Sul, enquanto os comunistas seriam alvo da repressão policial. As sedes do PCB foram invadidas e depredadas; seus dirigentes, perseguidos e presos[49]. Prestes recordaria que "os tanques, os canhões e as metralhadoras não foram dirigidas contra o sr. Getúlio Vargas, mas contra a sede do Partido Comunista.

---

[43] Edgard Carone, *O Estado Novo (1937-1945)*, cit., p. 338-41.

[44] Conferir a imprensa da época.

[45] LCP, fita n. 13.

[46] Edgard Carone, *O Estado Novo (1937-1945)*, cit., p. 337-49.

[47] Ibidem, p. 344.

[48] Ibidem, p. 346; ver também Edgard Carone, *A República Liberal*, v. 1, cit., p. 10.

[49] Cf. "Manifesto do PCB" (3 nov. 1945), *Tribuna Popular*, Rio de Janeiro, 6 nov. 1945.

Foi o nosso partido o único que sofreu violências, naquela noite e nos dias que se seguiram"[50]. Em discurso pronunciado um mês depois, em comício no Recife, Prestes se referia à "espetacular manifestação de força de duzentos tanques com canhões voltados para a sede nacional do Partido Comunista"[51].

Fica difícil, portanto, concordar com aqueles que, como Caio Prado Júnior nas páginas de seu diário[52], fizeram uma avaliação positiva do golpe de 1945, considerando-o progressista e até mesmo expressão das aspirações mais profundas das classes populares. Considerar o golpe contra Getúlio uma vitória das forças democráticas sobre a ditadura estado-novista pode servir para justificar a atuação dos liberais da UDN e dos generais golpistas, mas não para explicar a essência dos acontecimentos em curso. A 29 de outubro de 1945 foi "derrubado" um Estado Novo que já não mais existia, pois o regime autoritário de 1937 mudara de caráter.

Na realidade, ocorrera uma tentativa reacionária e conservadora de reverter o processo de democratização da sociedade brasileira, que vinha sendo promovido com a permanência de Vargas no poder. Diante da pressão significativa de múltiplos fatores nacionais e internacionais, dentre os quais cabe destacar o movimento de opinião pública contrário ao nazifascismo no Brasil, a vitória da União Soviética e dos Aliados na guerra e as pressões do governo Roosevelt, interessado no alinhamento do Brasil com os Estados Unidos[53], Vargas soubera se adaptar à nova situação no país e no mundo, aceitando e procurando patrocinar a liberalização do regime estado-novista.

O sucesso do golpe só não foi total devido à força do movimento favorável à democratização do país. E a repressão aos comunistas logo teve de cessar. Em manifesto lançado em 3 de novembro, o PCB afirmava:

> O passo decisivo no caminho da Democracia, a solução pacífica e unitária para o problema político está [...], agora mais do que antes, na imediata modificação do Ato Adicional, Lei Constitucional n. 9, para que, afastadas as candidaturas presidenciais, seja convocada no menor prazo possível uma Assembleia Constituinte, onde os representantes do povo discutam, votem e promulguem a Carta Constitucional democrática que reclama a Nação.[54]

---

[50] Maria Victoria de Mesquita Benevides, *A UDN e o udenismo: ambiguidades do liberalismo brasileiro (1945-1965)* (Rio de Janeiro, Paz e Terra, 1981), p. 51.

[51] Luiz Carlos Prestes, "Discurso proferido no comício no parque 13 de Maio" (Recife, 26 nov. 1945), em *Problemas atuais da democracia*, cit., p. 178.

[52] Paulo Teixeira Iumatti, *Diários políticos de Caio Prado Júnior*, cit., p. 195.

[53] Anita Leocadia Prestes, *Da insurreição armada (1935) à "União Nacional" (1938-1945)*, cit.

[54] "Manifesto do PCB", 3 nov. 1945, *Tribuna Popular*, Rio de Janeiro, 6 nov. 1945.

Tanto que, no dia 12 de novembro, José Linhares, o novo presidente da República – que na qualidade de presidente do Supremo Tribunal Federal assumira o poder –, assinava decreto convocando eleições para a Assembleia Constituinte, conforme a proposta dos comunistas. A proposta também havia sido apoiada pelos queremistas nos meses que antecederam o golpe, ainda que estes preferissem a "Constituinte com Vargas". O pleito presidencial foi mantido, concomitantemente com as eleições para a Constituinte, na data anteriormente fixada de 2 de dezembro. Nesse ponto, os setores populares liderados pelos comunistas foram derrotados, o que levou o PCB a lançar candidato próprio às eleições presidenciais[55].

De início, foi consultado pelos comunistas o engenheiro Francisco Prestes Maia, ex-prefeito da capital paulista, nome que gozava de prestígio junto a Vargas e poderia atrair os votos do PTB. Com a recusa de Prestes Maia, a escolha do PCB recaiu sobre o engenheiro Yedo Fiúza, ex-prefeito de Petrópolis, no Rio de Janeiro, indicado por Agildo Barata, que, devido à proximidade com Vargas, também tinha potencial de atrair votos dos petebistas. Segundo Prestes, os comunistas estavam à procura de um candidato que pudesse contar com esse apoio. Mas, na realidade, quem conseguiu o apoio de Vargas foi o general Dutra, o que garantiu sua eleição[56].

Como de costume no Brasil, chegava-se a um compromisso, resultado da correlação de forças então presente: nem os setores democráticos e populares – junto aos quais o PCB adquiria penetração crescente – tiveram força para alcançar o adiamento das eleições presidenciais para depois da promulgação da nova Carta nem os setores golpistas de direita puderam reverter inteiramente o processo de democratização da sociedade, apesar de sabidamente tal processo ter se mostrado frágil e inconsequente, mesmo com a promulgação da Constituição de 1946, em que importantes conquistas democráticas ficaram inscritas.

É nesse contexto de luta contra o golpe e pela convocação de uma Assembleia Constituinte livremente eleita que o PCB traça as diretrizes de sua ação no período que se inaugura com a vitória dos Aliados na Segunda Guerra Mundial e se caracteriza pelo advento da Guerra Fria.

---

[55] Hélio Silva, *1945: por que depuseram Vargas* (Rio de Janeiro, Civilização Brasileira, 1976), p. 274-6; Edgard Carone, *A República Liberal*, v. 1, cit., p. 13-4.

[56] Cf. *Tribuna Popular*, Rio de Janeiro, nov.-dez. 1945; LCP, fita n. 13; informações transmitidas por Prestes à autora.

Os comunistas mantêm a diretriz de "União Nacional"

Com a conquista da legalidade, a reorganização do PCB, que havia se iniciado com a Conferência da Mantiqueira, assumiu ritmo acelerado. Foram instalados Comitês Estaduais e Municipais do partido em todo o país, além da abertura de uma sede central no Distrito Federal. Realizavam-se grandes atos públicos nas principais cidades do país, nos quais milhares de pessoas assinavam ficha de filiação ao PCB. Foram lançados diários comunistas por todo o Brasil, sendo os mais importantes *Tribuna Popular*, no Rio de Janeiro, e *Hoje*, em São Paulo[57]. A *Tribuna Popular*, que começou a circular no dia 22 de maio de 1945, alcançaria uma tiragem média de 90 mil exemplares, chegando a 150 mil aos domingos, numa época em que o Rio de Janeiro contava com uma população de 2 milhões de habitantes[58]. Em 1947, começava a ser publicada a revista *Problemas*, órgão teórico do PCB. E as casas editoriais Vitória e Horizonte publicavam obras marxistas e documentos do PCB, com ampla divulgação.

Apesar disso, a direção do PCB e, em especial, Prestes revelavam preocupação com a formação dos quadros partidários, considerando que a grande maioria dos dirigentes e dos militantes era constituída de recém-inscritos na organização, desprovidos de conhecimentos teóricos e possuidores de limitada experiência partidária. Durante o ano de 1946, realizou-se um curso intensivo, de 45 dias, destinado à preparação de dirigentes metropolitanos e estaduais. Tratava-se do terceiro curso desse tipo, sendo este o de mais longa duração, contando com a participação de 28 alunos oriundos de quinze estados do Brasil e do Distrito Federal[59]. As aulas eram ministradas por dirigentes do partido, inclusive Prestes. Nas aulas, embora imperassem as concepções dogmáticas oriundas das deformações ideológicas do período de vigência do stalinismo, era considerável o esforço desenvolvido no sentido de preparar quadros aptos a dirigir a ampla atividade de massas em que o PCB esteve empenhado a partir da conquista da legalidade.

No decorrer de 1945, foram realizados pelo PCB grandes comícios, durante os quais a palavra de Prestes levava ao conhecimento público a orientação política adotada pela direção partidária. "União Nacional" continuaria sendo o centro da política dos comunistas brasileiros no pós-guerra. A partir de então, tal política era explicitada sob a forma das diretivas de "ordem e tranquilidade" e de "apertar os cintos". Pretendia-se não só evitar o golpe das forças da direita, como convencer

---

[57] Cf. *Tribuna Popular*, Rio de Janeiro, 1945-1947; *Hoje*, São Paulo, 1945-1947.

[58] Raimundo Alves de Sousa, *Os desconhecidos da história da imprensa comunista* (Rio de Janeiro, Fundação Dinarco Reis, 2005), p. 17-8.

[59] *A Classe Operária*, n. 36, 7 nov. 1946, p. 3; n. 40, 7 dez. 1946, p. 4; *Curso de capacitação*, s/d, e *Programa do curso para dirigentes estaduais*, s/d (documentos datilografados, 19 p. e 5 p. respectivamente; Aperj, fundo DPS, notação 6, v. 1, p. 763-7).

os trabalhadores de que, naquele momento, seria mais importante aliar-se aos patrões para evitar um retrocesso político do que desencadear greves e aguçar conflitos trabalhistas que contribuíssem para tal retrocesso.

O cientista político Marco Aurélio Santana aponta a presença de certa ambiguidade nas diretrizes do PCB, uma vez que a consigna de "ordem e tranquilidade" não correspondia às crescentes demandas da classe operária. "O PCB buscava equacionar sua linha política com o ascenso do movimento reivindicatório."[60] E avalia que: "O ascenso operário vai provocar mudança na lógica de ação dos comunistas. Estes continuarão a tentar evitar as greves, mas, não conseguindo, passarão a apoiá-las e mesmo dirigi-las"[61]. Tal postura ficaria evidente durante a greve dos bancários, deflagrada no início de 1946[62]. Os comunistas buscaram "espaços possíveis de atuação e disputas" com os conservadores no meio sindical, "tentando fazer valer suas posições"[63]. Não se tratava, portanto, de uma política de "colaboração de classes" por parte do PCB, como se afirma com frequência – e vem sendo rebatido por diversos pesquisadores do tema[64].

Os grandes comícios do estádio do Vasco da Gama, no Rio de Janeiro, realizado em 23 de maio de 1945, e aquele do Pacaembu, em São Paulo, em 15 de julho de 1945, constituíram momentos importantes na afirmação das diretrizes do PCB para o novo período histórico que se inaugurava com a legalização do partido. No discurso pronunciado no Rio, Prestes afirmou que os comunistas propunham um programa a ser cumprido "dentro da ordem e da lei", defendendo, ao mesmo tempo, a "unificação nacional para iniciar a solução dos graves problemas econômicos e sociais e chegarmos, de maneira pacífica, por meio de eleições livres e honestas, à Assembleia Constituinte e à reconstitucionalização democrática que todos almejamos"[65]. Nesse pronunciamento, o secretário-geral do PCB, ao mesmo tempo que combatia os "golpes salvadores" e se referia a "patrões progressistas"[66], apresentava a proposta da formação de "Comitês Populares Democráticos", entendidos como uma forma

---

[60] Marco Aurélio Santana, *Homens partidos: comunistas e sindicatos no Brasil* (São Paulo, Boitempo, 2001), p. 45.

[61] Ibidem, p. 46.

[62] Ibidem, p. 46-7; ver *Tribuna Popular*, Rio de Janeiro, jan.-fev. 1946.

[63] Marco Aurélio Santana, *Homens partidos*, cit., p. 63.

[64] Idem; Marcelo Badaró Mattos, *Trabalhadores e sindicatos no Brasil* (Rio de Janeiro, Vício de Leitura, 2002); Marcos César de Oliveira Pinheiro, *O MUT e a luta do PCB pela hegemonia no movimento operário: conciliação e conflito* (Monografia de Bacharelado em História, Rio de Janeiro, UFRJ, 2004).

[65] Luiz Carlos Prestes, *Problemas atuais da democracia,* cit., p. 84.

[66] Ibidem, p. 84 e 86.

de organização popular realizada de baixo para cima[67]. Prestes falava da necessidade de organizar o povo

> em organismos que lhe sejam próprios, em amplos comitês ou comissões nos locais de trabalho, nas ruas e bairros, *Comitês Populares Democráticos* que, unidos, pouco a pouco, *de baixo para cima*, constituirão, num futuro mais ou menos próximo, as organizações democráticas populares de cidade, região e Estado, até a grande *União Nacional*, aliança de todas as forças, correntes, grupos e partidos políticos que aceitem o programa mínimo de unificação nacional. Esses Comitês Populares deverão ser amplos, de nenhuma cor partidária, e receber no seu seio a todos os sinceros democratas, patriotas e progressistas que realmente lutem pela União Nacional, pela ordem e tranquilidade, pelas reivindicações econômicas mais imediatas e por eleições livres e honestas.[68]

Na mesma fala, Prestes destacou o papel dirigente do proletariado no "esforço de unificação nacional", enfatizando que "só a classe operária organizada sindicalmente pode realmente mobilizar as grandes massas populares", sendo necessário "procurar seu sindicato para transformá-lo em instrumento de luta pela União Nacional e garantia máxima da ordem interna"[69]. Sublinhou também a importância do Movimento Unificador dos Trabalhadores (MUT), fundado por iniciativa do PCB em abril de 1945[70], para que o movimento operário pudesse "chegar ao organismo nacional" que "assim unido será a grande força dirigente dos acontecimentos"[71]. Como é assinalado pelo historiador Marco César de Oliveira Pinheiro, o MUT surgiu como "uma alternativa organizatória oposta à estrutura sindical oficial", tendo como objetivo fundamental a criação da Confederação Geral dos Trabalhadores do Brasil (CGTB)[72], o que viria a acontecer em setembro de 1946, apesar da sabotagem promovida pelas lideranças sindicais governistas e da repressão desencadeada pelo governo Dutra[73].

> O MUT procurou difundir a política traçada pelo PCB, mas não deixou de apoiar os trabalhadores nas suas reivindicações econômicas. Soube se aproveitar

---

[67] Ibidem, p. 90.

[68] Idem; grifos desta autora.

[69] Ibidem, p. 91.

[70] Para uma análise pormenorizada do MUT, cf. Marcos César de Oliveira Pinheiro, *O MUT e a luta do PCB pela hegemonia no movimento operário*, cit.

[71] Luiz Carlos Prestes, *Problemas atuais da democracia*, cit., p. 91.

[72] Marcos César de Oliveira Pinheiro, *O MUT e a luta do PCB pela hegemonia no movimento operário*, cit., p. 101.

[73] Marco Aurélio Santana, *Homens partidos*, cit., p. 65.

da paralisia das direções sindicais e assumir o papel de interlocutor real dessas categorias nas negociações travadas com o governo e os empregadores. Isso vai lhe conferir rápido papel de direção.[74]

No comício em São Paulo, Prestes reafirmou a diretriz de "ordem e tranquilidade"[75], declarando que "se apoiamos o governo é porque marcha para a democracia [...]. Nisso não há manobra oculta"[76]. E, de acordo com a visão então predominante entre os comunistas do mundo inteiro, argumentou que "com a derrota militar do nazismo foram [...] quebrados os dentes do imperialismo" e terminara o "período da guerra", começando o "período do desenvolvimento pacífico"[77], o que poderia constituir ponto de partida para a manutenção de "ordem e tranquilidade", evitando os "golpes salvadores" das forças de direita no Brasil e assegurando o sucesso da política de "União Nacional".

Para o êxito da "União Nacional", os comunistas contavam com "a colaboração sincera e leal de todos os verdadeiros patriotas", destacando que, "dada a estrutura econômica" do país, estavam interessados na solução dos problemas enfrentados tanto o proletariado, que "sofre muito menos da exploração capitalista do que da insuficiência do desenvolvimento econômico capitalista" quanto a "burguesia nacional progressista, que luta contra a concorrência de uma indústria estrangeira poderosa e moderna, nas condições de um mercado interno miserável, que impede o surto industrial ou mesmo comercial considerável"[78]. O PCB continuava, portanto, a apostar na colaboração de uma hipotética "burguesia nacional progressista" para conquistar a emancipação nacional.

Na luta pela "União Nacional", o PCB – pela boca de Prestes – considerava fundamental "organizar o povo, as mais amplas camadas sociais de nossa população do campo e da cidade a fim de atraí-las à vida política, à luta por suas reivindicações imediatas, à melhor compreensão dos perigos que a ameaçam". Com esses objetivos, voltava-se a destacar a importância dos Comitês Populares Democráticos, "que já se vão organizando por todo o país" e que seriam "as células iniciais do grande organismo democrático capaz de unir o nosso povo e de guiá-lo no caminho da democracia e do progresso"[79]. Como apontado por Pinheiro:

---

[74] Ibidem, p. 60-1, nota 33.

[75] Luiz Carlos Prestes, *Problemas atuais da democracia*, cit., p. 117.

[76] Ibidem, p. 112.

[77] Ibidem, p. 101.

[78] Ibidem, p. 111.

[79] Ibidem, p. 113; ver também p. 116

Os Comitês Populares Democráticos representaram o principal meio de ligação entre o PCB e as massas proletárias. Concebidos como instrumentos de luta e defesa pelos direitos imediatos dos trabalhadores e da população em geral, utilizaram-se da ideia-força dos direitos para conquistar na luta cotidiana a hegemonia junto à classe trabalhadora e assegurar as alianças necessárias para fazer avançar a luta pela "União Nacional", entendida como o processo de democratização do país.[80]

A preocupação da direção do PCB com a organização popular não era uma simples declaração de intenções: concretizava-se na atuação prática dos comunistas. Nesse sentido, é reveladora a "Circular política n. 1" do Secretariado Nacional do PCB[81], assinada por Roberto Sisson e lançada após o comício do Pacaembu. Sua finalidade era mobilizar o partido para o cumprimento das diretrizes apresentadas por Prestes naquela ocasião. A circular dizia que a organização política presidida pelos Comitês Populares era o meio mais eficiente para alcançar a união das "classes nacionais progressistas" do país (o proletariado, o campesinato, as classes médias e a burguesia nacional progressista). Traçava-se, ainda, a orientação concreta e detalhada de como organizar os Comitês, orientação esta que, em grande medida, serviu de diretriz para as centenas de Comitês que surgiram por todo o país naqueles anos de 1945-1947, tendo desenvolvido intensa atividade de mobilização popular em torno de suas reivindicações mais sentidas[82].

O papel dos Comitês Populares seria enfatizado no Pleno do Comitê Nacional do PCB, denominado "Pleno da Vitória", em agosto de 1945. Na ocasião, insistiu-se na tese de que tais Comitês seriam a "única base séria para a nossa política de União Nacional e de democratização e progresso"[83]. Era assim mantida pelo PCB a orientação política anteriormente difundida por meio dos discursos de Prestes nos comícios nos estádios do Vasco da Gama e do Pacaembu, cujo objetivo imediato consistia na "liquidação definitiva e total do fascismo e da quinta-coluna [...] simultaneamente com a luta sem desfalecimento pela instauração no país de um regime democrático e progressista"[84].

---

[80] Marcos César de Oliveira Pinheiro, *O PCB e os Comitês Democráticos na cidade do Rio de Janeiro (1945-1947)* (Dissertação de Mestrado em História Comparada, Rio de Janeiro, UFRJ, 2007), p. 121; para um estudo pormenorizado dos Comitês Populares Democráticos, ver idem.

[81] "Circular política n. 1" (cópia do documento apreendido pelo Exército no Comitê Nacional do PCB em 29 out. 1945; Aperj, fundo DPS, dossiê *Comitê Nacional do PCB*, notação 6, v. 3).

[82] Para mais detalhes, ver Marcos César de Oliveira Pinheiro, *O PCB e os Comitês Democráticos na cidade do Rio de Janeiro*, cit.; *Tribuna Popular*, Rio de Janeiro, 1945-1946; *Hoje*, São Paulo, 1945-1946.

[83] Luiz Carlos Prestes, *Problemas atuais da democracia*, cit., p. 157.

[84] Ibidem, p. 155.

Após a queda de Vargas, em discurso proferido no dia 26 de novembro de 1945 no parque Treze de Maio, no Recife, Prestes lembrou que o PCB "não deixou de apontar ao povo o caminho da ordem e da tranquilidade", mostrando e dizendo aos operários: "É preferível [...] apertar a barriga, passar fome, do que fazer greve e criar agitações – porque agitações e desordens na etapa histórica que estamos atravessando só interessam ao fascismo"[85]. O secretário-geral do PCB acrescentou:

> A medida mais justa para a democracia estava na convocação de uma Assembleia Constituinte. O sr. Getúlio Vargas com seu governo, nestes últimos meses, parecia ceder mais uma vez às aspirações do povo, e os reacionários de todas as cores aproveitaram os mais tolos pretextos para esse golpe armado de 29 de outubro.[86]

Ainda nesse discurso, Prestes denunciou novamente o golpe, dizendo que ele havia sido desfechado principalmente contra o povo e contra o PCB[87]. E, ao apontar as concessões feitas por Vargas às forças democráticas, Prestes procurou explicar o apoio que lhe havia sido dado pelo PCB, afirmando que, para tal, os comunistas haviam enfrentado "a calúnia [...] e a difamação de seus adversários, desses homens que os acusavam de cambalachos com o governo, que os acusavam de queremismo, ou continuísmo ou getulismo". Acrescentou, ainda, que esses difamadores eram os mesmos "velhos políticos que no ano de 1935 e no ano de 1937 dispunham de uma tribuna parlamentar e nada fizeram em defesa da democracia"[88].

Ao encerrar o discurso feito às vésperas das eleições para a Assembleia Constituinte, convocadas pelo governo José Linhares após o golpe e marcadas para 2 de dezembro de 1945, Prestes, em nome do PCB, reafirmou a diretriz de "ordem e tranquilidade" com vistas a "resolver pacificamente os nossos problemas", conclamando: "Façamos uso até o extremo limite das grandes armas da democracia. [...] Conscientemente, façamos uso do direito do voto"[89]. O PCB se mantinha fiel à política de "União Nacional".

No pleito eleitoral de dezembro de 1945, o PCB alcançou vitória significativa. Yedo Fiúza, seu candidato à presidência da República, obteve cerca de 10% dos votos; a bancada comunista na Assembleia Constituinte, composta pelo senador Prestes e catorze deputados, conquistou nessa Casa o quarto lugar em número

---

[85] Ibidem, p. 177.
[86] Idem.
[87] Ibidem, p. 178.
[88] Ibidem, p. 176.
[89] Ibidem, p. 181-2.

de parlamentares[90]. Prestes elegeu-se senador com 157.397 votos, maior votação proporcional da história política brasileira até então[91]. Também foi eleito deputado pelos estados do Rio Grande do Sul e de Pernambuco e pelo Distrito Federal, conforme as regras estipuladas pela Lei Eleitoral então em vigor. Em 4 de fevereiro de 1946, renunciou a esses mandatos, ocasião em que optou pelo posto de senador pelo PCB do DF[92].

Em janeiro de 1946, realizou-se o Pleno Ampliado do Comitê Nacional do PCB. No informe então apresentado por Prestes fez-se um balanço positivo da situação nacional e internacional, afirmando-se que se marchava para um "*Partido de novo tipo*, um grande Partido ligado às massas"[93]. Criticou-se, contudo, "certa passividade frente aos graves problemas econômicos e sociais do nosso povo", fruto de "má compreensão de nossa luta contra a desordem e qualquer agitação que possa servir de pretexto para golpes militares"[94]. A seguir, o secretário-geral prosseguiu na autocrítica dos desvios cometidos na aplicação das diretrizes traçadas pelo PCB:

> Houve por parte de nossos militantes uma grave incompreensão de nossa linha política, porque lutar por *ordem e tranquilidade* é principalmente lutar contra tudo aquilo que venha a agravar a situação econômica das massas, é lutar contra a carestia da vida, contra a inflação e, portanto, por aumento de salários e melhores condições de trabalho.[95]

Para Prestes, a correção dos desvios apontados era condição necessária para "darmos novos passos no caminho da União Nacional pela conquista de camadas cada vez mais amplas de nossa população, por cima de quaisquer diferenças de classes e ideológicas"[96]. Ao referir-se à "União Nacional", dizia-se no informe apresentado por Prestes: "união sob a hegemonia do proletariado, e não a falsa união dos oportunistas e liquidacionistas que desejavam colocar o proletariado a reboque da burguesia e a serviço dos demagogos 'salvadores' e dos generais golpistas"[97]. Explicou, ainda, que:

---

[90] Sérgio Soares Braga (org.), *Luiz Carlos Prestes: o constituinte, o senador (1946-1948)* (Brasília, Conselho Editorial do Senado Federal, 2003), p. 28.

[91] Ibidem, p. 29.

[92] Sérgio Soares Braga, *Quem foi quem na Assembleia Constituinte de 1946: um perfil socioeconômico e regional da Constituinte de 1946* (Brasília, Câmara dos Deputados/Coordenação de Publicações, 1998), v. 1 e 2, p. 288.

[93] Luiz Carlos Prestes, *Problemas atuais da democracia*, cit., p. 187; grifos desta autora.

[94] Ibidem, p. 205.

[95] Ibidem, p. 206; grifos desta autora.

[96] Idem.

[97] Ibidem, p. 233.

Não basta falar em união, é necessário também lutar por ela e não esquecer jamais que se trata de união contra o fascismo, união de patriotas e democratas de verdade contra a traição dos falsos democratas, dos que falam em democracia para melhor servir à reação e ao fascismo.[98]

Ao insistir na diretriz de "União Nacional", o Pleno do Comitê Nacional do PCB, realizado pouco antes da posse do novo presidente, o general Eurico Gaspar Dutra, e do início dos trabalhados da Constituinte[99], destacava que "na luta pela União Nacional, o essencial continua a ser [...] a *organização das grandes massas populares*, especialmente do proletariado e dos trabalhadores rurais, operários e camponeses"[100]. Ao mesmo tempo, entendia-se a conquista da "União Nacional" como um "passo decisivo no caminho da *democracia progressiva* por que hoje luta o nosso partido"[101]:

Para que a luta contra o fascismo tenha sucesso em nossa terra, para que as bases econômicas da reação e do fascismo sejam liquidadas, é indispensável alcançar essa ampla união de nosso povo, de operários e camponeses com as camadas progressistas da burguesia nacional definitivamente separada da minoria reacionária, vendida ao imperialismo. Só uma tal união, sob a hegemonia do proletariado, nos levará à solução dos grandes problemas da revolução democrático-burguesa em nossa terra e à *democracia popular e progressiva* por que lutamos.[102]

O PCB continuava, portanto, fiel à definição da etapa da revolução como democrático-burguesa, insistindo na aliança com uma hipotética "burguesia nacional progressista", ao mesmo tempo que introduzia em seus documentos as teses da "democracia progressiva" e do "partido de novo tipo". Teses aparentemente tomadas de empréstimo do PC italiano, que, sob liderança de Palmiro Togliatti e tentando apoiar-se na herança de Gramsci, defendia a possibilidade de o proletariado chegar ao socialismo por meio da conquista da hegemonia na sociedade civil num processo de progressiva ampliação da democracia burguesa[103]. Na verdade, a ação dos comunistas brasileiros no pós-guerra caracterizou-se muito mais por

---

[98] Idem.

[99] O general Eurico Gaspar Dutra tomou posse na presidência a 31 de janeiro de 1946, e os trabalhos da Assembleia Constituinte se iniciaram no dia 1º de fevereiro de 1946.

[100] Luiz Carlos Prestes, *Problemas atuais da democracia*, cit., p. 235; grifos desta autora.

[101] Ibidem, p. 216; grifos desta autora.

[102] Ibidem, p. 234; grifos desta autora.

[103] Palmiro Togliatti, *Socialismo e democracia: escritos escolhidos do período 1944-1964* (Rio de Janeiro, Muro, 1980).

uma tentativa de articulação entre os organizamos tradicionais de representação (os parlamentos) e os novos institutos de organização popular (os comitês populares democráticos), para uma participação popular cada vez mais decisiva na vida política nacional e para uma hegemonia cada vez mais madura do proletariado.[104]

Conforme apontado por Pinheiro em estudo original sobre os Comitês Populares Democráticos, tudo indica que "a linha oficial do PCB não concebia a democracia política no sentido proposto por Togliatti", ou seja, "a perda por parte da democracia política do seu caráter de etapa a ser cumprida e abandonada no momento em que se retoma o fôlego para seguida adiante"; na prática, "o PCB estava bem mais próximo das ideias de Stalin"[105]. Havia poucas possibilidades de as teses do PC italiano serem aceitas pelo grupo dirigente dos comunistas brasileiros, formado na Conferência da Mantiqueira e profundamente marcado pela concepção da revolução em etapas, predominante na maioria dos partidos comunistas latino-americanos.

Os comunistas na Assembleia Constituinte

No Pleno de janeiro de 1946, o PCB definiu sua posição diante do "futuro governo" do general Dutra: "Apoio franco e decidido a seus atos democráticos e [...] luta intransigente, se bem que pacífica, ordeira e dentro dos recursos legais, contra qualquer retrocesso reacionário"[106]. A prática viria a revelar a inexistência de "atos democráticos" por parte do governo Dutra, os quais pudessem merecer o apoio dos comunistas.

No que diz respeito à atuação da bancada comunista na Constituinte, o Pleno reafirmou os princípios incluídos no programa mínimo de "União Nacional", divulgado pelo PCB em novembro de 1945, antes, portanto, das eleições de 2 de dezembro daquele ano[107]. Entre os pontos mais importantes então aprovados merece destaque a defesa do direito de voto para todos os cidadãos brasileiros, maiores de dezoito anos, inclusive analfabetos, soldados e marinheiros. Da mesma forma, a garantia efetiva das liberdades de opinião, de consciência, de reunião, de associação, inclusive política, de manifestação de pensamento etc. A completa igualdade de direitos sem distinção de sexo, religião ou nacionalidade, e muitas

---

[104] Marcos César de Oliveira Pinheiro, *O PCB e os Comitês Democráticos na cidade do Rio de Janeiro*, cit., p. 27.

[105] Idem.

[106] Luiz Carlos Prestes, *Problemas atuais da democracia*, cit., p. 218.

[107] Ibidem, p. 221-7.

outras demandas democráticas[108], como foi o caso da autonomia municipal, vista por Prestes como "a base, o fundamento dessa Democracia", sendo que uma "Democracia em que, sob qualquer pretexto, [...] não se possa contar realmente com o governo próprio de uma circunscrição básica, como é o município, não merece esse nome de democracia"[109].

Desde o início dos trabalhos da Constituinte, a bancada comunista se destacou pela defesa permanente da democracia e dos direitos democráticos, travando luta ferrenha, por exemplo, pela imediata revogação da Constituição de 1937, objetivo que não seria alcançado devido à maioria conservadora da Assembleia de 1946[110].

Ao defender insistentemente a consagração dos mais amplos direitos democráticos na Constituição e, após sua promulgação, o respeito àqueles preceitos democráticos que nela haviam sido incorporados, Prestes declarava que "não é capitulando diante dos reacionários que se defende a democracia. A maneira de defendê-la consiste em lutar por ela até o fim e lutar decisivamente"[111]. Essa foi a postura dos parlamentares comunistas na Constituinte e, posteriormente, na Câmara e no Senado federais, o que se evidencia nos discursos pronunciados por Prestes e pelos deputados da bancada comunista[112].

Finalmente elaborado o projeto da Constituição, a bancada comunista apresentou 180 emendas ao texto, indicando vários de seus aspectos conservadores[113]. A declaração de voto da bancada comunista foi lida por Prestes e, como assinala o sociólogo Sérgio Soares Braga, nesse discurso ele "procura articular as propostas elaboradas pelo PCB à Constituinte com a análise que o partido fazia da sociedade brasileira à época, centrando seu foco de atenção na abordagem da questão agrária e da sua relação com o processo de democratização do país"[114]. Quanto às emendas apresentadas pelos comunistas, na maioria, foram rejeitadas ou indeferidas pelo presidente da Assembleia. No entanto, como escreve o mesmo autor, "permanecem como documento do caráter avançado e progressista da luta empreendida pelos comunistas naquele Parlamento conservador"[115].

Por ocasião do transcurso do primeiro aniversário da promulgação da Constituição de 18 de setembro de 1946, Prestes reconheceria, em discurso proferido no Senado, que, "se não fizemos uma Constituição progressista, promulgamos

---

[108] Sérgio Soares Braga (org.), *Luiz Carlos Prestes*, cit., p. 30-2.

[109] Ibidem, p. 277.

[110] Ver *Tribuna Popular*, Rio de Janeiro, fev. 1946.

[111] Sérgio Soares Braga (org.), *Luiz Carlos Prestes*, cit., p. 276.

[112] Ver *Tribuna Popular*, Rio de Janeiro, fev.-set. 1946.

[113] Sérgio Soares Braga (org.), *Luiz Carlos Prestes*, cit., p. 35.

[114] Idem.

[115] Idem.

uma Constituição democrática"[116]. Indiscutivelmente, para tal resultado, a contribuição da bancada comunista fora decisiva.

O problema da terra no Brasil – o monopólio da propriedade privada da terra –, visto como um dos grandes entraves à democratização do país, foi uma das principais questões levantadas pelos comunistas nos debates parlamentares então travados. Tendo votado contra o projeto de Constituição que seria aprovado pela maioria conservadora da Assembleia Constituinte, a bancada comunista propôs emendas visando à garantia do direito de propriedade, "desde que não seja exercido contra o interesse social ou coletivo ou quando anule, na prática, as liberdades individuais proclamadas nesta Constituição ou ameacem a segurança nacional", e afirmando que esse direito e "seu uso serão condicionados ao bem-estar social, de modo que permitam a justa distribuição deles com iguais oportunidades para todos"[117]. Ao mesmo tempo, os comunistas propunham outras emendas com o objetivo de garantir "a fixação do homem do campo, tomando as medidas necessárias para o funcionamento dos latifúndios, para o desenvolvimento das pequenas propriedades, para a criação de novos centros de população agrícola, com as terras e as águas que lhes sejam indispensáveis para o fomento da agricultura, e para evitar a destruição dos elementos naturais e os danos que a propriedade possa sofrer em prejuízo da sociedade"[118] – emendas que seriam igualmente rejeitadas pela maioria reacionária com assento na Constituinte de 1946.

Nos discursos de Prestes, a reforma agrária é um tema recorrente. Afirmava ele: "Sem uma redistribuição da propriedade latifundiária ou, em termos mais precisos, sem uma verdadeira reforma agrária, não é possível debelar grande parte dos males que nos afligem"[119]. Palavras premonitórias e reveladoras, que se mantêm atuais, demonstrando não só a postura pioneira dos comunistas na luta pela reforma agrária, como a justeza dessa luta, encampada hoje por amplos setores da sociedade brasileira, apesar da encarniçada resistência oferecida de maneira firme e persistente pelos grandes proprietários de terra e seus representantes nos poderes da República.

Durante os trabalhos da Constituinte, os comunistas se bateram pela definição precisa, sem subterfúgios, dos "direitos sociais", posicionando-se claramente contra o estabelecimento de quaisquer restrições ao direito de greve[120]. Frente ao Decreto-Lei n. 9.070, de 15 de março de 1946, baixado pelo poder Executivo e

---

[116] Ibidem, p. 649.
[117] Ibidem, p. 258.
[118] Ibidem, p. 259.
[119] Ibidem, p. 247.
[120] Ibidem, p. 38.

266 Luiz Carlos Prestes: um comunista brasileiro

que, na prática, feria o direito de greve, a bancada comunista propôs sua desaprovação, declarando que "o princípio relativo ao direito de greve deve ser proclamado numa nação que se organiza democraticamente, mesmo que o país conte – como contamos – com uma justiça própria aparelhada para dirimir contendas entre empregados e empregadores, com base na legislação social"[121]. Mais uma vez, um requerimento dos comunistas seria rejeitado[122]. Na Constituição de 1946, ficaria inscrito o direito de greve – vitória das forças democráticas, alcançada em grande medida pelo esforço da bancada comunista –, sem, contudo, ter sido tal direito regulamentado na Carta Magna, como os comunistas sempre defenderam.

A denúncia enérgica dos atos repressivos que, desde o início dos trabalhos da Constituinte, foram desencadeados contra trabalhadores e setores populares e democráticos pelas autoridades policiais e governamentais constituiu uma linha permanente de atuação de Prestes e dos deputados comunistas. São inúmeros os pronunciamentos em que tais posicionamentos aparecem, destacando-se, por exemplo, os protestos contra o fechamento da Juventude Comunista[123], assim como a denúncia da inconstitucionalidade da cassação do registro do PCB[124]. O último discurso de Prestes, pronunciado no Senado em 20 de outubro de 1947[125], foi dedicado à denúncia de prisões efetuadas no estado de Alagoas[126].

Entre os pronunciamentos de Prestes na Constituinte, merece ser lembrado o proferido a 23 de março de 1946, em que o senador comunista viria a reiterar posição assumida dias antes em sabatina pública realizada no centro do Rio de Janeiro. Nessa ocasião, perguntado sobre "a posição dos comunistas se o Brasil acompanhasse qualquer nação imperialista que declarasse guerra à União Soviética", respondeu:

> Faríamos como o povo da Resistência Francesa, o povo italiano, que se ergueu contra Pétain e Mussolini. Combateríamos uma guerra imperialista contra a União Soviética e empunharíamos armas para fazer a resistência em nossa pátria, contra um governo desses, retrógrado, que quisesse a volta do fascismo. Se algum governo cometesse esse crime, nós, comunistas, lutaríamos pela transformação da guerra imperialista em guerra de libertação nacional.[127]

---

[121] Ibidem, p. 406.

[122] Ibidem, p. 427-30.

[123] Ibidem, p. 562.

[124] Ibidem, p. 751.

[125] Após essa data, por decisão da direção do partido, Prestes não compareceu mais às sessões do Senado, permanecendo na semiclandestinidade, devido ao aumento de ameaças a sua segurança e sua integridade física. Dois meses depois, em janeiro de 1948, os mandatos comunistas foram cassados.

[126] Sérgio Soares Braga (org.), *Luiz Carlos Prestes*, cit., p. 759-62.

[127] Ibidem, p. 88.

Enfrentando, na Constituinte, toda sorte de provocações de caráter anticomunista – até mesmo raivosas agressões verbais[128] – por parte de adversários, Prestes, nesse discurso, faz a enérgica denúncia do que ele denomina "campanha de preparação para a guerra", alertando sobre a existência de "um sistema organizado de provocação e preparação psicológica para a guerra"[129]. Vivia-se o momento em que, após o célebre discurso de Winston Churchill em Fulton, nos Estados Unidos, a 5 de março de 1946, a chamada Guerra Fria[130] era desencadeada pelas potências imperialistas. Distintamente do que as versões eivadas de anticomunismo procuraram consagrar, frente aos apartes provocativos de Juracy Magalhães e de outros elementos anticomunistas com assento na Constituinte, Prestes, no discurso, deixava claro que os ataques desferidos contra ele pessoalmente e contra o PCB eram parte de uma campanha de proporções internacionais, campanha movida pelas nações imperialistas com o objetivo de provocar a guerra, pretendendo, assim, deter o avanço do sistema socialista, que havia saído fortalecido com a vitória dos Aliados sobre o nazifascismo[131].

O desencadeamento da Guerra Fria na arena internacional refletia no Brasil por meio da campanha anticomunista orquestrada contra Prestes e o PCB. A grande imprensa e o plenário da Assembleia Constituinte constituíam espaços privilegiados para todo tipo de provocações. No informe apresentado na III Conferência Nacional do PCB[132], realizada em julho de 1946, Prestes destacava as mudanças ocorridas no Brasil com o início da Guerra Fria:

> É evidente [...] a diferença [...] entre as grandes vitórias populares de 1945 com a anistia, a reconquista das liberdades civis, a legalização de nosso Partido, a convocação da Assembleia Constituinte, com os gigantescos comícios da campanha eleitoral, com o sucesso das eleições de 2 de dezembro, a diferença entre essa marcha acelerada no caminho da democracia e o que se vem passando no

---

[128] Tanto na Constituinte quanto, mais tarde, no Senado, as agressões verbais a Prestes, por vezes, estiveram a ponto de se transformar em agressões físicas.

[129] Sérgio Soares Braga (org.), *Luiz Carlos Prestes*, cit., p. 130.

[130] Paulo Gilberto Fagundes Vizentini, "A Guerra Fria", em Daniel Aarão Reis Filho et al. (orgs.), *O século XX*, v. 2 (Rio de Janeiro, Civilização Brasileira, 2000), p. 195-225; Sidnei Munhoz, "Guerra Fria: um debate interpretativo", em Francisco Carlos Teixeira da Silva (org.), *O século sombrio: guerras e revoluções do século XX* (Rio de Janeiro, Elsevier, 2004), p. 61-181.

[131] Cf. *Tribuna Popular*, Rio de Janeiro, mar. 1946.

[132] A III Conferência Nacional do PCB foi convocada em substituição ao IV Congresso, cuja realização havia sido adiada devido às dificuldades enfrentadas naquele momento pelo partido, cf. Luiz Carlos Prestes, *Problemas atuais da democracia*, cit., p. 417.

correr deste ano, que tem sido fundamentalmente de luta em defesa das posições alcançadas, em defesa das conquistas democráticas de 1945.[133]

De fato, o governo Dutra, desde o início comprometido com a gestão do presidente Truman nos Estados Unidos[134], significou o retorno à perseguição dos comunistas e dos democratas de diversas correntes. Logo após a posse do novo presidente, ainda em março de 1946, voltou-se a falar em pôr o PCB na ilegalidade. A Polícia Política observava e seguia os movimentos dos comunistas e partiu para uma escalada repressora cada vez mais intensa. As oficinas da imprensa do PCB eram atacadas pela polícia, e edições de seus jornais, impedidas de circular, o que aconteceu diversas vezes com o jornal *Tribuna Popular*. Durante ato público realizado no largo da Carioca, no Rio de Janeiro, em 23 de maio, na comemoração de um ano do grandioso comício no estádio do Vasco da Gama, os manifestantes foram atacados por uma carga de cavalaria e a polícia atirou na multidão, ferindo mais de cem pessoas[135]. O historiador e brasilianista britânico Leslie Bethell descreveu a situação:

Em julho, líderes congressistas foram chamados ao palácio presidencial para receber um relatório sobre a "ameaça comunista". Em agosto, o embaixador americano Pawley ouviu de um oficial graduado da polícia do Rio de Janeiro que o fechamento do Partido por decreto presidencial era iminente.[136]

À medida que se aproximava a data da aprovação da Constituição, provocações de todo tipo se intensificavam visando a impedir sua promulgação. No dia 31 de agosto, no centro do Rio de Janeiro, foi desencadeado um violento "quebra-quebra"[137], promovido por setores interessados em provocar o caos e deter o avanço do processo democrático. Processo que continuou em curso, permitindo que uma Constituição de feição democrática fosse afinal aprovada em 18 de setembro de 1946[138].

Além dos comunistas, o movimento operário e sindical foi alvo privilegiado da repressão do governo Dutra. Ainda em março de 1946, era editado o Decreto-

---

[133] Ibidem, p. 429.

[134] Paulo Gilberto Fagundes Vizentini, "A Guerra Fria", cit., p. 201-2.

[135] Cf. *Tribuna Popular*, Rio de Janeiro, 1946.

[136] Leslie Bethell e Ian Roxborough (orgs.), *A América Latina entre a Segunda Guerra Mundial e a Guerra Fria* (Rio de Janeiro, Paz e Terra, 1996), p. 98.

[137] Ao mesmo tempo, vários dirigentes comunistas foram presos, e a residência de Maurício Grabois, deputado comunista, onde Prestes estava escondido por decisão da direção do PCB, foi invadida de madrugada pela polícia. Prestes e Grabois escaparam pulando os muros das casas vizinhas. (LCP, fita n. 13; relato de Prestes à autora).

[138] Cf. *Tribuna Popular*, Rio de Janeiro, 31 ago. 1946, p. 1; 1º set. 1946, p. 1 e 3; e dias subsequentes.

-Lei n. 9.070, que se constituía em uma severa legislação antigreve. A escalada repressiva aos movimentos grevistas e a intervenção nos sindicatos, as prisões das lideranças sindicais e a extrema violência desencadeada contra eles pela polícia tornaram-se prática comum. Mas, em setembro daquele ano, o governo sofreria uma séria derrota durante os trabalhos do Congresso Sindical, realizado no Rio de Janeiro, com a participação de mais de 2 mil delegados. Na ocasião, foi fundada a Confederação dos Trabalhadores do Brasil (CTB), central sindical que contou, para seu êxito, com o trabalho desenvolvido pelo MUT. Entretanto, o reconhecimento da CTB pelas autoridades governamentais jamais ocorreu, e os sindicatos a ela filiados também acabaram não sendo reconhecidos. Posteriormente, em maio de 1947, a CTB foi posta fora da lei pelo governo Dutra, e um grande número de sindicatos sofreu intervenção por parte do Ministério do Trabalho[139].

No informe feito na III Conferência, Prestes denunciou a formação de um "pacto hemisférico", que significava "a supressão da soberania nacional dos povos de continente e, na prática, a subordinação completa de suas forças militares e nacionais ao comando norte-americano", acrescentando:

> Esse é o verdadeiro conteúdo do projeto apresentado pelo presidente Truman ao Congresso dos Estados Unidos, projeto que, como se diz, visa somente a "tornar uniforme a organização, os métodos de instrução e o aparelhamento" das forças militares de todo o continente.[140]

No informe, ressaltava-se que "a reação tenta anular as conquistas democráticas do ano passado"[141]. Ao mesmo tempo, insistia-se na orientação política anterior, reafirmada em vários documentos, de prosseguir na luta pela "União Nacional"[142], defendendo a consigna de "ordem e tranquilidade". Chamava-se atenção para a necessidade de evitar provocações que pudessem servir de pretexto aos que "querem arrastar o país ao caos e à guerra civil"[143]. Destacava-se a importância do movimento grevista em curso durante aquele ano de 1946[144], assim como "a

---

[139] Cf. *A Classe Operária*, n. 27, 7 set. 1946; n. 28, 14 set. 1946; n. 29, 21 set. 1946; n. 34, 26 out. 1946; *Tribuna Popular*, Rio de Janeiro, set. 1946; Leslie Bethell e Ian Roxborough (orgs.), *A América Latina entre a Segunda Guerra Mundial e a Guerra Fria*, cit., p. 94-6; Edgard Carone, *A República Liberal*, v. 1, cit., p. 181-2 e 186-9; Marco Aurélio Santana, *Homens partidos*, cit., p. 65-6; Ricardo Maranhão, *Sindicatos e democratização (Brasil 1945-1950)* (São Paulo, Brasiliense, 1979), p. 68-70.

[140] Luiz Carlos Prestes, *Problemas atuais da democracia*, cit., p. 427.

[141] Ibidem, p. 433.

[142] Ibidem, p. 440.

[143] Ibidem, p. 431.

[144] Ibidem, p. 436-7.

grande obra iniciada pelo MUT"[145]. E enfatizava-se: "Se não avançarmos rapidamente na organização sindical do proletariado, precária será a união nacional e praticamente impossível a consolidação da democracia"[146].

Prestes também insistia na necessidade de organizar os Comitês Populares Democráticos[147], entendendo que "a organização das mais amplas camadas sociais de nosso povo, acima de diferenças de classe, de crenças religiosas, de ideologias políticas, assegurará a União Nacional e a marcha para adiante no caminho da democracia"[148]. E defendia a "união 'por baixo' das grandes massas trabalhadoras em seus locais de trabalho, nos sindicatos, nas ligas camponesas, nas associações diversas, nos bairros e ruas", o que deveria facilitar a "aproximação dos partidos, a união 'por cima' de seus dirigentes, não para cambalachos ou acordos reacionários, mas realmente para a luta em defesa da democracia e do progresso"[149].

Mesmo reconhecendo a existência de uma escalada repressora por parte do governo Dutra, a direção do PCB ainda acreditava na presença de "homens honestos" que fariam parte do governo e que poderiam se libertar do *grupelho fascista* que desmoraliza e torna impopular a alta direção do país, afastando as ameaças de caos e da guerra civil"[150]. A manutenção da política de "União Nacional" e a proposta de um "governo de confiança nacional"[151] baseavam-se na concepção de que seria possível explorar contradições pretensamente existentes no governo Dutra. O que não se percebia era que tais possibilidades haviam se esgotado ou, provavelmente, não tivessem existido.

Em dezembro de 1946, durante os trabalhos do Pleno do Comitê Nacional do PCB, em informe político apresentado por Prestes em nome da Comissão Executiva do partido, fez-se um balanço dos últimos quatro meses de atividade dos comunistas brasileiros. E, não obstante as crescentes dificuldades enfrentadas diante da orientação cada vez mais anticomunista e repressora do governo Dutra, afirmava-se que haviam sido vitoriosas as tarefas delineadas pela III Conferência do PCB. Dizia-se:

> Em vez da ilegalidade, da derrota, tão desejada pelos nossos inimigos e tão temida pelos vacilantes e covardes, faltos de perspectiva política, chegamos a esta reunião

---

[145] Ibidem, p. 447.

[146] Ibidem, p. 446.

[147] Ibidem, p. 554.

[148] Ibidem, p. 448.

[149] Idem.

[150] "Manifesto da Comissão Executiva", *Tribuna Popular*, Rio de Janeiro, 11 ago. 1946, p. 1; 3 set. 1946, p. 1 e 3; grifos desta autora.

[151] Luiz Carlos Prestes, *Problemas atuais da democracia*, cit., p. 448.

mais uma vez vitoriosos, dispostos a comemorar os grandes e novos êxitos do nosso grande e glorioso partido.[152]

Com o desconto do tradicional ufanismo dos dirigentes do PCB, há que se reconhecer como vitória importante dos comunistas e das forças democráticas a promulgação da nova Carta Constitucional, que havia libertado a sociedade brasileira do "arbítrio dos decretos-leis, do monstrengo de 10 de novembro", embora não se tivesse alcançado ainda "a Constituição democrática e progressista que reclamam os superiores interesses do nosso povo"[153].

Também a realização do Congresso Sindical fora um êxito da luta pela unidade da classe operária, uma vitória do proletariado brasileiro, "vitória na luta pela liberdade sindical, pelos interesses mais imediatos dos trabalhadores". Com tal vitória, levara "o MUT a bom termo sua histórica e gloriosa missão: está afinal fundada a grande Confederação dos Trabalhadores do Brasil, que há de ser o esteio máximo da democracia em nossa terra"[154]. Outra vitória importante apontada no informe fora a "impressionante realização" da campanha de arrecadação de recursos financeiros para a imprensa popular, ou seja, para a imprensa do PCB[155].

Percebe-se que havia avanços no processo de democratização do país, mas hoje está claro que a tendência geral era de paulatina perda de posições por parte das forças democráticas e progressistas, nos marcos de uma situação mundial caracterizada pela intensificação da Guerra Fria. Frente a tal cenário, a direção do PCB ainda alimentava ilusões de consolidar a democracia, conquistando a "União Nacional". E, com esse objetivo, e contra o perigo de golpes da reação, continuava a defender a consigna de "ordem e tranquilidade", de luta "sem tréguas, enérgica e corajosa, mas luta pacífica e rigorosamente *dentro da ordem legal estabelecida*". Dizia ainda: "Às ameaças de golpe, às tentativas desesperadas da reação, devemos responder com a luta redobrada pela *União Nacional*, em defesa da Constituição e da democracia"[156].

No esforço pela conquista da "União Nacional", a direção do PCB, fiel à tese da "revolução democrático-burguesa, agrária e anti-imperialista"[157], afirmou a necessidade de "tentar a harmonia entre operário e patrão nas relações capitalistas para melhor lutar contra o atraso, a miséria e a ignorância em que vegeta

---

[152] Ibidem, p. 475.
[153] Ibidem, p. 475-6.
[154] Ibidem, p. 476-7.
[155] Ibidem, p. 477-82.
[156] Ibidem, p. 499, grifos desta autora.
[157] Ibidem, p. 485.

o nosso povo". "Por meio dessa luta prática pelo rendimento maior do trabalho será mais fácil atrair à União Nacional as camadas mais progressistas da burguesia nacional."[158] Foi mantida, portanto, a aposta na existência de uma hipotética burguesia progressista, capaz de aliar-se ao proletariado na luta contra o imperialismo e pela reforma agrária. Não se percebia que, diante do crescimento das greves operárias, da intensificação da luta de classes, o empresariado capitalista passara a apoiar a política antioperária do governo Dutra.

Ao findar o ano de 1946, o PCB encontrava-se empenhado na campanha eleitoral para o pleito de 19 de janeiro de 1947, considerado um momento importante na luta pela democratização do país[159]. Tratava-se de eleições para suprir uma parte do Congresso Nacional, para governadores de estados e assembleias legislativas, assim como para a Câmara Municipal do Distrito Federal. O partido obteve importante vitória ao conquistar 9% dos votos, ficando com um total de 64 cadeiras nas assembleias legislativas de quinze estados. Para a Câmara Municipal do Distrito Federal, elegeu dezoito vereadores – a maior bancada nessa Casa. Na Assembleia Legislativa de São Paulo, os comunistas passaram a contar com onze deputados e na de Pernambuco, com nove. Em São Paulo, Adhemar de Barros se elegeu governador com o apoio do PCB, que lhe garantiu 180 mil votos[160]. Ao apoiar esse líder populista, os comunistas esperavam avançar no processo de conquista da "União Nacional"; entretanto, o desengano não tardou, pois em poucos meses Adhemar de Barros, sofrendo fortes pressões do governo Dutra, desencadeou violenta repressão contra os comunistas, o movimento operário e os setores democráticos do estado de São Paulo[161].

1947: a repressão se abate sobre os comunistas

Durante o ano de 1947, ficaria cada vez mais evidente que as classes dominantes no Brasil não estavam dispostas a permitir o avanço do processo de democratização e, principalmente, a aceitar novas vitórias dos comunistas. Em fevereiro, seria divulgado o "Parecer Barbedo", elaborado pelo procurador-geral da República Alceu Barbedo, contrário ao registro do PCB[162]. Diante da ameaça de cassação

---

[158] Ibidem, p. 489.

[159] Ibidem, p. 507-10.

[160] Leslie Bethell e Ian Roxborough (orgs.), *A América Latina entre a Segunda Guerra Mundial e a Guerra Fria*, cit., p. 98-9.

[161] Ver exemplares dos jornais *Hoje*, São Paulo; *Tribuna Popular*, Rio de Janeiro; e *A Classe Operária*, do ano de 1947.

[162] Edgard Carone, *A República Liberal*, v. 1, cit., p. 344; cf. "Parecer Barbedo", Rio de Janeiro, 8 fev. 1947 (Aperj, fundo DPS, *Fechamento do PCB*, notação 552, v. 3).

do registro do partido, dá-se intensa mobilização de diferentes setores da sociedade brasileira, exigindo do governo Dutra que recuasse de seus propósitos anticomunistas e antidemocráticos. Diferentemente do que é afirmado com frequência por diversos autores – segundo os quais os comunistas teriam aceitado passivamente a cassação de seu registro[163] –, essa mobilização, incentivada pela direção do partido, embora insuficiente para mudar o rumo dos acontecimentos, adquiriu proporções consideráveis, o que se pode verificar tanto pela imprensa do PCB da época quanto pelos manifestos e abaixo-assinados encontrados nos arquivos da Polícia Política[164].

Acreditando ainda na possibilidade de deter a escalada repressora do governo Dutra e impedir o fechamento do PCB, a direção partidária, em março de 1947, publicou em *A Classe Operária* as *Teses para discussão* e o *Manifesto de convocação* do IV Congresso do Partido, cujo início foi marcado para 23 de maio de 1947[165]. Nesses documentos, embora se reconhecesse que se acentuavam "as tendências reacionárias do governo Dutra", afirmava-se que "avança a democracia e cresce o nosso partido"[166]. Denunciava-se o "Parecer Barbedo", advertindo que o "baixo nível político do nosso povo" não permitiria a devida mobilização contra os intentos de cassar o registro do PCB[167]. A política de "União Nacional", entretanto, ainda foi mantida[168], o que revelava definitivamente as ilusões dos dirigentes partidários nas possibilidades de aliança com uma parte da burguesia considerada "progressista", e até mesmo com setores do governo Dutra, dentro do qual eram reconhecidas diferentes alas. Não se percebia que, tendo como pano de fundo a Doutrina Truman[169], esses setores estavam unidos contra o "perigo comunista".

A 7 de maio de 1947, o PCB teve seu registro cancelado pelo Tribunal Superior Eleitoral (TSE), por três votos a favor e dois contra. Decisão inesperada para os comunistas, que ainda acreditavam no avanço da democracia no Brasil. A onda de protestos diante do "Parecer Barbedo" não foi suficiente para deter a escalada anticomunista. O professor Luiz de Carvalho Bicalho, do Departamento de

---

[163] Jacob Gorender, *Combate nas trevas: a esquerda brasileira* (São Paulo, Ática, 1987), p. 21.

[164] Cf. *Cassação dos mandatos dos parlamentares comunistas* (Aperj, fundo DPS, notação 962); *Fechamento do PCB* (Aperj, fundo DPS, notação 552, v. 1 e 3); "Parecer Barbedo" (Aperj, fundo DPS, notação 1.708, v. 1 e 2); *Tribuna Popular*, Rio de Janeiro, e *Hoje*, São Paulo, fev., mar., abr. 1947.

[165] *A Classe Operária*, suplemento de 16 p., 27 mar. 1947.

[166] Ibidem, p. 7.

[167] Ibidem, p. 8.

[168] Ibidem, p. 11 e 16.

[169] Paulo Gilberto Fagundes Vizentini, "A Guerra Fria", cit., p. 195-225.

Filosofia da Universidade Federal de Minas Gerais (UFMG), resumiu a atitude tomada pelos ministros do TSE:

> De nada valeram os votos fundamentados e serenos do relator Sá Filho e do ministro Ribeiro da Costa, ressaltando o aspecto político negativo da questão e rebatendo um a um os frágeis argumentos da acusação. Juízes assustados, repetindo acusações infantis, decidem, por três a dois, como em jogo de futebol, castrar politicamente significativo contingente do povo brasileiro, já que nas eleições presidenciais de 1945 o candidato do Partido Comunista havia obtido 10% dos votos.[170]

Com o fechamento do partido e a invasão e a depredação de suas sedes pela polícia, o PCB foi forçado a recuar para a clandestinidade e, consequentemente, a adiar outra vez a realização de seu IV Congresso[171]. Mas os parlamentares comunistas ainda se mantinham na vigência dos mandatos, embora a pressão pela cassação se acentuasse a cada dia. Ao mesmo tempo, foi fechada a CTB:

> Líderes eleitos e funcionários de sindicatos filiados à CTB, ou apenas simpatizantes dela, foram destituídos. No espaço de três semanas, todos os comunistas, simpatizantes dos comunistas e independentes [...] eram banidos dos 93 sindicatos [...]. No final de julho, 170 sindicatos representando 300 mil trabalhadores tinham sofrido intervenção.[172]

Poucos dias após o fechamento do PCB, durante pronunciamento na Câmara dos Deputados, o deputado comunista Maurício Grabois deu publicidade ao *Manifesto do PCB* que afirmava: "Estamos de volta à ditadura". E exigia a renúncia imediata de Dutra. Intensificaram-se os apelos à resistência democrática e à mobilização das massas em defesa dos mandatos dos parlamentares comunistas. João Amazonas também discursou na Câmara, cobrando a renúncia de Dutra[173]. Os comunistas propuseram ao país a formação de um "governo de confiança nacional" em substituição à gestão Dutra. No primeiro pronunciamento público após a cassação do registro do partido, Prestes reafirmou

---

[170] PCB, *Processo de cassação do registro* (1947) (Belo Horizonte, Aldeia Global, 1980), p. xv.

[171] *Tribuna Popular*, Rio de Janeiro, 8 maio 1947, p. 1.

[172] Leslie Bethell e Ian Roxborough (orgs.), *A América Latina entre a Segunda Guerra Mundial e a Guerra Fria*, cit., p. 101.

[173] *A Classe Operária*, n. 73, 17 maio 1947; n. 75, 31 maio 1947; n. 77, 14 jun. 1947; *Tribuna Popular*, Rio de Janeiro, 9 maio 1947, p. 1.

a diretriz de "renúncia de Dutra" e de estabelecimento de um "governo de confiança nacional", considerando que a força das massas poderia levar à renúncia do presidente[174].

Nota-se que os comunistas ainda apostavam no processo de democratização e na possibilidade de derrotar o "grupo mais reacionário" ou "militar-fascista" do governo Dutra. Essa é a razão por que, em agosto daquele ano, ao discursar no Senado, Prestes retirava a consigna de "renúncia de Dutra" e propunha a "formação de uma ampla comissão interpartidária, objetivando a defesa da democracia e um programa econômico de salvação nacional"[175]. Em artigo publicado em setembro, o secretário-geral do PCB explicava os motivos da retirada da diretriz de "renúncia de Dutra", alegando que assim pretendiam os comunistas evitar as provocações do grupo militar-fascista do governo, cuja pretensão seria isolar os comunistas, que prosseguiam na luta pela "União Nacional"[176].

Mas a perseguição aos comunistas se acentuou no país. Em setembro de 1947, o governo Dutra pressionou o Congresso a cassar os mandatos dos parlamentares comunistas, o que afinal seria votado a 7 de janeiro de 1948. Em outubro, o Congresso aprovou a demissão de todos os funcionários públicos suspeitos de pertencer ao PCB[177].

Nos meses que antecederam o cancelamento dos mandatos parlamentares dos comunistas e diante da escalada repressora do governo Dutra, intensificou-se a mobilização, promovida pelo PCB, de diferentes setores democráticos e progressistas da sociedade brasileira, visando a deter o avanço da reação anticomunista no país. Em São Paulo, por exemplo, na segunda metade de 1947, foram realizados atos públicos, grandes concentrações, inclusive no vale do Anhangabaú, em protesto contra o fechamento do PCB e em defesa dos mandatos de seus parlamentares, ameaçados pela aprovação na Câmara Federal do chamado "Projeto Ivo D'Aquino"[178].

Ao mesmo tempo, o PCB participou da campanha eleitoral para as eleições municipais de novembro de 1947. Impedido de apresentar candidatos pela própria legenda, o fez por meio de legendas de partidos com os quais conseguira estabelecer alianças políticas, como, por exemplo, o Partido Social Trabalhista

---

[174] *Hoje*, São Paulo, 6 jun. 1947; *Tribuna Popular*, Rio de Janeiro, 5 jun. 1947, p. 1 e 2.

[175] *A Classe Operária*, n. 85, 9 ago. 1947.

[176] *Hoje*, São Paulo, 14 set. 1947.

[177] Leslie Bethell e Ian Roxborough (orgs.), *A América Latina entre a Segunda Guerra Mundial e a Guerra Fria*, cit., p. 102; Pedro Estevam da Rocha Pomar, *A democracia intolerante: Dutra, Adhemar e a repressão do Partido Comunista* (São Paulo, Arquivo do Estado/Imprensa Oficial do Estado, 2002), p. 20.

[178] Ver os jornais. *A Classe Operária, Tribuna Popular* e *Hoje*, set.-nov. 1947.

(PST), em São Paulo. Nesse estado, a vitória dos comunistas foi significativa: elegeram-se quinze "vereadores de Prestes", como eram chamados, para a Câmara Municipal da capital, constituindo a bancada majoritária nessa Casa. Da mesma maneira, em cidades importantes, como Santos e Santo André, os comunistas formaram bancadas majoritárias. Nesta última, o líder sindical comunista Armando Mazzo foi eleito prefeito, tendo sido impedido, no entanto, de tomar posse[179]. Segundo o historiador Pedro Estevam da Rocha Pomar, que atribuiu ao governo Dutra a significativa denominação de "democracia intolerante" em 1947, o PCB elegeu nacionalmente 250 vereadores nas legendas de diversos partidos, sendo 150 no estado de São Paulo[180].

A análise do curto período de legalidade do PCB, nos anos 1945-1947, assim como de sua intensa atividade parlamentar, revela que, não obstante os esforços desenvolvidos pelos comunistas visando a consolidar o processo de democratização no país e alcançar a tão almejada "União Nacional", o partido teve seu registro cancelado e os mandatos de seus parlamentares cassados. "União Nacional" tornou-se uma quimera inatingível. Embora vitórias parciais tenham sido conquistadas – algumas de grande importância –, a política levada adiante pelo PCB foi derrotada.

Apesar disso, a diretriz de "União Nacional" contribuiu inquestionavelmente durante o ano de 1945 para o significativo avanço do processo de democratização do país. Já em 1946, no início da Guerra Fria, a tendência predominante na política nacional incorporou crescente anticomunismo. Medidas repressoras cada vez mais intensas foram adotadas, por parte do governo Dutra, contra os comunistas e as forças democráticas e progressistas.

Os dirigentes do PCB não perceberam com clareza a profundidade de tal virada e a gravidade de suas consequências para o partido e seus aliados. A hipotética "burguesia progressista", definida pelos comunistas como importante setor com o qual seria possível contar na luta pela "União Nacional", capitulara diante dos interesses do grande capital, expressos na Doutrina Truman[181]. Embora lutando com grande empenho e entusiasmo pelos objetivos traçados, os comunistas ficaram isolados, o que explica sua derrota política.

Mais uma vez na história do PCB predominara a tendência nacional-libertadora e sua aposta no "papel progressista" de um setor da burguesia industrial,

---

[179] *Hoje*, São Paulo, 12 nov. 1947 e 18 nov. 1947; Pedro Estevam da Rocha Pomar, *A democracia intolerante*, cit.

[180] Pedro Estevam da Rocha Pomar, *A democracia intolerante*, cit., p. 10, 26, 40, 59 e 96; ver também *Hoje*, São Paulo, out.-nov. 1947.

[181] Paulo Gilberto Fagundes Vizentini, "A Guerra Fria", cit., p. 195-225; Sidnei Munhoz, "Guerra Fria: um debate interpretativo", cit., p. 273.

incapaz de aliar-se ao proletariado para alcançar um capitalismo autônomo no Brasil, livre do domínio do imperialismo, principalmente dos interesses dos capitais norte-americanos. E, mais uma vez, o conflito de classes era deixado de lado pelos comunistas, em favor da luta nacional-libertadora.

XI
Prestes e o PCB na clandestinidade: os primeiros anos (1948-1954)

da cassação dos mandatos dos parlamentares comunistas (e da virada "esquerdista" do PCB) ao IV Congresso do Partido (e à volta da política de alianças com a burguesia nacional)

Prestes na clandestinidade

Com a cassação dos mandatos, o PCB ingressava irremediavelmente na clandestinidade, pois seus principais dirigentes estavam então privados de imunidades parlamentares, o que significava que poderiam ser presos a qualquer momento. A instauração de processo judicial[1] contra grande parte dos líderes comunistas tornava real tal possibilidade, dificultando a atividade legal desses dirigentes. Iniciava-se um período em que a perseguição aos comunistas e a seus aliados ficaria mais intensa; inúmeros militantes do PCB foram presos, torturados e assassinados[2].

Luiz Carlos Prestes tornou-se o principal alvo da repressão policial e dos ataques da grande imprensa, movida por um raivoso anticomunismo[3]. Tal situação viria a propiciar seu isolamento pelo Secretariado do Comitê Nacional do PCB, à frente do qual se encontrava Diógenes de Arruda Câmara, secretário de organização do partido. Prestes ficou "prisioneiro" de Arruda, que passou a dirigir o PCB falando em seu nome. O secretário-geral do partido permaneceu emparedado durante dez anos de clandestinidade necessária, mas que certamente poderia ter sido menos rigorosa, se a chamada "disciplina partidária" não o tivesse forçado a seguir as determinações do Secretariado Nacional[4].

---

[1] Tribunal de Justiça do Estado do Rio de Janeiro, Processo do Partido Comunista do Brasil, 1948, processo n. 1.751, F-772 (microfilmado).

[2] Ver *Tribuna Popular*, *A Classe Operária* etc.

[3] Rodrigo Patto Sá Motta, *Em guarda contra o "Perigo Vermelho": o anticomunismo no Brasil (1917-1964)* (São Paulo, Perspectiva/Fapesp, 2002).

[4] A respeito da situação de Prestes à frente do PCB, após sua saída da prisão em 1945, ver o item "A Conferência da Mantiqueira: Luiz Carlos Prestes e o novo grupo dirigente do PCB", no capítulo X deste livro.

João Falcão, ativo militante comunista com intensa atividade junto à direção do PCB, recorda que, já nos primeiros dias de legalidade do partido, "o grupo da CNOP, que cercou Prestes desde sua saída da prisão, estava monopolizando os passos do grande líder", e Arruda procurava cercear a palavra dos demais camaradas[5]. Lembra também que, em 1947, após o fechamento do PCB, uma das deliberações do Secretariado "foi a de que o único elemento de ligação com Prestes seria Arruda Câmara"[6]. Segundo Falcão, Prestes não concordava com a "severa clandestinidade" que lhe havia sido imposta[7]. Assinala ainda que "Prestes não participou" da primeira reunião do Comitê Nacional do PCB na ilegalidade, realizada no Rio de Janeiro. Nessa reunião, Arruda firmou-se como o "condestável" do PCB na ausência de Prestes[8].

A alegação da necessidade de garantir a segurança do secretário-geral serviu de pretexto para, durante os dez anos de clandestinidade (1948 a 1958), impedir Prestes de participar das reuniões partidárias. Durante todo o ano de 1948, ele permaneceu privado de qualquer contato com os membros da direção do partido. A partir de 1949, após escrever várias cartas protestando contra o isolamento a que estava sendo submetido, passou a participar de alguns encontros do Secretariado Nacional e, mais tarde, eventualmente, de uma ou outra reunião da Comissão Executiva[9]. Em contato apenas com reduzido número de membros do Secretariado e alguns militantes responsáveis pela manutenção dos poucos "aparelhos"[10] que frequentava, Prestes era mantido distante tanto da direção quanto da militância do partido. Assim, as informações que lhe chegavam a respeito da organização não poderiam deixar de ser limitadas e tendenciosas. Na prática, tornou-se inviável para Prestes cumprir o papel dirigente que teoricamente lhe caberia.

---

[5] João Falcão, *O Partido Comunista que eu conheci: 20 anos de clandestinidade* (Rio de Janeiro, Civilização Brasileira, 1988), p. 273-4.

[6] Ibidem, p. 341-2.

[7] Ibidem, p. 357.

[8] Ibidem, p. 366-7. As atitudes autoritárias e truculentas de Diógenes Arruda também causaram sérios prejuízos ao relacionamento do PCB com grande parte da intelectualidade brasileira da época – expoentes da cultura, como Cândido Portinari, Oscar Niemeyer, Jorge Amado, Graciliano Ramos, Carlos Drummond de Andrade, Monteiro Lobato e Carlos Scliar, entre outros, dialogavam livremente com Prestes enquanto ele permaneceu na legalidade. Tal relacionamento foi interrompido e seriamente prejudicado quando Arruda tornou-se, na prática, o dirigente máximo do PCB; cf. LCP, fita n. 14.

[9] LCP, fita n. 14; em relatos de Prestes à autora e às irmãs dele.

[10] O responsável pelos "aparelhos" em que Prestes viveu durante os anos da clandestinidade foi Giocondo Dias, considerado por Arruda um "quadro superado" no partido e, por isso, designado para essa função; em relatos de Prestes à autora e às irmãs dele.

PRESTES E O PCB NA CLANDESTINIDADE: OS PRIMEIROS ANOS   281

Durante dez anos, enquanto os demais dirigentes viajavam e estabeleciam contatos no exterior, em particular na URSS, a Prestes era vetada tal possibilidade. Sua situação tornou-se extremamente delicada, pois para rebelar-se teria de romper com o dogma da "disciplina partidária" e, nas condições de rigorosa clandestinidade em que vivia, não poderia contar com o apoio da organização para se movimentar ou sair ilegalmente do país. Anos mais tarde, ele lembraria que aqueles anos haviam sido piores que os nove que passara na prisão, pois no cárcere defrontava-se com um inimigo declarado, enquanto na clandestinidade estava diante de "inimigos irrevelados"[11].

Essa situação de total isolamento já se prolongava por cinco anos[12], quando Arruda Câmara, o "condestável" do partido, resolveu encaminhar uma jovem militante para cuidar do "aparelho" de Prestes. Maria do Carmo Ribeiro, que assumiu a tarefa em dezembro de 1952, era filha de um antigo dirigente do PCB, falecido havia pouco tempo. Em 1960, numa de suas estadas na capital soviética[13], Prestes contaria ao funcionário do PCUS responsável pelas relações com o PCB[14] que, após o desaparecimento de Olga, "durante muito tempo ele não pensou nem tentou criar uma nova família". Entretanto, gostava muito de crianças e "sempre quis ter muitos filhos. Em 1953, casou-se pela segunda vez com uma mulher que o havia ajudado muito durante o período em que permaneceu na clandestinidade". Segundo o relato de Dimitri Diakonov, Prestes chegou a dizer brincando que gostaria de ter não menos de dez filhos[15]. Teve sete com Maria do Carmo Ribeiro.

A guinada "esquerdista" na tática do PCB

Em janeiro de 1948, com a cassação dos mandatos dos parlamentares comunistas, teria lugar uma guinada "esquerdista" na tática do PCB. Era abandonada a proposta de "União Nacional", decisão provocada pelo avanço da Guerra Fria e seus desdobramentos. Tal virada tática seria motivada também, em grande medida, pela intensificação da repressão aos comunistas e às demais forças democráticas e populares, por parte do governo Dutra.

---

[11] Relatos de Prestes à autora e às irmãs dele.

[12] Esta autora, filha de Prestes com Olga, por decisão da direção do PCB – na companhia de sua tia Lygia –, havia sido enviada à União Soviética, onde, desde o início de 1951, cursava a escola secundária. Regressamos ao Brasil em novembro de 1957.

[13] A partir de 1958, com a revogação da ordem de prisão preventiva existente contra os dirigentes do PCB, Prestes foi a Moscou várias vezes.

[14] Dimitri Diakonov, *Algumas impressões pessoais sobre Luiz Carlos Prestes*, 20 jan. 1961 (documento datilografado, em russo, 5 f.; Arquivo Estatal Russo de História Social e Política, RGASPH, fundo 495, op. 197, d. 1-3), p. 74-8.

[15] Idem.

Ainda em janeiro de 1948, por iniciativa de partidos como PSD, UDN e PR, comprometidos com o governo, fora homologado um acordo interpartidário "visando a consolidar o regime, promover planos econômico-financeiros e fazer cumprir a legislação relativa à elevação do nível de vida dos brasileiros"[16]. Segundo Maria Victoria Benevides, tal aliança entre UDN e PSD tinha por base o medo da "irrupção social" e "a identificação classista entre os dois partidos"[17].

Sérgio Soares Braga assinala que o governo Dutra caracterizou-se por "compromissos" e "coalizões", cujas diretrizes fundamentais foram: "a) repressão sistemática às forças progressistas e populares; b) alinhamento servil com os EUA no plano da política externa; c) 'pacificação geral' entre os diversos segmentos e frações das classes dominantes"[18]. E acrescenta que, por esse motivo,

> a cassação do PCB ocorreu simultaneamente ao "acordo Interpartidário" PSD/UDN/PR, o qual foi responsável pela difusão do mito de que o governo Dutra teria sido um período de "paz social", quando na realidade caracterizou-se pela repressão sistemática aos trabalhadores e suas organizações.[19]

Ao analisar o acordo interpartidário de janeiro de 1948, os comunistas afirmaram tratar-se de uma união contra o povo, "acordo das classes dominantes sob a bandeira do imperialismo", configurando-se um avanço da reação no país[20]. Tal acordo teria facilitado a unificação e a mobilização de setores partidários do anticomunismo e favoráveis à eliminação dos comunistas do cenário político, o que contribuiu para que o PCB radicalizasse sua tática.

No *Manifesto de janeiro de 1948*, assinado por Luiz Carlos Prestes em nome do Comitê Nacional do PCB, eram destacadas as mudanças ocorridas na situação política do país durante os anos de 1946 e 1947, afirmando-se que, "desde a eleição do sr. Dutra e do início de seu governo [...], as grandes conquistas democráticas de 1945 [...] vêm sendo sucessivamente golpeadas de maneira cada vez mais séria e profunda"[21]. A seguir, especificava-se:

---

[16] Maria Celina D'Araújo, *O segundo governo Vargas (1951-1954): democracia, partidos e política* (São Paulo, Ática, 1992), p. 53.

[17] Idem.

[18] Sérgio Soares Braga (org.), *Luiz Carlos Prestes: o constituinte, o senador* (Brasília, Conselho Editorial do Senado Federal, 2003), p. 26.

[19] Idem.

[20] Luiz Carlos Prestes, "Forjar a mais ampla frente nacional em defesa da paz, da liberdade e contra o imperialismo" (maio de 1949), *Problemas*, n. 19, p. 11-79, jun.-jul. 1949, p. 8.

[21] Idem, "Como enfrentar os problemas da revolução agrária e anti-imperialista" (jan. 1948), *Problemas*, n. 9, abr. 1948, p. 18-42 (p. 18).

Todas as conquistas democráticas vão sendo pouco a pouco abolidas, e a Constituição, sistematicamente violada. O direito de reunião, continuamente ameaçado desde a chacina do largo da Carioca, em 23 de maio de 1946, já é praticamente inexistente; a liberdade de imprensa está reduzida a farrapos com a decisão do Tribunal de recursos dando novo alento aos dispositivos inconstitucionais da Lei de Segurança do Estado Novo; a liberdade sindical foi praticamente anulada com a dissolução da CTB e das Uniões sindicais, além da intervenção ministerial ou policial e em toda a vida sindical; o direito de associação igualmente anulado com a decisão contra a Juventude Comunista, contra inúmeras outras associações juvenis e populares e, finalmente, com a sentença que cassou o registro eleitoral do PCB; o direito de propriedade e a inviolabilidade do domicílio inexistem já agora para os assaltantes policiais armados de gases e metralhadoras contra os jornais do povo; o lar do trabalhador é acintosamente desrespeitado e invadido, e os espancamentos e torturas policiais se repetem por toda parte; o direito de greve está praticamente anulado com a sistemática prisão de grevistas e com as recentes condenações de grevistas em São Paulo; o sufrágio universal ficou prejudicado com a recente decisão do TSE que afastou das câmaras municipais das quatro mais importantes cidades de São Paulo bancadas majoritárias comunistas; enfim, a cassação dos mandatos dos representantes comunistas por meio de uma lei imoral e berrantemente inconstitucional vem golpear de morte o poder Legislativo federal, de diversos estados e do Distrito Federal [...].[22]

Esse documento caracterizava o governo Dutra como de "traição nacional, a serviço do imperialismo norte-americano"[23] e afirmava que, em consequência do "acordo político em torno de Dutra" estabelecido em janeiro daquele ano, dera-se o "ressurgimento do fascismo no país"[24].

Ao fazer uma apreciação autocrítica da atuação dos comunistas, o texto também reconhecia que "não tem sido oferecida a necessária resistência [...] ao avanço da reação", faltando "organização de massas". Assinalava-se, por exemplo, que "desapareceram pouco a pouco os comitês democráticos populares fundados em 1945, não há organização sindical, falta qualquer organização ponderável de grandes massas de trabalhadores rurais" etc.[25].

Diante dessa nova situação, o PCB dava início a uma revisão autocrítica de suas posições anteriores, que passavam a ser vistas como "direitistas", na medida

---

[22] Ibidem, p. 19.
[23] Ibidem, p. 20.
[24] Ibidem, p. 28.
[25] Ibidem, p. 31.

em que haveria, por parte dos comunistas, uma "sistemática contenção da luta das massas proletárias em nome da colaboração operário-patronal e da aliança com a 'burguesia-progressista'", assim como seria dada "pouca atenção [...] às lutas dos trabalhadores rurais contra o latifúndio"[26].

Pretendia-se realizar uma virada na orientação política do PCB, embora a estratégia da revolução agrária e anti-imperialista fosse mantida. Apresentava-se a proposta de "derrubada do atual governo de traição nacional" e de "instauração no país de um governo popular, democrático e progressista", "capaz de iniciar a solução dos grandes problemas da revolução agrária e anti-imperialista". Para tal, considerava-se necessária a criação de um "amplo e sólido bloco das forças democráticas e populares"[27]. Não ficava claro de que forma ocorreria a "derrubada do governo", não havendo no documento qualquer referência ao recurso às armas, ainda que o governo Dutra fosse caracterizado nele como uma ditadura[28]. Não se esclarecia como se alcançaria o governo popular proposto.

Nas palavras de Carlos Marighella, um dos principais dirigentes do PCB, o *Manifesto de janeiro de 1948* "é o começo de uma completa reviravolta em nossos métodos de propagar nossa linha política"[29], embora se tratasse ainda de uma proposta vaga, genérica e imprecisa.

Em maio de 1949, seria divulgado outro manifesto[30], cuja orientação política dava continuidade à viragem iniciada com a resolução de janeiro de 1948. Nesse documento, destacavam-se as mudanças ocorridas na situação internacional, com a divisão do mundo em dois campos antagônicos: o "campo imperialista e antidemocrático" e o "campo anti-imperialista e democrático"[31]. Ressaltava-se ainda que, na arena mundial, tinha lugar a "preparação aberta para a guerra"[32].

No que se refere à América Latina, afirmava-se que a "correlação de forças sociais" no continente era "brutalmente favorável à reação, à burguesia reacionária, aos grandes proprietários de terras, aos financistas agentes do capital estrangeiro, especialmente norte-americanos"[33].

---

[26] Ibidem, p. 23.

[27] Ibidem, p. 38.

[28] Idem.

[29] Carlos Marighella, "Nossa política", *Problemas*, n. 7, fev. 1948, p. 3.

[30] Luiz Carlos Prestes, "Forjar a mais ampla frente nacional em defesa da paz, da liberdade e contra o imperialismo", cit., p. 11-79.

[31] Ibidem, p. 13.

[32] Ibidem, p. 50.

[33] Ibidem, p. 21.

Ao analisar a economia brasileira, a direção do PCB considerava ser mantida no país "uma estrutura econômico-social arcaica e decadente" que entravava "de maneira violenta o desenvolvimento das forças produtivas"[34]. Ainda assim, destacava a realização de grandes lutas grevistas com a participação de mais de 250 mil trabalhadores durante o ano de 1948[35], afirmando, em postura triunfalista, que o avanço do movimento grevista teria resultado da orientação política adotada pelo PCB a partir do *Manifesto de janeiro de 1948*[36].

Pressupondo que no Brasil haveria uma "estreiteza cada vez maior do mercado interno para a indústria nacional"[37], o documento de maio de 1949 referia-se à "bancarrota total" da política do governo, acrescentando que existia no país uma "infraestrutura econômica secularmente atrasada, em que os restos feudais lutavam para sobreviver" e que "o Brasil de fato não progrediu"[38]. Tais assertivas são reveladoras de que a direção do PCB não percebera o desenvolvimento industrial que ocorria em âmbito nacional. Como é ressaltado pela pesquisadora Maria Antonieta P. Leopoldi, referindo-se aos anos 1950, na área política pouco se sabia do "rápido crescimento industrial por que o país passava"[39], não sendo, portanto, de admirar que os dirigentes do PCB também subestimassem tal fenômeno.

No *Manifesto de maio de 1949*, o PCB novamente fazia autocrítica de sua orientação política anterior a janeiro de 1948, referindo-se a uma "linha reformista" e afirmando que, durante a legalidade do partido, "substituíamos a luta de classes pela colaboração de classe"[40]. Criticava-se a "idealização do governo democrático de Roosevelt"[41] e, em particular, as ilusões de classe na "burguesia progressista", considerando que a orientação então adotada fora "fundamentalmente falsa"[42]. As causas de tais erros seriam as origens pequeno-burguesas dos dirigentes do PCB e o baixo nível político do proletariado brasileiro[43].

---

[34] Ibidem, p. 27.

[35] Ibidem, p. 28 e 46.

[36] Ibidem, p. 47; cf. Maurício Grabois, "Mobilizar grandes massas para defender a paz e derrotar o imperialismo e a ditadura. Informe sindical e de massas ao Comitê Nacional do PCB" (maio 1949), *Problemas*, n. 20, ago.-set. 1949, p. 23-52 (p. 23-4).

[37] Ibidem, p. 34.

[38] Ibidem, p. 37.

[39] Maria Antonieta P. Leopoldi, "O difícil caminho do meio: Estado, burguesia e industrialização no segundo governo Vargas (1951-54)", em Angela de Castro Gomes (org.), *Vargas e a crise dos anos 50* (Rio de Janeiro, Relume Dumará, 1994), p. 161-203 (p. 198).

[40] Luiz Carlos Prestes, "Forjar a mais ampla frente nacional em defesa da paz, da liberdade e contra o imperialismo", cit., p. 67.

[41] Ibidem, p. 69.

[42] Ibidem, p. 71.

[43] Ibidem, p. 72.

No mesmo documento, o governo Dutra era visto como uma "ditadura burocrático-policial-militar"[44]. E o objetivo estratégico dos comunistas era reafirmado: a revolução agrária e anti-imperialista[45]. De imediato, o golpe principal deveria ser dirigido contra o imperialismo ianque e o governo Dutra[46], por meio do esforço de formação de um "bloco nacional revolucionário de operários, camponeses e da intelectualidade revolucionária", com o objetivo de conquistar um "poder popular nacional revolucionário", cujo programa era apresentado no documento[47]. Não se propunha a derrubada do governo por meio da luta armada; apenas recomendava-se "tomar o poder local" quando este estivesse acéfalo[48].

Uma das principais mudanças nas diretrizes adotadas pelo PCB consistiu no abandono da política de alianças com uma suposta burguesia nacional progressista. Ao mesmo tempo, foi deixada de lado a aposta no caminho eleitoral e constitucional, substituído pela tese da derrubada do governo Dutra, embora ainda não ficasse claro, no documento citado, de que forma tal objetivo seria alcançado.

O *Manifesto de agosto de 1950*

O ponto culminante da autocrítica iniciada pelo PCB em 1948 viria a ser o *Manifesto de agosto de 1950*, documento que marcou época na história do PCB e constituiu a reafirmação da guinada política empreendida pelo partido a partir de janeiro de 1948 e consolidada, posteriormente, com a resolução de maio de 1949[49].

No *Manifesto de agosto de 1950* reafirmou-se a existência de um clima de guerra no cenário mundial: "É a guerra que nos bate às portas e ameaça a vida de nossos filhos e o futuro da nação"; "é a preparação para a guerra que se intensifica no país"[50]. Prestes recordaria, anos mais tarde, que Diógenes de Arruda Câmara, voltando de viagem à URSS em 1949, informara que os soviéticos consideravam que a guerra era praticamente inevitável[51].

---

[44] Ibidem, p. 51.

[45] Ibidem, p. 56-7.

[46] Ibidem, p. 60.

[47] Ibidem, p. 59.

[48] Ibidem, p. 78.

[49] Cf. Luiz Carlos Prestes, "Prestes aponta aos brasileiros o caminho da libertação" (1º ago. 1950), *Problemas*, n. 29, ago.-set. 1950, p. 3-17; "Como enfrentar os problemas da revolução agrária e anti-imperialista", cit., p. 18-42; e "Forjar a mais ampla frente nacional em defesa da paz, da liberdade e contra o imperialismo", cit.

[50] Luiz Carlos Prestes, "Prestes aponta aos brasileiros o caminho da libertação", cit., p. 3 e 5.

[51] LCP, fita n. 14.

Semelhante avaliação da situação internacional contribuiu para que o PCB se engajasse ativamente na luta mundial pela paz, pela interdição das armas atômicas e contra o envio de soldados brasileiros para a Guerra da Coreia. No *Manifesto de agosto*, conclamava-se diretamente todos os brasileiros a participar da "Campanha de Proibição das Armas Atômicas", recolhendo assinaturas para o chamado Apelo de Estocolmo. Há que registrar que 4 milhões de brasileiros assinaram esse apelo, resultado obtido fundamentalmente pela grande mobilização promovida pelos comunistas[52].

A avaliação pessimista da situação internacional contribuiu também para o aprofundamento da guinada tática que vinha sendo empreendida pela direção do PCB. De acordo com a nova tática, o partido, a partir da caracterização do governo Dutra como de "traição nacional", lançava, no *Manifesto de agosto*, a diretriz de conquista de um "governo democrático e popular" por meio de uma "solução revolucionária". Visando a tal objetivo, os comunistas deveriam se empenhar na criação de uma "Frente Democrática de Libertação Nacional", e a "libertação nacional" seria alcançada pela "luta armada"[53], afirmação até então inexistente nos manifestos de 1948 e 1949.

Em contradição com esses dois documentos, o *Manifesto de agosto* apontava para os monopólios *anglo-americanos* como principais inimigos da nação, cujos interesses seriam representados pelo "governo de traição nacional". Também apelava para a "imediata libertação do Brasil do jugo imperialista", sem destacar, entretanto, o imperialismo *norte-americano* como principal responsável pela dominação externa do país, o que era apontado nos documentos anteriores[54].

Cabe notar que, ao abandonar uma política de amplas alianças, inclusive com setores burgueses, e a aposta na via eleitoral para adotar o "caminho revolucionário"[55] entendido como o recurso à "luta armada pela libertação nacional"[56], o PCB se mantinha fiel à mesma estratégia partidária seguida desde os anos 1920. Permanecia a definição do caráter da primeira etapa da revolução brasileira como democrático-burguesa, ou seja, agrária e anti-imperialista, "revolução democrática em sua forma e burguesa pelo seu conteúdo econômico e social", que só poderia

---

[52] Ver Luiz Carlos Prestes, "Prestes aponta aos brasileiros o caminho da libertação", cit., p. 11 e 15; *Imprensa Popular*, Rio de Janeiro, 1950 e anos subsequentes; *Voz Operária*, 1950 e anos subsequentes; Jayme Fernandes Ribeiro, *Guerra e paz: a trajetória dos comunistas brasileiros nos anos 1950* (Tese de Doutorado em História, Niterói, UFF, 2008), cap. 4, p. 258.

[53] Luiz Carlos Prestes, "Prestes aponta aos brasileiros o caminho da libertação", cit., p. 9, 10 e 14.

[54] Ibidem, p. 4, 8, 9 e 11.

[55] Maurício Grabois, "O programa da Frente Democrática de Libertação Nacional, um poderoso instrumento de luta", *Problemas*, n. 29, ago.-set. 1950, p. 24-39 (p. 25).

[56] Luiz Carlos Prestes, "Prestes aponta aos brasileiros o caminho da libertação", cit., p. 14.

ser realizada "sob a direção do proletariado"[57]. Com o objetivo de alcançar o "poder popular nacional revolucionário" ou um "governo democrático popular"[58], seria necessário construir um bloco revolucionário do qual estariam excluídos quaisquer setores burgueses. Tinha lugar uma drástica virada tática, sem que a estratégia partidária fosse alterada[59].

A orientação política consagrada no *Manifesto de agosto de 1950* seria mantida, não obstante hoje pareça evidente sua inadequação à realidade então presente no Brasil. Embora o PCB tivesse assumido a defesa do voto nulo nas eleições presidenciais daquele ano[60], Getúlio Vargas se elegeu com votação expressiva, confirmando que os comunistas haviam perdido a capacidade, revelada em 1945, de mobilizar e liderar amplos setores da população brasileira, em particular trabalhadores.

Em reunião realizada em fevereiro de 1951, o Comitê Nacional do PCB reafirmou as diretrizes contidas no *Manifesto de agosto* do ano anterior, insistindo na necessidade de estruturar a Frente Democrática de Libertação Nacional. Para tal, deveriam ser organizados Comitês Democráticos de Libertação Nacional[61]. Na prática, tanto os Comitês quanto a Frente não chegaram a sair do papel. Diferentemente do MUT e dos Comitês Populares Democráticos de 1945-1946, desta feita os comunistas não tiveram êxito em seus propósitos de mobilização e organização dos trabalhadores e demais setores populares para a "solução revolucionária" proposta no *Manifesto de agosto de 1950*.

Com a eleição de Vargas em outubro de 1950 e sua posse na presidência da República em janeiro de 1951, o PCB continuou a caracterizar o novo governo como de "traição nacional", defendendo sua derrubada, conforme o caminho apontado no documento. Dirigentes do partido não percebiam quaisquer mudanças no governo Vargas em relação ao governo Dutra[62]. Desenvolvendo intensa campanha contra o novo presidente, a imprensa partidária chegava a

---

[57] Idem, "Forjar a mais ampla frente nacional em defesa da paz, da liberdade e contra o imperialismo", cit., p. 56, 57 e 59.

[58] Idem, "Prestes aponta aos brasileiros o caminho da libertação", cit., p. 9 e 11.

[59] Anita Leocadia Prestes, "A que herança devem os comunistas renunciar?", *Oitenta*, Porto Alegre, LP&M, 1980, n. 4.

[60] Ver *Imprensa Popular*, Rio de Janeiro, 1950; *Voz Operária*, 1950.

[61] Luiz Carlos Prestes, "Estudar e aplicar as resoluções de fevereiro do Comitê Nacional para entrarmos no bom caminho da construção do Partido", *Problemas*, n. 34, maio-jun. 1951, p. 3-13 (p. 3).

[62] Ver, por exemplo, Luiz Carlos Prestes, "O *Manifesto de agosto* e as lutas que se avizinham", *Problemas*, n. 41, jul.-ago. 1952, p. 1-4 (p. 1); idem, "Um dever patriótico: desmascarar os falsários políticos que querem afastar o povo do caminho da revolução", *Problemas*, n. 42, set.-out. 1952, p. 22-7 (p. 24).

Prestes e o PCB na clandestinidade: os primeiros anos 289

afirmar que Vargas era "igual a Dutra"[63], ignorando as mudanças que estavam sendo implementadas no país, cujo caráter pôde, mais tarde, ser caracterizado como nacional-estatista[64].

Na resolução de fevereiro de 1951, a direção do PCB deu prosseguimento à luta contra o "oportunismo" anterior a 1948, reafirmando que a orientação política daquele período havia sido marcada pela "colaboração de classes"[65]. Insistiu na necessidade de combater os desvios tanto de "esquerda" quando de "direita" e afirmou que, naquele momento, o fundamental era combater as "manifestações de direita"[66], confirmando, portanto, a guinada tática "esquerdista" da direção do partido.

As tendências autoritárias de Diógenes de Arruda Câmara, secretário de organização do Comitê Nacional do PCB e, de maneira geral, do núcleo dirigente do partido[67], juntamente com a virada esquerdista na política dos comunistas, tiveram como resultado uma crescente intolerância em relação a qualquer divergência ou opinião contrária às defendidas pela direção. Em relação ao *Manifesto de agosto de 1950*, as discordâncias externadas por alguns membros do Comitê Nacional do PCB, como José Maria Crispim e Fernando de Lacerda, acarretaram reação violenta da direção partidária. Sem entrar no mérito das possíveis atitudes fracionistas ou divisionistas[68] de tais dirigentes e de sua aceitação ou não pelo movimento comunista internacional da época, é evidente que a direção do PCB repudiava qualquer questionamento das posições assumidas no círculo restrito do Secretariado e da Comissão Executiva Nacionais. Crispim foi expulso do PCB em 1952, e Lacerda, impedido de participar do IV Congresso e de se reeleger para o Comitê Nacional.

Em informe apresentado ao Pleno do Comitê Nacional do PCB de fevereiro de 1951, ao procurar justificar a expulsão de Crispim, Arruda o acusava de renegado e traidor por não aceitar a linha do *Manifesto de 1950*. Segundo

---

[63] Ver *Imprensa Popular*, Rio de Janeiro, 1951; 24 jan. 1951.

[64] Sônia Regina de Mendonça, *Estado e economia no Brasil: opções de desenvolvimento* (Rio de Janeiro, Graal, 1986), p. 60.

[65] Luiz Carlos Prestes, "Estudar e aplicar as resoluções de fevereiro do Comitê Nacional para entrarmos no bom caminho da construção do Partido", cit., p. 8.

[66] Ibidem, p. 10.

[67] Ver o item "A Conferência da Mantiqueira: Luiz Carlos Prestes e o novo grupo dirigente do PCB", no capítulo X deste livro.

[68] Os partidos comunistas, seguindo o exemplo do PCUS, consideravam inaceitável o chamado "fracionismo" ou "divisionismo" (formação de grupos) no âmbito de suas fileiras, pois isso desrespeitaria o princípio básico de organização dos partidos comunistas: o centralismo--democrático.

Arruda, tratava-se de uma "capitulação aos atuais governantes brasileiros e à odiosa servidão americana"[69].

Da mesma forma, em informe apresentado ao Comitê Nacional do PCB, por ocasião da preparação do IV Congresso do Partido, Prestes lembrava que Lacerda, em 1952, juntara-se ao "renegado" Crispim e adotara posições contrárias às da direção tanto naquela ocasião quanto durante os debates sobre o programa do PCB a ser aprovado no congresso, tornando-se, por isso, inadmissível sua presença nesse conclave[70]. Há que lembrar, contudo, que as divergências apontadas limitavam-se a aspectos da tática partidária, pois a estratégia nacional-libertadora da revolução agrária e anti-imperialista não seria questionada[71]. Na medida em que era mantida uma estratégia inadequada às condições do Brasil, as guinadas táticas, ora para a direita, ora para a esquerda, tornavam-se inevitáveis, contribuindo para a inconsistência e a ineficácia das diretrizes adotadas pelo PCB[72].

No que se refere ao movimento operário e sindical, a política do PCB também sofreria uma guinada "esquerdista" com o *Manifesto de janeiro de 1948*. Foi o momento em que os comunistas iniciaram a formação de entidades paralelas aos sindicatos oficiais, "por meio de novas organizações profissionais nos próprios locais de trabalho", e adotaram a política que ficou conhecida como "greve pela greve"[73]. Era a orientação de promover greves a qualquer custo, mesmo quando os trabalhadores não estavam mobilizados para tal e inexistiam condições propícias para a defesa dessa forma de luta. Marco Aurélio Santana registra que tal orientação revelava um "evidente descolamento da linha política com a realidade"[74], o que levou a uma "forte resistência das bases à linha política, produzindo tensões que vão se agravando com o passar do tempo", pelo menos, entre os metalúrgicos do Rio de Janeiro por ele pesquisados[75].

---

[69] Diógenes Arruda, "Reforçar a vigilância revolucionária, tarefa vital do partido", *Problemas*, n. 39, mar.-abr. 1952, p. 49-74 (p. 53-4).

[70] Luiz Carlos Prestes, "A situação de Fernando Lacerda perante o Partido", *Problemas*, n. 61, set. 1954, p. 8-21.

[71] Idem. Ver ainda, também de Prestes, o artigo "Um dever patriótico: desmascarar os falsários políticos que querem afastar o povo do caminho da revolução", cit.; Edgard Carone, *O PCB, v. 2: 1943-1964* (São Paulo, Difel, 1982), p. 315-20; e documentos de José Maria Crispim, fev. 1952, Aperj, DPS, notação 790.

[72] Anita Leocadia Prestes, "A que herança devem os comunistas renunciar?", cit.

[73] Luiz Carlos Prestes, "Como enfrentar os problemas da revolução agrária e anti-imperialista", cit., p. 39 e 41.

[74] Marco Aurélio Santana, *Homens partidos: comunistas e sindicatos no Brasil* (São Paulo, Boitempo, 2001), cit., p. 71.

[75] Ibidem, p. 72.

Em resolução do Comitê Nacional do PCB de agosto de 1950, ficava clara a diretriz de forçar greves a qualquer preço quando se afirmava que "os comunistas têm [...] o dever de levar a classe operária à ofensiva na luta entre o trabalho e o capital" e se destacava que "é preciso organizar o desencadeamento de greves e mais greves, mostrando sempre à classe operária que a greve é a melhor arma para a defesa de seus direitos e reivindicações"[76]. Considerava-se, ainda, que a classe operária teria "todas as condições para organizar revolucionariamente as grandes massas populares e dirigi-las na luta pela libertação nacional até o esmagamento dos inimigos do nosso povo e a conquista e consolidação de um governo de democracia popular"[77], avaliação que certamente não correspondia à correlação de forças então presente na sociedade brasileira.

O insucesso de semelhante orientação contribuiu para sua revisão[78]. Prestes relata em seus depoimentos que se pronunciou contrário ao afastamento dos comunistas dos sindicatos oficiais e chegou a escrever diversas cartas à direção expondo sua posição e citando, inclusive, a obra de Lenin – *O esquerdismo, a doença infantil do comunismo* –, mostrando que os comunistas deveriam participar dos sindicatos, mesmo dos sindicatos policiais, e procurar, dentro deles, conquistar posições. Mas Prestes foi derrotado no Secretariado Nacional do PCB[79].

Marco Aurélio Santana registra que "as tensões provenientes da base de trabalhadores com as orientações do partido, embora de forma demorada, acabam por reverberar internamente forçando o partido em direção à mudança de linha. Primeiro, em termos sindicais; depois, em termos gerais". E acrescenta: "Ao menos no campo sindical, o partido precisou ajustar-se aos fatos que a realidade lhe impunha. Se oficialmente a linha do Manifesto vigorou até 1954, no campo sindical ela foi alterada, também oficialmente, em 1952"[80].

Efetivamente, com data de julho de 1952, a revista *Problemas* publicava um documento intitulado "Resolução do Comitê Nacional do PCB sobre organização e unidade da classe operária"[81]. Prestes[82] foi o redator dessa resolução,

---

[76] "Nossa política: as tarefas atuais dos comunistas para a organização, a unidade e as lutas da classe operária (resolução do Comitê Nacional do PCB, agosto de 1950)", *Problemas*, n. 30, out. 1950, p. 3-13.

[77] Ibidem, p. 11-2.

[78] Marco Aurélio Santana, *Homens partidos*, cit., p. 71-3; idem, *Bravos companheiros: comunistas e metalúrgicos no Rio de Janeiro* (Rio de Janeiro, 7 Letras, 2012), p. 105-6.

[79] LCP, fita n. 14; relato de Prestes à autora.

[80] Marco Aurélio Santana, *Homens partidos*, cit., p. 80.

[81] "Ampliar a organização e a unidade da classe operária (Resolução do Comitê Nacional do PCB sobre organização e unidade da classe operária, adotada na reunião de julho de 1952 do CN do PCB)", *Problemas*, n. 42, set.-out. 1952, p. 10-21.

[82] LCP, fita n. 14.

afinal aprovada em reunião da direção do partido. Nesse documento era feita uma autocrítica da orientação sindical adotada a partir de 1948. Afirmava-se que "indicamos aos trabalhadores o caminho da organização nas empresas e da criação de associações profissionais independentes"[83], mas os comunistas não souberam mostrar que era "indispensável mobilizar as massas contra a violência do governo nos *sindicatos* e para a luta pela *conquista dos sindicatos* para a classe operária"[84]. Adiante dizia-se na resolução:

> A própria diretiva de organização nas empresas, acertada em princípio, para ser justa deveria apresentar claramente como tarefa precípua de tais organizações reforçar a luta dos trabalhadores e levá-los à conquista dos seus sindicatos, e não à criação de novas associações profissionais ou de uma nova organização sindical no país.[85]

Dando continuidade à autocrítica, o documento destacava:

> Colocamo-nos, na realidade, contra a organização existente no país – a do Ministério do Trabalho – e quisemos, na prática, criar outro movimento sindical, independente, apoiado nas associações profissionais e nas organizações de empresa, sem que existissem condições para isso.[86]

A resolução sindical de 1952 defendia a seguinte tese:

> Os atuais sindicatos constituem [...] a organização existente da classe operária e é partindo deles e através da luta e de um amplo trabalho de esclarecimento e educação das massas que ajudaremos a classe operária a melhor organizar suas fileiras e conquistar um movimento sindical efetivamente seu, independente dos patrões e do governo.[87]

A partir de tais premissas, o documento orientava os militantes do PCB de que "é dever [...] de cada comunista ingressar em seu sindicato, tornar-se ativo militante sindical e não poupar esforços para convencer as massas trabalhadoras da necessidade de entrarem para os sindicatos"[88].

---

[83] "Ampliar a organização e a unidade da classe operária (resolução do Comitê Nacional do PCB sobre organização e unidade da classe operária, adotada na reunião de julho de 1952 do CN do PCB)", cit., p. 13.

[84] Ibidem, p. 14; grifos desta autora.

[85] Idem.

[86] Idem.

[87] Ibidem, p. 15.

[88] Ibidem, p. 15-6.

Em decorrência da nova orientação sindical aprovada pelo PCB, houve um avanço importante do movimento operário, cuja evidência maior talvez seja a greve dos 300 mil em São Paulo, em 1953, um dos "principais marcos do movimento operário no Brasil"[89]. Nas palavras de Santana, estudioso do tema:

A greve dos 300 mil vai indicar a perspectiva comunista do trabalho em níveis diferenciados. Eles tanto atuaram de forma efetiva na organização e consolidação dos organismos de base, das comissões de fábricas e comissões de salários, que geraram e mantiveram a greve; como também na atuação em organismos de cúpula que articulassem as mais diversas lutas e demandas. Ao longo da greve, é criado um comando intersindical, Comissão Intersindical de Greve, que serviu de base de experimentação ao que um pouco mais tarde se estabeleceria como o Pacto de Unidade Intersindical (PUI).[90]

O IV Congresso do PCB e o suicídio de Getúlio Vargas

Se no campo sindical o PCB iniciara uma reformulação das diretrizes adotadas a partir de 1948, na política geral essa mudança seria mais lenta e tortuosa. Em dezembro de 1953, o Comitê Nacional do PCB aprovou o projeto de programa a ser discutido pelo partido tendo em vista a realização de seu IV Congresso no ano seguinte. No informe então apresentado em nome de Prestes reafirmava-se, mais uma vez, o caráter da revolução brasileira em sua primeira etapa como "antifeudal e anti-imperialista". Era mantida a tese do *Manifesto de agosto de 1950* da "inevitabilidade da luta revolucionária no Brasil" e afirmava-se a necessidade de confiscar os capitais e as empresas pertencentes aos monopólios americanos que operavam no Brasil[91].

Nesse informe, iniciava-se uma crítica ao que havia de "falso e errôneo" no *Manifesto de agosto*, apontando as principais modificações introduzidas no projeto de programa a ser apresentado ao IV Congresso. Em primeiro lugar, levantava-se a questão da posição dos comunistas diante da "burguesia nacional":

Enquanto agora proclamamos expressamente que o "governo democrático de libertação nacional não confiscará as empresas e os capitais da *burguesia nacional*",

---

[89] Marco Aurélio Santana, *Homens partidos*, cit., p. 83; ver "As últimas greves do proletariado e a 'tese da paz social'" (editorial), *Problemas*, n. 48, ago. 1953, p. 1-9; *Imprensa Popular*, Rio de Janeiro, 1953; *Voz Operária*, 1953; Edgard Carone, *A República Liberal*, v. 1: *Instituições e classes sociais (1945-1964)* (São Paulo, Difel, 1985), p. 194-6.

[90] Marco Aurélio Santana, *Homens partidos*, cit., p. 84.

[91] Luiz Carlos Prestes, "Sobre o programa do PCB (informe ao Pleno do CN de dezembro de 1953)", *Problemas*, n. 54, fev. 1954, p. 29-43 (p. 30-2).

no programa de agosto de 1950 reclamávamos taxativamente a nacionalização dos bancos e de "todas as grandes empresas industriais e comerciais de caráter monopolista ou que exerçam influência preponderante na economia nacional". Levantávamos ainda a "completa nacionalização das minas, das quedas-d'água e de todos os serviços públicos".[92]

Ao comentar tal mudança nas diretrizes do PCB, registrava-se:

Enquanto no novo projeto de programa não tocamos nas bases do capitalismo, em agosto de 1950 cometíamos o erro de não supor possível que uma parte considerável da burguesia nacional pudesse, nas condições de luta do povo pela libertação do jugo imperialista, tomar posição de apoio ao povo ou, pelo menos, de neutralidade favorável ao povo.[93]

Da mesma forma, no que se refere ao "caráter do novo regime e do governo pelo qual lutamos", "não apresentávamos com justeza o problema da frente única e praticamente não incluíamos a burguesia nacional na frente democrática de libertação nacional"[94].

Tinha lugar, portanto, na política do PCB, um retorno à tese da aliança com uma suposta "burguesia nacional progressista", abandonada a partir de janeiro de 1948. Ao mesmo tempo, era revista a posição dos comunistas frente ao imperialismo. Afirmava-se no informe de dezembro de 1953:

Enquanto no nosso projeto de programa concentramos com justeza o fogo na luta nacional libertadora contra os imperialistas *norte-americanos*, no programa de agosto de 1950 levantávamos o problema da confiscação e nacionalização das empresas e capitais "pertencentes ao imperialismo" em geral, ampliando, assim, desnecessariamente o campo dos inimigos da revolução.[95]

Novamente, neste particular, havia um retorno a posições anteriores ao *Manifesto de agosto*. No que se refere à atitude diante do imperialismo, retomava-se a tese apresentada nos documentos de 1948 e 1949, conforme foi anteriormente mostrado.

No informe de dezembro de 1953, era feita uma primeira crítica da virada "esquerdista" iniciada em 1948, ou seja, das "falsas posições sectárias e 'esquerdistas' que vêm prejudicando toda a atividade de nosso Partido nos últimos anos":

---

[92] Ibidem, p. 33; grifos desta autora.
[93] Idem.
[94] Ibidem, p. 34.
[95] Idem; grifos desta autora.

Como manifestações dessas tendências basta aqui citar o abstencionismo eleitoral [...]; o abandono dos sindicatos e a falta de persistência na luta pela organização sindical das grandes massas trabalhadoras; a maneira mecânica de colocar entre as massas o problema do poder, a utilização de uma fraseologia revolucionária e o lançamento de palavras de ordem e de apelos que estavam longe da realidade e da correlação de forças de classe existente [...] etc.[96]

Embora com o projeto de programa tivesse início a revisão de pontos significativos da tática adotada pelo PCB a partir de janeiro de 1948, aspectos importantes dessa orientação "esquerdista" foram mantidos. Assim, na análise da Constituição de 1946, repetiu-se: "Se bem que registre algumas conquistas democráticas, é no essencial, um *código de opressão* contra o povo"[97]. Quanto ao governo Vargas, afirmava-se tratar de um "governo de preparação da guerra, e de *traição nacional*, é um governo inimigo do povo"[98]. Ignorava-se qualquer diferença entre o governo Vargas e seu antecessor.

No mesmo documento foi mantida a diretriz de "derrubar o governo de Vargas" e alcançar um "governo democrático de libertação nacional, do qual participem, além da classe operária, os camponeses, a intelectualidade, a pequena burguesia e a *burguesia nacional*"[99]. Repetia-se a orientação adotada pelo PCB desde 1948, salvo a inclusão, agora, da burguesia nacional na frente das forças sociais que, segundo o partido, deveriam participar do poder a ser implantado pela "revolução democrática de libertação nacional", entendida como "inevitável"[100].

Em julho de 1954, a direção do PCB, mesmo considerando necessário participar das eleições marcadas para 3 de outubro daquele ano, argumentou que o voto deveria constituir apenas uma manifestação de protesto e servir para infligir uma derrota eleitoral ao governo Vargas. Este continuava sendo visto como de "traição nacional"[101]. Lembrou-se nesse *Manifesto eleitoral do PCB* que os comunistas prosseguiam impedidos de se candidatar a cargos eletivos e apelou-se novamente para a "derrocada do atual regime"[102]. Às vésperas do suicídio de Vargas, o vereador comunista pelo Distrito Federal Aristides Saldanha, em pronunciamento feito na Câmara Municipal da capital da República, declarou: "Farinha do mesmo saco: Getúlio, Lacerda e brigadeiro". Declaração que seria

---

[96] Ibidem, p. 35.

[97] "Projeto de programa do PCB", *Problemas*, n. 54, fev. 1954, p. 5-27 (p. 14); grifos desta autora.

[98] Ibidem, p. 16; grifos desta autora.

[99] Ibidem, p. 17; grifos desta autora.

[100] Idem.

[101] "Manifesto Eleitoral do PCB (resolução do Comitê Central do PCB, julho de 1954)", *Problemas*, n. 61, set. 1954, p. 1-7 (p. 2 e 4-5).

[102] Ibidem, p. 5-6.

reproduzida em manchete pelo diário do PCB *Notícias de Hoje*[103], publicado em São Paulo, deixando evidente, mais uma vez, que segundo o partido não haveria diferenças entre Getúlio Vargas, Carlos Lacerda e o brigadeiro Eduardo Gomes.

Poucos dias antes do suicídio de Vargas, o jornal *Imprensa Popular* publicou uma entrevista de Prestes, na qual, em nome da direção do PCB, ele dizia que Vargas estava a serviço dos Estados Unidos e defendia a necessidade de "pôr abaixo o governo"[104]. Anos mais tarde, Prestes esclareceu que discordara de tal orientação e escrevera carta à direção do partido alertando sobre a possibilidade de o golpe em evidente preparação não ser resultado apenas de uma articulação da UDN e de Carlos Lacerda, mas da iniciativa de elementos reacionários das Forças Armadas, empenhados em afastar Vargas – como acabou ocorrendo com o lançamento do *Manifesto dos generais*, às vésperas de seu suicídio[105]. Além disso, afirmara ser necessário mudar a tática do partido, aproximar-se de Vargas e apoiar a organização de um contragolpe. Mas o Secretariado Nacional ficou quinze dias discutindo o alerta de Prestes, e nada foi feito nesse sentido[106].

Logo após o suicídio de Vargas, Diógenes Arruda convocou reunião extraordinária da Comissão Executiva do PCB, com a presença de Prestes, na qual o secretário de organização do partido defendeu a tese de que estariam criadas as condições para uma insurreição popular dirigida pelo PCB. Prestes criticou energicamente a proposta de Arruda, afirmando que sua adoção constituiria um crime contra o povo brasileiro. Após uma crise de choro – conforme aconteceria em outros momentos críticos –, Arruda concordou com a posição de Prestes[107].

Ao analisar os trágicos acontecimentos de 24 de agosto de 1954, o Comitê Central do PCB os definiu como um "golpe norte-americano", em que "pela força das armas, os piores inimigos do povo conseguiram chegar ao poder", acrescentando: "Os mais vis lacaios dos provocadores de guerra dos Estados Unidos assaltaram o poder com o objetivo de entregar o Brasil de mãos e pés atados à voracidade dos magnatas norte-americanos"[108]. A direção do PCB não realizava, no entanto, uma análise crítica do fato de, até a véspera do suicídio de Vargas, ter mantido a diretriz de derrubada de seu governo. Pelo contrário, numa atitude

---

[103] *Notícias de Hoje*, São Paulo, 15 ago. 1954, p. 1.

[104] "Prestes desmascara os golpistas" (entrevista à *Imprensa Popular*, Rio de Janeiro, ago. 1954), *Problemas*, n. 62, p. 5-7, out. 1954; *Imprensa Popular*, Rio de Janeiro, 21 ago. 1954, p. 1.

[105] Edgard Carone, *A República Liberal*, v. 2: *Evolução política (1945-1964)* (São Paulo, Difel, 1985), p. 81.

[106] LCP, fita n. 15; relato de Prestes à autora.

[107] Idem.

[108] "Barremos o caminho à ditadura ianque" (Manifesto do Comitê Central do PCB, 1º de setembro de 1954), *Problemas*, n. 62, out. 1954, p. 1-4; *Imprensa Popular*, Rio de Janeiro, 5 set. 1954, p. 1.

PRESTES E O PCB NA CLANDESTINIDADE: OS PRIMEIROS ANOS   297

triunfalista, afirmava que "graças ao esforço esclarecedor dos comunistas, o povo brasileiro se ergueu indignado no país inteiro contra o opressor norte-americano e seus representantes em nossa terra"[109].

No *Manifesto de 1º de setembro de 1954*, o Comitê Central afirmou ter ocorrido o "assassinato de Vargas", fato que revelara à nação "a brutalidade dos métodos norte-americanos de dominação", pondo a nu "a violência com que os agentes do Departamento de Estado norte-americano fazem e desfazem governos em nossa terra"[110]. Dizia-se ainda que "o governo de Vargas fora substituído pela *ditadura americana* de Café Filho"[111]. E, diante disso, apelava-se para a "derrocada do atual regime de latifundiários e grandes capitalistas e sua substituição pelo regime democrático-popular", defendendo a "derrubada do atual governo"[112].

Ao mesmo tempo, no documento citado, pela primeira vez, o PCB dirigiu-se aos "trabalhadores getulistas", chamando-os à unidade[113]. Em seguida, foi publicado um artigo de Prestes que propunha claramente a unidade de "trabalhistas" e comunistas na luta pela "derrota" da "ditadura americana de Café Filho", assim como pela "derrota dos entreguistas". O artigo fazia um apelo à aliança com os "trabalhistas" nas eleições marcadas para 3 de outubro de 1954, deixando de lado a diretriz de "derrubada" do regime e sugerindo uma ampla unidade contra os "entreguistas", visando a sua derrota eleitoral[114].

Verifica-se, portanto, que, com o suicídio de Vargas, a direção do PCB teve de adaptar rapidamente sua tática à nova situação criada no país. Teve de rever a diretriz de "derrubada de Vargas", uma vez que paradoxalmente o presidente tinha sido "derrubado" pelas forças mais conservadoras do país, os chamados "entreguistas", em aliança com setores representativos dos interesses de grandes monopólios estrangeiros. Ficara evidente o erro político dos dirigentes comunistas em sua análise da realidade do país e, principalmente, em sua definição do inimigo a ser golpeado. Erro que persistiu no texto do projeto de programa a ser discutido e aprovado durante o IV Congresso do PCB no final de 1954.

Nesse conclave, foi lido o "Informe de balanço do Comitê Central"[115], apresentado em nome de Prestes. Mais uma vez, o Secretariado Nacional não

---

[109] Ibidem, p. 2.

[110] Ibidem, p. 1.

[111] Idem; grifos desta autora.

[112] Ibidem, p. 3.

[113] Idem.

[114] Luiz Carlos Prestes, "Comunistas e trabalhistas ombro a ombro na luta contra o inimigo comum", *Problemas*, n. 62, out. 1953, p. 8-12 (p. 9 e 12); *Imprensa Popular*, Rio de Janeiro, 6 set. 1954, p. 1 e 11; set. 1954, p. 1.

[115] Idem, "Informe de balanço do Comitê Central do PCB ao IV Congresso do Partido Comunista do Brasil", *Problemas*, n. 64, dez. 1954-fev. 1955, p. 47-103.

permitira ao secretário-geral do partido comparecer a tão importante reunião. O documento repetia as mesmas teses apresentadas no projeto de programa, aprovado pelo Comitê Central ainda no final do ano anterior.

Mas, como não era possível ignorar os acontecimentos de 24 de agosto daquele ano, afirmava-se também que

> a deposição do governo Vargas e sua substituição pela ditadura dos mais vis lacaios dos provocadores de guerra dos Estados Unidos, realizada sob a inspiração e por ordem direta da embaixada norte-americana no Rio de Janeiro, foi a última e mais descarada manifestação dessa interferência [do Departamento de Estado norte-americano].[116]

Repetia-se a diretriz anterior da necessidade da "derrocada e substituição revolucionária do governo de latifundiários e capitalistas", trocando, entretanto, a "derrubada de Vargas" pela da "ditadura americana" de Café Filho[117]. No que se refere à análise da burguesia brasileira, a ênfase estava em sua suposta divisão em dois grupos distintos:

> Um deles é formado pelos grandes capitalistas estreitamente ligados aos lati-fundiários e que servem diretamente aos interesses de um ou de outro grupo de monopolistas estrangeiros, particularmente norte-americanos. Constituem eles minoria insignificante pelo seu número, porém poderosa.[118]

O segundo grupo era assim caracterizado:

> É constituído pela parte restante da burguesia brasileira, denominada pelo Programa com acerto de *burguesia nacional*, e que reflete principalmente os interesses da indústria nacional. Esta parte da burguesia brasileira necessita evidentemente da ampliação do mercado interno, da proteção contra a concorrência dos produtos importados, tem seus interesses afetados pela opressão imperialista, disputa com os monopólios imperialistas por uma maior parcela na exploração das riquezas naturais do Brasil e da força de trabalho barata existente no país.[119]

---

[116] Ibidem, p. 52.

[117] Ibidem, p. 53 e 62; ver também Diógenes Arruda, "O programa do PCB: bandeira de luta e de vitória" (informe apresentado em nome do Comitê Central ao IV Congresso do Partido Comunista do Brasil), *Problemas*, n. 64, dez. 1954-fev. 1955, p. 107-46 (p. 135).

[118] Ibidem, p. 61.

[119] Ibidem, p. 61-2; grifos desta autora.

Por fim, o informe reafirmava a tese do projeto de programa de que a burguesia nacional "pode participar do movimento revolucionário anti-imperialista e antifeudal"[120]. A análise dos informes apresentados ao IV Congresso, assim como do programa do PCB[121] nele aprovado, revela que a principal mudança ocorrida na orientação política do partido fora a inclusão da "burguesia nacional" entre as forças sociais que, segundo os comunistas, deveriam levar adiante a "revolução agrária e anti-imperialista". Embora a tática "esquerdista" de "derrubada do atual governo"[122] permanecesse nos documentos partidários, o PCB mantinha-se fiel ao ideário *nacional-libertador* que sempre norteara suas ações. Continuava presente na agenda dos comunistas brasileiros a conquista de um *capitalismo autônomo*, objetivo a ser alcançado por meio de uma revolução nacional-libertadora.

---

[120] Ibidem, p. 62.

[121] Cf. idem, "Informe de balanço do Comitê Central do PCB ao IV Congresso do Partido Comunista do Brasil", cit.; Diógenes Arruda, "O programa do PCB: bandeira de luta e de vitória", cit. ; PCB, "Programa do PCB", *Problemas*, n. 64, dez. 1954-fev. 1955, p. 19-46.

[122] PCB, "Programa do PCB", cit., p. 35.

Título eleitoral de Prestes, requerido após a saída da clandestinidade. Rio de Janeiro, 16 de maio de 1958.

XII

PRESTES E O PCB NA CLANDESTINIDADE: OS ÚLTIMOS ANOS (1955-1958)

O APOIO À ELEIÇÃO DE JK, A CRISE DO MOVIMENTO COMUNISTA E A *DECLARAÇÃO DE MARÇO DE 1958*

O apoio à eleição de Juscelino Kubitschek

Embora o PCB não adotasse explícita nem oficialmente a "doutrina do nacional-desenvolvimentismo"[1], foi sob sua influência que, na segunda metade dos anos 1950, alimentou ilusões na possibilidade de um capitalismo autônomo no Brasil. Imaginava-se que uma hipotética burguesia nacional estaria nele interessada, contrapondo-se até mesmo à penetração do imperialismo norte-americano. Não se percebia que a burguesia industrial brasileira capitulara diante da pressão do capitalismo internacional, associando-se em posição subordinada às multinacionais.

As concepções nacional-libertadoras presentes no PCB assumiam uma nova modalidade. A "doutrina desenvolvimentista" então em voga levou o partido a priorizar a aliança com a suposta burguesia nacional tendo em vista a emancipação da nação brasileira do jugo imperialista e o desenvolvimento industrial como caminho para a realização dessa meta. Subordinava-se a contradição entre trabalho e capital aos objetivos de desenvolvimento capitalista autônomo. Tais posições ficariam consagradas na *Declaração de março de 1958*[2], revelando o predomínio das concepções nacional-libertadoras no PCB.

No processo de revisão da tática "esquerdista" inaugurada com o *Manifesto de janeiro de 1948*, os comunistas, em outubro de 1954, tiveram como diretriz participar das eleições[3] para o Congresso Nacional, as Assembleias Legislativas estaduais e as Câmaras Municipais, bem como para alguns governos de estados e algumas

---

[1] Anita Leocadia Prestes, *Os comunistas brasileiros (1945- 1956/58): Luiz Carlos Prestes e a política do PCB* (São Paulo, Brasiliense, 2010), p. 55-9.

[2] Edgard Carone, *O PCB*, v. 2: *1943-1964* (São Paulo, Difel, 1982), p. 176-96.

[3] Conferir o capítulo XI deste livro.

prefeituras[4]. Para tal mudança de posição, contribuía o clima político existente no país, eivado de constantes ameaças de golpe militar, cujo objetivo seria suspender as eleições presidenciais previstas para o ano seguinte. Dizia-se que o golpe seria liderado por Juarez Távora, chefe da Casa Militar da presidência da República, com a conivência do então presidente Café Filho e do governo norte-americano[5]. Transpirara nos meios políticos notícias de reunião de generais no Catete, tentando forçar Juscelino Kubitschek a desistir de sua candidatura à presidência pelo PSD e impor um candidato único, que provavelmente seria Juarez Távora[6].

Diante de tais ameaças, durante o ano de 1955 os comunistas estiveram empenhados na campanha presidencial para as eleições que aconteceriam em outubro. Diferentemente de 1950, quando o PCB pregou o voto nulo na escolha do presidente da República, agora a eleição era vista como um meio importante de influir na política nacional.

Ainda no início de 1955, em entrevista sobre a sucessão presidencial, Prestes declarava:

> Unidos, os patriotas e democratas de todas as classes e camadas sociais poderão colocar na presidência da República um homem que, apoiado no povo, seja capaz de realizar uma política de paz, de defesa da soberania nacional e da indústria nacional, de liberdade e de menos miséria para os trabalhadores e de progresso para o Brasil.[7]

Na mesma ocasião, no informe apresentado em reunião ampliada do Presidium do Comitê Central, Diógenes Arruda afirmava:

> A campanha eleitoral que se inicia, particularmente a sucessão presidencial, é de importância decisiva para os destinos do Brasil. Como patriotas e democratas mais consequentes, devemos lançar todas as forças de nosso partido na campanha eleitoral, convencidos de que o povo unido e organizado poderá derrotar as forças da reação e do entreguismo. [...] A campanha eleitoral é, nas condições atuais, o elo principal a que devemos nos agarrar para impulsionar as atividades do partido em todos os terrenos.[8]

---

[4] "Manifesto eleitoral do PCB (resolução do Comitê Central do PCB, julho de 1954)", *Problemas*, n. 61, set. 1954, p. 1-7; Imprensa Popular, Rio de Janeiro, 14 fev. 1954 e 5 ago. 1954; *Voz Operária*, 1954.

[5] Cf. *Imprensa Popular*, Rio de Janeiro, 20 nov. 1954, 30 dez. 1954 e 23 jan. 1955.

[6] Ibidem, 26, 28, 29 e 30 jan. 1955.

[7] "Entrevista de Luiz Carlos Prestes sobre a sucessão presidencial", *Problemas*, n. 65, mar. 1955, p. 3; *Imprensa Popular*, Rio de Janeiro, 1º e 6 fev. 1955, p. 1.

[8] Diógenes Arruda, "A situação atual e as tarefas dos comunistas (informe apresentado numa reunião ampliada do Presidium do Comitê Central, em meados de fevereiro de 1955)", *Problemas*, n. 65, mar. 1955, p. 12; *Imprensa Popular*, Rio de Janeiro, 1º mar. 1955, p. 3.

As ameaças golpistas prosseguiram durante todo aquele ano, sendo denunciados pela imprensa do PCB os objetivos do golpe militar: "1) liquidação das liberdades; 2) entrega do petróleo; e 3) rebaixa dos salários". Acusava-se também o presidente Café Filho de tramar uma "reforma constitucional ao estilo da de 1937"[9].

No Pleno Ampliado do Comitê Central do PCB, realizado em março de 1955, o informe lido em nome do secretário-geral destacava que "o acontecimento político de maior importância que agora enfrentamos é a sucessão presidencial"[10]. Cabe lembrar que a direção nacional do partido continuava a defender as diretrizes do programa de 1954 do PCB, reafirmando que, na luta contra "a política de traição nacional do governo do sr. Café Filho"[11], era necessária a formação de "ampla frente democrática de libertação nacional" a fim de "*derrubar* o atual regime de latifundiários e grandes capitalistas serviçais do imperialismo norte-americano e substituí-lo pelo regime democrático popular" pela via "*revolucionária*"[12].

Considerava-se, entretanto, que "as eleições presidenciais do corrente ano abrem novas e maiores possibilidades para a realização de tais tarefas"[13]. Adiante repetia-se que a "campanha sucessória à presidência da República", "nas circunstâncias atuais, constitui o elo principal na cadeia dos acontecimentos para impulsionar as atividades do partido em todos os terrenos"[14].

Tanto no Pleno de março de 1955 como posteriormente, em abril desse ano[15], os comunistas desenvolveram esforços no sentido de lançar um "candidato popular às presidências da República", mostrando-se dispostos a colaborar com "todas as organizações patrióticas e populares, com as personalidades democráticas e os partidos políticos ou suas frações", visando a alcançar tal objetivo[16]. Apostando num possível candidato do Partido Trabalhista Brasileiro (PTB), Prestes, em nome do PCB, enviou carta à Convenção Nacional do PTB, em que tal proposta era apresentada. Quanto às condições para o apoio comunista, afirmava-se na carta o seguinte:

---

9   *Imprensa Popular*, Rio de Janeiro, 13 e 15 fev. 1955.
10 Luiz Carlos Prestes, "As eleições presidenciais de 1955 e as tarefas de nosso partido" (informe apresentado ao Pleno Ampliado do Comitê Central, realizado em março de 1955), *Problemas*, n. 66, abr. 1955, p. 14; *Imprensa Popular*, Rio de Janeiro, 27 mar. 1955.
11 Luiz Carlos Prestes, "As eleições presidenciais de 1955 e as tarefas de nosso partido", cit., p. 21.
12 Ibidem, p. 25; grifos desta autora.
13 Ibidem, p. 26.
14 Ibidem, p. 28.
15 Cf. "Prestes defende uma candidatura popular à presidência da República (entrevista de Prestes)", *Problemas*, n. 67, maio-jun. 1955, p. 1-4.
16 Ibidem, p. 31.

O Partido Comunista do Brasil reivindica apenas que na plataforma eleitoral comum sejam incluídas a defesa intransigente da paz e da soberania nacional, a defesa do petróleo brasileiro e demais riquezas nacionais, a proteção à indústria nacional, a defesa da Constituição e da legislação trabalhista, medidas práticas contra a carestia de vida, visando à melhoria efetiva da situação dos trabalhadores das cidades e do campo.[17]

Durante os meses de abril a julho de 1955, teriam lugar as articulações políticas com vistas ao lançamento de um candidato popular à presidência da República. Cogitava-se que ele deveria sair das fileiras do PTB. A candidatura de Juscelino Kubitschek – do Partido Social Democrático – era rejeitada não só pelos comunistas, como pelo PTB e pelo conjunto de lideranças sindicais agrupadas no recém-formado Movimento Nacional Popular Trabalhista (MNPT). Oitenta por cento da bancada do PTB no Congresso Nacional não aceitava o nome de Juscelino. E o MNPT fizera chegar às lideranças do PTB documento intitulado "Por um candidato de confiança dos trabalhadores e do povo", propondo que se buscasse outro nome que não o do governador mineiro[18].

Núcleos do MNPT se formaram em fábricas e outros locais de trabalho, com o objetivo de contribuir para a escolha de um candidato popular para concorrer ao pleito presidencial. Nesse contexto, é lançado, com o mesmo objetivo, o programa do MNPT, subscrito por centenas de prestigiosos líderes sindicais do Distrito Federal, de São Paulo e do estado do Rio de Janeiro. Ao mesmo tempo, 100 mil marítimos apoiavam a iniciativa do MNPT, que se pronunciava contra o golpe e por eleições livres[19]. Mas cresciam as ameaças golpistas levadas adiante por setores do próprio governo, enquanto se evidenciava a debilidade das forças democráticas para alcançar a almejada unidade em torno de uma candidatura popular.

Diante da dificuldade de chegar a um entendimento com o PTB para o lançamento de um "candidato popular" às eleições presidenciais, Prestes declarava, em entrevista publicada em julho de 1955:

Acreditamos que nas atuais condições a apresentação de um novo candidato à presidência da República dificultaria ainda mais a necessária unidade de todos os democratas e patriotas que querem defender a Constituição e, por isso, estamos

---

[17] "Prestes dirige-se à Convenção do PTB (Luiz Carlos Prestes, secretário-geral do Partido Comunista do Brasil, enviou à Convenção do PTB a seguinte carta)", *Problemas*, n. 67, maio-jun., p. 7; *Imprensa Popular*, Rio de Janeiro, 19 abr. 1955, p. 1.

[18] Cf. *Imprensa Popular*, Rio de Janeiro, 14 e 15 abr. e 4 e 5 maio 1955, p. 1; 7 e 19 maio 1955, p. 3; e 8 jun. 1955, p. 1.

[19] Cf. Ibidem, 9, 11, 12 e 17 jun. e 14 jul.1955, p. 1.

dispostos a apoiar, entre os candidatos já indicados, aquele em torno do qual for possível a organização da mais ampla frente democrática, em torno da qual se torne possível o desencadeamento no país inteiro de uma poderosa campanha de massas em defesa da Constituição, pela realização de eleições livres, em defesa das conquistas dos trabalhadores.[20]

O pronunciamento de Prestes repercutiria favoravelmente junto a numerosos setores de oposição ao governo Café Filho, conforme ficou registrado nas declarações de muitas personalidades entrevistadas pelo jornal diário *Imprensa Popular*[21].

Em agosto, realizou-se a Convenção Carioca do MNPT, com a presença de mil delegados eleitos pelos trabalhadores, que aprovaram mensagem contra o golpe dirigida ao Congresso Nacional. Foi também aprovada moção aos ministros militares e às Forças Armadas, pressionando-os para que barrassem o caminho ao golpe. Logo a seguir, realizou-se em São Paulo a Convenção Nacional do MNPT. Na presença de mais de 5 mil delegados, ficou decidido o apoio às candidaturas de Juscelino Kubitschek e João Goulart respectivamente à presidência e à vice-presidência da República. Tal decisão – um compromisso com os setores conservadores do PSD representados por Kubitschek – era considerada fundamental para evitar o golpe. O conclave foi encerrado por Roberto Morena, deputado comunista e liderança sindical destacada, sob "aplausos delirantes"[22].

Ainda em agosto de 1955, realizou-se Pleno Ampliado do Comitê Central do PCB, em que se definiu a posição dos comunistas na sucessão presidencial[23]. Na ocasião foi decidido o apoio do PCB às candidaturas de Juscelino Kubitschek e João Goulart à presidência e vice-presidência respectivamente, com o lançamento de *Manifesto eleitoral do Partido Comunista do Brasil*. Nesse documento afirmava-se que o apoio era concedido, uma vez que tais candidatos, "através de pronunciamentos públicos, já se declararam dispostos à luta contra o golpe, em defesa da Constituição e das liberdades democráticas e pela melhoria das condições de vida do povo"[24]. A seguir, dizia-se no manifesto:

---

[20] "Prestes fala à nação (entrevista concedida aos órgãos da imprensa popular)", *Problemas*, n. 68, jul. 1955, p. 5-6; *Imprensa Popular*, Rio de Janeiro, 17 jul. 1955, p. 1.

[21] *Imprensa Popular*, Rio de Janeiro, 17 jul. 1955, p. 1; ver também dias subsequentes.

[22] Ibidem, 2 ago. 1955, p. 1, 2; 6 ago. 1955, p. 1; 9 ago. 1955, p. 1.

[23] Luiz Carlos Prestes, "A posição do partido na sucessão presidencial e nossas tarefas atuais (informe apresentado, em nome do Presidium do Comitê Central, ao Pleno Ampliado do Comitê Central, realizado nos dias 9, 10 e 11 de agosto de 1955)", *Problemas*, n. 69, ago. 1955, p. 11-31; *Imprensa Popular*, Rio de Janeiro, 14 ago. 1955.

[24] "Manifesto eleitoral do Partido Comunista do Brasil" (assinado: o Comitê Central do Partido Comunista do Brasil), *Problemas*, n. 69, p. 7-10, ago. 1955, p. 8; *Imprensa Popular*, Rio de Janeiro, 11 ago. 1955.

306 LUIZ CARLOS PRESTES: UM COMUNISTA BRASILEIRO

A vitória das candidaturas Kubitschek e Goulart será a derrota dos generais golpistas, dará um novo impulso às forças democráticas e patrióticas e poderá determinar importante modificação na correlação de forças políticas, favorável à democracia, à paz, à independência e ao progresso do Brasil.[25]

Percebe-se que a direção do PCB, diante da situação existente no país, passara a centrar sua tática no processo eleitoral, na defesa das liberdades democráticas, deixando de lado, na prática, as diretrizes de "derrubada do governo Café Filho", pela "via revolucionária" e de formação da Frente Democrática de Libertação Nacional, inscritas no programa do partido, aprovado no IV Congresso, havia menos de um ano. Passava-se a centrar a atividade dos comunistas na "luta em defesa das liberdades democráticas e da Constituição" e no imperativo de "derrotar nas urnas os generais golpistas". Segundo entrevista de Prestes, era necessário apoiar

com decisão e energia a atividade organizadora do Movimento Nacional Popular Trabalhista, amplo movimento de frente única e sem partido, bem como de todas as demais organizações que se levantarem em defesa das liberdades democráticas e da Constituição, contra as ameaças de golpe militar.[26]

Embora isso não fosse reconhecido nos documentos partidários, era evidente que o programa do IV Congresso estava sendo abandonado, uma vez que a realidade nacional não se coadunava com suas diretrizes "esquerdistas", herança da orientação política adotada pelo PCB a partir de 1948. A mudança levada a cabo na tática partidária permitiu aos militantes comunistas participar ativamente da campanha eleitoral de 1955[27]. Segundo Maria Victoria Benevides, "o apoio dos comunistas à candidatura de Juscelino Kubitschek e Goulart foi importante para garantir sua vitória", embora Tancredo Neves não acreditasse que a vitória tenha se dado graças aos votos comunistas, que não teriam chegado a 150 mil em todo o país[28]. De acordo com outras avaliações, os votos dos comunistas teriam atingido cerca de 400 mil[29]. Segundo Hugo de Faria[30], nesse período "os

---

[25] "Manifesto eleitoral do Partido Comunista do Brasil" (assinado: o Comitê Central do Partido Comunista do Brasil), *Problemas*, n. 69, ago. 1955, p. 8.

[26] "Entrevista de Luiz Carlos Prestes", *Problemas*, n. 69, p. 1-3, ago. 1955, p. 2 e 3; *Imprensa Popular*, Rio de Janeiro, 11 set. 1955, p. 1.

[27] Cf. *Imprensa Popular*, Rio de Janeiro, ago.-set. 1955.

[28] Maria Victoria de Mesquita Benevides, *O governo Kubitschek: desenvolvimento econômico e estabilidade política, 1956-1961* (Rio de Janeiro, Paz e Terra, 1979), p. 97.

[29] Idem.

[30] Hugo de Faria foi ministro do Trabalho em 1954, após a demissão de Jango dessa pasta.

PRESTES E O PCB NA CLANDESTINIDADE: OS ÚLTIMOS ANOS   307

políticos de todos os partidos, da UDN, do PTB, do PSD, queriam a aliança com os comunistas para ganhar voto"[31].

Frente ao golpe de 11 de novembro de 1955 – tentativa de impedir a posse dos eleitos em 3 de outubro daquele ano –, o PCB apoiou imediatamente o ministro da Guerra, general Henrique Teixeira Lott, e as forças que impediram tal desfecho, patrocinado pelos setores mais conservadores e ligados aos interesses do grande capital internacionalizado[32]. A direção do partido lançou de imediato vários documentos se solidarizando com a decisão do Congresso Nacional "contra a volta à presidência da República do sr. Café Filho" e reclamando ao novo governo de Nereu Ramos medidas práticas para "reduzir à impotência o grupelho de conspiradores golpistas"[33]. No *Manifesto do PCB*, datado do próprio dia 11 de novembro, declarava-se que, diante da ameaça golpista,

> os comunistas, que sempre se bateram pelo respeito às liberdades democráticas e contra o golpe fascista, lutam ombro a ombro com todas as forças antigolpistas e manifestam seu decidido apoio às medidas adotadas pelas Forças Armadas, pelo Parlamento e pelos partidos políticos em defesa da Constituição e contra os aventureiros golpistas, inimigos da Pátria.[34]

Em outro manifesto, de janeiro de 1956, o PCB registrava que "em 11 de novembro, o povo brasileiro obteve uma grande vitória em sua luta pelas liberdades, contra as tentativas do imperialismo norte-americano de intervir nos negócios internos da nação", acrescentando que "o Exército e o Congresso Nacional, expulsando do governo a camarilha golpista de Café Filho, Carlos Luz, Eduardo Gomes etc., atenderam aos anseios da maioria esmagadora da nação e contaram por isto com o apoio entusiástico de todos os patriotas e democratas"[35].

---

[31] Angela Maria de Castro Gomes e Jorge Ferreira, *Jango: as múltiplas faces* (Rio de Janeiro, Editora da FGV, 2007), p. 93.

[32] Segundo Prestes, Diógenes Arruda, novamente, considerava que havia condições para uma insurreição popular, cf. LCP, fita n. 15; relato de Prestes à autora.

[33] "Proclamação de Luiz Carlos Prestes", *Problemas*, n. 71, nov.-dez. 1955, p. 1.

[34] "Manifesto do PCB, Rio de Janeiro, 11 de novembro de 1955, assinado: O Comitê Central do Partido Comunista do Brasil", *Problemas*, n. 71, p. 3-4, nov.-dez. 1955, p. 3; ver também idem, "Novo e importante Manifesto do PCB, Rio de Janeiro, 14 de novembro de 1955, assinado: O Comitê Central do Partido Comunista do Brasil", *Problemas*, n. 71, p. 5-7, nov.-dez. 1955; *Imprensa Popular*, Rio de Janeiro, 12, 16 e 24 nov. 1955.

[35] "Manifesto do Comitê Central do Partido Comunista do Brasil. Janeiro de 1956, assinado: O Comitê Central do Partido Comunista do Brasil", *Problemas*, n. 72, jan.-fev. 1956, p. 8; *Imprensa Popular*, Rio de Janeiro, 2 fev. 1956.

Nesse documento, a direção do PCB dirigia-se aos brasileiros e aos trabalhadores, conclamando-os a mobilizar-se

> contra qualquer golpe de Estado reacionário, venha de onde vier, lutemos pelas liberdades democráticas e em defesa da Constituição, pela suspensão do estado de sítio, pela posse dos eleitos em 3 de outubro, pela legalidade do Partido Comunista, pela anistia para os cassados por motivos políticos, pela revogação das leis de segurança e de imprensa![36]

O PCB havia deixado de lado, na prática, a tática "revolucionária" com vistas à "derrubada do governo", adotando a luta pelas *liberdades democráticas* como centro de sua política. Tal orientação seria confirmada no Pleno Ampliado do Comitê Central, de janeiro de 1956, com a aprovação do informe apresentado por Luiz Carlos Prestes[37]. Nesse documento, destacava-se:

> Lutando em defesa das *liberdades democráticas* e da *Constituição*, contra qualquer golpe de Estado ou militar reacionário, venha de onde vier, devemos intensificar ainda mais a luta em defesa da paz e da independência nacional, não poupar esforços para elevar sempre mais a luta patriótica em defesa do petróleo e demais riquezas nacionais, contra a carestia de vida e pela melhoria das condições de vida do povo. A ação política que dirigimos pelo *avanço democrático* é inseparável de nossa participação ativa e à frente da classe operária por todas as reivindicações dos trabalhadores. É indispensável fazer de cada fábrica, de cada fazenda, de cada concentração camponesa importante um baluarte em defesa das *liberdades democráticas* [...].[38]

A crise do movimento comunista

No início do governo Kubitschek, quando o nacional-desenvolvimentismo adquiria foros de corrente ideológica hegemônica no pensamento político brasileiro, o movimento comunista internacional era atingido por grave crise, provocada por dois acontecimentos mundiais da maior relevância, ocorridos no ano de 1956. Em primeiro lugar, a realização, no mês de fevereiro, do XX Congresso do PCUS

---

[36] "Manifesto do Comitê Central do Partido Comunista do Brasil. Janeiro de 1956, assinado: O Comitê Central do Partido Comunista do Brasil", cit., p. 10-1.

[37] Luiz Carlos Prestes, "A situação atual, a tática e as tarefas do Partido Comunista (informe apresentado em nome do Presidium, no Pleno Ampliado do Comitê Central de janeiro de 1956)", *Problemas*, n. 72, jan.-fev. 1956, p. 12-34.

[38] Ibidem, p. 26; grifos desta autora.

(Partido Comunista da União Soviética) com a denúncia dos crimes de Stalin no *Relatório secreto* apresentado por Nikita Khrushchov e, em segundo lugar, a derrota da rebelião húngara, com a intervenção militar soviética. Deflagrava-se a crise do chamado *stalinismo*, que abalou profundamente todos os partidos comunistas então existentes no cenário mundial.

Embora neste livro não caiba uma análise de fenômeno tão controvertido, há que se assinalar que o PCB não poderia permanecer fora desse cataclismo.

Diógenes de Arruda Câmara chefiava a delegação do partido no XX Congresso e, antes de sua realização, informado das mudanças que iriam acontecer, mudou de posição da noite para o dia: de defensor intransigente, e até mesmo subserviente, da União Soviética e do PCUS passou ao antissovietismo explícito. Terminado o congresso, em vez de regressar de imediato ao Brasil para informar à direção do PCB tudo o que acontecera, Arruda viajou cinco meses pela Europa, foi à China e só voltou ao Brasil em julho de 1956[39].

Antes do regresso da delegação brasileira ao XX Congresso, *O Estado de S. Paulo* já havia divulgado o *Relatório secreto* de Khrushchov, frente ao qual a posição do PCB fora considerá-lo mais uma falsificação da direita internacional. Quando Arruda chegou, obteve o apoio de Agildo Barata, dirigente destacado do PCB, para as posições antissoviéticas que passara então a defender, pois antes ele se apresentava diante dos militantes como representante de Stalin e Prestes. De acordo com as informações obtidas por Prestes, Arruda prometera a Agildo Barata a secretaria-geral, pois pensava que a maioria do Comitê Central do PCB se voltaria contra Prestes[40].

Na reunião da Comissão Executiva, após ouvir o informe de Arruda sobre o XX Congresso do PCUS e diante da revelação de seu declarado antissovietismo, Prestes lhe avisou: "Eu espero que você não diga essas coisas aí fora". Mas ele já havia falado para muita gente. Imediatamente após essa conversa, Prestes se dirigiu a Giocondo Dias, responsável por seu "aparelho": "Temos que mudar tudo", porque Arruda conhecia toda a engrenagem partidária e "se tornara um traidor" – uma vez que posições antissoviéticas eram inaceitáveis para Prestes e para a maioria dos comunistas brasileiros. Nessa reunião da Comissão Executiva, no final de julho de 1956, fora estabelecida uma pauta para a próxima reunião do Comitê Central, que se realizou em setembro, num clima de total perplexidade e anarquia. Um grande número de intelectuais foi convidado a participar da reunião por Arruda, que apresentou um informe semelhante ao que fizera na presença de Prestes, na expectativa de que este acabasse sendo o alvo principal das críticas dos presentes. Aconteceu o contrário, as críticas foram dirigidas

---

[39] LCP, fita n. 15; relato de Prestes à autora.
[40] Idem.

principalmente a Arruda. Contrastando com a serenidade revelada por Prestes ao tomar conhecimento daqueles acontecimentos, tanto Arruda quanto Carlos Marighella, João Amazonas e Maurício Grabois chegaram a chorar. A sessão foi suspensa, e nenhum documento foi aprovado[41].

Depois disso, houve a convocação de nova reunião da Comissão Executiva para ouvir a opinião de Prestes, que disse: "Aqui, não há nenhum salvador da pátria. A rebelião contra a direção é justa, mas o principal neste momento é assumirmos um compromisso de unidade em torno de princípios: a unidade do partido, a fidelidade à União Soviética e ao marxismo-leninismo". Arruda assumiu esse compromisso, deixando Agildo Barata numa situação muito difícil, pois, na qualidade de responsável pelas finanças do partido, falara para o vasto círculo de seus contribuintes que o relatório publicado em *O Estado de S. Paulo* não passava de uma provocação policial. Quando Arruda lhe informou que a situação era muito mais grave de o que estava registrado no *Relatório*, Agildo entrou em crise, aderindo a posições abertamente antissoviéticas e à direita da orientação política então adotada pelo PCB[42].

A partir de outubro daquele ano, um número considerável de intelectuais do partido passou por cima da direção e começou a discutir o *Relatório* nos jornais *Imprensa Popular*, diário do PCB, e *Voz Operária,* órgão central do partido[43]. Conforme Prestes reconheceria, havia críticas justas ao mandonismo, a posições da direção partidária, mas também ataques inadmissíveis à União Soviética. Quanto aos membros do Comitê Central, a maioria tinha medo de ir às organizações de base fazer autocrítica, pois estavam muito comprometidos com o sistema de direção até então em vigor, implantado por Arruda Câmara[44].

No Pleno de outubro de 1956 do Comitê Central, realizado mais uma vez sem a presença do secretário-geral, ficara decidido abrir o debate sobre os ensinamentos do XX Congresso do PCUS, declarando-se que seriam publicados na imprensa partidária "os trabalhos dos membros do partido, inclusive daqueles que tenham divergências a apresentar". Escrevia-se a seguir:

> Que todos falem, discutam e sugiram, fazendo pleno uso da liberdade de opinião e do direito de crítica e autocrítica. Que se estabeleça viva e fecunda luta de opiniões à base de princípios, em busca de soluções justas para os problemas.[45]

---

[41] Idem.

[42] Idem.

[43] Ver *Imprensa Popular*, Rio de Janeiro, e *Voz Operária*, out. 1956-maio 1957.

[44] LCP, fita n. 15; relato de Prestes à autora.

[45] "Projeto de resolução do Comitê Central", citado em Edgard Carone, *O PCB*, v. 2, cit., p. 153.

PRESTES E O PCB NA CLANDESTINIDADE: OS ÚLTIMOS ANOS   311

Mas a luta interna na direção do PCB viria a assumir sérias proporções, exteriorizadas tanto na imprensa partidária[46] quanto nos graves conflitos que abalaram a estrutura partidária. Explicitaram-se duas tendências: a "aberturista" e a "fechadista". Segundo a primeira, cada um podia falar o que quisesse; a segunda pretendia impedir a discussão. Em novembro de 1956, Prestes – refletindo a preocupação da maioria do Comitê Central com a defesa da União Soviética, considerada a "pátria do socialismo", e a unidade do partido – divulgou carta sobre o debate político, declarando:

Não podemos de forma alguma reconhecer a quem quer que seja o direito de propagar no partido as ideias do inimigo de classe. E constituiria um crime que, a pretexto de livre discussão, a imprensa feita para servir ao povo, para educá-lo politicamente, passasse a constituir instrumento de confusão e de deseducação do povo.[47]

A posição defendida pelo secretário-geral do PCB foi referendada pelo Comitê Central do partido em reunião realizada em abril de 1957[48], ainda sem a presença de Prestes, quando se aprovou resolução intitulada "Sobre a unidade do partido (resolução do CC)"[49]. Nesse documento, afirmava-se ser "inadmissível em nossas fileiras a liberdade para atacar e fazer a revisão dos princípios marxistas-leninistas e desprestigiar o partido entre as massas"[50].

Nessa reunião, Agildo Barata fez um pronunciamento autocrítico de suas posições "antipartidárias" e comprometeu-se a divulgá-lo publicamente. Mas, após a reunião – que havia sido gravada –, passou a conceder entrevistas à grande imprensa atacando a direção do partido[51].

Logo a seguir, realizou-se reunião da Comissão Executiva. Nessa oportunidade, o secretário-geral defendeu a necessidade de, uma vez "desmascarado" Agildo Barata, realizar uma autocrítica séria dos erros esquerdistas na direção do PCB. Naquele momento, todos ficaram contra ele, pois ninguém queria fazer autocrítica, compreendendo que acabariam afastados dos cargos de direção. João Amazonas chegou a dizer: "Nós somos os melhores e não podemos

---

[46] Ver *Voz Operária* e *Imprensa Popular*, anos 1956 e 1957; *Imprensa Popular*, Rio de Janeiro, 21 abr. 1957, p. 3.

[47] "Carta de L. C. Prestes ao Comitê Central do PCB", citado em Edgard Carone, *O PCB*, v. 2, cit., p. 156.

[48] A pedido de Prestes, essa reunião foi toda gravada.

[49] Cf. *Imprensa Popular*, Rio de Janeiro, 21 abr. 1957, p. 3; *Voz Operária*, 20 abr. 1957.

[50] Idem.

[51] Entrevista de Agildo Barata, *O Estado de S. Paulo*, jun. 1957 (folheto impresso, 8 p.). Cf. *Imprensa Popular*, Rio de Janeiro, 28 maio e 7 jul. 1957, p. 1; *Novos Tempos*, Rio de Janeiro, n. 1, set. 1957.

ser substituídos", ao que Prestes retrucou que ele estava muito enganado, pois "muito melhores do que nós deve haver nas bases do partido"[52].

Imediatamente, Prestes começou a preparar a próxima reunião do Comitê Central. Para isso, deslocou-se de São Paulo, onde passara a maior parte dos anos de clandestinidade, para o Rio de Janeiro. Com a colaboração de alguns membros da direção – Armênio Guedes, Mário Alves e Jacob Gorender – menos comprometidos com as práticas autoritárias dos componentes do Secretariado Nacional, Prestes conseguiu aprovar, na reunião do Comitê Central realizada em agosto de 1957, pela primeira vez com sua presença, um documento autocrítico em que eram propostas mudanças na Comissão Executiva. Diógenes Arruda pensava que permaneceria no cargo, mas seu afastamento foi decidido por treze votos contra doze, juntamente com os de João Amazonas, Maurício Grabois, Pedro Pomar e Sérgio Holmos, considerados os maiores responsáveis pelos erros da direção partidária decorrentes em grande medida das práticas autoritárias vigentes no PCB. Foram, contudo, mantidos no Comitê Central, cumprindo tarefas de direção em diferentes estados da União, pois Prestes não aceitava qualquer tipo de perseguição. Arruda não quis assumir nenhuma tarefa e afastou-se da direção. Na Comissão Executiva, esses dirigentes foram substituídos por Giocondo Dias, Mário Alves, Dinarco Reis, Ramiro Lucchesi e Carlos Marighella, que ficou responsável por recuperar as finanças do PCB, seriamente prejudicadas com a saída de Agildo Barata[53].

Nessa mesma reunião, foi aprovada resolução "sobre a atividade antipartidária de Agildo Barata", na qual dizia-se que o Comitê Central, "face à atividade divisionista de Agildo Barata e à sua deserção do partido, decide excluí-lo do Comitê Central e expulsá-lo dos quadros partidários e submeterá esta decisão ao V Congresso do Partido"[54].

Embora na imprensa partidária os debates tivessem sido encerrados em maio de 1957, as divergências prosseguiam, e a crise nas fileiras do PCB permaneceu durante todo o ano de 1957[55].

Na reunião do Comitê Central de agosto de 1957 foi designada uma comissão composta por Moisés Vinhas, Jover Telles, Sérgio Holmos, Leivas Otero e Francisco

---

[52] LCP, fita n. 15; relato de Prestes à autora.

[53] A composição exata da nova Comissão Executiva é controversa; ver Moisés Vinhas, *O Partidão: a luta por um partido de massas (1922-1974)* (São Paulo, Hucitec, 1982), p. 181; João Falcão, *Giocondo Dias, a vida de um revolucionário* (Rio de Janeiro, Agir, 1993), p. 198.

[54] "Resolução do Comitê Central do PCB sobre a atividade antipartidária de Agildo Barata" (ago. 1957), citada em Edgard Carone, *O PCB*, v. 2, cit., p. 320-5; *Imprensa Popular*, Rio de Janeiro, 6 set. 1957, p. 1; *Voz Operária*, 7 set. 1957.

[55] Edgard Carone, *O PCB*, v. 2, cit., p. 143-202.

Gomes para elaborar documento analisando os reflexos do XX Congresso do PCUS dentro do PCB. O documento, encaminhado à reunião de março de 1958, não chegou sequer a entrar na pauta, substituído por um anteprojeto que, a partir de dezembro de 1957, estava sendo preparado, com a concordância de Prestes, por um grupo do qual faziam parte elementos menos comprometidos com a orientação política do IV Congresso (Giocondo Dias, Mário Alves, Jacob Gorender, Armênio Guedes, Dinarco Reis, Orestes Timbaúba e o sociólogo Alberto Passos Guimarães). Esse anteprojeto, encaminhado por Prestes à plenária do Comitê Central realizada em março de 1958 e aprovado por maioria significativa, recebeu a denominação de *Declaração de março de 1958*[56]. A unidade partidária fora restabelecida, com certa dificuldade, em torno da liderança de Prestes e dessa declaração.

O exame dos debates travados na imprensa comunista daqueles anos[57], assim como da documentação produzida pelos diversos grupos em luta durante a crise partidária, revela os fatores que efetivamente desencadearam a cisão nas hostes do PCB. O desencanto com o PCUS e a liderança de Stalin e, de maneira geral, com a União Soviética e o socialismo real, então existente no Leste Europeu, foi uma das causas mais importantes da crise que viria a abalar as convicções revolucionárias de inúmeros dirigentes e militantes do partido. Para quem, durante anos a fio, havia defendido a União Soviética e, principalmente, enaltecido e cultuado a personalidade de Stalin, era difícil aceitar e explicar para os companheiros e aliados as notícias e os informes que chegavam a seu conhecimento.

Tal desencanto teve como principal consequência um forte surto de antissovietismo, que atingiu em primeiro lugar a intelectualidade do partido, mais sensível que outros setores da militância comunista a influências dos meios de comunicação controlados pelas classes dominantes. Muitos dos artigos publicados durante o debate tiveram como tônica os ataques à União Soviética, ao PCUS e ao socialismo real, defendendo, ao mesmo tempo, o afastamento do PCB de qualquer influência soviética ou ligação com o campo socialista ou o PCUS. O internacionalismo proletário era abandonado, dando lugar a posições nacionalistas exacerbadas[58].

---

[56] Moisés Vinhas, *O Partidão*, cit., p. 181; João Falcão, *Giocondo Dias*, cit., p. 201; LCP, fita n. 15; relato de Prestes à autora.

[57] Cf. *Voz Operária* e *Imprensa Popular*, 1956 e 1957; em especial, *Imprensa Popular*, Rio de Janeiro, 6 jan. 1957, p. 3; 27 jan. 1957, p. 6; 28 maio 1957, p. 1; 16 jun. 1957, p. 3; 18 jun. 1957, p. 3; 25 jun. 1957, p. 3; 2 jul. 1957, p. 3; 7 jul. 1957, p. 1; 13 jul. 1957, p. 3; 14 jul. 1957, p. 3; 21 jul. 1957, p. 3; 24 jul. 1957, p. 3; 4 ago. 1957, p. 3; 6 set. 1957, p. 1; 7 set. 1957, p. 3.

[58] Cf. *Voz Operária* e *Imprensa Popular*, 1956 e 1957; *Novos Tempos*, n. 1-6; Entrevista de Agildo Barata, cit.; *Boletim da Corrente Renovadora* (DF), n. 1, jun. 1957 (documento datilografado, 10 p.); *Manifesto de convocação de fundação do Movimento Socialista Renovador*, São Paulo, 7 set. 1957 (impresso, 2 p.); *O órgão central e a democratização do partido*, Rio de Janeiro, 1957 (folheto impresso).

No que se refere à orientação política adotada pelo PCB, é interessante notar que a crise do movimento comunista internacional não chegou a atingi-la com profundidade. Serviu de pretexto, principalmente, para que os elementos insatisfeitos ou desiludidos com as dificuldades encontradas no caminho da luta revolucionária – em especial com as frequentes violações da democracia interna nas organizações partidárias – se afastassem do PCB e, em grande parte dos casos, da própria luta revolucionária, embora muitos desses elementos não estivessem isentos de atitudes antidemocráticas e autoritárias em sua prática partidária.

É verdade que algumas teses inovadoras aprovadas no XX Congresso do PCUS exerceram considerável influência na maioria dos partidos comunistas da época, incluindo o PCB. Isso diz respeito sobretudo à tese da possibilidade de evitar a Terceira Guerra Mundial e de, consequentemente, garantir a coexistência pacífica entre os sistemas socialista e capitalista. Também a defesa de um "caminho pacífico" para o socialismo em países em que as condições para tal estivessem presentes, teses que foram incorporadas às resoluções tomadas pelo PCB nos anos que se seguiram ao congresso soviético[59].

A crise deflagrada no PCB levou à formação de dois grupos principais: 1) os chamados "renovadores", liderados por Agildo Barata, que, em grande parte, abandonaram a organização partidária; 2) a maioria dos membros da direção que se rearticulou em torno da liderança de Luiz Carlos Prestes, reorganizou o partido e conseguiu garantir sua sobrevivência como organização.

Havia um terceiro grupo, muito reduzido, defensor da tática "esquerdista" anteriormente adotada, que, politicamente isolado, afastou-se do Comitê Central e posteriormente rompeu com o PCB, dando origem ao Partido Comunista do Brasil (PCdoB).

A *Declaração de março de 1958*

Ao analisar os documentos produzidos tanto pela direção do PCB quanto pelo chamado grupo "renovador", sem pretender abordar os múltiplos aspectos dos debates então travados, percebe-se que, no que se refere aos caminhos da revolução brasileira, havia plena coincidência de posições entre os dois grupos. Ambos estavam sob influência das concepções nacionalistas então em voga no cenário político brasileiro.

Agildo Barata, por exemplo, ao expor as teses defendidas pela chamada "corrente renovadora", deixava claro que o centro de suas preocupações era o *nacionalismo*, definido como

---

[59] Edgard Carone, *O PCB*, v. 2, cit., p. 143-202.

modo de nos afirmarmos como nação soberana [...]. Significa, sobretudo, libertação do país dos trustes internacionais que nos exploram. [...] Significa desenvolver industrialmente o país e modificar a arcaica estrutura agrária. Em suma: completar a formação da nação e valorizar o homem.[60]

Prosseguindo, Barata afirmava:

Os objetivos atuais de nossa Corrente Renovadora são os de luta para dar à nossa Pátria um governo *nacionalista*, *democrático* e progressista, que seja a expressão das forças integrantes de um amplo movimento patriótico. Os estudantes – o movimento universitário; em particular, os operários, através de seus sindicatos; os intelectuais, em especial os militares, estão nas melhores condições para ser as forças básicas desse movimento.[61]

Outros afiliados à corrente renovadora deixavam claro que "o nacionalismo é a forma que deve assumir a luta pelo socialismo em nosso país, na atual etapa"[62].

Chama atenção o fato de a proposta de um "governo nacionalista e democrático", assumida pelos "renovadores", constituir ponto central da *Declaração de março de 1958*[63], aprovada pelo Comitê Central do PCB após a expulsão e o afastamento dos adeptos daquela corrente. Afirmava-se nessa declaração:

Na situação atual do Brasil, o desenvolvimento econômico capitalista entra em choque com a exploração imperialista norte-americana, aprofundando-se a contradição entre as forças nacionais e progressistas em crescimento e o imperialismo norte-americano que obstaculiza sua expansão. [...] O golpe principal das forças nacionais, progressistas e democráticas se dirige, por isso, atualmente, contra o imperialismo norte-americano e os entreguistas que o apoiam. A derrota da política do imperialismo norte-americano e de seus agentes internos abrirá caminho para a solução de todos os demais problemas da *revolução nacional e democrática* no Brasil.[64]

Adiante, nesse mesmo documento, destacava-se o papel da *burguesia nacional* – aquela "interessada no desenvolvimento independente e progressista da

---

[60] Entrevista de Agildo Barata, cit., p. 5-6.

[61] Ibidem, p. 6; grifos desta autora.

[62] Evaldo Martins e Pedro Salustino, "Que é a Corrente Renovadora?", *Novos Tempos*, Rio de Janeiro, n. 1, set. 1957, p. 14-22.

[63] *PCB: vinte anos de política (1958-1979)* (São Paulo, Livraria Editora Ciências Humanas, 1980), p. 3-27.

[64] Ibidem, p. 13.

economia nacional". Juntamente com o proletariado, os camponeses, a pequena burguesia urbana e até mesmo setores de latifundiários, "que possuem contradições com o imperialismo norte-americano", a burguesia nacional poderia formar uma ampla frente única que garantisse a conquista por meio do caminho eleitoral, de um "governo nacionalista e democrático"[65].

A subordinação do conflito entre trabalho e capital ao empenho para alcançar um capitalismo autônomo no Brasil era reafirmada ao se declarar que o proletariado, "embora explorado pela burguesia", tinha o interesse de "aliar-se a ela, uma vez que sofre mais do atraso do país e da exploração imperialista do que do desenvolvimento capitalista"[66]. Não se percebia que a burguesia industrial brasileira havia se associado, em posição subordinada, aos grupos monopolistas estrangeiros, tornando inviável, como os acontecimentos posteriores acabariam revelando, qualquer aposta em um desenvolvimento independente para o Brasil. Tinha lugar mais uma guinada tática na política do PCB – o abandono da luta armada e a adoção do caminho pacífico e eleitoral –, sem que mudasse a estratégia da revolução, agrária e anti-imperialista. A partir da *Declaração de março de 1958*, essa primeira etapa da revolução passaria sintomaticamente a ser denominada de *nacional e democrática*[67].

Nesse documento, evidencia-se também a influência do pensamento de Mao Tsé-tung, pois a estratégia política adotada pelo PCB se baseava na separação e na hierarquização das contradições da sociedade brasileira, de acordo com as concepções do líder chinês[68]. Tal preocupação com a classificação das contradições da sociedade brasileira adquiriu grande destaque após a realização do XX Congresso do PCUS, em 1956, ocasião em que seu prestígio ficou profundamente abalado, provocando grave crise no movimento comunista internacional. Surgiram assim as condições propícias para que as teorias advindas do líder de um processo revolucionário vitorioso como o chinês adquirissem especial aceitação.

Na *Declaração de março de 1958*, afirmava-se:

> Como decorrência da exploração imperialista norte-americana e da permanência do monopólio da terra, a sociedade brasileira está submetida, na etapa atual de sua história, a *duas contradições fundamentais*. A primeira é a contradição entre

---

[65] Ibidem, p. 14-5.

[66] Ibidem, p. 16.

[67] Anita Leocadia Prestes, "A que herança devem os comunistas renunciar?", *Oitenta*, n. 4, Porto Alegre, LP&M, 1980

[68] Idem, "Para um estudo da memória do PCB: a influência do pensamento antidialético de Mao Tsé-tung na estratégia política do PCB (declaração de março de 1958, resoluções do V e VI Congressos)", *Revista de História Comparada*, v. 5, n. 2, dez. 2011.

a nação e o imperialismo norte-americano e seus agentes internos. A segunda é a contradição entre as forças produtivas em desenvolvimento e as relações de produção semifeudais na agricultura. O desenvolvimento econômico e social do Brasil torna necessária a solução dessas *duas contradições fundamentais*.[69]

A separação das contradições e sua hierarquização levavam o PCB a justificar uma *etapa específica* dentro do processo revolucionário brasileiro, nos marcos da qual deveriam ser eliminados dois supostos obstáculos ao desenvolvimento da sociedade: o imperialismo norte-americano e as "relações de produção semifeudais na agricultura". Reconhecia-se ainda a presença de uma *terceira contradição*, "entre o proletariado e a burguesia, que se expressa nas várias formas da luta de classes entre operários e capitalistas". A seguir, declarava-se que "essa contradição não exige uma solução radical na etapa atual. Nas condições presentes de nosso país, o desenvolvimento capitalista corresponde aos interesses do proletariado e de todo o povo"[70].

A partir de semelhante análise, marcada pelas concepções antidialéticas do pensamento maoísta sobre as contradições[71], o PCB traçava sua estratégia política:

A revolução no Brasil, por conseguinte, não é ainda socialista, mas *anti-imperialista e antifeudal, nacional e democrática*. A solução completa dos problemas que ela apresenta deve levar à inteira libertação econômica e política da dependência para com o imperialismo norte-americano; à transformação radical da estrutura agrária, com a liquidação do monopólio da terra e das relações pré-capitalistas de trabalho; ao desenvolvimento independente e progressista da economia nacional e à democratização radical da vida política.[72]

Dessa forma, justificava-se uma estratégia baseada na ideologia *nacional-libertadora*, ou *nacional-desenvolvimentista*, de acordo com a qual seria viável um capitalismo autônomo no Brasil.

No mesmo documento, afirmava-se ainda que "a contradição entre a nação em desenvolvimento e o imperialismo norte-americano e os seus agentes internos se tornou a *contradição principal* da sociedade brasileira". Considerava-se, portanto, que, entre as duas supostas contradições *fundamentais*, uma seria *principal*. A conclusão disso decorrente era formulada da seguinte maneira: "O golpe principal

---

[69] *PCB: vinte anos de política*, cit., p. 12-3; grifos desta autora.
[70] Ibidem, p. 13.
[71] Anita Leocadia Prestes, "Para um estudo da memória do PCB", cit.
[72] *PCB: vinte anos de política*, cit., p. 13; grifos desta autora.

das forças nacionais progressistas e democráticas se dirige, por isto, atualmente, contra o imperialismo norte-americano e os entreguistas que o apoiam"[73].

Estamos diante de uma teorização consagradora da visão etapista da revolução brasileira, de acordo com a qual não se percebia algo que havia sido levantado já no final da década de 1920 por José Carlos Mariátegui: o caráter socialista da revolução na América Latina, embora o revolucionário peruano registrasse a necessidade de considerar as peculiaridades do capitalismo em cada país do nosso continente e defendesse a luta por um socialismo que não fosse "nem cópia nem decalque, mas, sim, invenção heroica" dos nossos povos[74]. A esse respeito, ele escrevia:

> *Sin prescindir del empleo de ningún elemento de agitación anti-imperialista, ni de ningún médio de movilización de los sectores que eventualmente pueden concurir a esta lucha, nuestra misión es explicar y demonstrar a las masas que solo la revolución socialista opondrá al avance del imperialismo una valla definitiva y verdadera.*[75]

Sem negar que a revolução socialista constitui um processo que em cada país terá suas particularidades, Mariátegui verificara que, no século XX, o imperialismo penetrara profundamente e se articulara estreitamente com as diversas relações de produção existentes em cada nação do subcontinente latino-americano. Tornara-se, portanto, impossível derrotar o imperialismo sem avançar no caminho da revolução socialista. O problema era, e continua sendo, *como* empreender, na prática, tal caminho sem se desviar para o etapismo e o decorrente reformismo, de acordo com o qual a solução revolucionária acaba sendo abandonada[76].

Jacob Gorender, um dos redatores da *Declaração de março de 1958*, em artigo publicado no jornal *Voz Operária*, deixaria clara a proposta nacional--libertadora desse documento, ao afirmar que "não vemos o caminho para o socialismo, que é nosso objetivo final, na negação desde desenvolvimento [progressista], na ruptura com ele e na sua substituição, agora utópica, por outro tipo de desenvolvimento"[77].

---

[73] Idem.

[74] José Carlos Mariátegui, *Escritos fundamentales* (Buenos Aires, Acercándonos, 2008), p. 153.

[75] Ibidem, p. 51. (Sem prescindir do emprego de nenhum elemento de agitação anti-imperialista nem de nenhum meio de mobilização dos setores sociais que eventualmente possam concorrer para esta luta, nossa missão é explicar e demonstrar às massas que só a revolução socialista oporá ao avanço do imperialismo um obstáculo definitivo e verdadeiro.)

[76] Atílio A. Borón, "Estudio introductorio", em Rosa Luxemburgo, *¿Reforma social o revolución?* (Buenos Aires, Luxemburg, 2010).

[77] Jacob Gorender, "A função positiva do proletariado", *Voz Operária*, n. 460, 29 mar. 1958, p. 4.

A seguir, Gorender sublinhava o conteúdo reformista da proposta apresentada no referido documento: "A sociedade brasileira ascenderá a uma etapa mais alta como resultado deste mesmo *desenvolvimento progressista*, que hoje objetivamente existe, à medida que ele ganhar aceleração, profundidade e consequência"[78].

Cabe ressaltar que, mesmo tendo conciliado com as teses da ala "renovadora" do PCB, contribuindo com seu inegável prestígio para a elaboração e a aprovação da *Declaração de março*, com o objetivo de manter a unidade das fileiras partidárias[79], Prestes revelaria preocupação com o perigo de uma "tática reformista, que nos colocaria a reboque da burguesia". Em artigo publicado na mesma ocasião, o secretário-geral do PCB escreveu: "A crítica superficial de nossos erros políticos pode conduzir agora ao erro oposto, à preocupação exclusiva com o movimento que se processa gradualmente, abandonando a meta revolucionária da classe operária"[80].

A conciliação com as tendências reformistas na direção do PCB, com o intuito de assegurar a unidade partidária, foi a atitude adotada por Prestes durante cerca de vinte anos, até o final da década de 1970, quando viria a romper com o Comitê Central[81], convencido de que se tornara inviável transformar o PCB num partido revolucionário, ou seja, numa organização que superasse o reformismo explicitado, principalmente, pela ideologia do nacional-desenvolvimentismo e da concepção da revolução em etapas[82].

Vale lembrar que o esforço para alcançar a *unidade a qualquer preço* marcou fortemente a história do movimento comunista internacional e seria pouco provável que deixasse de se fazer presente no PCB, partido que sempre fez parte desse movimento. Tal empenho teria como resultado, frequentemente, o abandono de posições de princípio e, em particular, a renúncia aos objetivos revolucionários dos comunistas e a conciliação com as tendências reformistas.

---

[78] Idem, grifos desta autora.

[79] Anita Leocadia Prestes, *Os comunistas brasileiros (1945-1956/58)*, cit., p. 144-54.

[80] Luiz Carlos Prestes, "São indispensáveis a crítica e a autocrítica de nossa atividade para compreender e aplicar uma nova política", *Voz Operária*, n. 460, 29 mar. 1958, p. 5; *PCB: vinte anos de política*, cit., p. 35.

[81] Luiz Carlos Prestes, *Carta aos comunistas* (São Paulo, Alfa-Ômega,1980).

[82] Anita Leocadia Prestes, *Os comunistas brasileiros (1945-1956/58)*, cit., p. 162.

Propaganda eleitoral dos comunistas (ainda na clandestinidade) em apoio às candidaturas de Juscelino Kubitschek e João Goulart à presidência da República. Rio de Janeiro, 1955.

Na campanha do candidato a governador de Pernambuco apoiado pelo PCB, Cid Sampaio: Prestes, tendo atrás David Capistrano e Hiran Pereira. Recife, 1958. Arquivo de Roberto Arrais.

Prestes deposita coroa de flores no túmulo do tenente Mário Portela Fagundes, morto em combate no início da Marcha da Coluna Prestes. Tenente Portela, Rio Grande do Sul, 1959.

Comício durante visita de Prestes a Pernambuco. Recife, julho de 1959.

À esquerda, Prestes em Xangai, a convite do governo da República Popular da China. Na foto, com delegados de outros PCs latino-americanos, quando visitavam a casa onde se realizou o Primeiro Congresso do PC chinês. Outubro de 1959.

Abaixo, em visita ao campo de concentração nazista onde esteve presa Olga Benario Prestes. Ravensbrück, República Democrática Alemã, 28 de novembro de 1959

ato realizado na Associação Brasileira de Imprensa (ABI), ocasião em que Prestes anunciou a realização do V Congresso do PCB. Rio de Janeiro, agosto de 1960.

Luiz Carlos Prestes é recebido na Câmara Municipal de Cabo Frio, Rio de Janeiro, em 1960.

O líder comunista participa de comício da Campanha Lott para a presidência da República na praça do Rinque. Niterói, Rio de Janeiro, 6 de setembro de 1960.

Acima, Prestes com a esposa, Maria do Carmo Ribeiro, e os filhos. São Paulo, 3 de janeiro de 1963.

À direita, em viagem a Moscou, janeiro de 1964.

À esquerda, Prestes, clandestino, é condecorado com o lenço dos pioneiros búlgaros. Sófia, Bulgária, 1969.

Abaixo, Prestes assiste no exílio ao desfile de 1º de Maio na capital soviética. A seu lado, Luiz Corvalán, secretário-geral do PC chileno. Moscou, 1º de maio de 1975.

Acima, exilado, Prestes participa de evento em solidariedade aos presos e perseguidos políticos no Brasil. À direita, Gregório Bezerra e, à esquerda, o professor soviético O. P. Tsukanov. Moscou, década de 1970.

À direita, com Fidel Castro durante a Conferência dos Partidos Comunistas da América Latina. Havana, Cuba, julho de 1975.

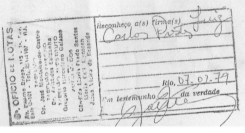

Procuração de Prestes ao advogado Heráclito Sobral Pinto concedendo-lhe poderes para sua defesa perante qualquer Juízo. Paris, 17 de janeiro de 1979.

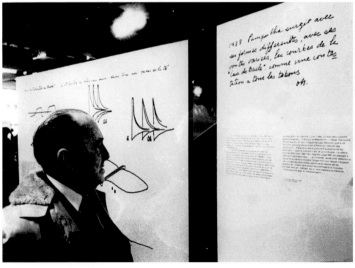

Prestes visita a Grande Exposição Retrospectiva da obra de Oscar Niemeyer no Beaubourg (Centre Pompidou). Paris, 1979.

Decretada a anistia, Prestes volta ao Brasil após oito anos de exílio e é recebido com grande entusiasmo. Aeroporto do Galeão, Rio de Janeiro, 20 de outubro de 1979.

Cartão de Prestes à filha Anita, que acompanhava livro com reproduções de pinturas de Rembrandt, presente de aniversário. 27 de novembro de 1980.

Minha filha,

Não repares no meu presente. Essas obras-primas da pintura trazem-me as lembranças de um dia feliz, quando, em janeiro de 1935, junto com a Olga, visitei um dos museus de Amsterdam, onde estão expostas obras de Rembrandt, e recordo-me sempre da profunda impressão que elas causaram à tua Mãe, como sempre, admiradora entusiasta de tudo que possa haver de belo, humano e generoso no mundo. Recebe com estas linhas meus votos de felicidades e meu abraço carinhoso.

De teu pai, LCP.

27/XI/1980

Prestes em encontro com estudantes da Universidade Federal do Rio Grande do Sul. Porto Alegre, agosto de 1981.

Relendo, em Pernambuco, a *Carta aos Comunistas*, que seria discutida com os militantes do estado. Recife, março de 1980. Foto de Roberto Arrais.

Na campanha eleitoral no Ceará, cartazes e faixas conclamam o povo a comparecer ao comício de Prestes em Fortaleza. Setembro de 1982.

Prestes fala aos operários do estaleiro Caneco durante a campanha eleitoral. Rio de Janeiro, outubro de 1982.

À esquerda, Prestes comparece à Polícia Federal para depor em processo judicial movido contra ele por atividades supostamente perigosas para a segurança nacional. Rio de Janeiro, 4 de março de 1984.

Abaixo, na passeata pelas eleições diretas para presidente da República, na avenida Rio Branco. Rio de Janeiro, 21 de março de 1984.

Reencontro de Prestes com ex-combatentes da Coluna por ocasião do 60º aniversário do levante do 1º Batalhão Ferroviário de Santo Ângelo. Da esquerda para a direita, todos com o lenço no pescoço: Aparício Gonçalves de Mello, Nelson Machado, Quintino Antônio de Aguiar, Santo Izolan, Manuel José da Silva, Avelino Pedroso de Lima e Hermogênio Dias Messa. Ao fundo, o então diretor da Fundação Missioneira de Ensino Superior (Fundames) e o advogado e assessor de Prestes, dr. Accácio Salvador Caldeira. Santo Ângelo, Rio Grande do Sul, 28 de outubro de 1984.

Abaixo, Prestes discursa para os trabalhadores em ato público comemorativo do 1º de Maio. Quinta da Boa Vista, Rio de Janeiro, 1º de maio de 1986.

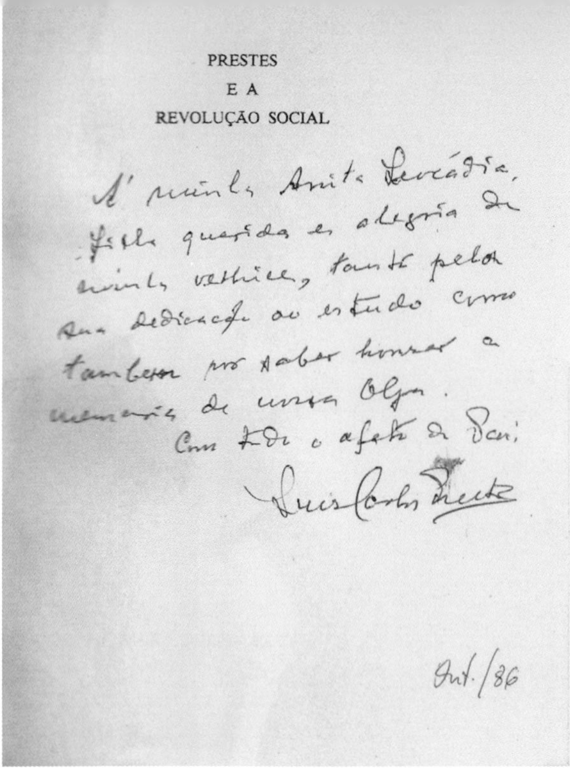

Dedicatória de Prestes à filha Anita na folha de rosto da 2ª edição de *Prestes e a Revolução Social*, de Abguar Bastos. Outubro de 1986.

À minha Anita Leocadia,

filha querida e alegria da minha velhice, tanto pela sua dedicação ao estudo como também por saber honrar a memória de nossa Olga.

Com todo o afeto do Pai

Luiz Carlos Prestes

Out./86

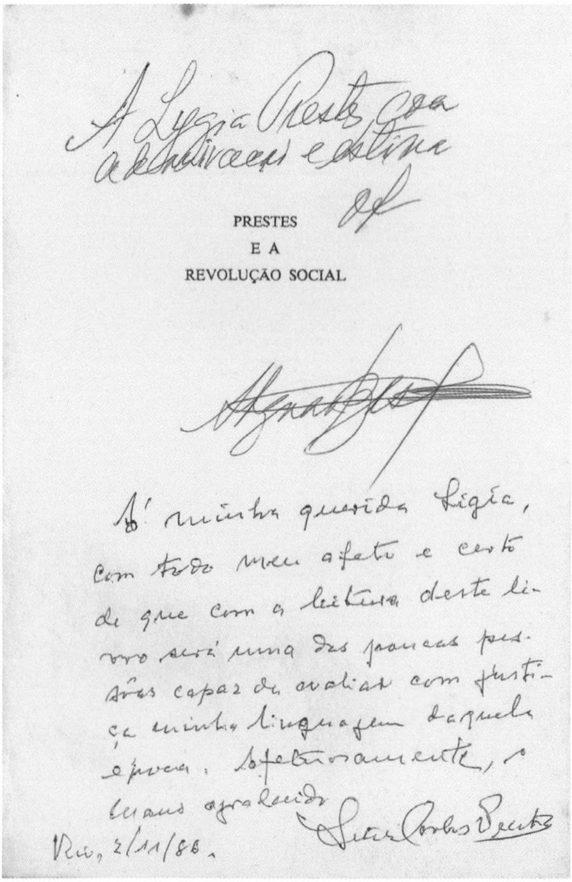

Dedicatória de Prestes à sua irmã Lygia na folha de rosto da 2ª edição de *Prestes e a Revolução Social*. Na mesma página, no alto, dedicatória do autor do livro a Lygia. Rio de Janeiro, 2 de novembro de 1986.

À minha querida Ligia, com todo o meu afeto e certo de que com a leitura deste livro será uma das poucas pessoas capaz de avaliar com justiça a minha linguagem daquela época. Afetuosamente, o mano agradecido

Luiz Carlos Prestes

Rio, 2/11/86

Acima, o líder comunista junto aos cantores Beth Carvalho e Taiguara em campanha pela eleição de Brizola, na praça Quinze de Novembro. Rio de Janeiro, 13 de novembro de 1989.

À direita, Prestes e Florestan Fernandes. São Paulo, década de 1980.

Aos 91 anos, ao lado da filha Anita Leocadia, na defesa da tese de doutorado dela. Universidade Federal Fluminense, Niterói, Rio de Janeiro, 29 de novembro de 1989.

Abaixo, cortejo fúnebre de Luiz Carlos Prestes até o cemitério São João Batista. Rio de Janeiro, 9 de março de 1990.

XIII
Prestes e o PCB frente aos governos Juscelino Kubitschek e Jânio Quadros (1958-1961)

1958: o avanço dos comunistas junto ao movimento nacionalista e às lutas dos setores sindicais e populares

Se, por um lado, a *Declaração de março de 1958* resultou em grande medida da crise do movimento comunista, refletiu, por outro, as mudanças ocorridas naqueles anos na situação política brasileira. A eleição e a posse de Juscelino Kubitschek na presidência da República significaram uma vitória importante das forças progressistas no país, inclusive dos comunistas, que haviam se empenhado em sua eleição e apoiado com firmeza o marechal Lott e as forças que impediram os intentos golpistas visando a obstar a posse dos eleitos em 3 de outubro de 1955[1].

Com o governo JK, florescia a "doutrina desenvolvimentista", ou seja, o nacional-desenvolvimentismo empolgava amplos setores sociais e exercia forte influência sobre os comunistas. Vivia-se o entusiasmo com os "50 anos em 5" de JK. Ao mesmo tempo, tinha lugar uma limitada "abertura" democrática, resultante dos avanços conquistados pelos setores nacionalistas e pelas lutas populares, com destaque para os êxitos do movimento operário e sindical[2].

A partir da vitória da chapa JK/Jango, os comunistas intensificaram a luta não só contra as ameaças golpistas ainda existentes, como também pela revogação do estado de sítio, decretado por ocasião dos acontecimentos de 11 de novembro de 1955 e, em particular, pela *anistia* para Prestes e seus companheiros do PCB, que respondiam a processo judicial pelo "crime" de organização do Partido Comunista, considerado uma entidade alienígena a serviço de potência estrangeira.

---

[1] Conferir o capítulo XII deste livro.

[2] Ver *Imprensa Popular*, Rio de Janeiro, jan. 1956-fev. 1958; *Voz Operária*, jan. 1956-fev. 1959; *Notícias de Hoje*, São Paulo, jan. 1956-mar. 1959.

Embora recolhidas mais de 1 milhão de assinaturas em três meses, o movimento pela anistia não atingiu os objetivos propostos, pois, na Câmara Federal, foi rejeitado um projeto nesse sentido apresentado pelo deputado Sérgio Magalhães[3].

A partir de setembro de 1957, ganhava alento em todo o país uma nova campanha, com objetivos mais modestos, voltada para a revogação da ordem de prisão preventiva existente contra Luiz Carlos Prestes e demais dirigentes comunistas. Nessa nova mobilização, foi importante a intensa participação da filha – esta autora que ora lhes escreve – e da irmã de Prestes, Anita Leocadia e Lygia, recém-chegadas de um exílio de sete anos na União Soviética. Suas declarações à grande imprensa em numerosas entrevistas contribuíram para comover a opinião pública e sensibilizá-la para a causa da revogação da referida ordem de prisão[4], afinal decretada em 19 de março de 1958 pelo juiz de direito da 3ª Vara Criminal do Distrito Federal, José Monjardim Filho, apesar das vacilações por ele reveladas diante da decisão a tomar. Os dirigentes comunistas continuaram, entretanto, a responder em liberdade a processo perante o Supremo Tribunal Federal até seu arquivamento[5], ocorrido somente em 1962.

Eram evidentes as limitações da democracia brasileira. Os comunistas conquistaram o direito de atuar legalmente, mas lhes era vedada, pelo artigo n. 58 da Lei Eleitoral, a permissão para organizar o Partido Comunista, taxativamente proibido por essa legislação em vigor, que considerava tal tentativa crime passível de condenação pela Justiça do país. Prestes voltava a viver legalmente, junto com a família, numa casa alugada pelo partido na cidade do Rio de Janeiro[6]. Logo depois foram instalados escritórios no centro da então capital da República – e também em outros estados da União –, nos quais os comunistas se reuniam

---

[3] Ver *Imprensa Popular*, Rio de Janeiro, jan.-maio 1956; 23 maio 1956, p. 1; *Notícias de Hoje*, São Paulo, jan.-jun. 1956.

[4] Ver *Imprensa Popular*, Rio de Janeiro, set. 1957-mar. 1958; *Notícias de Hoje*, São Paulo, out. 1957-mar. 1958. Conferir também a grande imprensa em geral entre novembro de 1957 e março de 1958.

[5] Processo n. 4.602 de 1948 (Supremo Tribunal Federal), microfilmes do Arquivo do Tribunal de Justiça do Rio de Janeiro; José Monjardim Filho, *Processo de Prestes* (Rio de Janeiro, s./e., 1958).

[6] Ainda respondendo a processo perante a Justiça Federal (até 1962), Prestes viajou legalmente ao exterior várias vezes, de 1959 até o golpe de 1964. Assim, compareceu às comemorações do 10º aniversário da Revolução Chinesa, em outubro de 1959, ocasião em que se encontrou pessoalmente com Mao Tsé-tung. Visitou a União Soviética, onde representou o PCB na Conferência dos 81 Partidos Comunistas (1960) e no XXII Congresso do PCUS (1961), assim como em diversos países do Leste Europeu. Voltou à União Soviética no início de 1964 e, pouco depois, visitou a República Democrática Alemã. Também foi a Cuba no início de 1961 e em 1963, ocasiões em que se encontrou com Fidel Castro. Após o golpe de 1964, chegou a sair e entrar clandestinamente no país várias vezes (em 1968, 1969 e 1971).

e atuavam sob o eufemismo de "reuniões de comunistas", sem poderem declarar que estavam participando da organização do partido.

Durante o ano de 1958, houve significativo avanço do movimento nacionalista no país. Entre seus êxitos, pode-se apontar a vitória nas eleições do Clube Militar da "Chapa Amarela", encabeçada pelo general Justino Alves Bastos[7], assim como a intensa atividade da Frente Parlamentar Nacional, que exercia pressão sobre JK quanto à defesa da soberania brasileira, por exemplo, no caso da regulamentação da cotação do dólar[8]. O jornal do PCB no Rio de Janeiro escrevia em seus editoriais: "A firmeza na luta patriótica levará os trustes à derrota", referindo-se aos trustes estrangeiros[9], e "Urge derrotar a tendência entreguista no seio do governo"[10].

Também avançava o movimento sindical, o que se evidencia pela realização de diversos congressos sindicais e da I Conferência Sindical Nacional. Segundo documento editado pela direção do PCB em 1959 e intitulado "O movimento operário e a política sindical dos comunistas"[11], estava em curso "o recrudescimento das lutas da classe operária por melhores condições de vida e de trabalho", assim como "progressos efetuados no sentido da unidade sindical". Assinalava-se que "entre 1952 e 1958 o número de sindicatos cresceu de 1.096 para 1.552 e o número de federações, de 49 para 67. Os funcionários públicos, à base de uniões e associações, organizaram 12 federações estaduais e sua confederação nacional." Os comunistas reconheciam, contudo, que a principal debilidade do movimento sindical era "a fraca participação das massas nas organizações sindicais" e chamavam atenção para a necessidade de se criarem sindicatos de assalariados agrícolas, que "constituem cerca de 4 milhões de trabalhadores praticamente privados de organização"[12].

Tinha lugar na vida nacional não só a participação crescente do movimento operário e sindical, como também dos comunistas, cujos dirigentes, com Prestes à frente, passaram a atuar abertamente. Havia, entretanto, o cuidado de não configurar publicamente qualquer atividade que pudesse ser enquadrada como tentativa de organizar o Partido Comunista, o que poderia ser considerado infração do artigo n. 58 da Lei Eleitoral.

---

[7] *Imprensa Popular*, Rio de Janeiro, 23 maio 1958, p. 1.

[8] Ibidem, 12 jun. 1958, p. 1.

[9] Ibidem, 13 jun. 1958, p. 3.

[10] Ibidem, 14 jun. 1958, p. 3.

[11] *O movimento operário e a política sindical dos comunistas*, s/l, s/e, s/d (folheto impresso, 16 p.); "O movimento operário e a política dos comunistas", *Novos Rumos*, Rio de Janeiro, n. 30, 18-24 set. 1959, suplemento.

[12] Idem.

Os comunistas tiveram participação ativa nas eleições legislativas e para governadores de estado realizadas em outubro de 1958. Continuavam impedidos de apresentar candidaturas próprias pela legenda do PCB, pois o partido tivera seu registro eleitoral cassado ainda em 1947. Prestes viajava pelo país emprestando o apoio comunista a candidatos que supostamente assumiam compromissos com as posições nacionalistas no combate ao chamado "entreguismo". Naquela oportunidade, receberam tal apoio candidatos tão diversos aos governos de estado como Leonel Brizola no Rio Grande do Sul, Adhemar de Barros em São Paulo e Cid Sampaio em Pernambuco. O PCB pronunciava-se da seguinte maneira:

> Nossa aliança com os partidos de penetração popular [...] é feita em torno da plataforma comum de combate ao imperialismo, luta em prol da independência econômica do Brasil; apoiamos os programas independentemente dos dirigentes partidários. É claro que, quando os burgueses brasileiros enfrentam o capitalismo internacional, o fazem em defesa de seus próprios lucros, mas desde que a luta seja contra nosso inimigo comum, nós, comunistas, não temos dúvida em nos aliarmos à burguesia nacional.[13]

Essas limitações da democracia brasileira, entretanto, se faziam sentir: uma entrevista de Prestes a uma TV de São Paulo, durante a campanha eleitoral, foi proibida por "ordens superiores"[14].

Ao fazer um balanço do ano de 1958, Prestes, em nome dos comunistas, assinalava "o agravamento das contradições da sociedade brasileira", afirmando que "em consequência da política econômico-financeira do governo federal, subordinada em questões essenciais aos interesses do capital monopolista norte--americano, pioraram as condições de vida do povo e se acentuaram as demais contradições dentro do país". Denunciava as dubiedades do governo JK, destacando que este "tenta prosseguir no caminho da *conciliação* com o imperialismo norte-americano", afirmando que,

> ao invés de atenuar-se ou de ser superada pelas tentativas de conciliação, a oposição entre os nacionalistas e entreguistas tende a incessante aprofundamento. Essa oposição se manifesta no seio do atual governo, dado o caráter heterogêneo que assumiu e que conserva desde sua formação inicial.[15]

---

[13] *Correio da Manhã*, Rio de Janeiro, 16 e 26 set. 1958, citado em Edgard Carone, *A República liberal*, v. 1: *Instituições e classes sociais (1945-1964)* (São Paulo, Difel, 1985), p. 362-3.

[14] *Notícias de Hoje*, São Paulo, 27 ago. 1958.

[15] Luiz Carlos Prestes, "A situação política e a posição dos comunistas", *Voz Operária*, Rio de Janeiro, n. 504, 31 jan. 1959, suplemento, 4 p.

Reafirmava-se a tática proposta na *Declaração de março de 1958*: de luta pela formação de um "governo nacionalista e democrático", reconhecendo-se, contudo, "a insuficiente iniciativa por parte do movimento nacionalista, apesar das condições lhe serem, em geral, favoráveis", e destacando-se a "insatisfatória capacidade de mobilização e organização de massas, que continua caracterizando o movimento nacionalista". Diante de tal quadro, os comunistas consideravam "ser indispensável a pressão do movimento de massas para que o governo do sr. Juscelino Kubitschek seja levado a introduzir em sua política as modificações reclamadas pelo povo brasileiro"[16].

O PCB apostava, portanto, numa crescente mobilização e pressão de massas com vistas a forçar o governo a um rompimento com os interesses dos capitais monopolistas estrangeiros e de seus aliados internos. Pretendia-se, por meio de tal pressão, alcançar mudanças na composição do governo que contribuíssem para o avanço das forças nacionalistas e democráticas, nas quais incluía-se a chamada "burguesia nacional".

Ao analisar os resultados das eleições de outubro de 1958, Prestes, falando em nome dos comunistas, escrevia que, "apesar das limitações que sofre", prossegue no Brasil o "processo de democratização da vida política". Registrava que "o pleito eleitoral não modificou decisivamente a correlação de forças políticas, mas contribuiu para acentuar a polarização de forças", e "as eleições demonstraram [...] que, nas condições atuais do Brasil, as massas trabalhadoras e populares podem influir na composição do governo e dos órgãos legislativos através do voto, dos meios assegurados pela Constituição"[17].

No início de 1959, portanto, o PCB estava empenhado na aplicação da orientação política aprovada em março do ano anterior, sob a inegável influência do nacional-desenvolvimentismo. Era forte a ilusão das possibilidades de conquistar, pela pressão de massas, uma correlação de forças dentro do governo que permitisse a adoção de medidas capazes de assegurar o desenvolvimento de um *capitalismo autônomo e democrático* no Brasil. A partir desse patamar, previa-se que os comunistas pudessem abrir caminho para as transformações de caráter socialista no país.

Em que medida, contudo, a atuação dos comunistas estava contribuindo, efetivamente, para a formação de um *bloco histórico* capaz de conduzir o processo revolucionário no Brasil? Na prática, tentava-se a formação de uma aliança de classes e setores sociais supostamente possuidores de interesses e reivindicações comuns, na luta contra o imperialismo e o latifúndio e pela democracia. No entanto, não se levava em conta algo que o conceito de *bloco histórico*, proposto

---

[16] Idem.
[17] Idem.

por Gramsci, pressupõe: o *momento político* dessa aliança. "Sua constituição está assentada em classes ou grupos concretos definidos pela sua situação na sociedade, mas as ideias cumprem um papel fundamental no que se refere à sua coesão"[18]. Em outras palavras, no *bloco histórico* há "uma estrutura social – as classes e os grupos sociais – que depende diretamente das relações entre as forças produtivas; mas também há uma superestrutura ideológica e política"[19]. Gramsci escrevia nos *Cadernos do cárcere* que, segundo Marx, "uma persuasão popular tem, com frequência, a mesma energia de uma força material". Tal afirmação, segundo o filósofo italiano,

> conduz ao fortalecimento da concepção de "bloco histórico", no qual, precisamente, as forças materiais são o conteúdo e as ideologias são a forma, distinção entre forma e conteúdo puramente didática, já que as forças materiais não seriam historicamente concebíveis sem forma e as ideologias seriam fantasias individuais sem as forças materiais.[20]

Os elementos citados da concepção gramsciana de *bloco histórico* permitem perceber o frequente empobrecimento de tal conceito no âmbito dos partidos comunistas, pois esse fenômeno marcou, de maneira geral, grande parte do movimento comunista mundial. Nas fileiras do PCB, semelhante postura teria como consequência a subestimação pelo trabalho ideológico de formação teórica e política não só de seus quadros, como também de lideranças populares. A incompreensão da necessidade de criar um *bloco histórico* contra-hegemônico, capaz de conduzir o processo revolucionário à vitória, condicionou o desarmamento ideológico e político dos comunistas diante do *bloco histórico* dominante e a inevitável capitulação frente ao reformismo burguês[21].

A sucessão presidencial de 1960

Desde os primeiros meses de 1959, o mundo político no Brasil se agitava em torno da sucessão de JK; o pleito presidencial estava marcado para 3 de outubro de 1960. O nome de Jânio Quadros começava a ser ventilado como possível candidato. O jornal de circulação legal do PCB, *Novos Rumos,* em seu

---

[18] Ariel Bignami, *El pensamiento de Gramsci: una introducción* (Buenos Aires, El Folleto, s/d), p. 27.

[19] Idem.

[20] Antonio Gramsci, *Cadernos do cárcere*, v. 1 (Rio de Janeiro, Civilização Brasileira, 2001), p. 238.

[21] Anita Leocadia Prestes, "Antônio Gramsci e o ofício do historiador comprometido com as lutas populares", *Revista de História Comparada*, v. 4, n. 3, dez. 2010, p. 6-18.

segundo número, de março de 1959, estampava a manchete: "Fala Prestes sobre a sucessão presidencial". O líder comunista afirmava que "as massas querem uma nova política e exigem um candidato capaz de realizá-la", acrescentando que "a orientação entreguista e antipopular do governo torna inviável o apoio das forças patrióticas e democráticas a nomes bafejados pelo Catete". Acusava Jânio Quadros de ser um agente do entreguismo e da reação, assim como Juracy Magalhães, e considerava inaceitável para o povo um candidato de conchavo entre a UDN e o PSD. Ao mesmo tempo, Prestes fazia sérias advertências a outros dois possíveis candidatos: o então vice-presidente da República, João Goulart, e o ministro da Guerra do governo JK, marechal Henrique Teixeira Lott. Dizia o secretário-geral do PCB: "Os patriotas que ocupam postos governamentais não podem omitir-se nem permitir que o governo continue, com atos impopulares e antinacionais, a preparar terreno para o demagogo entreguista Jânio Quadros"[22].

A sucessão presidencial iria se tornar a questão-chave da política nacional nesse período. Mas a escolha dos candidatos ao pleito estaria marcada pela problemática "nacionalismo *versus* entreguismo". Nesse quadro, os comunistas pressionavam JK a romper com o grupo entreguista presente no governo. Caracterizavam o governo JK como heterogêneo, considerando, por isso, ser necessário lutar por mudanças, combatendo sempre seus aspectos antinacionais[23]. Ao mesmo tempo, com a alta dos preços resultante da corrida inflacionária, agravava-se a situação das massas, levando à deflagração de numerosas greves e de lutas de diferentes setores populares[24].

Em abril daquele ano, Leonel Brizola, governador do Rio Grande do Sul, encampou, ou seja, nacionalizou pela primeira vez na história do Brasil uma empresa imperialista, a Bond and Share[25]. Em maio, o nome do marechal Lott se projetava como possível candidato das forças nacionalistas, e a Assembleia Legislativa gaúcha exigia a demissão de Roberto Campos do governo federal[26]. Em junho, Prestes declarava que os comunistas poderiam votar em Lott mesmo contra sua vontade, pois o marechal dizia não aceitar votos de comunistas[27]. Nesse momento, JK resolvia romper com o FMI, diante das imposições lesivas aos interesses nacionais feitas por essa agência representativa dos monopólios[28]

---

[22] *Novos Rumos*, Rio de Janeiro, ano 1, n. 2, 7-13 mar. 1959, p. 1.

[23] Conferir, por exemplo, *Novos Rumos*, Rio de Janeiro, n. 6, 3-9 abr. 1959, p. 3 e 7.

[24] Ver *Novos Rumos*, Rio de Janeiro, 1959.

[25] Ibidem, n. 12, 15-21 maio 1959.

[26] Ibidem, n. 13, 22-28 maio 1959, p. 1 e 4.

[27] Ibidem, n. 14, 29 maio-4 jun. 1959, p. 3.

[28] Ibidem, n. 16, 12-18 jun. 1959.

– e os comunistas, com Prestes à frente, saíam às ruas para apoiá-lo[29]. Em julho, Lott recebia o apoio do PSD, restando apenas formalizá-lo[30]. Os comunistas tendiam a apoiar a candidatura do marechal, mas não deixavam de criticar suas incoerências – a recusa do voto comunista, além da posição contrária ao estabelecimento de relações diplomáticas com a União Soviética e os países socialistas[31]. Em agosto, Lott deu apoio ao programa de reformas do PTB[32].

Em setembro de 1959, Luiz Carlos Prestes publicou um artigo[33] em que expunha a posição dos comunistas frente à sucessão presidencial, ressaltando de início que o governo JK "continua realizando concessões ao imperialismo norte-americano e recusando-se a atender aos reclamos da maioria da nação no sentido de alterações substanciais na sua orientação política". Ao mesmo tempo, registrava importantes conquistas parciais das forças patrióticas, destacando que "a ruptura das negociações entre o governo do Brasil e o Fundo Monetário Internacional foi [...] acontecimento significativo, que alcançou repercussão em todo o continente". Afirmava que "o conflito entre nacionalistas e entreguistas define, no fundamental, o agrupamento de forças para o pleito eleitoral de 1960".

A seguir, Prestes caracterizava a candidatura de Jânio como representativa dos setores mais reacionários e entreguistas do país: a alta direção da UDN, os grupos responsáveis pelo golpe de 24 de agosto de 1954, elementos como Carlos Lacerda e seus porta-vozes – os jornais *O Estado de S. Paulo*, *Correio da Manhã*, *O Globo* e outros órgãos identificados com os interesses dos trustes estrangeiros. Em oposição à candidatura de Jânio Quadros, "numerosos deputados da Frente Parlamentar Nacionalista, a 'ala moça' do PSD, militares do dispositivo vitorioso em 11 de novembro e outros setores do nacionalismo lançaram a candidatura do marechal Teixeira Lott, ministro da Guerra"[34].

Ao apreciar a candidatura Lott, os comunistas apontavam suas incoerências, mas constatavam que sua adesão ao programa de "reformas de base" do PTB (limitação da remessa de lucros das empresas estrangeiras, reforma agrária, lei de greve, reforma da previdência social e recuperação do Nordeste), assim como a

---

[29] Prestes participou pessoalmente de manifestação diante do Palácio do Catete, no Rio de Janeiro, em apoio ao gesto de JK. Embora o chefe da Casa Militar, o general Nelson de Melo, pretendesse naquele momento prender o líder comunista, JK não permitiu. (A autora, que estava presente na ocasião, testemunhou esses fatos.)

[30] Ver *Novos Rumos*, Rio de Janeiro, n. 19, 3-9 jul. 1959, p. 3.

[31] Ibidem, n. 21, 17-23 jul. 1959, p. 3; n. 22, 24-30 jul. 1959, p. 1.

[32] Ibidem, n. 25, 14-20 ago. 1959.

[33] Luiz Carlos Prestes, "Os comunistas e a sucessão presidencial", *Novos Rumos*, Rio de Janeiro, n. 28, 4-10 set. 1959, p. 3; Edgard Carone, *O PCB*, v. 1: *1922-1943* (São Paulo, Difel, 1982), p. 202-9.

[34] Idem; idem.

"consequente indicação do seu nome à convenção nacional do PTB, significam uma ampliação da base política e popular de sua candidatura"[35].

Em face da questão sucessória, Prestes, em nome dos comunistas, conclamava todas as forças nacionalistas e democráticas a participar ativamente da campanha eleitoral, contribuindo para a vitória da candidatura Lott. Destacava a necessidade de dar "maior vigor [...] à luta permanente que sustentamos por um *governo nacionalista e democrático*, por meio de modificações da política e composição do atual governo". No final do artigo, eram propostas algumas questões em torno das quais os comunistas consideravam necessário concentrar sua atuação junto às massas, as quais constituíam fundamentalmente o âmago das "reformas de base" e do atendimento das reivindicações mais imediatas dos setores populares[36].

À medida que os comícios e as manifestações pró-candidatura de Lott cresciam, os setores entreguistas também se articulavam, na tentativa de inviabilizá-la, inclusive dentro do PSD. Era levantada, por exemplo, por Juracy Magalhães, a bandeira de "União Nacional", em substituição à candidatura do marechal. O jornal dos comunistas denunciava tal manobra e aplaudia seu rápido fracasso. Os setores comprometidos com o entreguismo buscavam estabelecer a intranquilidade no país, recorrendo a provocações, como a explosão de bombas em lugares públicos na capital da República. O jornal dos comunistas denunciava os responsáveis por tal situação, afirmando que "JK é o principal responsável pela intranquilidade do país" e exigindo que o presidente se definisse a favor ou contra o nacionalismo. Em editorial de final de novembro, assinado por Mário Alves, diretor do periódico *Novos Rumos*, destacava-se que "a bomba é contra Lott" e JK deveria mudar a composição do governo, contribuindo assim para a eleição de Lott[37].

Nessa ocasião, teve lugar a II Conferência Sindical, que, segundo os comunistas, representou uma vitória da unidade do movimento operário. Ao mesmo tempo, crescia no país uma onda grevista, produzida por diversas categorias e voltada principalmente contra a carestia de vida que se acentuava com a escalada inflacionária[38]. O dirigente sindical comunista Roberto Morena escrevia: "1959, ano de lutas e de unidade do movimento sindical brasileiro"[39].

---

[35] Idem; idem.

[36] Idem; grifos desta autora.

[37] Ver *Novos Rumos*, Rio de Janeiro, n. 36, 30 out.-5 nov. 1959; n. 37, 6-12 nov. 1959; n. 38, 13-19 nov. 1959; n. 39, 20-26 nov. 1959.

[38] Ibidem, n. 40, 27 nov.-3 dez. 1959; n. 41, 4-10 dez. 1959; n. 42, 11-17 dez. 1959; n. 48, 22-28 jan. 1960.

[39] Ibidem, n. 45, 1-7 jan. 1960, p. 5.

330   LUIZ CARLOS PRESTES: UM COMUNISTA BRASILEIRO

Enquanto isso, a direita não esmoreceria: tinha lugar a Revolta de Aragarças, rapidamente debelada, cujo chefe civil era Carlos Lacerda. Por fim, a candidatura Lott foi homologada pelo PSD, o que seria considerado uma "vitória nacionalista" pelos comunistas[40].

O ano de 1959 terminou marcado por numerosos movimentos grevistas, como o dos marítimos, que provocou a paralisação dos navios em todo o país[41]. No início de 1960, prosseguiram as lutas grevistas, fazendo-se presente a repressão governista comandada por Armando Falcão, truculento ministro da Justiça do governo JK[42]. Em fevereiro, a candidatura Lott foi finalmente aprovada pela convenção do PTB, ocasião em que o marechal apresentou uma "plataforma nacionalista"[43].

Em março, Prestes fez um pronunciamento político em nome do PCB[44], no qual considerou a campanha pela sucessão presidencial o fato político central daquele momento. Ao comparar a candidatura de Lott com a de JK, lançada em 1955, o secretário-geral do partido assinalou que sua semelhança consistia na heterogeneidade das forças políticas nelas envolvidas, ressaltando, contudo, as diferenças existentes. Enquanto JK foi um candidato "tipicamente pessedista, apoiado desde o início por setores dos mais retrógrados da cúpula do PSD, inclusive por elementos vinculados a interesses do imperialismo norte-americano", o nome do marechal Lott foi "inicialmente lançado e articulado [...] fora do âmbito dos grandes partidos, sustentado pelos setores mais ativos do movimento nacionalista". Dessa forma, a candidatura Lott possuía, "desde suas origens, um sentido marcadamente nacionalista, que não tem arrefecido, mas vem se afirmando, em que pesem as conhecidas inclinações conservadoras do próprio candidato"[45].

A seguir, no documento transcrito e publicado com a assinatura de Prestes, fazia-se a denúncia das manobras da oposição e também de elementos entreguistas no governo no sentido de promover provocações para depois, por meio de soluções fora dos trâmites constitucionais, atingir o continuísmo do presidente JK, impedindo dessa forma o avanço da candidatura Lott. Os comunistas denunciavam, mais uma vez, o caráter entreguista da candidatura Jânio Quadros, assinalando o agravamento das dificuldades no campo janista, enquanto a candidatura do marechal Lott se consolidava. Destacavam as reiteradas declarações do

---

[40] Ibidem, n. 43, 18-24 dez. 1959.

[41] Ibidem, n. 44, 25-31 dez. 1959.

[42] Ibidem, n. 45, 1º-7 jan. 1960; n. 54, 11-17 mar. 1960.

[43] Ibidem, n. 52, 19-25 fev. 1960, p. 3; n. 53, 26 fev.-3 mar. 1960, p. 3.

[44] Luiz Carlos Prestes, "Pela vitória da causa nacionalista e democrática nas eleições presidenciais", *Novos Rumos*, n. 55, 18-24 mar. 1960, p. 3, 4.

[45] Idem.

candidato nacionalista "a favor da limitação das remessas do capital estrangeiro, da reforma agrária, da nacionalização dos bancos de depósito, do respeito ao direito de greve, de moralização das instituições de previdência social, do reerguimento econômico do Nordeste e de defesa da escola pública"[46].

Nesse documento, também era feita uma análise da situação do PCB em São Paulo: os comunistas desse estado foram criticados tanto por ceder à "pressão janista" quanto pelo "profundo sectarismo", que teria se revelado "vivamente no episódio da recente tentativa de greve geral". Afirmava-se que a "greve geral foi conduzida sem senso de oportunidade política e em evidente desvinculação de grandes setores das massas trabalhadoras, do movimento sindical e do movimento nacionalista". Diante disso, a direção do PCB reconhecia o erro de

> não havermos alertado em tempo para as consequências negativas de uma greve geral que não tinha, na oportunidade, maiores condições de êxito, que não contribuiu, portanto, para aprofundar a confiança das massas trabalhadoras em suas próprias forças, e que viria a dificultar a ampliação e consolidação da unidade do movimento sindical e do movimento nacionalista.[47]

No extenso pronunciamento de Prestes em nome do PCB, reafirmava-se, ao final, a posição de concentrar decididamente os esforços dos comunistas na campanha da sucessão presidencial. Destacava-se no documento:

> Toda a nossa atividade deve ter em vista a necessidade de fortalecer a frente única nacionalista e democrática e tornar vitoriosa sua causa na sucessão presidencial, a fim de que permaneça aberto o caminho para a constituição de um *governo nacionalista e democrático*.[48]

É evidente que a orientação política aprovada pelo PCB com a *Declaração de março de 1958* continuava vigente e que a eleição presidencial era vista como uma oportunidade privilegiada para os comunistas atuarem no sentido da conquista de posições no governo, com vistas a avançar rumo ao objetivo estratégico traçado: a realização da *etapa nacional e democrática da revolução* no Brasil. Os demais aspectos da atuação do partido ficavam subordinados à participação de seus militantes na campanha sucessória.

Ao mesmo tempo, os comunistas procuravam levar adiante a luta pela legalidade do PCB, reivindicação incluída no rol das demandas apresentadas ao

---

[46] Idem.
[47] Idem.
[48] Idem; grifos desta autora.

marechal Lott, cujo renhido anticomunismo continuava a ser combatido nas páginas do jornal *Novos Rumos* e nos pronunciamentos dos dirigentes do PCB[49].

O V Congresso do PCB

Em abril de 1960, a direção do PCB divulgou o *Projeto de estatutos do PCB*, assim como as *Teses para discussão*[50] para o V Congresso do Partido, convocado para a segunda metade do ano. Também teve início, nas páginas de *Novos Rumos*, a *Tribuna de Debates*[51] do V Congresso, espaço voltado para a participação dos membros do partido na discussão dos documentos apresentados pela direção e dos problemas postos na ordem do dia pela militância comunista.

O exame das *Teses para discussão* revela, fundamentalmente, a confirmação das principais posições políticas adotadas pela direção do PCB na *Declaração de março de 1958*. Reafirma-se uma suposta "tendência à democratização do Estado brasileiro", apontando-se "reflexos dessa tendência" nas "Forças Armadas, principalmente no Exército". A presença, naquele momento histórico, de uma "corrente nacionalista no seio da oficialidade" foi confundida com um processo de democratização que, como os acontecimentos posteriores revelariam, principalmente a partir do golpe civil-militar de 1964, não corresponderia à realidade[52].

As *Teses para discussão* reafirmam que "a revolução do Brasil, na sua atual etapa, é anti-imperialista e antifeudal, nacional e democrática"[53]. Dizem também, como na *Declaração de março de 1958*, que, para alcançar o "poder das forças anti-imperialistas e antifeudais", o caminho seria a formação de um "governo nacionalista e democrático a ser conquistado pela frente única nos quadros do regime vigente"[54]. Ressaltando-se, contudo, que tal governo "dependerá fundamentalmente do apoio de massas"[55].

---

[49] Ver *Novos Rumos*, Rio de Janeiro, n. 58, 8-14 abr. 1960, p. 3; n. 59, 15-21 abr. 1960, p. 1; n. 62, 6-12 maio 1960, p. 1.

[50] *Teses para discussão. Projeto de estatutos do Partido Comunista do Brasil*, Rio de Janeiro, s/e, abr. 1960 (impresso, 174 p.); *Novos Rumos*, Rio de Janeiro, n. 59, 15-21 abr. 1960, suplemento.

[51] Ver o suplemento *Tribuna de Debates*, *Novos Rumos*, Rio de Janeiro, n. 60, 22-28 abr. 1960; n. 61, 29 abr.-5 maio 1960; n. 62, 6-12 maio 1960; n. 63, 13-19 maio 1960; n. 64, 20-26 maio 1960; n. 65, 27 maio-2 jun. 1960; n. 66, 3-9 jun. 1960; n. 67, 10-16 jun. 1960; n. 68, 17-23 jun. 1960; n. 69, 24-30 jun. 1960; n. 70, 1-7 jul. 1960; n. 71, 8-14 jul. 1960; n. 72, 15-21 jul. 1960; n. 73, 22-28 jul. 1960; n. 74, 29 jul.-4 ago. 1960; n. 75, 5-11 ago. 1960; n. 76, 12-18 ago. 1960.

[52] *Teses para discussão*, cit., p. 46 e 48.

[53] Ibidem, p. 54.

[54] Ibidem, p. 77-8.

[55] Ibidem, p. 79.

Ao analisar a estrutura de classes da sociedade brasileira, as *Teses* continuavam a distinguir na burguesia brasileira "dois setores bem diferenciados: um genuinamente nacional e outro que tem seus negócios ligados num grau maior ou menor ao capital imperialista", sendo que "o primeiro constitui a imensa maioria da burguesia brasileira"[56]. Dizia-se ainda: "A burguesia, tomada no seu conjunto, apresenta duplo caráter. Pertencendo a um país economicamente explorado pelo imperialismo, é uma força revolucionária. Mas seu revolucionarismo é limitado, como o de toda classe exploradora"[57]. Da mesma maneira que na *Declaração de março*, concluía-se que a suposta *burguesia nacional* deveria ser incluída entre as forças que participariam da etapa nacional e democrática da revolução brasileira, segundo a visão do PCB.

Foi também mantida a tese da declaração de que "a revolução anti-imperialista e antifeudal pode ser conduzida a seus objetivos, em nosso país, por um *caminho pacífico*"[58].

O capítulo final das *Teses para discussão* é dedicado à "análise crítica da atuação do partido". Nesse sentido, a *linha "esquerdista"* que vigorara nas fileiras do PCB até a aprovação da *Declaração de março de 1958* é apreciada de forma autocrítica[59]. Tal "esquerdismo" se explicava pelo "subjetivismo, que impregnou nosso pensamento político", reconhecendo que "não soubemos [...] aplicar corretamente os princípios universais do marxismo-leninismo às particularidades específicas do nosso país"[60]. Ao final do capítulo, não só se reafirma a confiança na justeza da *Declaração de março*, como são apontados os êxitos alcançados a partir de sua aplicação prática e problemas que deveriam ser enfrentados pelo partido para levar adiante com sucesso a tática e a estratégia nela delineadas[61].

No que diz respeito aos artigos publicados na *Tribuna de Debates* do V Congresso do PCB[62], é possível traçar uma linha divisória entre duas posições opostas. A da maioria do Comitê Central, encabeçada por Prestes, secretário-geral, que defendia a continuidade da orientação aprovada em março de 1958 e, consequentemente, se declarava em concordância com as *Teses para discussão*. E a de uma minoria, embora atuante, que se pronunciava em maior ou menor medida contra tal orientação, colocando-se na prática em defesa das posições sectárias anteriores à *Declaração de março*, ainda que isso nem sempre fosse explicitado

---

[56] Ibidem, p. 39.
[57] Idem.
[58] Ibidem, p. 80; grifos desta autora.
[59] Ibidem, 101-46.
[60] Ibidem, p. 120-1.
[61] Ibidem, p. 128-35.
[62] Ver *Tribuna de Debates*, cit.

com clareza por seus partidários, uma vez que esgrimiam contra os adversários a acusação de serem revisionistas, identificando-os com os "renovadores" de 1956--1957. Entre os defensores dessa segunda posição, destacavam-se ex-dirigentes do Comitê Central que, se recusando a reconhecer os erros cometidos pela direção partidária, haviam sido afastados de seus cargos anteriores durante a crise de 1956-1957, como João Amazonas, Maurício Grabois, Pedro Pomar etc.[63].

Uma posição especial foi adotada por Diógenes de Arruda Câmara, o ex--secretário de organização do Comitê Central e dirigente de maior responsabilidade no PCB depois de Prestes, que não se definiria com clareza, ensaiando na *Tribuna de Debates* uma tímida autocrítica que, talvez, lhe pudesse garantir a permanência no novo Comitê Central, a ser eleito no congresso partidário.

Há que assinalar a presença de artigos assinados por Caio Prado Júnior, conhecido e prestigiado historiador, membro do PCB, cuja crítica às teses dualistas da sociedade brasileira, adotadas pela Cepal, pelo Iseb e pelo PCB, é conhecida. Crítica que ficaria consagrada em seu livro *A revolução brasileira*[64], publicado após o golpe de abril de 1964. Prado Jr. critica a visão etapista da revolução – e a proposta de um poder *anti-imperialista e antifeudal* como primeira etapa da revolução socialista – levantada pelo PCB, mas não aborda a questão do *poder político* capaz de implementar as transformações por ele defendidas a partir de sua visão absolutizadora das relações capitalistas no país. Dessa forma, o caminho fica aberto para uma concepção reformista da revolução.

Dada a enorme influência ideológica do nacional-desenvolvimentismo nas fileiras do PCB[65], as teses de Caio Prado Jr. não tiveram maior repercussão nos debates do V Congresso. Ao mesmo tempo, tanto os adeptos da *Declaração de março* quanto seus críticos encontravam-se sob influência da "doutrina desenvolvimentista" e, assim, mantiveram-se fiéis à concepção etapista e à defesa do caráter nacional-libertador da revolução brasileira.

O V Congresso do PCB foi realizado em agosto de 1960, na cidade do Rio de Janeiro, disfarçado de "convenção dos comunistas", garantindo, dessa forma, sua legalidade. Durante os debates preparatórios, prosseguia a campanha para a sucessão presidencial de JK, marcada por provocações orientadas no sentido de sabotar a candidatura Lott, fosse através de um golpe, fosse através de manobra continuísta, originária do próprio Catete. Em junho, *Novos Rumos* anunciava em manchete "Conspiração contra Lott": "Denunciamos à nação os sabotadores da candidatura Lott, tendo à frente os srs. Juscelino Kubitschek, Amaral Peixoto,

---

[63] Conferir o capítulo XII deste livro.

[64] Caio Prado Jr., *A revolução brasileira* (São Paulo, Brasiliense, 1966).

[65] Anita Leocadia Prestes, *Os comunistas brasileiros (1945-1956/58): Luiz Carlos Prestes e a política do PCB* (São Paulo, Brasiliense, 2010), parte 2.

João Goulart e Armando Falcão, que tramam um golpe continuísta que atente frontalmente contra a legalidade democrática e a Constituição do país"[66].

Em julho, o semanário comunista prosseguiu com as denúncias: "Trabalhadores estão com Lott e Jango contra o continuísmo"[67]; "Continuísmo: governo prepara provocações para dar golpe", tomando medidas que agravassem a situação do povo para dar o golpe[68]. No fim de julho, um artigo de Almir Mattos afirmou que estavam "quebrados os dentes do continuísmo" com a suspensão da viagem ao exterior que seria empreendida por Juscelino Kubitschek e João Goulart, tendo sido importante para tal a pressão do movimento sindical sobre este último. Ao mesmo tempo, "Lott e Jango assinam com líderes sindicais cariocas o Programa Nacionalista"[69].

Desde junho, havia sido convocado o III Congresso Sindical Nacional, com significativa participação dos comunistas[70]. Segundo o jornal *Novos Rumos*, 2 mil delegados estiveram presentes nesse conclave, realizado em agosto de 1960, quando, "contra as manobras divisionistas", foi "vitoriosa a unidade dos trabalhadores"[71].

Entre as inúmeras atividades políticas desenvolvidas pelos comunistas no período, inclui-se a solidariedade, ativa e permanente, prestada à Revolução Cubana e ao povo cubano em sua luta contra as investidas agressoras do imperialismo norte-americano. O jornal *Novos Rumos* foi porta-voz dessa posição do PCB, divulgando, por exemplo, manchetes como "Não toquem em Cuba!"[72]. A defesa da Revolução Cubana foi, desde o início, uma questão de princípio para Prestes e o PCB.

Durante os trabalhos do V Congresso, foi apresentado, em nome do Comitê Central, informe[73] que reafirmava a orientação política inaugurada com a *Declaração de março de 1958* e consagrada nos documentos subsequentes da direção partidária, inclusive nas *Teses para discussão*. Foram apontadas, contudo, algumas falhas na *Declaração de março*. Uma delas, "a questão dos dois cursos do desenvolvimento capitalista possíveis" no Brasil. Segundo o informe, a declaração deixara

a impressão de que a revolução anti-imperialista e antifeudal deveria ser a culminação consequente do atual curso de desenvolvimento econômico e político.

---

[66] *Novos Rumos*, Rio de Janeiro, n. 69, 24-30 jun. 1960, p. 1 e 3.

[67] Ibidem, n. 70, 1º-7 jul. 1960, p. 1.

[68] Ibidem, n. 71, 8-14 jul. 1960, p. 1.

[69] Ibidem, n. 72, 15-21 jul. 1960, p. 3, 4.

[70] Ibidem, n. 66, 3-9 jun. 1960, p. 2; n. 68, 17-23 jun. 1960, p. 2; n. 69, 24-30 jun. 1960; n. 72, 15-21 jul. 1960, p. 2; n. 75, 5-11 ago. 1960, p. 1; n. 76, 12-18 ago. 1960, p. 1.

[71] Ibidem, n. 76, 12-18 ago. 1960, p. 1; n. 77, 19-25 ago. 1960, p. 1.

[72] Ibidem, n. 73, 22-28 jul. 1960, p. 1.

[73] *Informe ao V Congresso*, Rio de Janeiro (documento datilografado, 40 p.; cópia em CD; Cedem/ Unesp, fundo Roberto Morena).

Este curso é, porém, no essencial conciliador com a dependência imperialista e com o monopólio latifundiário da terra, agrava as contradições fundamentais da sociedade brasileira sem ser capaz de superá-las.[74]

Segundo o informe, outro curso,

que lhe é oposto, ainda não existe como realidade efetiva, porém somente como possibilidade real, que se manifesta através de certas premissas e elementos objetivos e subjetivos. A luta do proletariado e das demais forças revolucionárias deve se orientar, por isso, para substituir o curso atual do desenvolvimento econômico e político por um curso independente e progressista, dirigido de modo firme contra a dominação imperialista e o monopólio latifundiário.[75]

O informe assinala outra falha da declaração no que se referia à definição da direção do golpe principal da revolução, que teria sido "unilateral, uma vez que não apresentou com a necessária clareza a influência mútua entre as diferentes contradições" da sociedade brasileira. Como consequência, não deixara claro que a luta anti-imperialista, "sendo o eixo de toda a luta revolucionária, não pode se desenvolver, de modo consequente, sem se apoiar na luta antifeudal das massas camponesas e na luta do proletariado e das vastas massas trabalhadoras contra a exploração capitalista e contra as tendências conciliadoras da burguesia diante do imperialismo"[76].

Afirma-se ainda que a

Declaração examinou com insuficiente profundidade e, por vezes, mesmo de modo incorreto o problema das contradições dentro da frente única nacionalista e democrática. Não foram, assim, devidamente evidenciados os interesses divergentes das forças participantes da frente única, nem o processo de luta pela sua direção, em que se empenham, em particular, o proletariado e a burguesia ligada aos interesses nacionais.[77]

Verifica-se, portanto, que a discussão desenvolvida durante os trabalhos preparatórios do V Congresso não conduziu a modificações significativas na orientação política geral do PCB, definida com a *Declaração de março de 1958*.

---

[74] Ibidem, p. 18.
[75] Idem.
[76] Ibidem, p. 19.
[77] Idem.

PRESTES E O PCB FRENTE AOS GOVERNOS JUSCELINO KUBITSCHEK E JÂNIO QUADROS   337

O mesmo se pode constatar quando se analisa a "Resolução política"[78] aprovada nesse congresso, em que é ressaltada a "feição heterogênea" do governo JK,

> nele figurando um setor entreguista ao lado de um setor nacionalista burguês. Sua composição é o resultado de um compromisso entre essas forças. Apesar de alguns aspectos nacionalistas e democráticos que existem em sua atuação, o governo do sr. Kubitschek realiza, no essencial, uma política de *conciliação* com o imperialismo norte-americano, o latifúndio e as forças reacionárias.[79]

Conforme fora apontado na *Declaração de março de 1958*, a "Resolução política do V Congresso" reafirmava o caráter heterogêneo do governo JK, mas considerava uma característica marcante da política desse governo a *conciliação* com o imperialismo e o latifúndio. Avaliação que teria sérias repercussões na atividade partidária futura, principalmente durante o governo João Goulart (1961-1964)[80].

O *Projeto de estatutos do PCB*, embora discutido durante os trabalhos do V Congresso, não foi dado a público naquele momento nem distribuído aos militantes do partido, pois, segundo a resolução aprovada no congresso, o Comitê Central ficou autorizado "a fazer no texto dos estatutos aprovados *as modificações que se tornem necessárias para efeito do registro do partido no Superior Tribunal Eleitoral*". Da mesma forma, aprovou-se uma resolução a respeito de "medidas jurídicas" para a legalização do PCB, na qual se dizia: "O V Congresso aprovou como indicação ao Comitê Central a proposta de que o Comitê Central eleito no V Congresso tome urgentemente as medidas jurídicas necessárias à legalidade do PCB"[81]. Esses documentos desmentem as afirmações posteriores do grupo de ex-dirigentes do PCB que, em 1961, rompeu com o partido, alegando que o Comitê Central havia desrespeitado as decisões do V Congresso ao introduzir modificações nos estatutos com vistas à conquista do registro eleitoral do PCB[82]. Em 1962, esse grupo usaria esse pretexto para criar outro partido – o PCdoB[83].

---

[78] *Resolução política do V Congresso do Partido Comunista Brasileiro*, 1960 (folheto impresso, 15 p.); *Novos Rumos*, Rio de Janeiro, n. 81, 16-22 set. 1960, p. 3.

[79] *Resolução política do V Congresso do Partido Comunista Brasileiro*, cit., p. 5; grifo desta autora.

[80] Conferir, no próximo capítulo deste livro, a abordagem da atuação dos comunistas frente ao governo de João Goulart.

[81] *Resoluções do V Congresso do PCB*, Rio de Janeiro, nov. 1960 (compilação feita pelo Secretariado do CC do PCB, documento datilografado, 2 p.; cópia em CD; Cedem/Unesp, fundo Roberto Morena); grifos desta autora.

[82] Ver a *Carta dos cem*, ago. 1961, citada em Edgard Carone, *Movimento operário no Brasil (1945--1964)*, v. 2 (São Paulo, Difel, 1981), p. 102-8; Osvaldo Bertolino, *Maurício Grabois, uma vida de combates* (São Paulo, Anita Garibaldi/Instituto Maurício Grabois, 2004), p. 158-61.

[83] Conferir mais adiante a abordagem da cisão que levou à fundação do PCdoB.

Na cerimônia de encerramento do V Congresso, realizada durante ato público na Associação Brasileira de Imprensa (ABI), no Rio de Janeiro, foi apresentado por Prestes, em nome dos comunistas, o *Manifesto eleitoral*, no qual se dizia que a candidatura Lott era "uma resposta dos patriotas aos monopólios do Estados Unidos"[84]. Estava-se a poucos dias das eleições presidenciais. Discursando em comício em São Paulo, Prestes faria a denúncia de que "Jânio pedira votos dos comunistas em troca da legalidade do PCB"[85].

Com a derrota eleitoral da candidatura Lott, os comunistas declaravam: "A luta continuará"[86]. Em nota distribuída à imprensa, Prestes apresentava a posição dos comunistas ante o resultado do pleito, afirmando que, com a vitória de Jânio Quadros, sobem ao poder as forças políticas mais reacionárias do país. Destacava também que "milhões votaram em Jânio enganados, pensando em mudanças radicais no país". Mas registrava que a orientação e a composição do novo governo dependeriam da ação das massas[87]. Para que tal ação fosse eficaz do ponto de vista dos interesses populares, os comunistas deveriam cumprir seu papel de vanguarda.

Os comunistas e o governo Jânio Quadros

Luiz Alberto Moniz Bandeira, estudioso do período, escreveu a respeito da eleição de Jânio Quadros:

> Quadros, sustentado pela oligarquia financeira e pelas mesmas forças – UDN, Cruzada Democrática & Cia. – que derrubaram Vargas em 1954, apelou para os anseios populares de mudança, confundiu as massas com sua duplicidade demagógica e obteve esmagadora vitória sobre o marechal Henrique Teixeira Lott, candidato da coligação PSD-PTB. Uma vez no poder, com o respaldo de 6 milhões de votos, principiou imediatamente a liberação do câmbio, promovendo, através da Instrução 204 da Sumoc, uma reforma pela qual os governos de João Café Filho e Juscelino Kubitschek não tiveram condições ou coragem de assumir a responsabilidade, apesar da pressão do FMI. Sua política de combate à inflação teria como complemento a compressão dos salários, a contenção do crédito e outras medidas que sacrificaram os trabalhadores, as classes médias e os setores mais débeis do empresariado.[88]

---

[84] *Novos Rumos*, Rio de Janeiro, n. 80, 9-15 set. 1960, p. 1.

[85] Ibidem, n. 82, 23-29 set. 1960.

[86] "Editorial", *Novos Rumos*, Rio de Janeiro, n. 84, 7-13 out. 1960, p. 1.

[87] *Novos Rumos*, Rio de Janeiro, n. 85, 14-20 out. 1960, p. 1 e 3.

[88] Luiz Alberto Moniz Bandeira, *O governo João Goulart: as lutas sociais no Brasil* (São Paulo, Editora Unesp, 2010), p. 117.

PRESTES E O PCB FRENTE AOS GOVERNOS JUSCELINO KUBITSCHEK E JÂNIO QUADROS 339

Em decorrência, destaca o mesmo autor: "A elevação do custo de vida, acelerada pela Instrução 204, desgastava a popularidade do governo, e Quadros compreendeu que dificilmente alcançaria seus objetivos dentro da moldura democrática"[89]. Estavam dadas as premissas para o gesto surpreendente de renúncia do presidente – na realidade, uma tentativa de golpe de Estado – menos de sete meses após a posse.

Na virada de 1960 para 1961, ainda antes da posse de Jânio, tinha lugar uma considerável intensificação dos movimentos grevistas no país, provocados principalmente pelo aumento da carestia. *Novos Rumos* registrava tais acontecimentos, informando, por exemplo, a vitória da greve nacional dos estivadores e portuários, conquistada com paralisação de apenas 24 horas[90]. No início de novembro, a manchete do jornal comunista foi: "Meio milhão de trabalhadores em greve contra a carestia"[91]. Em dezembro, uma greve geral paralisou os serviços públicos em Minas Gerais[92]. Tendo como pretexto essa onda de greves, setores governistas voltaram a cogitar da decretação do estado de sítio[93].

Na ocasião da posse do novo presidente, anunciava-se a vitória da "maior greve dos ferroviários do Nordeste"[94]. Em fevereiro de 1961, "50 mil ferroviários cruzam os braços e conquistam reivindicações", e em março é vitoriosa a primeira greve na Fábrica Nacional de Motores[95]. O desgaste do novo governo acontecia rápido. E o jornal dos comunistas alertava a opinião pública: "Um ministério reacionário e um discurso violento. Duas metas de Jânio: dólares para os Estados Unidos, miséria para o povo"[96]. Mostrava, ao mesmo tempo, que a "reforma cambial de Jânio abre as portas do Brasil aos capitais estrangeiros", enquanto 10 mil funcionários públicos eram demitidos, e 100 mil, ameaçados de demissão. "A austeridade de Jânio é miséria para o povo."[97]

Foi nesse contexto de agravamento da situação social no Brasil que se intensificaram as ameaças dos Estados Unidos a Cuba, provocando uma forte vaga de protestos por parte dos setores progressistas em nosso país. Os comunistas se posicionaram à frente desse poderoso movimento. E a manchete do jornal

---

[89] Idem; ver também Edgard Carone, *A República liberal*, v. 2: *Evolução política (1945-1964)* (São Paulo, Difel, 1985), p. 143.

[90] *Novos Rumos*, Rio de Janeiro, n. 86, 11-17 out. 1960, p. 2.

[91] Ibidem, n. 88, 4-10 nov. 1960, p. 1.

[92] Ibidem, n. 96, 30 dez. 1960-5 jan. 1961, p. 1; out. 1960-jan. 1961.

[93] Ibidem, n. 90, 18-24 nov. 1960, p. 1.

[94] Ibidem, n. 100, 27 jan-2 fev. 1961, p. 2.

[95] Ibidem, n. 102, 10-16 fev. 1961, p. 1; n. 105, 10-16 mar. 1961, p. 2.

[96] Ibidem, n. 101, 3-9 fev. 1961, p. 1.

[97] Ibidem, n. 103, 17 fev.-2 mar. 1961, p. 1; n. 107, 24-30 mar. 1961, p. 1.

Novos Rumos denunciava: "Estados Unidos querem invadir Cuba: protestos em todo o mundo"[98]. O dirigente do PCB Marco Antônio Coelho escreveu sobre os "nossos deveres frente à Revolução Cubana"[99]. O partido mantinha-se firme na defesa da Revolução Cubana: "Fidel não está só", "Todo apoio a Cuba contra a iminente agressão ianque", "Às ruas, com Fidel", "Solidariedade a Cuba diante da ameaça de invasão". Foram organizadas grandes manifestações populares em solidariedade ao país socialista[100]. Prestes publicou um artigo em *Novos Rumos* intitulado "Em defesa de Cuba"[101].

Diante do desembarque de mercenários em Cuba, orquestrado pelos Estados Unidos, o PCB assumiu posição firme, declarando publicamente que "o dever do Brasil", ou seja, de seu governo, era solidarizar-se com a nação caribenha agredida[102]. Em maio, os comunistas brasileiros saudaram a proclamação de Cuba como Primeira República Socialista da América, feita por Fidel Castro[103]. O apoio do PCB a Cuba continuaria permanente e irrestrito[104].

Ainda em novembro de 1960, realizou-se em Moscou a Conferência Mundial de 81 Partidos Comunistas e Operários, da qual participou a delegação do PCB liderada por Prestes. Os comunistas brasileiros se posicionaram ao lado do PCUS diante das divergências que então se agravavam e, posteriormente, se acentuaram entre os dirigentes soviéticos e chineses[105].

Na primeira reunião da direção nacional do PCB após o V Congresso, realizada em março de 1961, foi feita uma análise do pleito presidencial de 3 de outubro e dos primeiros dias do governo Jânio Quadros[106]. Registrou-se que, "pela primeira vez, atuaram unidas na eleição presidencial as correntes mais populares e

---

[98] Ibidem, n. 87, 28 out.-3 nov. 1960, p. 1.

[99] Ibidem, n. 96, 30 dez. 1960-5 jan. 1961, p. 9.

[100] Ibidem, n. 97, 6-12 jan. 1961, p. 1; n. 98, 13-19 jan. 1961, p. 1; out. 1960-jul. 1961.

[101] Ibidem, n. 99, 20-26 jan. 1961, p. 3.

[102] Luiz Carlos Prestes, "Editorial", *Novos Rumos*, Rio de Janeiro, n. 111, 21-27 abr. 1961, p. 1.

[103] *Novos Rumos*, Rio de Janeiro, n. 113, 5-11 maio 1961, p. 1.

[104] Ver *Novos Rumos*, Rio de Janeiro, 1961.

[105] Tais divergências não são aqui examinadas, pois fogem ao tema deste livro. Ver "Declaração da Conferência dos Partidos Comunistas e Operários", *Novos Rumos*, Rio de Janeiro, n. 94, 16-22 dez. 1960, suplemento; Luiz Carlos Prestes, "A Conferência dos Partidos Comunistas e Operários", *Novos Rumos*, Rio de Janeiro, n. 96, 30 dez. 1960-5 jan. 1961; "Resolução do PCB sobre a Conferência dos Partidos Comunistas e Operários em Moscou", *Novos Rumos*, Rio de Janeiro, n. 108, 31 mar.-6 abr. 1961, p. 3; *As divergências no movimento comunista mundial, Documentos* (folheto, 137 p.; Rio de Janeiro, Vitória, 1963).

[106] Luiz Carlos Prestes, "Os comunistas e o governo Jânio Quadros", *Cadernos de Novos Rumos*, Rio de Janeiro, 1961, 10 mar. 1961 (folheto, 34 p.); *Novos Rumos*, Rio de Janeiro, n. 106, 17-23 mar. 1961, p. 14; Edgard Carone, *O PCB*, v. 2, cit., p. 134-44.

progressistas do pensamento político brasileiro – o Partido Comunista, o Partido Trabalhista e o Partido Socialista"[107]. E também que

> o movimento nacionalista colocou o problema da emancipação nacional como um dos temas centrais da campanha eleitoral, obrigando os candidatos a se definirem em torno de questões candentes como a limitação da remessa de lucros do capital estrangeiro, o reatamento de relações com a União Soviética e os países socialistas, a solidariedade à Revolução Cubana, a reforma agrária, a defesa do monopólio do petróleo etc.[108]

Foi assinalado, nesse documento, o fortalecimento do movimento operário, calculando-se em mais de 1,5 milhão o número de trabalhadores que recorreram à greve no ano de 1960[109]. Paralelamente, acentuava-se sua "ação política", sendo que

> o movimento operário organizado constituiu um poderoso meio de pressão, obrigando os candidatos a assumirem compromissos públicos em torno de questões vitais, como a elevação dos salários, o combate à carestia de vida, o direito de greve, a melhoria da Previdência Social, o respeito à liberdade sindical etc.[110]

Ao analisar a vitória de Jânio, a direção do PCB considerou que "uma das suas causas principais" foi o "descontentamento com a política de carestia desenfreada, de inflação aguda, de 'desenvolvimento' às custas da espoliação das massas, realizada pelo governo Kubitschek". Por conta disso, o marechal Lott "arcou com as consequências de apresentar-se e ser apresentado pelas forças governistas como um continuador do sr. Juscelino Kubitschek e de sua chamada política 'desenvolvimentista'"[111].

Em conclusão, os dirigentes comunistas consideraram que, apesar dos problemas revelados pela chapa Lott-Jango, fora "acertado e necessário" apoiá-la, uma vez que essa "posição tática fundamentou-se numa análise essencialmente correta do caráter das candidaturas"[112]. Eles afirmavam que tal apoio constituíra a "forma acertada de continuar a luta, nas condições da campanha eleitoral,

---

[107] Luiz Carlos Prestes, "Os comunistas e o governo Jânio Quadros", cit., p. 3.
[108] Idem.
[109] Ibidem, p. 15.
[110] Ibidem, p. 3-4.
[111] Ibidem, p. 4.
[112] Ibidem, p. 5.

pela formação de *um governo nacionalista e democrático – objetivo tático central de nosso Partido*"[113].

O mesmo documento faz uma apreciação crítica do governo JK, destacando que o PCB não soube combater energicamente sua política "desenvolvimentista", ou seja, uma "política de desenvolvimento econômico do país baseado em concessões ao imperialismo e ao latifúndio, no ingresso maciço de capital monopolista estrangeiro, na inflação e na carestia"[114]. E ressalta que "o papel dos comunistas na frente única nacionalista e democrática não pode ser o de acomodar-se à política de *conciliação* dos setores mais vacilantes", sendo para tal necessário "ampliar e consolidar o movimento nacionalista, lutando para enraizá-lo nas massas trabalhadoras e populares – entre os operários, os camponeses, a intelectualidade, as camadas médias"[115]. Ao mesmo tempo, reafirma a "participação da burguesia ligada aos interesses nacionais na frente única", considerando que "o movimento nacionalista poderá atrair estes setores da burguesia e levá-los a posições anti-imperialistas mais definidas à medida que se converter realmente num movimento de massas e elevar seu papel na vida do país"[116].

Foi mantida mais uma vez, portanto, a orientação política aprovada no V Congresso do PCB, reafirmada diante dos novos desafios criados com a posse de Jânio Quadros:

> Em nossa ação política, devemos levar em conta os compromissos do atual presidente da República com as forças pró-imperialistas e reacionárias. Alertamos as massas populares, todas as forças nacionalistas e democráticas, para que se mantenham vigilantes, defendam intransigentemente suas conquistas e intensifiquem suas lutas contra quaisquer medidas do governo contrárias aos interesses nacionais. Em especial, é necessário defender passo a passo, de maneira enérgica e decidida, as liberdades democráticas e os direitos constitucionais, a liberdade sindical e o direito de greve, postos em causa no pronunciamento presidencial. Estaremos à frente das massas para mobilizá-las, organizá-las e dirigi-las na mais firme e decidida oposição a uma política reacionária.[117]

Durante os sete meses do governo Jânio Quadros, os comunistas permaneceram empenhados em denunciar sua política "entreguista" e em mobilizar setores populares e nacionalistas na luta por suas reivindicações mais sentidas, tendo em

---

[113] Ibidem, p. 6; grifos desta autora.

[114] Ibidem, p. 9.

[115] Ibidem, p. 10-1; grifo desta autora.

[116] Ibidem, p. 11.

[117] Ibidem, p. 22.

vista o processo de acumulação de forças voltado para a conquista de um *governo nacionalista e democrático*, o objetivo tático definido nas resoluções aprovadas pelo PCB. *Novos Rumos* denunciava: "Reforma cambial de Jânio abre as portas do Brasil aos capitais estrangeiros"; Prestes declarava que a reforma cambial "beneficia os trustes e sacrifica o povo"; um suplemento especial do jornal era dedicado à crítica da reforma cambial promovida por Jânio Quadros[118].

Ao mesmo tempo, os comunistas, em cumprimento às resoluções do V Congresso do PCB, intensificavam ações voltadas para a conquista da legalidade do partido e, mais concretamente, para a obtenção de seu registro eleitoral junto ao Tribunal Superior Eleitoral. Em agosto, *Novos Rumos* anunciou que "Prestes vai pedir registro do PCB" e publicou um suplemento com manifesto assinado por Prestes, o programa e os estatutos do PCB[119]. A Lei Eleitoral exigia um total de 50 mil assinaturas para solicitar o registro partidário. Teve início, então, uma ampla campanha de coleta de assinaturas para tal fim, levada à frente pelos militantes comunistas em todo o Brasil. Numerosas personalidades e entidades representativas da vida política, social e cultural do país foram atraídas para a campanha, pronunciando-se favoravelmente a seu registro eleitoral[120].

Diferentemente do que foi alegado pelo grupo de ex-dirigentes do PCB responsáveis pela cisão que levou à criação do PCdoB, não há nos documentos apresentados à Justiça Eleitoral alterações substanciais em relação às decisões aprovadas no V Congresso do Partido[121]. Tais documentos, embora não façam menções à *ditadura do proletariado* nem à *tomada revolucionária do poder político*, à *fidelidade ao marxismo-leninismo* nem ao *internacionalismo proletário*, afirmam explicitamente que "o PCB tem como objetivo alcançar o socialismo no Brasil", sendo apresentadas as transformações em que o partido estaria empenhado, "ao lado de todas as forças patrióticas e progressistas"[122]. Para facilitar seu registro eleitoral, foi mudado o nome do partido para Partido Comunista Brasileiro. Programa e estatutos foram feitos na medida necessária para atender às exigências da Lei Eleitoral, sem, entretanto, contradizer as resoluções do último congresso partidário.

---

[118] *Novos Rumos*, Rio de Janeiro, n. 107, 24-30 mar. 1961, p. 1; n. 109, 7-14 abr. 1961, p. 3; n. 117, 2-8 jun. 1961, suplemento.

[119] Ibidem, n. 127, 11-17 ago. 1961, p. 1 e suplemento; *Programa e estatutos do Partido Comunista Brasileiro*, Rio de Janeiro, ago. 1961 (folheto impresso, 31 p.).

[120] Ver, por exemplo, *Novos Rumos*, Rio de Janeiro, 18-24 ago. 1961.

[121] Conferir *Carta dos cem*, cit., p. 102-8; Osvaldo Bertolino, *Maurício Grabois, uma vida de combates*, cit., p. 158-61; *Em defesa do partido*, São Paulo, fev. 1962 (panfleto); "Conferência extraordinária do PCB", citado em Edgard Carone, *Movimento operário no Brasil (1945-1964)*, v. 2, cit., p. 108-11.

[122] *Programa e estatutos do Partido Comunista Brasileiro*, cit., p. 6, 8.

O PCdoB, criado pelos ex-dirigentes do PCB João Amazonas, Maurício Grabois, Pedro Pomar, Calil Chade, Ângelo Arroio e Lincoln Oest, a partir de uma conferência nacional extraordinária realizada em fevereiro de 1962, embora tivesse mantido fidelidade à *estratégia nacional-libertadora* do PCB, adotaria uma tática "esquerdista" – em certa medida, uma retomada da política dos comunistas nos anos de 1948 a 1958[123] –, levantando a bandeira da "luta revolucionária" por um "governo popular revolucionário" e negando qualquer possibilidade de um caminho pacífico para a revolução brasileira[124]. Ainda assim, se a política aprovada no V Congresso do PCB continuava marcada pela influência da ideologia nacional-desenvolvimentista, a orientação adotada pelo PCdoB não seria diferente. O que as distinguia eram apenas aspectos táticos: mais à direita no caso do PCB, mais à esquerda no caso do PCdoB; o PCB tendendo para o reformismo, característico da influência da ideologia burguesa, e o PCdoB, para o palavreado radical, também fruto da influência ideológica burguesa, segundo os clássicos do pensamento revolucionário socialista (Marx, Lenin etc.).

Ainda no governo Jânio, foram encaminhadas medidas para o reatamento das relações diplomáticas entre o Brasil e a União Soviética, causa pela qual comunistas e forças democráticas no país vinham se batendo havia anos. Prestes enviou mensagem a Jânio congratulando-o pela iniciativa tomada nesse sentido, embora o efetivo restabelecimento das relações entre as duas nações só se desse na gestão de João Goulart, ao final de 1961[125].

O governo de Jânio Quadros estava eivado de profundas contradições. O novo presidente

> especulava com a independência de sua política exterior, a fim de extorquir, por um lado, maior auxílio financeiro dos Estados Unidos e adormentar, por outro, a esquerda brasileira, enquanto executava um programa econômico e financeiro em favor do grande capital e dos interesses estrangeiros.[126]

---

[123] Conferir os capítulos XI e XII deste livro.

[124] Conferência extraordinária do Partido Comunista do Brasil, *Manifesto Programa do PCdoB*, São Paulo, 18 fev. 1962 (panfleto), citado em Edgard Carone, *A Quarta República (1945-1964): documentos* (São Paulo, Difel, 1980), p. 509-19; ver ainda Jean Rodrigues Sales, "Partido Comunista do Brasil: definições ideológicas e trajetória política", em Marcelo Ridenti e Daniel Aarão Reis (orgs.), *História do marxismo no Brasil*, v. 6 (Campinas, Editora da Unicamp, 2007), p. 63-103.

[125] Cf. *Novos Rumos*, Rio de Janeiro, n. 126, 4-10 ago. 1961, p. 1; n. 127, 11-17 ago. 1961, p. 1; n. 147, 1º-7 dez. 1961, p. 1.

[126] Luiz Alberto Moniz Bandeira, *O governo João Goulart*, cit., p. 119.

Para levar adiante sua política econômica, Jânio entendeu que seria necessário apelar para um governo forte, uma vez que não contava com maioria no Congresso Nacional. Precisaria criar condições para que pudesse "ter as 'mãos livres' na política interna, i.e., para que as pudesse desembaraçar das peias constitucionais". Tratou-se, então, de preparar o golpe com o objetivo de compelir o Congresso a "conceder-lhe a soma de poderes"[127]. Seu ministro da Justiça, Oscar Pedroso Horta, articulou um "movimento para forçar o Congresso a aceitar o princípio da delegação de poderes e conseguir a concordância de Carlos Lacerda, então governador do estado da Guanabara"[128].

O plano de Jânio

> consistia em renunciar ao governo, comovendo as massas, e levar as Forças Armadas, sob o comando de ministros extremamente conservadores, a admitir sua volta como ditador, para não entregar o poder a João Goulart, que se reelegera vice-presidente do Brasil. O Congresso delegar-lhe-ia as faculdades legislativas, coagido pelos acontecimentos, sem prejudicar, aparentemente, "os aspectos fundamentais da mecânica democrática".[129]

Os propósitos de Jânio, entretanto, não se concretizariam. Tendo condecorado Che Guevara no dia 18 de agosto e intensificado os preparativos golpistas, o presidente não contava com a delação de Carlos Lacerda, que em programa televisivo levado ao ar em 23 de agosto denunciou seus propósitos. Para o historiador Edgard Carone,

> o grave do episódio é que Jânio Quadros não consegue obter a aquiescência de seus ministros militares para impedir Lacerda de se pronunciar pela televisão. E também, antes do discurso, o governador da Guanabara, no dia 21, recebera o brigadeiro Grun Moss, ministro da Aeronáutica, o brigadeiro Guedes Muniz e o coronel Américo Fontenelle. É claro que seu depoimento público só é possível porque há retaguarda que o sustente nesse momento de crise.[130]

O jornal do PCB passou imediatamente a denunciar o clima golpista alimentado pelo pronunciamento do governador da Guanabara: "Povo brasileiro repudia provocação de Lacerda e defende as liberdades"[131].

---

[127] Ibidem, p. 121.
[128] Ibidem, p. 121-2.
[129] Ibidem, p. 122.
[130] Edgard Carone, *A República liberal*, v. 2, cit., p. 160.
[131] *Novos Rumos*, Rio de Janeiro, n. 129, 25-31 ago. 1961, p. 1.

Segundo o relato de Moniz Bandeira, a delação de Carlos Lacerda "precipitou a aventura. Quadros renunciou. E a reação que esperava não ocorreu. O Congresso acatou-lhe tranquilamente o gesto, como ato unilateral, e ninguém discutiu a possibilidade de seu retorno ao governo"[132]. Os acontecimentos que se seguiram são conhecidos[133].

Com a renúncia de Jânio, em 25 de agosto de 1961, a repressão movida pelas forças policiais, assim como por setores militares de direita, contra comunistas, patriotas e democratas, foi desencadeada, principalmente no estado da Guanabara. Dirigentes do PCB tiveram que passar à clandestinidade para não serem presos. A residência de Prestes foi invadida por militares da Aeronáutica na madrugada do dia 26 de agosto. Outros locais de residência e sedes de sindicatos e associações também foram atacados. Durante cerca de duas semanas, o terror tomou conta da cidade do Rio de Janeiro, em cujo centro havia manifestações populares diárias, violentamente reprimidas pela polícia de Lacerda. Os atos repudiavam o golpe e exigiam a posse de João Goulart na presidência da República.

Diante da renúncia de Jânio, o PCB também se empenhou na luta pela posse de João Goulart, vice-presidente eleito da República[134]. Participando de uma ampla frente de forças sociais e políticas, os comunistas se inseriram ativamente na grande mobilização que teve lugar no país, contra o golpe reacionário dos setores entreguistas e de direita e pelo cumprimento da Constituição, com a passagem da presidência da República a João Goulart.

Em edição extra, de 27 de agosto, *Novos Rumos* exibiu a manchete "Lott chama o povo e as Forças Armadas à luta em defesa da democracia", informando, ao mesmo tempo, que já se haviam levantado barricadas nas ruas da Guanabara, onde aconteciam manifestações populares contra o golpe e pela posse de Jango[135]. O jornal dos comunistas, tanto em suas edições semanais quanto em várias extras, não só noticiou os acontecimentos daqueles dias conturbados, como também conclamou insistentemente seus leitores a barrar os propósitos sinistros da junta militar golpista e garantir o cumprimento da Constituição, assegurando a posse de Goulart. Exigia-se a punição exemplar dos golpistas[136].

---

[132] Luiz Alberto Moniz Bandeira, *O governo João Goulart*, cit., p. 123.

[133] Ibidem, p. 123-8.

[134] No próprio dia 25 de agosto, a Comissão Executiva do PCB se reuniu clandestinamente. Embora Mário Alves defendesse a volta de Jânio Quadros ao poder, a proposta de Prestes de defesa da legalidade constitucional, ou seja, de garantir a posse do vice-presidente da República, foi vitoriosa. Posição essa que assegurou o apoio da maioria da oficialidade militar, partidária da defesa da Constituição (LCP, fita n. 19).

[135] *Novos Rumos*, Rio de Janeiro, n. 131, 27 ago. 1961, edição extra, p. 1.

[136] Ibidem, n. 132, 1º-7 set. 1961; n. 133, 1º set. 1961, edição extra; n. 134, 4 set. 1961, edição extra; n. 135, 6 set. 1961, edição extra.

Uma semana após a renúncia de Jânio, a direção do PCB divulgou o chamamento intitulado "Nenhuma conciliação com o golpismo! Posse imediata do presidente Goulart!"[137]. Nele, afirmava-se que o "grupo golpista reacionário"

está sendo desmascarado e levado ao isolamento pelo poderoso movimento em defesa da legalidade democrática que, afrontando a repressão fascista, se estende e se organiza por todo o país, abrange as mais amplas camadas da população e ganha crescente apoio de importantes setores das Forças Armadas.[138]

A Conclamação do PCB denunciava a

insidiosa manobra da emenda parlamentarista [pela qual] os generais golpistas em desespero pretendem frustrar a única solução legal e democrática para a situação de intranquilidade e desordem em que atiraram criminosamente a nação: a posse imediata do sr. João Goulart na presidência da República, com todos os poderes que são atribuídos ao presidente pela Constituição.[139]

Ao final, os comunistas convocavam as forças patrióticas a se unir sob "a bandeira da frente de resistência democrática, a fim de garantir o cumprimento da Constituição e a realização de uma política nacionalista e democrática"[140]. *Novos Rumos* conclamou a sociedade a "organizar comitês de Defesa da Democracia para lutar contra os golpistas em todo o Brasil" e noticiou a eclosão de movimentos grevistas pela posse de Jango[141].

Garantida, enfim, a posse de Jango, um editorial de *Novos Rumos* comemorou: "Posse de Jango é vitória do povo!". O editorial fazia uma análise da situação política criada com a renúncia de Jânio, concluindo que "o Congresso Nacional, fortalecido com o apoio da opinião pública, decidiu resistir ao golpe, exigindo o respeito à vontade popular e rechaçando o vergonhoso pedido de 'impedimento' para o sr. João Goulart". Assinalava o importante papel desempenhado na defesa da legalidade por setores militares, a começar pelo marechal Teixeira Lott, assim como por Leonel Brizola, governador do Rio

---

[137] Ibidem, n. 133, 1º set. 1961, edição extra, p. 1; Edgard Carone, *O PCB*, v. 2, cit., p. 244-6.

[138] *Novos Rumos*, Rio de Janeiro, n. 133, 1º set. 1961, edição extra, p. 1.

[139] Idem. Uma vez aprovada a emenda parlamentarista no Congresso Nacional, Prestes insistiu com a direção do partido em não a questionar naquele momento, pois o mais importante era garantir a posse de Jango. Tal posição permitiu que setores ponderáveis das Forças Armadas, partidários do legalismo, aceitassem a posse do vice-presidente (LCP, fita n. 19).

[140] Idem.

[141] Ibidem, p. 1 e 2.

Grande do Sul[142]. Denunciava a "fórmula conciliatória de uma emenda à Constituição instituindo o parlamentarismo no Brasil e, desse modo, diminuindo sensivelmente as atribuições do presidente da República". O texto ainda acrescentava que

> coube a iniciativa dessa fórmula aos grupos mais reacionários dos partidos políticos majoritários, temerosos de que a luta pela aplicação integral e imediata da Constituição levasse a uma influência maior das forças populares de vanguarda – a uma "revolução social", como disseram alguns comentaristas políticos. O parlamentarismo seria a "solução honrosa".[143]

O editorial do jornal do PCB analisava, ainda, a aprovação do parlamentarismo, destacando que "o bando fascista sofreu inapelável derrota. Embora emendada à última hora, prevaleceu afinal a Constituição"[144]. Concluindo que

> uma tarefa especial cabe [...] ao bravo povo carioca: a de expulsar do governo da Guanabara, como criminoso sem perdão, o execrável tiranete Carlos Lacerda. A Assembleia da Guanabara não tem outro caminho senão a aprovação rápida do *impeachment* contra esse vil massacrador das liberdades.[145]

Consumada a posse de João Goulart na presidência da República, em 7 de setembro de 1961, teve início, para os comunistas, uma nova etapa na luta pela aplicação das resoluções partidárias aprovadas em março de 1958 e, posteriormente, confirmadas no V Congresso do PCB. Nela, foi mantido o objetivo tático delineado na *Declaração de março de 1958*: a luta por um *governo nacionalista e democrático*.

---

[142] Sobre a importante atuação de Leonel Brizola e de sua "cadeia da legalidade" na defesa da posse de João Goulart, ver Joaquim José Felizardo, *A legalidade: o último levante gaúcho* (Porto Alegre, Editora da UFRGS, 1988).

[143] *Novos Rumos*, Rio de Janeiro, n. 134, 4 set. 1961; Edgard Carone, *O PCB*, v. 2, cit., p. 246-50.

[144] Idem.

[145] Idem.

XIV
PRESTES E O PCB FRENTE AO GOVERNO JOÃO GOULART (1961-1964)

Os comunistas em oposição ao governo João Goulart

No primeiro número de *Novos Rumos*, publicado após a posse de João Goulart, um editorial assinado por Prestes deixa clara a posição política do PCB. Afirma que a posse do vice-presidente representa "uma grande vitória do nosso povo", enquanto "a instituição do governo sob a forma parlamentarista, adotada pelo Congresso Nacional em situação política anormal e de maneira antidemocrática, foi recebida pelo povo com desconfiança e decepção". Destaca, ainda, que "o novo governo, dirigido pelo sr. Tancredo Neves, é fruto de um cambalacho feito às custas do povo"[1].

A seguir, em nome da direção do PCB, Prestes declara-se favorável à realização de um plebiscito para decidir a respeito das modificações introduzidas na Constituição pelo Congresso Nacional, afirmando, entretanto, que

> o principal agora é mobilizar as massas para que exijam do novo governo e do Congresso Nacional o desarmamento dos golpistas, sua destituição de todos os postos de mando e a punição de todos aqueles, como o sr. Lacerda e seus apaniguados, que cometeram violências e crimes contra o povo.[2]

Ainda em setembro daquele ano, um editorial de *Novos Rumos* critica as vacilações do governo em tomar medidas contra os golpistas[3]. Em outubro, o

---

[1] Luiz Carlos Prestes, "Os comunistas e novo governo", *Novos Rumos*, Rio de Janeiro, n. 136, 15-21 set. 1961, p. 1.

[2] Ibidem, p. 3.

[3] Ibidem, n. 137, 22-28 set. 1961, p. 1.

semanário do PCB abre manchete: "Nova trama golpista está em marcha: povo exige ação enérgica do Governo". Na matéria, intitulada "Conciliação e golpe", o diretor do jornal, Orlando Bonfim Jr., afirma que "os golpistas, graças à conciliação alcançada, conservaram a maior parte de suas posições e se preparam ativamente para novas investidas", concluindo que "a luta, na sua essência, é contra a *política de conciliação* com o imperialismo e com as forças internas contrárias à completa emancipação nacional"[4].

A luta contra a *política de conciliação* do governo João Goulart, como será visto adiante, passaria a ocupar lugar central nas diretrizes táticas adotadas a partir daquele momento pela direção do PCB.

Avançava, também, a campanha pelo registro legal do PCB. *Novos Rumos* noticia: "10 mil paulistas pedem registro do PCB" e, com esse propósito, "surgem comissões em todo o país"[5].

Ao mesmo tempo, com o aumento dos preços provocado pela espiral inflacionária, intensificava-se o movimento grevista em todo o país; 80 mil bancários em quinze estados cruzaram os braços[6]. Realizava-se, no estado da Guanabara, o III Encontro Sindical Nacional, com a participação de mil representantes e com a presença de Jango. A declaração final do encontro afirma que "não basta aumentar salários, é preciso mudar a política"[7]. Era criada a Frente Nacional de Libertação, com o lançamento da *Declaração de Goiânia*, em que se conclamava a "união de todos os patriotas e democratas para a luta pela emancipação nacional e a verdadeira democracia em nosso país"[8].

No início de novembro, *Novos Rumos* publica uma resolução política do PCB, aprovada no mês anterior, intitulada "Resolução dos comunistas sobre a crise política e o governo Jango-Tancredo Neves". A manchete do jornal anuncia: "Comunistas apontam saída: gabinete nacionalista para fazer as reformas de base". No documento destaca-se que "o novo governo [...] formou-se à base da *conciliação*, do compromisso com o imperialismo e o latifúndio" e que ele permanece sendo, "em sua essência, reacionário e entreguista". O documento do PCB trata de pressionar o presidente João Goulart, afirmando que

> em vista dos compromissos que o vinculam ao movimento nacionalista e aos trabalhadores, está em condições de influir no sentido de que seja modificado o governo e se realizem, sem maiores delongas, as reformas de base incluídas no

---

4 Ibidem, n. 139, 6-12 out. 1961, p. 1; grifos desta autora.
5 Ibidem, n. 140, 13-19 out. 1961; n. 141, 20-26 out. 1961.
6 Ibidem, n. 142, 27 out.-2 nov. 1961, p. 8.
7 Ibidem, p. 2.
8 Ibidem, p. 1.

programa do PTB, de que seja defendida a democracia sem quaisquer vacilações e assuma o Brasil uma posição efetivamente independente no cenário mundial, em vez de *conciliar* com os generais golpistas e de capitular, como vem fazendo, diante do imperialismo norte-americano, dos piores exploradores do povo e dos representantes dos latifundiários.[9]

Mais adiante, afirmava que "os comunistas se colocam [...] *em oposição a esse governo*", reafirmando a necessidade de prosseguir a luta pela formação de um governo *nacionalista e democrático*, "governo de coalizão, representativo das forças patrióticas e democráticas, desde o proletariado até a burguesia ligada aos interesses nacionais". Por fim, considera necessária "a união de todas as forças patrióticas e populares para a luta pela mudança do atual Conselho de Ministros e pela formação de um Conselho de Ministros nacionalista e democrático, por meio da pressão sobre o Congresso Nacional e outras formas de luta de massas"[10].

A direção do PCB reconhecia que a formação de um governo à base da *conciliação* havia sido possível porque "na frente única predominava a influência da burguesia, que é vacilante e conciliadora. As forças fundamentais – a classe operária, os camponeses e sua vanguarda – não estavam suficientemente preparadas para dirigir a luta"[11]. Na realidade, a débil preparação orgânica, ideológica e política das forças destinadas a conduzir o processo de mudanças pela qual se batiam os comunistas e seus aliados mais próximos fora o principal entrave à realização de tais mudanças.

Entretanto, o PCB continuava a não perceber a necessidade imperiosa da construção do *bloco histórico* – ou, em outras palavras, do *sujeito-povo*[12] – capaz de conduzir os setores nacionalistas e democráticos à conquista do objetivo tático traçado – um governo nacionalista e democrático. Imaginava que, por meio da pressão exercida sobre Jango e combatendo a *conciliação* presente em seu governo, seria possível fazê-lo mudar o ministério e chegar à composição de outro governo efetivamente nacionalista e democrático. Havia a ilusão de que uma vaga e difusa pressão popular, dos sindicatos, dos estudantes, das forças nacionalistas em geral, poderia forçar Jango a realizar as reformas e as mudanças almejadas. Não se percebia que, para ser eficaz, tal pressão necessitava da sustentação material

---

[9]   Ibidem, n. 143, 3-9 nov. 1961, p. 8; grifos desta autora.

[10] Idem, grifos desta autora.

[11] Idem.

[12] *Sujeito-povo* é uma categoria empregada por alguns intelectuais latino-americanos, relacionada com o conceito gramsciano de *bloco histórico*, ou seja, *sujeito-povo* expressa não só a soma numérica de diversos setores sociais, mas também é portador de novos valores culturais e constitui uma alternativa de poder; ver, por exemplo, Ariel Bignami, *El pensamiento de Gramsci: una introducción* (Buenos Aires, El Folleto, s/d), p. 23, 26, 28 e 107.

de forças organizadas e unidas em torno de propostas claras e definidas – em torno de um projeto de transformações viáveis para o país –, e que não bastavam apenas apelos cada vez mais radicais.

O partido tampouco percebia que a chamada burguesia nacional, cujos interesses estariam basicamente representados por Jango, dados seus próprios limites de classe exploradora num contexto de grave crise econômica, não estaria inclinada a contribuir para o estabelecimento do governo nacionalista e democrático pelo qual lutavam os comunistas. Mesmo que alguns setores burgueses ainda pudessem ser caracterizados como nacionalistas, não havia como esperar deles uma atitude simpática às propostas dos comunistas. Tal perspectiva mostrava-se arriscada e ameaçadora para esses setores.

Novembro de 1961 seria marcado pela realização, em Belo Horizonte, do I Congresso Nacional de Lavradores e Trabalhadores Agrícolas, acontecimento memorável, "um marco importante na afirmação do campesinato e da percepção pública de seus problemas e de suas reivindicações"[13]. Nesse congresso, evidenciou-se o "clamor nacional pela Reforma Agrária", foi aprovada a *Declaração de Belo Horizonte*[14], postulando "reforma agrária radical com destruição do latifúndio", e lançada a consigna "reforma agrária na lei ou na marra"[15]. Segundo o historiador e antropólogo Mário Grynszpan, "no encontro, mediram forças sobretudo dois grupos de grande presença entre os camponeses: a União dos Lavradores e Trabalhadores Agrícolas do Brasil (Ultab) e as ligas camponesas"[16]. A Ultab havia sido criada sob a influência do PCB, revelando uma presença nacional mais forte, enquanto as Ligas Camponesas, com o advogado Francisco Julião à frente, tinham nesse período sua base principal no Nordeste.

> Ainda que a Ultab tivesse sido a principal organizadora do congresso de Belo Horizonte e a maioria dos participantes fosse ligada a ela, foram as ligas que deram o tom do encontro. Foi sua palavra de ordem que figurou nas resoluções finais do congresso, reivindicando justamente a realização de uma reforma agrária radical, "na lei ou marra".[17]

---

[13] Mário Grynszpan, "O período Jango e a questão agrária: luta política e afirmação de novos atores", em Marieta de Moraes Ferreira (coord.), *João Goulart: entre a memória e a história* (Rio de Janeiro, Editora da FGV, 2006), p. 63.

[14] *Declaração do I Congresso Nacional de Belo Horizonte* (nov. 1961), citado em Edgard Carone, *Movimento operário no Brasil (1945-1964)*, v. 2 (São Paulo, Difel, 1981), p. 201-5.

[15] *Novos Rumos*, Rio de Janeiro, n. 145, 17-23 nov. 1961, p. 1; n. 146, 24-30 nov. 1961, p. 1 e 6.

[16] Mário Grynszpan, "O período Jango e a questão agrária", cit., p. 64.

[17] Idem.

O palavreado radical ia se acentuando e difundindo sem a contrapartida de um movimento camponês efetivamente organizado e poderoso que pusesse em prática tais palavras de ordem. O discurso de Francisco Julião e de seus seguidores se radicalizava sem, no entanto, corresponder a um real avanço no nível de organização, mobilização e conscientização das massas camponesas. Julião afirmava ser possível "sair para a revolução socialista"[18], avaliação com a qual o PCB não concordava[19]. A respeito das posições do líder das Ligas Camponesas, Gregório Bezerra, uma das lideranças mais expressivas do PCB junto aos trabalhadores rurais, fazia a seguinte avaliação:

> Naquele período, interessava muito uma revolução agrária aqui no Brasil, para reforçar a posição de Cuba, mas não havia condições para um movimento revolucionário. Nem a classe operária estava preparada para isso. [...] O certo é que as Ligas Camponesas que existiam em Pernambuco e em todo o país não chegavam para um movimento revolucionário. Julião achava que havia condições e passou a discordar de nós, publicamente [...].[20]

Já sobre a Ultab, Bezerra assinalava que a entidade criada pelo PCB depois de 1954

> fez um belíssimo trabalho [...]. As Ligas Camponesas de Julião, com toda sua imensidão de delegados ao Congresso Nacional Camponês, tiveram que aprovar as propostas da Ultab, porque eram as mais justas, as mais coerentes e consequentes. [...] A luta do partido, através da Ultab, era para apaziguar os atritos entre as organizações de esquerda, que só passaram a trabalhar no campo de [19]60 para cá. Eram fracas e desunidas. O partido tirava desses atritos os elementos mais coerentes com a reforma agrária. Nós outros não lutávamos porque sabíamos que tínhamos a hegemonia. Quisessem eles, ou não quisessem, a hegemonia era nossa. A maioria dos sindicatos rurais era nossa, assim como as federações rurais e a própria Ultab. Até a realização do congresso, o Partido Comunista foi a grande locomotiva que puxou atrás de si toda a movimentação camponesa. O resto é conversa fiada.[21]

---

[18] João Falcão, *O Partido Comunista que eu conheci: 20 anos de clandestinidade* (Rio de Janeiro, Civilização Brasileira, 1988). p. 219.

[19] Ver Giocondo Dias, "Teses errôneas e nocivas", *Novos Rumos*, Rio de Janeiro, n. 176, 29 jun.-5 jul. 1962, p. 3.

[20] Dênis de Moraes, *A esquerda e o golpe de 64* (Rio de Janeiro, Espaço e Tempo, 1989), p. 233.

[21] Ibidem, p. 234-5.

A partir do Congresso Camponês de Belo Horizonte, Julião, "fortemente influenciado pela experiência revolucionária em Cuba", "radicaliza sua pregação pelo socialismo, abandonando a linha legalista que vinha adotando e colocando os camponeses na condição de protagonistas da revolução socialista"[22]. É o momento em que ganha força a ideia de dotar as Ligas de um braço militar, ou seja, partir para a organização de uma guerrilha, cujo fracasso não tardaria, dada a falta de condições para tal, como ressaltado por Bezerra e o PCB à época.

> A experiência guerrilheira durou pouco mais de um ano. Sem dar um tiro sequer, o esquema militar das Ligas desmoronou no segundo semestre de 1962, quando paraquedistas do Exército e fuzileiros navais tomaram o campo de treinamento de Dianópolis. Houve prisões e foram apreendidas armas e munições.[23]

O fracasso da tentativa guerrilheira não impediu, contudo, que, sob influência da experiência da Revolução Cubana, tanto Julião quanto outros setores das esquerdas insistissem no radicalismo de palavras e ações aventureiras. Assim, a virada dos anos 1960 foi o momento do surgimento de organizações e movimentos de esquerda que, contrariamente ao PCB, se orientavam por um discurso marcado pelo apelo à luta armada: o Partido Comunista do Brasil (PCdoB), a Organização Revolucionária Marxista-Política Operária (Polop), a Ação Popular (AP), o Partido Operário Revolucionário (POR), assim como o brizolismo. Foi o momento em que Francisco Julião lançou o Movimento Revolucionário Tiradentes (MRT), com o *slogan* "Reforma agrária na lei ou na marra", com o propósito de unir as Ligas Camponesas e outras organizações de esquerda radical para ampliar sua penetração no meio urbano[24].

Em dezembro de 1961, apesar da oposição do gabinete de Tancredo Neves, a Câmara dos Deputados aprovou um projeto de limitação da remessa de lucros das empresas estrangeiras para o exterior, vitória importante das forças nacionalistas. Devido às resistências existentes, esse projeto só seria transformado em lei no ano seguinte. Ao mesmo tempo, o PCB intensificava a pressão pela reforma do gabinete ministerial, combatendo sua política de caráter antipopular[25].

No início de 1962, Prestes anunciava que os comunistas já haviam recolhido 60 mil assinaturas, 10 mil a mais do que era exigido pela legislação eleitoral, para obter o registro do partido. Declarou, na mesma ocasião, que os comunistas

---

[22] Ibidem, p. 80.

[23] Ibidem, p. 86.

[24] Ibidem, p. 64-80; Marcelo Ridenti, *O fantasma da revolução brasileira* (São Paulo, Editora Unesp, 1993), p. 25-9.

[25] Cf. *Novos Rumos*, Rio de Janeiro, n. 148, 8-14 dez. 1961, p. 1; n. 149, 15-21 dez. 1961, p. 1.

acreditavam na possibilidade real de conseguir o registro do PCB[26]. O início desse ano seria marcado por vitórias importantes das forças nacionalistas e democráticas, como a encampação da Companhia Telefônica Nacional (CTN) pelo governador Leonel Brizola, o crescimento das lutas dos trabalhadores do campo, assim como das lutas contra as ingerências imperialistas, em particular contra as ações promovidas pelo programa de ajuda norte-americana, conhecido como "Aliança para o Progresso"[27].

Em janeiro de 1962, a posição contrária à expulsão de Cuba da OEA – conforme pressões exercidas pelos Estados Unidos – assumida pelo chanceler brasileiro San Tiago Dantas na Conferência de Punta del Este foi um acontecimento da maior importância. A atitude foi aplaudida por grande parte da opinião pública brasileira – sindicatos, associações de classe, entidades estudantis e Câmaras Municipais. Contudo, por catorze votos (com a abstenção do Brasil), "a OEA expulsou Cuba e aprovou uma declaração (todos a favor, exceto Cuba) condenando sua adesão ao marxismo-leninismo, ao comunismo, como incompatível com o sistema interamericano"[28]. O governo João Goulart, apesar de suas vacilações diante das pressões dos Estados Unidos, procurava trilhar um caminho de certa independência na política externa.

Diante desse panorama, como se posicionava o PCB? Por ocasião das comemorações do 1º de Maio, em 1962, em apelo assinado por Luiz Carlos Prestes, foi feito um balanço positivo de "grandes lutas e significativas vitórias da classe operária e de todo o nosso povo". Embora a política do governo Jango de "conciliação com o imperialismo e o latifúndio" tenha sido criticada, ressaltou-se que, na política externa, havia "aspectos positivos, favoráveis à paz e à autodeterminação dos povos". Por fim, Prestes conclamou à luta pela "substituição do atual governo por um governo nacionalista e democrático, que realize as reformas de base reclamadas pelos superiores interesses da nação", reafirmando a estratégia partidária de luta pela "emancipação nacional para a conquista do socialismo"[29] – ou seja, a necessidade da *etapa nacional e democrática* no caminho da revolução socialista.

---

[26] Ibidem, n. 154, 19-25 jan. 1962, p. 1, 3.

[27] Luiz Alberto Moniz Bandeira, *O governo João Goulart: as lutas sociais no Brasil* (São Paulo, Editora Unesp, 2010), p. 156-7; ver também *Novos Rumos*, Rio de Janeiro, n. 159, 23 fev.-1º mar. 1962, p. 1; n. 166, 20-26 abr. 1962.

[28] Luiz Alberto Moniz Bandeira, *O governo João Goulart*, cit., p. 154-6.

[29] Luiz Carlos Prestes, "Primeiro de maio. Prestes aos trabalhadores: emancipação nacional para a conquista do socialismo", *Novos Rumos*, Rio de Janeiro, n. 167, 27 abr.-3 maio 1962, p. 1.

A luta pelas reformas de base e contra a conciliação

A luta pelas *reformas de base* e contra a *conciliação* do governo Jango passava a ser central na orientação política do PCB. Ainda em maio de 1962, o jornal dos comunistas conclamou por "Reformas já"[30] e publicou um editorial com a manchete "Esmagar os golpistas e formar gabinete que faça as reformas", denunciando a "política de compromissos" do governo, assim como a preparação em curso de golpe reacionário. Afirmava que a "formação de um governo mais reacionário e pró-imperialista" constituía a grande ameaça do momento, ressaltando que a política de Jango se distinguia pela *conciliação*[31]. Em outro editorial, a diretiva era "nem golpismo nem conciliação"[32]. Orlando Bonfim Jr., diretor de *Novos Rumos*, escreveu que se tornara necessário um "gabinete nacionalista e democrático, que realize as reformas já indicadas" e, para tal, a pressão popular deveria fazer-se presente[33].

Em junho de 1962 caía o gabinete Tancredo Neves. Conforme Edgard Carone:

Entre outras razões há a pretensão de vários ministros de se candidatarem a postos executivos e legislativos nas eleições de outubro. Além desse fato, o Gabinete se encontra diante de impasses, um deles é a pressão que governo, movimento operário, segmentos do Exército e outros grupos fazem para um retorno do País ao regime presidencial. Em pleno Parlamentarismo, começa-se a se comprovar a falsidade de um regime que não tem condições de subsistir, já que a dualidade de poder entre o Gabinete e o Executivo torna a situação do País cada vez mais incerta politicamente.[34]

As dificuldades para a formação do novo gabinete seriam enormes. O PCB chamava a "derrotar as cúpulas reacionárias e a conciliação. Povo nas ruas para exigir dos deputados um gabinete nacionalista e democrático"[35]. O Congresso, em oposição a Jango, rejeitou por 174 votos contra 110 a favor o nome do deputado do PTB, Francisco San Tiago Dantas, por ele indicado, para compor o gabinete[36]. Diante da crise, *Novos Rumos*, em edição extra, chamava o povo a

---

[30] *Novos Rumos*, Rio de Janeiro, n. 170, 18-24 maio 1962, p. 1.

[31] Ibidem, n. 172, 1º-7 jun. 1962, p. 1.

[32] Ibidem, n. 173, 8-14 jun. 1962, p. 1.

[33] Ibidem, n. 175, 22-28 jun. 1962, p. 1.

[34] Edgard Carone, *A República liberal*, v. 2: *Evolução política (1945-1964)* (São Paulo, Difel, 1985), p. 186.

[35] *Novos Rumos*, Rio de Janeiro, n. 176, 29 jun.-5 jul. 1962, p. 1.

[36] Edgard Carone, *A República liberal*, v. 2, cit., p. 187; Luiz Alberto Moniz Bandeira, *O governo João Goulart*, cit., p. 166.

PRESTES E O PCB FRENTE AO GOVERNO JOÃO GOULART   357

"intensificar a luta" e exercer pressão sobre o presidente para que este indicasse um nome capaz de organizar um gabinete nacionalista e democrático, assim como sobre a Câmara, para que esta o viesse a aprovar[37]. Após a manobra da nomeação do senador Auro de Moura Andrade, do PSD, e de sua renúncia[38], "enquanto as massas, espontaneamente, tomavam as ruas de várias cidades do estado do Rio de Janeiro, uma greve geral, a primeira grande greve política dos últimos tempos, paralisou quase todo o país, em apoio a Goulart"[39]. Deflagrada a greve de 5 de julho de 1962, que paralisou mais de 1 milhão de trabalhadores, a manchete de *Novos Rumos* foi: "Greve geral! Milhões de trabalhadores exigem de João Goulart: gabinete nacionalista!". O editorial do jornal afirmava: "Renúncia de Auro Moura Andrade é derrota das cúpulas reacionárias" e "Nenhuma conciliação com os inimigos do povo"[40].

Estudioso do período, Moniz Bandeira analisa da seguinte forma as mudanças em curso:

O proletariado, desde o episódio da luta pela posse de Goulart, amadureceu politicamente como classe, e os líderes sindicais formaram o Comando-Geral dos Trabalhadores (CGT), o Pacto de Unidade e Ação (PUA) e outras associações em nível regional, a fim de coordenar e unificar o movimento operário, não somente para defender reivindicações econômicas, como também para influir nas decisões do poder público, em sua política e mesmo em sua composição. Não cabe dúvida de que esse era um dado novo na crise. Aquelas entidades, entretanto, padeciam do mal de todo o sindicalismo brasileiro: o baixo nível de organização, com uma percentagem média de filiados da ordem de 25%. Na verdade, cingidas às cúpulas, nunca chegaram a existir, senão artificialmente, não tendo ramificações mais profundas na massa. E se alarmavam, de um lado, as forças conservadoras, por outro não preparavam o proletariado para as enfrentar, com uma direção própria de classe. Atrelavam-no à política tradicional, dando-lhe uma perspectiva legalista e reformista, como era igualmente a de Goulart [...].[41]

Em 9 de julho, comparecia à Câmara para ler seu programa Francisco Brochado da Rocha, nomeado novo chefe do gabinete, "comprometido com a

---

[37] *Novos Rumos*, Rio de Janeiro, n. 176, 1º jul. 1962, p. 1, edição extra.

[38] Luiz Alberto Moniz Bandeira, *O governo João Goulart*, cit., p. 161-2.

[39] Ibidem, p. 162.

[40] *Novos Rumos*, Rio de Janeiro, n. 176, *Edição para a Guanabara*, 6 jul. 1962, p. 1; n. 177, 6 jul. 1962, p. 1 e 8.

[41] Luiz Alberto Moniz Bandeira, *O governo João Goulart*, cit., p. 167-8.

política de Goulart e, principalmente, de Brizola; ou seja, comprometido com os esforços para a antecipação do plebiscito que referendaria ou não a emenda parlamentarista"[42]. Uma vitória da pressão exercida pelo movimento popular e pelas forças nacionalistas e democráticas. Em artigo publicado no final de julho, Prestes, ao apreciar a aprovação pela Câmara dos Deputados do Conselho de Ministros presidido por Brochado da Rocha, escreveu:

> A greve geral do dia 5 último e as crescentes manifestações populares por um governo nacionalista e democrático muito contribuíram para apressar o desfecho. Com medo do povo, as cúpulas reacionárias do PSD e da UDN resolveram transitoriamente ceder às exigências do sr. Goulart, ao mesmo tempo que este, mais uma vez, apesar de suas recentes declarações em contrário, transigia, incluindo no Ministério conhecidos agentes dos monopólios ianques e defensores do latifúndio.[43]

Adiante, o secretário-geral do PCB afirmava:

> Frente à ameaça de um governo mais reacionário, levantou-se a classe operária em memorável greve geral política que foi, sem dúvida, a mais vigorosa demonstração de força da classe operária até agora realizada em nosso país, obrigando os senhores da reação a baterem em retirada. A renúncia do sr. Auro Moura Andrade reflete a pressão das massas populares, foi como que a expressão de uma nova situação em que os representantes do latifúndio e do imperialismo ianque, da reação e do entreguismo, já não fazem livremente o que querem, precisam levar em conta a consciência patriótica e democrática das massas populares, muito especialmente da classe operária.[44]

Embora assinalando que "as forças mais reacionárias não conseguiram alcançar seus objetivos", o PCB reconhecia que "as forças patrióticas e democráticas não foram ainda desta vez suficientemente poderosas para impedir que a burguesia continuasse impondo a *conciliação* com a reação e o entreguismo". Por essa razão, os comunistas se colocaram "*em oposição* ao atual governo dos senhores Goulart e Brochado da Rocha, contra a política de *conciliação* com a reação e o entreguismo", prosseguindo na luta pela realização das Reformas de Base e por

---

[42] Ibidem, p. 168.

[43] Luiz Carlos Prestes, "Oposição ao novo gabinete e luta pela realização das reformas de base", *Novos Rumos*, Rio de Janeiro, n. 179, 20-26 jul. 1962, p. 3.

[44] Idem.

um governo nacionalista e democrático[45]. *Novos Rumos* publicou editorial intitulado "O caminho", cuja tônica, mais uma vez, era a luta contra a *conciliação* e por um governo nacionalista e democrático. Levantava-se, ainda, a bandeira da realização urgente do plebiscito[46].

No final de agosto, o Comando-Geral dos Trabalhadores (CGT)[47] decidiu convocar "greve geral pelas Reformas de Base e pela defesa das liberdades", com o objetivo de pressionar tanto o presidente e o gabinete Brochado da Rocha quanto, principalmente, o Congresso Nacional, cuja composição conservadora dificultava a aprovação das reformas. Mesmo assim, a Câmara, em segunda votação, acabou aprovando a Lei da Remessa de Lucros das empresas estrangeiras, importante conquista das forças nacionalistas e democráticas[48].

No mesmo mês de agosto, a direção do PCB divulgou um documento intitulado *Os comunistas brasileiros definem sua posição ante a grave situação do país*, no qual, ao analisar a crise de governo quando da substituição do gabinete Tancredo Neves pelo gabinete Brochado da Rocha, assim como a importância da greve política de âmbito nacional de 5 de julho daquele ano, destacava também a "natureza dúplice e conciliadora" da "burguesia ligada aos interesses nacionais". O documento dava ênfase ao combate à *conciliação* ou, em outras palavras, "à política de compromisso entre o setor burguês, representado pelo sr. João Goulart, e as forças reacionárias". E afirmava: "Para que seja efetivo o golpe principal contra o imperialismo e as forças reacionárias que o apoiam, é necessário golpear também a política de concessões a essas forças, com as quais a burguesia ligada aos interesses nacionais procura encerrar cada episódio da luta"[49].

Mesmo destacando que "a luta contra a conciliação só pode ter êxito pela mobilização das grandes massas trabalhadoras e populares", na prática os comunistas e seus aliados mais à esquerda travavam tal luta sem conseguir avançar na construção do *sujeito-povo* capaz de garantir seu sucesso – o que contribuiu para o isolamento crescente do presidente e dos setores que o apoiavam. No mesmo documento, o PCB declarou-se favorável ao plebiscito "no mais curto prazo, porque o povo deve ser consultado sobre a forma de governo, alterada sem seu consentimento por uma minoria parlamentar reacionária". E afirmou que "a solução dos problemas nacionais não depende da escolha entre o parlamentarismo

---

[45] Idem; grifos desta autora.

[46] *Novos Rumos*, Rio de Janeiro, n. 182, 10-16 ago. 1962, p. 1.

[47] Sobre o CGT, consultar Lucília de Almeida Neves, *CGT no Brasil, 1961-1964* (Belo Horizonte, Vega, 1981).

[48] *Novos Rumos*, Rio de Janeiro, n. 183, 17-23 ago. 1962, p. 1; n. 184, 24-30 ago. 1962, p. 1.

[49] PCB, *Os comunistas brasileiros definem sua posição ante a grave situação do país*, Rio de Janeiro, ago. 1962 (folheto impresso, 15 p.); *Novos Rumos*, Rio de Janeiro, n. 185, 31 ago.-6 set. 1962.

ou o presidencialismo"; "o empecilho às reformas de estrutura não está na forma de governo, mas na composição dos órgãos governamentais, na política de conciliação com o imperialismo e o latifúndio"[50].

Em setembro, o gabinete Brochado da Rocha caiu após o Congresso lhe recusar plenos poderes para realizar as Reformas de Base e adiar a decisão sobre o plebiscito. Imediatamente, o CGT convocou greve geral no país, conclamando Jango a não conciliar. A diretriz do PCB era "ação imediata e enérgica para derrotar os inimigos do povo"[51].

Dada a crise política que se desencadeava e o risco de um sério retrocesso político, *Novos Rumos* passou a ser publicado em edições diárias, de 11 de setembro a 7 de outubro, período em que 3 milhões de trabalhadores cruzaram os braços no país. Ao mesmo tempo, transcorria a campanha eleitoral para as eleições legislativas marcadas para 7 de outubro daquele ano. Sem registro eleitoral próprio, o PCB conseguiu eleger vários candidatos para cargos legislativos em diversos estados e também para a Câmara Federal em legendas de partidos aliados, como o PTB e o PST[52]. Entretanto, os mandatos de alguns comunistas eleitos nos estados de São Paulo e do Rio Grande do Sul foram cassados pelo Tribunal Superior Eleitoral, demonstrando, mais uma vez, as limitações do processo democrático brasileiro[53].

Forçado pela pressão do movimento grevista[54], reconhecidamente vitorioso em seus principais objetivos[55], e da opinião pública, inclusive de setores militares solidários com o presidente, o Congresso acabou aprovando a data do plebiscito para 6 de janeiro de 1963 e referendando a nomeação por Goulart de um gabinete provisório, sem a prévia aceitação dos congressistas, sob chefia do professor Hermes Lima. Na prática, dava-se a "restauração informal do presidencialismo"[56].

Outubro de 1962 seria marcado pela crise internacional provocada pela instalação de mísseis soviéticos em território cubano. O PCB manteve-se firme

---

[50] PCB, *Os comunistas brasileiros definem sua posição ante a grave situação do país*, cit.

[51] *Novos Rumos*, Rio de Janeiro, n. 187, 14 set. 1962, n. 1, p. 1 e 8.

[52] João Falcão, *Giocondo Dias, a vida de um revolucionário* (Rio de Janeiro, Agir, 1993), p. 220; *Novos Rumos*, Rio de Janeiro, n. 1, 11 set.; n. 2, 12 set.; n. 3, 13 set.; n. 4, 14 set.; n. 6, 16 set.; n. 7, 18 set.; n. 8, 19 set.; n. 9, 20 set.; n. 10, 21 set.; n. 11, 22 set.; n. 12, 23 set.; n. 13, 25 set.; n. 14, 26 set.; n. 15, 27 set.; n. 16, 28 set.; n. 17, 29 set.; n. 18, 30 set.; n. 19, 2 out.; n. 20, 3 out.; n. 21, 4 out.; n 22, 5 out.; n. 23, 6 out.; n. 24, 7 out. 1962, edições diárias.

[53] *Novos Rumos*, Rio de Janeiro, n. 198, 30 nov.-6 dez. 1962, p. 1.

[54] Ibidem, n. 7, 18 set. 1962, p. 4, edição diária.

[55] É necessário considerar que as greves desse período aconteciam principalmente nas empresas do Estado, e os grevistas não tinham seus salários descontados.

[56] Luiz Alberto Moniz Bandeira, *O governo João Goulart*, cit., p. 169-71; Edgard Carone, *A República Liberal*, v. 2, cit., p. 186-7.

na defesa de Cuba, contra o bloqueio à ilha e em apoio à posição do governo brasileiro de repúdio a qualquer agressão ao povo cubano[57].

Aprovada a realização do plebiscito, o PCB se posicionou claramente pelo "não" ao Ato Adicional de agosto de 1961, que havia instituído o parlamentarismo no Brasil, manobra dos setores mais reacionários empenhados em limitar os poderes do presidente João Goulart. Mas os comunistas reiteravam que a volta ao sistema presidencialista não significava por si só a solução dos problemas nacionais. Por essa razão, pronunciavam-se pelo "plebiscito com reformas". Em documento tornado público, enfatizavam que a resposta ao plebiscito deveria ser um "não" ao Ato Adicional, mas também "um NÃO à política de conciliação do Governo com as forças reacionárias, um NÃO à reação e ao entreguismo, à carestia, à exploração do latifúndio, ao domínio do imperialismo"[58].

Em dezembro de 1962, realizou-se em São Paulo a IV Conferência Nacional do PCB, cuja "Resolução política dos comunistas" examinava "as experiências das lutas de massas ocorridas nos últimos tempos", considerando que

> à medida que se fortalecem sua unidade e sua organização, o movimento operário exerce uma influência dia a dia mais importante na vida política do país e no conjunto das forças que se opõem ao imperialismo e ao latifúndio, o que se expressou particularmente nas *greves políticas nacionais de julho e setembro*.[59]

O documento reafirma a "natureza dúplice da burguesia ligada aos interesses nacionais", determinando sua "política conciliadora". Mas, "como decorrência do agravamento da contradição com o imperialismo, manifesta-se em um setor da burguesia a tendência a apresentar de modo mais radical a exigência de reformas", e o "representante mais destacado desta tendência vem sendo o sr. Leonel Brizola, cujas posições nacionalistas lhe têm assegurado amplo apoio popular, embora o governador gaúcho continue comprometido com a política de conciliação realizada pelo sr. João Goulart"[60].

A "Resolução política dos comunistas" afirma que o governo Goulart e seu gabinete Hermes Lima, embora incluíssem "personalidades vinculadas ao movimento

---

[57] Luiz Alberto Moniz Bandeira, *O governo João Goulart*, cit., p. 186-96; *Novos Rumos*, Rio de Janeiro, n. 25, 24 out.; n. 26, 25 out.; n. 28, 27 out.; n. 29, 28 out.; n. 30, 30 out. 1962; n. 194, 3-9 nov. 1962, edições diárias.

[58] PCB, "Posição dos comunistas: plebiscito com reformas" (Rio de Janeiro, nov. 1962), *Novos Rumos*, Rio de Janeiro, n. 196, 16-22 nov. 1962, p. 1.

[59] PCB, "Resolução política dos comunistas" (dez. 1962), *Cadernos de Novos Rumos*, 1962 (folheto impresso), p. 4-5; *Novos Rumos*, Rio de Janeiro, n. 200, 14-20 dez. 1962; grifos desta autora.

[60] Ibidem, p. 6 e 7.

nacionalista", mantinham "a *política de conciliação* com as forças reacionárias e entreguistas, sendo incapaz, portanto, de realizar reformas profundas na vida do País". Os comunistas, consequentemente, colocavam-se "em oposição à *política de conciliação* com o imperialismo e as forças reacionárias" realizada por esse governo[61].

A tônica do documento do PCB residia, portanto, na necessidade de dar combate à *política de conciliação* do governo Goulart. Tanto que afirmava explicitamente que "a conquista de um governo nacionalista e democrático exige a modificação do atual sistema de forças que compõe o governo e a ruptura da *política de compromisso* em relação ao imperialismo e ao latifúndio"[62].

No decorrer dos trabalhos da IV Conferência Nacional do PCB ficaram explicitadas as divergências que tomavam vulto dentro do Comitê Central do partido e, em particular, de sua Comissão Executiva. O combate à política de conciliação do governo Goulart aprovado na conferência representou uma primeira vitória da "tendência esquerdizante", crítica dos "desvios chamados de direita", liderada pelos dirigentes do partido Carlos Marighella, Mário Alves e Jover Telles, integrantes da Comissão Executiva[63].

Reconhecia-se, entretanto, que a ruptura pretendida "só poderá ser realizada [...] através de uma intensa luta das forças interessadas no progresso e na libertação, através de grandes movimentos de massas, e não pela simples mudança de alguns homens no poder"[64].

Novamente, a grande questão – o grande entrave – para que uma expressiva mobilização popular se tornasse realidade era a ausência de um esforço efetivo para a construção do *sujeito-povo* capaz de assegurar as profundas transformações almejadas, na ausência de um entendimento real do processo de construção do *bloco histórico* gramsciano[65]. Tal ausência seria fatal num momento de confronto com as forças reacionárias, que seria inevitável. Embora, na Conferência Nacional de dezembro de 1962, tivesse sido aprovada uma "Resolução sobre a política de organização do partido"[66], em que, mais uma vez na história do PCB, sublinhava-se

---

[61] Ibidem, p. 8, grifos desta autora.

[62] Ibidem, p. 11; grifos desta autora.

[63] João Falcão, *O Partido Comunista que eu conheci*, cit., p. 221; tais divergências evidenciam-se nas anotações feitas por Prestes nas cadernetas apreendidas em sua residência pela Polícia Política em abril de 1964; conferir *Cadernetas de Prestes*, Apesp, DVD; *Sentença prolatada no processo das cadernetas de Luiz Carlos Prestes pelo juiz auditor dr. José Tinoco Barreto* (São Paulo, s/e, 1967).

[64] PCB, "Resolução política dos comunistas", cit., p. 11.

[65] Anita Leocadia Prestes, "Antônio Gramsci e o ofício do historiador comprometido com as lutas populares", *Revista de História Comparada*, v. 4, n. 3, dez. 2010, p. 6-18.

[66] PCB, *Resolução sobre a política de organização do partido*, s/l, s/e, s/d (folheto impresso, 32 p).

a necessidade de construir uma "vanguarda marxista-leninista capaz de atuar politicamente e dirigir grandes massas"[67], na prática as incompreensões apontadas não permitiram que os comunistas obtivessem êxito em seus propósitos.

Às vésperas do plebiscito de 6 de janeiro de 1963, *Novos Rumos* exibiu manchete conclamando "Todos às urnas no dia 6 para votar NÃO" e publicou uma declaração dos comunistas, assinada pelo secretário-geral do PCB. Nesse documento, ficam patentes as divergências na direção do partido: "Sem deixar de denunciar e *combater a política de conciliação* com o imperialismo e o latifúndio do atual Governo, é dever patriótico não vacilarmos no *apoio firme* de que necessita para resistir com êxito às ameaças do imperialismo e da reação"[68]. Luiz Carlos Prestes, embora em minoria na Comissão Executiva do Comitê Central do PCB, ao redigir a declaração, deixara transparecer sua preocupação com o perigo de o *combate à conciliação* do governo Jango, dadas as debilidades da organização do movimento popular, contribuir para o sucesso de iniciativas golpistas das forças reacionárias.

As articulações para desestabilizar o governo João Goulart

A vitória expressiva do "não" ao parlamentarismo – 9 milhões de eleitores, num total de 10 milhões – no plebiscito de 6 de janeiro[69] contribuiu, certamente, para que se intensificassem as articulações de setores do empresariado, juntamente com a CIA e a embaixada dos Estados Unidos, visando a desestabilizar o governo João Goulart. Tal foi o objetivo de entidades como o Ipes (Instituto de Pesquisas e Estudos Sociais) e o Ibad (Instituto Brasileiro de Ação Democrática), cuja atuação é hoje bem conhecida[70].

Ao mesmo tempo, a situação econômica do país se agravava bastante:

A crise econômica atingira um ponto que impunha uma definição de classe. A intervenção cirúrgica, de um modo ou de outro, tornara-se necessária. A questão consistia em saber de que lado se cortaria a carne. Ou o governo completava as medidas de estabilização monetária, de acordo com o figurino do FMI, comprimindo os salários etc., ou reorientava o desenvolvimento do país no sentido da

---

[67] Idem, "Resolução política dos comunistas", cit., p. 17; *Novos Rumos*, Rio de Janeiro, n. 200, 14-20 dez. 1962.

[68] *Novos Rumos*, Rio de Janeiro, n. 203, 4-10 jan. 1963, p. 1; grifos desta autora.

[69] Luiz Alberto Moniz Bandeira, *O governo João Goulart*, cit., p. 205.

[70] René Armand Dreifuss, *1964, a conquista do Estado: ação política, poder e golpe de classe* (Petrópolis, Vozes, 1981); Luiz Alberto Moniz Bandeira, *O governo João Goulart*, cit., p. 174-83; Flávio Tavares, *1964: o golpe* (Porto Alegre, L&PM, 2014).

redistribuição de renda, mediante crescente intervenção do Estado na economia, com a limitação dos lucros extraordinários, controle das remessas para o exterior, tabelamento de preços, reforma agrária, enfim, medidas drásticas e transformações de base, de caráter democrático e nacional. Qualquer das duas opções ultrapassava a força do governo para exigir um governo de força.[71]

Frente a tal situação, o PCB publicou documento intitulado "A posição dos comunistas diante das Reformas de Base", proposta que deveria servir como base "para a elaboração de uma plataforma unitária do povo brasileiro" e "como objetivo para a luta de todos os patriotas e democratas". O texto incluía propostas para a reforma do sistema cambial e a política de comércio exterior; a política de restrição ao capital monopolista estrangeiro; a reforma tributária e a política financeira; a reforma agrária e medidas parciais em benefício dos camponeses; e a política de desenvolvimento do Nordeste[72].

Com a formação do primeiro ministério presidencialista de João Goulart, no início de 1963, Celso Furtado, ministro sem pasta (para o Planejamento) desde o gabinete Hermes Lima, havia elaborado o Plano Trienal, que "tinha como escopo a continuidade do desenvolvimento do Brasil, dentro de um programa anti-inflacionário, cuja essência consistia na preparação e no desencadeamento de uma recessão atenuada"[73]. Os comunistas, desde o início, combateram o Plano Trienal, denunciando que ele estava "a caminho da falência"[74] e demonstrando como, na realidade, seus supostos objetivos eram impraticáveis sem a realização de reformas profundas, como já revelavam a disparada inflacionária e o consequente aumento do custo de vida. Por isso, o PCB denunciou insistentemente a "orientação antipopular"[75] do Plano Trienal[76].

Entrementes, em março de 1963, teve lugar em Niterói (RJ) o Encontro Nacional de Solidariedade à Cuba, organizado por iniciativa do PCB – o evento fora proibido de realizar-se no Rio por Carlos Lacerda, então governador do estado da Guanabara[77].

---

[71] Luiz Alberto Moniz Bandeira, *O governo João Goulart*, cit., p. 212.

[72] PCB, "A posição dos comunistas diante das reformas de base" (abr. 1963), Rio de Janeiro, *Cadernos de Novos Rumos*, 1963 (folheto impresso, 16 p.); *Novos Rumos*, Rio de Janeiro, n. 219, 1º-9 maio 1963, p. 8.

[73] Luiz Alberto Moniz Bandeira, *O governo João Goulart*, cit., p. 206.

[74] Jacob Gorender, "Plano Trienal a caminho da falência", *Novos Rumos*, Rio de Janeiro, n. 217, 19-25 abr. 1963, p. 3.

[75] Edgard Carone, *O PCB*, v. 2: *1943-1964* (São Paulo, Difel, 1982), p. 260.

[76] PCB, "Os comunistas e a situação política nacional" (jul. 1963), *Novos Rumos*, Rio de Janeiro, n. 229, 12-18 jul. 1963, p. 3; Edgard Carone, *O PCB*, v. 2, cit., p. 256-61.

[77] *Novos Rumos*, Rio de Janeiro, n. 213, 22-28 mar. 1963, p. 1.

Nesse cenário de crise, a conspiração visando à mudança de rumos ou à derrubada do governo Goulart tomava corpo. Em abril, uma provocação golpista dirigida pelo ministro da Guerra, general Amaury Kruel, teve como pretexto um desagravo ao presidente por injúrias que Lacerda lhe fizera. Entretanto, uma intervenção federal na Guanabara, conforme o plano do grupo liderado por Kruel, despertou o temor de que se desencadeasse uma grave crise política e o governo federal viesse a intervir também em Pernambuco para derrubar o governador Miguel Arraes – eleito por setores nacionalistas e democráticos daquele estado –, como era desejo do ministro da Guerra[78]. Tornavam-se imprevisíveis as consequências de tais iniciativas.

A direção do PCB divulgou a declaração *Os comunistas e os últimos acontecimentos políticos*: nela se dizia que a tentativa golpista fora maquinada sem o conhecimento do comando do I Exército – com sede no Rio de Janeiro – e tendo em vista "afastar dos seus postos, no processo do golpe, os mais destacados chefes militares nacionalistas, em primeiro lugar, o general Osvino Ferreira Alves – o que levou a um conflito, tornado público entre a corrente liderada por esse general e o ministro da Guerra". A seguir, o documento assinalava que "a tentativa golpista visava compor um novo dispositivo de forças em que pudesse apoiar-se o governo para procurar barrar o avanço do movimento nacionalista e democrático e prosseguir na aplicação de sua atual política de conciliação com os imperialistas e latifundiários [...]"[79].

Os comunistas queixavam-se de que, frente à pressão dos setores entreguistas e de direita, Goulart lhes vinha fazendo concessões e se colocando, inclusive, como "propiciador de um governo das forças do 'centro', 'contra a direita e contra a esquerda', assumindo, assim, de público, a chefia política do golpe". A tentativa golpista fora repelida e derrotada "graças à maturidade política, à vigilância e à independência dos setores mais esclarecidos e firmes da frente única nacionalista e democrática". Para os comunistas, a alternativa à política de conciliação do governo Goulart residia na mobilização de todos os setores progressistas na luta pelas reformas de base, para a realização das quais seria necessária a formação de um governo nacionalista e democrático[80].

Novos Rumos levantava insistentemente a bandeira da luta popular por emenda constitucional que abrisse caminho para a reforma agrária radical, conclamando as massas a "arrancar do Congresso e do governo as reformas"[81].

---

[78] Luiz Alberto Moniz Bandeira, *O governo João Goulart*, cit., p. 213-4.

[79] PCB, "Os comunistas e os últimos acontecimentos políticos" (abr. 1963), *Novos Rumos*, Rio de Janeiro, n. 219, 1º-9 maio 1963, p. 3.

[80] Idem.

[81] *Novos Rumos*, Rio de Janeiro, n. 220, 10-16 maio 1963, p. 1; n. 221, 17-23 maio 1963, p. 1.

Porém, as persistentes ilusões da direção do PCB nas possibilidades de Jango realizar uma reforma ministerial e formar um *governo nacionalista e democrático*, por meio da pressão das massas – sem a constituição do que estamos denominando de *sujeito-povo* –, explicitavam-se, mais uma vez, em outra entrevista de Prestes a *Novos Rumos*:

> O atual governo, pela sua composição e pela sua política, é um governo de *conciliação* com o imperialismo e o latifúndio. A própria realização das reformas de base implica a derrota da *política de conciliação* e, portanto, o afastamento do ministério dos agentes do imperialismo e dos defensores do latifúndio e sua substituição por nacionalistas e democratas. Só um governo de coalizão das forças nacionalistas e democráticas, que não seja um governo em que apenas a burguesia esteja representada, mas também as outras forças da frente única, poderá dar início, de maneira consequente, às reformas de base reclamadas pela Nação. E é por isso que a luta pelas reformas de base é inseparável da luta por um *governo nacionalista e democrático* e, em particular, da luta contra os representantes dos interesses do imperialismo e do latifúndio que fazem parte do atual ministério, tais como o sr. Kruel, os ministros do PSD e do PSP, srs. Balbino, Pinheiro Chagas e Monteiro de Barros e os executores do Plano Trienal, srs. San Tiago Dantas e Celso Furtado.[82]

Ao mesmo tempo, lideranças sindicais – várias delas dirigentes do PCB –, sob influência dessa orientação política, procuravam pressionar Jango. Em junho de 1963, líderes do CGT foram recebidos em Brasília pelo presidente. Na ocasião, entregaram-lhe um manifesto reivindicando a organização de um ministério capaz de fazer as reformas de base[83].

Em julho, o PCB publicou um documento condenando medidas do governo que faziam concessões crescentes às forças de direita, ao imperialismo e ao latifúndio. Nele, foi criticada, em particular, a política econômico-financeira em prática, inclusive o Plano Trienal. Os comunistas combatiam a contemporização com a "maioria retrógrada do Parlamento", o afastamento do Ministério dos "elementos mais ligados às correntes populares" e as concessões feitas ao FMI. O documento afirmava: "Em face do Governo, do novo Ministério, a atitude dos comunistas é de oposição, de luta contra sua política de conciliação com o imperialismo e o latifúndio". Reafirmando a importância das Reformas de Base, os comunistas defendiam que, para a conquista da reforma agrária, era necessário "organizar as

---

[82] PCB, "Prestes conclama o povo à ação: romper com o FMI e conquistar as reformas", *Novos Rumos*, Rio de Janeiro, n. 223, 31 maio-6 jun. 1963, p. 3; grifos desta autora.

[83] *Novos Rumos*, Rio de Janeiro, n. 224, 7-13 jun. 1963, p. 1.

massas para a luta pela emenda do parágrafo 16 do artigo 141 da Constituição, de modo que a desapropriação das terras dos latifundiários venha a fazer-se com o pagamento em títulos da dívida pública, sem reajustamento do seu valor". Ao final do texto, o PCB denunciava mais uma vez a preparação "pelos reacionários e entreguistas" de um "golpe de direita" e o risco de "uma ditadura a serviço do imperialismo norte-americano e do latifúndio", insistindo que

> as forças patrióticas devem estar vigilantes e prontas a responder a qualquer tentativa de golpe, através da ação das massas populares, unidas aos setores nacionalistas e antigolpistas das Forças Armadas, do Parlamento e do governo, com o objetivo de impor ou restabelecer os direitos do povo, avançando para a conquista de um governo nacionalista e democrático.[84]

Ainda em julho de 1963, a direção do PCB fez um balanço da política eleitoral dos comunistas, destacando os êxitos obtidos nas eleições de outubro do ano anterior, quando, sem possuir legenda própria, seus candidatos tiveram que concorrer por outros partidos. O documento reafirmava que os comunistas, "ao mesmo tempo que utilizam as eleições, porque são uma realidade de massas em nosso país, defendem firmemente seu direito de participar do processo eleitoral; reconhecem que as eleições estão indissoluvelmente ligadas às lutas das massas e que sua utilização só terá êxito se for conjugada com estas"[85].

Ao final, assinalava as tarefas político-eleitorais consideradas mais importantes para aquele momento:

> A luta pelo registro do PCB; a luta pela revogação do artigo 58 da Lei Eleitoral; a luta pela extensão do direito de voto aos analfabetos e aos soldados; a luta pela realização de eleições em Brasília; a luta pela posse dos candidatos eleitos pelos trabalhadores e pelos sargentos; a luta por restrições eficazes à ação do poder econômico e por maiores facilidades para a arregimentação e propaganda político-democrática, em igualdade de condições.[86]

A situação econômico-social, com suas consequências na política nacional, tornava-se cada vez mais grave, exigindo uma definição urgente. O dilema consistia em garantir a realização das Reformas de Base ou capitular diante da pressão do imperialismo e das classes dominantes locais contra sua aprovação e

---

[84] "Os comunistas e a situação política nacional", cit.; Edgard Carone, *O PCB*, v. 2, cit., p. 256-61.

[85] PCB, "A política eleitoral dos comunistas" (jul. 1963), *Novos Rumos*, Rio de Janeiro, n. 232, 2-8 jul. 1963, p. 5-6.

[86] Idem.

implementação. João Goulart vacilava e procurava conciliar interesses crescentemente divergentes. Enquanto eram desencadeadas greves gerais, em agosto e setembro de 1963[87], Roberto Campos, conhecido representante dos interesses do capital estrangeiro, renunciava ao cargo de embaixador em Washington, deixando evidentes suas divergências com o presidente[88].

Na mesma ocasião, o Supremo Tribunal Federal recusou-se a reconhecer a elegibilidade dos sargentos, permitindo a cassação dos mandatos de alguns que haviam sido eleitos no pleito do ano anterior[89]. Essa decisão provocaria não só protestos generalizados, como também a revolta de cerca de quinhentos sargentos do Exército, da Marinha e da Aeronáutica em Brasília, debelada pelo governo em poucas horas[90]. Frente a tais fatos, o PCB assumiu posição de "defesa dos mandatos populares e das liberdades democráticas", criticando novamente as atitudes conciliatórias de Jango[91]. *Novos Rumos* publicou reportagem intitulada "Sargentos são nossos irmãos", em solidariedade ao movimento. E a direção do PCB divulgou a declaração *Os comunistas ao povo brasileiro*, apelando à "unidade das forças populares pelas liberdades democráticas, pelas Reformas de Base"[92].

Nos derradeiros meses de 1963, a conspiração golpista se acentuou, tendo como um de seus inspiradores o coronel Vernon Walters, adido militar da embaixada norte-americana e agente da Defense Intelligence Agency (DIA), o serviço secreto do Exército dos Estados Unidos[93]. Foi nesse contexto que o general Peri Bevilacqua, comandante do II Exército, tornou públicas declarações em que atacava o CGT e outras entidades sindicais. Diante disso, o ministro da Guerra, general Jair Dantas Ribeiro, foi levado a divulgar comunicado oficial decretando advertência àquele oficial "sobre o inconveniente de tal comportamento contrariando suas determinações expressas e pessoais". Imediatamente, foi lançado um *Manifesto ao povo*, assinado por lideranças sindicais e populares em repúdio às declarações do general Peri e em apoio à causa dos sargentos, "que lutam pelo direito de ter os seus representantes nas Casas Legislativas do país", afirmando sua disposição de "não aceitar qualquer medida de exceção"[94]. Na mesma ocasião, o PCB também se pronunciou:

---

[87] *Novos Rumos*, Rio de Janeiro, n. 238, 13-19 set. 1963, p. 1.

[88] Luiz Alberto Moniz Bandeira, *O governo João Goulart*, cit., p. 244.

[89] Os militares de baixa patente não tinham direito a votar nem a ser eleitos.

[90] Luiz Alberto Moniz Bandeira, *O governo João Goulart*, cit., p. 245.

[91] *Novos Rumos*, Rio de Janeiro, 13 set. 1963, p. 1, 3 e 4, edição extra.

[92] Ibidem, n. 239, 20-26 set. 1963, p. 1 e 8.

[93] Luiz Alberto Moniz Bandeira, *O governo João Goulart*, cit., p. 255; Flávio Tavares, *1964*, cit., p. 35-6.

[94] *Novos Rumos*, Rio de Janeiro, n. 240, 27 set.-3 out. 1963, p. 1.

A reação entreguista intensifica sua atividade antipopular e antinacional. Evoluindo do ataque inicial ao CGT, [...] o general Peri Bevilacqua procura transformar o comando do II Exército no centro da agitação antidemocrática e da conspiração golpista. As forças que o apoiam e estimulam [...] querem [...] impedir que se realizem as reformas de base, as transformações econômicas, políticas e sociais exigidas pelos interesses de nosso povo. [...] E já pregam descaradamente o golpe reacionário, visando deter as lutas das massas trabalhadoras e populares, liquidar as liberdades, barrar e fazer retroceder o processo democrático [...].[95]

Diante da gravidade da situação, os comunistas emprestavam todo apoio ao *Manifesto ao povo*, lançado poucos dias antes, afirmando que ele deveria ser transformado num "poderoso instrumento de ação de massas". Acrescentavam que seria "através das lutas das massas em defesa das suas reivindicações, da unidade e ação de todas as forças nacionalistas e democráticas, que o nosso povo, derrotando as manobras conciliatórias e as ameaças golpistas, conquistará novas vitórias"[96].

O governo brasileiro, ao manter uma atitude tolerante e conciliatória com os adversários das Reformas de Base, permitia que os conspiradores agissem com crescente desenvoltura. Carlos Lacerda chegou a declarar a um jornal norte--americano que o governo de Goulart poderia cair antes do fim do ano, levando os ministros militares a propor a decretação do estado de sítio para que pudessem legalmente destituir Lacerda do governo do estado da Guanabara, processá-lo e julgá-lo. Pressionado pelos militares, Goulart enviou mensagem ao Congresso Nacional solicitando tal medida e alegando, para justificá-la, a iminente ameaça de comoção interna[97].

A reação do PCB foi imediata. Em declaração intitulada *Os comunistas se dirigem aos trabalhadores e ao povo brasileiro*, foram apresentadas três diretivas: 1) esmagar a conspiração de Carlos Lacerda e Adhemar de Barros; 2) contra o estado de sítio e pelas liberdades; 3) por um governo nacionalista e democrático. No documento afirmava-se: "Cumpre aos trabalhadores e a todos os cidadãos apoiar decididamente os atos do Governo que forem orientados no sentido de eliminar os focos de reação e entreguismo". Entretanto, "o estado de sítio só pode dificultar a mobilização das massas contra os setores reacionários e dar argumentos a Lacerda e Adhemar, que tentam confundir a opinião pública, apresentando-se como defensores da democracia". Para os comunistas, "o combate aos grupos

---

[95] "Unidade de ação das massas para esmagar o golpismo e derrotar a conciliação", *Novos Rumos*, Rio de Janeiro, n. 240, 27 set.-3 out. 1963, p. 1.

[96] Idem.

[97] Luiz Alberto Moniz Bandeira, *O governo João Goulart*, cit., p. 255-8; *Novos Rumos*, Rio de Janeiro, 5 out. 1963, p. 2, edição extra.

reacionários" só poderia ter sucesso se fosse baseado "na mobilização e na atividade das massas trabalhadoras e populares". Por isso, era indispensável "a garantia de amplas liberdades a fim de que as forças populares possam manifestar-se em todo seu vigor" e, por essa razão, os comunistas chamavam os trabalhadores e o povo a "manifestar-se contra a implantação do estado de sítio e qualquer tentativa de restringir os direitos assegurados na Constituição"[98].

A posição de repúdio do PCB à solicitação da decretação do estado de sítio – embora num primeiro momento gerasse incompreensões – logo a seguir recebeu o apoio de lideranças e de entidades populares e sindicais. Ficara claro que semelhante medida poderia ser uma faca de dois gumes – voltada não tanto contra Lacerda, mas, muito mais, contra os trabalhadores e setores populares. A exposição feita pelo ministro da Justiça Abelardo Jurema, ao encaminhar a mensagem presidencial ao Congresso Nacional, não deixava dúvidas: o estado de sítio fora pedido para esmagar as lutas populares ("indisciplina", "sublevação", "reivindicações" etc.). O ministro dizia textualmente: "É indispensável o estabelecimento do estado de sítio para manter a ordem jurídico-constitucional, restaurar a tranquilidade e a própria confiança nos instrumentos legais"[99].

A Frente de Mobilização Popular (FMP)[100] apelaria a Jango para que retirasse o pedido de sítio e fizesse as reformas com o povo. Políticos como o governador Miguel Arraes e o deputado Bocaiúva Cunha fizeram declarações no mesmo sentido[101]. Por fim, a edição extra de *Novos Rumos* de 8 de outubro anunciava o fracasso da tentativa de decretação do estado de sítio, com a retirada por Jango da mensagem que solicitara tal medida. Nessa mesma edição, foi estampada a manchete: "Para romper com a conciliação e levar a cabo as reformas de base: novo governo e nova política"[102]. Dessa forma, o PCB continuou fiel à tática de luta contra a *política de conciliação* e por uma reforma ministerial capaz de assegurar a conquista de um *governo nacionalista e democrático*.

Sob impacto dos acontecimentos, ainda em outubro de 1963 a direção do PCB pronunciou-se sobre a vitória política das forças nacionalistas e

---

[98] PCB, "Os comunistas se dirigem aos trabalhadores e ao povo brasileiro", *Novos Rumos*, Rio de Janeiro, 5 out. 1963, p. 1, edição extra.

[99] *Novos Rumos*, Rio de Janeiro, n. 242, 11-17 out. 1963, p. 8.

[100] A Frente de Mobilização Popular (FMP), lançada por Brizola no início de 1963, agrupava correntes de esquerda e entidades como o CGT, a UNE e o Comando Nacional dos Sargentos. Em várias ocasiões, essas entidades se manifestaram em bloco, exercendo pressão sobre o Congresso Nacional, embora a FMP tenha tido um alcance limitado; ver Dênis de Moraes, *A esquerda e o golpe de 64*, cit., p. 172; Marcos Napolitano, *1964: história do regime militar brasileiro* (São Paulo, Contexto, 2014), p. 38.

[101] *Novos Rumos*, Rio de Janeiro, 7 out. 1963, p. 1, edição extra.

[102] Ibidem, 8 out. 1963, p. 1, edição extra.

democráticas no impedimento do estado de sítio. A declaração também assinalava o fracasso da *política de conciliação* do governo com as forças interessadas em que o país continuasse "espoliado pelos monopólios imperialistas e entravado pelo latifúndio". E afirmava que "o governo do sr. João Goulart manifesta-se repetidamente favorável às reformas de base, mas nada fez no sentido de medidas concretas e efetivas":

> A unidade de ação dos trabalhadores, camponeses, estudantes, militares patriotas, de todo o povo brasileiro, é o fator decisivo para o esmagamento da conspiração reacionária, a derrota da *política de conciliação* com o imperialismo e o latifúndio e a conquista de um *governo nacionalista e democrático*, que realize as medidas reclamadas pelos interesses da nação.[103]

Em São Paulo, uma greve de 700 mil trabalhadores que atingiu todo o estado e durou quatro dias conquistou aumentos de no mínimo 80% para todas as categorias. *Novos Rumos*, em edição extra, relatou os detalhes do movimento e das entidades participantes, publicando uma *Declaração dos comunistas de São Paulo aos 700 mil grevistas*[104]. Membro da direção do PCB, o dirigente sindical Ramiro Lucchesi, escreveu um artigo exaltando a unidade dos trabalhadores no êxito da greve[105].

No final daquele conturbado ano de 1963, frente a uma possível reformulação do Ministério, quando se aventava a possibilidade de designar Leonel Brizola para a pasta da Fazenda, a direção do PCB cobrou de Jango "não uma simples troca de homens", mas o "rompimento dos compromissos com as forças reacionárias" e a "constituição de outro sistema de forças, nacionalista e democrático". Como sempre, os comunistas sublinhavam que "a justa solução do problema da composição e da política do governo dependerá, fundamentalmente, da unidade e coordenação das correntes populares, da ativa e vigilante participação das massas no processo político"[106]. *Novos Rumos* exigiu anistia para os sargentos condenados pela participação na revolta de setembro e manteve a tônica: "Solução para a crise: novo governo, baseado nas forças progressista"[107]. Para o PCB, cabia a Jango a

---

[103] PCB, "Os comunistas se dirigem à nação: por um governo capaz de adotar soluções imediatas em favor do povo" (out. 1963), *Novos Rumos*, Rio de Janeiro, n. 242, 11-17 out. 1963, p. 1; Edgard Carone, *O PCB*, v. 2, cit., p. 261-4; grifos desta autora.

[104] *Novos Rumos*, Rio de Janeiro, 30 out. 1963, p. 1, edição extra.

[105] Ibidem, n. 245, 1º-7 nov. 1963, p. 1; n. 246, 8-14 nov. 1963, p. 1.

[106] PCB, "Os comunistas e a recomposição do governo" (editorial), *Novos Rumos*, Rio de Janeiro, n. 251, 13-19 dez. 1963, p. 1; Edgard Carone, *O PCB*, v. 2, cit., p. 264-5.

[107] *Novos Rumos*, Rio de Janeiro, n. 251, 13-19 dez. 1963, p. 8; n. 252, 20-26 dez. 1963, p. 1.

iniciativa na implementação das Reformas de Base – para as quais, acreditavam os comunistas, ele poderia contar com o apoio dos trabalhadores e das forças progressistas do país.

Em 3 de janeiro de 1964, dia de seu aniversário, Prestes foi submetido a uma longa entrevista-sabatina no programa *Pinga Fogo*, da TV Tupi de São Paulo, que alcançou enorme repercussão. Na ocasião, o secretário-geral do PCB reiterou as posições que vinham sendo adotadas pela direção do partido, revelando, contudo, de maneira sutil, sua discordância em relação às teses de caráter reformista aprovadas no V Congresso. O entrevistado reafirmou a necessidade, no Brasil, de um "salto revolucionário" e a disposição de lutar pela conquista de um "governo revolucionário". Foram suas palavras:

> Lutamos por um *governo revolucionário* das forças anti-imperialistas e antifeudais, capaz de levar até o fim as tarefas da revolução [...]. As reformas serão cada vez mais profundas, e chegaremos finalmente ao *salto revolucionário*, a um *governo efetivamente revolucionário*, que leve até o fim as tarefas da revolução nessa etapa e abra o caminho para o socialismo em nosso país.[108]

Perguntado se seria exata a frase que lhe fora amplamente atribuída e teria sido por ele proferida no Recife – "Já somos governo, falta-nos, porém, o poder" –, Prestes respondeu que jamais havia dito isso e que sua fala havia sido deturpada. "Estamos influindo cada vez mais no poder, isso estamos. Através da classe operária, através do movimento camponês, através do movimento sindical, em que a influência comunista é grande e tende a crescer"[109].

Em diversas ocasiões, frases falsas foram atribuídas a Prestes. Afirma-se, por exemplo, que ele teria lançado a candidatura de João Goulart à reeleição em 1965, o que seria inconstitucional[110]. Na realidade, conforme esclareceu na entrevista à TV Tupi:

> Pensamos que devemos nos unir e chegar a um candidato apoiado pelas amplas forças nacionalistas e democráticas, particularmente se tiver o apoio do PTB e do Presidente Goulart. [...] Talvez possa ser o governador Arraes... Agora, as dificuldades para essa unidade, sabemos que não são pequenas. E há outras dificuldades,

---

[108] "Entrevista-sabatina de Prestes na TV Paulista", *Novos Rumos*, Rio de Janeiro, 24-30 jan. 1964, 8 p., suplemento especial; Dênis de Moraes (org.), *Prestes com a palavra: uma seleção das principais entrevistas do líder comunista* (Campo Grande, Letra Livre, 1997), p. 158 e 171; grifos desta autora.

[109] Idem.

[110] Marco Antônio Coelho, "Era possível evitar o golpe de 64" (entrevista dada a Luiz Carlos Azedo), *Correio Braziliense*, Brasília, 28 mar. 2014.

porque o próprio presidente Goulart pode pretender ser candidato; talvez mesmo o candidato do presidente Goulart à presidência da República seja ele mesmo. Não sei como pretende chegar lá. Será através de uma reforma constitucional? Pode ser, não? Reformar a Constituição para permitir a reeleição. [...] E entre os candidatos das forças patrióticas, entre os que estão aí, *talvez o presidente Goulart ainda seja mesmo o melhor, se a Constituição permitir*.[111]

Fica evidente que, para Prestes, a candidatura de Jango era apenas uma possibilidade entre outras.

A derrubada de João Goulart

A pressão sobre Goulart era cada vez maior: por um lado, das forças nacionalistas e democráticas, incluindo o movimento sindical, os diversos setores populares e as "esquerdas"; por outro, dos representantes das classes dominantes e dos monopólios estrangeiros. Em 23 de janeiro de 1964, Jango assinou medida que afetaria profundamente os interesses norte-americanos no Brasil – o decreto regulamentando a lei sobre a remessa de lucros para o exterior. O embaixador norte-americano Lincoln Gordon tentou de todas as formas evitar a concretização dessa lei, aprovada anteriormente no Congresso, mas à espera de regulamentação pelo presidente[112]. Jango dava, assim, um passo importante no caminho da realização das Reformas de Base; no entanto, o clima político se tornara extremamente tenso.

Ainda em janeiro de 1964, o ex-ministro San Tiago Dantas encaminhou a entidades representativas das forças democráticas um conjunto de sugestões de caráter programático destinado a abrir o debate em torno de uma plataforma comum, com a qual se comprometeria o governo, constituído sobre a base daqueles entendimentos. San Tiago Dantas propunha a formação de uma Frente Popular ou Progressista que teria o objetivo de dar apoio e cooperação ao presidente para levar adiante as Reformas de Base. O PCB imediatamente se dispôs a colaborar, apresentando documento com observações e sugestões à proposta. Houve entendimentos com Miguel Arraes, Leonel Brizola e também com a Frente de Mobilização Popular. Entretanto, os esforços de formação da Frente fracassariam, pois os setores mais à direita, como políticos do PSD, que San Tiago pretendia atrair, não a aceitavam por considerá-la radical demais, enquanto as "esquerdas" se batiam por medidas mais fortes, estando, ademais, dispersas e divididas.

---

[111] "Entrevista-sabatina de Prestes na TV Paulista", *Novos Rumos*, Rio de Janeiro, 24-30 jan. 1964, 8 p., suplemento especial; grifos desta autora.

[112] Luiz Alberto Moniz Bandeira, *O governo João Goulart*, cit., p. 289-90; Flávio Tavares, *1964*, cit.; *Novos Rumos*, Rio de Janeiro, n. 256, 17-23 jan. 1964, p. 1; n. 257, 24-30 jan. 1964, p. 7.

No início de março, quando ainda se discutiam as sugestões de San Tiago Dantas, *Novos Rumos* divulgou documento assinado por Prestes, intitulado "Por um governo que faça as reformas de base: os comunistas e os entendimentos políticos". Ele dizia:

> Quando consultados pelo sr. Santiago Dantas, na qualidade de coordenador político do presidente da República, a respeito da participação em ampla frente política em que fosse possível apoiar um novo ministério, capaz de dar início às reformas de base e de participar da luta pelas medidas legislativas necessárias, inclusive a reforma de preceitos reacionários da Constituição, os comunistas deram seu assentimento e apresentaram por escrito sua opinião, esclarecendo sua posição e formulando sugestões a serem utilizadas na formulação definitiva do programa apresentado. Participaram também os comunistas ativamente dos entendimentos políticos com as demais correntes políticas e viram com satisfação que a Frente de Mobilização Popular tinha idêntica posição, concordando em nota pública com os principais itens da plataforma de unidade aceitável para os comunistas.[113]

O documento não subestimava as dificuldades desses entendimentos, mas os considerava necessários, afirmando que os comunistas

> deles [...] participarão, não poupando esforços para que se encontre efetivamente o terreno comum, a plataforma programática mínima em torno da qual possam unir-se as mais amplas forças patrióticas e democráticas, as quais, juntamente com o presidente João Goulart, possam construir a base de um novo governo, livre de compromissos com os agentes entreguistas e os defensores do latifúndio.[114]

Numa atitude crítica às concessões feitas à direita em contraproposta apresentada por Dantas, prosseguia da seguinte forma o documento do PCB:

> Descaracterizar a plataforma de unidade para satisfazer aos setores reacionários é, evidentemente, perder tempo e desviar os entendimentos políticos de seu curso inicial, de sua razão de ser. É pretender continuar a mesma política de conciliação comprovadamente incapaz de dar solução aos problemas nacionais e de impulsionar as reformas de base. Pensamos que a última proposta

---

[113] "Por um governo que faça as reformas de base: os comunistas e os entendimentos políticos", *Novos Rumos*, Rio de Janeiro, n. 262, 6-12 mar. 1964, p. 3; Edgard Carone, *O PCB*, v. 2, cit., p. 266-71.

[114] Idem.

apresentada pelo sr. Santiago Dantas em nome do presidente da República padece de semelhante mal.[115]

Na conclusão, Prestes, em nome do PCB, propunha uma série de medidas concretas a ser adotada por "um Poder Executivo efetivamente disposto a servir ao povo". Afirmava que "outro elemento básico da unidade" deveria ser "o compromisso de participar da ação conjunta no sentido de exigir do Parlamento algumas medidas legislativas e a reforma de determinados preceitos constitucionais que impedem a reforma agrária e a livre expressão da vontade popular através do voto". E apresentava as propostas dos comunistas[116].

Em contraposição a San Tiago Dantas, setores da "esquerda", junto aos quais Brizola exercia forte influência, lançaram a ideia de uma Frente Popular com o apoio do CGT, da UNE e de outras entidades populares. Em 23 de março, foi divulgado seu programa, reproduzido em *Novos Rumos*, no qual, além do endosso às reformas de base, reivindicava-se a legalidade do PCB, o monopólio do câmbio e da exportação do café, a nacionalização dos bancos estrangeiros, o controle federal dos empréstimos externos aos estados, a extensão do voto aos analfabetos e a todos os militares, o limite de investimentos para o capital estrangeiro no país, a nacionalização das empresas de publicidade e propaganda, a anistia para processados ou presos por motivos políticos e sindicais, além de reajustes periódicos de salários e vencimentos etc. O programa deveria ser discutido pelas forças nacionalistas e democráticas, mas, poucos dias após seu lançamento, a Frente Popular naufragaria junto com o governo Goulart[117].

Em 13 de março, realizara-se o célebre comício da Central do Brasil, no qual, segundo *Novos Rumos*, "o povo exigiu na praça pública reformas de base e reforma da Constituição". Cerca de 200 mil pessoas aplaudiram o discurso de Jango no comício, que teria inaugurado uma "nova fase na luta pelas reformas"[118]. Na ocasião, o presidente proclamou a necessidade de mudanças na Constituição que legalizassem uma "estrutura econômica superada, injusta e desumana"[119]. Anunciou a assinatura de vários decretos, entre os quais a encampação das refinarias particulares, o tabelamento dos aluguéis dos imóveis desocupados e a desapropriação de terras

---

[115] Idem.

[116] Idem.

[117] *Novos Rumos*, n. 257, 24-30 jan. 1964, p. 1 e 8; n. 265, 27 mar.-2 abr. 1964, p. 7; Dênis de Moraes, *A esquerda e o golpe de 64*, cit., p. 181-4; Luiz Alberto Moniz Bandeira, *O governo João Goulart*, cit., p. 303.

[118] *Novos Rumos*, Rio de Janeiro, 15 mar. 1964, p. 1 e 4, edição extra.

[119] "Discurso de Goulart no comício de 13 de março", citado em Luiz Alberto Moniz Bandeira, *O governo João Goulart*, cit., p. 313.

valorizadas pelos investimentos públicos, ou seja, das terras às margens dos eixos rodoviários e dos açudes, ou que pudessem tornar produtivas áreas inexploradas. Estiveram também no comício Arraes e Brizola, com o propósito de consolidar a formação e a unidade da Frente Popular, cuja estruturação vinha sendo debatida pelas forças de esquerda, visando ao apoio às Reformas de Base, que haviam sido apresentadas de forma condensada na mensagem que o presidente Goulart remeteria ao Congresso Nacional[120]. Prestes não foi convidado e não compareceu ao comício, pois o clima político não era propício a sua presença[121].

Nos últimos dias de março de 1964, o PCB publicou uma análise da situação política no país após a realização do comício do dia 13 daquele mês e o envio da mensagem presidencial ao Congresso. Segundo o documento, tais acontecimentos encerravam "uma profunda significação" e abriam "perspectivas novas às lutas do povo brasileiro". Para o PCB, o comício de 13 de março refletia "a força do movimento de massas, que atingiu um nível sem precedentes", e demonstrava que "o povo veio às ruas exigir as reformas de base". Exaltava o fortalecimento da unidade dos setores que lutam pela libertação e o progresso do país e considerava que o comício significara "mais um sério golpe no imperialismo e na reação"[122].

Na mesma declaração, os comunistas destacavam que o presidente da República, em sua mensagem enviada ao Congresso, formulara claramente "a exigência de uma reforma constitucional" que abrisse caminho "às mudanças reclamadas pelo povo na estrutura econômica e no sistema político". Consideravam que Goulart dera, dessa maneira, "um importante passo ao encontro das aspirações populares", assumira "novos e maiores compromissos com o povo", que manifestara "sua firme decisão de apoiá-lo na luta pela reforma da Constituição, necessária ao progresso nacional"[123].

Ainda assim, o documento do PCB reconhecia também a intensificação da movimentação das forças mais reacionárias:

> Em numerosos pontos do país armam-se contra o povo, recorrem à violência policial nos estados como a Guanabara e São Paulo, onde dirigem o aparelho repressivo, articulam conspirações militares, exploram a fé religiosa como instrumento de provocação política e levantam a desmoralizada bandeira do anticomunismo.[124]

---

[120] Luiz Alberto Moniz Bandeira, *O governo João Goulart*, cit., p. 313-4.

[121] Prestes chegou a ter vários encontros reservados com o presidente João Goulart, durante os quais, em nome do PCB, apresentou e defendeu as posições políticas do partido.

[122] PCB, "Os comunistas e a situação política: intensificar as ações de massas para garantir a vitória do povo" (mar. 1964), *Novos Rumos*, Rio de Janeiro, n. 265, 27 mar.-2 abr. 1964, p. 3.

[123] Idem.

[124] Idem.

Os comunistas apoiavam a ideia da realização de um plebiscito, aventada pelo presidente e outros setores, "com ampla ressonância no seio do povo". Com essa consulta democrática, seria assegurado o direito do povo de "decidir soberanamente sobre as reformas de base e as emendas à Constituição", sugeridas na mensagem presidencial[125].

Por fim, os comunistas afirmavam que as forças que participaram do ato do dia 13 de março seriam "invencíveis", desde que se mantivessem "unidas e atuantes", e reiteravam que continuariam empenhados em fortalecer essa unidade, "atuando à frente das massas, com energia e decisão, pela formação de um *governo nacionalista e democrático*, pelas reformas de base e as emendas à Constituição, por novas medidas imediatas que golpeiem os privilégios do imperialismo e do latifúndio"[126].

Na mesma edição em que divulgava essa declaração, *Novos Rumos* publicou um caderno especial com as *Teses para discussão*, tendo em vista a preparação do VI Congresso do PCB[127]. No extenso documento, eram reafirmadas as teses aprovadas no V Congresso do Partido, realizado em 1960, sendo destacada a "nova e importante conclusão" a que chegara aquele conclave: "Criam-se condições cada vez mais propícias a que se forme um governo de coalizão, representativo das forças integrantes da frente nacionalista e democrática, desde a classe operária, os camponeses e as camadas médias urbanas até a burguesia nacional"[128].

Era também enunciado o "objetivo tático principal das forças anti-imperialistas, no momento atual": a "conquista das *reformas de base* e a formação de um *governo nacionalista e democrático* capaz de iniciá-las e levá-las adiante". E os comunistas, "como defensores das aspirações do proletariado", consideravam "necessária sua participação em um governo conquistado pela frente nacionalista e democrática"[129].

A direção do PCB reconhecia "a instabilidade política em que vive o país" e ponderava que tal situação poderia conduzir "a novas crises de governo, no curso das quais se produzam choques de maior envergadura entre as forças interessadas no progresso e na libertação nacional e as da reação e do imperialismo". Na visão do partido, duas possibilidades golpistas se desenhavam naquele momento:

1) Os grupos reacionários podem interromper o processo democrático e conter o avanço das forças democráticas e progressistas através da implantação de um governo direitista, abertamente antinacional e antipopular;

---

[125] Idem.

[126] Idem; grifos desta autora.

[127] "Teses para discussão", *Novos Rumos*, Rio de Janeiro, n. 265, 27 mar.-1º abr. 1964, 15 p., suplemento especial.

[128] Idem.

[129] Idem; grifos desta autora.

2) As tentativas golpistas podem ocorrer também sob a roupagem de uma política "centrista", isto é, orientada simultaneamente "contra a extrema-direita e contra a extrema-esquerda", mas objetivando, em última instância, deter o processo de avanço democrático em curso, como se deu na ocasião do episódio de 4 de abril de 1963 e da tentativa de implantação do "estado de sítio".[130]

Diante de tais possibilidades, a diretriz dos comunistas era "unir suas fileiras e lançar-se à luta em defesa das liberdades democráticas, pela realização das reformas que o povo reclama, pelo afastamento dos reacionários do poder, contra a política de conciliação com o imperialismo e o latifúndio, por um governo nacionalista e democrático"[131].

As Reformas de Base eram examinadas detalhadamente nas *Teses para discussão*, sendo consideradas "exigências da luta anti-imperialista e antifeudal". Segundo a orientação aprovada no V Congresso do PCB, reafirmava-se ainda a existência de uma burguesia nacional, que teria "interesse objetivo na emancipação da economia nacional e na realização da reforma agrária", embora fossem reconhecidos seu "caráter dúplice" e sua tendência "a conciliar com as forças do imperialismo e do latifúndio". Conforme a resolução do V Congresso, apontava-se "a possibilidade real de que a revolução anti-imperialista e antifeudal" atingisse seus objetivos por "um caminho pacífico, isto é, sem insurreição armada ou guerra civil"[132].

A parte final do documento alertava o partido para a necessidade de combater duas tendências que dificultavam a aplicação dessa linha política. De um lado, a "tendência sectária", de "negar a possibilidade de aliança com a burguesia nacional e não reconhecer, na prática, que o golpe principal deve ser desfechado contra o imperialismo e seus agentes internos". De outro, a "tendência oportunista de direita" de ignorar o "caráter dúplice da burguesia nacional, identificando de modo absoluto as posições da classe operária e das forças populares em geral com os interesses do setor burguês, representado pelo sr. João Goulart". E acrescentava que essa tendência "menospreza a necessidade de travar a luta *contra a política de conciliação* do atual governo, a fim de ganhar as massas para posições revolucionárias e isolar aqueles setores burgueses que capitulam diante do imperialismo e da reação latifundiária"[133].

Após o comício de 13 de março, a conspiração golpista acelerou-se. Conforme documentação hoje conhecida dos arquivos norte-americanos[134], Castello Branco,

---

[130] Idem.

[131] Idem.

[132] Idem.

[133] Idem; grifos desta autora.

[134] Flávio Tavares, *1964*, cit.

chefe do golpe de Estado em preparação, aguardava o momento propício, um pretexto para desencadear o movimento. A comemoração do aniversário da Associação dos Marinheiros e Fuzileiros Navais, desacatando proibição do almirante Sílvio Mota, ministro da Marinha, que ordenara a prisão de seus organizadores, acabou servindo como pretexto. Os marinheiros rebelados se concentraram na sede do Sindicato dos Metalúrgicos, no Rio de Janeiro, onde receberam a solidariedade dos trabalhadores e de representantes de diversos setores populares. Os fuzileiros navais, convocados a reprimir a rebelião, a ela aderiram[135]. Dois dias após o ocorrido, uma edição extra de *Novos Rumos* apresentou a manchete: "A nação inteira ao lado dos fuzileiros e marinheiros"[136].

Após lances dramáticos, inclusive a substituição do ministro da Marinha, a situação parecia sob controle. Na realidade, porém, já estavam dadas as condições esperadas pelos golpistas, com a estreita colaboração da CIA e da embaixada norte-americana, para a derrubada de Jango[137].

No dia 31 de março, ao tomar conhecimento do levante militar em Minas Gerais e da marcha de tropas do Exército, sob comando do general Olímpio Mourão Filho, em direção ao estado da Guanabara, a Comissão Executiva Nacional do PCB reuniu-se extraordinariamente com membros que se encontravam no Rio de Janeiro, no apartamento de Botafogo onde Prestes residia[138]. Decidiu-se que Prestes telefonaria para o brigadeiro Francisco Teixeira, membro do PCB e comandante da 3ª Zona Aérea, sediada no Rio de Janeiro, para examinar a possibilidade de ataque aéreo à coluna do general Mourão ou, pelo menos, de bombardeio do Palácio Guanabara. A resposta do brigadeiro foi taxativa: "Os tenentes, meus subordinados, já se passaram todos para o outro lado". Estava, pois, descartada qualquer resistência militar ao golpe[139].

Novos Rumos, em sua última edição, do dia 1º de abril de 1964, divulgou a decretação pelo CGT de greve geral em todo o país, publicando, ao mesmo tempo, nota em que o PCB se dirigia à nação, conclamando o povo a "esmagar

---

[135] Luiz Alberto Moniz Bandeira, *O governo João Goulart*, cit., p. 319-20; Avelino Biden Capitani, *A rebelião dos marinheiros* (Porto Alegre, Artes e Ofícios, 1997); Flávio Luís Rodrigues, *Vozes do mar: o movimento dos marinheiros e o golpe de 64* (São Paulo, Cortez, 2004).

[136] *Novos Rumos*, Rio de Janeiro, 27 mar. 1964, p. 1, edição extra.

[137] Luiz Alberto Moniz Bandeira, *O governo João Goulart*, cit., p. 321-30; Flávio Tavares, *1964*, cit.

[138] No início de 1962, foi decidido pela Comissão Executiva que todos seus membros deveriam residir em São Paulo, onde estava a maior concentração operária do país. Entretanto, apenas Prestes cumpriu a decisão: passou a ter duas residências, uma em São Paulo, onde moravam a esposa e os filhos menores, e outra no Rio de Janeiro, onde moravam a filha Anita Leocadia e a irmã Lygia. As reuniões da Comissão Executiva continuaram a realizar-se no Rio de Janeiro, o que obrigava Prestes a viajar toda semana de São Paulo para o Rio, e vice-versa.

[139] LCP, fita n. 16; relato de Prestes à autora.

o golpe reacionário, defender as liberdades, depor os governadores golpistas"[140]. Mas a greve geral não se concretizou, e o apelo do partido caiu no vazio.

Anos mais tarde, Prestes recordaria que a direção do PCB acreditava que os militares não apoiariam um golpe militar contra Jango, pois seriam nacionalistas. Na Comissão Executiva do Comitê Central do partido, nem sequer se discutia a possibilidade de golpe e, às vésperas de sua deflagração, exigia-se do presidente que abandonasse a *conciliação* e passasse, inclusive, por cima da legalidade constitucional. Eram as ilusões na burguesia nacional e no "esquema militar" de Jango[141].

Com a vitória dos golpistas, a repressão imediatamente se abateu contra os comunistas e seus aliados, as "esquerdas" e vastos setores nacionalistas, democráticos e progressistas. Luiz Carlos Prestes foi o primeiro da lista de cassações anunciada com a decretação do Ato Institucional n. 1 (AI-1). Os membros da direção do PCB tiveram que passar à clandestinidade para não serem presos. Prestes passou mais uma vez a viver clandestinamente na cidade do Rio de Janeiro, até partir para o exílio em março de 1971. Durante esses anos de clandestinidade, viajou algumas vezes a São Paulo, onde participou de atividades partidárias, e ao exterior, para reuniões do movimento comunista internacional em países socialistas do Leste Europeu.

Por que a derrota de abril de 1964?

Conforme pudemos perceber, o exame do período histórico que se estende até o golpe civil-militar[142] de 1964 nos mostra que, apesar das mudanças táticas ocorridas na política do PCB, a estratégia nacional-libertadora da revolução brasileira permaneceu intacta, marcando de maneira indelével a trajetória dos comunistas. Uma concepção estratégica falsa, uma vez que inadequada à realidade que os comunistas pretendiam transformar. O capitalismo implantado no país surgira na época do domínio imperialista mundial exercido pelas potências centrais desse sistema, o que determinou sua posição subordinada, ou seja, a dependência a que ficou submetido. Não havia condições para a conquista de um desenvolvimento livre e independente do capitalismo brasileiro, como queriam os comunistas.

Na *política de organização* do partido, consoante à concepção estratégica adotada pelo grupo dirigente criado ainda à época da Conferência da

---

[140] *Novos Rumos*, Rio de Janeiro, 1º abr. 1964, p. 1, edição extra.

[141] LCP, fita n. 20.

[142] Caracterizo o golpe como *civil-militar* para registrar a participação ativa dos setores civis representativos do empresariado nacional e estrangeiro na conspiração golpista que levou à deposição do governo de João Goulart; ver também Marcos Napolitano, *1964*, cit., p. 9.

Mantiqueira[143], o PCB desenvolveu ingentes esforços no sentido da formação de uma estrutura partidária adequada à aplicação pela militância das diretrizes condizentes com tal estratégia. O partido foi construído conforme essa orientação política, empenhado numa aliança com uma suposta burguesia nacional progressista capaz de realizar reformas que garantissem um desenvolvimento capitalista autônomo do país. O objetivo socialista em si era deixado para uma etapa posterior. Dessa maneira, não se investiu na formação da força social e política (o *sujeito-povo*), unificada por ideais comuns e voltada para a preparação das condições necessárias à revolução socialista.

Durante os anos que antecederam a deposição de Jango, a atividade prática da militância do PCB evidenciou as limitações provenientes dessa incompreensão. A atuação dos comunistas no Sindicato dos Metalúrgicos do Rio de Janeiro no período 1945-1964 é, nesse sentido, exemplar. Na visão do sociólogo Marco Aurélio Santana[144], diferentemente do que sempre se afirmou, *"no plano organizacional* os comunistas vão ser incansáveis na atuação nos locais de trabalho e na constituição de comissões sindicais de empresa, alterando, na prática, a perspectiva de ação dos sindicatos"[145]. Eles chegaram, em muitos momentos, a ter importante participação nas lutas dos trabalhadores nas fábricas, alcançando sucesso na organização da classe[146]. Entretanto, quais eram as propostas em torno das quais se dava tal trabalho de organização?

A pesquisa da atuação da militância comunista no Sindicato dos Metalúrgicos do Rio de Janeiro revela que a orientação política do PCB, marcada por essa concepção estratégica nacional-libertadora, levou a que, no âmbito do referido setor metalúrgico, os comunistas priorizassem a aliança com o PTB (Partido Trabalhista Brasileiro), fundado por Vargas em 1945. Na prática, tratava-se da aliança com Benedito Cerqueira, importante liderança desse partido no Sindicato dos Metalúrgicos do Rio de Janeiro[147]. "O crescimento de poder de fogo dos comunistas no interior da categoria e da direção sindical, que atingiu o maior índice da história, acabou sendo diluído devido à política de unidade que, contraditoriamente, o havia possibilitado"[148]. Em nome da unidade com os trabalhistas, os militantes comunistas foram levados ainda mais a seguir uma orientação reformista, de caráter nacionalista burguês. Tanto as diretrizes do

---

[143] Conferir o capítulo X deste livro.

[144] Marco Aurélio Santana, *Bravos companheiros: comunistas e metalúrgicos no Rio de Janeiro (1945--1964)* (Rio de Janeiro, 7Letras, 2012).

[145] Ibidem, p. 237; grifos desta autora.

[146] Idem.

[147] Idem.

[148] Ibidem, p. 213.

PCB quanto as adotadas pelo PTB tinham a marca da ideologia do *nacional--desenvolvimentismo*, corrente que, a partir dos anos 1950, teve ampla aceitação por parte de expressivos setores do pensamento brasileiro, inclusive, tacitamente, pelos comunistas[149].

A ausência de uma efetiva autonomia política e organizacional condicionou a atuação dos comunistas, impedindo-os de avançar no sentido da formação do *bloco histórico* – ou do *sujeito-povo* – ou, em outras palavras, das forças sociais e políticas capazes de impulsionar a realização das Reformas de Base e preparar as condições para avançar rumo às transformações de caráter revolucionário, que apontassem para a conquista do poder político e a transição para o socialismo.

A análise do desenrolar dos acontecimentos que tiveram como desfecho o golpe de 1º de abril de 1964 e a deposição do governo de João Goulart, na madrugada de 2 de abril de 1964, justifica plenamente a opinião de Waldir Pires, então consultor-geral da República, emitida vinte anos mais tarde: "Havia muito mais a retórica dos discursos do que propriamente uma ação organizada para preservar o processo democrático"[150].

As concepções nacional-libertadoras, presentes tanto na estratégia política do PCB quanto em grande parte do discurso das forças nacionalistas e de esquerda, sob influência dominante da ideologia nacional-desenvolvimentista, alimentaram as ilusões num hipotético anti-imperialismo de uma suposta burguesia nacional[151] e na possibilidade de – sob pressão das manifestações das forças nacionalistas e democráticas e, em particular, do movimento sindical – levar o presidente João Goulart a realizar uma reforma ministerial que permitisse tal governo e as Reformas de Base. Uma reforma constitucional era cogitada, mesmo que, para tal, fosse necessário passar por cima do Congresso Nacional.

As consequências práticas da presença dessa concepção reformista da revolução por etapas, ou seja, da ideia de alcançar um *governo nacionalista e democrático* dentro dos marcos do regime capitalista, pouco diferiam das consequências oriundas do voluntarismo, da impaciência e da pressa dos adeptos das concepções esquerdistas, típicas dos setores pequeno-burgueses. Ambas as concepções – a reformista de direita e a do radicalismo esquerdista – dificultaram a organização e a conscientização das massas trabalhadoras, premissa indispensável para a conquista do poder e a realização das reformas necessárias para iniciar outro tipo de desenvolvimento, livre e independente e voltado, portanto, para uma transformação de caráter socialista, mesmo que não fosse de imediato.

---

[149] Anita Leocadia Prestes, *Os comunistas brasileiros (1945- 1956/58): Luiz Carlos Prestes e a política do PCB* (São Paulo, Brasiliense, 2010), p. 55-9.

[150] Dênis de Moraes, *A esquerda e o golpe de 64*, cit., p. 198.

[151] As ilusões no "dispositivo militar" de Jango faziam parte de tal concepção nacional-libertadora.

Uma abordagem autocrítica da estratégia dos processos revolucionários em duas etapas, adotada pelos comunistas latino-americanos, foi feita com indiscutível clarividência pelo líder revolucionário e dirigente do Partido Comunista salvadorenho, Schafik Handal:

> Não pode haver revolução sem resolver a fundo o problema do poder. [...] Nosso partido, e me parece que muitos outros partidos comunistas da América Latina, tem trabalhado durante decênios com a ideia de duas revoluções. [...] Reagimos tantas e tantas vezes contra a colocação esquerdista da luta pela implantação direta, sem estágios, do socialismo e chegamos a nos convencer de que a revolução democrática não é necessariamente uma tarefa a ser organizada e promovida principalmente por nós. Que poderíamos nos limitar e nos conformarmos (sic) em ser força de apoio e assegurar a amplitude do leque das forças democráticas participantes. Assim, a revolução democrática anti-imperialista se nos apresentava como uma "via de aproximação", que pode alcançar-se deixando na dianteira da ação setores "progressistas", "anti-imperialistas", das camadas médias (da intelectualidade, dos militares etc.) e até da burguesia. [...] *O que surge de tal conduta não é nem pode ser o partido da revolução, mas sim o partido das reformas.*[152]

A seguir, Handal escreve:

> Se aceitamos que a revolução democrática e anti-imperialista é parte inseparável da revolução socialista, não se pode realizar a revolução tomando pacificamente o poder por partes, será indispensável sob uma ou outra forma, desmantelar a máquina estatal dos capitalistas e seus amos imperialistas, erigir um novo poder e um novo Estado.[153]

Embora Jango tivesse avançado no intento de realizar as reformas – o que ficou patente no comício de 13 de março de 1964 –, o golpe militar, com amplo apoio civil e empresarial, foi arquitetado para garantir o sucesso do desfecho. Jango ficara isolado, sem contar com bases organizadas que o sustentassem, pois nas próprias Forças Armadas a correlação de forças deixara de lhe ser favorável, diferentemente do que tivera lugar quando da renúncia de Jânio Quadros, revelando que setores ponderáveis dos militares nacionalistas haviam sido influenciados pela intensa campanha anticomunista desencadeada pelos golpistas.

---

[152] Schafik Handal, "O poder, o caráter, a vida da revolução e a unidade da esquerda", FMNL, c. 1980, 15 p., disponível em: <http://pcbjuizdefora.blogspot.com.br/2011/01/o-poder-o-carater-via-da-revolucao-e.html>. Acesso em: 7 mar. 2015.

[153] Idem.

A ameaça de Jango romper com a legalidade constitucional ajudou a desarticular seu "dispositivo militar"[154].

Cabe registrar que, para o isolamento do presidente João Goulart, tiveram influência as pressões sobre ele exercidas por setores radicalizados, portadores de uma retórica esquerdizante, sem o respaldo de um movimento popular capaz de lhe oferecer sustentação real. Logo após o comício de 13 de março, Darcy Ribeiro, chefe da Casa Civil, transmitiu à direção do PCB cópia de documento intitulado *Projeto Brasil*, de caráter bastante radical, que Jango não desejava encaminhar ao Congresso sem o apoio dos comunistas. Prestes, contrário ao documento[155], conta que o assunto foi discutido na Comissão Executiva, que o aprovou, considerando que deveria ser ainda mais radical. Esta era a posição de Carlos Marighella e Mário Alves. Darcy Ribeiro teria ficado radiante com o apoio do PCB. Na opinião de Prestes, sua postura era evidentemente esquerdista. Mas, encaminhado ao Congresso Nacional, o *Projeto Brasil* não chegou sequer a ser discutido[156].

Diante do isolamento de Goulart e das forças nacionalistas e democráticas, seria suicídio para o PCB tentar reagir ao golpe por meio da luta armada. Naquele momento, a única alternativa viável – assumida pessoalmente por Prestes[157] – foi o recuo para a clandestinidade, tentando manter, na medida do possível, a estrutura partidária. Na ausência de condições reais para a vitória de um movimento revolucionário, a história mundial da luta de classes ensina que a solução correta é recuar. Em outubro de 1923, a direção do Partido Comunista alemão, ao tomar conhecimento de que a maioria dos delegados operários, que eram socialistas de esquerda, rejeitara a proposta comunista de deflagrar insurreição armada na Alemanha, agiu com acerto suspendendo a decisão adotada anteriormente. Em Hamburgo, onde a determinação de recuar não chegou a tempo, durante três dias travou-se uma encarniçada luta contra a polícia e o Exército, sem que as massas proletárias da cidade apoiassem ativamente os insurretos, demonstrando que o proletariado alemão, naquele momento, não estava disposto a pegar em armas[158].

A trágica experiência das organizações de esquerda, que recorreram a diferentes formas de luta armada no combate à ditadura, demonstrou na prática a inexistência de tais condições no Brasil de então. Durante o período de relativas

---

[154] "Dispositivo militar" era a denominação atribuída à época aos setores militares que supostamente dariam sustentação ao governo João Goulart, impedindo sua deposição.

[155] Prestes, naquele período, ainda apoiava a estratégia nacional-libertadora do PCB, da qual iria afastar-se posteriormente.

[156] LCP, fita n. 20.

[157] Relato de Prestes à autora.

[158] Fernando Claudin, *La crisis del movimiento comunista*, t. 1 (França, Ruedo Ibérico, 1970), p. 106-7.

liberdades que antecedeu ao golpe de 1964, as esquerdas haviam subestimado tanto a necessidade de elaboração programática quanto o trabalho de organização e de conscientização das forças populares para levar adiante o processo revolucionário que desejavam ao país. Com o estabelecimento da ditadura, o esforço de organização e conscientização das massas ficaria ainda mais demorado e difícil.

A derrota das esquerdas em 1964 traz ensinamentos que continuam válidos na atualidade: o caminho da revolução, cuja estratégia hoje deve ser socialista, passa pela construção do *bloco histórico* contra-hegemônico, que represente a unidade de amplas forças sociais e políticas em torno de um projeto revolucionário condizente com a realidade atual do país. Tal projeto deverá resultar das lutas dos trabalhadores e de sua organização para alcançar objetivos parciais que possam contribuir para a acumulação de forças e a criação de condições – inclusive a formação de partidos revolucionários – para a conquista do poder político, objetivo sem o qual o processo revolucionário será inconcluso e sujeito a novas derrotas[159].

---

[159] Tal concepção da revolução brasileira constitui o legado revolucionário de Prestes – a proposta para a revolução no Brasil, à qual ele chegou em seus últimos anos de vida –, o que será visto adiante neste livro.

Carta de Prestes à filha Anita felicitando-a pelo aniversário. 27 de novembro de 1981.

Salve 27-XI-1981

Minha querida filha.

Sempre fui de opinião que os pais, a partir de certa idade, devem saber aprender com os filhos. Só assim poderão corrigir seus erros e a natural tendência ao anacronismo. É certo que nem sempre é isto viável. Mas no meu caso tive a felicidade de encontrar em ti, na tua firmeza revolucionária, na tua solidariedade e ajuda, aquilo de que mais necessito. Sei que estou ferindo tua modéstia, mas, nesta data, em que meu pensamento se volta para o martírio de tua mãe, espero que possas ver nestas linhas a expressão do meu carinho e dos votos que formulo pela tua saúde e felicidade.

Beija-te o teu Pai.

XV
PRESTES E O PCB: DO GOLPE DE 1964 AO ATO INSTITUCIONAL N. 5 (AI-5) (1964-1968)

Prestes e o PCB diante do golpe

Com o golpe de abril 1964 e a derrota das forças nacionalistas e democráticas, as divergências nos meios de esquerda e, em particular, na direção do PCB se agravaram consideravelmente. Se na Conferência Nacional do PCB, realizada em dezembro de 1962, tais divergências haviam se explicitado, a vitória do golpe civil-militar fez que se aprofundassem. No Comitê Central do PCB, formou-se um agrupamento composto por Carlos Marighella, Mário Alves, Joaquim Câmara Ferreira, Jover Telles, Apolônio de Carvalho e Jacob Gorender, o qual, a partir daquela conferência partidária, passou a levantar a bandeira da luta contra a "conciliação" de Jango, adotando posições cada vez mais "esquerdizantes" e de questionamento da orientação política aprovada no V Congresso do PCB[1].

Carlos Marighella, em documento de dezembro de 1966, reconhecia que "nossas discordâncias não são de agora", datando pelo menos de 1962, e acrescentava: "A saída no Brasil [...] só pode ser a luta armada, o caminho revolucionário, a preparação da insurreição armada do povo, com todas as consequências e implicações que daí resultam"[2].

Mário Alves e Marighella, ainda antes do golpe, haviam aderido ao "modelo cubano", ou seja, entusiasmados com a Revolução Cubana, foram levados a tentar transplantar essa experiência no Brasil. Mário Alves foi o primeiro

---

[1] Edgard Carone, *Movimento operário no Brasil (1964-1984)* (São Paulo, Difel, 1984), p. 8. As divergências presentes na direção nacional do PCB podem ser acompanhadas ao se consultarem as anotações de Prestes nas cadernetas apreendidas pela polícia em sua residência por ocasião do golpe de 1964. Ver "Cadernetas de Prestes", Apesp, DVD; *Sentença prolatada no processo das cadernetas de Luiz Carlos Prestes pelo juiz auditor dr. José Tinoco Barreto* (São Paulo, s/e, 1967).

[2] Carlos Marighella, *Escritos de Carlos Marighella* (São Paulo, Livramento, 1979), p. 91 e 93.

membro da direção do PCB a visitar oficialmente Cuba, em 1961, a convite das Ligas Camponesas dirigidas por Francisco Julião, cujo "trânsito com Fidel Castro era livre", segundo seu biógrafo[3]. Anos mais tarde, Prestes recordaria que Mário Alves, após a viagem a Cuba, convencera-se de que no Brasil deveria ser desencadeada a luta armada. Lembraria também que a influência do discurso radical de Julião e do exemplo cubano de luta de guerrilhas era muito forte em nosso meio[4].

Em 1963, Prestes teve um encontro em São Paulo com o primeiro-secretário da embaixada cubana no Brasil: "Ele queria fazer guerrilhas aqui no Brasil. E o Marighella se deixou levar porque mantinha íntimas ligações com a embaixada de Cuba". Prestes considerava que "a concepção de luta armada se desenvolveu na América Latina em peso, porque dois partidos comunistas que estavam no poder apoiavam isso – o PC chinês e o PC cubano"[5]. Afirmava ainda que "o Marighella estava muito ligado à embaixada cubana. [...] E também Mário Alves, chefe da seção de educação, o Jover Telles e o Apolônio de Carvalho. Já estavam fazendo um trabalho de educação do partido contra a linha do próprio partido!"[6].

As posições adotadas por Marighella e Mário Alves são confirmadas em depoimento de Paulo Schilling:

> Poucos dias antes do golpe [...] recebemos, na direção do semanário brizolista *Panfleto*, a visita de Carlos Marighella e Mário Alves. Vinham comunicar que estavam totalmente de acordo com a pregação e a ação revolucionária de Brizola e que somente seguiam o partido porque tinham ainda esperanças de conseguir modificar a posição do mesmo, livrando-o do oportunismo de Prestes e da virtual tutela que Jango exercia sobre o partido.[7]

Com a vitória dos golpistas e a repressão que imediatamente se desencadeou, a situação do PCB tornou-se particularmente difícil. O partido não esperava o golpe e não havia se preparado para enfrentá-lo. Mesmo na Comissão Executiva do Comitê Central, em que predominavam as posições esquerdistas, não

---

[3] Gustavo Falcón, *Do reformismo à luta armada: a trajetória política de Mário Alves (1923-1970)* (Salvador, Versal, 2008), p. 216-7.

[4] LCP, fita n. 19.

[5] Dênis de Moraes (org.), *Prestes com a palavra: uma seleção das principais entrevistas do líder comunista* (Campo Grande, Letra Livre, 1997), p. 195-6.

[6] Idem, *A esquerda e o golpe de 64* (Rio de Janeiro, Espaço e Tempo, 1989), p. 179.

[7] Paulo Schilling, *Como se coloca a direita no poder* (São Paulo, Global, 1979), p. 195, citado em Dênis de Moraes, *A esquerda e o golpe de 64*, cit., p. 178.

haviam sido tomadas medidas práticas para fazer frente à repressão. A maioria esquerdista acreditava que a pressão exercida sobre Jango o faria avançar no caminho da superação da *conciliação* e da realização das reformas, até mesmo ultrapassando os limites da legalidade constitucional. Nesse sentido, tanto os adeptos das posições esquerdistas quanto os das concepções reformistas coincidiam ao confiar, tanto uns quanto os outros, no "esquema militar" de Goulart, abdicando na prática do trabalho de organização, conscientização e mobilização popular.

Porém, era necessário que o partido se pronunciasse frente ao golpe. Ainda em abril, Prestes, em nome dos comunistas brasileiros, divulgou o manifesto intitulado *A derrota dos golpistas abrirá caminho à revolução brasileira*. O documento denunciava o caráter reacionário do golpe, que levara à implantação de uma "ditadura das forças retrógradas, dos agentes do imperialismo e do latifúndio". Afirmava que "o dever supremo de todos os brasileiros nesta hora é a defesa intransigente das liberdades democráticas contra os atentados da reação". Fazia um apelo à luta pelas "reivindicações imediatas dos trabalhadores, em defesa da soberania nacional, pelas reformas de base indispensáveis ao progresso do país", assim como à unidade de todos os "patriotas e democratas", de "todas as correntes políticas que não aceitam a ditadura, num poderoso movimento de massas capaz de conduzir à *derrota dos golpistas* e à conquista de um governo nacionalista e democrático, representante das forças que lutam pela liberdade, a independência e o progresso de nossa Pátria". Prestes referia-se também à necessidade de os comunistas contribuírem para a organização popular, "para resistir e lutar contra a ditadura por todos os meios, desde os protestos mais elementares até os atos públicos, as manifestações de rua e a autodefesa das massas". Encerrava o texto com um apelo à "unidade, organização e luta de massas para *derrotar a ditadura* reacionária"[8]. Em nenhum momento, entretanto, Prestes levantou a palavra de ordem de derrubada violenta da ditadura, ou seja, um apelo à luta armada.

Em maio de 1964[9], reuniu-se no Rio de Janeiro a Comissão Executiva do PCB, com o objetivo de realizar uma primeira apreciação da nova situação criada no

---

[8] Luiz Carlos Prestes, *A derrota dos golpistas abrirá caminho à revolução brasileira*, abr. 1964 (em espanhol; documento datilografado, 4 p.; Cedem/Unesp, fundo Roberto Morena); tradução e grifos desta autora.

[9] Enquanto alguns situam essa reunião no mês de maio – cf. Jacob Gorender, *Combate nas trevas: a esquerda brasileira* (São Paulo, Ática, 1987), p. 87; Gustavo Falcón, *Do reformismo* à luta armada, cit., p. 218 –, outros afirmam ter se realizado em julho – cf. Moisés Vinhas, *O Partidão: a luta por um partido de massas* (São Paulo, Hucitec, 1982), p. 236; João Falcão, *Giocondo Dias, a vida de um revolucionário* (Rio de Janeiro, Agir, 1993), p. 243. Como Marighella e

país. Participaram da reunião apenas alguns membros (Marighella, Mário Alves, Joaquim Câmara Ferreira, Jover Telles, Giocondo Dias e Orlando Bonfim Jr.), pois os demais, inclusive Prestes, dadas as condições de rigorosa clandestinidade, não puderam comparecer[10].

Os esquerdistas estavam em maioria, o que ficou refletido no documento então aprovado, *Esquema para discussão*[11]. Sua tônica, à diferença do manifesto lançado anteriormente por Prestes, era justamente a "derrubada da ditadura". Partia-se, no documento, de uma análise segundo a qual os erros cometidos pelo partido teriam sido de "direita". Reafirmava-se que "as reformas de base exigiam a ruptura da política de conciliação entre Goulart e as forças reacionárias que participavam do governo e detinham a maioria do Congresso". Continuava-se a insistir no acerto da posição adotada desde 1962 pela direção partidária de combate prioritário à *política de conciliação* de Jango. Também eram criticadas as ilusões de classe existentes no partido, destacando-se a "confiança excessiva na disposição de luta da burguesia nacional", a confiança no "dispositivo militar" de Goulart e o despreparo do partido para "uma luta dura": "Absolutizamos a possibilidade do caminho pacífico e não nos preparamos para enfrentar o emprego da luta armada pela reação". Ao mesmo tempo, transparecia uma aposta otimista na reação popular diante da ditadura: "São imensas as forças que se levantarão contra a ditadura reacionária".

É interessante assinalar que o *Esquema para discussão* reafirma a tese de que "o objetivo tático central de nossa luta continua sendo a conquista de um *governo nacionalista e democrático*, isto é, de um governo que inicie as reformas necessárias à libertação e ao progresso do Brasil". Diferentemente dos documentos anteriores do PCB, porém, afirma-se que "para atingir esse objetivo é necessária a *derrubada da ditadura reacionária* que se instaurou no país". E destaca-se a necessidade de o partido se preparar para a "possibilidade de ter de enfrentar a reação no terreno da *luta armada*" e ter em vista, "sobretudo no campo, a possibilidade de *choques armados* com a reação". Ao final do documento, manifestava-se a convicção de que "a derrubada da ditadura golpista abrirá caminho para a vitória da revolução brasileira, para a libertação final do Brasil do domínio do imperialismo, do latifúndio e da reação"[12].

Mário Alves, presentes à reunião, foram presos respectivamente em maio e junho – cf. Jacob Gorender, *Combate nas trevas*, cit., p. 87 –, tudo indica que o encontro foi realizado em maio.

[10] João Falcão, *Giocondo Dias, a vida de um revolucionário*, cit., p. 243; Gustavo Falcón, *Do reformismo à luta armada*, cit., p. 218; Jacob Gorender, *Combate nas trevas*, cit., p. 87.

[11] *Esquema para discussão*, s/d (documento mimeografado, 6 p.; Cedem/Unesp, fundo Roberto Morena).

[12] Idem; grifos desta autora.

Podemos perceber que, mais uma vez na história do PCB, tenta-se uma guinada tática, com o abandono do caminho eleitoral e pacífico e a adoção de meios armados para *derrubar* a ditadura, sendo mantida, no entanto, a estratégia da etapa nacional e democrática da revolução[13].

Em condições de rigorosa clandestinidade, o Comitê Central do PCB reuniu-se pela primeira vez após o golpe de 1964 em maio de 1965, em São Paulo. Na reunião, a maioria do Comitê Central rejeitou o *Esquema para discussão*, elaborado um ano antes e que expressava as concepções da posteriormente denominada "tendência revolucionária" ou "corrente revolucionária" (Mário Alves, Carlos Marighella, Joaquim Câmara Ferreira, Jacob Gorender, Jover Telles, Apolônio de Carvalho e Miguel Batista), embora, naquele momento, Mário Alves estivesse preso[14]. A "Resolução política"[15] aprovada nessa ocasião refletiu claramente a divisão que se aprofundaria na direção nacional do PCB entre uma maioria favorável à manutenção da orientação política do V Congresso e uma minoria que se agrupava na "corrente revolucionária".

O texto da "Resolução política" avaliava que, com o golpe de 1º de abril, "constituiu-se uma ditadura militar, reacionária e entreguista, sendo o *governo de fato* exercido por um grupo de generais a serviço da embaixada dos Estados Unidos"[16]. Destacava a submissão do país ao FMI e considerava que "a política econômico-financeira da ditadura também atinge os interesses da burguesia nacional, cada vez mais ameaçada pela concorrência imperialista". Dizia-se que se acentuava a "premência das reformas de estrutura"[17].

O Comitê Central do PCB afirmava, ainda, que

> o objetivo tático imediato [...] é isolar e derrotar a ditadura e conquistar um governo amplamente representativo das forças antiditatoriais, que assegure as liberdades para o povo e garanta a retomada do processo democrático interrompido pelo golpe reacionário e entreguista. Os comunistas se empenham no sentido de que tal governo seja o mais avançado possível, mas compreendem que

---

[13] Anita Leocadia Prestes, "A que herança devem os comunistas renunciar?", *Oitenta*, Porto Alegre, LP&M, n. 4, 1980.

[14] Moisés Vinhas, *O Partidão*, cit., p. 236-7; João Falcão, *Giocondo Dias, a vida de um revolucionário*, cit., p. 244-6; Gustavo Falcón, *Do reformismo à luta armada*, cit., p. 219-21; Luiz Henrique de Castro Silva, *O revolucionário da convicção: vida e ação de Joaquim Câmara Ferreira* (Rio de Janeiro, Editora da UFRJ, 2010), p. 160; Jacob Gorender, *Combate nas trevas*, cit., p. 89.

[15] PCB, *Resolução política do Comitê Central do Partido Comunista Brasileiro*, maio 1965 (folheto impresso, 16 p.); Edgard Carone, *O PCB*, v. 3: *1964-1982* (São Paulo, Difel, 1982), p. 15-27.

[16] PCB, *Resolução política do Comitê Central do Partido Comunista Brasileiro*, cit., p. 4.

[17] Ibidem, p. 5.

sua composição não poderá deixar de refletir o nível alcançado pelo movimento de massas e a correlação de forças existente no momento em que se constituir.[18]

A seguir, o documento afirma que "o êxito dessa luta dependerá fundamentalmente da unidade de ação de todas as forças, correntes e setores políticos que se opõem à ditadura", postulando a formação de uma "ampla frente de resistência, oposição e combate à ditadura" e considerando que o principal elo dessa luta deveria ser a defesa das liberdades democráticas. Nessas circunstâncias, "a luta por eleições livres e nossa participação ativa em todas as campanhas eleitorais se revestem de enorme importância para fazer avançar a luta pelas liberdades democráticas e pela conquista de um novo governo"[19]. E reafirma a perspectiva da conquista de um governo nacionalista e democrático, "capaz de iniciar e levar adiante as reformas de estrutura, aproximando nosso povo dos objetivos da atual etapa da revolução brasileira"[20].

A análise da "Resolução política" confirma que, em termos de perspectivas táticas e estratégicas, a posição vencedora no Comitê Central do PCB fora a da fidelidade às teses aprovadas no V Congresso. O final desse documento tenta analisar autocriticamente a atuação do partido diante do governo Jango e frente ao golpe de abril. Reconhece-se que "fomos colhidos de surpresa e despreparados", que a direção do partido havia confiado no "dispositivo militar de Goulart" e que houvera "reboquismo em relação ao setor da burguesia nacional que estava no poder". Após reafirmar a justeza da linha política aprovada no V Congresso, que "permitiu ao Partido estreitar suas ligações com as massas e participar ativamente da vida política, contribuindo de tal maneira para o avanço do processo revolucionário", reconhece que, "desde a posse de Goulart [...], preocupados em lutar contra a conciliação, começamos a nos afastar da linha política. Esse processo culminou nos últimos meses do governo Goulart, quando de fato abandonamos a luta pela justa aplicação da linha"[21].

A apreciação autocrítica do desempenho partidário considera que fora justo combater com firmeza a política de conciliação, mas que a forma de fazê-lo teria sido inadequada. E reconhece que

> nossa atividade em relação ao governo de Goulart era orientada, na prática, como se sua política fosse quase inteiramente negativa. Desprezávamos seus aspectos positivos de grande importância. [...] Atuávamos considerando a luta contra a

---

[18] Ibidem, p. 7-8.
[19] Ibidem, p. 8.
[20] Ibidem, p. 12.
[21] Ibidem, p. 13.

conciliação como a forma concreta pela qual devia ser combatido, nas condições então existentes, o maior inimigo de nosso povo – o imperialismo norte-americano. Semelhante posição política só poderia levar ao desvio do golpe principal, transferindo-o para a burguesia nacional.[22]

Uma avaliação crítica da "Nota da Comissão Executiva" de 27 de março de 1964 também foi feita, na qual

ao lado da reivindicação da formação imediata de um novo governo, que "pusesse termo à política de conciliação", transferíamos o centro de ataque para o Parlamento, exigindo a reforma constitucional e ameaçando o Congresso [...]. Permitíamos, dessa forma, que a defesa da legalidade fosse utilizada pelas forças da reação para enganar amplos setores da população e arrastá-los ao golpe reacionário.[23]

Finalmente, considera-se que

na raiz de nossos erros está uma falsa concepção, de fundo pequeno-burguês e golpista, da revolução brasileira [...]. É uma concepção que admite a revolução não como um fenômeno de massas, mas como resultado da ação das cúpulas ou, no melhor dos casos, do Partido. Ela imprime à nossa atividade um sentido imediatista, de pressa pequeno-burguesa, desviando-nos da perspectiva de uma luta persistente e continuada pelos nossos objetivos táticos e estratégicos, através do processo de acumulação de forças e da conquista da hegemonia pelo proletariado.[24]

Tais conclusões, aprovadas pela maioria do Comitê Central em maio de 1965, não foram, porém, aceitas pela "corrente revolucionária", defensora da derrubada da ditadura por meio da luta armada. Seus adeptos passaram a repudiá-las abertamente, desenvolvendo atividades fracionistas[25] nas organizações partidárias: Marighella e Câmara Ferreira em São Paulo; Mário Alves, após sair da prisão, em Minas Gerais; Telles na Guanabara; Apolônio de Carvalho e Miguel Batista no estado do Rio de Janeiro; Gorender no Rio Grande do Sul[26].

---

[22] Ibidem, p. 13-4.

[23] Ibidem, p. 15.

[24] Idem.

[25] Atividade fracionista: atividade nas organizações do Partido Comunista contrária às resoluções adotadas pela direção do partido e condenada pelo movimento comunista internacional, cujo princípio de organização sempre foi o centralismo democrático (democracia na tomada das decisões e centralismo em sua aplicação).

[26] Apolônio de Carvalho, *Vale a pena sonhar* (Rio de Janeiro, Rocco, 1997), p. 196.

Na reunião de maio de 1965, o Comitê Central realizou mudanças na Comissão Executiva que refletiam a correlação de forças presente em sua composição: Mário Alves (que estava preso) foi substituído por Jaime Miranda; Ramiro Lucchesi ficou na suplência juntamente com Walter Ribeiro e Teodoro Mello[27].

Nessa reunião, Prestes apresentou ao Comitê Central uma explicação sobre a apreensão policial, em sua residência em São Paulo, de cadernetas com anotações feitas por ele durante reuniões e encontros políticos anteriores ao golpe de 1º de abril. Tal apreensão provocara a abertura de um inquérito policial militar[28] envolvendo grande quantidade de pessoas, que, entretanto, na esmagadora maioria, já eram conhecidas e fichadas pela polícia. Prestes informou que, naquela ocasião, encontrava-se no Rio de Janeiro e havia orientado os companheiros de São Paulo a retirar toda a documentação de sua residência. Contudo, por esquecimento, parte dos papéis fora deixada no local. Segundo Prestes, as cadernetas "registravam acontecimentos públicos, de atividade legal da direção do PCB". Alguns anos mais tarde, ele voltaria ao assunto:

> O processo movido, com base nelas [nas cadernetas], contra mim e outras pessoas cujos nomes eram citados não tem nenhuma base jurídica, como já reconheceu o STF em acórdão unânime, ao anular a sentença do Conselho de Justiça Militar que condenou o cientista Mário Schemberg. Baseados no mesmo acórdão, outros condenados no mesmo processo tiveram igualmente ganho de causa no STF.[29]

Nessa primeira reunião do Comitê Central após o golpe de 1964, o secretário-geral do PCB reconheceu sua responsabilidade no "caso das cadernetas" e a gravidade do fato; na realidade, esse episódio refletia a confiança depositada pela direção do PCB no "dispositivo militar" de Jango e, portanto, as ilusões de classe quanto à solidez do processo democrático no Brasil. Concepções que eram comuns tanto aos seguidores de teses reformistas quanto aos "esquerdistas". Ambas as tendências não se haviam preparado para um eventual golpe reacionário de direita.

Também foi decidido editar o jornal clandestino *Voz Operária*, órgão central do PCB, pois a publicação de *Novos Rumos* havia sido interrompida com o golpe. De início, *Voz Operária* saiu editado em mimeógrafo, passando a ser impresso a partir de seu décimo número, em outubro de 1965[30]. Em suas páginas, o jornal

---

[27] Moisés Vinhas, *O Partidão*, cit., p. 237; João Falcão, *Giocondo Dias, a vida de um revolucionário*, cit., p. 245; Gustavo Falcón, *Do reformismo à luta armada*, cit., p. 220.

[28] Cf. *Cadernetas de Prestes* (DVD; Apesp); *Sentença prolatada no processo das cadernetas de Luiz Carlos Prestes pelo juiz auditor dr. José Tinoco Barreto*, cit.

[29] Luiz Carlos Prestes, "Entrevista", *Jornal do Brasil*, 10 jan. 1978.

[30] Não foi possível encontrar nenhum dos exemplares mimeografados.

do PCB fazia a crítica da ditadura e de seus atos institucionais; no campo da política externa, divulgava a posição dos comunistas de combate à participação do governo brasileiro na Força Interamericana de Paz, comandada pelos EUA, que patrocinou a intervenção armada para impedir a restauração da ordem constitucional na República Dominicana e a volta à presidência de Juan Bosch, presidente reformista deposto em setembro de 1963 por um golpe de Estado. Com a manchete "Contra a agressão ianque aos povos do continente", *Voz Operária* publicou um manifesto da Comissão Executiva do PCB denunciando o fato de o Brasil ser o único país da América Latina a enviar um contingente militar para São Domingos. O jornal dos comunistas liderou uma campanha pela volta dos soldados brasileiros do país caribenho, mantendo-se fiel aos princípios do internacionalismo proletário[31].

De acordo com a "Resolução política" de maio de 1965, a direção do PCB tomou medidas no sentido de participar do processo eleitoral para a escolha dos governadores de onze estados, apoiando candidatos do Partido Social Democrático (PSD). Um quadro realista da situação então existente foi apresentado pelo escritor e ex-dirigente do PCB João Falcão:

> Não obstante a interferência arbitrária do governo no processo eleitoral, expurgando candidatos, dificultando a propaganda, prendendo adeptos do partido oposicionista, enfim, criando um clima completamente desfavorável ao exercício do voto livre, a ditadura sofre duas derrotas contundentes; na Guanabara, é eleito o embaixador Francisco Negrão de Lima, e, em Minas Gerais, o ex-prefeito de Belo Horizonte, Israel Pinheiro, ambos correligionários do ex-presidente cassado Juscelino Kubitschek e a ele intimamente ligados.[32]

Os candidatos de oposição eleitos haviam contado com o apoio do PCB, ainda que isso não pudesse ser declarado de público, dada a situação de clandestinidade dos comunistas[33]. O mesmo autor prossegue no registro daqueles acontecimentos:

> A derrota sofrida pela Revolução gerou uma grave crise no seio das Forças Armadas, tendo a oficialidade da Vila Militar ameaçado a posse dos dois governadores eleitos e, até mesmo, a deposição do presidente Castello Branco. Como solução para o impasse, em outubro do mesmo ano foi editado o Ato Institucional n. 2. Com a extinção dos partidos políticos e, posteriormente, com o estabelecimento

---

[31] *Voz Operária*, n. 10, out. 1965; n. 12, dez. 1965.

[32] João Falcão, *Giocondo Dias, a vida de um revolucionário*, cit., p. 249.

[33] *Voz Operária*, n. 11, nov. 1965, p. 2.

do bipartidarismo, com novas cassações de direitos políticos e a imposição do sistema de julgamento de civis por tribunais militares, esse Ato imprimiu ao regime um caráter consideravelmente mais arbitrário. No âmago da crise, o ministro da Guerra, general Artur da Costa e Silva, assegurou sua sucessão à presidência da República, contra a vontade do presidente Castello Branco, como era notório.[34]

Foram, então, criados pela ditadura dois partidos: a Arena (Ação Renovadora Nacional) e o MDB (Movimento Democrático Brasileiro). No primeiro deveriam se reunir os partidários do novo regime; no segundo, os que a ele se opunham – sem contestá-lo.

O quadro político nacional era de "fechamento" crescente do regime, que se esforçava, contudo, em manter uma aparência de normalidade das instituições representativas, com a realização de pleitos eleitorais, o funcionamento do Parlamento e, até mesmo, com o embuste da escolha do presidente da República pelo Congresso Nacional, o que acabaria tendo lugar durante 21 anos de regime ditatorial.

Em vez do rápido desgaste da ditadura previsto por muitos militantes e dirigentes das esquerdas, observava-se sua tendência à consolidação e à permanência por longo período. Tendo como pano de fundo tal panorama político, a luta interna nas fileiras do PCB se agravou. A "Resolução política" de maio de 1965 gerara insatisfações crescentes tanto à esquerda quanto à direita no seio da militância partidária.

Prestes frente ao Comitê Estadual de São Paulo: o combate à tese do "poder local"

Em São Paulo, o Comitê Estadual do PCB e as organizações partidárias sob sua direção se distinguiram inicialmente pelas posições críticas formuladas por vários de seus dirigentes em relação a erros que teriam sido cometidos na fase anterior ao golpe pela direção nacional do partido. Durante vários meses de 1965, desenrolaram-se debates preparatórios da Conferência Extraordinária Estadual, que se realizou no final daquele ano[35]. A revista *Tema*, de circulação clandestina entre os comunistas paulistas, tornou-se porta-voz das posições que seriam majoritárias naquela conferência. Em seu primeiro número, de outubro de 1965, foi publicado documento de abertura da discussão preparatória do encontro,

---

[34] Ibidem, n. 12, dez. 1965, p. 1.

[35] Moisés Vinhas, *O Partidão*, cit., p. 241; Marco Antônio Tavares Coelho, *Herança de um sonho: as memórias de um comunista* (Rio de Janeiro, Record, 2000), p. 316-8.

elaborado pela direção estadual do PCB – "Balanço político e elementos táticos. Teses para a elaboração da plataforma dos comunistas de São Paulo"[36].

A tese central desse documento consistia na defesa da luta pelo "poder local" em ligação com a luta pelo "poder central", afirmando-se explicitamente no texto que estavam sendo propostos elementos táticos para a elaboração de uma plataforma que conduzisse à disputa do "poder estadual"[37]. Os autores do documento, proclamando fidelidade às resoluções do V Congresso do PCB, declaravam:

> Para acumular forças e mudar sua correlação pela via pacífica e nos quadros do atual regime, torna-se indispensável conquistar o *Poder Político Estadual*, colocando sua base material a serviço das forças nacionalistas e democráticas. Essa consideração é válida também para uma via não pacífica das transformações.[38]

A seguir, no documento, recorria-se aos supostos exemplos de tal tipo de política nos episódios da Aliança Liberal, em 1930, e da renúncia de Jânio, em 1961. Era feita uma autocrítica por semelhante tática não ter sido adotada antes em São Paulo e atribuía-se grande significado às eleições estaduais, uma vez que a luta eleitoral pelo "poder local" deveria se tornar o centro das preocupações dos comunistas[39].

As teses do Comitê Estadual de São Paulo dedicavam atenção especial às contradições no âmbito das classes dominantes, atribuindo considerável importância à chamada *burguesia nacional*[40]. Ao travar acirrado combate ao *dogmatismo* e ao *sectarismo*[41], propunha-se a conquista, em São Paulo, de um "governo democrático e progressista"[42]. Eram criticadas posições de afastamento do "processo eleitoral", que, para os autores do documento, deveria ser o "elo principal do movimento pela redemocratização do país"[43].

A crítica às teses apresentadas na Conferência Extraordinária Estadual de São Paulo foi feita por Luiz Carlos Prestes, sob o pseudônimo de Antônio Almeida, em artigo publicado na mesma revista *Tema*, de novembro de 1965[44]. Na ocasião, o secretário-geral do PCB ressaltava que o documento dos comunistas de

---

[36] "Balanço político e elementos táticos. Teses para a elaboração da plataforma dos comunistas de São Paulo", *Tema*, n. 1, s/l, out. 1965 (documento mimeografado, 41 p.).

[37] Ibidem, p. 4.

[38] Ibidem, p. 7; grifos desta autora.

[39] Ibidem, p. 10.

[40] Ibidem, p. 15, 16 e 38.

[41] Ibidem, p. 24.

[42] Ibidem, p. 29.

[43] Ibidem, p. 35.

[44] Antônio Almeida, "Contribuição ao debate", *Tema*, n. 3, nov. 1965 (documento mimeografado, p. 1-12).

São Paulo "não parte de uma posição de classe", e "essa é a questão central que invalida o 'balanço político' que se tenta realizar e os 'elementos táticos' que são apresentados", acrescentando que "o autor ou autores do documento estão sob a influência ideológica da burguesia"[45].

Prestes chamava atenção para o fato de a burguesia paulista ser "economicamente poderosa" e exercer "forte influência ideológica sobre amplas camadas da população, inclusive das grandes massas trabalhadoras das cidades e do campo". A seguir, escrevia:

> É sob essa mesma influência que se encontram os autores do documento [...] e é justamente por isso que nos dão uma errônea caracterização da burguesia paulista. Não veem que a grande burguesia industrial de São Paulo é em geral associada do capital estrangeiro e mantém estreitas ligações com o latifúndio, com o comércio exportador e com o capital financeiro.[46]

Acrescentava ser necessário dispor de uma "poderosa organização da classe operária", capaz de ganhar para suas posições de vanguarda a maioria do proletariado e dos camponeses, a fim de atrair "um ou mais grupos da burguesia" para a frente única nacionalista e democrática, conseguindo que "rompam – mesmo que apenas transitoriamente – suas ligações com os agentes do imperialismo, com o latifúndio e os setores reacionários do capital comercial e bancário"[47].

Prestes fazia uma crítica demolidora das posições do referido documento, no qual é apresentada uma avaliação positiva de destacados setores da burguesia paulista, ressaltando que o êxito do golpe militar em São Paulo se deveu em grande medida aos empresários paulistas, aos grandes industriais, comerciantes e banqueiros que financiaram o Instituto de Pesquisas Sociais (Ipes)[48]. Afirmava a seguir que os comunistas de São Paulo "colocam-se, assim, a reboque da burguesia, abandonam na prática a luta pelo progresso e a emancipação nacional, satisfazem-se com o *status quo*, deixam, enfim, de constituir uma vanguarda revolucionária"[49].

Citando Lenin, o secretário-geral do PCB acusava os autores do documento em questão de demagogos, pois "ajudam a enganar as massas", e "só demagogos poderiam levantar a estranha tese da luta pela 'conquista do poder local', da maneira que é exposta e defendida no documento que estamos apreciando"[50]:

---

[45] Ibidem, p. 2.
[46] Ibidem, p. 2-3.
[47] Ibidem, p. 4.
[48] Ibidem, p. 5.
[49] Ibidem, p. 6.
[50] Ibidem, p. 7.

Em vez [...] de travar a luta contra o Estado brasileiro, contra o aparelho de repressão desse Estado, isto é, do governo federal, alimentaram a ilusão de que será possível conquistar nos estados governos que enfrentem o Poder Central, que realizem uma política de oposição a esse Poder Central. É claro que devemos lutar para aumentar a influência das forças nacionalistas e democráticas nos governos estaduais e municipais [...], mas sem ilusões de que esses governos possam realizar uma política que contrarie a orientação do governo central, porque este, com o aparelho de repressão que possui, para não falarmos no Tesouro Federal e no Banco Central, imporá sua vontade.[51]

A seguir, acrescentava: "O que se visa [...] com a tese da indispensabilidade da conquista do poder local é justificar a transformação do Partido Comunista em exclusivamente, ou principalmente, eleitoreiro". No documento dos comunistas de São Paulo, segundo Prestes, "todas as demais formas de luta se subordinam à luta eleitoral, que é o *centro de nossas preocupações*. Aqui torna-se bem clara a posição ideológica dos autores do documento"[52]. E adiante: "Raramente [...] o oportunismo de direita poderia ir tão longe"[53].

Ao concluir a apreciação do documento, Prestes ressaltava que a "tarefa básica" dos comunistas deveria ser "ganhar a classe operária e as massas camponesas para as posições revolucionárias, o que exige não poupar esforços para construir o Partido Comunista nas grandes empresas, nas fábricas, nas fazendas e concentrações camponesas". Ele lembrava:

Foi justamente porque subestimamos essa tarefa básica, fundamental, por não termos sabido utilizar as condições favoráveis dos anos que antecederam o golpe militar de 1964 para enraizar nosso Partido na classe operária e entre as grandes massas camponesas, que não dispusemos da força necessária para superar com êxito a capitulação do aliado burguês que estava no poder e sofremos a dura derrota política de abril daquele ano.[54]

Ao criticar a posição dos dirigentes comunistas paulistas, suas ilusões de classe e sua adesão à ideologia burguesa, Prestes fazia autocrítica dos erros cometidos antes do golpe de abril, deixando claro que o mais grave fora o descuido com a criação de uma força política capaz de garantir a realização das reformas por que se lutava. Em outras palavras, não se havia construído o *bloco histórico* capaz de garantir o sucesso das reformas de base.

---

[51] Ibidem, p. 8-9.
[52] Ibidem, p. 9.
[53] Ibidem, p. 10-1.
[54] Ibidem, p. 11-2.

Em dezembro de 1965, as teses criticadas por Prestes foram consagradas na Conferência Extraordinária Estadual de São Paulo. Passaram a dirigir o Comitê Estadual os chamados "renovadores", com Moacir Longo, Odon Pereira e Luiz Rodrigues Corvo à frente, contando com a colaboração de Marco Antônio Coelho, integrante do Comitê Central[55]. Entretanto, a direção "renovadora" seria efêmera, pois em meados de 1966, em outra Conferência Estadual, foi derrotada pela vaga esquerdista, liderada por Carlos Marighella, então eleito primeiro-secretário do Comitê Estadual de São Paulo[56].

A vaga esquerdista também provocara, em novembro de 1966, o rompimento com o PCB da Dissidência Interna (DI-GB), formada dois anos antes no meio universitário da Guanabara. Os militantes da DI-GB preconizaram o voto nulo nas eleições legislativas de novembro de 1966, não aceitando a orientação do partido, o que precipitou a ruptura. Em fevereiro do ano seguinte, a DI-GB realizou sua primeira conferência, "constituindo-se como organização e formulando uma linha política e um texto sobre a luta armada". Em 1969, a DI-GB adotaria o nome de MR-8 em homenagem a Guevara e à guerrilha na Bolívia, por ele liderada[57].

Prestes e o PCB: a preparação do VI Congresso

Em janeiro de 1966, realizou-se em Havana a Conferência Tricontinental, em que foi criada a Organização de Solidariedade aos Povos da Ásia, da África e da América Latina (Ospaaal) e marcada sua segunda conferência, para o ano de 1968. A tônica das resoluções da Tricontinental consistiu na necessidade da luta contra o imperialismo, pela independência nacional, pela democracia, pelo progresso e pela paz. O PCB não pôde enviar delegados a Havana, mas saudou a realização da conferência, e *Voz Operária* publicou um artigo de Antônio Almeida (Luiz Carlos Prestes), na qual ele destacava a importância do conclave[58].

Na mesma época, diante do lançamento pelos militares da candidatura do general Costa e Silva à presidência da República, a posição do PCB seria mantida, no sentido de deixar claro que "o dever dos comunistas" era organizar e

---

[55] Moisés Vinhas, *O Partidão*, cit., p. 241; Marco Antônio Tavares Coelho, *Herança de um sonho*, cit., p. 317-8.

[56] Carlos Marighella, *Escritos de Carlos Marighella* (São Paulo, Livramento, 1979), p. 97; Jacob Gorender, *Combate nas trevas*, cit., p. 89; Marco Antônio Tavares Coelho, *Herança de um sonho*, cit., p. 318; Moisés Vinhas, *O Partidão*, cit., p. 241.

[57] Daniel Aarão Reis Filho e Jair Ferreira de Sá (orgs.), *Imagens da revolução: documentos políticos das organizações clandestinas de esquerda dos anos 1961 a 1971* (Rio de Janeiro, Marco Zero, 1985), p. 340.

[58] Antônio Almeida, "O Brasil e a Conferência de Havana", *Voz Operária*, n. 13, jan. 1966; *Voz Operária*, n. 15, mar. 1966.

mobilizar as massas em torno de suas reivindicações. O editorial de *Voz Operária* proclamou: "União das forças democráticas para isolar e derrotar a ditadura". O texto afirmava que se estaria forjando uma "nova ordem ditatorial-fascistizante" e que se caminhava para uma nova Constituição, denominada de "monstrengo". Para os comunistas, tratava-se de formar uma ampla frente contra a ditadura: "Através de resistência e do combate à ditadura visamos a isolá-la e derrotá-la, substituí-la por um governo amplamente representativo das forças antiditatoriais e que assegure as liberdades para o povo. E isso tem que ser realizado através de uma ação diária e séria [...]"[59].

Se o Ato Institucional n. 2 havia suprimido todos os partidos políticos existentes até a deposição de Goulart e criado o sistema bipartidário (Arena e MDB), o Ato Institucional n. 3 abolira as eleições diretas para presidente da República, governadores de estados e prefeitos das capitais. Nos marcos de tais restrições, estavam marcadas eleições parlamentares para outubro de 1966. A posição do PCB seria de denunciar "a farsa da sucessão" presidencial e das eleições consentidas, defendendo, entretanto, a importância de participar do pleito parlamentar, ainda que se entendesse ser impossível derrotar a ditadura através de eleições[60].

Em reunião realizada em junho de 1966, o Comitê Central (CC) do PCB aprovou nova "Resolução política" que destacava o "caráter entreguista e reacionário da ditadura militar". Os Atos Institucionais n. 2 e n. 3 eram chamados de "novos passos no sentido da institucionalização de um regime de caráter *fascistizante*", reafirmando-se a análise apresentada anteriormente em *Voz Operária*, edição de março daquele ano. A diretriz do PCB continuava sendo a luta pela *derrota* da ditadura e a "conquista das liberdades democráticas", entendendo que o processo de "isolamento e derrota da ditadura é o desenvolvimento da luta de massas e da unidade de ação das forças antiditatoriais"[61] e que, apesar das restrições existentes, "os comunistas devem participar das eleições para vereadores, deputados estaduais, deputados federais e senadores, como importante meio para unir as correntes que se opõem à ditadura, desmascarar sua política diante das massas e infligir-lhes derrotas que a debilitem, apressando, desse modo, sua derrocada"[62].

Ao final do documento, o CC do PCB alertava os militantes a não basear sua orientação e sua atividade política na possibilidade de golpes e de pronunciamentos militares, a respeito dos quais muito se falava na época. Reconhecendo que,

---

[59] *Voz Operária*, n. 14, fev. 1966; n. 15, mar. 1966.

[60] Ibidem, n. 18, jun. 1966; n. 19, jul. 1966; n. 22, nov. 1966.

[61] "Resolução política" (jun. 1966), *Voz Operária*, n. 19, jul. 1966, suplemento especial, 8 p., p. 2, 3, 5 e 6; grifos desta autora.

[62] Ibidem, p. 7.

"nas condições presentes, a ocorrência de um golpe ou pronunciamento militar seja provável", afirmava-se que a "ação dos comunistas deve estar permanentemente voltada para as massas, num esforço perseverante e sistemático para levar à prática a orientação de sua linha política"[63].

No mesmo número de *Voz Operária* que trazia a "Resolução política" do Comitê Central de junho de 1966, aparecia um suplemento especial com as *Teses*[64] para o VI Congresso do PCB, que havia sido adiado devido ao golpe de 1º de abril de 1964. Tratava-se de uma reformulação das *Teses para discussão*[65], apresentadas em março de 1964, tendo em vista as mudanças ocorridas a partir do golpe. Afirmava-se que "o golpe de 1º de abril implantou em nosso país a ditadura militar das forças mais reacionárias e antinacionais – os agentes do imperialismo, a burguesia ligada aos monopólios norte-americanos e os representantes do latifúndio", considerando que "a burguesia nacional perdeu posições no governo e no aparelho do Estado". Adiante declarava que "a ditadura repousa essencialmente sobre os comandos reacionários das Forças Armadas, os quais exercem o governo de fato, sob a inspiração da embaixada dos Estados Unidos". Dizia-se ainda que "a ditadura [...] vem modificando a estrutura política do país e impondo um novo regime, *fascistizante*"[66].

Nas *Teses* era mantida no fundamental a orientação política aprovada no V Congresso do PCB, reafirmando-se que "a atual etapa da revolução brasileira é [...] anti-imperialista e antifeudal, nacional e democrática". Ressaltava-se que "o proletariado disputa com a burguesia nacional a hegemonia da revolução anti-imperialista e antifeudal", continuando, portanto, a viger na direção do PCB a tese da existência, no Brasil, de uma suposta *burguesia nacional*[67]. No capítulo referente à tática do partido, repetiu-se a orientação defendida em documentos anteriores:

> Nas condições atuais, nossa tarefa mais importante consiste em mobilizar, unir e organizar a classe operária e demais forças patrióticas e democráticas para a luta contra a ditadura, *pela sua derrota e pela conquista das liberdades democráticas*, condição essencial para alcançar os objetivos da revolução em sua etapa atual e para o desenvolvimento da luta da classe operária pelo socialismo.[68]

---

[63] Ibidem, p. 8.

[64] "Teses", *Voz Operária*, n. 19, 20 jul. 1966, suplemento especial, 16 p.

[65] "Teses para discussão", *Novos Rumos*, Rio de Janeiro, n. 265, 27 mar.-1º abr. 1964, suplemento especial, 15 p.

[66] Ibidem, p. 4; grifo desta autora.

[67] Ibidem, p. 7.

[68] Ibidem, p. 8; grifos desta autora.

No que se refere à avaliação dos erros cometidos pelo partido que teriam contribuído para o revés sofrido em 1964, os mesmos eram atribuídos a "uma falsa concepção da revolução brasileira, de fundo pequeno-burguês e golpista. [...] É uma concepção [...] que consiste em admitir a revolução não como fenômeno de massas, mas como resultado da ação das cúpulas ou, no melhor dos casos, do Partido"[69].

Nas *Teses* também era reconhecida a presença de tendências de direita nas atividades dos comunistas anterior ao golpe, mas afirmava-se que "seria completamente falso" localizar nessas tendências a causa fundamental dos erros cometidos "na aplicação da linha política do V Congresso":

Esses erros [...] decorrem de uma posição subjetivista, da pressa pequeno-burguesa e do golpismo, que nos levaram a supor possível a vitória fácil e imediata, a contribuir com nossa atividade política para precipitar os acontecimentos, sem que existissem as condições que pudessem assegurar a vitória da classe operária e das forças nacionalistas e democráticas.[70]

O documento, preparatório do VI Congresso, faz a autocrítica do combate promovido à "política de conciliação do governo Goulart", reconhecendo que

considerávamos a luta contra a política de conciliação como a forma concreta pela qual devia ser combatido, nas condições existentes, o maior inimigo de nosso povo – o imperialismo norte-americano. Semelhante posição só poderia levar ao desvio do golpe principal, transferindo-o do imperialismo norte-americano para a burguesia nacional, representada no governo por Goulart.[71]

Em resumo, as *Teses* para o VI Congresso registram a derrota, no Comitê Central do PCB, da "tendência revolucionária" e a continuidade da orientação política aprovada no V Congresso. Para que não reste dúvidas a respeito, o texto afirma: "No momento que atravessamos, o perigo principal está no radicalismo pequeno-burguês, no esquerdismo e no sectarismo, no que se refere à aplicação da linha política e tática do Partido"[72].

Como será visto adiante, Luiz Carlos Prestes, ao emprestar apoio às *Teses*, fazendo concessões às tendências reformistas existentes na direção do partido, visava a manter sua unidade e a derrotar as posições esquerdistas, consideradas por ele mais

---

[69] Ibidem, p. 11.
[70] Ibidem, p. 12.
[71] Ibidem, p. 13.
[72] Ibidem, p. 14.

perigosas naquele momento, pois poderiam levar ao esfacelamento da organização. Efetivamente, em poucos anos, as organizações de esquerda que enveredaram pelo caminho da luta armada seriam dizimadas pela ditadura.

Em setembro de 1966, *Voz Operária* publicou artigo de Antônio Almeida (Luiz Carlos Prestes) comentando a "Resolução política" de junho daquele ano, que alertava para a necessidade de "não subordinar nossa atividade à possibilidade de golpes"[73], atitude comum tanto aos reformistas quanto aos esquerdistas. Tanto uns quanto outros, sob influência de uma concepção que apostava nas soluções de cúpula, desprezavam, na prática, a atividade cotidiana de organização dos setores populares na luta contra a ditadura.

Na segunda metade de 1966, tiveram início os entendimentos para a formação de uma Frente Ampla oposicionista agrupando Carlos Lacerda, Juscelino Kubitschek e João Goulart. Embora os dois últimos fossem adversários de Lacerda, naquele momento os unia o combate aos Atos Institucionais n. 2 e n. 3. Com sua decretação, o novo regime havia interrompido as pretensões eleitorais desses líderes políticos com vistas à presidência da República no pleito anteriormente previsto para 1965. A Frente Ampla foi lançada oficialmente em outubro de 1966, por meio de manifesto divulgado no jornal lacerdista *Tribuna da Imprensa*, sob responsabilidade exclusiva de Carlos Lacerda[74].

Difíceis e prolongadas negociações nas esferas dos políticos de oposição marcaram a existência da Frente Ampla, cujas atividades se intensificaram entre dezembro de 1967 e abril de 1968. Reuniões e comícios realizaram-se em vários estados, mas, a partir do início de 1968, o clima político no país se agravara, com o crescimento de manifestações estudantis e populares. A morte do estudante Edson Luís, baleado em confronto entre estudantes e a polícia no restaurante Calabouço, no Rio de Janeiro, precipitou a adoção de medidas mais drásticas por parte do governo Costa e Silva[75]. Conforme pesquisadora do tema: "Em face do crescimento das atividades da frente e da dimensão popular que essas atividades começavam a assumir, o governo decidiu extinguir a organização, através da Portaria n. 177, do Ministério da Justiça, datada de 5 de abril de 1968"[76].

---

[73] Antônio Almeida, "Não subordinar nossa atividade à possibilidade de golpes", *Voz Operária*, n. 20, set. 1966, p. 2.

[74] Célia Maria Leite Costa, "A Frente Ampla de oposição ao regime militar", em Marieta de Moraes Ferreira (coord.), *João Goulart: entre a memória e a história* (Rio de Janeiro, Editora da FGV, 2006), p. 177-91; Luiz Alberto Moniz Bandeira, *O governo João Goulart: as lutas sociais no Brasil, 1961-1964* (São Paulo, Editora Unesp, 2010), p. 366-71; Carlos Lacerda, *Depoimento* (Rio de Janeiro, Nova Fronteira, 1987), p. 447-70.

[75] Em março de 1967, o general Costa e Silva, ditador de plantão, assumiu a presidência da República por meio da farsa de eleições indiretas no Congresso Nacional.

[76] Célia Maria Leite Costa, "A Frente Ampla de oposição ao regime militar", cit., p. 190.

Qual era a posição do PCB diante da Frente Ampla? Segundo depoimentos existentes, a direção do partido participou dos entendimentos para sua formação através da intermediação do deputado Renato Archer, ligado a Juscelino e secretário-geral executivo da Frente Ampla[77]. O Comitê Central do PCB, sem alimentar ilusões, considerava que a Frente poderia contribuir para aglutinar forças políticas contra o regime ditatorial, embora insistisse sempre, em todos os seus documentos, na prioridade que os comunistas deveriam atribuir à organização e à mobilização das massas populares na luta contra a ditadura. A "Nota da Comissão Executiva", de outubro de 1966, reafirma a importância de participar das eleições parlamentares de 15 de outubro daquele ano, ainda que não houvesse a ilusão de derrotar a ditadura por meio do processo eleitoral, assim como de "desenvolver a luta contra a nova Constituição fascistizante que a ditadura, com a conivência ou não do Congresso, pretende outorgar [...]". Referindo-se aos entendimentos para a organização da Frente Ampla, o documento diz serem "decorrência da amplitude já alcançada pelas forças que se opõem à ditadura", tratando-se, portanto, de "um fato político positivo". E acrescenta que "o futuro da iniciativa dependerá, todavia, da contribuição que for capaz de trazer à luta contra a ditadura, pelas liberdades democráticas e pelos reais interesses do povo brasileiro"[78].

Nos marcos do regime ditatorial, desenrolavam-se disputas pela sucessão presidencial entre os grupos militares de Castello Branco e Costa e Silva e as controvérsias em torno da preparação de uma nova Constituição de caráter fascistizante. Ao mesmo tempo, acirravam-se os ânimos frente às eleições parlamentares, num clima de crescente repressão da ditadura contra o movimento popular e estudantil e, em particular, contra as forças de esquerda. No âmbito do PCB, entretanto, aguçava-se a luta interna entre a chamada "corrente revolucionária" e a maioria do Comitê Central, que ficaria refletida na *Tribuna de Debates*[79] do VI Congresso, publicada quinzenalmente no suplemento de *Voz Operária*, de setembro de 1966 a maio de 1967.

Prestes e a vaga esquerdista no PCB

O exame dos artigos publicados na *Tribuna de Debates* é revelador das posições dos partidários da "corrente revolucionária": a defesa da adoção imediata da *luta armada*, visando à *derrubada da ditadura* pela *insurreição armada* e a instauração

---

[77] Ibidem, p. 186; Luiz Alberto Moniz Bandeira, *O governo João Goulart*, cit., p. 366; Carlos Lacerda, *Depoimento*, cit., p. 451-2.

[78] "Nota da Comissão Executiva sobre a situação política" (out. 1966), *Voz Operária*, n. 22, nov. 1966, p. 1.

[79] *Tribuna de Debates, Voz Operária*, n. 2-17, suplemento.

de um *governo revolucionário*. A estratégia etapista da revolução nacional e democrática não estava em discussão, não sendo contestada pelos dirigentes da "corrente revolucionária", como Marighella e Mário Alves, embora ambos se mostrassem críticos ao papel até então atribuído pelo PCB à "burguesia nacional"[80]. A grande questão consistia na tática, na defesa do emprego imediato da luta armada. Prestes, ao combater essas teses, escreveu:

> Nas condições atuais de nosso país, quando se intensifica a repressão, diminuem as possibilidades de atuação legal e as massas ainda não oferecem uma resistência organizada à ditadura, nada efetivamente mais atraente e embriagador para o radicalismo pequeno-burguês do que falar em luta armada, em derrubada da ditadura, em insurreição armada, a fim de instaurar um governo revolucionário. As Teses do CC são criticadas principalmente porque não chamam desde já as massas à luta armada, porque não apresentam como "receita" para a classe operária chegar ao poder, obrigatoriamente, a insurreição armada.[81]

A seguir, o secretário-geral do PCB salienta:

> Nosso povo (a classe operária e as demais forças democráticas e patrióticas) sofreu um duro golpe. Suas organizações foram praticamente destruídas pela reação. O recuo foi inevitável e, na verdade, nem mesmo a resistência à ditadura, que apesar do seu crescente isolamento continua avançando, foi ainda possível organizar. Os acontecimentos revelaram que estávamos nós, comunistas, desligados das massas trabalhadoras, das forças fundamentais da revolução, as quais ainda se encontravam, como se encontram, sob a influência política e ideológica da burguesia.[82]

Diante de tal realidade, Prestes denuncia a "sarna" da fraseologia revolucionária afirmando que "a luta pelos objetivos revolucionários da classe operária (Tese 42), que inclui a luta pelo governo revolucionário anti-imperialista e antifeudal, assume agora a forma de luta pela conquista das liberdades democráticas, pelo isolamento e derrota da ditadura". Acrescenta:

> Isso só será possível através da ação de massas, o que exige dos comunistas não fazer nada que os afaste das massas. Lutando contra a passividade, impulsionando

---

[80] Carlos Marighella, *Escritos de Carlos Marighella*, cit., p. 49, 58, 63 e 104; Gustavo Falcón, *Do reformismo à luta armada*, cit., p. 223 e 227.

[81] Antônio Almeida, "Em defesa das Teses: contra o dogmatismo e a frase revolucionária", *Voz Operária*, n. 12, 15 fev. 1967, suplemento *Tribuna de Debates*.

[82] Idem.

as lutas contra a ditadura, sabem os comunistas que devem descer ao nível de consciência das massas para elevá-lo, através da própria experiência, ao nível de consciência da vanguarda.[83]

Há que se dizer ainda que, entre os dirigentes da "corrente revolucionária", não havia unanimidade. Marighella era partidário de concentrar os esforços revolucionários no campo, afirmando que "o pedestal da ação do proletariado é o trabalho rural"[84]. Considerando que, no Brasil, naquele momento, o caminho da revolução passaria pelo planejamento e pela preparação da guerrilha, Marighella passou a negar a necessidade do partido revolucionário[85], orientação que não seria aceita por Mário Alves, Jacob Gorender e Apolônio de Carvalho. Estes, após o rompimento com o PCB, criaram o Partido Comunista Brasileiro Revolucionário (PCBR), enquanto Marighella e Câmara Ferreira fundavam uma entidade que não pretendia ter caráter partidário, a Ação Libertadora Nacional (ALN)[86].

Indiscutivelmente, a influência da Revolução Cubana era enorme em toda a América Latina. No Brasil, após o golpe de 1964, parte das esquerdas e da juventude sob sua influência viu no exemplo cubano um caminho a seguir. As tendências voluntaristas e dogmáticas – voltadas para a cópia do "modelo cubano" – ganhariam força diante da frustração provocada pela vitória dos golpistas e a consolidação da ditadura. Os contatos de Marighella e de outras lideranças das esquerdas brasileiras com os dirigentes cubanos se tornariam mais frequentes[87]. Se antes do golpe já havia apoio cubano a Marighella, tal colaboração seria intensificada à medida que a política de Cuba se orientava pelo lema de "Um, dois, três Vietnãs!", proclamado por Guevara em sua "Mensagem aos povos do mundo" na Conferência Tricontinental (Ospaaal), realizada em Havana no início de 1966.

Conforme depoimento de Régis Debray, autor de *Revolução na revolução?* – obra que, publicada em Cuba, fazia a apologia do *foquismo*[88] e teve grande repercussão na América Latina –, Guevara, com quem ele esteve na Bolívia, pretendia que "os Andes se transformassem na Sierra Maestra da América Latina",

---

[83] Idem.

[84] Carlos Marighella, *Escritos de Carlos Marighella*, cit., p. 62, 67, 85, 87 e 109.

[85] Ibidem, p. 122.

[86] Gustavo Falcón, *Do reformismo à luta armada*, cit., p. 225-9; Edgard Carone, *Movimento operário no Brasil (1964-1984)*, cit., p. 9-10.

[87] Luiz Alberto Moniz Bandeira, *O governo João Goulart*, cit., p. 374-84.

[88] *Foquismo* é a concepção segundo a qual um foco guerrilheiro pode dar início a um processo revolucionário. Para os adeptos dessa tese, a Revolução Cubana seria um exemplo da aplicação do modelo foquista, o que não corresponde à realidade.

seguindo o exemplo dos revolucionários cubanos[89]. Ainda no final de 1966, Che, a caminho da Bolívia, passou pelo Brasil[90], onde, ao que parece, teve contato com Marighella e Câmara Ferreira[91], confirmando a aposta cubana no caminho armado traçado por Marighella para a revolução brasileira.

Em dezembro de 1966, Marighella encaminhou carta à Comissão Executiva do CC do PCB, solicitando demissão do cargo que ocupava nessa instância partidária e reiterando as divergências anteriormente expostas[92]. Continuaria, entretanto, à frente do Comitê Estadual de São Paulo, para o qual havia sido eleito em conferência realizada naquele ano, derrotando os partidários da "conquista do poder local", conforme foi visto.

Em fevereiro de 1967, *Voz Operária* divulgou um *Manifesto da Comissão Executiva do PCB* denunciando a nova Constituição imposta pela ditadura, que dava, assim, "mais um passo no sentido de institucionalizar o regime reacionário e entreguista, antioperário e antinacional" e "fascistizante". Afirmava que "a substituição de Castello Branco por Costa e Silva não significará uma mudança da situação do país em benefício do nosso povo", conclamando-se todos os setores populares a intensificarem "a resistência e o combate à ditadura". Reiterava a orientação adotada nas *Teses* do VI Congresso:

> A unidade de ação de todos os patriotas e democratas derrotará a ditadura, substituindo-a por um governo democrático e tornando possível ao nosso povo construir um futuro de liberdade, progresso e bem-estar, libertada nossa Pátria do humilhante e espoliador domínio do imperialismo norte-americano.[93]

No processo de preparação para o VI Congresso do PCB, realizaram-se, na clandestinidade, durante o ano de 1967, as Conferências Estaduais – dentre as quais uma das mais importantes foi a do estado de São Paulo. Embora existam poucas informações a respeito dessa conferência, promovida em abril daquele ano na cidade de Campinas, as *Teses* apresentadas pelo CC foram rejeitadas pela esmagadora maioria dos delegados presentes. Marighella e Câmara Ferreira, ambos dirigentes nacionais do PCB em São Paulo e integrantes da "corrente

---

[89] Luiz Alberto Moniz Bandeira, *O governo João Goulart*, cit., p. 380.

[90] Francisco Ignácio Taibo Mahajo, *Ernesto Guevara, também conhecido como Che* (São Paulo, Expressão Popular, 2008), p. 675; Richard L. Harris, *Morte de um revolucionário: a última missão de Che Guevara* (Rio de Janeiro, G. Ermakoff, 2008), p. 81.

[91] Luiz Alberto Moniz Bandeira, *O governo João Goulart*, cit., p. 381-2.

[92] Carlos Marighella, *Escritos de Carlos Marighella*, cit., p. 89-97.

[93] PCB, "Manifesto da Comissão Executiva do PCB" (jan. 1967), *Voz Operária*, n. 25, 1º fev. 1967, p. 1.

revolucionária", haviam conquistado para suas posições esquerdistas a maioria da conferência. A resolução final aprovada na Conferência de Campinas estabelecia a inevitabilidade do *caminho armado* para a revolução no Brasil[94].

Em julho de 1967, Marighella, sem informar a direção do PCB, viajou para Cuba, onde participou da Conferência da Organização Latino-Americana de Solidariedade (Olas), realizada em Havana no início de agosto. Imediatamente, sua presença em Cuba tornou-se pública por meio de declarações feitas por ele à imprensa[95]. Diante do fato consumado, a Comissão Executiva, em "Comunicado" de 15 de agosto de 1967, aplicava a Marighella "a pena de suspensão do exercício de todos os cargos partidários em que estava investido", até decisão do Comitê Central, por abandono de seu posto, "sem sequer dar conhecimento à direção partidária", tendo viajado para o estrangeiro, "onde fez declarações públicas contra a direção do Partido e manifestou-se contra a orientação partidária"[96].

Na mesma ocasião, a Comissão Executiva emitiu nota explicitando as razões pelas quais o PCB não enviara representantes à Conferência da Olas: 1) a título de convite, o PCB fora indiretamente informado de sua inclusão num pretenso Comitê Nacional da Olas, "em pé de igualdade com conhecidos renegados e fracionistas"; 2) o PCB era contra a pretensão de constituir "um centro para ditar orientação política ao movimento revolucionário de nossos países"; 3) o PCB não podia concordar com "os ataques feitos pelo Comitê Organizador da Olas ao Partido Comunista irmão da Venezuela" – acusações de um suposto reformismo dos comunistas venezuelanos. Acrescentava-se na nota que "a unidade da luta anti-imperialista e revolucionária na América Latina só terá êxito se apoiada na unidade do movimento comunista latino-americano", sendo condenáveis "todas as tendências a manifestações de fracionismo e liquidacionismo"[97].

Durante sua permanência em Cuba, Marighella redigiu uma carta dirigida ao CC do PCB e outra a Fidel Castro, na qual declarou seu *rompimento* com o Comitê Central do partido, reafirmando suas principais teses:

---

[94] Luiz Henrique de Castro Silva, *O revolucionário da convicção*, cit., p. 163-5; Jacob Gorender, *Combate nas trevas*, cit., p. 90-1; João Falcão, *Giocondo Dias, a vida de um revolucionário*, cit., p. 266.

[95] Jacob Gorender, *Combate nas trevas*, cit., p. 91; Gustavo Falcón, *Do reformismo à luta armada*, cit., p. 225; Luiz Henrique de Castro Silva, *O revolucionário da convicção*, cit., p. 171; João Falcão, *Giocondo Dias, a vida de um revolucionário*, cit., p. 266; LCP, fita n. 20; relato de Prestes à autora.

[96] PCB, "Comunicado da Comissão Executiva do Comitê Central do PCB", *Voz Operária*, n. 31, set. 1967, p. 1.

[97] Comissão Executiva do CC do PCB, "Nosso partido e a Conferência da Olas", *Voz Operária*, n. 31, set. 1967, p. 2.

Não estou preocupado em construir outro partido para ficar na cidade [...]. Para mim, chegou o momento em que as forças revolucionárias devem concentrar-se na área rural. O papel de uma direção proletária, marxista-leninista, pelo menos na América Latina, é estar no campo, e não na cidade [...]. Segundo penso, a luta guerrilheira é a única maneira de unir os revolucionários brasileiros e de levar nosso povo à conquista do poder. Recursos humanos e condições para a guerrilha não faltam no Brasil. A consciência revolucionária que brota da luta se encarregará do demais. A guerrilha é o mais anticonvencional e antiburocrático que pode haver, o que mais se afasta do sistema tradicional de um partido da cidade.[98]

Em agosto de 1967, o Comitê Central reuniu-se extraordinariamente para discutir "Problemas da vida interna do partido", ocasião em que Prestes, ao apresentar o informe da Comissão Executiva, abordou as "manifestações de rebeldia, de violação dos princípios e normas da estrutura da vida interna do partido" da parte de alguns Comitês Estaduais. Na resolução aprovada nessa reunião, afirmava-se que "os Comitês Estaduais de São Paulo, estado do Rio e Rio Grande do Sul, sob a influência de membros do Comitê Central, procuram imprimir à atividade partidária uma orientação divergente da orientação do Comitê Central e das diretivas da Comissão Executiva". Foram apresentados detalhes a respeito da atividade fracionista desenvolvida nesses organismos partidários, a qual não se poderia justificar com o andamento do processo de debates para o VI Congresso, uma vez que, até sua realização, segundo as normas estatutárias, a orientação em vigor deveria ser a do Comitê Central do partido. Com o objetivo de assegurar "a unidade do partido, contra o fracionismo e o liquidacionismo", o Comitê Central decidiu expulsar do PCB Marighella – que já havia rompido com o CC e só regressaria ao Brasil em dezembro de 1967 –, Jover Telles e outros dirigentes estaduais, sendo alvo de censura pública Câmara Ferreira e mais alguns dirigentes nacionais. A Comissão Executiva foi autorizada "a adotar todas as medidas que se fizessem necessárias e aplicá-las para o cumprimento das decisões indicadas"[99].

---

[98] *Carta de Carlos Marighella al Comité Central del Partido Comunista Brasileño (La Habana, 17 de agosto de 1967)* (documento datilografado, 3 p.; Arquivo Edgard Leuenroth/Unicamp, coleção Luiz Carlos Prestes, pasta 158); ver também *Carta a Fidel Castro (La Habana, 18 de agosto de 1968)* (documento datilografado, 4 p.; Arquivo Edgard Leuenroth/Unicamp, coleção Luiz Carlos Prestes, pasta 158); traduções desta autora.

[99] *Intervenção do camarada Antônio Almeida no Pleno do Comitê Central: defender a unidade do Partido contra o fracionismo e o liquidacionismo (15/8/1967)* (documento datilografado original, 7 p.; Arquivo Edgard Leuenroth/Unicamp, coleção Luiz Carlos Prestes, pasta 83); "Intervenção do camarada Antônio Almeida no Pleno do Comitê Central: defender a unidade do Partido contra o fracionismo e o liquidacionismo", *Voz Operária*, n. 32, out. 1967, p. 1-2; "Pela unidade do Partido: resolução do Comitê Central do Partido Comunista Brasileiro" (set. 1967),

As decisões tomadas pelo Comitê Central do PCB não foram, entretanto, aceitas pelo Comitê Estadual de São Paulo, o que provocou sua destituição pela Comissão Executiva Nacional, a nomeação de uma comissão encarregada de dirigir temporariamente a organização partidária no estado, tendo em vista a normalização de suas atividades, e a suspensão de Câmara Ferreira do cargo de membro do Comitê Central até a reunião seguinte[100].

O VI Congresso do PCB realizou-se, em rigorosa clandestinidade, num sítio no estado de São Paulo, em dezembro de 1967. Antes disso, a Comissão Executiva, no exercício de mandato concedido pelo Comitê Central, interveio nos Comitês Estaduais não só de São Paulo, como também no do Rio de Janeiro e no Comitê Metropolitano de Brasília, designando delegações para esses três comitês com "a missão de ali normalizar a atividade partidária"[101]. Nos meses que antecederam o VI Congresso, a luta interna no PCB adquirira proporções tais que a cisão entre os seguidores da "corrente revolucionária" e a maioria do Comitê Central se tornara inevitável.

Se até a viagem de Marighella a Cuba entre os líderes da "corrente" ainda parecia haver "vivas esperanças de uma confluência unitária" dos diversos grupos que a constituíam[102], Marighella implodiu tais expectativas com suas posições contrárias à organização partidária[103]. As atividades fracionistas, ou seja, de reunir, organizar e dirigir militantes do PCB segundo orientação contrária à da direção nacional, feriam o princípio do centralismo-democrático e constituíam uma ameaça à unidade partidária. Os próprios dirigentes da "corrente revolucionária" reconheceriam, mais tarde, que suas atividades não estavam restritas à participação democrática nos debates preparatórios do VI Congresso. Na realidade, houve articulações para que a "corrente revolucionária" fosse vitoriosa no congresso, recorrendo para tal a métodos contrários aos estatutos do partido. Apolônio de Carvalho relata as frequentes reuniões entre os membros da "corrente": "Miguel Batista e eu, no estado do Rio, somos os anfitriões de grande parte desses encontros. Estamos em contato relativamente constante com Marighella e Câmara Ferreira, e também com a Guanabara. Temos, igualmente, laços com Mário Alves e Jacob Gorender"[104].

---

     suplemento especial de *Voz Operária*, 1967, ver Edgard Carone, *O PCB*, v. 3: *1964-1982* (São Paulo, Difel, 1982), p. 394-400.

[100] "Destituição do Comitê Estadual de São Paulo (resolução da Comissão Executiva do CC do PCB)", *Voz Operária*, n. 33, nov. 1967, p. 2.

[101] "Informe de balanço do Comitê Central", em PCB, *PCB: vinte anos de política (1958-1979)* (São Paulo, Livraria Editora Ciências Humanas, 1980), p. 90.

[102] Apolônio de Carvalho, *Vale a pena sonhar*, cit., p. 198.

[103] Ibidem, p. 198-9; Gustavo Falcón, *Do reformismo à luta armada*, cit., p. 225.

[104] Apolônio de Carvalho, *Vale a pena sonhar*, cit., p. 200.

Carvalho confirma as atividades fracionistas quando escreve:

A "Corrente" tivera [...] no estado do Rio seu instrumento maior de coordenação, numa espécie de sede clandestina. Em Niterói, presentes Jacob Gorender, Câmara Ferreira, Jover Telles e nós, a prata da casa, debatemos mensalmente perspectivas e planos de ação. Arriscamos, assim, no estado do Rio, em outubro de 1967, um último intento unitário. Adia-se, no entanto, uma definição final. Na realidade, a dispersão já está delineada.[105]

Tais fatos desmentem afirmações de que os adeptos da "corrente revolucionária" não teriam praticado atividades fracionistas, mas apenas participado democraticamente dos debates preparatórios do VI Congresso[106]. Se o PCBR só foi oficialmente constituído em abril de 1968[107], as articulações para sua organização eram de antes da realização do VI Congresso[108]. Quanto à ALN, fundada em 1968 a partir do Agrupamento Comunista de São Paulo, criado em fevereiro daquele ano por Marighella e Câmara Ferreira, ela também resultou de articulações anteriores ao VI Congresso[109].

Os dirigentes da "corrente revolucionária" não participaram do congresso e nele foram expulsos do PCB[110]. Segundo Apolônio de Carvalho, a "corrente" decidiu não participar do VI Congresso, diante das medidas adotadas pelo Comitê Central para garantir uma maioria confiável nesse conclave[111]. Entretanto, Gorender escreve que ele e "os demais membros e suplentes oposicionistas do Comitê Central" não foram conduzidos ao local do congresso[112].

O VI Congresso do PCB e as posições de Prestes

Se, por um lado, houve evidente fracionismo de parte dos adeptos da "corrente revolucionária", por outro lado, é certo que o Comitê Central e a Comissão Executiva Nacional adotaram todos os meios – nem sempre os mais democráticos,

---

[105] Idem.

[106] Jacob Gorender, *Combate nas trevas*, cit., p. 92; Luiz Henrique de Castro Silva, *O revolucionário da convicção*, cit., p. 167.

[107] Gustavo Falcón, *Do reformismo à luta armada*, cit., p. 226.

[108] Daniel Aarão Reis Filho e Jair Ferreira de Sá (orgs.), *Imagens da revolução*, cit., p. 160.

[109] Carlos Marighella, *Escritos de Carlos Marighella*, cit., p. 131-7; Luiz Henrique de Castro Silva, *O revolucionário da convicção*, cit., p. 176; Apolônio de Carvalho, *Vale a pena sonhar*, cit., p. 200; Daniel Aarão Reis Filho e Jair Ferreira de Sá (orgs.), *Imagens da revolução*, cit., p. 206.

[110] *Voz Operária*, n. 35, jan. 1968, p. 1.

[111] Apolônio de Carvalho, *Vale a pena sonhar*, cit., p. 200.

[112] Jacob Gorender, *Combate nas trevas*, cit., p. 92.

segundo vários relatos – para evitar uma vitória das posições esquerdistas no VI Congresso. Na realidade, na ausência de uma orientação política correta – quando predominava na direção do PCB uma concepção nacional-libertadora de viés reformista e, ao mesmo tempo, a oposição defendia teses esquerdizantes e desligadas da realidade sobre a qual se pretendia atuar –, a democracia interna não pode ser respeitada e o centralismo-democrático é abandonado, pois a unidade orgânica do partido só é real quando há unidade em torno de uma política revolucionária adequada em suas linhas gerais à situação concreta existente – uma política voltada para a formação do *bloco histórico* que sirva ao avanço do processo revolucionário rumo à conquista do poder pelas forças revolucionárias.

Prestes tentava levar adiante a luta em duas frentes, tendo em vista preservar a unidade partidária. Identificando nas tendências esquerdistas o principal perigo para a sobrevivência do PCB, ele fazia, desde 1958, concessões às posições reformistas – embora procurando sempre combatê-las e neutralizá-las –, como acontecera quando da elaboração e aprovação da *Declaração de março* daquele ano e, posteriormente, durante a realização do V Congresso[113], ocasião em que os dirigentes mais comprometidos com as teses esquerdistas foram afastados da direção do partido.

Com o crescimento da vaga esquerdista no Brasil e, em particular, nas fileiras do PCB – principalmente a partir de sua Conferência Nacional realizada em dezembro de 1962 e, mais ainda, a partir da derrota sofrida com o golpe de 1964 –, tornara-se evidente a possibilidade real de a "corrente revolucionária" apoderar-se da direção nacional do partido, utilizando-se, para tal fim, de todos os meios, inclusive do recurso à atividade fracionista. A vitória das posições esquerdistas no VI Congresso, com a adoção imediata da luta armada contra a ditadura, teria levado o PCB ao esfacelamento, como ocorreu com partidos e organizações de esquerda que assim procederam. Como a prática viria a demostrar, inexistiam no Brasil, à época, condições para o desencadeamento de guerrilhas ou outras formas de luta armada, como era vontade de muitos militantes impacientes por transformar seus desejos em realidade.

Prestes entendia que, naquele momento histórico, sua tarefa principal na qualidade de secretário-geral do PCB deveria ser evitar uma segunda derrota, maior ainda do que a de abril de 1964, quando se conseguiu impedir o esfacelamento da organização partidária, garantindo sua sobrevivência. Considerava, por isso, necessário somar forças para que, no VI Congresso, as teses dos defensores da deflagração imediata da luta armada fossem rejeitadas. Naquele contexto extremamente conturbado, o caminho viável para a preservação da organização

---

[113] Conferir os capítulos XII e XIII deste livro.

414 Luiz Carlos Prestes: um comunista brasileiro

partidária, acreditava ele, seria o da unidade em torno da manutenção da orientação política aprovada no V Congresso do PCB.

A análise dos documentos aprovados no VI Congresso[114] confirma essa continuidade. Foram reafirmadas as principais teses presentes não só na "Resolução política" do V Congresso, como nas resoluções anteriores do Comitê Central e da Comissão Executiva do PCB, em particular nas *Teses* apresentadas para a discussão preparatória do VI Congresso. Entretanto, diferentemente de documentos anteriores, a "Resolução política" do VI Congresso omitiu o termo "fascistizante" na qualificação do regime ditatorial, definido como "militar, de conteúdo entreguista, antidemocrático e antioperário"[115], indicando também as dificuldades existentes na direção do PCB para uma caracterização mais precisa do regime estabelecido com o golpe de 1º de abril de 1964.

Os debates durante o curso dos trabalhos do VI Congresso não seriam nada tranquilos, embora os defensores das teses esquerdistas já tivessem sido afastados. Nessas condições, o embate se daria entre Prestes e a maioria, partidária das concepções nacional-libertadoras e reformistas predominantes na direção do PCB. Anos mais tarde, ao recordar os trabalhos da Comissão de Resoluções durante a realização do VI Congresso, Prestes afirmou:

A Comissão de Resoluções estava reunida havia quinze dias e não se conseguira chegar a um acordo. A disputa era entre o secretário-geral, que era eu, que achava não ser possível continuar afirmando que o Brasil era um país semicolonial, e a maioria da comissão, defensora dessas teses. Era indispensável terminar essa reunião, o congresso não podia persistir por mais tempo, a ameaça policial era evidente, apesar de todas as precauções que havíamos tomado.[116]

A seguir, Prestes acrescentou:

De maneira que a "Resolução política" do VI Congresso é profundamente contraditória. Algumas das minhas opiniões foram aceitas e inscritas nessa resolução, mas outras eram da maioria da comissão, que não concordava que o Brasil fosse já um país capitalista, como eu afirmava. É claro que minha posição ainda era inconsequente, eu via o Brasil como um país capitalista, mas não desenvolvia suficientemente, não tive força enfim para convencer os

---

[114] "Resolução política do VI Congresso (dez. 1967)" e "Informe de balanço do CC ao VI Congresso (dez. 1967)", em *PCB: vinte anos de política*, cit., p. 153-90 e 71-152.

[115] *PCB: vinte anos de política*, cit., p. 166.

[116] Instituto Cajamar, *Socialismo em debate: 1917-1987* (São Paulo, Instituto Cajamar, 1988), p. 234.

demais membros do Comitê Central e da Comissão de Resoluções para que essa tese fosse vitoriosa.[117]

O conflito entre as posições defendidas por Prestes e a maioria dos delegados ao VI Congresso fica evidente quando comparamos algumas formulações da "Resolução política" aprovada nesse conclave com outras, presentes no "Informe de balanço do CC", redigido e apresentado pelo secretário-geral. Assim, a seguinte formulação consta tanto do informe[118] quanto da resolução[119]: "Os comunistas, que orientam sua ação no sentido da conquista de um governo revolucionário, participarão, no entanto, junto com as demais forças que se opõem ao atual regime, da luta pela constituição de um governo das forças antiditatoriais".

Observamos, contudo, a ausência na "Resolução política" e nas *Teses* apresentadas para discussão de um trecho importante introduzido por Prestes no "Informe de balanço", que expressava a concepção da estratégia revolucionária do PCB por ele defendida:

> [...] ao lutarmos pela revolução nacional e democrática, *não lutamos pelo desenvolvimento capitalista*, mas por um desenvolvimento econômico democrático e independente, que abrirá caminho para o socialismo. Atualmente, toda revolução anti-imperialista é parte integrante da revolução socialista mundial. [...] Marchamos assim para uma *solução revolucionária que repele o capitalismo como perspectiva histórica*, mas não exige de modo imediato a passagem para o socialismo. Vamos conquistar um poder revolucionário das forças anti-imperialistas e democráticas, que não terá ainda o caráter de ditadura do proletariado, mas será capaz de cumprir seu papel histórico e abrir caminho para o avanço ulterior, rumo ao socialismo.[120]

A partir do VI Congresso, as divergências de Prestes com a maioria do Comitê Central do PCB se acentuaram e se tornaram cada vez mais graves. O secretário-geral havia conciliado com a maioria reformista para derrotar o inimigo principal naquele momento – o radicalismo de esquerda. Uma vez alcançado tal objetivo, inaugurava-se uma nova etapa da luta ideológica nas fileiras partidárias. Em julho de 1968, Prestes publicou dois artigos, um deles no jornal *Voz Operária* e outro na *Revista Internacional*[121], que suscitaram questionamentos

---

[117] Idem; cf. LCP, fita n. 20.

[118] Instituto Cajamar, *Socialismo em debate*, cit., p. 133.

[119] Ibidem, p. 183.

[120] Ibidem, p. 97, grifos desta autora.

[121] Antônio Almeida, "Carlos Marx e o marxismo", *Voz Operária*, n. 41, jul. 1968, p. 8; "A linha política e a tática dos comunistas brasileiros nas novas condições", *Revista Internacional*, n. 6, jun. 1968, publicado também na *Mundo em Revista*, n. 5-6, 1968.

entre os membros do Comitê Central que viram neles "considerações errôneas ou, pelo menos, contrárias ao espírito e à letra da 'Resolução política' do VI Congresso"[122]. Diante disso, em reunião do Comitê Central em setembro do mesmo ano, foi decidido colocar na pauta para discussão a linha política e a tática do partido no que se referia aos problemas da "frente única das forças antiditatoriais e do governo por que lutamos nas condições atuais"[123]. Ficou decidido também que "os membros do CC poderiam apresentar por escrito sua opinião sobre os problemas em discussão para prévio conhecimento dos demais membros do CC e que se partiria das opiniões escritas que fossem apresentadas para se realizar a discussão da próxima reunião ordinária do CC, como ponto obrigatório da ordem do dia"[124].

Prestes, que havia sido reeleito secretário-geral do PCB no VI Congresso, redigiu longo e circunstanciado documento, entregue aos membros do Comitê Central com antecedência, para ser discutido em reunião previamente agendada, em abril de 1969. Nessa oportunidade, a maioria presente não aceitou incluir o documento na pauta da reunião, alegando que ele seria contra a linha do VI Congresso. Como foi apontado por Prestes, "negaram-se a discutir"[125].

Vejamos os trechos dos artigos postos em dúvida no CC do PCB. No artigo publicado em *Voz Operária*[126], reportando-se a Lenin, Prestes enfatiza que suas lições

ajudam-nos [...] na luta contra as tendências de direita que se manifestam na aplicação da tática do Partido de parte principalmente daqueles que confundem o regime político imposto ao país pelos golpistas de 1964, já consagrado pela Constituição fascistizante de 1967, com o regime anterior da Constituição de 1946, particularmente durante o governo do sr. João Goulart.[127]

E acrescenta que:

Antes do golpe militar de 1964, a tática de nosso Partido consistia em, através da pressão de massas, exigir do governo reformas que determinassem mudanças na

---

[122] Antônio Almeida, sem título, 8 abr. 1969 (documento datilografado original, 23 p.; arquivo particular da autora; fotocópia, Arquivo Edgard Leuenroth/Unicamp, coleção Luiz Carlos Prestes, pasta 009).

[123] Idem.

[124] Idem.

[125] LCP, fita n. 21; relato de Prestes à autora. Somente um membro do CC – Agliberto Vieira de Azevedo – votou com Prestes.

[126] Antônio Almeida, "Carlos Marx e o marxismo", cit., p. 8; grifos desta autora.

[127] Idem.

correlação de forças políticas no sentido de conquista de um governo nacionalista e democrático. Agora, lutamos contra a ditadura militar reacionária e entreguista, pelo seu isolamento e derrota, pela sua substituição por um *governo revolucionário*, ou, pelo menos, efetivamente democrático, por um outro regime.[128]

O artigo publicado na *Revista Internacional*[129] afirma também:

O Partido Comunista luta, na etapa atual, pela conquista de um governo revolucionário, democrático e anti-imperialista, capaz de abrir ao proletariado o caminho para o socialismo. A luta contra a ditadura pode resultar não somente na liquidação do regime político semifascista atual, mas ir adiante e resultar na liquidação do próprio regime de capitalistas e latifundiários ligados ao imperialismo. Esta não é uma hipótese abstrata, existem as premissas objetivas para que tal processo possa ocorrer. A crise em que o Brasil se debate não pode ser resolvida sem a realização de reformas profundas em sua estrutura, isto é, não pode ser resolvida a não ser pela revolução. A luta contra a ditadura pode adquirir um rumo tal que a derrocada desta leve consigo o próprio regime social existente. Para que tal hipótese possa acontecer, entretanto, é necessário que as forças que estão interessadas numa solução revolucionária – a classe operária, a pequena burguesia urbana e os camponeses – representem tal força dentro da frente antiditatorial e desempenhem tal papel na luta contra a ditadura que, ao derrubarem esta, estejam em condições de fazer prosseguir o processo e aprofundá-lo até que ele adquira um caráter revolucionário. O Partido Comunista deseja e trabalha para que assim aconteça.

Prestes levanta, entretanto, a possibilidade de outra hipótese:

A ditadura pode ser derrotada e liquidada sem que as forças revolucionárias da frente antiditatorial disponham de poder suficiente para fazer prosseguir o processo e instaurar, no lugar da ditadura, um poder revolucionário. Nesse caso, o governo que daí surgir pode ser mais ou menos democrático, mais ou menos avançado, segundo a correlação concreta de forças que existir no momento de sua constituição. Nesse caso, os comunistas poderão participar ou não deste governo, poderão apoiá-lo ou não, dependendo do caráter concreto que ele tiver.

---

[128] Idem.

[129] Idem, "A linha política e a tática dos comunistas brasileiros nas novas condições", cit., citado em Antônio Almeida, sem título, 8 abr. 1969 (documento datilografado original, 23 p.; arquivo particular da autora; fotocópia, Arquivo Edgard Leuenroth/Unicamp, coleção Luiz Carlos Prestes, pasta 009).

Participando ou não de um governo antiditatorial que se instalar no país, apoiando-o ou não, os comunistas continuarão a luta por seus objetivos revolucionários.[130]

A divergência surgira a respeito da maneira como Prestes abordara, nos dois artigos, o problema do *governo* pelo qual deveriam lutar os comunistas nas condições então existentes no país. Ao desenvolver sua argumentação, ele escreveu que "o problema da constituição de um governo é um problema concreto, depende fundamentalmente da correlação de forças sociais e políticas em determinado momento". Acrescentou que os comunistas deveriam lutar sempre por um *governo revolucionário* que fosse expressão dos objetivos estratégicos definidos pelo partido, ou seja, de acordo com a orientação política então vigente no PCB, "um governo revolucionário das forças anti-imperialistas e antifeudais". Esse deveria ser "o objetivo imediato de nosso Partido na etapa atual da revolução".

O secretário-geral do PCB reconheceu, contudo, que

para alcançar esse objetivo, nas condições atuais, lutamos pela unidade de todas as forças antiditatoriais. Nessa luta pela derrota da ditadura é *possível*, antes que cheguemos no país a uma situação revolucionária, que se dê uma crise de governo, que torne viável a constituição de um governo das forças que se opõem à ditadura. Quando isso se der, os comunistas participarão da luta pela constituição de um tal governo. Mas, enquanto não se configura tal possibilidade, nosso Partido luta por que a queda da ditadura leve à sua substituição por um governo revolucionário, o qual será, evidentemente, um governo democrático, ou *efetivamente democrático* (ditadura democrática), em que predominarão as forças fundamentais da revolução.[131]

Prestes ressaltou que "os comunistas, ao lutarem pela plataforma comum da frente antiditatorial, não ocultam seu programa revolucionário, [...] fazendo esforços para ganhar para suas posições revolucionárias, para seu programa, as forças fundamentais da revolução"[132]. E, fundamentando sua posição, recorreu a Lenin:

Só são fortes os lutadores que se apoiam em interesses reais *claramente compreendidos* de determinadas *classes*, e todo fator que oculte esses interesses de classe, que desempenham já um papel dominante na sociedade atual, não pode senão enfraquecer os lutadores.[133]

---

[130] Idem.

[131] Idem; grifos do autor.

[132] Idem.

[133] Lenin, *Obras completas*, t. 2 (Buenos Aires, Cartago, 1969), p. 317; grifos do autor.

No documento apresentado ao Comitê Central, ao combater as posições reformistas que predominavam na direção do PCB, segundo as quais os comunistas naquele momento deveriam se restringir à luta por um *governo antiditatorial*, Prestes sustentou que

[...] colocar na ordem do dia, como tarefa imediata, a luta pelo governo das forças antiditatoriais, quando ainda não se dão aquelas *premissas especiais* (ou algo semelhante, de acordo com a atual situação mundial e em nosso país) [...], significa pôr de lado o objetivo revolucionário do Partido Comunista.[134]

E acrescentou:

Não podem os comunistas ir às massas, chamando-as, ao mesmo tempo, para lutarem por dois governos diferentes. Na verdade, lutamos por um governo revolucionário, mas em determinado momento, dadas as circunstâncias, podemos concretizar essa orientação geral e chamar as massas para a luta por um determinado governo, seja um governo revolucionário ou seja apenas um governo (intermediário) das forças antiditatoriais.[135]

Prosseguindo no combate à tese de "colocar *agora*, nas condições em que nos encontramos, como bandeira de nosso Partido, a luta por um *governo das forças antiditatoriais*", Prestes a definiu como "certa tendência golpista" e, ao mesmo tempo, como uma tentativa de "fazer no processo da revolução brasileira uma nova etapa obrigatória", "uma fase democrática", que havia sido combatida por Jorge Dimitrov quando discutia a política da luta contra o fascismo nos anos 1930[136].

A seguir, explicou: "Certa tendência golpista", porque traduzia a "esperança ou uma certa pressa pequeno-burguesa de que a oposição burguesa à ditadura" fosse "capaz de derrotá-la, já que [...] o movimento de massas ainda não tem condições de fazê-lo", refletindo a "esperança no êxito da ação conspirativa de pequenos grupos". Quanto à pretensão de "criar uma nova etapa obrigatória democrática", no processo de luta pelos objetivos estratégicos da revolução, isso "significa de fato postergar a luta pelos objetivos revolucionários, reflete *uma tendência oportunista de direita*"[137].

Ao concluir sua extensa argumentação, Prestes escreveu:

---

[134] Idem; grifos do autor.

[135] Idem.

[136] Idem; grifos do autor.

[137] Idem; grifos desta autora.

Cabe [...] ao Comitê Central decidir se, a pretexto da tática, devemos, em nossa agitação e propaganda, nos referir *exclusivamente* às reivindicações imediatas mobilizadoras das massas, à plataforma unitária da frente única antiditatorial e à luta por um eventual governo das forças antiditatoriais; ou se devemos utilizar a agitação e propaganda *igualmente* (e, em alguns casos, principalmente), para levar ao conhecimento da classe operária e seus aliados o programa revolucionário, anti-imperialista e antifeudal, de nosso Partido e a necessidade de lutar, independentemente dos compromissos que possamos realizar com as demais forças antiditatoriais, pela conquista de um governo revolucionário, capaz de dar início à aplicação daquele programa.[138]

As posições de Prestes, em sua luta contra o reformismo dominante no Comitê Central do PCB, são semelhantes às defendidas por Fidel Castro alguns anos mais tarde, ao discursar no Chile à época do governo de Salvador Allende:

Un revolucionario verdadero siempre busca el máximo de cambios sociales. Pero buscar un máximo de cambio social no significa que en cualquier instante se pueda proponer ese máximo, sino que en determinado instante y en consideración al nivel de desarrollo de la conciencia y de las correlaciones de fuerzas se pude proponer un objetivo determinado. Y una vez logrado ese objetivo, proponerse otro objetivo más hacia delante. *El revolucionario no tiene compromisos de quedarse en el camino.*[139]

A recusa do Comitê Central do PCB em apreciar e discutir o documento proposto por seu secretário-geral é reveladora do conflito ideológico e político vivido então, e que viria a se aguçar nos anos seguintes.

---

[138] Idem; grifos do autor.

[139] "Um verdadeiro revolucionário procura sempre o máximo de mudanças sociais. Mas procurar um máximo de mudança social não signifi ca que em qualquer momento se possa propor esse máximo, senão que, em determinado momento e considerando o nível de desenvolvimento da consciência e das correlações de forças, pode-se propor um objetivo determinado. E uma vez conquistado esse objetivo, propor-se outro objetivo mais à frente. O revolucionário não tem compromisso de ficar parado no caminho." Fidel Castro Ruz, *Fidel en Chile: textos completos de su diálogo con el pueblo* (Santiago, Quimantú, 1972), p. 90, citado em Atílio A. Borón, "Estudio introductorio", em Rosa Luxemburgo, *¿Reforma social o revolución?* (Buenos Aires, Luxemburg, 2010), p. 74; grifos e tradução desta autora.

1968: o PCB diante do avanço do movimento estudantil, operário e popular

O ano de 1968 seria extremamente conturbado no Brasil e no mundo; lembremos as manifestações de estudantes e operários na França, as lutas dos Panteras Negras nos EUA, a campanha contra a guerra no Vietná e as vitórias dos vietnamitas contra o exército norte-americano[140]. Nas palavras do historiador Francisco Carlos Teixeira da Silva: "A resistência civil torna-se mais ousada e forte, ocupando [...] as ruas das principais cidades, os palcos e as salas de aula. O movimento operário parece renascer de um longo período de adormecimento, eclodindo greves de massa em centros industriais como Osasco, em São Paulo, e Contagem, em Minas Gerais [...]".

> No fim de 1968, sucedem-se conflitos de rua, particularmente no Rio de Janeiro, onde milhares de pessoas desfilam em manifestações contra a ditadura. É editado, em resposta, o Ato Adicional n. 5, instrumento básico, doravante, da ação da ditadura, que fecha o Congresso, cassa inúmeros mandatos parlamentares, estabelece a censura prévia, os inquéritos militares sigilosos.[141]

O PCB não se limitou a apoiar as manifestações estudantis e populares, que foram num crescendo durante aquele ano. Apesar da repressão policial e das dificuldades decorrentes da luta interna travada durante a realização do VI Congresso, assim como das divergências com as demais organizações de esquerda – em sua maioria críticas das posições políticas adotadas pelo PCB –, este orientou seus militantes a participar de tais movimentos de massas. E, em um documento de setembro de 1968, registrou:

> Na Guanabara, os ultraesquerdistas e aventureiros pregavam a "guerrilha urbana", procurando orientar os estudantes, artistas e intelectuais para que comparecessem às manifestações divididos em pequenos grupos, tendo em vista o objetivo de um "confronto direto" com a ditadura. Nós e outras correntes tínhamos em vista, levando em conta as condições do Estado, a realização de uma manifestação política realmente de massa, em defesa das liberdades democráticas e contra o regime. Atuamos, por isso, no sentido de que o movimento adquirisse a maior amplitude e de que os estudantes e demais setores da população dele participassem

---

[140] Carlos Fico e Maria Paula Araújo (orgs.), *1968: 40 anos depois* (Rio de Janeiro, 7 Letras, 2009).

[141] Francisco Carlos Teixeira da Silva, "A modernização autoritária: do golpe militar à redemocratização 1964-1984", em Maria Yedda Linhares (org.), *História geral do Brasil* (Rio de Janeiro, Campus, 1990), p. 170-1.

organizadamente, a partir de suas escolas e instituições. Foi a predominância dessa orientação que possibilitou o grande êxito da passeata de junho.[142]

Um editorial do *Voz Operária* de julho de 1968 considerou que essas manifestações assinalavam "um novo marco na luta que vem se desenvolvendo contra a ditadura. A ditadura sofreu sua primeira grande derrota". Ao destacar a importância da "passeata dos 100 mil na Guanabara", a direção do PCB apontou uma série de fatos significativos que haviam desembocado nessa grandiosa manifestação: "As manifestações pelo assassinato de Edson Luís, o movimento dos artistas e intelectuais, a campanha contra o arrocho salarial, as comemorações do 1º de Maio, as greves dos trabalhadores". Ao mesmo tempo, insistiu na justeza de

basear as lutas nas reivindicações mais sentidas pelas massas; de saber organizar a autodefesa de massas diante da repressão policial, de ligar as lutas, no seu desenvolvimento, à defesa das liberdades democráticas, de organizar a unidade de ação das forças antiditatoriais criando condições para que, rompendo com a "legalidade consentida" da ditadura, os movimentos reivindicatórios tenham sua legalidade assegurada na prática e sejam conquistadas na prática as liberdades democráticas.

Dando combate às tendências tanto de direita quanto de esquerda, sustentou que:

Será através da luta organizada das massas trabalhadoras e populares e da unidade de ação das forças antiditatoriais, de acordo com as formas que a atuação concreta indicar, que a passividade e o oportunismo de direita serão derrotados, que as tendências aventureiras e o oportunismo de "esquerda" serão isolados e anulados, e o combate à ditadura avançará e alcançará a vitória, sejam quais forem os obstáculos que enfrentar.[143]

Ao se empenhar na aplicação da orientação aprovada no VI Congresso, a direção do PCB apontava o "caminho para derrotar a ditadura", baseando-se na evidência de dois aspectos considerados mais importantes na situação nacional então existente:

De um lado, o movimento de massas avançando, à base das lutas pelos seus direitos e interesses, pela solução de seus problemas, pelo pão, pela cultura, pela liberdade, pela democracia, pelo progresso. De outro lado, a ditadura, que segue

---

[142] Comitê Central do PCB, *Avançar na luta contra a ditadura*, set. 1968 (documento datilografado original, 18 p.; arquivo particular da autora).

[143] *Voz Operária*, n. 41, jul. 1968, p. 1.

uma política de fome e obscurantismo, que não dá solução aos problemas do povo, que não se consolida, que procura se manter pela violência e opressão.

E reafirmava: "Será através do desenvolvimento da luta de massas e da unidade de ação das forças antiditatoriais que a situação do país se modificará no sentido do isolamento e da derrota da ditadura"[144].

No que se refere às greves operárias de Contagem e Osasco – dois grandes acontecimentos daquele ano de 1968 –, a direção do PCB praticamente não teve influência, conforme pesquisas posteriores puderam evidenciar[145]. Na visão dos dirigentes sindicais do PCB, esses movimentos não passavam de aventuras, que teriam "arrastado um setor do movimento operário à derrota"[146].

O ano de 1968 também foi marcado por graves acontecimentos na Tchecoslováquia, que provocaram a intervenção soviética no país. É possível que tais acontecimentos tenham sido uma antecipação da queda do "socialismo real" que ocorreria no início dos anos 1990. Não cabe analisar aqui suas causas e seus desdobramentos, mas vale lembrar que o PCB, como a maior parte dos partidos comunistas em todo o mundo, concedeu amplo apoio à União Soviética, apesar dos protestos de muitos setores das esquerdas e do clima de intensa provocação anticomunista desenvolvido pela reação mundial[147].

Em setembro de 1968, o Comitê Central do PCB aprovou uma resolução intitulada "Avançar na luta contra a ditadura"[148], comentada em editoriais de novembro e dezembro de *Voz Operária*. Nela, o partido apontava "um novo ascenso das massas, que aspiram a modificações da situação do país", referindo-se às manifestações populares e estudantis, às greves operárias e ao Congresso da UNE, impedido de ser realizado pela repressão, e reconhecia também a "violência crescente" contra tais manifestações por parte da ditadura.

Para a direção do PCB, o caminho era o da "defesa das liberdades democráticas", que deveria constituir o "elo principal da unidade de ação de todas as forças que se mobilizam para a luta por seus direitos e interesses, contra a política da ditadura e o regime". Com isso, "avançará assim o processo de formação da ampla frente das forças antiditatoriais, que levará à derrota da ditadura"[149].

---

[144] Ibidem, n. 42, ago. 1968, p. 1.

[145] Marco Aurélio Santana, *Homens partidos: comunistas e sindicatos no Brasil* (São Paulo, Boitempo, 2001), p. 161-77; Ricardo Antunes, *O continente do labor* (São Paulo, Boitempo, 2011), p. 114-7.

[146] Marco Aurélio Santana, *Homens partidos*, cit., p. 171.

[147] *Voz Operária*, n. 43, set. 1968, p. 1; n. 44, out. 1968, p. 4.

[148] Comitê Central do PCB, *Avançar na luta contra a ditadura*, cit.

[149] *Voz Operária*, n. 45, nov. 1968, p. 1-2; n. 46, dez. 1968, p. 1.

Após a edição do AI-5, em 13 de dezembro de 1968, a ditadura liquidou os resquícios de democracia ainda existentes no país. O Comitê Central do PCB imediatamente divulgou a nota "À nação brasileira", enumerarando as medidas adotadas pela "ditadura Costa e Silva" e registrando que "a ditadura procura se apoiar na força das armas. Mas seus próprios atos se chocam com os interesses e a consciência da quase totalidade da nação. Nosso povo não quer fascismo. Quer liberdade e democracia para poder resolver os problemas que o afligem. E o povo unido derrotará a camarilha militar que o oprime"[150].

Se na "Resolução política" do VI Congresso o PCB havia omitido a designação de *fascistizante* anteriormente atribuída ao regime ditatorial, com a decretação do AI-5, o CC voltou a denominar explicitamente o regime como "fascista" e se referir à "ditadura fascista"[151], revelando, mais uma vez, as dificuldades que enfrentava ao tentar caracterizar o regime ditatorial no Brasil.

A consulta aos documentos divulgados pela direção do PCB após o VI Congresso, durante os agitados acontecimentos daquele ano de 1968, cujo desfecho foi a decretação do AI-5, revela a orientação política vitoriosa durante o congresso partidário e no âmbito do CC. Tratava-se de deixar de lado a luta por um "governo revolucionário", conforme defendido por Prestes, levantando apenas a bandeira da luta por um "governo antiditatorial". Na prática, a atividade do PCB ficaria limitada à tática, sendo deixados de lado os objetivos estratégicos do partido. Com semelhante orientação, a organização e a conscientização dos trabalhadores, assim como sua formação com vistas à revolução, foram abandonadas. O PCB deixava de se distinguir das demais forças antiditatoriais e perdia a oportunidade de afirmar-se como organização revolucionária, mantendo a independência ideológica. Enveredava, definitivamente, pelo caminho do reformismo[152].

---

[150] Comitê Central do PCB, "À nação brasileira", *Voz Operária*, n. 47, jan. 1969, p. 1.
[151] Idem.
[152] Sobre o reformismo, ver Atílio A. Borón, "Estudio introductorio", cit.

XVI
Prestes e o PCB diante da fascistização do regime (1969-1974)

Em fevereiro de 1969, o Comitê Central do PCB divulgava resolução intitulada "Todos unidos contra o AI-5 pela derrota da ditadura!"[1], em que, ao analisar as causas do AI-5, eram apontados os resultados das eleições municipais de 15 de novembro do ano anterior, que "representaram uma derrota da ditadura e demonstraram que nos principais estados e, sobretudo, nas grandes cidades, a ditadura não pode contar com vitórias eleitorais em pleitos diretos, mesmo com todas as restrições do sistema eleitoral manipulado por ela". O documento lembrava a postura assumida por diversos tribunais ao continuar "a tomar decisões adversas à ditadura, modificando condenações políticas e mandando libertar estudantes e outros elementos da oposição encarcerados pelo governo ditatorial". Destacava o "crescente estado de espírito de hostilidade à ditadura", o qual se refletiu no "comportamento da própria maioria 'arenista' do Congresso, culminando na negativa de conceder licença para processar o deputado Márcio Moreira Alves, em cujo pedido se empenhava o governo"[2]. Concluía dizendo que ficara clara a "incapacidade da ditadura de manter-se e prolongar-se nos quadros do regime constitucional que ela própria impusera ao país em 1967"[3].

O mesmo documento registrava os conflitos presentes nos meios militares, fator que contribuíra para a crise política do regime e, como consequência, para a decretação do AI-5. Além disso, apontava as dificuldades econômicas e

---

[1] Comitê Central do PCB, *Todos unidos contra o AI-5 pela derrota da ditadura!*, fev. 1969 (documento datilografado original, 11 p., arquivo particular da autora); *Todos unidos contra o AI-5 pela derrota da ditadura!*, fev. 1969 (folheto impresso, 15 p.).

[2] A negativa do Congresso de conceder licença para processar o deputado Márcio Moreira Alves serviu de pretexto para a decretação do AI-5.

[3] Comitê Central do PCB, *Todos unidos contra o AI-5 pela derrota da ditadura!*, cit.

financeiras do país como elemento que influenciara a crise política, embora não se considerasse que houvessem sido determinantes em sua eclosão[4].

Ao analisar a nova situação criada a partir de dezembro de 1968, a direção do PCB destacou que o AI-5 constituíra um "novo golpe militar", pelo qual "os setores mais reacionários da ditadura reforçaram seu controle sobre o governo". Para o documento do CC, esses setores

> destruíram o aparelho constitucional que a própria ditadura havia imposto à nação. Eliminaram os últimos vestígios de soberania do Poder Legislativo e do Poder Judiciário. Anularam o que restava de garantias constitucionais conservadas pela Constituição de 1967 [...]. Houve [...] mudança no regime ditatorial, com a acentuação do seu caráter reacionário. Vivemos hoje sob uma ditadura policial-militar *fascistizante*.[5]

Confirma-se nesse trecho que, a partir do AI-5, a direção do PCB voltara a caracterizar o regime ditatorial brasileiro como *fascistizante*, embora não fizesse uma análise aprofundada das mudanças ocorridas que pudessem justificar tal caracterização. Na mesma ocasião, editorial de *Voz Operária* afirmava que "os gorilas procuram, no *fascismo*, uma trincheira para manter-se no poder"[6].

Reafirmando a "justeza das resoluções tomadas pelo VI Congresso", o CC do PCB reconheceu que, com o AI-5, se estreitara muito "a faixa das possibilidades de luta dentro da legalidade", assinalando que "as formas de ação clandestina ganharam maior importância". Entretanto, isso não deveria levar "à utilização exclusiva de tais formas", pois "novas formas de luta brotarão da experiência das próprias massas", sendo disso exemplo a realização de greves deflagradas "por cima das leis da ditadura". O PCB se dirigia às forças antiditatoriais propondo-lhes a "unidade de ação para derrotar a ditadura" e a constituição de um "governo das forças antiditatoriais" que decretasse a anistia geral, assegurasse as liberdades democráticas e a livre organização dos partidos políticos, além de convocar uma Assembleia Nacional Constituinte eleita pelo voto universal e secreto[7].

Tais propostas continuariam a ser difundidas pela direção do PCB nos meses que se seguiram, acompanhadas, por vezes, da caracterização do regime como *fascistizante*, embora não fossem fornecidas mais explicações a respeito do emprego desse conceito[8].

---

[4] Idem.

[5] Idem; grifos desta autora.

[6] "A ditadura teme a verdade" (editorial), Voz Operária, n. 48, fev. 1969, p. 1; grifo desta autora.

[7] Comitê Central do PCB, "Todos unidos contra o AI-5 pela derrota da ditadura!", cit.

[8] "Nem aventura nem passividade" (editorial), *Voz Operária*, n. 49, mar. 1969, p. 1; "Normalização democrática e ditadura" (editorial), *Voz Operária*, n. 53, jul. 1969, p. 1; grifo desta autora.

PRESTES E O PCB DIANTE DA FASCISTIZAÇÃO DO REGIME   427

Em agosto de 1969, uma junta militar, constituída pelos ministros militares, assumiu o poder no país editando o Ato Institucional n. 12, pelo qual essa medida era legitimada invocando a vigência do AI-5 e a necessidade de dar continuidade à administração de Costa e Silva durante seu impedimento[9]. A Comissão Executiva do PCB imediatamente divulgou um manifesto[10] em que, ao analisar "a solução temporária do AI-12", afirmava que este nada mais representava do que "um acordo temporário entre os grupos militares que disputam o poder", refletindo "a crescente instabilidade da ditadura" e causando "novos e maiores prejuízos à nação". O manifesto apontava como solução para a situação criada "a mudança do atual regime e a conquista das liberdades democráticas", deixando de empregar os termos *fascistizante* ou *fascista* na caracterização do regime. Da mesma maneira, nos editoriais de *Voz Operária* publicados na segunda metade de 1969 e no início de 1970, assim como em documentos do PCB desse período, continuava-se a omitir tal caracterização do regime, definido apenas como "ditatorial, reacionário e entreguista"[11].

O PCB define o regime como fascista

Em março de 1970, o Comitê Estadual (CE) do PCB da Guanabara lançou documento[12] em que voltava a falar em "processo de fascistização", afirmando-se

---

[9] Em agosto de 1969, Costa e Silva, gravemente enfermo, foi afastado da presidência da República. Pedro Aleixo, seu vice civil, foi impedido pelos militares de assumir o cargo, que lhe cabia pela Constituição. A junta militar que assumiu o poder editou o AI-12 em 31 de agosto de 1969, e em 8 de outubro de 1969 anunciou a escolha do general Emílio Garrastazu Médici para a sucessão de Costa e Silva. Em 25 de outubro de 1969, o Congresso, reaberto, ratificou a escolha da junta militar; cf. Alzira Alves de Abreu, Israel Beloch et al. (coords.), *Dicionário histórico-biográfico brasileiro pós-1930*, v. 5 (Rio de Janeiro, Editora da FGV, 2001), p. 5.400.

[10] Comissão Executiva do PCB, *Pela derrota da ditadura e a conquista das liberdades*, set. 1969 (documento datilografado original, 3 p.; arquivo particular da autora); "Pela derrota da ditadura e a conquista das liberdades" (set. 1969), *Voz Operária*, n. 56, out. 1969, p. 2.

[11] "Por um governo das forças antiditatoriais que convoque uma Assembleia Nacional Constituinte" (editorial), *Voz Operária*, n. 56, out. 1969, p. 1; "A luta contra as torturas" (editorial), *Voz Operária*, n. 59, jan. 1970; "Fiado só amanhã" (editorial), *Voz Operária*, n. 61, mar. 1970. Ver ainda Antônio Almeida, "É o povo unido e organizado que derrotará a ditadura", *Voz Operária*, n. 56, out. 1969; "O ministro do Trabalho e os trabalhadores" (editorial), *Voz Operária*, n. 60, fev. 1970, p. 1; Comissão Executiva do Comitê Central, "1º de Maio de lutas pelas liberdades", *Voz Operária*, n. 62, abr. 1970, p. 2.

[12] "Resolução política do CE da Guanabara do PCB (mar. 1970)", *Temas de Ciências Humanas*, São Paulo, n. 10, 1981, p. 71-91; Lincoln de Abreu Penna (org.), *Manifestos políticos do Brasil contemporâneo* (Rio de Janeiro, e-papers, 2008), p. 303-28; Edgard Carone, *O PCB*, v. 3: *1964-1982* (São Paulo, Difel, 1982), p. 85-102.

428 Luiz Carlos Prestes: um comunista brasileiro

que "o período transcorrido da promulgação do AI-5 até agora foi marcado, politicamente, pelo avanço do *processo de fascistização* do país"[13]. Assim o documento definia tal processo: "Aqui, como em todas as partes, ele [o fascismo] se caracteriza por surgir e definir-se, antes de tudo, como um ataque violento, armado, contra as organizações e instituições democráticas, em geral, e contra as associações de trabalhadores, em particular"[14].

O texto destacava que o fascismo no Brasil resultara de uma "mudança do regime político ocorrida [...] em resultado do golpe de abril de 1964". Acrescentava que "o movimento militar que derrubou o governo de João Goulart mudou a forma estatal de dominação de classe: o regime de democracia burguesa foi substituído por outro, de tipo fascista". Assinalava que "a falta de uma base de massas (um partido fascista de massa) e o apoio fundamental no núcleo reacionário das Forças Armadas são peculiaridades marcantes do regime atual e do processo de fascistização instaurado no Brasil"[15]. E, na busca da caracterização do fascismo brasileiro, dizia: "O regime de abril, por sua essência de classe (serviçal das velhas classes dominantes, do imperialismo etc.), por suas vinculações antinacionais e por sua ideologia reacionária, pode, tranquilamente, ser classificado como de *tipo fascista*"[16].

Uma vez feita a caracterização do regime político como de *tipo fascista*, o CE da Guanabara deixava clara, em sua "Resolução" de março de 1970, sua principal diretriz política: estimular a resistência ao avanço do regime, "barrar e liquidar o processo de fascistização, *restaurar e renovar o regime democrático*, de forma a permitir que os trabalhadores e a maioria do povo, vencida a contrarrevolução de 1964, voltem a impulsionar o Brasil no sentido de sua completa emancipação nacional"[17]. Para os autores do documento, a "estratégia geral" deveria ser "deter o processo de fascistização do país e, em seguida, derrotar o regime atual e liquidar, politicamente, as forças decisivas que lhe deram vida e o sustentam"[18].

A "Resolução do CE da Guanabara", um documento extenso, evidencia a *postura reformista* que, na luta contra os desvios de esquerda, assumira proporções significativas entre os quadros dirigentes do PCB. Em nenhum momento o documento apresenta qualquer proposta voltada para a formação das forças sociais e políticas capazes de levar adiante o processo revolucionário brasileiro. Também não transparece qualquer intenção de construir o *bloco histórico* destinado a conquistar

---

13 "Resolução política do CE da Guanabara do PCB (mar. 1970)", cit., p. 73; grifos desta autora.
14 Ibidem, p. 73.
15 Ibidem, p. 73 e 75.
16 Ibidem, p. 79; grifos desta autora.
17 Ibidem, p. 76; grifos desta autora.
18 Ibidem, p. 75.

um *governo nacionalista e democrático*, conforme postulado na "Resolução política" do VI Congresso, tampouco a ideia de trilhar o caminho da revolução socialista. As teses defendidas por Prestes sobre a necessidade de os comunistas se empenharem na luta por um *governo revolucionário* eram, mais uma vez, ignoradas. Para os dirigentes do CE da Guanabara, a estratégia do PCB, ou, em outras palavras, seu "objetivo central", deveria ser "a formação de uma frente única antiditatorial"[19].

Não deixa de ser sintomático o fato de certos analistas da história do PCB considerarem a "Resolução do CE da Guanabara" de março de 1970 um "texto expressivo do exemplo brasileiro de um partido revolucionário – o PCB – que se converte em partido da política", ou seja, que transita de "partido revolucionário a partido com vocação para a política". Para tais analistas, lutar pela revolução e construir as forças capazes de levá-la a bom termo não seria uma atividade política importantíssima. Na realidade, para eles, a "valorização do campo da política" significa a negação da organização popular para a revolução. Eis a consagração do mais completo reformismo[20].

Um mês após o lançamento da "Resolução do CE da Guanabara", o CC do PCB se reuniu para aprovar a resolução intitulada "O avanço do processo de fascistização do país"[21]. Nesse documento eram reproduzidas as principais teses do CE da Guanabara, principalmente no que se refere ao processo de fascistização do país e à caracterização do regime como de *tipo fascista*, apontando, inclusive, para o fato de a junta militar ter outorgado outra Constituição "mais reacionária que a anterior, mantendo o Ato Institucional n. 5, que instaurou no país o regime de arbítrio e de um Estado de fato"[22]. Embora fossem omitidos os aspectos citados da análise sobre o fascismo brasileiro no documento do CE da Guanabara, no que se refere à orientação política traçada, as diretrizes eram basicamente as mesmas. Deixava-se de lado a estratégia revolucionária, restringindo a ação dos comunistas à luta contra a ditadura e pela formação de uma frente antiditatorial.

Embora o autor declarado da "Resolução do CE da Guanabara" viesse mais tarde a escrever que as teses defendidas nesse documento "só seriam levadas

---

[19] Ibidem, p. 86.

[20] Cf. Raimundo Santos, "A defesa da política nos anos de chumbo", em Lincoln de Abreu Penna (org.), *Manifestos políticos do Brasil contemporâneo*, cit. p. 303-7; José Antônio Segatto e Raimundo Santos, "A valorização da política na trajetória pecebista dos anos 1950 a 1991", em Daniel Aarão Reis Filho e Jair Ferreira de Sá (orgs.), *Imagens da revolução: documentos políticos das organizações clandestinas de esquerda dos anos 1961 a 1971* (Rio de Janeiro, Marco Zero, 1985), p. 13-62.

[21] Comitê Central do PCB, *O avanço do processo de fascistização do país*, abr. 1970 (documento datilografado original, 11 p.; arquivo particular da autora).

[22] Idem.

em consideração pela direção nacional do PCB alguns anos mais tarde, em 1973"[23], na realidade, nos documentos do PCB anteriores à realização do VI Congresso, já era adotada a tese da fascistização do regime, ainda que de maneira intermitente, conforme já demonstramos. A partir de abril de 1970, o CC do PCB passou a definir o regime político brasileiro como de *tipo fascista*, levantando como consigna central do partido a luta contra a fascistização do país, o que se evidencia nos editoriais e em diversas matérias de seu órgão central, o jornal *Voz Operária*[24].

Essa caracterização esteve sempre no centro de uma intensa polêmica fosse nas fileiras do PCB, fosse nos meios de oposição ao regime. A definição do regime como *fascista* esbarrava com frequência na preocupação de muitos analistas de enquadrar o regime brasileiro nos modelos elaborados para a realidade europeia dos anos 1920-1930. Semelhante dificuldade apresentava-se frente a outros regimes autoritários em diversos países latino-americanos. Nesse sentido, deu valiosa contribuição ao debate então em curso o secretário-geral do PC de El Salvador, Schafik Jorge Handal[25], ao lembrar que "o fascismo é acima de tudo uma contrarrevolução"[26] e que, no caso da América Latina, os regimes fascistas foram principalmente uma resposta à Revolução Cubana[27]. Referindo-se especificamente ao Brasil, Handal escrevia: "O modelo brasileiro adquiriu grande prestígio entre as classes dominantes latino-americanas e, especialmente, entre os estrategistas do imperialismo ianque, até se converter no núcleo da alternativa contrarrevolucionária para toda a América Latina"[28].

Dando continuidade à análise, o dirigente salvadorenho mostrava-se favorável à atribuição do título de fascismo ao modelo brasileiro, uma vez que "expressa em essência o fascismo de hoje nas condições da América Latina"[29]. Handal acrescentava:

A função histórica do fascismo na América Latina consiste em *salvar o capitalismo dependente, modernizando-o, promovendo-o a passar à fase do capitalismo mono-*

---

[23] Armênio Guedes, "Apresentação à Resolução política do CE da Guanabara do PCB (mar. 1970)", *Temas de Ciências Humanas*, São Paulo, n. 10, 1981, p. 72.

[24] Cf. "Contra a fascistização do país" (editorial), *Voz Operária*, n. 64, jun. 1970, p. 1 e 3; n. 65, jul. 1970, p. 1; n. 66, ago. 1970, p. 1; n. 67, set. 1970, p. 3; n. 71, jan. 1971, p. 1; n. 72, fev. 1971, p. 1.

[25] Schafik Jorge Handal, "El fascismo en América Latina", em *América Latina* (Moscou, Progreso, 1976), n. 4, p. 121-46; tradução desta autora.

[26] Ibidem, p. 124.

[27] Ibidem, p. 142.

[28] Ibidem, p. 132.

[29] Idem.

polista dependente e, onde existam condições para isso, ao capitalismo monopolista de Estado dependente".[30]

Destacando o papel modernizador do fascismo, Handal escrevia que, enquanto a função dos "regimes tradicionais é *conservadora*, visando a favorecer as oligarquias latifundiárias e burguesas",

> a função do fascismo é *salvar* o capitalismo dependente *frente à revolução e modernizá-lo*, favorecendo os consórcios transnacionais e os burgueses locais seus associados, *salvar* e consolidar a hegemonia política e militar do imperialismo ianque, ameaçada de colapso na nossa região.[31]

Ainda que o fascismo devesse ser entendido como *regime político*, "expressão política superestrutural" do capitalismo, para Handal, ele possui "fundamentos econômicos e sociais", assim como "um programa a ser realizado nesses terrenos". O dirigente salvadorenho sublinha que o "fascismo é antes de tudo um fenômeno superestrutural, um fenômeno político dentro do capitalismo, próprio da época do seu declínio histórico"[32]. Aponta ainda para uma especificidade significativa do fascismo na América Latina: o Exército substituindo o papel do partido, embora pudesse se transformar também na arena de sua derrota. Segundo o autor, este seria "um dos mais importantes problemas atuais para nossa elaboração tática"[33].

Prestes e o PCB frente ao nacionalismo de direita

O papel dos militares na América Latina viria a ocupar lugar de destaque em debates nos meios da esquerda continental, em especial, da brasileira, a qual incluía os militantes do PCB. Sob influência dos acontecimentos no Peru – onde, por meio de golpe militar, assumira o poder em 1968 o general nacionalista Juan Velasco Alvarado –, surgiu em certos meios de esquerda, inclusive no PCB, a tendência a apostar nas posições nacionalistas de alguns generais brasileiros. O mais citado era o general Afonso de Albuquerque Lima, integrante da chamada "linha dura" no Exército, que se destacava por suas posições nacionalistas de direita. Muitos chegaram a cultivar a esperança de que esse militar se tornasse o líder de um "golpe salvador", abrindo caminho no Brasil para uma solução semelhante à de Alvarado no Peru.

---

[30] Idem; grifos do autor.
[31] Ibidem, p. 141; grifos do autor.
[32] Ibidem, p. 129.
[33] Ibidem, p. 144-5.

Nesse sentido, vale lembrar o lançamento do semanário de circulação legal *Fato Novo*, editado em São Paulo, durante o ano de 1970[34]. Seus diretores eram o dirigente comunista Jarbas de Holanda e o jornalista e militante do PCB Milton Coelho da Graça; participava como assistente da elaboração do jornal Luiz Ignácio Maranhão Filho, membro do CC do PCB[35]. *Fato Novo* adotava uma linha declaradamente nacionalista, atribuindo um papel supostamente progressista às Forças Armadas. Em suas páginas, eram exaltados os exemplos de militares nacionalistas como Velasco Alvarado, no Peru, e o ministro da Defesa da Bolívia, Juan José Torres[36]. Ao mesmo tempo, desde o primeiro número ficara evidente seu apoio ao governo de Garrastazu Médici. Conforme análise publicada em *Voz Operária*[37]:

> O processo eleitoral em curso é apresentado pelo jornal como um confronto entre a ditadura, de um lado, e a "oligarquia" e a "classe política", de outro. E ele se engaja ao lado do general Médici, que, "estudioso de nossa história republicana", vai aplicando uma "estratégia cautelosa" no processo que impõe às sucessões estaduais. Partindo dessa posição, *Fato Novo* chega a apoiar o AI-5, a aplaudir as cassações de mandatos parlamentares, a defender a nomeação dos governadores pelo ditador.

Ao denunciar o "namoro escandaloso" de *Fato Novo* com o governo Médici, o articulista do órgão central do PCB mostra que os redatores do semanário pretensamente nacionalista, na prática, estavam defendendo a política "entreguista" da ditadura, de submissão crescente aos interesses dos monopólios estrangeiros[38].

As ilusões nas possibilidades de um "golpe salvador" de militares nacionalistas também foram combatidas por Prestes em artigo publicado em *Voz Operária*[39]. Após lembrar a importância da derrota imposta às tendências esquerdistas no VI Congresso do PCB, o secretário-geral alertou para a necessidade de dar combate às "tendências de direita que se manifestam principalmente na ilusão de classe daqueles que, esquecendo-se do caráter de classe da ditadura, acreditam em suas

---

[34] *Fato Novo*, São Paulo, Verde Amarelo, 1970. Há 34 números disponíveis no Arquivo Edgard Leuenroth/Unicamp.

[35] Maria da Conceição Pinto de Góes, *A aposta de Luiz Ignácio Maranhão Filho: cristãos e comunistas na construção da utopia* (Rio de Janeiro, Editora da UFRJ, 1999), p. 220.

[36] *Fato Novo*, n. 2, 6-12 maio 1970.

[37] Jorge Ferreira, "Namoro escandaloso", *Voz Operária*, n. 64, jun. 1970, p. 3.

[38] Ver também Eduardo Sá, "Algumas considerações sobre o nacionalismo no Brasil", *Estudos*, n. 3, SAP, dez. 1971, p. 74-81 (trata-se de revista teórica editada pela direção do PCB).

[39] Antônio Almeida, "A luta contra o imperialismo é inseparável da luta contra o oportunismo", *Voz Operária*, n. 67, set., 1970, p. 4-5; Edgard Carone, *O PCB*, v. 3, cit., p. 103-8.

promessas e deixam-se enganar por suas manobras demagógicas". Apontou os perigos provenientes das atitudes daqueles que "especulam com as contradições no seio da ditadura ou entre as classes dominantes e, em nome de uma 'tática flexível', abandonam os princípios e, na prática, capitulam ante a reação ou passam mesmo à apologia da ditadura".

Nesse artigo, Prestes deixa clara sua postura de combate às posições de direita, que, uma vez derrotado o radicalismo de esquerda, haviam se tornado o maior perigo nas fileiras do PCB: "O que caracteriza, nas atuais circunstâncias, as posições oportunistas de direita é a crença na evolução da ditadura no sentido nacionalista ou de uma abertura democrática, sem participação das massas, por obra e graça dos próprios generais gorilas ou de seus patrões"[40].

E argumenta contra as ilusões nos militares nacionalistas de direita:

> A pretexto de lutar contra o imperialismo norte-americano, surge a "teoria" que separa mecanicamente as reivindicações de caráter nacional das de caráter democrático e, em vez de lutar pela unificação das forças antiditatoriais [...], propõe-se a lutar pela unidade das forças nacionalistas (em particular, os militares anticomunistas do general Albuquerque Lima), mas sem a participação da classe operária ou sob a condição de sua passividade e total submissão à burguesia, senão à própria ditadura. [...] Como internacionalistas que somos, *apoiamos apenas o conteúdo democrático do nacionalismo, opondo-nos decididamente aos seus aspectos reacionários*.[41]

Segundo Prestes, a luta contra o imperialismo era inseparável da luta pela democracia e, portanto, contra o oportunismo de direita. Assim, em vez de apostar na ação dos militares nacionalistas, para os comunistas era necessário mobilizar as grandes massas populares pelas liberdades democráticas e contra a submissão aos monopólios estrangeiros, procurando, inclusive, atrair setores das Forças Armadas para a luta contra a ditadura e o regime fascista implantado no país.

As reuniões do Comitê Central de março e setembro de 1971

Em março de 1971, realizou-se uma reunião do Comitê Central do PCB, durante a qual foram aprovadas diversas resoluções. Na "Nota política do Partido Comunista Brasileiro", publicada no jornal *Voz Operária*[42], o PCB reafirma o avanço do

---

[40] Idem.

[41] Idem; grifos desta autora.

[42] PCB, *Nota política do Partido Comunista Brasileiro*, mar. 1971 (documento datilografado original, 4 p.; arquivo particular da autora); "Nota política do Partido Comunista Brasileiro", *Voz Operária*, n. 73, mar. 1971, p. 1.

"processo de fascistização do país", assim como as principais teses apresentadas em documentos anteriores. Ao mesmo tempo, denuncia o tipo de crescimento econômico em curso no Brasil, exaltado pelo governo ditatorial. Tal "crescimento se realiza em benefício de uma pequena minoria, principalmente dos monopólios estrangeiros e nacionais e dos grandes proprietários de terra" e "se baseia na intensificação da exploração da classe operária e das massas trabalhadoras"[43].

Na mesma ocasião, foram aprovados uma "Resolução interna" e um documento intitulado "O trabalho de direção do Comitê Central"[44], no qual se tenta fazer uma avaliação crítica e autocrítica do trabalho de direção realizado a partir do VI Congresso do PCB. Como em outros documentos lançados em diferentes momentos pelo partido, reconhece-se que a atividade dos comunistas "não se tem voltado suficientemente para a classe operária, visando a construir o Partido nas grandes empresas". Reafirma-se também que

> as causas fundamentais das deficiências assinaladas se encontram nas limitações teóricas e no insuficiente domínio da realidade do país por parte do Comitê Central, no empirismo do seu trabalho de direção, resultando daí o pouco ou nenhum aprofundamento do exame dos problemas políticos e ideológicos com que se tem defrontado o Partido em sua atividade política e organizativa diária, a insuficiente generalização da experiência obtida na atividade prática e a não fundamentação das novas teses políticas adotadas pelo VI Congresso do Partido.[45]

Tais declarações, aparentemente autocríticas, estavam, entretanto, em contradição com a prática desenvolvida pela maioria do CC, que se recusara, por exemplo, a discutir os argumentos apresentados por Prestes dois anos antes[46]. Nessa reunião de março de 1971, a pretexto de defender a segurança do partido, foi tomada a decisão de afastar do país um terço dos membros do CC. Previa-se que os companheiros alocados no exterior pudessem reorganizar a direção, caso a repressão atingisse o CC no país. Resolveu-se que Prestes, o mais visado de todos os dirigentes, deveria viajar imediatamente. O secretário-geral do PCB foi para Moscou ainda em março daquele ano[47].

---

[43] Idem.

[44] PCB, "Resolução interna determina tarefas" e "O trabalho de direção do Comitê Central", *Voz Operária*, n. 77, jul. 1971, p. 3 e 8; *Resolução sobre o trabalho de direção do Comitê Central*, mar. 1971 (documento datilografado original, 3 p.; arquivo particular da autora).

[45] Idem.

[46] Conferir o item "O VI Congresso do PCB e as posições de Prestes" no capítulo XV deste livro.

[47] A esposa e os filhos menores de Prestes já se encontravam em Moscou desde 1970.

PRESTES E O PCB DIANTE DA FASCISTIZAÇÃO DO REGIME   435

Embora houvesse informações de que os órgãos da repressão iriam concentrar esforços para golpear profundamente o PCB e sua direção, Prestes teve a sensação de que a decisão sobre sua saída do país visava também a afastá-lo da direção, abrindo caminho para o avanço das posições oportunistas de direita, ou seja, para o reformismo que vinha se acentuando a partir do VI Congresso. Como recordaria mais tarde,

> eu não protestei, aceitei a decisão, mas compreendi que se tratava de uma medida discriminatória para me afastar do partido. Desde esse momento, o companheiro Giocondo Dias assumiu a secretaria-geral porque, lá de Moscou, eu não tinha condições, de forma alguma, de intervir na direção e na orientação do partido.[48]

Sintomaticamente, ao mesmo tempo que o CC do PCB afastou Prestes do trabalho de direção, foi aprovada uma reestruturação da Comissão Executiva Nacional na qual os dirigentes Geraldo Rodrigues dos Santos e Zuleika Alambert foram substituídos, contra o voto de Prestes, por Osvaldo Pacheco e Marco Antônio Coelho. Este último havia sido um dos "renovadores" da tendência direitista que, em 1965, saíra vitoriosa em São Paulo, na Conferência Extraordinária Estadual do PCB, defendendo a tese do "poder local". Como foi lembrado por Prestes, Marco Antônio não fizera autocrítica dessas posições[49]. O reformismo, evidenciado por meio de uma orientação política que se limitava à tática da luta por um governo das forças antiditatoriais, levaria o PCB ao abandono dos objetivos revolucionários e, consequentemente, à perda de toda a autonomia política e ideológica. Na prática, o PCB dissolvia-se na frente antiditatorial, sem apontar para uma solução mais avançada, revolucionária.

Antes de partir para o exílio, Prestes publicou o artigo "Aspectos da luta contra o subjetivismo no 49º aniversário do PCB" na revista *Estudos* (órgão teórico do PCB)[50]. Ao combater as tendências subjetivistas de cópia de modelos revolucionários de outros países (Cuba, Peru etc.), o articulista chama a atenção dos leitores para uma particularidade importante da realidade brasileira, que, segundo ele, "temos até agora deixado de lado": "O poderio do Estado em nosso país, poderio que não é apenas econômico, mas também político e – o que é mais importante – apoiado numa tradição reacionária, de instrumento de opressão,

---

[48] Instituto Cajamar, *Socialismo em debate: 1917-1987* (São Paulo, Instituto Cajamar, 1988), p. 235.

[49] LCP, fita n. 21; relato de Prestes à autora. Conferir o item "Prestes frente ao Comitê Estadual de São Paulo: o combate à tese do poder local" no capítulo XV deste livro.

[50] Luiz Carlos Prestes, "Aspectos da luta contra o subjetivismo no 49º aniversário do PCB", *Estudos*, ano 1, n. 2, mar. 1971, p. 5-24; Edgard Carone, *O PCB*, v. 3, cit., p. 108-20.

436 Luiz Carlos Prestes: um comunista brasileiro

de violência e de arbítrio contra a maioria da nação". Após fazer uma análise histórica do Estado brasileiro a partir do século XIX, Prestes aponta:

> É esse Estado que precisa ser golpeado seriamente para, em seguida, ser efetivamente destruído, a fim de que o processo revolucionário em nosso país avance e possa ser finalmente vitorioso, abrindo para nosso povo o caminho para a democracia, o desenvolvimento econômico independente e o socialismo.[51]

O articulista chama atenção para a necessidade da construção de um partido revolucionário, um "partido marxista-leninista enraizado nas grandes empresas, capaz de organizar e educar a classe operária, um partido ligado às massas trabalhadoras". Através dele é que seria possível criar as condições que permitiriam "abalar e golpear a fortaleza da reação, essa muralha reacionária que é o atual Estado brasileiro". Prestes defende uma perspectiva de acordo com a qual a luta contra a ditadura e pelas liberdades democráticas deveria levar os comunistas à preparação das forças sociais e políticas capazes de dar prosseguimento ao processo de transformação revolucionária da sociedade. Nesse caminho, seriam necessários o enfrentamento e a destruição do Estado brasileiro, "fortaleza da reação"[52].

Nos meses que se seguiram à saída de Prestes para o exílio, a direção do partido manteve a posição de denúncia do "caráter fascista do regime", da mesma forma que Prestes, em Moscou, discursando em nome do PCB perante o XXIV Congresso do PCUS, se referia ao "processo de fascistização" da ditadura[53]. Em setembro de 1971, realizou-se reunião do CC[54] na qual foram aprovadas uma "Nota política", "Resoluções internas do CC", "Resoluções sobre o trabalho eleitoral; algumas conclusões sobre São Paulo; sobre os 'projetos de impacto'" e "Diretrizes para aplicação da linha política"[55]. Conforme apontado na "Nota política", o CC reafirma a orientação aprovada na reunião anterior, de março de 1971, destacando a necessidade de denunciar o "caráter fascista da ditadura". Ao mesmo tempo, detém-se na análise da política econômico-financeira do governo,

---

[51] Idem.

[52] Idem.

[53] "Manifesto de 1º de Maio", *Voz Operária*, n. 74, abr. 1971, p. 1; "Liquidação da ditadura" (editorial), *Voz Operária*, n. 78, ago. 1971, p. 1; "Discurso de Luiz Carlos Prestes no XXIV Congresso do PCUS" (abr. 1971), *Voz Operária*, n. 76, ago. 1971, p. 5.

[54] "Importante reunião do CC do PCB", *Voz Operária*, n. 80, out. 1971, p. 1.

[55] PCB, "Nota política" (set. 1971), *Voz Operária*, n. 82, dez. 1971, p. 4-5; Comitê Central do PCB, *Resoluções internas*, set. 1971 (documento datilografado original, 3 p.; arquivo particular da autora); "Resoluções sobre o trabalho eleitoral; algumas conclusões sobre São Paulo; sobre os 'projetos de impacto'", *Voz Operária*, n. 82, dez. 1971, p. 6; *Diretrizes para aplicação da linha política*, set. 1971 (folheto impresso, 15 p.).

ressaltando que o crescimento econômico do país estava sendo levado à frente em benefício dos grandes grupos capitalistas, nacionais e estrangeiros, e em detrimento da grande maioria do povo brasileiro. A direção do PCB considera indispensável dirigir sua atividade no sentido de "demonstrar de modo pertinaz o que são o 'salto para o futuro' e a 'opção nacional no plano econômico' que os corifeus da ditadura tanto alardeiam"[56].

Tratava-se de desmascarar a falácia do chamado "milagre econômico brasileiro", intensamente propalado pelo governo Médici.

Os comunistas e o movimento sindical

Cumprindo determinação do CC, em março de 1972 a Comissão Executiva Nacional divulgou nota[57] destinada a orientar as atividades dos comunistas no movimento sindical. O documento reafirma a denúncia do "milagre brasileiro" e apresenta um quadro da resistência dos trabalhadores. Destaca a importância dos congressos e dos encontros sindicais realizados havia pouco tempo para o estabelecimento da unidade de ação. A direção do PCB considera necessário impulsionar a ação sindical em torno de bandeiras relacionadas com os interesses mais imediatos dos trabalhadores, insistindo na participação dos comunistas nos sindicatos oficiais. Ao mesmo tempo, chama atenção para a importância de concentrar as atividades dos comunistas "nas empresas (dentro delas e de fora para dentro), para fortalecer a organização, a unidade e a luta dos trabalhadores, dar bases sólidas ao movimento sindical e desenvolver o combate à ditadura" e ressalta a necessidade de "impulsionar o trabalho unitário de criação e fortalecimento das *comissões sindicais nos locais de trabalho*", afirmando que "a atuação no movimento sindical é o meio principal para a ativação do movimento operário"[58].

As dificuldades para colocar em prática essa orientação seriam enormes. Por um lado, uma violenta perseguição aos "subversivos" era levada adiante pelos órgãos de repressão da ditadura, que, a partir de 1970[59], redobraram seu empenho na liquidação do PCB, objetivo que já havia sido alcançado em relação às

---

[56] "Nota política", cit., p. 4-5.

[57] Comissão Executiva do Comitê Central do PCB, "Unir e organizar a classe operária para isolar e derrotar a ditadura" (mar. 1972), *Voz Operária*, n. 86, abr. 1972, p. 4-5; ver também "Esquema de discussão política", *Voz Operária*, n. 89, jul. 1972, p. 4-5.

[58] Comissão Executiva do Comitê Central do PCB, "Unir e organizar a classe operária para isolar e derrotar a ditadura" (mar. 1972), cit., p. 4-5; grifos desta autora.

[59] Em 1970, o Comitê Estadual da Guanabara do PCB foi duramente atingido; em 1972, o mesmo aconteceu com o CE de São Paulo. Paralelamente, tinha curso uma intensa perseguição dos comunistas em todo o país e, em particular, a "caça" aos dirigentes nacionais do PCB, o que acarretou o desaparecimento de dez membros do CC e de muitos outros militantes.

Luiz Carlos Prestes: um comunista brasileiro

organizações de esquerda partidárias de ações armadas imediatas. Por outro lado, a orientação política do PCB, marcada pelas tendências reformistas apontadas no decorrer deste texto, não contribuía para um avanço significativo da organização dos trabalhadores em seus locais de trabalho. Na realidade, os comunistas dedicavam grandes esforços a alcançar a unidade pela cúpula, junto às direções sindicais, alinhadas em geral aos interesses dos patrões e da ditadura. Sem possuir bases sólidas nas empresas, os dirigentes sindicais ligados ao PCB ficaram, em muitos casos, atrelados aos "pelegos", sem força para questioná-los e fazer avançar as lutas operárias. Os dilemas enfrentados pelo PCB no movimento sindical após o golpe de 1964 foram assim resumidos pelo pesquisador Marco Aurélio Santana:

> Essa linha política, levada aos sindicatos, fez com que os comunistas intensificassem e estreitassem suas alianças com os setores mais conservadores do movimento sindical e se afastassem do polo dinâmico que surgira em fins dos anos 1970. [...] Os comunistas, que no período pré-golpe travaram uma luta árdua contra os setores "pelegos", no pós-golpe acabavam por atrelar seu destino aos desígnios daquele setor.[60]

Prestes e os comunistas: o Estado fascista e o "milagre econômico"

Em maio de 1972, *Voz Operária*[61] publicou artigo de Prestes, no qual o secretário-geral do PCB – que se encontrava exilado em Moscou havia mais de um ano – denunciava o caráter antipopular do "milagre econômico" alardeado pelo governo Médici, assim como a política expansionista da ditadura em relação aos demais países latino-americanos, e reafirmava as principais tarefas aprovadas pelo CC do PCB em suas últimas reuniões. No artigo, referindo-se ao "processo de fascistização do país", Prestes salientava: "O grupo militar mais reacionário, que é o dominante, rasgou sua própria Constituição e, através do Ato Institucional n. 5, de 13 de dezembro de 1968, impôs *um regime policial-militar de tipo fascista*, sem precedentes no país"[62].

Durante os meses que se seguiram, a direção do PCB deu continuidade ao combate ao governo Médici, caracterizado sempre como representante de um *regime fascista*, o que se refletia nas páginas do órgão central do partido, *Voz Operária*[63].

---

[60] Marco Aurélio Santana, *Homens partidos: comunistas e sindicatos no Brasil* (São Paulo, Boitempo, 2001), p. 31.

[61] Luiz Carlos Prestes, "A luta revolucionária dos comunistas brasileiros", *Voz Operária*, n. 87, maio 1972, p. 2-4; Edgard Carone, *O PCB*, v. 3, cit., p. 125-4.

[62] Idem; grifos desta autora.

[63] Cf. "O discurso do ditador" (editorial), *Voz Operária*, n. 90, ago. 1972, p. 1; "O rei ficou nu", *Voz Operária*, n. 91, set. 1972, p. 4-5; "Resposta à ditadura" (editorial), *Voz Operária*, n. 92,

Ao analisar o discurso do ditador pronunciado na inauguração do novo edifício do ministério da Justiça, em Brasília, a Comissão Executiva Nacional do PCB afirmou que o rei ficara nu: "Médici tirou os disfarces e defende o neofascismo"[64]. Segundo o general Médici, a "progressiva complexidade da vida social" passara a requerer "a intervenção crescente do poder público em áreas antes reservadas à atividade individual". Por essa razão, o Estado seria obrigado a uma "contínua revisão de sua estrutura e dos seus métodos de ação", passando a exercer uma "atividade tutelar". Seria o protetor "dos interesses existenciais do homem", colocando-se acima das classes e devotando-se "por inteiro à tutela do interesse comum", que seria o interesse "de todos e cada um dos cidadãos"[65].

Para a direção do PCB, tratava-se da proclamação do "Estado fascista", com características novas, distintas das dos modelos italiano e alemão: "O pronunciamento do ditador constitui uma manifestação do neofascismo". E que expressava, "dentro do campo ditatorial, a corrente predominante neofascista, que repele qualquer tendência à democracia representativa"[66].

Em nova reunião da Comissão Executiva do CC, realizada em janeiro de 1973, discutiu-se a atividade dos comunistas no movimento sindical, reiterando-se as diretrizes aprovadas em reunião de março do ano anterior e fazendo, ao mesmo tempo, a denúncia da violência da "repressão fascista"[67]. Em outro documento da direção do partido[68], no qual voltava-se a interpretar o discurso do general Médici no ministério da Justiça – num quadro de crescentes especulações sobre a sucessão presidencial prevista para março de 1974 –, o PCB afirmava:

---

out. 1972, p. 1; "Contra o fascismo" (editorial), *Voz Operária*, n. 93, nov. 1972, p. 1; "A luta contra o fascismo se amplia", *Voz Operária*, n. 95, jan. 1973, p. 4-5; Comissão Executiva do CC do PCB, "A atividade dos comunistas no movimento sindical" (jan. 1973), *Voz Operária*, n. 96, fev. 1973, p. 4-6; Comitê Central do PCB, "Aos trabalhadores e ao povo brasileiro" (Manifesto de 1º de Maio) e "Esquema de discussão política", *Voz Operária*, n. 97, mar. 1973, p. 3-5; Edgard Carone, *O PCB*, v. 3, cit., p. 134-44; Comitê Estadual de São Paulo, "A importância política do trabalho de solidariedade", *Voz Operária*, n. 98, abr. 1973, p. 3; "A política da ditadura fascista no Brasil", *Voz Operária*, n. 99, maio 1973, p. 2; Comissão Executiva do Comitê Central do PCB, "Resolução sobre o trabalho de solidariedade" (jun. 1973), *Voz Operária*, n. 101, jul. 1973, p. 8; Comissão Executiva do Comitê Central do PCB, "A substituição do general Médici pelo general Geisel" (jul. 1973), *Voz Operária*, n. 102, ago. 1973, p. 1.

[64] "O rei ficou nu", cit., p. 4-5.

[65] Idem.

[66] Idem.

[67] Comissão Executiva do Comitê Central do PCB, "A atividade dos comunistas no movimento sindical", cit., p. 4-6.

[68] "Esquema de discussão política", *Voz Operária*, n. 97, mar. 1973, p. 4-5.

Aprofundou-se e adquiriu maior relevo a divisão entre a *corrente neofascista* (predominante) que defende o atual regime político, sua consolidação, e a corrente liberal, que considera o atual regime uma fase antes necessária, mas já agora superada, devendo restabelecer-se o "estado de direito", a normalidade constitucional, os direitos e garantias individuais. Essa contradição se desenvolve e se expressa em elementos de uma crise político-institucional que pode deflagrar e se tornar aguda no processo da sucessão do presidente da República.[69]

Ainda que reconhecendo a "debilidade do movimento de massas" e a "dispersão das forças e correntes contrárias à ditadura", o PCB insistia na necessidade de desenvolver todos os esforços para aproximar e unir as diversas forças que se opunham ao regime ditatorial e se empenhavam na conquista das liberdades democráticas[70].

Tudo indica que, para os dirigentes do PCB, não havia mais dúvida de que o regime era *fascista* ou *neofascista*, inexistindo diferenças essenciais entre essas designações. Circular do Comitê Estadual de São Paulo afirmou que "a marcha da institucionalização do fascismo no Brasil vem se processando metodicamente através dos atos institucionais", ganhando seu ponto mais alto com o AI-5, de dezembro de 1968, e que "a característica principal do fascismo é o anticomunismo e o antissovietismo sistemático"[71]. A "Resolução sobre o trabalho de solidariedade", de junho de 1973, aprovada pela Comissão Executiva Nacional, destacou que "a ascensão do fascismo e a utilização dos métodos repressivos do governo são traços marcantes da situação brasileira"[72], revelando que os dirigentes comunistas não se iludiam com o inimigo que tinham pela frente.

Os comunistas e a sucessão de Médici por Geisel

Diante do anúncio feito por Médici da indicação do general Ernesto Geisel para assumir a presidência da República em março de 1974, *Voz Operária* publicou pronunciamento da Comissão Executiva do CC do PCB[73]: "Usando a força das baionetas, dos tanques e do *terror fascista*, a ditadura mais uma vez irá violar o

---

[69] Idem; grifos desta autora.

[70] Idem.

[71] Comitê Estadual de São Paulo, "A importância política do trabalho de solidariedade", cit., p. 3.

[72] Comissão Executiva do Comitê Central do PCB, "Resolução sobre o trabalho de solidariedade", cit., p. 8.

[73] Comissão Executiva do Comitê Central do PCB, "A substituição do general Médici pelo general Geisel", cit., p. 1.

direito do povo brasileiro de escolher, em eleições livres e diretas, seus governantes". Foi denunciada a criação de um "colégio eleitoral"[74] que deveria "homologar, compulsoriamente, o nome escolhido por uma reduzida camarilha militar em confabulações secretas". A escolha de Geisel, na visão do partido, estava ligada à situação existente na América Latina: "A facção que detém o poder uniu-se em torno do seu nome por considerá-lo capaz de melhor dar seguimento à *política expansionista* da ditadura no continente e de enfrentar divergências e antagonismos". O documento da direção do PCB também foi enfático ao advertir que "a chamada eleição do presidente da República" não passava de uma farsa que, ao mesmo tempo, era "um esbulho dos direitos do povo". Da mesma forma, reafirmou o caráter *fascista* da ditadura, conclamando todos os democratas à "unidade de ação pela democracia, contra o *fascismo*"[75].

Com a intensificação da perseguição policial e da violenta repressão aos comunistas, o CC do PCB ficou mais de dois anos sem condições de reunir-se, o que só ocorreria novamente em novembro de 1973. Nessa reunião, foram aprovados dois documentos: um sobre o "trabalho de direção"[76] e outro intitulado "Por uma frente patriótica contra o fascismo"[77]. O CC declarou que "o regime evoluiu de uma ditadura militar reacionária para uma *ditadura militar caracteristicamente fascista*". Considerando que o regime brasileiro não possuía "determinadas características do fascismo italiano e alemão do passado", procurou definir seus "traços essenciais":

> Algumas aparências de democracia representativa, inclusive a mudança periódica do ditador; empenho, por todos os meios, para afastar o povo, principalmente a classe operária, da vida política; utilização das Forças Armadas como instrumento político, repressivo e suporte direto do regime; ampliação e hipertrofia dos chamados órgãos de segurança que dominam o aparelho do Estado e a vida do país; aplicação do terror como principal método de governo; maior controle da estrutura sindical, que já é de inspiração corporativista e vinculada ao Estado, e a órgãos exclusivamente assistenciais e recreativos; intensa propaganda oficial

---

[74] A Constituição de 1967 estabeleceu as eleições indiretas para presidente da República, realizadas pelo Congresso Nacional transformado em "colégio eleitoral".

[75] Comissão Executiva do Comitê Central do PCB, "A substituição do general Médici pelo general Geisel", cit.; grifos desta autora.

[76] "Reunião do Comitê Central do PCB – Trabalho de direção" (nov. 1973), *Voz Operária*, n. 107, jan. 1974, p. 4-5.

[77] Comitê Central do PCB, *Por uma frente patriótica contra o fascismo*, nov. 1973 (documento datilografado original, 5 p.; arquivo particular da autora); "Por uma frente patriótica contra o fascismo" (nov. 1973), *Voz Operária*, n. 106, dez. 1973, p. 1, 4 e 8; Edgard Carone, *O PCB*, v. 3, cit., p. 144-9.

orientada no sentido de uma completa mistificação do que ocorre no país; política econômica baseada na intensificação da exploração da classe operária e na crescente espoliação da nação, em favorecimento dos interesses dos monopólios, os estrangeiros em particular, e do latifúndio; política externa expansionista vinculada fundamentalmente aos interesses do imperialismo norte-americano e acompanhada de insistente campanha chovinista [sic].[78]

A mesma resolução registrou alguns avanços nas lutas de diversos setores sociais contra a ditadura, destacando que tais vitórias deveriam ser valorizadas como o "dado mais importante da atual conjuntura"; reiterou as análises feitas anteriormente pela Comissão Executiva do CC quanto à substituição de Médici por Geisel e no que se refere à condenação das tendências expansionistas da ditadura, que havia se tornado "a ponta de lança do imperialismo norte-americano" na América Latina; e definiu a principal tarefa do PCB como a "luta contra o fascismo", sendo proposta "a todas as forças prejudicadas pelo caráter fascista assumido pela ditadura militar" a união numa *ampla frente patriótica antifascista*. Ao introduzir a qualificação de "patriótica" à frente antifascista, o PCB pretendia destacar o *entreguismo* do fascismo no Brasil. Para os comunistas, tratava-se de levar à prática uma política de unidade de ação para "isolar e derrotar o fascismo"[79]. Com a "Resolução política" de novembro de 1973, a direção do partido abandonava a palavra de ordem tática de *formação de uma frente antiditatorial*, visando à derrota da ditadura, substituindo-a por outra, mais de acordo com o objetivo de isolar e derrotar o regime *entreguista e fascista – a união em uma frente patriótica e antifascista*.

As eleições parlamentares previstas para novembro de 1974 eram tidas pelo PCB como um momento privilegiado para acelerar esse processo. Em documento[80] divulgado ainda em abril daquele ano, o CC do PCB reafirmava a importância da participação nesse pleito, uma vez que representava "uma das poucas possibilidades legais de ação das massas contra o regime fascista". Destacava que milhões de brasileiros teriam que votar e poderiam manifestar seu protesto e que, na campanha eleitoral, "as forças antifascistas poderão promover debates com o povo, nos locais de trabalho e moradia, denunciando o regime fascista do governo Geisel e seus agentes". Dessa forma, conclamava todos os patriotas e os democratas a participar das eleições, defendendo

---

[78] Idem.

[79] Idem.

[80] Comitê Central do PCB, "O PCB e as eleições de novembro" (abr. 1974), *Voz Operária*, n. 111, mar. 1974, p. 1; Edgard Carone, *O PCB*, v. 3, cit., p. 149-52.

o aumento de salários e vencimentos compatíveis com as necessidades de cada cidadão e sua família; os direitos e as garantias individuais; a anistia para os presos e perseguidos políticos; as liberdades sindicais e o direito de greve; a revogação do Decreto-lei n. 477; o restabelecimento do *habeas-corpus*; as eleições diretas para todos os cargos eletivos; a abolição da censura à imprensa; a defesa dos interesses nacionais.[81]

Ao longo de 1974, a repressão contra os dirigentes do PCB adquiriu proporções inéditas, com a prisão, a tortura e o desaparecimento de diversos membros do CC, como David Capistrano da Costa, Luiz Ignácio Maranhão Filho, Valter Ribeiro e João Massena Melo. Também foram atingidos dirigentes intermediários e militantes do partido. Tinha início uma avalanche repressora contra a direção do PCB, que se estenderia durante grande parte do governo Geisel. A "Nota da Comissão Executiva do PCB"[82] registrou que, com a posse do novo governo, não aconteceu qualquer "abertura política", "como equivocadamente esperavam alguns setores antifascistas". Ao contrário, "aumentou o número de prisões e sequestros. As torturas não cessam. A censura à imprensa tornou-se mais rígida. Persiste a tendência ao aprofundamento do fascismo"[83].

O documento da Comissão Executiva reconhecia, entretanto, que, face à evolução da situação nacional e internacional, o governo Geisel-Golbery era levado a realizar algumas flexões táticas, e advertia que a ditadura fascista não era monolítica, pois dentro dela não deixavam de aflorar divergências. Considerava necessário "saber jogar com as dificuldades que surgem no campo do fascismo", mas afirmava ser um "grave erro supervalorizar esse tipo de contradições, pois elas não levarão o regime a crises de maior profundidade". O essencial naquele momento era "lutar contra as manobras do governo Geisel, combatendo com intransigência qualquer ilusão em sua política, para que não se amplie a base política do regime"[84].

A direção do PCB denunciou a feroz repressão desencadeada pelo regime fascista, que buscava desarticular e imobilizar a organização partidária dos comunistas, e apontou a proximidade das eleições de novembro como uma das causas de tal fato. Por isso, o governo Geisel se voltava "com a maior violência contra os comunistas, assassinando, sequestrando e torturando". Ao final do

---

[81] Idem.

[82] Comissão Executiva do Comitê Central do PCB, "A situação política e a repressão fascista" (jun. 1974), *Voz Operária*, n. 113, jul. 1974, p. 4-5.

[83] Idem.

[84] Idem.

documento, a Comissão Executiva reafirmou o apelo à unidade numa ampla frente patriótica contra o fascismo[85].

O PCB e as eleições de novembro de 1974

Embora Geisel, diante das pressões sofridas tanto no cenário internacional quanto no âmbito nacional, tenha definido, em discurso pronunciado em agosto de 1974, seu projeto político como de "distensão lenta, gradual e segura"[86], as eleições de 15 de novembro do mesmo ano adquiriram caráter plebiscitário, dando oportunidade ao eleitorado brasileiro de demonstrar repúdio generalizado ao regime ditatorial. O MDB, o partido da oposição consentida, infringiu-lhe estrondosa derrota nas urnas. Milhões de brasileiros votaram contra a ditadura ao eleger os candidatos do único partido de oposição legalmente registrado. O MDB elegeu 15 em 21 senadores, obtendo 77,5% dos votos. Sua bancada na Câmara Federal aumentou de 87 para 165 deputados, embora não alcançasse a maioria[87].

Diante do acachapante resultado das urnas, editorial de *Voz Operária*[88] afirmou que "esse 15 de novembro marcou uma mudança de qualidade no quadro político brasileiro", acrescentando: "A luta contra o fascismo entra em nova fase – uma fase de ascensão". O texto revelava um otimismo exagerado, criando ilusões quanto ao "enfraquecimento político do regime fascista" e às reais possibilidades de sua derrota em curto prazo. Apresentava como perspectiva para as forças patrióticas e antifascistas ativar as "formas de unidade e de luta que *apertem o cerco no qual ficou isolado e desmoralizado o regime fascista*"[89]. Anos depois, o autor desse editorial e então membro da Comissão Executiva Nacional do PCB, Marco Antônio Coelho, confessaria que, ao redigi-lo, resvalara para o "desvario" ao tomar conhecimento dos resultados eleitorais então anunciados. O próprio título – "Apertar o cerco" – "ficou estridente", segundo o autor, pois "bradava por aplicarmos novos golpes na ditadura"[90].

O editorial seguinte de *Voz Operária*[91] foi mais sóbrio na avaliação da situação criada no país com a derrota eleitoral do "regime fascista", ao apontar

---

[85] Idem.

[86] Alzira Alves de Abreu, Israel Beloch et al. (coords.), *Diconário histórico biográfico brasileiro pós-1930*, v. 3, cit., p. 2.513.

[87] Ibidem, v. 4, p. 3.964-5.

[88] "Apertar o cerco" (editorial), *Voz Operária*, n. 118, dez. 1974, p. 1 e 3; Edgard Carone, *O PCB*, v. 3, cit., p. 152-3.

[89] Idem; grifos desta autora.

[90] Marco Antônio Tavares Coelho, *Herança de um sonho: as memórias de um comunista* (Rio de Janeiro, Record, 2000), p. 360.

[91] "O esbulho da 'descompressão'" (editorial), *Voz Operária*, n. 119, jan. 1975, p. 1.

PRESTES E O PCB DIANTE DA FASCISTIZAÇÃO DO REGIME   445

para "a grande manobra que se dá no campo político, com o desdobramento da tática de buscar-se a *legalização do fascismo*, através do que denominam agora de 'descompressão gradativa'". Explicava que "o regime se desgastou irremediavelmente nestes dez anos, o quadro internacional avançou muito e os patrões de Washington pressionam para que a ditadura brasileira se apresente com uma aparência mais 'respeitável'"[92]. Além disso, procurava desmascarar o verdadeiro conteúdo da nova tática do governo Geisel:

> Na verdade, por trás dessa "descompressão gradativa" está apenas o processo de concessões superficiais que não afetam o essencial do regime, isto é, o terror fascista indispensável para levar avante uma política que favorece exclusivamente os capitais estrangeiros, os grupos monopolistas nacionais e os que se beneficiam do monopólio da terra.[93]

Para *Voz Operária*, frente às manobras da ditadura, "o povo quer o fim do fascismo, e não o prato de lentilhas que o regime oferece". Por isso, considerava necessário que as forças antifascistas repudiassem a "propalada reforma constitucional, tramada no Palácio do Planalto", que visava a "criar uma ordem jurídica com dispositivos do Ato Institucional n. 5 e introduzir novas restrições antidemocráticas, como o voto distrital". O editorial apontava a necessidade de lutar por "um estado de direito nascido num clima de efetivas liberdades", que levasse "à convocação de uma Assembleia Constituinte livre e soberana". Lembrava que as forças antifascistas deveriam "consolidar a vitória, evitando palavras de ordem que não correspondessem à real situação de forças, mas não dando trégua ao inimigo"[94]. Semelhante avaliação da situação criada no país com a vitória eleitoral da oposição representava uma revisão da apreciação marcada pelo excessivo otimismo do editorial anterior do jornal.

A repressão acentuou-se drasticamente em 1975. Membros da Comissão Executiva Nacional – Marco Antônio Coelho, Osvaldo Pacheco, Jaime Miranda e Orlando Bonfim Jr. – foram sequestrados, sendo os dois últimos "desaparecidos" para sempre. Outros dirigentes do CC também foram presos e "desapareceram" (Elson Costa, Hiram de Lima Pereira e Itair José Veloso). Mais tarde, em abril de 1976, foi a vez do suplente do CC, Nestor Veras, ser assassinado. Outros dirigentes e militantes do PCB tiveram o mesmo destino – enquanto o governo proclamava "distensão" e "descompressão" da situação política. Em janeiro de 1975, foi localizada e invadida a oficina clandestina onde era impresso o jornal

---

[92] Idem; grifos desta autora.
[93] Idem.
[94] Idem.

Voz Operária. Mesmo assim, em condições precárias, o órgão central do PCB ainda teve três edições publicadas clandestinamente no país[95].

O último número de *Voz Operária* editado no Brasil reproduzia uma nota[96] da Comissão Executiva Nacional do PCB reafirmando que a derrota da ditadura no pleito de novembro de 1974 acarretara "considerável modificação no quadro político" do país. Apontava para o esforço desenvolvido pelo governo Geisel no sentido de institucionalizar o regime, destacando que "a luta entre as forças da democracia, fortalecidas, e as forças do fascismo, debilitadas, mas com o poder e o arbítrio em suas mãos, se aguçou", e assinalava que "as divergências no seio das forças ditatoriais são evidentes, tornam-se às vezes tensas e poderão até mesmo levar a um choque entre elas". O documento alertava, contudo, que não se tratava de "contradição entre uma corrente democrática e outra fascista. Ambas procuram o melhor caminho para garantir a sobrevivência e a consolidação do atual regime". A seguir, a Comissão Executiva reconhecia que era dentro desse quadro que se verificava a ofensiva repressora contra o PCB. Denunciava que a ditadura pretendia "isolar e paralisar o Partido, impedir sua atividade mobilizadora e unitária entre as massas, entre as forças sociais e políticas". Finalmente, apontava a necessidade de aplicar a linha política do partido, "orientada para a formação da frente patriótica antifascista, que deve apoiar-se na unidade da classe operária e na aliança da classe operária com o campesinato e as camadas médias urbanas", reafirmando as principais tarefas definidas em pronunciamentos anteriores do PCB[97].

Evidenciam-se as divergências de Prestes com a direção do PCB

O exame dos documentos aprovados pelo CC e pela Comissão Executiva Nacional do PCB no período posterior à realização do VI Congresso revela um traço marcante de sua orientação política: a omissão permanente dos objetivos revolucionários do partido e o decorrente abandono da própria *estratégia da revolução nacional e democrática* – que, na maioria das vezes, deixara de ser mencionada. A direção do PCB voltara-se exclusivamente à luta contra a ditadura, à formação de uma frente ampla que viesse a derrotá-la através da crescente mobilização das massas. Embora se afirmasse constantemente que o caminho eleitoral não deveria ser o único nem o principal, na realidade a atuação dos comunistas ficaria restrita prioritariamente à participação em pleitos eleitorais.

---

[95] Cf. *Voz Operária*, n. 120, fev. 1975; n. 121, mar. 1975; n. 122, abr.-maio 1975.

[96] Comissão Executiva do PCB, "A luta pela democracia e nossas principais tarefas" (abr. 1975), *Voz Operária*, n. 122, abr.-maio 1975, p. 1-4; Edgard Carone, *O PCB*, v. 3, cit., p. 155-63.

[97] Idem.

Contrastando com tal orientação, Luiz Carlos Prestes, que continuava exilado em Moscou, lançou seu *Manifesto*[98] – por ocasião do 50º aniversário do início da Marcha da Coluna Invicta, conhecida como Coluna Prestes –, no qual destacou o papel revolucionário que, segundo ele, o partido deveria desempenhar. Nesse documento, Prestes assinalou que "a conquista de um regime democrático constitui a reivindicação principal e mais imediata de nosso povo". Para ele, "a unidade de todas as forças de oposição é a condição mais importante para enfraquecer e solapar o fascismo e alcançar finalmente sua derrota". Prestes também reafirmou a concepção do papel revolucionário dos comunistas na luta contra a ditadura, por ele defendido desde o VI Congresso[99]:

> A conquista de um regime democrático não deverá significar [...] uma simples volta ao passado. A frágil e vulnerável democracia de 1964 não corresponde mais aos anseios do povo. A luta de todos os patriotas e democratas só pode ter por fim a derrota definitiva do fascismo e a inauguração de uma *nova democracia*, que assegure amplas liberdades para o povo, uma democracia econômica, política e social, que possibilite a solução dos problemas nacionais mais graves e imediatos.[100]

E esclareceu o conteúdo dessa *nova democracia* por ele proposta:

> Trata-se da conquista de uma democracia que seja estável, que impeça a volta do fascismo. Para isso, a *nova democracia* terá que tomar medidas que limitem o poder econômico dos monopólios e dos latifundiários e que se orientem no sentido de sua completa liquidação. [...] A *nova democracia* deverá ser o regime estabelecido por um governo das forças da frente única patriótica e antifascista, abrirá caminho para as profundas transformações de caráter democrático e anti-imperialista, já hoje exigidas pela sociedade brasileira.[101]

Prestes entendia que um partido revolucionário não deveria se limitar a lutar contra a ditadura, mas orientar sua ação, permanentemente, para a preparação das forças sociais e políticas capazes de levar adiante o processo revolucionário – apontando, em última instância, para o socialismo. Afirmou também no manifesto que "tudo faremos para que as amplas massas do povo se convençam de que somente o socialismo será capaz de assegurar-lhes a completa emancipação", embora ainda se repetisse a formulação do VI Congresso quanto

---

[98] "Manifesto de Prestes" (29 out. 1974), *Voz Operária*, suplemento, n. 118, dez. 1974.

[99] Conferir o item "O VI Congresso do PCB e as posições de Prestes" no capítulo XV deste livro.

[100] "Manifesto de Prestes", cit.; grifos desta autora.

[101] Idem; grifos desta autora.

à necessidade da "revolução nacional e democrática" como etapa anterior e preparatória para a passagem ao socialismo[102] – tese que vinha sendo revista por Prestes a partir de uma análise mais aprofundada da realidade brasileira, como se verá a seguir.

---

[102] Idem.

XVII
O Comitê Central (CC) no exílio: falência e crise (1975-1979)

A partir de março de 1971, exilado em Moscou, Prestes procurou se manter a par da conjuntura no Brasil e, em particular, da situação do PCB, do qual continuava sendo secretário-geral – tratado como tal pela direção do PCUS e dos demais partidos comunistas. Lutou com enormes dificuldades para obter notícias sobre o partido, pois, apesar das promessas da direção no Brasil, raríssimos foram os emissários que chegaram a Moscou levando-lhe informações fidedignas. Seu isolamento era uma realidade. Como o governo da ditadura não lhe concedia passaporte brasileiro, via-se impedido de viajar por outros países, tendo que restringir seus movimentos ao mundo socialista.

Desde o início de sua estada em Moscou, Prestes procurou levar adiante uma campanha de denúncias da política econômica da ditadura no Brasil, das arbitrariedades e dos crimes por ela perpetrados, assim como de solidariedade aos presos e aos perseguidos políticos no país. Bateu-se permanentemente pela organização de uma campanha pela anistia ampla, geral e irrestrita que, no exterior, pudesse contribuir para a luta pela anistia dentro do país. Seus esforços, no entanto, esbarravam na resistência dos dirigentes soviéticos e dos países socialistas, para os quais as relações diplomáticas e comerciais com o governo brasileiro eram consideradas prioritárias – sendo subestimada a solidariedade revolucionária aos perseguidos políticos e aos comunistas no Brasil. Segundo Prestes, nos países do campo socialista vigorava uma falsa concepção de acordo com a qual a postura internacionalista de apoio e ajuda aos movimentos revolucionários do mundo capitalista ficava subordinada à política de coexistência pacífica e de colaboração entre os Estados socialistas e capitalistas[1].

---

[1] Opiniões transmitidas por Prestes à autora.

Prestes aprofunda a crítica à orientação do VI Congresso do PCB

Entre as inúmeras viagens empreendidas por Prestes após sua chegada a Moscou, merece destaque sua visita à Bulgária, em junho de 1972, para participar de seminário dedicado à memória do revolucionário búlgaro Jorge Dimitrov em seu 90º aniversário natalício. Em sua intervenção[2] no evento, o secretário-geral do PCB ressaltou a contribuição do homenageado para a luta mundial contra o fascismo e, em especial, seu papel destacado em 1935, durante os trabalhos do VII Congresso da Internacional Comunista. A seguir, apresentou um balanço histórico do movimento antifascista no Brasil nos anos 1933-1935, do processo de criação da Aliança Nacional Libertadora, do papel desempenhado pelo PCB nesse movimento e da influência das teses defendidas por Dimitrov junto aos comunistas brasileiros.

Ao fazer uma apreciação autocrítica dos erros cometidos pelos comunistas brasileiros em 1935, Prestes assinalou que, "em vez de reforçar a frente popular, anti-imperialista e antifascista, de prosseguir acumulando forças, mediante a luta de massas, em defesa das liberdades democráticas e contra o fascismo, nos lançamos prematuramente à luta pelo poder". Acrescentou que essa era uma lição da maior atualidade, pois explicava "a derrota dos grupos ultraesquerdistas" que combatiam a ditadura no Brasil e facilitava aos comunistas "ganhar para a orientação do PCB os elementos honrados que deles participam". Prestes afirmou:

> É lutando pelas liberdades democráticas, pelas reivindicações dos trabalhadores, pelos "interesses econômicos e políticos imediatos da classe operária", conforme as palavras de Dimitrov em seu memorável Informe ao VII Congresso da Internacional Comunistas, lutando enfim contra a ditadura [...], é nesse processo difícil e demorado, que não admite nenhuma precipitação ou aventura, que unificaremos as forças antiditatoriais e organizaremos a frente única capaz de isolar e derrotar a ditadura.[3]

Após destacar a contribuição do revolucionário búlgaro no combate ao radicalismo esquerdista, Prestes apontou em seu legado a atualidade das teses que, ao resgatar indicações de Lenin, afirmavam a importância das "formas de transição que conduzem à revolução". Segundo Dimitrov, oportunistas de direita "inclinavam-se a estabelecer uma certa etapa intermediária democrática".

---

[2] Luiz Carlos Prestes, *Intervenção em Seminário dedicado ao 90º aniversário natalício de Jorge Dimitrov*, Sófia (Bulgária), 18 jun. 1972 (documento datilografado, 10 p.; arquivo particular da autora).

[3] Idem.

O Comitê Central (CC) no exílio: falência e crise   451

Uma nova etapa que, de acordo com Prestes, "no caso brasileiro, seria entre a ditadura da burguesia e o governo revolucionário. O que inevitavelmente leva ao abandono, na prática, da bandeira revolucionária do partido, sem a qual não é possível ao proletariado conquistar a hegemonia na frente única antiditatorial"[4].

Ao procurar definir melhor o que seria no Brasil "esse governo de transição para a conquista do governo revolucionário", Prestes sustentou que tal governo

> surgirá como aquele capaz de assegurar o desenvolvimento independente da economia nacional, será um governo de luta contra o imperialismo e a reação, de defesa da soberania nacional, o que exigirá tomar medidas contra o latifúndio e a dominação imperialista e preparar as massas para enfrentar a contrarrevolução.[5]

Com a devida prudência para não entrar em conflito aberto com a "Resolução política" do VI Congresso do PCB, Prestes recorreu à citação do "Informe ao VI Congresso", de sua autoria e que não fora incluída na resolução, para acrescentar que tal "governo de transição" visava a alcançar "uma solução que repele o capitalismo como perspectiva histórica, mas não exige de modo imediato a passagem para o socialismo"[6]. A seguir, escreveu:

> Um novo regime revolucionário que abra caminho de desenvolvimento da sociedade, que, sem ser ainda socialista, rompe decididamente os moldes clássicos da estrutura capitalista e determina uma nova correlação de forças internas da sociedade. Ou, para citarmos o grande Lenin: "[...] Não seria ainda o socialismo, mas já não seria o capitalismo. Representaria um passo gigantesco para o socialismo".[7]

Prestes prosseguiu reafirmando suas posições contrárias ao reformismo na direção do PCB, embora ainda não o pudesse fazer abertamente. Na qualidade de secretário-geral, deveria respeitar as decisões adotadas no VI Congresso do Partido, cuja justeza seria por ele cada vez mais questionada, para tal contribuindo em grande medida os estudos que levaria adiante nos anos de exílio forçado. Esforço comprovado por numerosas fichas e anotações de leituras realizadas por ele tanto de obras dos clássicos do marxismo quanto de autores brasileiros contemporâneos, entre os quais os escritos do sociólogo Florestan Fernandes[8].

---

4   Idem.

5   Idem.

6   Conferir o item "O VI Congresso do PCB e as posições de Prestes" no capítulo XV deste livro.

7   Idem.

8   Ver a coleção Luiz Carlos Prestes, no Arquivo Edgard Leuenroth/Unicamp; informações da autora.

Para que Prestes chegasse a uma revisão radical da estratégia da *revolução nacional e democrática*, consagrada repetidas vezes na história do PCB e em particular no VI Congresso, com o conhecido corolário da tese da conquista de um *capitalismo autônomo no Brasil*, contribuíram os debates que tiveram lugar durante os anos de exílio entre alguns dos comunistas brasileiros que estudavam em Moscou, no Instituto de Ciências Sociais[9]. Prestes acompanhou de perto os estudos em curso e participou desses debates, a partir dos quais constatou a existência na economia brasileira de um tripé constituído pelo Estado, pelos monopólios nacionais e estrangeiros e pelo latifúndio. O entrelaçamento desses três elementos era de tal ordem que poder-se-ia postular a presença no Brasil de um capitalismo monopolista de Estado (CME) dependente[10], uma vez que o capital estrangeiro era o dominante no tripé. Ainda que a tese do CME fosse discutível, era inegável o nível relativamente alto de desenvolvimento capitalista atingido no Brasil, fato que invalidava a estratégia da etapa nacional e democrática da revolução brasileira. Na realidade, conforme trabalhos de pesquisa realizados no Brasil e no exterior revelaram, a dominação imperialista e o latifúndio não constituíram empecilho ao desenvolvimento capitalista do país, marcado, contudo, pela dependência do imperialismo e pela ausência de uma reforma agrária de caráter burguês[11].

No início de 1973, ao completar 75 anos de idade, Luiz Carlos Prestes foi condecorado pelo governo soviético com a Ordem da Revolução de Outubro. Nessa ocasião, publicou na revista editada pelo movimento comunista internacional em vários idiomas um artigo que relatava o caminho por ele percorrido, do movimento tenentista – do qual se tornara a liderança máxima no final dos anos 1920 – até o "comunismo científico"[12]. Prestes contou que seu primeiro exílio na URSS, nos anos 1931-1934, havia definido seu destino, pois, apesar da

---

[9]   Instituto de Ciências Sociais era o nome da escola de marxismo-leninismo em que estudavam comunistas de diversos países do mundo capitalista, enviados por seus respectivos partidos comunistas.

[10] Em 1975, foi defendida e aprovada, no Instituto de Ciências Sociais de Moscou, a tese de doutoramento de Anita Leocadia Prestes, intitulada *O capitalismo monopolista de Estado no Brasil e suas particularidades*.

[11] Ver, por exemplo, Francisco Oliveira, "A economia brasileira: crítica da razão dualista", *Estudos Cebrap*, São Paulo, Cebrap, n. 2, out. 1972; Florestan Fernandes, *A revolução burguesa no Brasil: ensaio de interpretação sociológica* (Rio de Janeiro, Zahar, 1975); Fernando Henrique Cardoso, *O modelo político brasileiro e outros ensaios* (São Paulo, Difel, 1972).

[12] Luiz Carlos Prestes, *Como cheguei ao comunismo* (documento datilografado original, 14 p.; arquivo particular da autora); Luiz Carlos Prestes, "Como llegué al comunismo", *Revista Internacional*, Praga (Tchecoslováquia), n. 1, jan. 1973, p. 76-80; Luiz Carlos Prestes, "Como cheguei ao comunismo", *Cultura Vozes*, Petrópolis, v. 92, n. 2, mar.-abr. 1998, p. 137-51.

O Comitê Central (CC) no exílio: falência e crise   453

resistência inicial do PCB, fora finalmente aceito em suas fileiras. Dessa forma, avaliou Prestes, deu-se a evolução que o levara do "tenentismo às fileiras do partido do proletariado" e da "condição de oficial das Forças Armadas a serviço das classes dominantes à honrosa situação de soldado do grande exército do proletariado"[13].

Na conclusão do artigo, Prestes afirmou:

> Já se passaram quase quarenta anos. Foram anos de dura luta, períodos de prisão e de vida clandestina, de fluxos e refluxos do movimento revolucionário. Grandes massas de nosso continente participam hoje da convicção dos comunistas de que só o socialismo pode resolver os problemas de nossos povos. Sinto-me feliz com a opção política por mim feita e que confirma uma vez mais o acerto das palavras de Lenin de que "no século XX, num país capitalista, é impossível ser democrata revolucionário se se teme marchar para o socialismo".[14]

Prestes aproveitou a oportunidade que lhe fora oferecida com a publicação do artigo para, uma vez mais, externar a opinião de que só havia um caminho para a revolução na América Latina: o caminho do socialismo.

Durante o verão europeu de 1973, Prestes encabeçou delegação do Comitê Central do PCB em visita à Cuba socialista. Pela primeira vez em cerca de dez anos de prolongado afastamento entre os partidos comunistas dos dois países, teve lugar um encontro fraternal de seus respectivos dirigentes. Tratava-se, na prática, do restabelecimento de relações normais entre os partidos comunistas de Cuba e do Brasil, interrompidas pela política dos dirigentes cubanos de apoio aberto às organizações e aos grupos radicais da ultraesquerda brasileira em seus intentos de promover a derrubada armada da ditadura, contrariando as diretrizes políticas do PCB[15]. Prestes recordaria que, durante o encontro com Raúl Castro, este fizera uma autocrítica muito séria dos erros cometidos pelos dirigentes cubanos[16].

Dois anos depois, em junho de 1975, realizou-se em Havana a Conferência dos Partidos Comunistas da América Latina e do Caribe, cujos trabalhos preparatórios contaram com a participação de uma delegação brasileira e com especial atenção por parte de Prestes. O secretário-geral do PCB não só compareceu à conferência, como apresentou informe[17] pormenorizado sobre a situação brasileira,

---

[13] Idem.

[14] Idem; ver ainda Vladimir Lenin, *Obras completas*, v. 1 (em espanhol), t. 25, p. 347 (citado por Prestes).

[15] Conferir o capítulo XV deste livro.

[16] Ver LCP, fita n. 21; relato de Prestes à autora.

[17] *Intervención del delegado de Brasil*, jun. 1975 (documento datilografado, 17 p.; arquivo particular da autora; tradução desta autora).

contribuindo de maneira significativa para a elaboração da resolução[18] final desse conclave. Sem utilizar diretamente o conceito de capitalismo monopolista de Estado (CME), Prestes apoiou-se em suas características essenciais para explicar a implantação do fascismo no Brasil:

> A escalada de fascismo nas condições brasileiras consistiu em acelerar a passagem a um *novo sistema de dominação dos monopólios*, que abarca a economia e também a vida social, política, ideológica e cultural da nação. Trata-se assim de contribuir não só para o estabelecimento desse *novo sistema de dominação*, como também para seu desenvolvimento e manutenção, visando contribuir para a reprodução do capital monopolista sobre novas bases. Quando o Estado se converte em um elemento indispensável para o próprio processo de reprodução e os monopólios necessitam colocá-lo essencialmente a seu serviço, em última instância, se trata de contribuir para a conservação do sistema capitalista.[19]

Essas afirmações são reveladoras de que o secretário-geral do PCB havia avançado consideravelmente no processo de revisão e abandono da concepção nacional-libertadora da revolução brasileira consagrada na "Resolução política" do VI Congresso do Partido. Nesse sentido, Prestes concluiu que "nas condições do Brasil, em que os monopólios estrangeiros são os que dominam, submetendo econômica e politicamente o Estado a seus interesses, *a grande burguesia monopolista brasileira está reduzida à condição de sócio menor do imperialismo*"[20].

E descreveu a natureza do regime fascista existente então no Brasil:

> É uma ditadura fundamentalmente a serviço do capital financeiro estrangeiro, mais particularmente o norte-americano. Busca permanentemente uma base de massas mais ou menos ampla, utilizando com esse objetivo a demagogia e a manipulação da opinião pública. Realiza uma política social de cunho corporativista, mediante a qual pretende "integrar" a classe operária e outros setores da população no sistema. E tem, além disso, como traço importante de sua ideologia, o nacionalismo chovinista [sic] [...]. Trata-se da criação de um sistema policial-militar, que procura controlar toda a vida da nação, mantendo

---

[18] *La América Latina en la lucha contra el imperialismo, por la independencia nacional, la democracia, el bienestar popular, la paz y el socialismo* (resolução da Conferência dos Partidos Comunistas da América Latina), Havana, 13 jun. 1975 (documento datilografado, 54 p.; arquivo particular da autora).

[19] *Intervención del delegado de Brasil*, cit.; tradução e grifos desta autora.

[20] Idem; grifos desta autora.

simultaneamente algumas aparências de uma suposta democracia representativa. [...] Tem uma base de sustentação muito reduzida nas massas e não dispõe de um partido político de massas. São as Forças Armadas as que em certa medida desempenham o papel de partido político de fascismo. A militarização é um dos traços evidentes do expansionismo brasileiro. Um dos aspectos mais importantes do fascismo no Brasil.[21]

A denúncia do expansionismo brasileiro teve destaque no informe apresentado por Prestes à Conferência dos Partidos Comunistas da América Latina:

O expansionismo brasileiro está adquirindo cada vez maior agressividade. Um exemplo disso foi a intervenção direta, amplamente denunciada pela reação pública e as forças progressistas da América Latina, da ditadura brasileira nos diversos golpes reacionários que tiveram lugar nos últimos anos no continente. Quer dizer, em Santo Domingo, na Bolívia, no Uruguai e no Chile.[22]

Ao concluir seu informe, o secretário-geral do PCB declarou que "temos sempre presentes a perspectiva e o objetivo de um futuro socialista para o país", acrescentando que "a derrota do fascismo representará um golpe no poder dos monopólios, cujos interesses representa". A seguir, reafirmou a tese da luta pela conquista de um *novo tipo de democracia*, que não significasse uma volta ao passado, ou seja, à democracia liberal, mas uma *forma de transição* a um poder revolucionário:

A única forma de consolidar a vitória das forças antifascistas, impedindo a volta ao odioso sistema de opressão, será o estabelecimento de um *novo tipo de democracia*. Será um regime que representará os interesses das forças aglutinadas na frente patriótica e antifascista, constituindo uma *forma de transição* ao poder revolucionário nacional e democrático, ou seja, antimonopolista e anti-imperialista. Esse regime democrático deverá garantir amplas liberdades para todas as forças antimonopolistas e iniciar o processo de limitação do poder dos monopólios, principalmente dos norte-americanos.[23]

A atuação intensa da delegação brasileira dirigida por Prestes nos trabalhos da Conferência dos Partidos Comunistas da América Latina e do Caribe contribuiu para que, em sua resolução final, se afirmasse que "o socialismo

---

[21] Idem.

[22] Idem.

[23] Idem; grifos desta autora.

é o único sistema capaz de garantir o desenvolvimento verdadeiro da América Latina com o ritmo acelerado que nossos países requerem". A seguir foi feito um esclarecimento, que poderia ser entendido como uma concessão às concepções nacional-libertadoras e etapistas de alguns partidos comunistas latino-americanos: "Visto que o imperialismo norte-americano é o inimigo principal e comum, a estratégia e a tática da Revolução na América Latina, para aqueles que a concebemos como uma Revolução cujo objetivo final é o socialismo, passa pelo anti-imperialismo"[24].

Ainda no final de 1975, realizou-se o I Congresso do Partido Comunista de Cuba, ao qual Prestes compareceu à frente da delegação de comunistas brasileiros, ocasião em que foram reafirmadas as relações de amizade e cooperação entre os dois partidos. O PCB passava a ter um representante permanente em Havana. Ao mesmo tempo, o governo de Cuba, num gesto de solidariedade internacionalista, concedia a Prestes e a Gregório Bezerra passaportes cubanos para que pudessem viajar além das fronteiras do campo socialista. Iniciava-se para ambos uma nova etapa na campanha de denúncias do fascismo no Brasil, de solidariedade aos perseguidos políticos no país e pela anistia ampla, geral e irrestrita.

Durante os anos 1976-1979, Prestes visitou diversos países europeus (Alemanha, França Itália, Portugal, Grécia), assim como africanos (Moçambique, Angola, Guiné-Bissau), e participou de inúmeros congressos de partidos comunistas tanto nos países capitalistas quanto nos países socialistas. Sua principal preocupação continuava sendo a luta contra o regime fascista no Brasil.

Prestes e a reorganização do CC no exterior

Com a crescente repressão desencadeada pela ditadura contra dirigentes e militantes do PCB entre 1974 e 1975, diversos membros e suplentes do CC saíram do Brasil, partindo para o exílio em países da Europa. Em 1975, já se encontravam no exterior quinze membros do CC. No ano seguinte, numa operação de resgate organizada a partir de fora do país, Giocondo Dias, o substituto de Prestes na secretaria-geral do PCB no Brasil, se juntou aos demais dirigentes nacionais no exílio[25]. Com o desaparecimento de dez membros do CC e a prisão de outros tantos, a direção do PCB, na prática, achava-se no exterior. Sua reorganização foi feita durante o ano de 1975. Com esse objetivo, criou-se uma comissão coordenadora dos membros do PCB no exterior, à qual coube a tarefa de preparar a

---

[24] *La América Latina en la lucha contra el imperialismo, por la independencia nacional, la democracia, el bienestar popular, la paz y el socialismo*, cit.

[25] João Falcão, *Giocondo Dias, a vida de um revolucionário* (Rio de Janeiro, Agir, 1993), p. 310-21.

O Comitê Central (CC) no exílio: falência e crise 457

primeira reunião do CC do PCB no exterior, com a concordância dos poucos membros que ainda estavam em liberdade no Brasil[26].

Em novembro de 1975, a direção do PCB divulgou um manifesto assinado por Luiz Carlos Prestes no qual era denunciada a autorização pelo governo Geisel da assinatura pela Petrobras dos contratos de risco com empresas petrolíferas estrangeiras como "mais um crime contra a soberania nacional". O manifesto afirmava que a medida significava "a quebra do regime de monopólio estatal do petróleo" e revelava "em toda sua nudez o verdadeiro caráter antinacional da ditadura fascista que empolgou o poder no Brasil"[27].

A primeira reunião do CC no exterior realizou-se em Moscou, em janeiro de 1976. Por motivos de segurança, os documentos nela discutidos e aprovados foram datados de dezembro de 1975. Na reunião, tendo em vista a necessidade de implementar as decisões tomadas pelo CC, elegeu-se uma comissão executiva e um secretariado nacionais. Dado o número reduzido de membros do CC que se encontravam no exterior, foram cooptados para a direção nacional três militantes que já vinham participando de suas atividades. Posteriormente seriam cooptados mais dois militantes[28].

No "Informe político"[29] apresentado por Prestes – discutido e aprovado nessa reunião do CC –, foi reafirmada pelo secretário-geral uma caracterização do fascismo brasileiro, que só em parte seria incorporada à "Resolução política"[30]. Ainda que esse documento afirmasse que "o fascismo existente no Brasil é uma ditadura militar terrorista a serviço dos monopólios nacionais e estrangeiros, particularmente dos setores mais reacionários do capital financeiro norte-americano",

---

[26] Luiz Carlos Prestes, *Informe de abertura da reunião do CC de janeiro de 1976* (documento datilografado fotocopiado, 5 p.; Arquivo Edgard Leuenroth/Unicamp, coleção Luiz Carlos Prestes, Manuscritos, PCB-CC, pasta 081).

[27] Luiz Carlos Prestes, *Ao povo brasileiro. A todos os patriotas e democratas*, nov. 1975 (panfleto mimeografado, 3 p.; arquivo particular da autora).

[28] No exterior, o CC foi composto pelos seguintes dirigentes: Luiz Carlos Prestes, Giocondo Dias, Armênio Guedes, Zuleika Alambert, José Salles, Severino Teodoro Mello, Dinarco Reis, Salomão Malina, Orestes Timbaúva, Luís Tenório de Lima, Agliberto Azevedo, Armando Ziller, Roberto Morena, Hércules Correa, Givaldo Siqueira, Almir Neves. Foram cooptados para o CC em sua primeira reunião: Gregório Bezerra, Marly Vianna e Anita Leocadia Prestes; posteriormente, Lindolfo Silva e Regis Frati.

[29] Comitê Central do PCB, *Informe político*, dez. 1975 (folheto mimeografado, 33 p.; arquivo particular da autora).

[30] Comitê Central do PCB, *Resolução política*, dez. 1975 (documento datilografado original, 9 p.; arquivo particular da autora); "Resolução política do CC do PCB", dez. 1975, citado em Edgard Carone, *O PCB*, v. 3: *1964-1982* (São Paulo, Difel, 1982), p. 164-72; *PCB: vinte anos de política* (São Paulo, Livraria Editora Ciências Humanas, 1980), p. 231-41; *Voz Operária*, n. 123, abr. 1976.

e que se tratava de "um sistema de dominação, apoiado numa repressão violenta e a serviço dos interesses antinacionais"[31], foram deixados de lado outros aspectos apresentados no "Informe político".

A "Resolução política" não incluía, por exemplo, a tese, já defendida por Prestes em seu informe na Conferência dos Partidos Comunistas da América Latina e do Caribe, em Havana, sobre a formação no Brasil de *um novo sistema de dominação dos monopólios*. O "Informe político" apresentado por Prestes à reunião do CC afirmava:

> A escalada do fascismo, no Brasil, contribuiu para o fortalecimento e a consolidação do poder econômico e político dos monopólios nacionais e estrangeiros no país, abrindo caminho para a passagem a *um novo sistema de dominação dos monopólios*, que abrange a economia, assim como a vida social, política, ideológica e cultural da nação. Dessa maneira, é garantida a reprodução do capital monopolista em novas bases, quando o Estado se torna um elemento indispensável ao próprio processo de reprodução, o que assegura a conservação do sistema capitalista no país.[32]

Ficava evidente que a maioria do CC não compreendia as transformações ocorridas no sistema capitalista no Brasil nem a importância adquirida pelos monopólios nacionais e estrangeiros, profundamente articulados com o Estado brasileiro. Não aceitava, portanto, a necessidade de uma revisão da estratégia da revolução nacional e democrática adotada pelo PCB e se recusava a discutir profundamente o assunto, aprovando, numa atitude conciliatória, o informe elaborado por Prestes, mas omitindo na "Resolução política" algumas das teses por ele apresentadas.

Da mesma maneira, foi deixado de lado nessa "Resolução" o seguinte trecho do "Informe":

> Os comunistas, que, como afirma a "Resolução política" do VI Congresso, "orientam sua ação no sentido de um governo revolucionário", se empenharão para que no país se estabeleça um *novo tipo de democracia, mais avançado que a democracia burguesa*, e que se constitua numa "*forma de transição*" ao poder nacional e democrático [...]. Só a classe operária e seu partido poderão dar um *cunho consequente à luta antifascista*, uma vez que só a classe operária está interessada em levar até a solução final as contradições que afetam a sociedade brasileira.[33]

---

[31] Idem.

[32] *Informe político*, cit.; grifos desta autora.

[33] Ibidem, p. 32-3; grifos desta autora.

Novamente, a maioria do CC não aceitava a tese defendida por Prestes de que os comunistas estariam abdicando de seu papel revolucionário caso se empenhassem apenas para uma volta à democracia burguesa existente no Brasil até o golpe de 1964, sem lutar pela conquista de um *novo tipo de democracia*, mais avançado e que pudesse constituir, conforme pensavam Lenin e Dimitrov, uma *forma de transição* a um poder de caráter revolucionário. Para Prestes, a ausência de tal empenho descaracterizava o PCB como partido revolucionário, contribuindo para que este se dissolvesse no meio da oposição liberal-burguesa à ditadura.

Nessa primeira reunião do CC no exterior, também foi aprovada uma "Resolução de organização", a qual, num ensaio de autocrítica, reconhecia que, "apesar de qualificarmos o atual regime político como fascista, em geral atuamos sem levar isso em conta" e, ao enumerar as "linhas de ação do partido no momento atual", determinava que "a reorganização do trabalho de direção e do partido esteja voltada para o interior do país". Como sempre, tais documentos partidários afirmavam que, no "processo de reorganização, o centro da atividade recairá, principalmente, na construção do partido nas grandes empresas"[34], objetivo praticamente impossível de ser alcançado, uma vez que o PCB se encontrava sob domínio das concepções reformistas de caráter nacional-libertador apontadas.

Em abril de 1976, foi retomada a edição do órgão central do PCB, o *Voz Operária*. Após quase um ano de interrupção, devida à violenta repressão, o jornal dos comunistas passou a ser editado no exterior e enviado clandestinamente para o país. Nesse número, o 123, foi publicada a "Resolução política do CC do PCB de dezembro de 1975" e um editorial que destacava não só a importância de se garantirem as eleições municipais previstas para novembro de 1976, como de transformá-las em mais uma "avassaladora derrota da ditadura", o que poderia "desencadear um processo acelerado de decomposição do regime e assinalar o início de sua liquidação"[35].

Em junho de 1976, o Comitê Central divulgou, no jornal *Voz Operária*, o *Manifesto do PCB ao Povo Brasileiro*. Após denunciar a escalada do fascismo no governo Geisel – durante o qual se intensificara a tortura e o assassinato de presos políticos, se voltara a aplicar o Ato Institucional n. 5 para cassar o mandato de parlamentares e ameaçar todos os eleitos pelo voto popular, fora cometido o "maior crime contra a soberania nacional ao autorizar a assinatura pela Petrobras dos chamados contratos de risco", além de outras medidas de total arbítrio –, o

---

[34] "Resolução de organização do CC do PCB (dez. 1975)", citado em Edgard Carone, *O PCB*, v. 3, cit., p. 173-8; *PCB: vinte anos de política*, cit., p. 243-9; *Voz Operária*, n. 124, maio 1976.

[35] *Voz Operária*, n. 123, abr. 1976.

CC do PCB conclamava os democratas e os patriotas a "defender os mandatos populares contra a ameaça de cassações, a defender o calendário eleitoral em vigor e a participar ativamente das eleições" marcadas para novembro daquele ano, "transformando o voto popular em arma de protesto e de luta contra a política da ditadura". Ao final, o documento fazia um apelo para a transformação das eleições, "com a derrota da ditadura, em novo passo no caminho da formação da Frente Patriótica Antifascista!"[36].

Os resultados das eleições municipais de novembro de 1976 foram outra derrota para a ditadura, fato que foi destacado na *Declaração da Comissão Executiva do PCB*[37], assinada por Prestes no *Voz Operária* de fevereiro de 1977. O documento ressaltava que o resultado eleitoral fora uma "demonstração da força crescente da oposição" e que "a condenação da ditadura, principalmente pela massa trabalhadora dos centros urbanos e industriais mais importantes do País, é a conclusão fundamental que se deve tirar das eleições de 15 de novembro"[38]. Diferentemente de análises publicadas no mesmo jornal, em que eram externadas opiniões exageradamente otimistas quanto a uma possível "falência do regime", a um suposto "fôlego curto" das medidas da ditadura, afirmando-se, inclusive, a existência de um "declínio do regime"[39], a declaração elaborada por Prestes alertava:

> Não configurando ainda um quadro de amplas lutas de massas, as manifestações contra a ditadura e as brechas que, em consequência disso, ela começa a apresentar deixam entrever *os primeiros sintomas de sua exaustão*. Isso não significa, é certo, que a ditadura esteja moribunda. Ela ainda dispõe de forças suficientes para contra-atacar, e *contra-ataca com violência*. Não devemos, portanto, nos iludir quanto às suas possibilidades de recuperação.[40]

A *Declaração da Comissão Executiva* reafirmava as principais teses aprovadas pelo CC em dezembro de 1975, acrescentando que "a coligação antiditatorial" proposta pelos comunistas para "liquidar a ditadura militar-fascista" não tinha apenas caráter tático; seus objetivos eram mais amplos, deveriam ser projetados no futuro e, após a queda do fascismo, ser transformados "numa aliança para solucionar graves e antigos problemas nacionais, muitos dos quais foram extremamente

---

[36] "Manifesto do PCB ao povo brasileiro" (jun. 1976), *Voz Operária*, n. 125, jun. 1976; Edgard Carone, *O PCB*, v. 3, cit., p. 178-80.

[37] "Declaração da Comissão Executiva do Partido Comunista Brasileiro", *Voz Operária*, n. 131, fev. 1977, p. 4-5; também publicada em Edgard Carone, *O PCB*, v. 3, cit., p. 181-6.

[38] Idem.

[39] *Voz Operária*, n. 131, fev. 1977, p. 3.

[40] "Declaração da Comissão Executiva do Partido Comunista Brasileiro", cit.; grifos desta autora.

O Comitê Central (CC) no exílio: falência e crise   461

agravados por mais de doze anos de um poder arbitrário e ditatorial". Concluía o documento: "Precisamos então evitar que as forças antifascistas e patrióticas, que se tenham coligado para resistir e derrotar o fascismo, se dividam e se dispersem e debilitem, dessa forma, o esforço do povo para extinguir as raízes da reação e construir um *regime democrático avançado*"[41].

Nesse documento, Prestes, mais uma vez, procurava frisar que, na luta contra a ditadura, o objetivo dos comunistas não deveria ser o de uma volta à democracia liberal-burguesa, mas o da conquista de *um regime democrático avançado*, que abrisse caminho para transformações mais profundas na sociedade brasileira.

A "Resolução política do CC" de dezembro de 1975, embora aprovada por unanimidade, na realidade fora fruto da conciliação da maioria do CC com Prestes. Algumas das teses incluídas pelo secretário-geral no "Informe político", ainda que rejeitadas pela maioria do CC, continuavam a ser por ele defendidas. A partir daí, as divergências quanto à estratégia e à tática do PCB tendiam a se aprofundar entre Prestes e a maioria do CC[42]. Embora buscando sempre uma solução conciliatória com o secretário-geral, a maioria dos componentes do CC resistiu a iniciar uma discussão aprofundada das transformações ocorridas na sociedade brasileira e das mudanças necessárias na política do PCB. Estava empenhada em manter o *status quo* daquela direção, temendo mudanças na composição do próprio CC.

A criação de uma Assessoria do Comitê Central, dirigida por Armênio Guedes, membro da Comissão Executiva, foi uma das maneiras de fortalecer a oposição às teses defendidas por Prestes. Com sede em Paris, a Assessoria foi composta por alguns intelectuais do PCB, residentes em países europeus e simpatizantes em geral das teses do chamado eurocomunismo[43], então em voga principalmente entre setores das esquerdas europeias. Sua criação era justificada pela necessidade de assessorar o trabalho do CC, contribuindo para a formulação da política do PCB e, em particular, para a elaboração das resoluções a ser discutidas e aprovadas pela direção. Uma parte dos membros da Assessoria compunha a redação de *Voz Operária*, também com sede em Paris e dirigida por Guedes, responsável pelo setor de agitação e propaganda do CC.

---

[41] Idem, grifos desta autora.
[42] Comitê Central do PCB, *Resolução política*, cit.; "Resolução política do CC do PCB", cit., p. 164-72; *PCB: vinte anos de política*, cit., p. 231-41; *Voz Operária*, n. 123, abr. 1976; *Informe político*, cit.
[43] Sobre o eurocomunismo, ver, por exemplo, Enrico Berlinguer, *A questão comunista* (Lisboa, Edições 70, 1976); Giorgio Napolitano, *La politique du parti communiste italien: entretien avec Eric. J. Hobsbawm* (Paris, Éditions Sociales, 1976); Santiago Carrillo (org.), *Un futuro para España: la democracia económica y política* (s/l, s/e, 1968).

As matérias publicadas em *Voz Operária* refletiam cada vez mais as teses defendidas pela Assessoria. Se por um lado havia um exagerado otimismo quanto ao fim da ditadura – apontava-se "a crise do regime militar", que estaria se tornando "mais aguda", "a perda de substância do regime ditatorial", "a crise política e institucional da ditadura militar"[44] –, por outro, como consequência de tal visão, os objetivos perseguidos pelos comunistas deveriam ficar limitados às demandas da oposição liberal-burguesa à ditadura (ao "estabelecimento de uma *democracia plena*" ou de "um *regime de liberdades democráticas plenas*"[45], cujo significado não era definido). Tais objetivos deveriam ficar restritos a um mero retorno à democracia burguesa, ou seja, à reconquista das liberdades existentes antes do golpe de 1964. Nas páginas de *Voz Operária* não se falava mais da estratégia da revolução nacional e democrática nem do objetivo final socialista. A única preocupação era a derrota da ditadura, e revelava-se a disposição de fazer o máximo de concessões para atingir tal objetivo[46]. Segundo *Voz Operária*, os comunistas, em vez de agir para o avanço da frente antiditatorial rumo a posições mais avançadas, deveriam, na prática, ficar a reboque do MDB e da oposição burguesa ao regime militar.

Acirram-se as divergências entre Prestes e o CC

Em março de 1977, realizou-se em Moscou a segunda reunião, ou pleno, do CC do PCB no exterior. Prestes apresentou à Comissão Executiva, ainda em fevereiro, um *Projeto de resolução política*[47] que, uma vez apreciado pelos membros, e introduzidas as emendas consideradas necessárias, seria encaminhado ao pleno do CC. O documento foi rejeitado pela Comissão Executiva, ficando a Assessoria encarregada de elaborar uma "Abertura política" para ser levada à discussão no CC. O prazo era escasso, e os membros do CC receberam esse documento em cima da hora, não dispondo, portanto, de tempo suficiente para uma apreciação cuidadosa.

O contraste entre os dois documentos era gritante. Enquanto no projeto elaborado por Prestes destacava-se o avanço do processo de formação da *frente antifascista e patriótica* proposta pelo PCB desde 1973, na "Abertura política" apresentada pela Assessoria haviam sido eliminadas as "referências a uma posição anterior do Partido tão importante como a que diz respeito ao conceito da frente

---

[44] *Voz Operária*, n. 133, abr. 1977, p. 3.

[45] Editorial, *Voz Operária*, n. especial, abr. 1977, p. 1; editorial e "O impasse histórico continua. Não há saída com o fascismo", *Voz Operária*, n. 134, maio 1977, p. 1 e 3; grifos desta autora.

[46] Conferir edições do *Voz Operária* dos anos 1977 e 1978.

[47] Comitê Central do PCB, *Projeto de resolução política*, fev. 1977 (documento datilografado, 12 p.; arquivo particular da autora).

O Comitê Central (CC) no exílio: falência e crise   463

antifascista e patriótica", nas palavras de Prestes[48]. O secretário-geral, ao intervir nessa reunião do CC, reafirmou o que escrevera no projeto inicial: "Apesar do processo de formação da frente antifascista e patriótica estar avançando, as suas forças ainda não são suficientes para derrotar a ditadura"[49]. Reconheceu que a movimentação de diferentes setores oposicionistas ainda se configurava "no nível de correntes de opinião pública, não coordenadas e que sofrem da falta de uma ação organizada e unificada da classe operária e, fundamentalmente, das consequências do golpe sofrido por nosso partido". E acrescentou:

> Apesar disso, vejo nesse conjunto de manifestações o *avanço do processo de formação da frente antifascista e patriótica*, já que todas as correntes de opinião convergem para os mesmos objetivos – no todo ou em parte – sintetizados na plataforma que sugerimos. Fazer essa afirmação, na minha opinião, não é cair no *voluntarismo*[50], é dar o sentido político, o conteúdo principal do processo em desenvolvimento. Dizer apenas que *cresce a resistência e amplia-se a oposição à ditadura*[51] é ficar na simples constatação dos fatos, sem apontar seu conteúdo político.[52]

A partir de tais definições, Prestes considerava que, do ponto de vista tático, "devemos insistir que o fascismo não se transformará jamais por si mesmo em democracia, que somente um poderoso movimento de massas organizadas e unidas o derrotará. Insistir, portanto, na necessidade de avançar no processo de organização da frente antifascista e patriótica"[53].

Na crítica que fez ao documento apresentado pela Assessoria, o secretário-geral do PCB afirmou ser "inadmissível chamar a classe operária à luta pela '*democracia burguesa*', por um suposto *desenvolvimento capitalista independente*". Deixou claro que "lutamos pelas liberdades democráticas, visando a alcançar *um regime que abra caminho para o socialismo*". E argumentou:

> É claro que a luta contra o fascismo não é monopólio de ninguém nem de nenhuma classe social. Elementos da burguesia podem, em dadas circunstâncias, iniciar essa luta e, mesmo que exista uma correlação de forças que não

---

[48] *Intervenção de Prestes no Pleno do CC do PCB*, 25 mar. 1977 (documento datilografado foto-copiado, assinado como "Antônio", 4 p.; Arquivo Edgard Leuenroth/Unicamp, coleção Luiz Carlos Prestes, Manuscritos, PCB-CC, pasta 125).

[49] Comitê Central do PCB, *Projeto de resolução política*, cit.

[50] Esta era uma das críticas feitas ao projeto apresentado por Prestes; grifo desta autora.

[51] Formulações presentes no texto de "Abertura política" elaborado pela Assessoria do CC; grifos desta autora.

[52] *Intervenção de Prestes no Pleno do CC do PCB*, cit.; grifos desta autora.

[53] Idem.

seja favorável à classe operária, devemos fazer esforços para levar as massas trabalhadoras a dela participar, não ter medo de realizar compromissos, mas *visando sempre fazer o processo político avançar para a frente*, lutando sem desfalecimento pela hegemonia do proletariado, que é a força consequente na luta contra o fascismo.[54]

Prestes mantinha-se firme no combate às tendências reformistas, defendendo permanentemente a tese de que, na luta pelas liberdades democráticas, os comunistas deveriam bater-se por *um regime mais avançado*, que permitisse criar as condições para a revolução socialista. No *Projeto de resolução política* rejeitado pela Comissão Executiva do CC, ele afirmava:

> Ao lutarmos por uma saída democrática para a situação atual do país, apoiaremos qualquer regime que possa surgir em consequência da derrota do fascismo, desde que assegure a vigência das liberdades democráticas e os direitos dos trabalhadores. Em quaisquer circunstâncias, continuaremos nos batendo por *um regime mais avançado*, por *uma democracia que não seja apenas política, mas também econômica e social*, e prepare as condições para a futura chegada ao socialismo, nosso objetivo supremo. Entendemos que, ao lutar hoje contra o fascismo e pela democracia, estamos preparando as massas trabalhadoras para a conquista de um poder nacional e democrático, que abrirá caminho para o socialismo.[55]

Não obstante a gravidade das divergências exteriorizadas no processo de discussão, a maioria do CC preferiu, mais uma vez, recorrer à conciliação. Aprovou documentos confusos e contraditórios, tendo como base a "Abertura política" elaborada pela Assessoria e introduzindo algumas formulações apresentadas por Prestes[56]. Estava consagrado, contudo, o isolamento político do secretário-geral no Comitê Central do PCB.

Poucos dias após o encerramento do Pleno do CC, foi decretado pelo Conselho de Segurança Nacional, presidido por Geisel, o recesso do Congresso durante catorze dias. O chamado "pacote de abril" de 1977 permitiu ao ditador adotar uma série de medidas que acentuaram o caráter repressivo do regime e limitaram os poderes do Congresso, garantindo a preservação da maioria

---

[54] Idem; grifos desta autora.

[55] Comitê Central do PCB, *Projeto de resolução política*, cit.; grifos desta autora.

[56] "Pleno do Comitê Central do PCB (mar. 1977) – Resolução política – Manifesto à nação – Nota do PCB sobre questões atuais das relações entre Brasil e EUA", *Voz Operária*, n. especial, abr. 1977, p. 1-4; citado em Edgard Carone, *O PCB*, v. 3, cit., p. 186-98 e *PCB: vinte anos de política*, cit., p. 251-7.

O Comitê Central (CC) no exílio: falência e crise   465

governista no Legislativo e o controle sobre os cargos executivos em todos os níveis[57]. Diante de tais medidas, uma segunda edição do número de abril de *Voz Operária* veio à luz. No editorial[58], o jornal reafirmava teses defendidas pela Assessoria de que o regime fascista estaria vivendo "seu período de descenso inegável" e de que haveria "sintomas de exaustão do regime".

Em vez de defender esforços para o avanço do processo de formação da *frente patriótica e antifascista*, conforme constava da "Resolução política do CC" aprovada dias antes, o editorial recomendava "a unidade da frente antiditatorial" e "uma ação coordenada e permanente" do movimento de massas, formulações vagas e imprecisas, reveladoras das preferências dos redatores de *Voz Operária* pelos entendimentos de cúpula com as lideranças da oposição liberal-burguesa.

As páginas do jornal evidenciavam a tendência a defender um "regime de democracia plena"[59] ou, em outras palavras, a fazer a apologia da democracia burguesa e a limitar-se à defesa da volta ao regime anterior ao golpe de 1964 e a omitir a necessidade da formação da *frente patriótica e antifascista*[60], e a Comissão Executiva do CC enveredou pelo mesmo caminho, divulgando nota[61] nesse sentido.

Diante das informações que chegavam à direção do PCB na Europa sobre a confusão e a desorientação reinantes entre os militantes comunistas no Brasil, Prestes tomou a iniciativa de dirigir uma carta[62] ao partido. Embora considerasse a ofensiva repressora do regime fascista, o secretário-geral, ao abordar "alguns dos nossos problemas orgânicos", reconhecia que "não foram tomadas, no terreno orgânico, medidas que pudessem evitar os danos causados pelo golpe, que, cedo ou tarde, fatalmente viria" e que "o grau de nossas ligações com as massas populares, particularmente com a classe operária, era insuficiente", apesar das declarações feitas nos documentos partidários de que "a classe operária deveria constituir o centro de nosso trabalho". Prestes criticou a atitude de preferirmos, muitas vezes, "os entendimentos de cúpula, os acordos 'pelo alto', que, sendo necessários, têm de estar forçosamente apoiados num amplo e poderoso movimento popular, garantia básica de um encaminhamento vitorioso da luta

---

[57] Alzira Alves de Abreu, Israel Beloch et al. (coords.), *Dicionário histórico-biográfico brasileiro pós-1930*, v. 3 (Rio de Janeiro, Editora da FGV, 2001), p. 2.517.

[58] "Diante da escalada do fascismo: unir para reforçar a resistência e defender conquistas" (editorial), *Voz Operária*, 2. ed., n. 133, abr. 1977, p. 1.

[59] Ver, por exemplo, *Voz Operária*, n. 138, set. 1977, p. 3.

[60] Conferir as edições de *Voz Operária* do ano de 1977.

[61] "Nota da Comissão Executiva do PCB", *Voz Operária*, n. 135, jun. 1977, p. 4-5; citada em Edgard Carone, *O PCB*, v. 3, cit., p. 198-204.

[62] "Carta de Prestes ao Partido" (ago. 1977), *Voz Operária*, n. 138, set. 1977, p. 4-5; citada em Edgard Carone, *O PCB*, v. 3, cit., p. 207-11.

466 Luiz Carlos Prestes: um comunista brasileiro

contra o fascismo". Insistia, portanto, na importância da formação da *frente antifascista e patriótica*:

> O fundamental, nas condições atuais, está em saber participar das lutas nos locais de trabalho e nas organizações de massas, procurando sempre transformar as lutas de caráter espontâneo em movimentos organizados, visando sempre impulsionar o processo de formação da frente antifascista e patriótica.[63]

As divergências entre Prestes e a maioria do CC e, em particular, entre o secretário-geral e os componentes da Assessoria e da redação de *Voz Operária*, embora não estivessem explicitadas, contribuíam para a perplexidade dos militantes do partido no Brasil. As ilusões na democracia burguesa e o abandono de um posicionamento de classe, ou seja, de uma análise de classe da sociedade brasileira, haviam se tornado a tônica de *Voz Operária*, promovendo a desorientação da militância partidária. Armênio Guedes, um dos membros da Comissão Executiva e diretor do jornal, publicou, por exemplo, um artigo[64] em que, ao abordar o papel das Forças Armadas na "luta pela democracia", julgava necessário atraí-las para "o campo da oposição antifascista" e integrá-las ao "conjunto da oposição à ditadura", desconhecendo o caráter de classe dessa instituição do Estado burguês e omitindo o fato de que as Forças Armadas, em seu conjunto, estão sempre a serviço dos interesses das classes dominantes e, na conjuntura brasileira de então, após os expurgos levados a efeito em suas fileiras com o golpe de 1964, constituíam a principal base de sustentação do regime fascista.

Nos marcos do conflito ideológico e político que se acentuava entre a maioria do CC do PCB e seu secretário-geral, transcorriam os debates preparatórios da terceira reunião do CC no exterior. Prestes dedicou especial atenção ao estudo e à análise da realidade brasileira sobre a qual os comunistas deveriam atuar. Assim, sua intervenção no seminário latino-americano por ocasião do 60º aniversário da Grande Revolução de Outubro[65] se pautou pela defesa da tese de que a "fascistização do Estado" desempenhara no Brasil papel decisivo "na transição do

---

[63] Idem; grifos desta autora.

[64] Armênio Guedes, "Uma discussão necessária: as Forças Armadas na luta pela democracia", *Voz Operária*, n. 138, set. 1977, p. 6.

[65] Luiz Carlos Prestes, *Brasil: a fascistização do Estado na transição do capitalismo subdesenvolvido ao capitalismo monopolista de Estado dependente e associado ao imperialismo (Intervenção no seminário latino-americano realizado em Moscou, a 8/11/1977, por ocasião do 60º aniversário da Grande Revolução de Outubro)* (documento datilografado original, 6 p.; arquivo particular da autora).

capitalismo subdesenvolvido ao capitalismo monopolista de Estado dependente e associado ao imperialismo". Após apresentar um panorama da complexidade do processo de fascistização do Estado brasileiro, Prestes fez uma apreciação dos conflitos presentes naquele momento no âmbito do regime ditatorial:

> As peripécias em torno da sucessão do ditador não refletem, como pretende fazer crer a imprensa burguesa, um confronto entre "liberais" e autoritários, mas antes entre a fração executiva e as outras frações do regime ditatorial monopolista. E, o que é mais importante, esses confrontos não põem em questão o tipo de regime socioeconômico – o Capitalismo Monopolista de Estado – que hoje existe no Brasil, nem também o caráter fascista de sua dominação política.[66]

A seguir, Prestes assinalou:

> Essas contradições podem desempenhar e já estão desempenhando um papel importante na desagregação do bloco dominante, mas, enquanto existir a máquina fascista do Estado, essas contradições internas continuarão sendo o meio através do qual o regime se reproduz. Reproduz-se, elevando suas contradições a um nível superior, aguçando as tensões sociais e amadurecendo as condições e as forças que hão de aboli-lo.[67]

Concluindo sua intervenção, o secretário-geral do PCB registrou sua opinião sobre as condições para a derrota do fascismo no Brasil:

> Para os comunistas, a história é sempre feita pelas massas. Para que as condições e as forças em conflito desemboquem num resultado, o regime fascista tem que ser removido pelas forças que prejudica, num processo difícil e longo de luta e organização das massas populares, primordialmente dos proletários urbanos e rurais, e dos estudantes, intelectuais e demais setores próximos.[68]

Para Prestes, mais uma vez, o importante para os comunistas deveria ser o empenho na organização e na mobilização das massas para que a derrota do fascismo não significasse a volta a um tipo de democracia liberal-burguesa, como afinal acabou acontecendo, dada a debilidade e a desorganização do movimento popular no país.

---

[66] Idem.
[67] Idem.
[68] Idem.

Em dezembro de 1977, realizou-se em Budapeste (Hungria) a terceira reunião do CC no exterior. Na ocasião, foi aprovada uma nova "Resolução política"[69], documento anódino que, mais uma vez, revelava a atitude conciliadora seguida pela maioria do CC em relação ao secretário-geral. A resolução fazia uma única referência à luta "pela constituição de uma frente antifascista e patriótica"[70] – certamente, uma concessão às posições de Prestes – e nela predominavam teses que vinham sendo divulgadas pela Assessoria nas páginas de *Voz Operária*: a apologia da *democracia em geral*, sem uma definição de seu caráter de classe, o que significava na prática a defesa da democracia burguesa. O documento afirmava, por exemplo, que "só a democracia, eliminando os mecanismos institucionais e repressivos em que se assenta o poder fascista em nosso País, poderá abrir caminho para as transformações de que o Brasil necessita urgentemente"[71]. Ao mesmo tempo, defendia a necessidade de uma campanha pela Constituinte "livre e democraticamente eleita", sem definir precondições para tal eleição – o que poderia ser interpretado como a aceitação de sua realização nos marcos do regime ditatorial[72].

A correlação de forças dentro do CC havia se definido no transcorrer dos debates efetuados e das resoluções tomadas a partir do início de seu funcionamento no exterior. Num extremo, ficou Prestes, o secretário-geral, apoiado por um pequeno número de dirigentes; seu empenho na defesa das posições que lhe pareciam mais justas e no combate ao reformismo na direção do PCB não o impediu, no entanto, de desenvolver esforços visando a manter a unidade do CC e do partido. No outro extremo, postou-se Armênio Guedes, contando com o apoio de Zuleika Alambert, simpáticos ao eurocomunismo e isolados no âmbito do CC, mas dispondo do controle da redação de *Voz Operária* e do respaldo da Assessoria. No centro, permanecia o "pântano"[73] – a maioria do CC –, composta por elementos conservadores, acomodados, sem posições definidas e, por essa razão, aferrados a uma suposta defesa da "linha do VI Congresso" do PCB. Seu objetivo era a manutenção do *status quo*, ou seja, de seus cargos na direção do partido. Com esse propósito, buscavam a conciliação dos extremos,

---

[69] *Resolução política do Comitê Central do Partido Comunista Brasileiro*, dez. 1977 (fotocópia de folheto, 24 p.; arquivo particular da autora), citado em *Voz Operária*, n. 142, jan. 1978, p. 3-6, e *PCB: vinte anos de política*, cit., p. 259-76.

[70] Ibidem, p. 19.

[71] Idem.

[72] Ibidem, p. 18.

[73] "Pântano" era a expressão empregada por Lenin, que escreveu: "Praticamente não há partido político com luta interna que prescinda desse termo, que serve sempre para designar os elementos inconstantes que vacilam entre os que lutam"; ver Vladimir Lenin, *Obras escogidas en tres tomos*, v. 1 (Moscou, Progreso, 1961), p. 296, nota.

O Comitê Central (CC) no exílio: falência e crise   469

principalmente a conciliação com Prestes, cuja presença na secretaria-geral constituía um aval importante para a sobrevivência do próprio CC frente ao partido no Brasil, assim como frente ao PCUS e aos demais partidos comunistas.

O ano de 1978 seria marcado pelas greves operárias que se iniciaram em maio na região do ABC paulista, pelo avanço do movimento de oposição à ditadura e pelas eleições parlamentares de 15 de novembro. Diante das crescentes dificuldades enfrentadas pelo regime ditatorial fascista, Geisel antecipou a escolha de seu sucessor, que, apesar das resistências encontradas mesmo nas hostes governistas, recaiu sobre o general João Baptista Figueiredo, chefe do SNI, cuja candidatura foi imposta à convenção da Arena, garantindo sua "eleição" no Congresso Nacional, em 15 de outubro. Geisel também conseguiu impor a aprovação pelo Congresso de mais um "pacote de reformas", as chamadas "salvaguardas constitucionais", de acordo com as quais o AI-5 era substituído pelo "estado de emergência", e introduzir algumas outras reformas[74]. Dessa forma, a ditadura procurou mascarar seu verdadeiro caráter fascista e enganar amplos setores da população, tentando evitar a derrota eleitoral prevista para 15 de novembro.

Diante do desenrolar dos acontecimentos, a Comissão Executiva do CC do PCB divulgou nota[75] a propósito da campanha eleitoral que evitava as questões polêmicas presentes nas discussões na direção do partido. O documento ressaltou a importância das eleições de 1978 não só por seu "objetivo central" de "contribuir para que nos aproximemos do fim da ditadura por meio de uma inequívoca derrota eleitoral", mas por ganharem também "certa dimensão", ou seja, elas deveriam "se transformar na expressão do repúdio nacional contra as manobras pseudorreformistas da ditadura" e deveriam "se converter numa manifestação categórica em favor da complexa democratização da vida nacional e contra a perpetuação do fascismo sob novas vestes"[76].

A nota destacou a importância de fortalecer o MDB, único partido oposicionista existente, para garantir a unidade das forças de oposição nas eleições. Mas considerou equivocado, naquele momento, precipitar a formação de outros partidos, conforme aventado por alguns setores da oposição, pois isso "favoreceria as manobras divisionistas e diversionistas do regime". A Comissão Executiva afirmou ainda que "a justa preocupação com a campanha eleitoral" não deveria levar "à subestimação de outras formas de luta antiditatorial, ligadas à mobilização

---

[74] Alzira Alves de Abreu, Israel Beloch et al. (coords.), *Dicionário histórico-biográfico brasileiro pós-1930*, v. 3, cit., p. 2.518-9.

[75] "Nota da Comissão Executiva do PCB a propósito da campanha eleitoral", *Voz Operária*, n. 146, maio 1978, p. 4-5, citada em Edgard Carone, *O PCB*, v. 3, cit., p. 215-21 e *PCB: vinte anos de política*, cit., p. 277-84.

[76] Idem.

de amplos setores populares, assim como de camadas e setores específicos (lutas e movimentos de trabalhadores e estudantes, campanhas contra a carestia de vida, luta pela anistia etc.)"[77].

Numa posição mais avançada em comparação à formulação da "Resolução política do CC" de dezembro de 1977, a "Nota da Comissão Executiva" sugeriu concentrar a campanha eleitoral na luta pela convocação de uma Assembleia Constituinte, "considerada como pressuposto da instauração de um regime democrático", julgando, contudo, que tal convocação deveria ser precedida por "algumas medidas democráticas", exigidas pela "esmagadora maioria da opinião pública nacional". Tais precondições, pela primeira vez, eram apresentadas: anistia ampla e irrestrita; fim de todos os atos e leis de exceção; restabelecimento do *habeas corpus* em sua plenitude; respeito à livre organização partidária, sem discriminação de nenhuma espécie; completa liberdade sindical[78].

Nas matérias publicadas em *Voz Operária*, as tendências reformistas, em grande parte inspiradas nas teses oriundas do eurocomunismo, adquiriram presença crescente. A chamada "questão democrática", entendida como a defesa de uma democracia abstrata e desprovida de conteúdo de classe, tornara-se um dos principais temas abordados no órgão central do PCB[79]. Identificado com tais posições, o escritor Leandro Konder se referiu a uma "retomada da reflexão sobre a questão democrática" nas páginas de *Voz Operária*[80].

Da mesma forma, Armênio Guedes publicou artigo em *Voz Operária*[81] afirmando estar próxima, no Brasil, uma "fase de transição" para a democracia, tese segundo a qual ficava implícita a ideia de uma passagem tranquila para o regime democrático – distinta, portanto, da proposta de *derrota* da ditadura anteriormente defendida pelo PCB. Para corroborar tal concepção, o diretor do órgão central do partido propôs um "compromisso nacional com a democracia" e um "pacto nacional pela democracia", formulações que deixavam entrever a possibilidade de os comunistas aceitarem um acordo (ou pacto) até mesmo com elementos do regime em nome de uma democracia abstrata. Deixando de lado, portanto, a luta pela formação de uma *frente patriótica e antifascista* empenhada em derrotar a ditadura fascista. Tais ideias contribuíram para o que PCB terminasse a reboque das correntes liberais burguesas no processo de esgotamento do regime ditatorial.

---

[77] Idem.

[78] Idem.

[79] Conferir edições de *Voz Operária* do ano de 1978.

[80] Leandro Konder, *A democracia e os comunistas no Brasil* (Rio de Janeiro, Graal, 1980), p. 123.

[81] Armênio Guedes, "Construir uma saída para a crise, eis a tarefa atual para as forças democráticas", *Voz Operária*, n. 147, jun. 1978, p. 4-5.

Em contraste com tais posições, Prestes propôs, em entrevista concedida a *Voz Operária*, "a imediata substituição do arbítrio e do autoritarismo por um regime democrático, capaz de abrir caminho, através de ampla discussão e atividade política das grandes massas populares em torno dos grandes problemas nacionais, para a convocação de uma Assembleia Constituinte, na qual o povo possa, livremente e democraticamente, decidir dos destinos da nação"[82].

A seguir, o secretário-geral do PCB sustentou: "Os comunistas, que lutam pelo socialismo, batem-se pela democracia que seja possível em cada momento – por mais reduzida que ainda possa ser –, levando em conta a correlação de forças existentes"[83]. Uma posição clara e de princípio quanto ao objetivo revolucionário que deveria nortear permanentemente a atividade dos comunistas.

Reflexo do desgaste do regime ditatorial e da intensa movimentação pré-eleitoral no país, a imprensa brasileira passou a revelar interesse crescente pelas opiniões de Luiz Carlos Prestes. Inúmeros jornalistas o procuraram, e diversas entrevistas foram publicadas à época, enquanto outras eram vetadas pela Censura.

Em entrevista concedida a *O Globo* em junho de 1978, mas publicada pelo jornal somente um ano depois, Prestes deixou clara qual deveria ser a posição dos comunistas em relação à convocação de uma Constituinte:

> No momento atual lutamos efetivamente pela convocação de uma Assembleia Constituinte, porém declaramos, expressamente, que a Constituinte só poderá representar os interesses do povo brasileiro com a prévia conquista da anistia, das liberdades democráticas, o livre debate e a livre manifestação do pensamento, quer dizer, a *queda do atual regime* e, portanto, da tirania do sr. Geisel.[84]

Em depoimento prestado ao jornalista Getúlio Bittencourt, do jornal *Folha de S.Paulo*, o secretário-geral do PCB esclareceu o tipo de democracia pelo qual os comunistas deveriam lutar:

> À classe operária, aos trabalhadores e seus aliados, quer dizer, à grande maioria da população, interessa construir no Brasil uma *democracia* que permita o avanço em direção a profundas transformações econômicas, sociais e políticas de caráter antimonopolista, o que, por sua vez, abrirá caminho para que essa democracia possa se desenvolver até a *democracia socialista*. É tendo sempre presente essa meta

---

[82] Luiz Carlos Prestes, "Desenvolver nas eleições a ação política das massas" (entrevista), *Voz Operária*, n. 149, ago. 1978, p. 4-5, citada em Edgard Carone, *O PCB*, v. 3, cit., p. 221-7.

[83] Idem.

[84] "Prestes, um depoimento no exílio" (entrevista), *O Globo*, Rio de Janeiro, 1º jul. 1979; grifos desta autora.

que nosso partido, como partido revolucionário da classe operária, luta pela democracia e pela unidade da classe operária, de todos os trabalhadores e demais forças sociais que se colocam em oposição ao fascismo e aspiram ao progresso social.[85]

Uma vitória efêmera de Prestes no CC (novembro de 1978)

O conflito entre as posições estampadas nas páginas do órgão central do PCB e as defendidas por seu secretário-geral tendia a se aprofundar e iria se manifestar, novamente, com maior intensidade, no transcurso das discussões preparatórias da quarta reunião plenária do CC no exterior. Essa reunião foi adiada diversas vezes, dada a dificuldade de os sucessivos anteprojetos, elaborados pela Assessoria, serem aprovados na Comissão Executiva com a concordância do secretário-geral. Os membros da Comissão Executiva se recusavam a avalizar um documento que não contasse com a aprovação de Prestes.

O anteprojeto inicial afirmava que havia "uma *desagregação* da ditadura" e que "estamos nos encaminhando para um *período de transição*", sendo essa a "tendência principal" naquele momento. A tarefa dos democratas deveria ser "centrar seus esforços no sentido de desenvolver a tendência principal e de preparar-se para as tarefas que serão colocadas pelo período de transição". Por isso, os integrantes da frente democrática eram conclamados a "evitar, nesta fase, qualquer acirramento de tensões inúteis, capazes de levar – em condições desfavoráveis para o conjunto da oposição – a derrotas e retrocessos". Entre outras teses difundidas pela Assessoria nas páginas de *Voz Operária*, constava no documento a proposta de "um *pacto democrático*", a ser feito "entre todas as forças que se dispõem a respeitar as regras do jogo estabelecidas por uma Constituição alcançada através do consenso e do debate democrático de todas as correntes de opinião"[86], formulação vaga e imprecisa que não contribuía para impulsionar a luta por uma frente de caráter efetivamente democrático e antifascista.

Após a rejeição de vários anteprojetos, finalmente, com a participação pessoal de Prestes, foi elaborado e aprovado na Comissão Executiva um projeto de resolução apresentado para discussão na reunião do CC, que se realizou em Sófia em outubro de 1978[87].

---

[85] Getúlio Bittencourt, "O panorama visto do exílio" (entrevista com Luiz Carlos Prestes), em *A quinta estrela: como se tenta fazer um presidente no Brasil* (São Paulo, Ciências Humanas, 1978), p. 40; grifos desta autora.

[86] *Projeto de resolução política* (documento datilografado, 15 p.; arquivo particular da autora); grifos desta autora.

[87] Por questões de segurança, as resoluções aprovadas nessa reunião foram datadas de novembro de 1978.

O Comitê Central (CC) no exílio: falência e crise   473

Ao abrir a reunião, fazendo a apresentação do projeto de resolução encaminhado pela Comissão Executiva, Prestes deixou claro que o documento não representava a opinião unânime da Executiva; fora aprovado pela maioria, com o voto contrário de Armênio Guedes[88]. Lembrou que a resolução a ser aprovada na reunião só seria conhecida no Brasil após o pleito de 15 de novembro, mas a Executiva havia procurado orientar o partido, chamando atenção com grande antecedência para a importância dessas eleições.

Prestes assinalou que, no projeto de resolução, "admitimos que se criou uma situação nova no País" e que, "na raiz das alterações havidas no quadro político", estava "o crescente agravamento da situação econômica e social do País". Adiante, destacou a necessidade de "acentuar particularmente, dentro das manifestações de quase todos os setores da sociedade brasileira contra o fascismo e pela conquista das liberdades democráticas, a importância das greves operárias iniciadas em maio no ABC paulista". No entanto, o secretário-geral do PCB alertou que

> essa situação nova deve ser apreciada com o necessário equilíbrio. Ainda é insuficiente o nível de organização das massas e de coordenação das forças antifascistas. De outro lado, a ditadura, embora enfraquecida, ainda tem iniciativa, e *não nos parece justo que esteja em desagregação, em decomposição ou em fenecimento.*[89]

Prestes chamou atenção para o fato de que a unidade da Arena não havia sido abalada, pois seus parlamentares votaram "maciçamente a favor das reformas propostas por Geisel e na candidatura de seu sucessor", e concluiu que, nessa situação, dava-se um aguçamento da luta política e de classes no país; não havia, portanto, motivo para pensar

> num suposto *período de transição* – expressão desnecessária que, no entanto, pode levar à ideia de uma evolução pacífica ou tranquila do atual regime a um regime democrático, à ideia antidialética de que o crescimento do movimento de massas traga forçosamente a diminuição da resistência e violência do fascismo.[90]

Em sua fala, Prestes abordou também o problema da democracia ao dizer:

---

[88] Luiz Carlos Prestes, *Anotações datilografadas da intervenção de abertura na reunião do CC*, out. 1978 (fotocópia, 6 p.; arquivo particular da autora); ver também *Atas da reunião do CC (IV pleno no exterior)*, Sófia, out. 1978 (documento manuscrito, 32 p.; Arquivo Edgard Leuenroth/ Unicamp, coleção Luiz Carlos Prestes, Manuscritos, PCB-CC, pasta 089).

[89] Idem; grifos desta autora.

[90] Idem; grifos desta autora.

Na atual etapa da luta contra o fascismo é indispensável [...] que nosso Partido, justamente porque deve saber colaborar e unir-se com todas as forças antifascistas, não arria suas próprias bandeiras, os objetivos estratégicos de um partido revolucionário da classe operária. Daí a necessidade atual do capítulo em que afirmamos que não são idênticos os conceitos de democracia das diversas forças que lutam agora contra o fascismo e pelas liberdades democráticas. A luta pela democracia não pode cessar com a derrota do fascismo. Para não retroceder, para defender as conquistas alcançadas, deve avançar, com a ampliação e o aprofundamento da democracia, tendo em vista sempre a democracia antimonopolista e o socialismo.[91]

Na mesma reunião, em resposta à crítica que lhe havia sido feita por Guedes – de repetir o "estribilho" "sobre os objetivos da luta de nosso Partido na atual etapa da Revolução" e considerar que isso significava "separar a tática da estratégia" –, Prestes afirmou tratar-se de um sofisma. E argumentou:

A reafirmação dos objetivos estratégicos é o que distingue nosso Partido como partido revolucionário da classe operária, e é dizendo a verdade sobre nossos objetivos, e não tentando ocultá-la, que devemos lidar com os aliados. Como dizia Lenin, é bem se conhecendo mutuamente que se consegue uma aliança séria.[92]

Na mesma fala de abertura da reunião em Sófia, o secretário-geral do PCB, ao abordar a questão das "tendências nocivas" que poderiam surgir na luta contra o fascismo, disse pensar ser suficiente alertar contra as posições aventureiras de "querer avançar palavras de ordem sem forças para sustentá-las, como também deixar-se levar pela lentidão conciliadora com o que acenam os perigos da linha dura [sic]". Prestes considerava que tal "forma concreta de colocar o problema" era "a única acertada, e não a afirmação, geral e abstrata, de que somos contra quaisquer golpes militares, cuja eclosão independe de nossa vontade ou de nossas palavras", formulação esta que constava dos anteprojetos apresentados pela Assessoria[93].

A "Resolução política"[94] de novembro de 1978 significou uma inflexão em relação à aprovada um ano antes e, em certa medida, uma reafirmação da "Resolução

---

[91] Idem.

[92] Luiz Carlos Prestes, *Notas manuscritas* (incompletas), reunião do CC, out. 1978 (2 p.; Arquivo Edgard Leuenroth/Unicamp, coleção Luiz Carlos Prestes, Manuscritos, PCB-CC, pasta 125).

[93] Luiz Carlos Prestes, *Anotações datilografadas da intervenção de abertura na reunião do CC*, cit.

[94] *Resolução política do Comitê Central do Partido Comunista Brasileiro*, nov. 1978 (fotocópia de folheto, 20 p.; arquivo particular da autora); *Voz Operária*, n. 152, nov. 1978, p. 1-5, citado em Edgard Carone, *O PCB*, v. 3, cit., p. 230-42, e *PCB: vinte anos de política*, cit., p. 285-99.

O Comitê Central (CC) no exílio: falência e crise   475

política" de dezembro de 1975. Refletia a conciliação presente naquele Comitê Central, no qual a maioria evitava uma ruptura com Prestes. O único dirigente que defendia abertamente as posições apresentadas nos anteprojetos elaborados pela Assessoria era Armênio Guedes, com o apoio de Zuleika Alambert. O "pântano" permanecia em cima do muro e evitava uma definição. Se nas duas reuniões anteriores, realizadas durante o ano de 1977, os componentes haviam aprovado os documentos apresentados pela Assessoria, em 1978, diante da forte reação de Prestes, que conseguira derrotar na Comissão Executiva as posições reformistas e claramente influenciadas pelo eurocomunismo, essa mesma maioria optara por votar com o secretário-geral.

Tal situação condicionou o conteúdo da "Resolução política" de 1978, documento no qual, conforme levantado por Prestes em sua fala de abertura da reunião do CC, foram incluídos alguns pontos positivos. Assim, avançava-se na definição do conceito de democracia adotado pelos comunistas, embora sua posição de classe revolucionária não ficasse suficientemente explicitada; caracterizava-se melhor a nova situação criada no país, destacando-se a importância das greves operárias no ABC; embora apontando o desgaste acentuado do regime, evitava-se criar ilusões numa transição tranquila do fascismo para a democracia; eram enunciadas as condições indispensáveis para a eleição de uma Assembleia Constituinte dotada de legitimidade; condenava-se "querer avançar palavras de ordem sem forças para respaldá-las", assim como "deixar-se levar pela lentidão conciliadora dos 'liberais cuidadosos' que, acenando sempre com os perigos da 'linha dura', desconfiam das massas, defendem acordos de cúpula e paralisam o avanço democrático"[95].

Por outro lado, a "Resolução política" de 1978 era um documento com formulações ambíguas. Resultara de um processo demorado de elaboração, que levara vários meses, contribuindo para a criação de uma espécie de colcha de retalhos de anteprojetos e emendas. Prestes conseguiu incluir algumas teses que, na resolução aprovada, ficaram diluídas e mescladas com formulações oriundas dos projetos iniciais. O "pântano" aprovara tal mixórdia para manter a aparente unidade do CC, conciliando com as teses eurocomunistas, que não contavam com sua simpatia e, principalmente, evitando uma ruptura, que vinha se esboçando por parte de Prestes.

A não aceitação das teses eurocomunistas pelo "pântano" ficaria evidente durante a discussão, promovida na reunião de Sófia, sobre o órgão central do PCB, o jornal *Voz Operária*, ocasião em que foi aprovada a "Resolução sobre *Voz Operária*"[96]. Com

---

[95] Idem.

[96] Comitê Central do PCB, *Resolução sobre "Voz Operária"*, nov. 1978 (documento datilografado fotocopiado, 4 p.; Arquivo Edgard Leuenroth/Unicamp, coleção Luiz Carlos Prestes, Manuscritos, PCB-CC, pasta 081).

o objetivo de manter a unidade da direção em torno de Prestes, a maioria do CC reconheceu que, "em várias matérias de orientação política, de responsabilidade da redação da VO, indicações nelas contidas não correspondiam, em medidas variáveis, às decisões da direção central do Partido, expressas em seus documentos oficiais"[97]. A resolução continha algumas outras críticas ao jornal: omissão ou má colocação dos princípios do internacionalismo proletário; abordagem insuficiente dos problemas da classe operária e dos países do campo socialista; divulgação de ideias críticas à linha política do partido e às decisões de sua direção nacional – sem explicitar, entretanto, a essência das divergências existentes.

O fato é que a orientação política do CC sofrera uma inflexão em sua reunião de 1978, mas, na realidade, a redação de *Voz Operária* continuou fiel às resoluções aprovadas ainda nas duas reuniões do CC realizadas em 1977. O imobilismo, assim como o conservadorismo e a defesa do *status quo*, mascarado pela defesa da linha política do VI Congresso do PCB, levava o "pântano" a não aceitar as teses "inovadoras" eurocomunistas estampadas nas páginas do jornal do partido. Aproveitando a derrota imposta a tais posições nessa reunião, o "pântano" emprestou apoio a Prestes e a seus poucos aliados para aprofundar tal derrota, atingindo seu expoente máximo, Armênio Guedes, assim como a Assessoria e a redação do jornal por ele dirigidas.

Uma das decisões aprovadas na reunião de Sófia foi a designação de uma delegação do CC para discutir com o coletivo de *Voz Operária*, "a fim de lhe comunicar e explicar as medidas tomadas pela direção do partido em relação ao seu órgão central de imprensa"[98]. Na reunião entre a delegação e a redação do jornal, realizada em Paris no final de novembro de 1978, alguns dos componentes da redação mostraram haver compreendido o significado da "Resolução sobre a *Voz Operária*": a mudança da orientação política do CC em relação à resolução de dezembro de 1977, considerada por eles como "uma das resoluções que haviam provocado maior entusiasmo nas fileiras do Partido" e cuja orientação vinha sendo adotada nas matérias publicadas em *Voz Operária*[99]. Ficara evidente que, naquele momento, o CC optara por se aliar com Prestes contra os adeptos do eurocomunismo, o que não significava, contudo, que o "pântano" se dispusesse a empreender uma luta baseada nos princípios revolucionários de um partido

---

[97] Idem.

[98] Idem.

[99] Anita Leocadia Prestes, *Anotações da reunião da delegação do CC com o coletivo de Voz Operária*, Paris, 29 nov. 1978 (documento manuscrito; arquivo particular da autora). Mais tarde, um dos redatores de *Voz Operária* escreveria que o documento do CC do PCB de dezembro de 1977, "em cujo centro está, claramente, a questão democrática", representara "a grande ruptura" na política do PCB; cf. *Voz da Unidade*, São Paulo, n. 60, 13-20 jun. 1981, p. 7.

comunista – como defendido por Prestes – contra as concepções reformistas que vinham sendo divulgadas nas páginas de *Voz Operária*.

Na reunião do CC em Sófia foram aprovados vários documentos que, em maior ou menor medida, correspondiam ao espírito da "Resolução política" então adotada: "Apelo ao povo brasileirão", assinado por Prestes, conclamando "todos os democratas e patriotas" a votar no MDB nas eleições de 15 de novembro, *Declaração sobre o movimento sindical* e "Resolução de organização". Esta última afirmava que, "por sua ideologia, o partido se orienta pelo marxismo-leninismo e, por sua política – sendo a parte mais organizada e consciente da classe operária –, expressa seus interesses de classe", acrescentando que "repudiamos o 'obreirismo', considerando-o uma caricatura, mas não somos o partido de todas as classes ou mesmo de algumas classes. Somos o partido político de uma classe: o proletariado". Tratava-se de formulações aprovadas pelo CC por insistência de Prestes e dos dirigentes mais ligados a ele, que constituíam sua base de sustentação[100].

Prestes defrontava-se com uma situação de extrema gravidade diante das dificuldades para reorganizar o PCB no Brasil, profundamente golpeado pela repressão fascista, com a direção nacional no exterior, na qual predominavam os elementos do "pântano", e tendo que enfrentar a pressão ideológica e política das tendências eurocomunistas de intelectuais ligados ao partido. O secretário- -geral tentou uma saída para a crise que se esboçava na direção do PCB através de sua reorganização, aprovada na reunião de Sófia. Para tal, tirou proveito de um momento especial, quando o "pântano" mostrou-se temeroso de um possível rompimento de Prestes com o CC.

O secretariado do CC foi abolido e, em sua substituição, criado o cargo de "coordenador da Comissão Executiva, em ligação e subordinado ao secretário-geral, camarada Prestes". Para o cargo, foi eleito um membro da Comissão Executiva, José de Albuquerque Salles, com as seguintes atribuições: coordenar os trabalhos da Comissão Executiva, de seus membros, das seções do CC e dos membros do CC. Ficou decidido também que a Comissão Executiva adotasse medidas para "a criação de uma direção especial no país, subordinada ao CC no exterior e à Comissão Executiva". Resolveu-se que essa direção só iniciaria seu funcionamento após uma discussão específica sobre o assunto no CC[101]. Prestes, contando com

---

[100] Luiz Carlos Prestes, *Apelo ao povo brasileiro*, nov. 1978 (documento datilografado fotocopiado, 3 p.; arquivo particular da autora); "Declaração sobre o movimento sindical", *Voz Operária*, n. 152, nov. 1978, p. 6-8, incluído em *PCB: vinte anos de política*, cit., p. 305-13; "Resolução de organização", *Voz Operária*, n. 152, nov. 1978, p. 5-6, incluído em *PCB: vinte anos de política*, cit., p. 301-4.

[101] *Documento interno e reservado "CC do PCB"*, Sófia, outubro (documento datilografado foto- copiado, 1 p.); *Resoluções de organização*, nov. 1978 (documento datilografado fotocopiado,

Salles e os poucos membros do CC que o apoiavam, esperava implementar medidas concretas que levassem à reorganização do partido, rompendo com as tendências reformistas que haviam impedido até então sua inserção na classe operária.

A deflagração da crise no CC

Entre os dias 30 de janeiro e 3 de fevereiro de 1979, realizou-se em Praga uma reunião extraordinária do CC. A denúncia de possível envolvimento de José Salles com tráfico de drogas foi o motivo de tal convocação. Havia séria suspeita de que o acusado efetivamente tivesse recorrido a tal expediente aventureiro e inadmissível, tendo em vista angariar recursos financeiros para o trabalho de reorganização do partido no Brasil e, certamente, para fortalecer sua posição dentro do CC. Por sugestão de Prestes, aprovada anteriormente por unanimidade na Comissão Executiva, o CC decidiu destituir Salles da Comissão Executiva, do cargo de coordenador e de responsável pela seção de organização do Comitê Central "em virtude do seu comportamento irresponsável no desempenho de suas funções", rejeitando, contudo, a proposta de Prestes de excluí-lo do CC. Decidiu também "designar uma comissão para apurar, no prazo de seis meses, prorrogáveis a critério da direção, os fatos relacionados com as atividades do camarada [Salles] no desempenho de suas funções e de maneira a que o Comitê Central possa chegar a uma resolução definitiva"[102]. Para uma direção partidária clandestina, com seus membros vivendo em Moscou ou clandestinos em vários países europeus, era impossível na prática apurar a veracidade da denúncia, negada pelo acusado, que participou da reunião. Efetivamente, nada foi apurado, sendo que desde o início ficou claro para todos os membros do CC que esse seria o desfecho de tal medida.

Na reunião, Prestes apresentou uma autocrítica muito séria de seu próprio desempenho à frente do CC, ressaltando que as causas profundas não só do caso em apreço naquele momento, como também de muitos outros presentes nas atividades partidárias, eram fruto de todo um "sistema de métodos de direção errados", pelo qual ele se sentia o principal responsável[103]. Reconheceu, em

---

2 p.; Arquivo Edgard Leuenroth/Unicamp, coleção Luiz Carlos Prestes, Manuscritos, PCB-CC, pasta 090).

[102] *Resolução da reunião plenária extraordinária do CC (30/1 a 3/2/1979)* (documento datilografado fotocopiado, 3 p.; Arquivo Edgard Leuenroth/Unicamp, coleção Luiz Carlos Prestes, Manuscritos, PCB-CC, pasta 103).

[103] *Intervenção de Prestes na reunião plenária extraordinária do CC (30/1 a 3/2/1979)* (documento datilografado original, 4 p., arquivo particular da autora; fotocópia, 10 p., Arquivo Edgard Leuenroth/Unicamp, coleção Luiz Carlos Prestes, Manuscritos, PCB-CC, pasta 008).

O Comitê Central (CC) no exílio: falência e crise   479

particular, sua responsabilidade pela criação do cargo de coordenador da Comissão Executiva e por sua designação como responsável, "na esperança – que hoje verifico ser errônea – de poder assim melhor dinamizar a direção do Partido". Ao deter-se no exame do "sistema de métodos de direção errôneos" adotados pelo CC, Prestes admitiu tratar-se de

> um sistema de caráter personalista e em que não damos nenhuma atenção à planificação do trabalho e ao indispensável controle das tarefas a realizar, à responsabilidade de cada um. Na verdade, em vez de buscar a aplicação das decisões políticas na planificação, indispensável para que se realize o necessário controle, nos baseamos numa ou noutra pessoa, com base na confiança em que nela depositamos.[104]

Prestes deu prosseguimento ao exame autocrítico de sua atuação na direção do PCB lembrando que haviam se sucedido à frente do partido os "homens de confiança" – Diógenes Arruda, Giocondo Dias e, naquele momento, José Salles –, assinalando que "cada caso é diferente do outro, mas todos levaram a insucessos sumamente prejudiciais ao Partido", e acrescentou:

> Todos mantiveram, como eu próprio, o mesmo sistema de métodos de direção, que se baseia numa concepção errônea, negação da direção coletiva e da planificação e que leva, inevitavelmente, à falta de controle coletivo e individual de todas as tarefas atribuídas a cada organização, órgão e membro do Partido. Esse sistema leva, assim, tanto ao "liberalismo" como ao "mandonismo" – características que cada vez mais se acentuam na direção do Partido.[105]

Ainda na reunião do CC, Prestes questionou os membros da direção:

> Faço um esforço autocrítico, mas sinto-me também autorizado a perguntar aqui nessa reunião do CC o que fizeram os demais camaradas do CC e principalmente da Comissão Executiva para modificar o sistema errôneo de métodos de direção? Predomina, sem dúvida, entre todos nós, a omissão e a conciliação, a conivência e a complacência.[106]

Estava deflagrada a crise do CC, que levaria a sua desagregação. Prestes se mostrou disposto a realizar transformações profundas tanto na orientação política do PCB quanto em seu trabalho de direção, entendendo que a mudança nos métodos

---

[104] Idem.
[105] Idem.
[106] Idem.

de direção estava condicionada, em grande medida, ao abandono da orientação reformista, etapista e nacional-libertadora que fora ratificada no VI Congresso. A maioria do CC, porém, rejeitava tais mudanças, não queria fazer autocrítica e, acima de tudo, estava preocupada com os abalos que poderiam atingir sua própria sobrevivência enquanto direção. O comportamento dessa maioria diante do "episódio Salles" foi revelador para Prestes: tratava-se de, mais uma vez, conciliar tanto com o secretário-geral quanto com o próprio Salles, a respeito do qual nada seria apurado; poucos meses depois, ele estaria plenamente reintegrado ao CC[107].

As esperanças de Prestes em reorganizar o partido apoiado em Salles e num pequeno número de dirigentes que constituíam sua base de sustentação no CC haviam fracassado. Ficara claro para ele e seus aliados mais próximos que era impossível levar o CC a se transformar na direção de um partido efetivamente comprometido com a revolução e os ideais socialistas e comunistas[108]. Chegara a hora de o secretário-geral do PCB romper com a conciliação, deixando de lado a fidelidade a uma falsa unidade, comprometida com o imobilismo, o conservadorismo e, principalmente, com o abandono dos objetivos revolucionários consagrados nos documentos partidários. Ao final da reunião de Praga, a maioria do CC, alarmada com um possível rompimento de Prestes, concedeu-lhe um voto de confiança ao decidir por sua permanência na secretaria-geral e ao designar, num simulacro de autocrítica, uma comissão para elaborar projeto de balanço da direção desde 1973 até aquela data. Tal documento deveria ser discutido na reunião seguinte do CC, marcada para abril de 1979[109].

Prestes pensava em se afastar da direção do PCB. Mas, admitindo ser o principal responsável pela crise deflagrada, considerava necessário ouvir previamente a militância partidária, oportunidade que parecia estar próxima, uma vez que a anistia estava prevista para aquele mesmo ano de 1979 e que, então, havia a possibilidade de regresso ao Brasil. Por isso, permaneceu provisoriamente no CC e participou de uma reunião da Comissão Executiva, preparatória da plenária do CC marcada para abril, mas que se realizou em maio de 1979, à qual ele já não compareceu.

Nessa reunião da Comissão Executiva, Prestes apresentou proposta englobando um conjunto de questões políticas que, segundo sua opinião, deveriam ser

---

[107] Conferir foto da última reunião do CC no exterior, de setembro de 1979, na qual José Salles está presente. Reprodução do arquivo particular de Armênio Guedes, em Luís Mir, *A revolução impossível* (São Paulo, Best Seller, 1994), p. 655; ver também o regresso ao Brasil de José Salles na qualidade de primeiro membro do CC designado a fazê-lo, cf. *IstoÉ*, 26 set. 1979, p. 8-9; *O Globo*, Rio de Janeiro, 21 set. 1979; *Jornal do Brasil*, Rio de Janeiro, 21 set. 1979.

[108] Dois desses dirigentes cooptados para o CC em sua reunião de janeiro de 1976, diante da constatação de tal quadro, se demitiram do CC na reunião de Praga: Marly Vianna e esta autora.

[109] *Resolução da reunião plenária extraordinária do CC (30/1 a 3/2/1979)*, cit.

O Comitê Central (CC) no exílio: falência e crise   481

apreciadas na reunião plenária do CC. Uma vez discutidas, o secretário-geral, "tomando em conta a opinião da maioria vencedora", daria uma entrevista à grande imprensa brasileira, que poderia, assim, "mais fácil e rapidamente chegar ao conhecimento de todo o partido e das grandes massas populares". O documento apresentado por Prestes à Comissão Executiva abordava as seguintes questões políticas: a luta pela anistia geral, ampla e irrestrita; a necessidade de opinar sobre o novo governo federal (Figueiredo); a luta pela unidade do MDB; a necessidade de defender o calendário eleitoral; e a luta pela legalidade do PCB[110].

A proposta do secretário-geral, no entanto, foi rejeitada pelos demais membros da Comissão Executiva; foi aprovado um projeto de "Resolução política", encaminhado ao CC e aprovado em sua reunião de maio, realizada em Paris. Diante da posição assumida pela maioria da Comissão Executiva, Prestes enviou carta aos membros do Comitê Central, dizendo:

> Cumpro o dever de comunicar-lhes, com a necessária antecedência, que discordei do projeto de "Resolução política" a ser discutido na próxima reunião do CC. Com o referido documento, adotou a maioria da Comissão Executiva uma orientação política que, em minha opinião, é a negação da que foi aprovada há apenas cinco meses, em novembro de 1978, pelo CC (com apenas dois votos contra). Trata-se de uma verdadeira revisão, de voltar atrás à mesma orientação que foi difundida pela *Voz Operária* durante o ano de 1978 e criticada pelo CC em sua reunião de novembro daquele ano. É de notar que a mudança de orientação se dá sem o balanço de sua aplicação e dos resultados obtidos, sem que a Comissão Executiva tenha realizado uma discussão de fundo daquela orientação e sem levar em conta a opinião do Partido no Brasil sobre os documentos aprovados na reunião de novembro do CC.[111]

No final de sua carta aos membros do CC, Prestes propôs "a abertura imediata de um amplo debate nas fileiras partidárias – extensivo a todos os patriotas e democratas que dele queiram participar – como o primeiro passo para a realização do VII Congresso do nosso Partido". Adiante, acrescentou que "os documentos aprovados pelo CC de novembro de 1978 servirão de base para início da discussão"[112].

---

[110] Luiz Carlos Prestes, *Aos membros do CC*, 14 mar. 1979 (documento original datilografado, 7 p., arquivo particular da autora; borrador inicial, Arquivo Edgard Leuenroth/Unicamp, coleção Luiz Carlos Prestes, Manuscritos, PCB-CC, pasta 083).

[111] Luiz Carlos Prestes, *Carta aos membros do Comitê Central*, 25 abr. 1979 (documento original datilografado, 2 p.; arquivo particular da autora).

[112] Idem.

Os argumentos apresentados por Prestes não impediram o CC de aprovar o projeto encaminhado pela Comissão Executiva. Diante do agravamento da crise na direção do PCB, quando o secretário-geral entrou em conflito aberto com a maioria do CC e dois de seus membros haviam se demitido – fatos que começavam a repercutir entre a militância no Brasil –, o "pântano" optou por voltar-se para a conciliação com as posições eurocomunistas, defendidas por *Voz Operária* e pela Assessoria, sob direção de Armênio Guedes. A "Resolução política do Comitê Central"[113], de maio de 1979, é reveladora de tal opção, podendo ser caracterizada como mais um documento anódino, semelhante aos aprovados pelo CC durante o ano de 1977.

O "pântano" pretendia ganhar tempo para, no momento propício, desvencilhar-se dos eurocomunistas e de suas ideias "inovadoras", o que não tardaria a acontecer após o regresso de todos ao Brasil[114]. Tal afirmação é confirmada pela análise do documento intitulado "Balanço do trabalho de direção do CC do PCB do período de 1973-1979"[115], elaborado para a reunião do CC de maio de 1979. Nesse documento evidencia-se a tendência conciliatória do "pântano" ao optar por um amálgama de posições opostas: de um lado, a orientação defendida pelo secretário-geral e o reduzido contingente de sua base de apoio; de outro, as posições reformistas de direita adotadas pelo jornal *Voz Operária*, a Assessoria e seu dirigente Armênio Guedes. Com o rompimento de Prestes, o "pântano" pretendia continuar à frente do partido, precisando, para isso, entretanto, afastar os adeptos das teses eurocomunistas. Ao redigir algumas notas sobre o "Balanço do trabalho de direção", Prestes avaliou: "Os erros do trabalho do Partido no exterior são consequência das posições errôneas do VI Congresso. Só podem ser corrigidos com a apreciação crítica da orientação do VI Congresso, através de um debate livre em todo o Partido. *Necessitamos de uma nova concepção de Partido e de sua organização*"[116].

---

[113] "Resolução política do Comitê Central" (maio 1979), *Voz Operária*, n. 159, jun. 1979, p. 3-6, citado em Edgard Carone, *O PCB*, v. 3, cit., p. 242-53, e *PCB*, cit., p. 315-27.

[114] Em maio de 1980, após a ruptura de Prestes com o CC, Armênio Guedes foi afastado da direção partidária, cf. João Falcão, *Giocondo Dias, a vida de um revolucionário*, cit., p. 361; *Jornal do Brasil*, Rio de Janeiro, 21 maio 1980, p. 4; 22 maio 1980, p. 4; *Folha de S.Paulo*, São Paulo, 21 maio 1980.

[115] *Balanço do trabalho de direção do CC do PCB do período de 1973-1979* (documento datilografado fotocopiado, 19 p., anexo de 7 p., arquivo particular da autora; fotocópia, Arquivo Edgard Leuenroth/Unicamp, coleção Luiz Carlos Prestes, Manuscritos, PCB-CC, pastas 081 e 084).

[116] *Anotações de Prestes sobre "Balanço"* (documento original manuscrito, 3 p.; Arquivo Edgard Leuenroth/Unicamp, coleção Luiz Carlos Prestes, Manuscritos, PCB-CC, pasta 084); grifos desta autora.

O Comitê Central (CC) no exílio: falência e crise   483

Essas considerações de Prestes deixavam entrever a atitude que por ele seria seguida dali em diante: uma vez reconhecida a falência daquela direção do PCB, adotar "uma nova concepção do Partido e de sua organização", ou seja, lutar pela formação de um núcleo dirigente voltado para a construção de um partido verdadeiramente revolucionário, capaz de dirigir as massas trabalhadoras rumo à revolução.

Nesse sentido, são de grande atualidade as considerações gramscianas concernentes "à capacidade de o partido reagir contra o espírito consuetudinário, isto é, contra as tendências a se mumificar e se tornar anacrônico". Gramsci escreveu:

> Os partidos nascem e se constituem como organização para dirigir a situação em momentos historicamente vitais para suas classes, mas nem sempre eles sabem se adaptar às novas tarefas e às novas épocas, nem sempre sabem se desenvolver de acordo com o desenvolvimento do conjunto das relações de força [...] no país em questão ou no campo internacional. [...] A burocracia é a força consuetudinária e conservadora mais perigosa; se ela chega a se constituir como um corpo solidário, voltado para si mesmo e independente da massa, o partido termina por se tornar anacrônico e, nos momentos de crise aguda, é esvaziado do seu conteúdo social e resta como que solto no ar.[117]

Palavras adequadas à caracterização da crise que atingiu o PCB no final dos anos de 1970 e levou Luiz Carlos Prestes a romper com o Comitê Central.

Nos meses que antecederam a anistia e seu regresso ao Brasil[118], Prestes concedeu entrevistas à imprensa brasileira[119], nas quais reafirmou suas posições políticas, evitando, contudo, abordar a crise desencadeada na direção partidária. Segundo ele, isso só deveria ser feito após a volta ao país e o reencontro com a militância do PCB.

Ao mesmo tempo, *Voz Operária* manteve a orientação que havia sido criticada na resolução do CC aprovada na reunião de Sófia no final de 1979[120]. Era evidente a conciliação do "pântano" com as tendências eurocomunistas da Assessoria do

---

[117] Antonio Gramsci, *Cadernos do cárcere*, v. 3 (Rio de Janeiro, Civilização Brasileira, 2000), p. 61-2.

[118] A anistia foi decretada em 29 de agosto de 1979, e o regresso de Prestes ao Brasil se deu em 20 de outubro de 1979, dia em que desembarcou na cidade do Rio de Janeiro, proveniente de Paris. Assim que a anistia foi decretada, Prestes resolveu voltar ao país, enquanto numerosos membros do CC vacilavam em fazê-lo, temerosos de trocar o conforto de um exílio, bancado pela solidariedade dos países socialistas, pelas agruras de uma realidade em que a Lei de Segurança Nacional continuava em vigor.

[119] Ver, por exemplo, *CooJornal*, ano 4, n. 37, jan. 1979, p. 22-4; *Jornal de Brasília*, Brasília, 8 abr. 1979, suplemento *Política*, p. 1; *Movimento*, n. 207, 16-22 jun. 1979, p. 9-10.

[120] Ver *Voz Operária*, dez. 1978-ago. 1979.

CC e de Armênio Guedes. Este último escreveu que o PCB era "um partido pluralista", que almejava "conquistar uma *democracia política* na qual convivam e floresçam correntes e partidos políticos diferentes"[121]. Em resposta a tal defesa da democracia burguesa, publiquei, em *Voz Operária*, um artigo refletindo as concepções defendidas por Prestes:

> Nosso Partido proclama abertamente seu objetivo final como sendo o socialismo ou, em outras palavras, a *democracia socialista* – a democracia mais completa e avançada que conhecemos, a democracia mais ampla em todos os terrenos: econômico, social e político; a democracia para a classe operária e todos aqueles que de uma forma ou de outra são hoje atingidos pela opressão capitalista.[122]

Adiante, escrevi que:

> Será a força do movimento dos trabalhadores da cidade e do campo, manuais e intelectuais, que determinará o perfil da democracia a ser conquistada com a derrota da ditadura. Será o nível de organização e unidade do movimento de massas (e a capacidade da classe operária de ir conquistando a liderança desse movimento) que garantirá não só a manutenção e consolidação das liberdades democráticas, mas assegurará que se avance para formas de democracia cada vez mais amplas e desenvolvidas.[123]

Essas afirmações não passavam, entretanto, de voz solitária nas páginas do órgão central do PCB, refletindo o isolamento de Prestes na direção do partido. Com a anistia, teve lugar o regresso ao Brasil de um Comitê Central do PCB convulsionado por grave crise interna, reveladora de sua falência ideológica, política e organizativa.

---

[121] Armênio Guedes, "PCB não é só partido de propaganda, é sobretudo partido de ação política", *Voz Operária*, n. 155, fev. 1979, p. 8; grifos desta autora.

[122] Anita Leocadia Prestes, "A democracia por que lutamos", *Voz Operária*, n. 157, abr. 1979, p. 8, citado em Edgard Carone, *O PCB*, v. 3, cit., p. 391-4; grifos da autora.

[123] Idem.

XVIII
Prestes: o regresso ao Brasil, a *Carta aos comunistas* e seus desdobramentos (1980-1982)

A preparação, o lançamento e a repercussão da *Carta aos comunistas*

Na primeira entrevista coletiva à imprensa[1] após sua chegada ao Brasil, Prestes manteve as posições que vinha defendendo desde o exílio sobre a convocação de uma Assembleia Constituinte e sobre a Lei de Segurança Nacional:

> Sou contra a convocação de uma Assembleia Constituinte com Figueiredo. Enquanto não houver liberdade de organização para todas as correntes políticas, não é possível convocar uma Assembleia Constituinte que seja capaz de representar efetivamente a vontade da nação e possa decidir soberanamente sobre os destinos do país.[2]

O secretário-geral do PCB definiu as condições necessárias para tal convocação:

> A revogação das leis de exceção, não apenas a Lei de Segurança Nacional, mas as próprias salvaguardas constitucionais, que permitem ao Poder Executivo decretar o estado de emergência sem consulta ao Parlamento, [...] assegurar o direito de greve para os trabalhadores, a independência sindical do Ministério do Trabalho, livre organização de partidos políticos de todas as correntes de opinião.[3]

---

[1] *Jornal do Brasil*, Rio de Janeiro, 24 out. 1979, reproduzida em Dênis de Moraes (org.), *Prestes com a palavra* (Campo Grande, Letra Livre, 1997), p. 233-7.

[2] Idem.

[3] Idem.

Referindo-se à Lei de Segurança Nacional, Prestes a definiu como "código anticomunista imposto ao povo pelo opressor estrangeiro", esclarecendo que em sua vigência não seria possível conquistar a legalidade do PCB, uma vez que essa legislação "proíbe qualquer tentativa de reorganização de partido que esteja fora da lei". Questionado sobre a crise interna do PCB, Prestes recusou-se a abordá-la, afirmando que seria assunto para o VII Congresso, já convocado, mas cuja realização dependia da conquista da legalidade do partido[4].

Em outra entrevista[5], concedida poucos dias depois, o secretário-geral do PCB frisou que "a ditadura perdura. Basta dizer que a Lei de Segurança Nacional está de pé, assim como o aparelho de repressão que cometeu crimes hediondos, como os que estão sendo denunciados [...]", acrescentando que "a Lei de Segurança Nacional exprime a essência do regime fascista, sendo na verdade, e apenas isso, um código de perseguição aos comunistas, imposto ao nosso povo pelo imperialismo americano". E esclareceu: "A ditadura continua, sem a legitimidade de um regime escolhido pelo povo, com governadores eleitos indiretamente, com senadores biônicos, com o pacote de abril em vigor, com a Lei Falcão[6] em vigor, com a greve sendo considerada crime"[7].

Respondendo à pergunta de um jornalista que se referia a declarações feitas por José Salles, membro do CC[8], de que o PCB poderia apoiar a tese da "Constituinte com Figueiredo", Prestes reafirmou mais uma vez sua posição contrária à convocação de uma Assembleia Constituinte na vigência da Lei de Segurança Nacional e de toda uma legislação de exceção[9]. Em outra ocasião, ele voltaria ao assunto, escrevendo:

O perigo de uma campanha, nas condições atuais, pela convocação de uma Assembleia Constituinte reside em que, ao apresentar-se a Constituinte como uma panaceia, o sr. Figueiredo será o primeiro a tomar a iniciativa de convocá-la, antes da revogação da legislação fascista e com o objetivo de consolidar o atual regime, de, mais uma vez, ludibriar a opinião pública com uma "nova" Constituição que consagre o mesmo regime sob o qual vivemos hoje. Centrar, nas condições atuais, toda a atividade de massas na luta pela Constituinte é alimentar ilusões

---

[4] Idem.

[5] *Pasquim*, n. 542, 2-8 nov. 1979, p. 4-9, citado em Dênis de Moraes (org.), *Prestes com a palavra*, cit., p. 238-55.

[6] A Lei Falcão proibia a propaganda eleitoral paga e eliminava a propaganda gratuita, substituindo-a pela ridícula exibição de retratinhos e de nomes e números dos candidatos.

[7] *Pasquim*, n. 542, 2-8 nov. 1979, p. 4-9.

[8] Idem. Outros membros do CC do PCB fizeram declarações no mesmo sentido; ver, por exemplo, a entrevista de Prestes à *Folha de S.Paulo*, São Paulo, 18 nov. 1979.

[9] Idem.

na consciência dos trabalhadores, é desviar o rumo do movimento de massas que deverá levar necessariamente à conquista de uma democracia de massas, à derrota da ditadura.[10]

Em anotações feitas durante o ano de 1981[11], Prestes chamou de "panaceia" a ideia de uma "Constituinte livre com Figueiredo". Quando, na realidade, o que se tinha no país era o "predomínio do 'poder militar' – o presidente da República é o general de serviço". Segundo Prestes, seria necessário antes "quebrar o atual 'poder militar' – essência do fascismo". E escreveu: "Para termos uma Constituinte democrática, [é necessário] derrotar previamente a ditadura". Essa tese, da existência no Brasil de um *quarto poder*, o "poder militar", seria lembrada por Prestes inúmeras vezes, inclusive após a promulgação da Constituição de 1988, ao apontar o reconhecimento de tal "poder" na Carta[12].

Após o retorno ao Brasil, Prestes pôde entrar em contato com numerosos militantes do partido oriundos de diversas regiões do país e com representantes de diferentes setores da sociedade brasileira que o procuravam interessados em conhecer suas opiniões e suas diretrizes políticas. Assediado pela imprensa, evitava abordar as questões referentes à luta interna no PCB, embora externasse posições políticas que se chocavam com as teses reformistas e as atitudes de conciliação declarada com o regime ditatorial, defendidas publicamente pelos membros do CC[13].

Prestes estava decidido a não se reunir com aquela direção do PCB, de cuja falência não tinha mais dúvida. Tendo consultado grande parte da militância partidária, amadureceu as ideias que pretendia expor em documento dirigido aos comunistas brasileiros. Alarmados com a repercussão das posições de Prestes junto aos militantes do partido, três membros do CC concederam uma entrevista ao *Jornal do Brasil*[14], na qual desautorizavam o secretário-geral do PCB. A luta interna na direção extravasara para a imprensa por iniciativa dos membros dessa própria direção.

Ainda no mês de março, José Salles anunciou publicamente que a direção do PCB solicitara ao TSE (Tribunal Superior Eleitoral) o registro do PCB[15],

---

[10] Luiz Carlos Prestes, "Carta ao sr. diretor da *Folha de S.Paulo*" (29 nov. 1980), *Folha de S.Paulo*, São Paulo, 4 dez. 1980.

[11] Idem, *Anotações*, 1981 (documento original; Arquivo Edgard Leuenroth/Unicamp, coleção Luiz Carlos Prestes, Manuscritos, PCB-CC, pasta 015).

[12] Cf. *Constituição da República Federativa do Brasil*, 1988, artigo 142.

[13] Conferir a imprensa brasileira, de set. 1979-fev. 1980.

[14] *Jornal do Brasil*, Rio de Janeiro, 3 fev. 1980, p. 8; Edgard Carone, *O PCB*, v. 3: *1964-1982* (São Paulo, Difel, 1982), p. 255-63.

[15] *Folha de S.Paulo*, São Paulo, 20 mar. 1980; *O Estado de S. Paulo*, São Paulo, 21 mar. 1980; *O Globo*, Rio de Janeiro, 21 mar. 1980.

atitude repudiada de imediato por Prestes[16]. Ao explicar sua posição contrária à legalização do PCB nas condições em que estava sendo pleiteada pela direção do partido, o secretário-geral declarou:

> A ditadura jamais nos concederá a legalidade sem luta. O que ela tenta, nesse momento, é forçar o PCB a um acordo. Acordo este que significaria um compromisso com a ditadura, incompatível com o caráter revolucionário e internacionalista do PCB, compromisso que o colocaria a reboque da burguesia e a serviço da ditadura, e inaceitável, portanto, à classe operária e a todos os verdadeiros comunistas.[17]

Para Prestes, "em plena vigência da LSN (Lei de Segurança Nacional), os trâmites junto à Justiça Eleitoral estarão fadados ao fracasso se a legalidade do PCB não se transformar numa exigência das massas que, nas ruas, imponham sua vontade, como o fizeram em 1945", e "a tarefa mais imediata de todos os comunistas e dos verdadeiros democratas é dar início a uma ampla campanha pela legalização do PCB"[18].

O confronto entre o secretário-geral e o CC do PCB adquirira grande publicidade, e chegara para Prestes o momento de uma definição clara perante todos os comunistas. O contato com a militância e com a realidade do país havia lhe propiciado os elementos necessários para a elaboração de um documento cujo teor vinha sendo amadurecido desde seus últimos meses no exílio. No final de março de 1980, Prestes divulgou entre os membros do partido sua *Carta aos comunistas*[19], que imediatamente chegaria às páginas da grande imprensa. A gravidade da crise vivida pelo PCB extravasara as fronteiras partidárias, tornara-se pública, e não havia como evitar sua exploração por parte da imprensa burguesa e dos inimigos dos comunistas. Naquelas circunstâncias, o mais importante para Prestes era a denúncia, dirigida aos comunistas e a seus aliados, do reformismo dos dirigentes de PCB, de seu abandono dos objetivos revolucionários do Partido Comunista, de sua traição aos interesses da classe operária e dos trabalhadores.

Na *Carta aos comunistas*, Prestes defendeu a necessidade de empreender uma virada drástica em relação à linha política do VI Congresso do PCB:

> É necessário, agora, mais do que nunca, ter a coragem política de reconhecer que a orientação política do PCB está superada e não corresponde à realidade

---

[16] *Folha de S.Paulo*, São Paulo, 26 mar. 1980, p. 5.

[17] "Nota distribuída à imprensa", *Folha de S.Paulo*, São Paulo, 27 mar. 1980.

[18] Idem.

[19] Luiz Carlos Prestes, *Carta aos comunistas* (São Paulo, Alfa-Ômega, 1980).

do movimento operário e popular do momento que hoje atravessamos. Estamos atrasados no que diz respeito à análise da realidade brasileira e não temos resposta para os novos e complexos problemas que nos são agora apresentados pela própria vida.[20]

Diante de tal situação, qual foi a atitude da maioria do Comitê Central do PCB? Como apontava Prestes, a direção partidária negava-se a "uma séria e profunda autocrítica". Recusava-se a "analisar com espírito crítico se são de todo acertadas as resoluções" do VI Congresso, na pretensão de "apresentá-las como um dogma indiscutível para, com base nelas, exigir uma suposta unidade partidária, que lhe permita encobrir e conservar por mais algum tempo a atual situação do Partido e de sua direção"[21].

Em nome de uma suposta unidade partidária, o CC do PCB, na realidade, tentava garantir sua própria sobrevivência a qualquer preço, ou seja, manter o *status quo*, recusando-se a realizar as mudanças necessárias tanto no terreno político quanto no da organização partidária. Para Prestes, a política de organização deveria estar sempre estreitamente associada ao caráter da política geral do partido e subordinada a suas metas revolucionárias. O abandono dos objetivos revolucionários pela direção do PCB o levara a assumir atitudes reformistas e de capitulação diante da burguesia e dos inimigos de classe.

Tendo assumido a responsabilidade principal pelos erros cometidos pelo partido, Prestes apontou, na *Carta aos comunistas*:

> O oportunismo, o carreirismo e compadrismo, a falta de uma justa política de quadros, a falta de princípios e a total ausência de democracia interna no funcionamento da direção, os métodos errados de condução da luta interna, que é transformada em encarniçada luta pessoal, em que as intrigas e calúnias passam a ser prática corrente da vida partidária, adquiriram tais proporções que me obrigam a denunciar tal situação a todos os comunistas.[22]

Diante da situação crítica vivida pelo PCB, Prestes apelou aos militantes que tomassem "os destinos do movimento comunista em suas mãos"[23], mobilizando-se para a conquista da legalidade do partido e a realização do VII Congresso em condições efetivamente democráticas, condenando, ao mesmo tempo, qualquer acordo com a ditadura para a conquista da legalidade, "compromisso que colocaria

---

[20] Ibidem, p. 12.

[21] Ibidem, p. 15.

[22] Ibidem, p. 16.

[23] Ibidem, p. 17.

o Partido a reboque da burguesia e a serviço da ditadura, e inaceitável, portanto, à classe operária e todos os verdadeiros revolucionários"[24]. Compromisso, que, afinal, foi assumido pelo Comitê Central do PCB após o regresso de seus membros que estavam no exílio.

Ao abordar as perspectivas políticas para o movimento comunista no Brasil, Prestes defendia a tese de que "a luta pela democracia em nossa terra" deveria ser "parte integrante da luta pelo socialismo"[25], acrescentando:

> Um partido comunista não pode, em nome de uma suposta democracia abstrata e acima das classes, abdicar do seu papel revolucionário e assumir a posição de freio dos movimentos populares, de fiador de um pacto com a burguesia, em que sejam sacrificados os interesses e as aspirações dos trabalhadores. Ao contrário, para os comunistas, a luta pelas liberdades políticas é inseparável da luta pelas reivindicações econômicas e sociais das massas trabalhadoras.[26]

Desmentindo uma contraposição que com frequência lhe era atribuída, entre "frente de esquerda" e "frente democrática", Prestes postulou:

> Para chegarmos à construção de uma efetiva frente democrática de todas as forças que se opõem ao atual regime, é necessário que se unam as forças de "esquerda" – quer dizer, aquelas que lutam pelo socialismo – no trabalho decisivo de organização das massas "de baixo para cima"; que elas se aglutinem, sem excluir também entendimentos entre seus dirigentes, com base numa plataforma de unidade de ação e que, dessa maneira, cheguem a reunir em torno de si os demais setores oposicionistas, tornando-se a força motriz da frente democrática.[27]

Uma unidade que não seria alcançada sem a elaboração de um programa que tivesse como objetivo estratégico a "liquidação do poder dos monopólios nacionais e estrangeiros e do latifúndio". Prestes entendia que os comunistas deveriam atuar no sentido de "organizar e unir as massas trabalhadoras na luta pelas reivindicações econômicas e políticas que se apresentam no próprio processo de luta contra a ditadura" e afirmava que a partir dessas lutas, "da atividade cotidiana junto aos mais diferentes setores populares, principalmente junto à classe operária", seria possível "avançar no sentido do esclarecimento das massas para que cheguem à compreensão da necessidade das transformações radicais de

---

[24] Ibidem, p. 21-2.
[25] Ibidem, p. 24.
[26] Ibidem, p. 27.
[27] Ibidem, p. 30.

PRESTES: O REGRESSO AO BRASIL, A *CARTA AOS COMUNISTAS* E SEUS DESDOBRAMENTOS   491

cunho antimonopolista, anti-imperialista e antilatifundiário". Como culminância de tal processo, propunha a formação de um "bloco de forças antimonopolistas, anti-imperialistas e antilatifundiárias, capaz de assumir o poder e de dar início a essas transformações". Para ele, tal poder, "pelo seu próprio caráter", significaria "um passo decisivo rumo ao socialismo"[28].

Na mesma ocasião em que foi lançada a *Carta aos comunistas*, o CC deu início à publicação do semanário *Voz da Unidade*, inicialmente dirigido por Armênio Guedes. Sua orientação seguiria a mesma linha "eurocomunista" ou "renovadora"[29] de *Voz Operária*, cuja edição fora suspensa. Uma resposta do CC à carta de Prestes, publicada em *Voz da Unidade* e reproduzida na grande imprensa[30], foi assinada pelos membros da Comissão Executiva Giocondo Dias, Salomão Malina, Teodoro Mello, Hércules Correia e Armênio Guedes.

O documento da direção partidária fazia uma defesa burocrática dos estatutos da organização, a qual perderia o sentido se aquela direção fosse considerada falida – como dissera Prestes. Fazia também a defesa da linha aprovada no VI Congresso do PCB, considerada superada pelo secretário-geral, e anunciava para breve uma resposta circunstanciada à *Carta*. Além disso, desvirtuava o texto de Prestes ao lhe atribuir a proposição de que a "derrota da ditadura implica necessariamente a constituição de um poder antimonopolista e antilatifundiário"[31]. Apesar disso, nenhuma medida punitiva era anunciada no documento, que se mantinha no habitual tom conciliador, na tentativa de evitar a ruptura definitiva de Prestes[32].

Nessa ocasião, foi proposta por Gregório Bezerra a autodissolução do CC e a formação de uma Comissão Nacional Provisória, constituída por representantes

---

[28] Ibidem, p. 34-5.

[29] O grupo "renovador" ficaria à frente de *Voz da Unidade* de março de 1980, quando o jornal foi criado, até julho de 1981, quando perdeu o controle do jornal para a maioria do CC. Para uma apreciação de *Voz da Unidade* e do grupo "renovador", consultar Ana Maria Said, *Uma estratégia para o Ocidente: o conceito de democracia em Gramsci e o PCB* (Uberlândia, Edufu, 2009), p. 129-32 e 174-6, embora essa obra contenha uma avaliação distorcida das divergências então presentes na direção do PCB.

[30] "Comunistas respondem ao secretário-geral", *Voz da Unidade*, São Paulo, n. 2, 10-16 abr. 1980, p. 3; *Folha de S.Paulo*, São Paulo, 10 abr. 1980; *O Estado de S. Paulo*, São Paulo, 10 abr. 1980.

[31] "Comunistas respondem ao secretário-geral", cit., p. 3.

[32] Há de se registrar que, a partir da divulgação da *Carta aos comunistas*, Prestes ficou privado de todo o suporte financeiro que lhe era destinado pelo CC. Com mais de oitenta anos, sua sobrevivência durante os dez últimos anos de vida foi assegurada com a ajuda de amigos, que se cotizavam mensalmente para tal. Sua irmã Clotilde Felizardo Prestes esteve à frente desse trabalho de coleta de recursos para a manutenção de Prestes, e Oscar Niemeyer lhe fez a doação de um apartamento para que tivesse moradia garantida.

dos estados[33], medida que nem sequer foi apreciada pela direção partidária, que considerava inquestionável sua própria legitimidade.

Em maio de 1980, *Voz da Unidade*[34] anunciou a formação do Coletivo de Dirigentes Comunistas – nova designação do CC – e a escolha de Giocondo Dias para seu coordenador, uma vez que Prestes não atendeu a sucessivas convocações do órgão dirigente máximo para discussão. Foi declarada a vacância do cargo de secretário-geral do Comitê Central do PCB. Mas, ao não adotar nenhuma medida punitiva, mais uma vez a direção partidária buscava a reconciliação com Prestes. O Coletivo de Dirigentes Comunistas publicou um longo documento intitulado "Sobre a *Carta aos comunistas* do companheiro Luiz Carlos Prestes", em que o pensamento de Prestes era novamente desvirtuado para ser combatido. Eram repetidos os sofismas e as afirmações mentirosas presentes na resolução anterior, assinada pelos integrantes da Comissão Executiva[35].

Atendendo aos apelos de "numerosos camaradas e amigos" e alimentando esperanças de que ainda fosse possível convocar o VII Congresso segundo normas democráticas e eleger uma direção partidária efetivamente comprometida com os objetivos revolucionários de um partido comunista, Prestes divulgou uma declaração em que, ao analisar as "modificações que se deram na direção do PCB", afirmava ver nas mesmas "uma clara manobra que confirma o que já foi por mim dito na carta que dirigi aos membros do partido". E fez um apelo:

> Trata-se, para o grupo que atualmente dirige o PCB, de dar mais um passo no caminho da traição à classe operária e aos interesses de nosso povo, de transformar o PCB em dócil instrumento dos planos de legitimação do atual regime. [...] Agora, mais do que nunca, cabe a todos os membros do PCB, os quais repugnam essas manobras sem princípio, insistir na luta por uma orientação política efetivamente revolucionária e internacionalista e, ao mesmo tempo, compreender que estamos frente à necessidade, cada dia mais inadiável, de elegermos outro tipo de direção para nosso Partido, verdadeiramente representativa da maioria do PCB e capaz de assegurar a fidelidade aos princípios revolucionários do marxismo-leninismo. Reitero, pois, nesta oportunidade, meu apelo aos comunistas para que rompam com a passividade e tomem os destinos do PCB em suas mãos.[36]

---

[33] *Movimento*, n. 250, 14-20 abr. 1980, p. 2.

[34] *Voz da Unidade*, São Paulo, n. 8, 22-28 maio 1980, p. 1, 8 e 12-6.

[35] Idem.

[36] Luiz Carlos Prestes, sem título, Rio de Janeiro, 21 maio 1980 (documento datilografado original, 1 p.; Arquivo Edgard Leuenroth/Unicamp, coleção Luiz Carlos Prestes, Manuscritos, PCB-CC, pasta 048), reproduzido como "O documento do antigo dirigente", *Jornal do Brasil*, Rio de Janeiro, 22 maio 1980, p. 4, e "A nota de Prestes", *O Globo*, Rio de Janeiro, 22 maio 1980.

Na primeira reunião do Coletivo de Dirigentes Comunistas, Gregório Bezerra se demitiu da direção partidária, declarando-se solidário a Prestes e denunciando a orientação política adotada pelo PCB – uma "linha muito água de flor de laranja". Entretanto, Hércules Correia e Armênio Guedes foram afastados da Comissão Executiva, sendo substituídos por Luís Tenório de Lima e Givaldo Siqueira[37]. Tal mudança constituía uma vitória do "pântano" e uma derrota dos chamados "renovadores", liderados por Guedes e que mantinham, contudo, o controle da redação de *Voz da Unidade*[38].

Ainda em abril de 1980, foi empreendida pelos colaboradores[39] de Prestes a publicação de um boletim de divulgação de suas posições intitulado *Ecos à Carta de Prestes*[40], um mensário de circulação clandestina que durou quatro meses, até julho daquele ano. A partir de setembro, voltou a ser reeditado o *Voz Operária*[41], por iniciativa dos comunistas que se alinhavam com as posições revolucionárias de Luiz Carlos Prestes; tratava-se de publicação mensal distribuída clandestinamente e que circulou até janeiro de 1983.

No primeiro número de *Ecos à Carta de Prestes*, foi assinalado o surgimento, em São Paulo, de uma "Comissão Estadual de São Paulo em defesa do PCB", alinhada com as posições de Prestes. O apoio à greve então em curso dos metalúrgicos do ABC e de outras cidades do interior do estado de São Paulo era defendido em documento dessa Comissão, no qual se frisava a diferença de tal posicionamento – que também era o de Prestes – das posições daqueles que estavam preocupados em não "aguçar tensões", caso da maioria do CC e da "Comissão Estadual de Reorganização do PCB de São Paulo", subordinada à direção nacional do partido. Nesse primeiro número de *Ecos*, foram registradas outras manifestações de apoio à *Carta* de Prestes: já haviam se solidarizado com suas posições os Comitês Estaduais do PCB do Rio Grande do Sul, do Espírito Santo, do Ceará e de Sergipe. Foi também proposta a formação de uma Comissão Nacional Provisória para assegurar "a realização realmente democrática do VII Congresso"[42].

O segundo número de *Ecos à Carta de Prestes* apresentou uma súmula das principais divergências entre ele e o CC do PCB, destacando que:

---

[37] *Jornal do Brasil*, Rio de Janeiro, 21 maio 1980, p. 4; 22 maio 1980, p. 4; 23 maio 1980; *Folha de S.Paulo*, São Paulo, 21 maio 1980; *O Estado de S. Paulo*, São Paulo, 24 maio 1980.

[38] Cf. *Voz da Unidade*, São Paulo, 1980-1981.

[39] Entre estes, há de se destacar o nome de Accácio Salvador Caldeira, companheiro e amigo, cuja dedicação foi sempre muito valorizada por Prestes.

[40] *Ecos à Carta de Prestes*, n. 1-4, abr.-jul. 1980.

[41] *Voz Operária*, n. 161-187, set. 1980-jan. 1983.

[42] *Ecos à Carta de Prestes*, n. 1, abr. 1980.

1) Enquanto Prestes se coloca ao lado da classe operária e dá seu apoio aos metalúrgicos em greve, [...] o CC e seu jornal *Voz da Unidade estão contra a greve*.

2) Enquanto Prestes considera [...] que a democracia tem sempre um conteúdo de classe determinado [...], o CC e *Voz da Unidade* "teorizam" a respeito de uma democracia "pura" e acima das classes [...].

3) Enquanto Prestes [...] considera essencial [...] acumular forças para que se possa chegar à liquidação do regime capitalista e à revolução socialista; as posições do CC [...] convergem no sentido de não questionar a dominação capitalista [...].

4) Enquanto Prestes diz claramente que a ditadura ainda está aí e é necessário derrotá-la [...], o CC do PCB evita referir-se ao regime como a uma ditadura, e [...] alguns membros do CC se mostram favoráveis a apertar a "mão estendida" do general Figueiredo [...].

5) Enquanto Prestes considera que o centro da atividade dos comunistas deve ser o trabalho de massas [...], o CC do PCB e seu jornal [...] fazem do Parlamento o lugar privilegiado da luta pela democracia.

6) Enquanto Prestes [...] defende a formação de uma ampla frente democrática e, ao mesmo tempo, a unificação das forças de "esquerda" dentro da frente democrática [...], o CC do PCB [...] quer uma frente democrática da qual estejam excluídas as diferentes forças de "esquerda", [...] na qual os comunistas estejam a reboque da burguesia liberal.

7) Enquanto Prestes considera que "a legalização do PCB terá que ser uma conquista do movimento de massas e de todas as forças realmente democráticas em nosso país", o CC do PCB revela disposição de aceitar o acordo que lhe vem sendo proposto pela ditadura.

8) Enquanto Prestes mantém uma posição de firme apoio à URSS e a todo o campo socialista, os membros do atual CC têm revelado uma posição cada vez mais clara do que poderia ser chamado de "antissovietismo envergonhado".

9) Enquanto Prestes está empenhado [...] em fazer uma autocrítica profunda tanto da política do PCB como de seus métodos de organização, o CC não mostra a menor disposição à autocrítica e vem intensificando sua atividade terrorista na condução da luta interna [...].[43]

Os quatro números de *Ecos à Carta de Prestes* deram grande destaque às organizações do PCB que, atendendo ao apelo da *Carta*, romperam com o CC, alinhando-se com as posições de Prestes. Com esse objetivo, foram criadas numerosas comissões de reorganização partidária em vários níveis. A formação de uma Comissão Nacional Provisória para assegurar a realização democrática do VII Congresso do PCB foi a principal palavra de ordem levantada em *Ecos*[44].

---

[43] Ibidem, n. 2, maio 1980; grifos do original.
[44] Ver ibidem, n. 1-4, abr.-jun. 1980.

Enquanto no Brasil o conflito entre partidários das posições de Prestes e da direção do PCB se acentuavam, Prestes viajou à Europa na tentativa de esclarecer junto aos partidos comunistas irmãos e, em particular, junto à direção do PCUS, a orientação política por ele adotada a partir da divulgação da *Carta aos comunistas*. Em pouco tempo, ficou claro que, a título de não intervir nos assuntos internos do PCB, a atitude da cúpula do PCUS, acompanhada pela maioria dos demais dirigentes do movimento comunista internacional, era de rejeição aos argumentos apresentados por Prestes. O fato era que a crise deflagrada no PCB e denunciada por Prestes não deixava de ser a antecipação da crise que atingiria esses partidos uma década mais tarde... Houve, contudo, uma liderança comunista de grande destaque internacional que, naquele momento, lhe concedeu apoio, embora discreto: Fidel Castro[45].

Na mesma época, foi publicado o artigo "A que herança devem os comunistas renunciar?", de minha autoria, texto que repercutiu amplamente em setores de esquerda e cuja tônica consistia na fundamentação teórica da *Carta aos comunistas*. O artigo revelava, por meio da análise dos documentos partidários desde os anos 1920 até a década de 1970, a permanência de uma mesma estratégia do PCB – a estratégia da revolução democrático-burguesa ou nacional e democrática –, cujo objetivo principal era garantir o desenvolvimento de um capitalismo autônomo no Brasil. Estratégia que se mostrara equivocada, pois o capitalismo dependente do capital internacionalizado encontrara caminhos para se desenvolver sem o recurso à revolução, como diversos estudiosos da realidade brasileira já haviam constatado. Essa falsa estratégia levara o PCB a incorrer em erros ora de esquerda ora de direita na formulação de suas orientações táticas. Os erros e as deformações do PCB apontados na *Carta aos comunistas* decorriam, portanto, da permanência de uma falsa estratégia, que precisava urgentemente ser revista. Mas o CC não o pretendia fazer, temeroso de que qualquer mudança pudesse abalar sua própria sobrevivência como direção[46].

Em setembro de 1980, uma importante entrevista de Prestes foi publicada no primeiro número da nova edição de *Voz Operária*[47]. Ao abordar a situação política nacional à época e, em particular, a vaga de atentados terroristas então em curso[48], Prestes considerou:

---

[45] Relatos de Prestes à autora.

[46] Anita Leocadia Prestes, "A que herança devem os comunistas renunciar?", *Oitenta*, Porto Alegre, LP&M, n. 4, 1980.

[47] "Luiz Carlos Prestes opina sobre o momento político atual", *Voz Operária*, n. 161, set. 1980.

[48] Bombas foram lançadas na Ordem dos Advogados do Brasil e na Câmara Municipal do Rio de Janeiro, vitimando pessoas inocentes, como a secretária da OAB.

Diante da crescente desmoralização do governo, que se mostra incapaz de adotar medidas cabíveis, é urgente que todas as forças oposicionistas se mobilizem e busquem o caminho da formação de *uma ampla frente democrática*, que, a partir da unidade em torno da luta para deter o terror fascista, avance para a derrota da ditadura e a conquista de um regime democrático, cuja institucionalização se realize através de uma Constituinte livremente eleita e soberana.[49]

Perguntado sobre as condições necessárias para uma Constituinte democrática, Prestes reafirmou ser indispensável "remover previamente a legislação fascista" ainda em vigor e "conquistar a democracia para as massas, derrotar enfim a ditadura", acrescentando:

Levantar agora, como reivindicação imediata, a convocação de uma Assembleia Constituinte é colocar o carro adiante dos bois, é, na verdade, aceitar o regime ditatorial, aceitar como democracia o que nos pretende impingir o governo atual com sua chamada "abertura democrática", aceitar eleições com Lei de Segurança, com Lei Falcão, sem o direito de greve nem independência sindical, sem a existência legal do Partido Comunista, com a privação do direito de votos aos analfabetos, aos soldados e marinheiros. E ainda sob a ameaça das "ressalvas constitucionais" e do aparelho de repressão, dos DOI-Codi, das torturas e assassinatos.[50]

Em referência à *frente democrática*, Prestes disse que,

ao contrário do que afirmam alguns, [ela] ainda não existe, embora venham se tornando cada vez mais claros os objetivos que as forças democráticas almejam alcançar com o fim ou a derrota da ditadura e a ação de um regime democrático, que permita ao governo que substitua a ditadura, a convocação de uma Assembleia Constituinte realmente representativa da vontade da maioria da nação.[51]

Apresentou, ainda, alguns pontos fundamentais pelos quais os comunistas deveriam lutar para que constassem de uma futura plataforma da frente – anteriormente formulados por ele desde o regresso ao Brasil. Na entrevista, Prestes voltou a explicar sua visão, exposta na *Carta aos comunistas*, sobre a unidade das esquerdas em ligação com a frente democrática, deixando claro que, para os comunistas, ao lado da luta pela formação de uma ampla frente democrática, era fundamental

---

[49] "Luiz Carlos Prestes opina sobre o momento político atual", cit.; grifos do original.
[50] Idem.
[51] Idem.

"fazer esforços para que dentro dela" se unissem "as forças mais consequentes, aquelas que estão dispostas a lutar pela democracia como parte integrante da luta pelo socialismo". E acrescentou: "A unidade das forças de 'esquerda' será uma condição importante para, uma vez derrotada a ditadura, assegurar a continuidade da luta rumo aos objetivos revolucionários da classe operária"[52].

Ele também se referiu à greve realizada no ABC paulista, afirmando que "ela revelou o elevado nível de consciência política, a combatividade e a capacidade de organização de importante parcela da classe operária, que se coloca na vanguarda da luta pela efetiva democracia para as massas", acrescentando ainda: "A greve revelou as limitações da 'abertura' que a ditadura quer impingir como democracia e que todos os conciliadores e oportunistas partidários do imobilismo e dos braços cruzados, em nome de 'não aumentar as tensões', também aceitam como democracia". Na avaliação de Prestes, a greve mostrou que "a força do proletariado está fundamentalmente na *unidade* e *organização*"; ficara evidente "o quanto é indispensável reforçar o movimento sindical e lutar pela unidade regional, estadual e nacional, numa Central Única dos Trabalhadores"[53].

Questionado sobre a chamada "União Nacional" de que se falava no momento, Prestes afirmou se tratar do desejo "dos políticos que apoiam a ditadura de que os partidos de oposição deixem de ser oposicionistas e do desejo de alguns políticos de oposição de conciliar com o governo" e que "entre esses últimos há até pretensos comunistas que declaram aceitar a mão estendida do sr. Figueiredo"[54].

Em resposta a uma pergunta relativa à possibilidade de formulação de uma proposta alternativa para o "modelo" econômico adotado pelo governo, Prestes reafirmou que "a única alternativa real ao capitalismo selvagem existente no Brasil" era o caminho da "liquidação do poder dos monopólios nacionais e estrangeiros e do latifúndio a eles profundamente ligado". Reconheceu, contudo, que essa era uma "tarefa grandiosa e para poder cumpri-la" era necessário "acumular forças desde hoje, na luta pelas reivindicações econômicas, sociais e políticas dos trabalhadores, na luta, enfim, pela democracia". A seguir, afirmou:

> Será nesse processo que se organizará, com a classe operária à frente, o bloco das forças revolucionárias (antimonopolistas, anti-imperialistas e antilatifundiárias) capaz de liquidar o poder dos monopólios, instaurar um novo tipo de poder antimonopolista e abrir, assim, caminho para o socialismo em nossa terra.[55]

---

[52] Idem.
[53] Idem.
[54] Idem.
[55] Idem.

Prestes denuncia a permanência do regime ditatorial e a capitulação do CC. O apoio ao novo sindicalismo

Diante do adiamento, pelo governo Figueiredo, das eleições municipais marcadas para 15 de novembro de 1980, *Voz Operária* denunciou: "A 'abertura' parou". Acrescentou que a ditadura mantinha a iniciativa e, com essa medida, pretendia ganhar tempo, agindo, enquanto isso, "no sentido de dividir ainda mais as oposições, tentando derrotá-las em 1982". Teceu críticas às "lideranças nos recém-formados partidos de oposição", que se prendiam "nos meandros de uma interminável discussão em torno de uma questão que, aparentemente, passou a ser a mais importante de todos os problemas políticos, em que a Nação se debate: a questão da convocação de uma Assembleia Nacional Constituinte". Destacou, mais uma vez, a necessidade de derrotar a ditadura para garantir a convocação de uma Constituinte democrática, denunciando os "oportunistas de direita" representados nas páginas de *Voz da Unidade*, para os quais o fundamental seria "não aguçar tensões" e aceitar a legitimação da "situação *ditatorial* que o regime e os liberais querem impor ao movimento popular"[56].

Em março de 1981, em um artigo publicado por ocasião do 59º aniversário do PCB, Prestes enfatizou a necessidade de os comunistas reconhecerem que "não tivemos a capacidade de fazer do PCB um partido efetivamente revolucionário", em condições de "conduzir os trabalhadores à revolução socialista". Frisou ter havido "incapacidade de nossa parte" de articular de maneira adequada todas as lutas das quais os comunistas participaram com "uma estratégia efetivamente revolucionária, com uma estratégia que, partindo de uma análise correta da realidade brasileira, apontasse o caminho para o socialismo nas condições de nosso País". E concluiu, ao apontar as "raízes do erro cometido":

> Não podemos deixar de reconhecer que elas estão no nosso próprio atraso cultural, como parcela que padece do efetivo atraso cultural da sociedade brasileira, da consequente tendência a copiar ou transferir mecanicamente soluções adotadas para organizações revolucionárias de outros países para o nosso – dogmatismo, portanto –, além de nosso próprio desconhecimento da realidade brasileira, ao par de insuficiente conhecimento da teoria marxista-leninista. [...]
> Negávamos já em pleno século XX que a formação econômico-social dominante no Brasil fosse a capitalista, embora desde o início marcada como *dependente*, mas de qualquer forma *capitalista*.[57]

---

[56] "Constituinte quando e como?", *Voz Operária*, n. 164, dez. 1980, p. 1-3, citado em Edgard Carone, *O PCB*, v. 3, cit., p. 331-4.

[57] Luiz Carlos Prestes, "25 de março: o PCB completa 59 anos de lutas pelos interesses dos trabalhadores, pelas liberdades e por todas as causas justas do nosso povo: aprender com os

Prestes lembrou que a tese segundo a qual "a contradição fundamental da sociedade brasileira" seria "a existente entre a Nação e o imperialismo" levara à formulação da estratégia errônea da *revolução nacional e democrática*, aprovada no VI Congresso do Partido. Estratégia que o CC do PCB se recusava a rever:

> Insistindo na estratégia errada, oportunista de direita, que já nos levou, durante tantos anos, a erros na política cotidiana, assim como a profundas deformações na organização do Partido, o CC revelou sua falta de honestidade e sua incapacidade moral para dirigir o Partido. Tanto mais que é impossível construir um partido efetivamente revolucionário, capaz de enraizar-se na classe operária, se se baseia numa falsa concepção da revolução.[58]

Prestes encerrou o artigo defendendo que, para elaborar uma estratégia "efetivamente revolucionária", era necessário "construir um novo partido, efetivamente revolucionário, o que só alcançaremos através do trabalho de massas e aplicando uma política correta de alianças"[59]. Ficou evidenciado que Prestes deixara de crer na possibilidade da realização de um VII Congresso do PCB efetivamente democrático. O desenrolar dos acontecimentos durante aquele ano após o lançamento de sua *Carta* havia demonstrado que o "pântano" tinha o controle da máquina partidária e iria promover um congresso sob seu estrito controle, de forma a garantir a manutenção do *status quo*, assim como a aprovação das teses oportunistas de direita, criticadas por Prestes.

Um acontecimento importante naquele ano de 1981 foram as eleições para a diretoria do Sindicato dos Metalúrgicos da capital de São Paulo, categoria que contava com cerca de 350 mil trabalhadores. Prestes resolveu dar apoio à chapa de oposição encabeçada por Waldemar Rossi, com o objetivo de contribuir para a derrota de Joaquim dos Santos Andrade, o Joaquinzão, que contava com o respaldo do governo, de *Voz da Unidade* e da direção do PCB[60]. *Voz Operária* sustentava que era hora de unir-se em torno do fundamental: "Uma chapa representativa das correntes mais expressivas que se aglutinam em torno de uma programa-mínimo de luta contra o peleguismo[61] incrustado no Sindicato dos Metalúrgicos de São Paulo". Da mesma maneira, Prestes se posicionou claramente

---

erros do passado para construir um partido novo, efetivamente revolucionário", *Voz Operária*, n. 167, mar. 1981, p. 1-4, reproduzido em *Movimento*, mar. 1981; grifos do autor.

[58] Idem.

[59] Idem.

[60] Cf. *Voz Operária*, n. 168-169, abr.-maio 1981; *O Estado de S. Paulo*, São Paulo, 25 jul. 1981; *Em Tempo*, 23 jul.-6 ago. 1981, p. 10-1.

[61] Pelego é o dirigente sindical comprometido com os interesses dos patrões e do Estado.

a favor da chapa apoiada por Luiz Inácio Lula da Silva e a diretoria cassada do Sindicato dos Metalúrgicos de São Bernardo e Diadema nas eleições para a nova diretoria desse importante sindicato operário[62].

Ao analisar o resultado dessas duas eleições sindicais, *Voz Operária* partiu da definição das duas principais tendências no movimento sindical da época:

> 1) As forças agrupadas na chamada "Unidade Sindical" e que, em geral, defendem a "unidade pela unidade", sem questionar na prática (organizando e mobilizando os trabalhadores) a atual estrutura sindical atrelada ao Estado e a serviço dos patrões, sem conduzir a luta contra os "pelegos", ficando na realidade a reboque destes;
> 2) as forças que se batem por um NOVO SINDICALISMO, autêntico e combativo (conhecidas também como "Oposição Sindical"), que levantam na prática a luta, desde hoje, pela mudança da estrutura sindical e a conquista de um sindicalismo livre e independente do Estado, dos patrões e dos partidos, propondo-se a derrotar os "pelegos" e eleger diretorias combativas a partir de todo um trabalho de base nas empresas.[63]

O jornal dos comunistas que se alinhavam com as posições de Prestes destacou que o apoio às duas chapas citadas significara o compromisso com a segunda tendência, de luta por um novo sindicalismo[64], o que representava "uma ruptura fundamental, *também na política sindical*, com a orientação oportunista" do CC do PCB, que vinha "se especializando não só em apoiar, como também em *assessorar* conhecidos *pelegos*", como fora o caso escandaloso do Joaquinzão, reeleito por estreita margem de votos. Embora registrando discordâncias com as forças heterogêneas que trabalhavam por um novo sindicalismo, *Voz Operária* considerou que o apoio às duas chapas contribuíra para fortalecer a aliança com os setores mais combativos do movimento operário, que "inegavelmente experimentaram um avanço considerável nessas eleições". A chapa de oposição no Sindicato dos Metalúrgicos da capital de São Paulo alcançou quase metade dos votos, mudando radicalmente a situação anterior, quando, ainda em 1978, Joaquinzão obtinha 80% da votação. No Sindicato dos Metalúrgicos de São

---

[62] *Voz Operária*, n. 169, abr. 1981, p. 2; grifos do original.

[63] "Eleições dos metalúrgicos em São Bernardo e São Paulo: avanço significativo do novo sindicalismo, autêntico e combativo", *Voz Operária*, n. 172, ago. 1981, p. 1-2.

[64] Sobre o novo sindicalismo, ver Marco Aurélio Santana, *Homens partidos: comunistas e sindicatos no Brasil* (São Paulo, Boitempo, 2001), p. 3, e Ricardo Antunes, *O continente do labor* (São Paulo, Boitempo, 2011), cap. 6, embora esses autores não considerem as posições de Prestes e de seus seguidores.

Bernardo e Diadema, foi esmagadora a vitória da chapa apoiada por Lula, consagrando vitória do novo sindicalismo[65]. As eleições para a diretoria desses dois importantes sindicatos paulistas revelavam, mais uma vez, que Prestes e o CC encontravam-se em lados opostos da trincheira da luta de classes no Brasil.

Em agosto de 1981, realizou-se a Conferência Nacional das Classes Trabalhadoras (Conclat), à qual Prestes compareceu. Na ocasião, foi distribuído um manifesto de sua autoria, o qual levantava a necessidade de uma "completa modificação na estrutura sindical" então vigente, objetivo proclamado pelo novo sindicalismo. Prestes enfatizou a importância da luta por uma "nova organização sindical efetivamente independente do Estado, dos patrões e dos partidos políticos", acrescentando que isso significava também "lutar pela revogação da atual Consolidação das Leis do Trabalho (CLT) e, portanto, previamente, por um novo Código do Trabalho, cujo projeto deve e pode ser elaborado por uma Comissão eleita nessa Conclat". Ao abordar a questão da criação da Central Única dos Trabalhadores (CUT), Prestes considerou que esta só deveria surgir como "criação dos próprios trabalhadores, como uma necessidade de suas lutas, e não por decisão desta conferência, ainda muito pouco representativa". Mas afirmou, contudo, ser possível tomar as primeiras medidas para a convocação de outra conferência "efetivamente democrática e representativa dos trabalhadores", para a qual se elegeria uma Comissão preparatória. Após levantar outras questões de interesse dos trabalhadores, como o problema da greve geral, Prestes avaliou que, embora minoritários, os partidários do novo sindicalismo deveriam ampliar suas forças, lançando em terreno fértil as sementes de um movimento que poderia contribuir decisivamente para o avanço do movimento operário e para as lutas gerais do povo brasileiro[66].

No encerramento da Conclat, Prestes a definiu como "um passo gigantesco no sentido da organização e unidade da classe operária", embora reconhecesse as debilidades do movimento operário que nela se evidenciavam[67]. *Voz Operária* escreveu que a realização da Conclat fora "o acontecimento mais importante do movimento sindical brasileiro" desde o golpe militar reacionário de 1964. Confirmava-se, no conclave, a análise feita pelos comunistas alinhados com as posições de Prestes a respeito das duas principais tendências presentes, naquele momento, no sindicalismo brasileiro:

> Foi a luta entre estas duas tendências que marcou, no fundamental, as divergências que tiveram lugar durante a Conclat. E, apesar do caráter ainda de cúpula desse

---

[65] Idem.

[66] "Manifesto de Luiz Carlos Prestes (por ocasião da Conclat)", *Voz Operária*, n. 172, ago. 1981, p. 3-4; *O Estado de S. Paulo*, São Paulo, 25 ago. 1981.

[67] *Diário Popular*, São Paulo, 24 ago. 1981, p. 1 e 6; *Movimento*, 31 ago.-6 set. 1981, separata.

conclave, é indiscutível que os "Pelegos" e seus aliados (em particular, aqueles que seguem a orientação do jornal *Voz da Unidade*) viram ser derrotadas suas principais teses, como: Constituinte com Figueiredo, aceitação da CLT com retoques, formação de uma CUT "apelegada" – só de atuais dirigentes sindicais – e pacto social para ajudar o regime a superar a crise econômica, transferindo seu peso principal para as costas dos trabalhadores.[68]

Adiante, a matéria de *Voz Operária* registrou que o documento que encontrara maior repercussão junto aos delegados da Conclat fora o *Manifesto de Prestes*, amplamente distribuído e com todas suas teses aprovadas, "mostrando que eram mais unitárias e justas". Assinalou também o fato de "os delegados terem derrotado o projeto inicial apresentado pela Comissão Executiva Nacional da Conclat, em que se falava na disposição dos trabalhadores de lutar por uma profunda *reforma* nas leis trabalhistas brasileiras", destacando que a proposta vitoriosa levantava "a luta por um novo Código Nacional do Trabalho, pois a atual CLT no seu conjunto não representa seus interesses". Ficara claro que a maioria se dispunha a lutar por "*uma completa modificação na estrutura sindical atual*". *Voz Operária* registrou que a eleição de uma Comissão Nacional pró-CUT, encarregada de preparar o I Congresso Nacional das Classes Trabalhadoras, marcado para agosto de 1982, quando deveria ser formada definitivamente a Central Única dos Trabalhadores, também fora "um passo significativo no sentido de vir a eleger uma confederação mais representativa das bases e menos *apelegada*". Ao concluir sua análise dos resultados da Conclat, *Voz Operária* frisou que as decisões tomadas não sairiam do papel se não houvesse mobilização dos trabalhadores e, em primeiro lugar, das lideranças mais combativas, sendo que os comunistas deveriam contribuir ativamente para tal mobilização, "principalmente a partir de baixo, das empresas, das comissões de fábrica, dos sindicatos, de todos aqueles lugares onde as massas estiverem"[69].

Em maio de 1981, o CC do PCB divulgou as *Teses para o VII Congresso*[70], cujo caráter dúbio e contraditório seria apontado por *Voz Operária*[71]. Ao destacar nesse documento a manutenção de posições anacrônicas, como a repetição das teses da "revolução nacional e democrática", que constavam das resoluções de

---

[68] "Movimento sindical – Conclat: avanço importante do movimento sindical urbano e rural", *Voz Operária*, n. 173, set. 1981, p. 4-5.

[69] Idem.

[70] *Voz da Unidade*, 8 maio 1981, suplemento especial, p. 7-38; Edgard Carone, *O PCB*, v. 3, cit., p. 265-308.

[71] "As 'Teses do CC' para o VII Congresso: continuidade de uma linha de abandono da revolução e de reboquismo em relação à burguesia", *Voz Operária*, n. 179, jun. 1981, p. 3-4.

PRESTES: O REGRESSO AO BRASIL, A *CARTA AOS COMUNISTAS* E SEUS DESDOBRAMENTOS   503

1958, de 1960 e do VI Congresso (1967), os redatores do jornal dos comunistas alinhados com as posições de Prestes sustentaram:

> Não obstante as *Teses* tentarem apresentar uma visão supostamente "moderna" da realidade brasileira de hoje, referindo-se inclusive ao "desenvolvimento do capitalismo monopolista de Estado" [...], essa constatação, contraditoriamente, não leva a mudanças na proposta estratégica do Partido. Muito pelo contrário, continua-se a separar mecanicamente a luta anti-imperialista da luta anticapitalista, deixando-se implícita a possibilidade de um caminho autônomo e democrático de desenvolvimento capitalista.[72]

Voz Operária também denunciou o reboquismo dos autores das *Teses* em relação à burguesia:

> Se antes já se privilegiava a aliança com uma suposta *burguesia nacional*, agora destaca-se o papel do setor do capital monopolista nacional e dos empresários da Fiesp [...], exagerando suas possíveis contradições com os monopólios estrangeiros – aos quais estão basicamente associados – e alimentando ilusões num *capitalismo não selvagem, democrático e independente* sob a égide da burguesia monopolista nacional.[73]

E sublinhou "posição muito clara do CC de *fuga de qualquer autocrítica*":

> Fingindo ignorar o profundo processo autocrítico iniciado pelo camarada Prestes em sua *Carta aos comunistas*, os dirigentes atuais do CC confirmam com sua postura o que se diz na *Carta*: o total desprezo pelo Partido e a determinação de não abandonar os postos aos quais estão agarrados. Segundo as *Teses*, cabe apenas ao camarada Prestes fazer autocrítica.[74]

Dando prosseguimento à política de crescente adesão ao regime ditatorial, o CC do PCB publicou em *Voz da Unidade* um extenso documento propondo um acordo com a ditadura, com a declarada disposição de aceitar a "mão estendida do presidente"[75]. Procurado pela imprensa, Prestes reagiu: "O Comitê Central capitulou". E alertou: "Eles querem um acordo com o governo. Um acordo incondicional que vai levar o PCB a perder suas características de partido revolucionário e transformá-lo num partido burguês". Mais uma vez, Prestes

---

[72] Idem.

[73] Idem; grifos do original.

[74] Idem.

[75] *Voz da Unidade*, n. 72, 29 ago.-4 set. 1981.

condicionou a legalização do PCB à supressão da Lei de Segurança Nacional – enquanto o CC pretendia a legalização a qualquer preço, apostando tudo na "abertura" de Figueiredo[76].

Durante o ano de 1981, já se desenrolavam as articulações políticas com vistas às eleições parlamentares e para governadores dos estados, marcadas para novembro de 1982. Desde junho, Prestes e seus colaboradores mais próximos mantinham contato com representantes dos partidos de oposição à ditadura, em sondagens preliminares quanto às possibilidades de obter uma legenda para concorrer a uma cadeira no Congresso Nacional. Esta fora sempre uma prática adotada pelos comunistas brasileiros diante da discriminação anticomunista imposta por uma legislação que os privava do registro legal. Inicialmente, houve entendimentos com o PT, cuja liderança exigiu a adesão incondicional de Prestes ao partido e sua filiação por uma organização de base, condições inaceitáveis para o líder comunista[77]. Em nota distribuída à imprensa, Prestes deixou claro que jamais assumiria nenhuma posição nem faria qualquer declaração que implicasse o abandono de suas "convicções de revolucionário", a "abdicação dos princípios do marxismo-leninismo e a desistência do firme propósito de contribuir para a construção em nosso país de um Partido Comunista efetivamente revolucionário, capaz de conduzir as massas trabalhadoras à revolução socialista". Afirmou ainda que "não se cogitava de uma adesão" dele ou de seus correligionários a qualquer partido, mas sim "de um ato político" do oferecimento de legenda eleitoral, por parte de partidos de oposição, aos comunistas, "uma vez que as forças democráticas em nosso país ainda não puderam conquistar o direito de organização política legal para todos os partidos políticos, inclusive os comunistas"[78].

Diante da atitude assumida pelo PT, a bancada federal do PMDB do Rio de Janeiro, composta por nove deputados, ofereceu a legenda do partido para o "velho militante político", segundo nota distribuída à imprensa, esclarecendo que procedia de tal forma por acreditar que o PMDB constituía "o grande estuário de atuação política de todas as pessoas e correntes de opinião impedidas pela atual legislação restritiva de atuar em seus próprios partidos". Mas as resistências ao oferecimento da legenda partidária a Prestes foram numerosas e significativas, impedindo que tal iniciativa se concretizasse[79].

---

[76] *Voz Operária*, n. 173, set. 1981, p. 6-7; *Careta*, n. 10, 9 set. 1981; *O Globo*, Rio de Janeiro, 3 set. 1981, p. 4.

[77] Cf. *Movimento*, n. 313, 29 jun.-5 jul. 1981; *Jornal do Brasil*, Rio de Janeiro, 14 set. 1981.

[78] Luiz Carlos Prestes, *Nota*, 2 nov. 1981 (documento datilografado original, 1 p.; arquivo particular da autora), publicado em *Voz Operária*, n. 174, out.-nov. 1981, p. 4; *Jornal do Brasil*, Rio de Janeiro, 3 nov. 1981, p. 2; e *Folha de S.Paulo*, São Paulo, 3 nov. 1981, p. 4.

[79] *Jornal do Brasil*, Rio de Janeiro, 5 nov. 1981; *Voz Operária*, n. 174, out.-nov. 1981, p. 6.

PRESTES: O REGRESSO AO BRASIL, A *CARTA AOS COMUNISTAS* E SEUS DESDOBRAMENTOS   505

De igual maneira, fracassaram tentativas de obter legenda com o PDT (Partido Democrático Trabalhista), de Leonel Brizola, para quem, se Prestes concorresse a um cargo eletivo pela legenda do PDT, "o barco afundaria e todos seríamos náufragos, nós e o senador"[80]. O anticomunismo continuava a ser uma realidade inegável no Brasil, o que levou Prestes a desistir de se candidatar por qualquer partido a qualquer cargo eletivo.

Prestes diante da proposta de formação da Comissão Nacional de Reorganização do PCB

A proposta feita por Gregório Bezerra, em maio de 1980, de que os comunistas alinhados com as posições revolucionárias de Luiz Carlos Prestes se empenhassem na formação de uma Comissão Nacional de Reorganização do PCB teve repercussão significativa entre numerosos militantes comunistas e foi reproduzida nos quatro números do boletim *Ecos à Carta de Prestes*, publicados por iniciativa dos colaboradores do então secretário-geral do PCB. Com o lançamento de *Voz Operária*, documentos aprovados por numerosos Comitês Locais, Municipais e Estaduais de reorganização do PCB passaram a ser reproduzidos no jornal alinhado com as posições de Prestes. O anseio principal de todos esses organismos, criados sob influência da *Carta aos comunistas*, era a fundação da Comissão Nacional de Reorganização do PCB[81], tarefa que, na prática, revelar-se-ia extremamente complexa e eivada de problemas.

Voz Operária já alertava que "seria uma ilusão pensar que as profundas deformações criadas na vida orgânica do PCB no decorrer de decênios de uma política errada poderiam ser rápida e facilmente superadas". Na prática, os mesmos erros se repetiam, e havia uma carência enorme de quadros partidários preparados para assumir as tarefas de direção com eficácia e competência, deixando aberto "um espaço propício à proliferação dos aventureiros e carreiristas". Diante de tal situação, a orientação defendida pelo jornal alinhado com as posições de Prestes foi a de desenvolver esforços em três direções principais:

1) o da elaboração de uma política correta, tanto em suas linhas gerais quanto em seus aspectos concretos para cada setor do movimento de massas;
2) o da aplicação dessa política no movimento operário, camponês, estudantil etc.;

---

[80]   *Folha de S.Paulo*, São Paulo, 7 nov. 1981; *O Estado de S. Paulo*, São Paulo, 7 nov. 1981; *Tribuna de Imprensa*, Rio de Janeiro, 12 nov. 1981, p. 1 e 3; *Jornal do Brasil*, Rio de Janeiro, 12 nov. 1981; *O Globo*, Rio de Janeiro, 12 nov. 1981.

[81]   *Voz Operária*, 1980-1982; documentos de comissões locais de Reorganização do PCB (arquivo particular da autora).

3) e o da construção de *núcleos de comunistas* (desde bases até organizações de diversos níveis) estreitamente ligados a esses diferentes setores do movimento de massas.[82]

Ainda segundo *Voz Operária*, o papel do jornal consistiria em ser "o *organizador coletivo* (na expressão de Lenin) desses núcleos de comunistas". A perspectiva que naquele momento revelava-se a mais correta era a de os comunistas que estivessem de acordo com a orientação política de Prestes *se organizarem em núcleos* (bases e coordenações eleitas para coordenar o trabalho das bases em nível estadual), tendo em vista atingir algumas metas pretraçadas. Tratava-se de uma perspectiva de trabalho de longo prazo, uma vez que a própria experiência vinha revelando que ainda não se haviam formado "as condições para a criação de uma comissão nacional que unificasse o trabalho dos diferentes núcleos existentes no país". A matéria de *Voz Operária* assinalou que o camarada Prestes deixara claro que não participaria de uma iniciativa desse tipo enquanto não surgissem as condições mínimas para real funcionamento de semelhante coordenação. Ao explicar as razões alegadas por ele, o jornal destacou:

> Em primeiro lugar, as condições materiais e de segurança hoje existentes levariam a que a criação, no momento atual, de uma comissão nacional constituísse na realidade numa repetição dos métodos do CC atual, que passou a atuar legalmente desconsiderando que o regime ditatorial perdura e expondo inteiramente a organização partidária aos intentos da repressão. Em segundo lugar, ainda não surgiram os quadros realmente representativos, provados e capacitados para integrarem o núcleo dirigente do novo Partido que se pretende formar. Certamente esses quadros, assim como as condições materiais e de segurança, poderão se formar *num processo*, mais ou menos longo, que a experiência parece indicar que poderá ocorrer através do desenvolvimento dos núcleos de comunistas propostos pela *Voz Operária*.[83]

Voz Operária continuou a publicar documentos oriundos de diversos pontos do país, nos quais era defendida a criação da Comissão Nacional de Reorganização do PCB, deixando claro, entretanto, que tal posição não era adotada por Prestes. O jornal reproduziu, por exemplo, um documento intitulado *Manifesto do Nordeste brasileiro (dos comunistas que se alinham com Luiz Carlos Prestes)*, assinado por seis Comitês Estaduais e Comissões de Reconstrução e Defesa

---

[82] "Organização: os caminhos da construção de um *Partido Novo*, efetivamente revolucionário", *Voz Operária*, n. 174, out.-nov. 1981, p. 6-7; grifos do original.

[83] Idem; grifos do original.

PRESTES: O REGRESSO AO BRASIL, A *CARTA AOS COMUNISTAS* E SEUS DESDOBRAMENTOS 507

dessa região do país[84]. Nele, constava a proposta de "pugnar pela imediata constituição de Comissão Nacional Provisória", assim como de "constituir provisoriamente Colegiado Dirigente para a região Nordeste do Brasil". Ao reproduzir o documento, o jornal esclareceu que sua publicação, assim como a de outros textos de teor semelhante, tinha o objetivo de "favorecer a discussão e a troca de ideias entre os comunistas"[85].

Na realidade, a *Carta aos comunistas* teve grande repercussão e levou numerosos militantes a tentar "salvar" o PCB, reorganizá-lo ou estruturar novas organizações em bases verdadeiramente revolucionárias[86] – intentos fracassados e reveladores da inexistência das condições necessárias para a organização imediata de um partido revolucionário, fato que foi rapidamente compreendido por Prestes, levando-o, nos últimos anos de sua vida, a desaconselhar novas tentativas nesse sentido. Durante o Encontro Estadual dos comunistas gaúchos que se orientavam pela *Carta aos comunistas*, em janeiro de 1984[87], Prestes explicou sua posição, afirmando que "um partido revolucionário só pode surgir de cima para baixo, por intermédio de um grupo ideológico firme, porque é a ideologia que une os comunistas e os distingue de outras forças"[88].

Mais tarde, em 1987, Prestes recebeu o "Apelo" a ele dirigido por um grupo de companheiros para que tomasse a iniciativa de reunir "em âmbito nacional delegados de nossos camaradas em cada um dos estados em que alguns deles residam, com o objetivo de chegarmos à formulação da teoria científica da revolução em nosso país na época atual". Prestes recusou-se a tomar tal iniciativa, argumentando ser a teoria inseparável da prática e recomendando à militância

---

[84] "Manifesto do Nordeste brasileiro (dos comunistas que se alinham com Luiz Carlos Prestes)", Recife, nov. 1981, publicado em *Voz Operária*, n. 176, jan. 1982, p. 6-8.

[85] Idem.

[86] Ver, por exemplo, Comitê Estadual Gregório Bezerra (Goiás), *Relatório sobre o Encontro Nacional, realizado em Porto Alegre, 5 a 6/10/1985* (documento datilografado fotocopiado, 6 p.; Arquivo Edgard Leuenroth/Unicamp, coleção Luiz Carlos Prestes, Manuscritos, PCB-CC, pasta 189).

[87] Nesse encontro, os comunistas gaúchos que se alinhavam com as posições de Prestes fundaram o Partido Comunista Marxista-Leninista, o qual, como outras iniciativas do mesmo tipo, não conseguiu consolidar-se. Ver *Resoluções políticas do III Encontro Estadual dos comunistas gaúchos que se orientam pela Carta aos comunistas do camarada Luiz Carlos Prestes*, jan. 1984 (documento datilografado fotocopiado, 28 p.; Arquivo Edgard Leuenroth/Unicamp, coleção Luiz Carlos Prestes, Manuscritos, PCB-CC, pasta 242); "Documento do PCML – Partido Comunista Marxista-Leninista", jan. 1984, 28 f., em *Informes dos órgãos de segurança sobre Luiz Carlos Prestes* (confidencial).

[88] Luiz Carlos Prestes, "Declarações" (transcrição não revista), em *Resoluções políticas do III Encontro Estadual dos comunistas gaúchos que se orientam pela Carta aos comunistas do camarada Luiz Carlos Prestes*, cit.; "Documento do PCML – Partido Comunista Marxista Leninista", cit.

fazer esforços para penetrar nas fábricas, nas fazendas, nas concentrações operárias e camponesas, como também nas escolas e universidades, nas repartições públicas e estatais, para estabelecer contato direto com os trabalhadores, contato direto e pessoal – com homens, mulheres e jovens, tanto analfabetos quanto intelectuais – e levá-los a que se organizem em sindicatos ou noutras formas possíveis.[89]

Prestes considerava que, com o êxito de tal trabalho prático, junto com o estudo do marxismo-leninismo,

a *reunião nacional* por Vocês proposta poderá, um dia, alcançar algum êxito, deixará de ser mera troca de palavras e de opiniões contraditórias, terá por base a teoria da Revolução do proletariado – o marxismo-leninismo – e sua acertada aplicação nas condições concretas de nosso país e poderá, por isso, produzir frutos úteis capazes de estimular a luta pela conquista de um novo regime social que abra caminho para a sociedade livre da exploração do homem, para a construção do socialismo no Brasil.[90]

Ao procurar fundamentar sua argumentação frente aos autores do "Apelo", Prestes recorreu mais uma vez a Lenin. Após a derrota da Revolução de 1905, respondendo à ideia dos mencheviques de convocar o congresso, considerando que isso traria "um princípio de coesão à construção organizativa das massas operárias" e faria que se ressaltasse ante elas "os interesses comuns da classe operária e seus objetivos", Lenin propunha:

Primeiro, construção organizativa e, depois, os *objetivos* [grifado por Lenin]; quer dizer, o programa e a tática! Não deveríamos raciocinar ao inverso, camaradas "literatos e práticos"? Refleti: é possível *unificar* a construção organizativa se não se *unificou* a interpretação dos interesses e os objetivos de classe? Refleti e vereis que não é possível.[91]

No esforço voltado a explicar o fracasso das diversas tentativas de fundar um partido efetivamente revolucionário no Brasil, empreendidas por numerosos comunistas durante a década de 1980, os escritos de Gramsci, baseados em grande

---

[89] Luiz Carlos Prestes, *Prezados companheiros*, Rio de Janeiro, 23 jul. 1987, (documento impresso original, 1 f.; arquivo particular da autora).

[90] Idem.

[91] Vladimir Lenin, "Exasperado desconcierto (Sobre el problema del Congreso Obrero)", em *Obras completas*, t. 12 (Buenos Aires, Cartago, 1907), p. 303. Conforme citado em Luiz Carlos Prestes, *Prezados companheiros*, cit.

medida em sua experiência como fundador do Partido Comunista Italiano, têm inegável relevância e atualidade. O teórico e dirigente comunista italiano considerava que, "para que um partido exista, é necessária a confluência de três elementos fundamentais (isto é, três grupos de elementos)":

> 1) Um elemento difuso, de homens comuns, médios, cuja participação é dada pela disciplina e pela fidelidade, não pelo espírito criativo e altamente organizativo. [...] Eles constituem uma força na medida em que existe quem os centraliza, organizada e disciplina, mas, na ausência dessa força de coesão, ele se dispersariam e se anulariam numa poeira impotente. [...]
> 2) O elemento de coesão principal, que centraliza no campo nacional, que torna eficiente e poderoso um conjunto de forças que, abandonadas a si mesmas, representariam zero ou pouco mais; este elemento é dotado de força altamente coesiva, centralizadora e disciplinadora e também (ou melhor, talvez por isso mesmo) inventiva, se se entende inventiva numa certa direção, segundo certas linhas de força, certas perspectivas, certas premissas. [...] [Por] si só, esse elemento não formaria o partido, mas poderia servir para formá-lo mais do que o primeiro elemento considerado. Fala-se de capitães sem exército, mas, na realidade, é mais fácil formar um exército do que formar capitães. [...]
> 3) Um elemento médio, que articule o primeiro e o segundo elemento, que os ponha em contato não só "físico", mas moral e intelectual. [...]

Gramsci frisava a importância do segundo elemento por ele referido, "cujo nascimento está ligado à existência das *condições materiais objetivas* (e, se esse segundo elemento não existe, qualquer raciocínio é vazio)", acrescentando que, para formar esse segundo elemento, "é preciso que se tenha criado a convicção férrea de que uma determinada solução dos problemas vitais seja necessária"[92].

Partindo dessas indicações do revolucionário comunista italiano, verificamos que no Brasil dos anos 1980 inexistiam as *condições materiais objetivas* para a formação do segundo elemento por ele apresentado, ou seja, inexistiam as condições para o surgimento dos "capitães" dotados "de força altamente coesiva, centralizadora e disciplinadora e também (ou melhor, talvez por isso mesmo) inventiva". Sem esse elemento, os outros dois se dispersariam e anulariam. Esse foi justamente o resultado do movimento provocado pelos comunistas alinhados com as posições de Prestes, que pretenderam a reorganização do PCB ou a criação de um partido efetivamente revolucionário no Brasil.

---

[92] Antonio Gramsci, *Cadernos do cárcere*, v. 3 (Rio de Janeiro, Civilização Brasileira, 2000), p. 316-8; grifos desta autora.

Prestes compreendeu que inexistiam os "capitães" dotados de capacidade para "tomar os destinos do partido em suas mãos" e que, para formá-los, seria necessário um longo processo de preparação das *condições materiais objetivas*. Percebeu ainda que a crise vivida pelo PCB era também uma crise do movimento comunista internacional e do chamado "socialismo real", a qual ele detectou uma década antes de "explodir" no cenário internacional. A *Carta aos comunistas* antecipou questões que viriam a se colocar, com grande intensidade, para os comunistas do mundo inteiro uma década mais tarde. Muitas dessas questões mantêm sua atualidade.

XIX
Prestes: os últimos anos – a continuação da luta por um partido revolucionário (1983-1990)

Prestes participa da vida política nacional

Prestes não alimentava ilusões quanto à possibilidade de uma rápida reconstrução do Partido Comunista que pudesse dar origem a uma organização efetivamente revolucionária, tampouco quanto à celeridade do avanço do movimento revolucionário no Brasil. Em carta a um amigo, ele confidenciou:

> Tudo indica [...] que marchamos para sério agravamento da situação social. E, como não temos um partido revolucionário e as massas trabalhadoras estão desorganizadas, teremos lutas esparsas que serão fatalmente esmagadas pela força das armas. Será esse infelizmente o caminho sangrento da revolução brasileira até que, através dele, surja o partido revolucionário capaz de organizar e unir a classe operária e de levá-la à abertura do caminho para o socialismo em nossa terra. Isso pode parecer muito desalentador e pessimista, mas não é. É realismo de quem tem a certeza de que desse processo surgirá, como necessidade histórica, o verdadeiro partido revolucionário da classe operária. Estamos pagando pelo nosso atraso cultural, pela escravidão de 1888, pela independência com o príncipe da Casa de Bragança etc.[1]

Convencido da ausência de condições para organizar de imediato um partido revolucionário no Brasil, Prestes dedicou os últimos anos de vida a difundir suas ideias principalmente junto aos trabalhadores e aos jovens. Ao mesmo tempo, procurou participar, ao lado de seus correligionários, da vida política nacional,

---

[1] Luiz Carlos Prestes, *Carta a Aloyzio Neiva Filho*, Rio de Janeiro, 16 jan. 1983 (documento datilografado original, 3 p.; arquivo particular da autora).

com o objetivo de acumular forças e contribuir para a criação das condições propícias ao surgimento de organizações efetivamente revolucionárias habilitadas a conduzir as transformações necessárias ao advento do socialismo no país. Ele percorreu todo o Brasil a convite das mais diversas entidades sociais e de trabalhadores, estudantes, intelectuais e políticos, além de numerosos admiradores. Participou das principais campanhas eleitorais, procurando sempre dar apoio a candidatos comprometidos com as causas populares e dispostos a contribuir para o real avanço da democratização do país.

Ao empenhar-se na luta pela efetiva democratização do Brasil e ao denunciar a permanência do regime ditatorial durante o governo Figueiredo – repelindo as teses dos liberais e da direção do PCB de que se estaria atravessando um período de "transição" para a democracia –, Prestes alertou para a continuidade do "poder militar", à qual voltaria a referir-se repetidas vezes.

Em um editorial de dezembro de 1981, *Voz Operária* denunciou a condenação, com base na Lei de Segurança Nacional, de Lula e mais dez sindicalistas do ABC a penas que variavam de dois a três anos de prisão, assim como o enquadramento de dois padres franceses e treze posseiros da região de São Geraldo do Araguaia. Criticou também o "pacote eleitoral" de Figueiredo, que vinculava todos os votos e proibia coligações, com a consequente "municipalização" do pleito marcado para 1982. Dessa forma, garantia-se a maioria do partido governista, o PDS, em todos os níveis. Eram fatos reveladores de que o regime fascista não havia sido superado, de que a chamada "abertura" havia parado[2].

Alinhado com as posições de Prestes, o jornal analisou: "Quem detém o poder de fato no País é a oligarquia financeira, que o exerce através do *grupo militar* de sua confiança, encastelado no Alto Comando das Forças Armadas"[3]. Citou o sociólogo Florestan Fernandes a respeito da "fascistização localizada de certas áreas do aparelho de Estado", o que repeliria qualquer "transição democrática", mantendo viva a contrarrevolução "por todo e qualquer meio possível". A conclusão de Florestan: "Esse fascismo oculto e mascarado [...] é capaz de passar do Estado de exceção para a 'normalidade constitucional' sem permitir que se destrua o elemento autocrático que converte o Estado em bastião da contrarrevolução"[4]. Em outras palavras, tratava-se do "poder militar", a respeito do qual Prestes afirmou:

> As Forças Armadas constituem hoje o chamado *poder militar*, que, a serviço dos monopólios, tutela os três poderes, as Forças Armadas que hoje constituem uma

---

[2] "Regime tira a máscara e mostra seu caráter fascista", *Voz Operária*, n. 175, dez. 1981, p. 1-2 e 11.

[3] Idem; grifos desta autora.

[4] Florestan Fernandes, *Poder e contrapoder na América Latina* (Rio de Janeiro, Zahar, 1981), p. 31-2; "Regime tira a máscara e mostra seu caráter fascista", cit.

casta anticomunista, cujos quadros foram, nos últimos vinte anos, rigorosamente selecionados pelo anticomunismo comprovado, mais bárbaro e retardatário [...]. E esse *poder militar* não virá abaixo através de eleições, mesmo diretas, mas somente graças à força de um vigoroso movimento de massas.[5]

Em janeiro de 1982, foi lançado e amplamente divulgado na grande imprensa o livro *Prestes: lutas e autocríticas*[6], dos jornalistas Dênis de Moraes e Francisco Vianna, baseado em depoimento a eles concedido por Prestes. A obra recebeu uma avaliação bastante negativa do próprio entrevistado:

> Discordo da seleção que fizeram do amplo material gravado que lhes forneci e da pressa com que o deram por terminado. Como jornalistas, procuraram destacar os aspectos mais sensacionalistas e deixaram de lado o conteúdo político da maior parte do que foi gravado. Além disto, a palavras minhas deram, muitas vezes, redação e estilo que não são meus. Há também no livro muitas passagens que não se sabe se são de minha autoria ou resultantes das pesquisas feitas pelos dois jornalistas.[7]

Em março de 1982, *Voz Operária* apresentou um documento representativo das posições defendidas por Luiz Carlos Prestes: *Proposta para discussão de um programa de soluções de emergência contra a fome, a carestia e o desemprego*[8]. O texto afirmava:

> Apesar de considerarmos que as soluções definitivas e duradouras para os grandes problemas sociais do Brasil são incompatíveis com a estrutura capitalista, nunca deixamos de lutar por medidas parciais, que possam melhorar, mesmo que temporariamente, a situação econômica, política e cultural dos trabalhadores.[9]

---

[5] Luiz Carlos Prestes, *Carta a Aloyzio Neiva Filho*, Rio de Janeiro, 7 maio 1984 (documento original; arquivo particular da autora); grifos do autor.

[6] Dênis de Moraes e Francisco Vianna, *Prestes: lutas e autocríticas* (Petrópolis, Vozes, 1982); ver *Jornal do Brasil*, Rio de Janeiro, 9 jan. 1982; *Folha de S.Paulo*, São Paulo, 26 e 27 jan. 1982; *Gazeta Democrática*, 5 mar. 1982.

[7] Luiz Carlos Prestes, *Carta a Aloyzio Neiva Filho*, Rio de Janeiro, 2 mar. 1982 (documento original; arquivo particular da autora).

[8] *Proposta para discussão de um programa de soluções de emergência contra a fome, a carestia e o desemprego (Por ocasião do 60º aniversário da fundação do PCB)*, mar. 1982 (folheto impresso, 12 p.), reproduzido em *Voz Operária*, n. 178, mar. 1982, p. 1-11, e Edgard Carone, *O PCB*, v. 3: *1964-1982* (São Paulo, Difel, 1982), p. 339-52.

[9] Idem.

E destacava, após apresentar um conjunto de medidas voltadas para o encaminhamento de soluções de emergência para a situação das grandes massas populares naquele momento:

> Uma atuação política efetivamente comunista deve identificar-se com os mais profundos interesses e reivindicações concretas das classes oprimidas, o que, hoje, significa apoiar as bandeiras mais inadiáveis dos que passam fome, dos desempregados, de todo o povo, impiedosamente esmagado pelos capitalistas e pelo Estado, tendo, ao mesmo tempo, consciência de que estes só farão concessões quando se sentirem pressionados pela luta unitária das classes exploradas e oprimidas.[10]

Ao analisarmos hoje, retrospectivamente, a repercussão limitada desse documento, percebemos que tal desfecho se explica pela desorganização do movimento popular no Brasil e, em especial, pela ausência de um partido revolucionário capaz de mobilizar e dirigir grandes massas na luta por objetivos parciais ou por objetivos de longo alcance; partido revolucionário pelo qual Prestes lutou até o fim da vida.

Em 1982, foram realizadas eleições gerais no país. A posição de Prestes foi a de que as eleições constituíam "uma forma de luta secundária, diante da questão fundamental que é a nossa luta permanente pelas massas". *Voz Operária* destacou que "devemos atuar junto aos três partidos oposicionistas (PT, PMDB, PDT), sem, contudo, pretender que por meio apenas de eleições se possa efetivamente derrotar o regime ditatorial", acrescentando:

> Com o "pacote eleitoral" de novembro, que instituiu o voto vinculado, a posição dos comunistas inevitavelmente terá de ser diferente em cada estado, tendo, porém, sempre em vista qual a melhor maneira de derrotar o regime nas urnas, através da derrota de seus candidatos a governador, a senador, a prefeito ou mesmo a deputados e vereadores, conforme cada caso específico.[11]

A seis meses do pleito, marcado para 15 de novembro de 1982, o jornal dos comunistas alinhados com as posições de Prestes esclareceu que, "dentre os três partidos que podem ser considerados de oposição", o PMDB[12] era "a organização mais forte e que, por contar com as tradições dos resultados das eleições de 1974

---

[10] Idem.

[11] *Voz Operária*, n. 176, jan. 1982, p. 9.

[12] Com a reorganização partidária promovida no governo Figueiredo, o MDB transformou-se em PMDB, e a Arena, em PDS (Partido Democrático Social).

e 1978, em que o MDB praticamente derrotou a ditadura nos principais estados", havia acumulado "melhores condições" para, nas eleições de 1982, "derrotar em numerosos estados os candidatos da ditadura". Entretanto, no Rio de Janeiro, a situação era distinta, pois o PMDB, com a incorporação do Partido Popular de Chagas Freitas, havia perdido as características oposicionistas, sendo "engolido" pelo "chaguismo"[13]. *Voz Operária* escreveu: "Nesse estado, o principal objetivo político das verdadeiras forças de oposição só pode ser um: derrotar o 'chaguismo' e, através dele, o regime ditatorial"[14].

Voz Operária avaliou que, para votar contra a ditadura no Rio de Janeiro, a escolha ficara reduzida a dois partidos: PDT e PT, sendo este último eleitoralmente débil no estado. Restava, portanto, como única opção, o PDT, de Leonel Brizola, que esse partido não conseguira ainda alcançar uma audiência significativa devido, principalmente, "à prudência e tibieza" demonstradas por Brizola ao "não poupar ocasiões para elogiar o sr. Figueiredo e não se manifestar com a necessária energia contra a desastrosa política econômico-financeira" de seu governo, "de consequências nefastas para os trabalhadores, reduzidos a uma situação de miséria, fome e desemprego". *Voz Operária* avisou:

> Se o PDT pretende transformar-se numa real alternativa de oposição à ditadura e ao chaguismo – no caso do Rio de Janeiro –, essa orientação deve ser substituída por outra, efetivamente combativa, de luta pelos interesses das massas trabalhadoras, abertamente contra a ditadura e suas leis repressivas, pelas liberdades democráticas.[15]

Em julho, o jornal dos comunistas alinhados com Prestes denunciou o "fechamento" promovido pelo governo com a aprovação no Congresso, no final de junho daquele ano eleitoral, do chamado "emendão" de reformas constitucionais – expediente destinado a garantir a continuidade do regime ditatorial, evitando que se repetissem as derrotas governistas de 1974 e 1978 nas urnas. Entre tais reformas, estava a do Colégio Eleitoral – que iria eleger ainda por via indireta o futuro presidente da República –, que passava a ser composto por membros do Congresso Nacional e mais seis delegados por Assembleia Legislativa, indicados pelo partido majoritário. Dessa forma, o governo poderia "hibernar"

---

[13] Chaguismo era a corrente liderada por Chagas Freitas, que atuava como "cavalo de Troia" da ditadura no PMDB do Rio de Janeiro.

[14] *Voz Operária*, n. 180, maio 1982, p. 1-4.

[15] Idem.

tranquilamente, pois sua continuidade parecia assegurada[16]. Em setembro, *Voz Operária* dirigiu sua denúncia contra a manutenção da Lei Falcão, mais um fato revelador de que a tendência geral da evolução política no país não estava sendo de "abertura", mas de "crescente e cada vez mais acentuado 'fechamento' do regime político"[17].

Somente em 21 de outubro de 1982, quando faltava menos de um mês para as eleições, Prestes lançou boletim contendo sua *Declaração* de apoio à candidatura de Leonel Brizola ao governo do estado do Rio de Janeiro. Prestes destacou que "a pressão das massas e da opinião pública" contribuíra para que Brizola, "que a princípio mantinha frente ao governo federal uma posição vacilante e tíbia, fosse compelido a modificar, pouco a pouco, seu discurso, no sentido de maior clareza e firmeza na oposição à ditadura". Para Prestes, restava desejar que até 15 de novembro Brizola viesse a "dar mais alguns passos nessa direção de maior consequência oposicionista" e que, diante do apoio popular com que já contava, ele soubesse contribuir para que o povo trabalhador se organizasse e se mobilizasse. Assim, uma vez vitorioso nas urnas, Brizola poderia contar com o apoio e o respaldo das massas "indispensáveis para levar à prática os pontos fundamentais de seu programa, contra a já previsível, e mesmo declarada, resistência das forças mais reacionárias às medidas de caráter democrático e popular que serão reclamadas pelo povo vitorioso"[18].

Em sua *Declaração*, Prestes denunciou "os arautos da catástrofe", que anunciavam uma suposta ameaça de que Brizola, caso fosse eleito, não poderia tomar posse ou, se empossado, seria impedido de governar. Tratava-se, na realidade, da substituição do "voto útil" pelo que o povo já estava chamando de "voto covarde", ou seja, "votar nos candidatos consentidos pelo regime". Prestes acrescentou:

> É nesse sentido que se somam os esforços desenvolvidos nos últimos dias por uma série de velhos e novos defensores da camarilha chaguista, como Rafael de Almeida Magalhães (antigo e conhecido lacerdista), Hércules Correia (do autodenominado Coletivo de Dirigentes comunistas, que mais uma vez está comprovando que traiu os verdadeiros interesses do povo e da classe operária) e alguns outros, assim como organizações abertamente de direita, apelando

---

[16] Ibidem, n. 182, jul. 1982, p. 1-3.

[17] Ibidem, n. 184, set. 1982, p. 1-2; conferir também o noticiário da imprensa nacional, jun.-nov. 1982.

[18] Luiz Carlos Prestes, *Declaração*, 21 out. 1982 (boletim impresso original, 4 p.; arquivo particular da autora), reproduzida em *Voz Operária*, n. 185, out. 1982, p. 1-2; e *Folha de S.Paulo*, São Paulo, 22 out. 1982.

para todo tipo de provocações, algumas das quais chegam a ter caráter tipicamente policial.[19]

Ao explicar seu apoio à candidatura de Brizola, Prestes declarou:

> É particularmente diante dessa ofensiva provocadora e claramente antipopular que considero necessário, nesta oportunidade, tomar posição clara e firme ao lado de todos aqueles que veem, neste momento, a vitória da candidatura do sr. Leonel Brizola como a única saída efetivamente viável para derrotar as candidaturas comprometidas com o regime ditatorial, tanto a do sr. Miro Teixeira quanto a do sr. Moreira Franco, candidatos respectivamente do governo estadual e federal, do chaguismo e do PDS.[20]

Encerrando sua *Declaração*, Prestes previu: "A derrota, no Estado do Rio de Janeiro, da ditadura e das forças com ela mancomunadas será um acontecimento de repercussão nacional que poderá contribuir para a unidade e o fortalecimento, em todo o País, das forças que lutam contra o atual regime, pela democracia e pelo progresso social em nossa terra"[21].

Uma vez declarado o apoio à candidatura de Brizola e inscritos no PDT alguns candidatos comprometidos com as posições de Prestes para concorrer a cargos eletivos no estado do Rio de Janeiro, chegara o momento de participar ativamente da campanha eleitoral. Prestes não poupou esforços nesse sentido, falando perante diversas plateias, inclusive em portas de fábrica, como, por exemplo, frente a quatrocentos trabalhadores do estaleiro Caneco[22]. No Rio, Prestes elegeu candidatos às Câmaras Municipais, à Assembleia Legislativa e à Câmara Federal. Viajou também por diversos estados, concedendo seu apoio a numerosos candidatos inscritos na legenda do PMDB[23].

A vitória de Brizola no Rio de Janeiro foi esmagadora. Também a das oposições no âmbito nacional revelou-se significativa, pois a soma nacional de votos da oposição – do PMDB e, no Rio de Janeiro, do PDT – foi no mínimo duas vezes superior à dos votos recebidos pelos candidatos eleitos pelo partido governista, o PDS. Em entrevista concedida no final de novembro de 1982, Prestes assinalou que, "apesar de todas as medidas casuísticas tomadas pela ditadura para tentar

---

[19] Idem.

[20] Idem.

[21] Idem.

[22] Ver *Tribuna de Imprensa*, Rio de Janeiro, 28 out. 1982; *Última Hora*, Rio de Janeiro, 28 out. 1982; *Jornal do Brasil*, Rio de Janeiro, 28 out. 1982; *Folha de S.Paulo*, São Paulo, 28 out. 1982.

[23] Arquivo particular da autora.

encobrir o caráter plebiscitário das eleições, este continua presente e revela a esmagadora derrota do governo federal nas eleições de 15 de novembro"[24].

Quanto à vitória de Brizola no Rio de Janeiro, Prestes destacou que tratava-se de "acontecimento de repercussão nacional de enormes proporções, que não pode deixar de contribuir para acelerar a elevação do nível político da luta de todo nosso povo pelas liberdades democráticas e pelo progresso social". Considerou ainda que, dada a vitória conquistada por Brizola, o PDT poderia tornar-se o "principal centro aglutinador das forças efetivamente dispostas a lutar contra o atual regime dominante" e frisou que tudo dependeria do êxito que alcançasse "na solução dos problemas mais permanentes do povo o governo de Leonel Brizola no Rio de Janeiro"[25].

Para atingir tal objetivo, Prestes não deixou de insistir na necessidade de dirigir todos os esforços para organizar e mobilizar as massas na luta por suas reivindicações e na concretização de seus legítimos anseios e no fato de que os comunistas, "naqueles estados onde a oposição venceu", deveriam "saber utilizar as posições conquistadas para se ligarem às massas, visando mobilizá-las, organizá-las e uni-las"[26]. A ausência de um partido revolucionário no Brasil contribuiria, entretanto, para que os objetivos apontados por Prestes não fossem atingidos.

Ao pronunciar-se mais uma vez sobre a convocação da Assembleia Constituinte, proposta insistentemente por alguns setores da oposição, Prestes afirmou que esta só poderia ser útil se contasse com "uma maioria representativa das forças efetivamente contrárias ao atual regime dominante, tutelado pelos militares", acrescentando que seria necessário, "previamente, conquistar um regime democrático, livre das manobras casuísticas da ditadura". Para ele, a convocação de uma Assembleia Constituinte, "capaz de aprovar uma nova Constituição democrática", exigia a prévia substituição do regime vigente e a conquista de um governo democrático. Isso, segundo ele, "só se conseguirá por meio de um poderoso movimento de massas. E é partindo da luta pela democracia para as massas que lá chegaremos"[27].

Em dezembro de 1982, a Polícia Federal, cumprindo "ordens superiores", invadiu a sede do jornal *Voz da Unidade* em São Paulo, desbaratando uma reunião do PCB (na realidade, uma assembleia de seu VII Congresso). Na ocasião, foram presas cerca de cem pessoas – os membros do coletivo de dirigentes comunistas

---

[24] "O momento político e as eleições vistos por Luiz Carlos Prestes" (entrevista), *Tribuna da Imprensa*, Rio de Janeiro, 30 nov. 1982; e *Voz Operária*, n. 186, nov. 1982, p. 4-7.

[25] Idem.

[26] Idem.

[27] Idem.

e os delegados ao VII Congresso[28]. Segundo o boletim *Relatório Reservado*, publicação destinada a informar o empresariado, a decisão do governo federal de prender toda a direção do PCB e oitenta membros que estavam reunidos em São Paulo era "explicada por funcionários do Itamaraty como um gesto político para agradar a dois públicos: o governo dos Estados Unidos e grupos militares de extrema-direita do Brasil"[29].

A posição de Prestes diante disso foi de protesto contra o ato arbitrário do governo Figueiredo, de solidariedade às vítimas da repressão e, ao mesmo tempo, de condenação da irresponsabilidade da direção do PCB, que expôs "à sanha da repressão inúmeros militantes comunistas, alguns jovens, que confiaram inadvertidamente nessa direção"[30]. Ele lembrou: "Protestei contra a violência, mas, simultaneamente, chamei a atenção para a irresponsabilidade com que procederam [os dirigentes do PCB]. Essa gente é de opinião de que a 'abertura' de Figueiredo já é plena democracia, quando não passa de concessões feitas, de caráter secundário, para manter o essencial, quer dizer, o *poder militar* e sua Lei de Segurança Nacional"[31].

Adiante, Prestes escreveu: "Agora, o PCB deles é um partido político que já não luta mais pelo poder, luta apenas por uma Assembleia Constituinte que elabore, dentro mesmo do atual regime, uma outra Constituição. Quanto ao socialismo, fica relegado para as calendas gregas..."[32].

Pouco depois da prisão de dirigentes e militantes do PCB em São Paulo, Prestes foi chamado a depor na Polícia Federal, com o intuito evidente de transformá-lo em testemunha de acusação contra o Comitê Central, papel por ele repelido com energia. Prestes declarou na ocasião que se negara a discutir com a polícia as divergências existentes entre ele e o CC, dizendo que essas eram questões internas dos comunistas[33].

Durante o ano de 1983, Prestes viajou a diversos estados do Brasil, sempre a convite de setores da vida nacional interessados em conhecer sua orientação política. Em abril, na qualidade de convidado ao Congresso dos Trabalhadores e Petroquímicos da Bahia, em Salvador, fez declarações sobre a sucessão do general Figueiredo por um presidente civil – assunto que começava a ser

---

[28] *Folha de S.Paulo*, São Paulo, 14 dez. 1982; *Jornal do Brasil*, Rio de Janeiro, 14 dez. 1982.

[29] *Relatório Reservado*, n. 839, citado em *Voz Operária*, n. 187, dez. 1982-jan. 1983, p. 8.

[30] *Voz Operária*, n. 187, dez. 1982-jan. 1983, p. 8; *Tribuna de Imprensa*, Rio de Janeiro, 19-20 fev. 1983.

[31] Luiz Carlos Prestes, *Carta a Aloyzio Neiva Filho*, Rio de Janeiro, 16 jan. 1983, cit.; grifos desta autora.

[32] Idem.

[33] *Jornal do Brasil*, Rio de Janeiro, 5 mar. 1983; *Jornal do Comércio*, Rio de Janeiro, 5 mar. 1983; *Tribuna de Imprensa*, Rio de Janeiro, 5 mar. 1983; *Última Hora*, Rio de Janeiro, 5 mar. 1983.

discutido nos meios políticos. Diante da aventada candidatura de Tancredo Neves, Prestes declarou que o considerava "traidor do eleitorado"; o "candidato preferido dos militares" e, sendo "civil e pertencente à oposição", estava em "condições, portanto, de dar ao sistema falsa ideia de liberdade"[34]. Perguntado sobre a "abertura" de Figueiredo, ele lembrou que ela vinha desde o governo Geisel. Tratava-se apenas "de concessões secundárias, limitadas, para conservar o essencial. E o que é essencial no Brasil é o *poder militar*, é a tutela militar sobre os poderes do Estado"[35].

No final de abril do mesmo ano, Prestes viajou a Manágua, na Nicarágua, a convite da Conferência Continental pela Paz e a Soberania na América Central e Caribe, onde discursou em nome dos Partidários da Paz do Brasil e do Centro Brasileiro de Defesa da Paz e da Ecologia, entidade constituída, por sua iniciativa, havia pouco tempo em nosso país. Na oportunidade, Prestes apresentou um quadro da situação política nacional, lembrando que a ditadura passara, no período de 1968 a 1974, por "uma fase caracteristicamente militar-fascista, de terror contra o Povo", mas que,

> diante da grande modificação havida na arena internacional, com a substituição, no início da década de 1970, da política de "guerra fria" pela distensão internacional, e também do evidente crescimento das manifestações de oposição interna à ditadura, viu-se esta compelida a fazer algumas concessões de caráter político e econômico, no sentido de uma "abertura democrática" e de pequenas correções na distribuição da renda nacional, que chegara a ser uma das mais injustas do mundo. Concedeu então anistia limitada aos presos e condenados políticos e exilados, assim como cedeu à exigência popular de eleições diretas de governadores estaduais.[36]

A seguir, Prestes explicou:

> Mas as referidas concessões que, graças à intensa e dispendiosa propaganda realizada pela ditadura no exterior, criou [sic] para esta uma imagem de efetiva democracia na verdade não atingiu [sic] a *essência do regime, que continua sob a tutela de um poder militar* (como acontece em todos os países do cone sul da América do Sul)

---

[34] *Tribuna da Bahia*, Salvador, 16 abr. 1983; *A Tarde*, Salvador, 16 abr. 1983; *Jornal da Bahia*, Salvador, 16-17 abr. 1983.

[35] *Jornal da Bahia*, Salvador, 17 abr. 1983; grifos desta autora.

[36] Luiz Carlos Prestes, *Intervenção na Conferência Continental por la Paz y la Soberania en Centro América y Caribe*, Manágua (Nicarágua), 22 abr. 1983 (documento datilografado original, 4 p.; arquivo particular da autora).

que garante aos monopólios nacionais e estrangeiros, muito especialmente às multinacionais, a extração do lucro máximo à custa da miséria crescente da maioria esmagadora da população do país, da conservação de uma *legislação fascista* – com a Lei de Segurança Nacional – e de inclusão na Constituição de preceitos que permitem ao ditador, de surpresa, com sua simples firma, a decretação do estado de sítio, a eliminação de todos os direitos e liberdades democráticas.[37]

Durante toda a década de 1980, Prestes não perdeu oportunidade de insistir na denúncia da *tutela do poder militar* sobre os três poderes da República brasileira, tema evitado tanto por liberais quanto por dirigentes do PCB. Em entrevista concedida em junho de 1983, ele reafirmou:

Quem governa o Brasil não é o sr. Figueiredo. O sr. Figueiredo é uma figura de proa, um general de plantão na presidência da República. Quem governa é *o alto comando do Exército*, com o apoio da Marinha e da Aeronáutica. Isso quem diz é o próprio ministro do Exército, general Walter Pires. Numa entrevista que ele deu à *Folha de S.Paulo*, em agosto de 1981, ele diz que o Exército, com as outras forças singulares, assim ele chama a Marinha e a Aeronáutica, têm a tarefa de assegurar aos poderes do Estado – quer dizer que eles estão acima dos poderes do Estado – a ordem e a tranquilidade para o desenvolvimento da economia e da democracia. Então o ministro do Exército não dá uma palavra sobre a defesa da soberania nacional. Só trata de dominar os poderes do Estado. Isso é que eu chamo de *tutela* até hoje.[38]

A partir da segunda metade de 1983, a questão do *voto direto* para as eleições presidenciais, marcadas para o início de 1985, tornou-se central tanto na imprensa quanto no debate político. Fazendo a ressalva de que "somos todos partidários do voto direto do povo em todas as eleições e que nos interessamos pela escolha do futuro sucessor do atual ditador", Prestes alertou que os comunistas não deveriam se deixar enganar "pelos politiqueiros a serviço dos privilegiados" que, consciente ou inconscientemente, procuravam "desviar a atenção do povo do quadro de miséria e da própria fome para convencê-lo, nesta hora, a preocupar-se apenas com a escolha do futuro presidente da República ou a lutar pelo voto direto para as eleições presidenciais"[39]. Em outra ocasião, ele reafirmou: "Voto direto não

---

[37] Idem; grifos desta autora.

[38] Luiz Carlos Prestes, "Entrevista concedida a Cristina Serra", *Resistência*, Belém, n. 56, 1º-15 jun. 1983, p. 6; grifos desta autora.

[39] Luiz Carlos Prestes, *Mensagem aos meus amigos de Ribeirão Preto*, Rio de Janeiro, 19 set. 1983 (documento datilografado original, 2 p.; arquivo particular da autora).

522 Luiz Carlos Prestes: um comunista brasileiro

livra o país da crise", e "o debate do tema serve apenas para desviar a atenção do povo de seus problemas fundamentais: fome, miséria e falta de trabalho"[40].

Para Prestes, "não podemos ser insensíveis aos sofrimentos do povo nem podemos nos conformar com morrer de fome sem lutar". Acrescentou:

> É através da luta contra a miséria e a fome, contra a falta de trabalho, contra as leis de arrocho salarial, contra a carestia do custo de vida, que poderemos agora acelerar a organização dos trabalhadores, elevar o nível de sua consciência política e revolucionária, mobilizá-los e levá-los a que se unam para lutar contra a ditadura dominante, contra o atual regime, pelas liberdades democráticas, contra as leis fascistas, tais como a Lei de Segurança Nacional, a lei contra a greve e outras.[41]

Em setembro de 1983, as hostes do PCB foram abaladas por nova crise, cujo desfecho foi a destituição pelo CC de onze dirigentes do Coletivo Estadual de São Paulo, seguida pelo rompimento do Coletivo de Intelectuais do Rio de Janeiro, incluindo Armênio Guedes, ex-membro da Executiva Nacional do partido. Era mais uma vitória do "pântano" sobre os chamados "renovadores", então definitivamente excluídos das fileiras partidárias. Segundo a imprensa da época, Prestes teria sido acusado pelo Coletivo Nacional de, "juntamente com Armênio Guedes, estar tentando obter a hegemonia política do partido reunindo dissidentes considerados à esquerda e à direita do atual Comitê Central". A resposta de Prestes foi taxativa no sentido de que não havia procurado entendimento algum nem via em nenhum dos dois grupos semelhanças com seus ideais. "São todos oportunistas de direita", rebateu[42].

Ainda no final de 1983, Prestes deu seu apoio à Chapa 2, de oposição, que concorria às eleições para a diretoria do Sindicato dos Metalúrgicos do Rio de Janeiro. Em suas falas perante os trabalhadores dos estaleiros Caneco e Emaq, ele afirmou que a combatividade dos sindicatos dependia "da organização e da luta dos trabalhadores a partir das fábricas"[43]. E continuou participando de eleições sindicais, apoiando sempre as chapas que considerava efetivamente comprometidas com os interesses dos trabalhadores.

No VII Congresso do PCB, por fim realizado em janeiro de 1984, em São Paulo, foi aprovado um documento afirmando que a oposição deveria negociar

---

[40] Idem, "Entrevista concedida a Maria Carolina Falcone", *Tribuna da Imprensa*, Rio de Janeiro, 23 nov. 1983.

[41] Idem, *Mensagem aos meus amigos de Ribeirão Preto*, cit.

[42] *Folha de S.Paulo*, São Paulo, 10 set. 1983; *O Estado de S. Paulo*, São Paulo, 20 set. 1983; *O Globo*, Rio de Janeiro, 20 set. 1983.

[43] *Folha de S.Paulo*, São Paulo, 8 dez. 1983.

PRESTES: OS ÚLTIMOS ANOS – A CONTINUAÇÃO DA LUTA POR UM PARTIDO REVOLUCIONÁRIO   523

com "setores do Governo, do regime e do PDS" para que o Brasil pudesse superar a crise política, econômica e social que enfrentava[44]. A direção do PCB sinalizava aceitar negociar o apoio à eleição presidencial indireta, caso não houvesse condições de aprovar as eleições diretas e, inclusive, conceder um possível apoio ao nome de Tancredo Neves para sufrágio no Colégio Eleitoral[45]. Na mesma ocasião, circulou com grande repercussão a notícia de que Prestes teria sido expulso do PCB durante o VII Congresso. Giocondo Dias, reeleito secretário-geral, declarou de pronto não ter havido expulsão e que Prestes fora considerado "afastado das fileiras dos comunistas brasileiros" pois ele próprio se autoexpulsara[46]. Para o "pântano", vitorioso no congresso partidário[47], continuava não interessando consagrar a ruptura definitiva com Prestes, atitude que repercutiria negativamente para o PCB.

Em carta a um amigo, naquele início de 1984, Prestes escreveu:

> [...] A vida política está praticamente morta em nosso País. [...] a "abertura" do Figueiredo já conseguiu o consenso de todas as organizações políticas, muito especialmente as de "esquerda". Em artigo na *Folha de S.Paulo*, o Giocondo[48] já lançou uma frase que certamente supõe que ficará célebre: "Lutar para negociar, negociar para mudar"[49]. Trata-se pois de negociar com a ditadura... E assim estão todos os "esquerdistas", mesmo os mais extremados, do PCdoB, do MR-8 etc. Agora, segundo essa gente, tudo vai se resolver com uma campanha de massas pelas eleições diretas para a presidência da República.[50]

Prestes frente às Diretas Já e à Nova República

Prestes também foi muito crítico em relação à forma como era conduzida a campanha pelas eleições diretas: "Não há nenhuma medida de organização. Então, o povo sai dos comícios, vai para casa e acabou tudo", considerando

---

[44] "Uma alternativa democrática para a crise", *Jornal do Brasil*, Rio de Janeiro, 12 fev. 1984.

[45] *Jornal do Brasil*, Rio de Janeiro, 19 fev. 1984, p. 7.

[46] *Folha de S.Paulo*, São Paulo, 11 fev. 1984; *Jornal do Brasil*, Rio de Janeiro, 12 fev. 1984.

[47] Os "renovadores", afastados do PCB desde setembro de 1983, criticaram publicamente as decisões do VII Congresso. Cf. "Entrevista de A. Guedes", *A Esquerda*, São Paulo, 1º-15 mar. 1984.

[48] Trata-se de Giocondo Dias.

[49] O título do artigo de Giocondo Dias era "Negociar é preciso, mudar é preciso", *Folha de S.Paulo*, São Paulo, 16 jul. 1983, p. 3.

[50] Luiz Carlos Prestes, *Carta a Aloyzio Neiva Filho*, Rio de Janeiro, 21 jan. 1984 (documento original; arquivo particular da autora).

que a "abertura democrática" não passava de uma farsa[51]. Achava importante, contudo, participar das Diretas Já e denunciar a manipulação das massas pelas elites liberais, assim como sua postura conciliadora com a ditadura. E também alertar as massas populares para a necessidade de organizar-se em torno de suas reivindicações, entendendo que as eleições diretas, embora pudessem ser uma conquista democrática, por si só não resolveriam os graves problemas do país.

Prestes participou da enorme passeada pelas Diretas Já realizada no Rio de Janeiro em março de 1984. Segundo a imprensa, foi o principal orador no palanque montado na Cinelândia, embora os organizadores do ato não quisessem conceder-lhe a palavra, da qual ele fez uso por exigência do público presente[52]. Entretanto, Prestes recusou-se a comparecer ao comício de 1 milhão de pessoas na Candelária, Rio de Janeiro, pois seu organizador, o governador Leonel Brizola, o convidou sem direito a voz, condição para ele inaceitável[53]. Em Porto Alegre, segundo o *Correio do Povo*, Prestes "empolgou a multidão" em comício com mais de 100 mil pessoas pelas Diretas Já[54].

Às vésperas da votação da emenda Dante de Oliveira[55] no Congresso Nacional, Prestes concedeu entrevista em que opinou sobre as possibilidades de sua aprovação:

> Até agora tudo indica que o poder militar, no seu anticomunismo primário e anacrônico, continua insensível às grandes manifestações de massas em prol das eleições Diretas Já para a presidência da República, e, como o quórum para a aprovação de uma reforma constitucional é de dois terços do número total de parlamentares, tudo indica que a emenda Dante de Oliveira não poderá ser aprovada. Qual será, então, a posição a ser assumida pelos partidos de oposição? Tudo indica que seus dirigentes deixarão de lado as massas populares que mobilizaram para a campanha das eleições Diretas Já e que tratarão de participar das eleições indiretas, através desse ilegítimo "Colégio Eleitoral", procurando chegar a um candidato de conciliação, como tem sido tradicional em nosso país. Procurarão os dirigentes dos diversos partidos políticos de oposição chegar a um consenso com a ditadura, separadamente das massas trabalhadoras, à custa delas, sem a participação delas.[56]

---

[51] *Diário do Povo*, Campinas, São Paulo, 10 mar. 1984.

[52] Ver os jornais *O Globo*, *Última Hora*, *Jornal do Comércio*, *Jornal do Brasil*, *Tribuna de Imprensa* e *Folha de S.Paulo* de 22 mar. 1984.

[53] *Tribuna de Imprensa*, Rio de Janeiro, 10 abr. 1984; *O Estado de S. Paulo*, São Paulo, 11 abr. 1984.

[54] *Correio do Povo*, Porto Alegre, 14 abr. 1984.

[55] Emenda à Constituição que decretava a adoção de eleições diretas para presidente da República, derrotada no Congresso Nacional em 25 abr. 1984.

[56] *Pasquim*, Rio de Janeiro, 26 abr.-2 maio 1984.

Prestes: os últimos anos – a continuação da luta por um partido revolucionário   525

As previsões feitas por Prestes seriam cumpridas, pois, com a derrota das Diretas Já, os partidos de oposição trataram de chegar a um acordo com a ditadura. Liderados pelo PMDB, aliaram-se com dissidentes do PDS – o partido do governo, que havia escolhido Paulo Maluf como candidato –, formando a Aliança Democrática, que apresentou Tancredo Neves e José Sarney como candidatos indiretos, respectivamente, a presidente e vice-presidente da República. Somente o PT, como rejeição à manutenção das eleições indiretas, orientou seus congressistas a não comparecer ao Colégio Eleitoral[57].

Diante da derrota da emenda Dante de Oliveira, Prestes divulgou declaração ao povo, pronunciando-se contra a conciliação com a ditadura:

> Enquanto a burguesia, mais uma vez, como sempre tem acontecido, após utilizar-se do povo como massa de manobra, diante da primeira derrota, dá-lhe as costas e passa a conciliar com a ditadura, [...] a classe operária e demais trabalhadores saberão prosseguir sem vacilações na luta pelos seus interesses mais imediatos, quer dizer, pelas liberdades democráticas, contra a miséria e a fome e a falta de trabalho, como também pelo voto direto-já nas eleições presidenciais, sem ilusões, mas com redobrada firmeza e energia e organizando suas forças, certos de que só assim hão de transformar as derrotas de hoje na vitória de amanhã.[58]

Quando faltavam apenas dois meses para as eleições no Colégio Eleitoral, marcadas para 15 de janeiro de 1985, Prestes voltou a condenar o "pacto social" de Tancredo Neves – que pretendia "acabar com a luta de classes, pregando um pacto entre a burguesia e o proletariado" –, apontando o reacionarismo de sua tese. Prestes denunciou a conciliação de Tancredo com a ditadura, afirmando não haver diferença fundamental entre ele e Paulo Maluf, pois "quem vai continuar governando é o poder militar"[59].

Prestes orientara os congressistas eleitos com seu apoio e comprometidos com suas posições políticas a não comparecer ao Colégio Eleitoral, abstendo-se de votar em Tancredo Neves. Diante do fato de os deputados do PDT fluminense Jacques Dornellas (federal) e Eduardo Chuahy (estadual) terem votado em Tancredo Neves, Prestes divulgou nota na qual dizia discordar da posição por eles tomada, uma vez que o voto no Colégio Eleitoral não era obrigatório e ambos

---

[57] Alzira Alves de Abreu, Israel Beloch et al. (coords.), *Dicionário histórico-biográfico brasileiro pós-1930*, v. 2 (Rio de Janeiro, Editora da FGV, 2001), p. 1.882.

[58] Luiz Carlos Prestes, *Luiz Carlos Prestes ao povo. Contra a conciliação com a ditadura! Diretas já!*, 23 jul. 1984 (manuscrito original, 1 p.; folheto impresso, 4 p.; arquivo particular da autora).

[59] Idem, "Declarações em Belo Horizonte", *Jornal do Brasil*, Rio de Janeiro, e *Folha de S.Paulo*, São Paulo, 14 nov. 1984.

haviam assumido compromissos políticos com ele por ocasião das eleições de 1982. E disse: "Como sempre fiz em minha atividade política, jamais me prestei a enganar o povo, prometendo-lhe, como agora tão abundantemente se faz, o fim da ditadura militar, a conquista de um regime democrático e, até mesmo, uma Nova República, capaz de assegurar trabalho e um salário digno para todos os trabalhadores"[60].

Mesmo após a eleição de Tancredo, Prestes manteve sua posição. Em entrevista à imprensa, declarou: "O poder militar ainda governará o país", acrescentando que o novo presidente estava "a serviço do poder militar, e o Brasil vai continuar a ser governado por um general, à paisana". Denunciou: "Como os militares estavam desgastados, o Alto Comando achou que devia se manter no poder através de um candidato civil e de preferência oposicionista". Dizia estar convencido, ainda, de que Paulo Maluf, candidato oficial do partido governista, atuara apenas como "boi de piranha"[61].

No manifesto lançado por ocasião do 1º de maio de 1985, Prestes condenou "os dirigentes de todos os partidos políticos, desde o PDS ao PMDB, até os chamados de 'esquerda' (PCB, PCdoB e MR-8)", que pretendiam "enganar o povo ao afirmarem que foi reconquistada a democracia, foi suprimido o militarismo e, até mesmo, alcançada uma 'Nova República'. Com o sr. José Sarney agora no poder, em nada se modifica esse quadro"[62]. No ato público realizado na Quinta da Boa Vista, Rio de Janeiro, em homenagem ao Dia do Trabalhador, oportunidade em que voltou a criticar a Nova República, Prestes foi reconhecido pela imprensa como "o único orador aplaudido por todos os grupos políticos"[63].

Perguntado por uma jornalista se a aprovação por unanimidade da emenda das eleições diretas, enviada pelo presidente Sarney ao Congresso Nacional, não teria sido uma vitória do povo[64], Prestes responderia: "O povo queria eleições diretas logo. Essa emenda por ora nos dá apenas a garantia do voto direto para a presidência da República, mas não diz quando. Sem dizer a data, não acrescenta muito. O Sarney cumpriu o compromisso assumido pelo presidente Tancredo Neves. Mas as eleições deviam ser imediatamente. Por que em 1988?"[65].

---

[60] Ver a edição de *Jornal do Brasil, Última Hora, Tribuna da Imprensa* e *Jornal do Comércio* de 17 jan. 1985.

[61] Ver a edição dos mesmos periódicos de 18 jan. 1985.

[62] Luiz Carlos Prestes, Manifesto, 1º maio 1985 (panfleto impresso; arquivo particular da autora).

[63] Ver a edição de *Jornal do Brasil, Última Hora* e *Tribuna da Imprensa* de 2 maio 1985.

[64] Naquele momento, nos meios políticos, cogitava-se realizar as "diretas" em 1988; como é sabido, aconteceram somente em 1989.

[65] Luiz Carlos Prestes, "Entrevista a Lenira Alcure", *Fatos*, 27 maio 1985.

A seguir, reafirmou a tese sobre o *poder militar*, lembrando que o general Walter Pires, ministro do Exército, dissera a verdade quando declarou: "Com o governo Tancredo Neves, a Revolução de [19]64 não acaba. Ela se eterniza"[66].

Prestes prosseguiria cumprindo o objetivo por ele mesmo traçado, desde o rompimento com o PCB, de levar sua palavra a todos os brasileiros que quisessem ouvi-lo. Continuaria viajando por todo o país até o fim da vida, divulgando suas ideias e levantando críticas tanto ao governo quanto ao adesismo das oposições e, em particular, dos partidos considerados de "esquerda".

Entre julho e agosto de 1985, realizou-se em Havana a Conferência Sobre a Dívida Externa, convocada por Fidel Castro, para a qual Prestes foi convidado. No discurso por ele pronunciado, ao lembrar que em 1975, na reunião dos Partidos Comunistas e Operários da América Latina e do Caribe realizada também em Havana, já se havia chegado à conclusão de que os problemas do continente não poderiam ser solucionados enquanto perdurasse o regime capitalista, destacou que a revolução socialista estava na ordem do dia para os povos latino-americanos. Sobre a situação no Brasil, Prestes considerou:

> Se achamos que o acertado, nas atuais condições brasileiras, é lutar pela revolução socialista, ou, melhor, por aquela que abra caminho para o socialismo (antilati-fundiária, anti-imperialista e antimonopolista), também sabemos que a revolução não pode se realizar quando se quer.
>
> Ela só poderá eclodir e ser vitoriosa quando existam as condições objetivas e subjetivas para tanto indispensáveis. E tudo indica que em nosso continente se crescem cada vez mais as condições objetivas, as subjetivas ainda se retardam. Estamos longe também da indispensável organização e unidade da maioria esmagadora da classe operária, faltam-nos ainda partidos revolucionários efetivamente ligados às grandes massas trabalhadoras e populares.[67]

E apresentou sua proposta para soluções parciais e viáveis de curto prazo:

> Se ainda não é possível a revolução, *isto não significa que fiquemos de braços cruzados*. No Brasil, temos chamado os trabalhadores a lutarem por medidas de emergência, de caráter limitado ou reformista, contra a fome, a falta de trabalho, por um subsídio-desemprego, contra a inflação e a carestia do custo

---

[66] Idem.

[67] Luiz Carlos Prestes, *Discurso na Conferência sobre a Dívida Externa*, Havana, 3 ago. 1985 (documento datilografado original, 6 p.; arquivo particular da autora); *Prestes – dívida externa* (folheto impresso; arquivo particular da autora).

de vida, afirmando que é dever dos governantes tomar medidas que minorem os sofrimentos do povo.[68]

No início de governo Sarney, continuava-se a discutir nos meios políticos a possibilidade de um "pacto social", assim como a convocação da Constituinte. Prestes criticou o "pacto social", que considerava ser uma "aliança do leão com a ovelha", já se sabendo "quem vai ser comido". Em 15 de maio de 1985, quando foi aprovada a emenda constitucional determinando a convocação da Assembleia Constituinte formada pelos componentes do Congresso Nacional, que se reuniria a partir de 1º de fevereiro de 1987, Prestes voltou a criticar tal solução. Para ele, a Constituinte deveria ser exclusivamente Constituinte, "separada do Congresso Nacional, sem suas funções parlamentares". Reafirmou que a convocação da Assembleia Constituinte deveria ser precedida da remoção do "lixo fascista", Lei de Segurança Nacional, Lei de Imprensa, proibição às greves e a Lei dos Estrangeiros, entre outras. Considerou, ainda, que a nomeação de um grupo de pessoas para elaborar um anteprojeto de Constituição fora uma intervenção indébita de Sarney[69].

Tendo em vista as eleições municipais de 15 de novembro de 1985, Prestes daria especial atenção ao pleito no município do Rio de Janeiro, apoiando para a prefeitura carioca o nome de Saturnino Braga, candidato de Brizola e do PDT. Em declaração divulgada com mais de um mês de antecedência, ele exaltou a importância do governo Brizola no estado do Rio de Janeiro: "O único no Brasil de hoje que tem realmente tentado fazer alguma coisa pelo trabalhador". Esta era a razão, segundo Prestes, da campanha raivosa movida contra Brizola[70]. Prestes participou ativamente da campanha eleitoral, fato que ficou registrado na imprensa da época, tendo contribuído efetivamente para a eleição de Saturnino Braga. Participou também da campanha de outros candidatos comprometidos com as causas populares no Rio de Janeiro e em outros estados.

Convidado a falar na Câmara Municipal de Duque de Caxias, no Rio de Janeiro, Prestes aproveitou a oportunidade para se pronunciar mais uma vez sobre a Constituinte e a chamada Nova República, contestando a legitimidade da comissão formada para estudar a elaboração da nova Carta Magna, que considerava "elitista", já que não incluía em seus quadros nenhum representante das classes populares. "Uma Constituição feita sem a participação do povo só

---

[68] Idem; idem; grifos desta autora.

[69] *O Estado*, Florianópolis, 4 e 5 set. 1985; *Jornal de Sta. Catarina*, Florianópolis, 4 set. 1985.

[70] Luiz Carlos Prestes, *Declaração*, 10 out. 1985 (volante impresso, 2 p.; arquivo particular da autora); ver a edição de *Jornal do Brasil*, Última Hora, *Tribuna da Imprensa* e *Folha de S.Paulo* de 12 out. 1985.

serve para atender aos interesses de pequenos grupos e para consolidar o poder da burguesia, dos grandes trustes internacionais, que querem continuar no comando dos destinos do país à custa do sacrifício da classe trabalhadora, esta, sim, a grande força responsável pelo progresso da nação."[71]

Quanto à Nova República, Prestes sublinhou que ainda não dissera a que viera nem promovera "qualquer modificação substancial nas velhas estruturas política, social e econômica", pois continuava em vigor "a mesma legislação fascista, criada nos 21 anos de governos dos generais". Exemplo disso, "as ressalvas constitucionais, a Lei de Segurança Nacional e a Lei contra greves". Persistia, portanto, "o poder militar, que tutela os três poderes do Estado"[72].

Em março de 1986, o governo Sarney editou o Decreto-lei 2.283[73], um "pacote" econômico cujo objetivo, segundo seus autores, era acabar definitivamente com a inflação. Prestes imediatamente se pronunciou, mostrando que, com tais medidas, se pretendia acabar com a inflação à custa do sacrifício do povo, se pretendia "ludibriar o povo em benefício das classes dominantes". Enquanto o PCB apoiava Sarney e a Aliança Democrática, após ter votado em Tancredo no Colégio Eleitoral[74], Prestes exaltava "a posição firme e desassombrada" assumida pelo governador Brizola, único governador de estado que tinha ficado ao lado dos trabalhadores e do povo, desmascarando o caráter antipopular do "pacote" lançado pelo presidente Sarney. E alertava: "Só os trabalhadores organizados poderão derrotar a política econômica de arrocho salarial imposta pelo governo do sr. Sarney"[75].

Durante o governo Sarney (1985-1990), Prestes, até seu falecimento[76], manteve o empenho pela criação das condições para a fundação de um partido revolucionário no Brasil. Nesse sentido, dirigiu seus esforços em direções que considerou viáveis naquele momento histórico.

Em primeiro lugar, procurou manter contato permanente com os mais diversos setores de trabalhadores, movimentos populares, jovens, estudantes, intelectuais e políticos progressistas, no sentido de divulgar e debater suas posições políticas. Durante todos aqueles anos, por ocasião do 1º de Maio, Dia do Trabalhador, ele divulgava um manifesto dirigido à classe e fazia questão de comparecer e falar

---

[71] *Jornal de Hoje*, Duque de Caxias, 18 out. 1985.

[72] Idem.

[73] Juntamente com outros decretos editados naquele período, ficou conhecido como Plano Cruzado.

[74] *Folha de S.Paulo*, São Paulo, 10 fev. 1986.

[75] Luiz Carlos Prestes, *Contra a fome, a carestia e o desemprego*, Rio de Janeiro, 15 mar. 1986 (panfleto impresso, 1 p.; arquivo particular da autora), reproduzido em *Jornal do Brasil, Jornal do Comércio* e *Gazeta de Notícias*, Rio de Janeiro, 16 mar. 1986.

[76] Prestes faleceu no Rio de Janeiro, no dia 7 de março de 1990.

nas comemorações organizadas pelos sindicatos[77]. Em 1986, mesmo com sua fala vetada pela comissão organizadora do evento na Quinta da Boa Vista, composta pelos dirigentes das duas centrais sindicais existentes na época (CGT e CUT)[78], Prestes conseguiu arrebatar o microfone e dirigir-se aos presentes[79]. No manifesto divulgado na ocasião, ele criticou a política econômica em vigor, destacando:

> Não basta congelar preços no nível a que já haviam chegado em 28 de fevereiro, é indispensável elevar os salários, a partir de um salário mínimo capaz de assegurar a cada trabalhador e sua família uma vida digna. Chegou a hora, pois, de reforçar as organizações sindicais e populares. E também de prestigiar e de apoiar a Central Única dos Trabalhadores, por ser a única central sindical que efetivamente luta contra a atual estrutura sindical, por um sindicalismo independente do Estado, do patrão e dos partidos políticos.[80]

Três anos mais tarde, Prestes denunciou, em manifesto tornado público, que, embora a nova Constituição promulgada em 1988 assegurasse o direito de greve aos trabalhadores, tal direito estava ameaçado pelo governo Sarney, que, em nome de sua regulamentação, solicitara ao Congresso Nacional sua limitação: "Contra uma tal ameaça, reacionária e anticonstitucional, é indispensável despertar e organizar os trabalhadores e mobilizar o movimento sindical para impedir que se consuma com essa ameaça arbitrária e anticonstitucional"[81].

Prestes procurou aproximação com os setores mais combativos do movimento sindical, concedendo-lhes todo o apoio. Naquele momento, a CUT aglutinou as lideranças do novo sindicalismo, contribuindo para o combate aos "pelegos" concentrados na CGT (Central Geral dos Trabalhadores). Prestes participou de eleições sindicais, apoiando candidatos comprometidos com o novo sindicalismo, deu apoio à chapa de oposição nas eleições para a diretoria do Sindicato dos Metalúrgicos de São Paulo, a qual continuava sob controle de Joaquinzão e Luís Antônio Medeiros[82].

---

[77] Luiz Carlos Prestes, *Manifesto – Centenário do 1º de Maio, dia de luta!*, Rio de Janeiro, 1º maio 1986 (volante impresso, 1 p.; arquivo particular da autora); *Manifesto – 1º de Maio – Dia de luta!*, 1º maio 1987 (volante impresso, 1 p.; arquivo particular da autora); *1886-1988 – 1º de Maio – Dia de luta!*, 1º maio 1988 (volante impresso, 1 p.; arquivo particular da autora); *1º de Maio – Dia de luta!*, Rio de Janeiro, 1º maio 1989, (volante impresso, 1 p.; arquivo particular da autora).

[78] Embora Prestes naquele momento apoiasse a CUT, sua direção cedeu à exigência da CGT de vetar sua fala no ato público.

[79] Ver a edição de *Jornal do Brasil*, *Folha de S.Paulo* e *Última Hora* de 2 maio 1986.

[80] Luiz Carlos Prestes, *Manifesto – Centenário do 1º de Maio, dia de luta!*, cit.

[81] Idem, *1º de Maio – Dia de luta!*, cit.

[82] *Jornal do Brasil*, Rio de Janeiro, 7 jul. 1987.

Quando da eleição para a direção do Sindicato dos Bancários do Rio de Janeiro, em 1988, Prestes dirigiu-se a esses trabalhadores conclamando-os a votar contra a chapa 2, que pautava sua atuação pela orientação "oportunista de direita" do PCB. Em panfleto divulgado entre os bancários, ele afirmou que a direção do PCB realizava "uma política de traição à classe operária", que negava "a luta de classes e o marxismo-leninismo, política sintetizada na afirmação insensata de que pretendem chegar ao socialismo 'através do governo do sr. Sarney' (como escreveu *Voz da Unidade*)"[83]. Embora tivesse "profundas discordâncias com a orientação aventureira do agrupamento político que tem maioria na chapa 1", Prestes considerava que, naquelas circunstâncias, o fundamental era derrotar a chapa 2, pois uma eventual vitória sua, com a conquista da direção do Sindicato dos Bancários, contribuiria para abalar a influência da CUT no município do Rio de Janeiro[84].

Em julho de 1988, o PCB realizou seu VIII Congresso e elegeu como presidente nacional do partido Salomão Malina, que iria, imediatamente após o encerramento do congresso, cumprimentar o presidente José Sarney. No documento encaminhado ao Congresso pela direção do partido, considerava-se que a "transição" estava "chegando ao fim" e estaria "encerrada com a promulgação da nova Constituição, as próximas eleições presidenciais e o novo sistema de governo". O PCB apoiava o parlamentarismo. Foi proposto "um novo bloco político para mais democracia e justiça social"[85]. Prestes combateu enfaticamente tais posições, negando a existência de uma "transição" para a democracia. Desmascarou o reformismo do PCB, criticando novamente a adesão de seus dirigentes ao governo Sarney[86]. E atacou:

> Os partidos que se chamam de comunistas [...] só são comunistas de nome, não têm mais nada de comunistas; PCB, PCdoB, MR-8, isso não tem mais nada a ver. Eles estão colocando a classe operária a reboque da burguesia, porque eles dizem que é através do governo do sr. Sarney que vai se chegar ao socialismo. Imagine [...] Sarney socialista?[87]

Ainda em 1986, Prestes explicou por que considerava que a composição da atual Constituinte seria mais reacionária do que a de 1946: "Ao invés de ser convocada uma Assembleia Constituinte exclusiva, elege-se um Congresso", em que há também o problema da representação, pois no Acre um deputado era

---

[83] Cf. *Folha de S.Paulo*, São Paulo, 10 fev. 1986.

[84] Luiz Carlos Prestes, *Aos companheiros bancários, meus amigos e correligionários*, Rio de Janeiro, 13 abr. 1988 (volante impresso, 1 p.; arquivo particular da autora).

[85] Cf. *Jornal do Brasil*, Rio de Janeiro, 12 mar., 21 e 26 jul. 1988.

[86] Ver a edição de *Folha de S.Paulo* e *O Globo* de 3 jan. 1988.

[87] Luiz Carlos Prestes, "Entrevista", *Tribuna de Minas*, 7 jun. 1987.

eleito com 10 mil votos, e em São Paulo seriam necessários 132 mil. Destacou, mais uma vez, o elitismo da comissão de notáveis nomeada por Sarney para elaborar o anteprojeto de Constituição. Prestes insistia no argumento de que toda a legislação fascista continuava de pé, perguntando: "Como dizer que se trata de uma Constituinte democrática?"[88].

Em 1987, ao analisar a situação brasileira, Prestes afirmou:

> O Brasil está, depois de 21 anos de uma ditadura militar, com um governo civil. Chamam a isso Nova República. Mas [...] nenhum general fascista foi afastado, os assassinos que torturavam, matavam presos políticos não foram punidos. Nenhum deles. [...] A legislação fascista continua toda de pé. Lei de Segurança Nacional, lei contra as greves, lei contra os estrangeiros, tudo isso continua da mesma forma, não houve modificação. [...] A tal República Nova já nasceu velha. Porque, em vez de uma solução radical, que o povo desejava, o que tivemos foi uma conciliação geral.[89]

Prestes acrescentou que a Constituinte fora eleita "sem que nenhuma lei dos generais tivesse sido revogada", concluindo que, em tais condições, não poderia ser "soberana e livre". Lembrou também que se tratava da eleição mais cara na história do Brasil, pois para eleger um deputado foram necessários "bilhões de cruzeiros, ou milhares e milhares de cruzados". Tratava-se, portanto, de uma Constituinte dos grandes empresários, que haviam financiado a eleição. "A minoria, mais radical, tem homens honestos, homens sérios, [...] como o Florestan Fernandes, por exemplo [...]. Mas não passam de quarenta, em uma Constituinte de 550. Então, o que eles podem fazer?"[90].

Às vésperas da promulgação da Constituição, marcada para 5 de outubro de 1988, Prestes voltou a abordar, de forma circunstanciada, sua tese do *poder militar*, ao escrever em artigo que "todos os que se têm manifestado para exaltar o trabalho realizado pelos senhores constituintes e, muito particularmente, eles próprios, muito significativamente silenciam a respeito do artigo 142, que se refere às Forças Armadas". Prestes frisou que, nesse artigo, lhes são atribuídas "funções evidentemente incompatíveis com um regime efetivamente democrático": "Trata-se de preceito que constituiu uma das maiores ou, mesmo, a maior

---

[88] Idem, "Entrevista", *Jornal do Comércio*, Rio de Janeiro, 9 jun. 1986; "Entrevista", *Folha Macaense*, Macaé, 11 abr. 1986; "Entrevista", *Folha de S.Paulo*, São Paulo, 4 maio 1986, p. 14; *A Gazeta*, Vitória, 16 abr. 1986; "Entrevista na rádio Roquete Pinto", *Diário Oficial do Estado do Rio de Janeiro*, 8 set. 1986.

[89] Idem, "Entrevista", *Tribuna de Minas*, 7 jun. 1967.

[90] Ibidem, 9 jun. 1987.

vitória dos generais na Constituinte, segundo a opinião do professor Eurico Lima Figueiredo, citado pela revista *IstoÉ Senhor*, na qualidade de "conhecido especialista em assuntos militares", o qual afirma que "eles (os militares) ganharam (na Constituinte) todas as batalhas"[91].

De acordo com esse artigo da Constituição, às Forças Armadas – "quer dizer, aos generais" – é concedida a atribuição constitucional de "garantirem [...] a lei e a ordem". Prosseguindo em sua análise, Prestes afirmou: "Atribuição constitucional que nem ao presidente da República ou aos outros dois poderes do Estado é tão expressamente concedida". Ressaltou, contudo, que a inclusão da afirmação de que "aquela atribuição dependerá da 'iniciativa' de um dos poderes de Estado" não passava de uma "reserva evidentemente apenas formal, já que será sempre fácil aos donos dos tanques e metralhadoras impor a 'um dos poderes do Estado' que tome a referida iniciativa". Prestes considerava que o artigo 142 contrariaria "conhecido preceito da tradição constitucional de nosso país, que sempre afirmou serem os três poderes do Estado autônomos, mas harmônicos entre si, não podendo, portanto, nenhum deles tomar qualquer iniciativa isoladamente"[92].

A seguir, não deixou dúvidas quanto à essência do artigo 142:

> Em nome da salvaguarda da lei e da ordem pública, ou de sua "garantia", estarão as Forças Armadas colocadas acima dos três poderes do Estado. *Com a nova Constituição, prosseguirá, assim, o predomínio das Forças Armadas na direção política da Nação*, podendo, constitucionalmente, tanto depor o presidente da República quanto os três poderes do Estado, como também intervir no movimento sindical, destituindo seus dirigentes ou intervindo abertamente em qualquer movimento grevista, como vem se fazendo desde os decretos de Getúlio Vargas, de 1931, ou mesmo, voltando aos tempos anteriores, em que a questão social era considerada uma questão de polícia, segundo o senhor Washington Luís.[93]

Na argumentação desenvolvida por Prestes, encontra-se ainda a seguinte explicação para o silêncio – que se mantém até os dias atuais – a respeito do artigo 142:

> Todos os preceitos da nova Constituição, na verdade, por melhores que sejam, a nada serão reduzidos, em virtude de o artigo 142, com a atribuição conquistada pelos generais de "garantir... a lei e a ordem". O silêncio feito a respeito daquele artigo é explicável – trata-se de encobrir para o povo o preceito mais reacionário,

---

[91] Idem, "Um 'poder' acima dos outros", *Tribuna da Imprensa*, Rio de Janeiro, 28 set. 1988.

[92] Idem.

[93] Idem; grifos desta autora.

ou ditatorial da nova Constituição, a qual, na prática, pode a qualquer momento ser anulada ou rasgada constitucionalmente...[94]

Concluindo o artigo, Prestes diagnosticou: "Muito ainda precisamos lutar [...] para nos livrarmos dessa interferência indébita e nefasta dos generais, para conquistarmos um regime efetivamente democrático"[95].

Hoje, o artigo 142 da Constituição de 1988 continua vigente, o que reforça a tese defendida por Prestes do *poder militar e de sua tutela sobre a nação*. Conforme é lembrado pelo diretor do Instituto de Estudos sobre a Violência do Estado (Ieve), professor Edson Teles, "na Constituição de 1988, seu artigo 142 aponta a ingerência militar nos assuntos civis". Ele questiona a seguir: "Como podem os militares se submeterem aos 'poderes constitucionais' (Executivo, Legislativo e Judiciário) e ao mesmo tempo garanti-los?". Edson Teles assinala que, na Constituição atual, "a relação entre militares e civis ficou quase idêntica à Constituição outorgada de 1967":

Em uma democracia plena o poder não pode ser garantido por quem empunha armas, mas pelo conjunto da sociedade por meio de eleições, da participação das entidades representativas da sociedade e dos partidos políticos. Ao instituir as Forças Armadas como garantidoras da lei e da ordem, acaba-se por estabelecê-las como um dos poderes políticos da sociedade.[96]

Na luta pela democracia no Brasil, Prestes valorizava a importância dos processos eleitorais, embora continuasse a considerar que esse não deveria ser o principal meio de mobilização e organização dos trabalhadores e das massas populares. Seu apoio à eleição de Brizola em 1982 comprova essa posição. Apesar das limitações de seu governo, sempre apontadas por Prestes, o saldo da política de Brizola não poderia deixar de ser considerado positivo. Ao engajar-se, em 1986, no estado do Rio de Janeiro, na campanha pela vitória dos candidatos majoritários do PDT[97], sob liderança de Brizola[98], Prestes justificou:

---

[94] Idem.

[95] Idem.

[96] Edson Teles, "Restos da ditadura: por que as Forças Armadas de hoje temem a punição dos torturadores de ontem", *O Globo*, Rio de Janeiro, 30 jan. 2010, caderno *Prosa & Verso*, p. 5.

[97] Os candidatos eram Darcy Ribeiro para governador, Cibilis Vianna para vice-governador e Marcelo Alencar e Doutel de Andrade para senadores. Antes, Prestes lançara, também pelo PDT, as candidaturas de dois companheiros seus: Bolívar Meirelles para deputado federal e Accácio Caldeira para deputado estadual. Ver Luiz Carlos Prestes, *Prestes indica e apoia Bolívar Meirelles e Accácio Caldeira*, Rio de Janeiro, 5 jun. 1986 (panfleto impresso, 2 p.; arquivo particular da autora).

[98] *Tribuna da Imprensa*, Rio de Janeiro, 23-24 ago. 1986.

Leonel Brizola, dos candidatos a governador eleitos em 1982, foi o único que, de fato, voltou-se para o povo e que, apesar das dificuldades financeiras causadas pelo sistema tributário do país, que limita drasticamente os orçamentos estaduais e de todos os municípios, tratou de resolver problemas que exigem medidas mais imediatas no sentido de minorar os sofrimentos do povo.[99]

Em um manifesto eleitoral, reafirmou:

Lutar [...] para assegurar a vitória, neste Estado, ao PDT significará derrotar as forças reacionárias não só em nível estadual como também em nível federal. Será uma derrota do projeto reacionário e antipopular do governo federal, que, tem, nos decretos-lei do Plano Cruzado, o mais escandaloso exemplo de atentado aos legítimos interesses da maioria da população, já seguido do mais recente decreto -lei sobre os "empresários recuperáveis", verdadeiro confisco que atinge amplos setores da população assalariada e das camadas médias mais pobres.[100]

Nas eleições de 1986, Prestes via o PDT e o PT como os únicos partidos de oposição ao governo Sarney naquele momento, pois o PMDB havia se transformado em partido governista. Por essa razão, no plano nacional, Prestes emprestou seu apoio a candidatos dessas legendas, comprometidos com os interesses populares. Em São Paulo, por exemplo, o sociólogo Florestan Fernandes elegeu-se deputado federal constituinte pelo PT, contando com o apoio de Prestes e de seus correligionários no estado[101].

Ao fazer um balanço das eleições de 1986, Prestes escreveu:

Diante do resultado eleitoral, tanto no estado do Rio de Janeiro, onde as forças coligadas em torno do governador Leonel Brizola foram derrotadas, quanto também no país inteiro, onde os partidários do governo federal, com o PMDB à frente, alcançaram uma ampla vitória, cabe reconhecer, sem subestimar os demais fatores que para isso contribuíram, que grandes contingentes eleitorais de nosso povo deixaram-se enganar pela demagogia do senhor Sarney.[102]

---

[99] Luiz Carlos Prestes, *Prestes indica e apoia Bolívar Meirelles e Accácio Caldeira*, Rio de Janeiro, 1º set. 1986 (panfleto impresso, 2 p.; arquivo particular da autora); *Jornal do Brasil*, Rio de Janeiro, 26 out. 1986.

[100] Idem; idem.

[101] Idem, *Por que votar em Florestan Fernandes/PT – Carta aberta de Luiz Carlos Prestes*, Rio de Janeiro, 17 set. 1986 (panfleto impresso, 2 p.; arquivo particular da autora).

[102] Luiz Carlos Prestes, *Ao povo fluminense! Aos meus companheiros e amigos!*, Rio de Janeiro, 9 dez. 1986 (panfleto impresso, 2 p.; arquivo particular da autora).

A seguir, Prestes analisou os resultados do pleito em São Paulo:

> Se a maioria da população também votou sob o impacto da política dema-
> gógica do senhor Sarney, [...] é de ressaltar a vitória obtida pelo Partido dos
> Trabalhadores. Além da grande votação obtida por Luiz Inácio Lula da Silva –
> seu principal dirigente –, o PT dobrou o número de votos em relação às elei-
> ções anteriores. E seus candidatos mais votados foram precisamente os que
> defenderam posições mais avançadas e combativas. Tendência esta que foi con-
> firmada pela derrota esmagadora dos partidos que se denominam comunistas,
> mas que, como é sabido, praticam uma política de traição à classe operária,
> levando-a a reboque do governo reacionário, antipopular e antinacional do
> senhor Sarney.[103]

Prestes assinalava que, dos quatro candidatos por ele apoiados em São Paulo,
três haviam sido eleitos, incluindo o sociólogo Florestan Fernandes[104]. No que
diz respeito ao estado do Rio de Janeiro, escrevia que, "em vez de uma campanha
eleitoral, enfrentamos [...] uma verdadeira guerra, cientificamente preparada e
que teve início muitos meses antes do próprio pleito", explicando:

> Contra o governo de Leonel Brizola uniram-se todas as forças reacionárias sob
> a direção aberta do governo federal e do próprio presidente da República, o
> qual usou ostensivamente a força e o prestígio do seu cargo contra a livre mani-
> festação popular. Desde a pressão econômica e financeira contra o governo do
> estado até a proibição do uso da TV pelo governador, todos os recursos foram
> empregados, chegando o senhor Sarney a transformar-se em cabo eleitoral, ao
> enviar ao jornal *O Dia* uma carta em que solicitava abertamente votos para
> o candidato oficial.[105]

Em 1987, coerente com suas posições de respeito ao bem público e aos princípios de democracia e justiça social e às vésperas de completar noventa anos,
Prestes recusou pensão vitalícia de dez salários mínimos que lhe seria concedida
pelos cofres do município do Rio de Janeiro, no governo do prefeito Saturnino
Braga. Na ocasião, ele divulgou declaração em que agradecia a homenagem que
lhe era prestada, mas afirmava não poder aceitá-la, uma vez que a "autoridade
executiva do município" vinha "demitindo um número crescente de funcionários,

---

[103] Idem.
[104] Idem; os outros dois foram Eduardo Jorge e Roberto Gouveia.
[105] Idem.

muitos deles chefes de família, pela simples razão [...] da falta de recursos financeiros nos cofres municipais"[106].

Nas eleições municipais de 1988, Prestes também marcou presença, concedendo apoio a candidatos comprometidos com os anseios populares e, em particular, contribuindo para o fortalecimento do PDT e de Leonel Brizola. Em declarações à imprensa, ele sublinhou o fato de Brizola ser "o único político que é atacado pelos generais", lembrando que "o povo quer uma solução pacífica para a grave crise. O povo não quer uma solução armada, o que traria fatalmente uma nova ordem militar ao país. O povo tem horror que os generais voltem novamente a dirigir a nação"[107].

Na defesa de uma possível candidatura de Brizola à presidência, Prestes frisou que ele fora o único governador de estado que tivera coragem de nacionalizar duas empresas estrangeiras. Fora o homem que assegurara a posse de João Goulart com sua "Cadeia da Legalidade" em seguida à renúncia de Jânio Quadros e à entrega por este do poder a uma junta militar. Por tudo isso, Prestes atribuía grande importância às eleições municipais de 1988, pois uma vitória do PDT nos municípios facilitaria a eleição de Brizola em 1989[108].

Em viagem ao México, a convite do Centro Cultural Lombardo Toledano, Prestes voltaria a externar essa opinião:

> No Brasil de hoje, não existe mais nenhum partido político de esquerda, já que os dois partidos comunistas apoiam abertamente o governo reacionário do sr. Sarney, que vai tratando de descarregar todas as dificuldades da crise nas costas dos trabalhadores. Até 1985, existiam apenas dois partidos políticos não comprometidos com o governo federal. O Partido dos Trabalhadores, dirigido pelo líder sindical Luiz Inácio Lula, e o PDT (Partido Democrático Trabalhista), dirigido pelo sr. Leonel Brizola, que foi governador do estado do Rio de Janeiro. O líder do PT, que se apresenta candidato à presidência da República, já mudou de posição e hoje defende a mesma orientação do PCB, quer dizer, luta pela conquista de um governo capitalista democrático que, segundo ele, assegurará o bem-estar para as massas populares... Por isso, hoje, *as grandes massas populares voltam-se para o sr. Leonel Brizola como a única esperança de um governo capaz de melhorar a situação das massas.*[109]

---

[106] Luiz Carlos Prestes, *Declaração*, Rio de Janeiro, 14 jun. 1987 (documento datilografado fotocopiado, 1 p.; arquivo particular da autora); ver a edição de *Tribuna da Imprensa*, Última Hora e *O Dia* de 17 jun. 1987.

[107] Luiz Carlos Prestes, "Entrevista", *Correio Braziliense*, Brasília, 30 out. 1988.

[108] Idem.

[109] Luiz Carlos Prestes, *Discurso no Centro Cultural Lombardo Toledano*, México, 8 set. 1988 (documento manuscrito fotocopiado, 12 p.; arquivo particular da autora); grifos desta autora.

Em fevereiro de 1989, divulga uma carta contra mais um "pacote" econômico do governo Sarney, em que denunciava o fato de os banqueiros, numa só noite, terem se apoderado de mais de 5 milhões de dólares graças à desvalorização da moeda nacional em relação ao dólar americano. Na visão de Prestes, "a pretexto de conter o processo inflacionário", o "pacote" de 15 de janeiro de 1989 provocava "a recessão da economia nacional" e, com a redução dos salários, agravava ainda mais "a situação de miséria e fome em que se veem debatendo os trabalhadores, em consequência da política salarial do governo Sarney, desde que chegou ao poder, em março de 1985"[110].

Prestes assinalou ter sido contra essa política, lembrando que os setores populares haviam se pronunciado nas eleições municipais, tanto em São Paulo – com a grande votação que obtiveram os candidatos do PT, o único partido que nesse estado lutava contra a política salarial do governo – quanto no resto do Brasil, com a votação nos candidatos dos dois partidos, PT e PDT, que "participaram e participam igualmente da mesma luta"[111].

Diante da ofensiva das classes dominantes, revelada pelo "pacote" de Sarney, também chamado de Plano Verão, e da proposta de greve geral, discutida pelo movimento sindical, Prestes considerou necessário preparar a greve "com seriedade e o mais profundo sentimento de responsabilidade, não poupando esforços para tornar cada dia mais vigorosa a organização sindical e mais estreita a unidade das fileiras sindicais". Frisou que "através da greve geral" seria possível reunir mais corretamente "as forças do movimento operário e as grandes massas trabalhadoras", como seria também com a luta que mais facilmente se elevaria "o nível de consciência política e ideológica da classe operária". Disse, ainda, que as eleições presidenciais de 1989 seriam certamente influenciadas pela luta operária contra o "Pacote de Verão"[112].

Em junho de 1989, Prestes declarou publicamente o apoio à candidatura de Brizola às eleições diretas para a presidência da República, afirmando tratar-se da única que merecia seu apoio, por ser aquela que contava com "a confiança de parte considerável da população trabalhadora", a qual tinha em Leonel Brizola "a única personalidade política" em que ainda depositava suas esperanças. Prestes ressaltou algumas características dessa candidatura que justificavam seu apoio:

> Os trabalhadores distinguem no sr. Brizola as qualidades que mais admiram –
> a integridade moral de quem, embora continuamente atacado e até mesmo

---

[110] Luiz Carlos Prestes, *Carta aos meus amigos e companheiros – Contra o terceiro "pacote" do governo Sarney*, fev. 1989 (documento datilografado fotocopiado, 4 p.; arquivo particular da autora).

[111] Idem.

[112] Idem.

PRESTES: OS ÚLTIMOS ANOS – A CONTINUAÇÃO DA LUTA POR UM PARTIDO REVOLUCIONÁRIO 539

insultado pelos reacionários, conquanto já tenha exercido cargos como o de prefeito de Porto Alegre e de governador dos estados do Rio Grande do Sul e do Rio de Janeiro, não conseguiram chamá-lo de corrupto ou ladrão dos cofres públicos. Nos referidos cargos, revelou-se também Brizola um administrador capaz, terminando por isso seu período de governo – ao contrário do que em geral acontece – com crescente prestígio popular. É de assinalar ainda sua obra benemérita no sentido de afastar a criança da rua, com a construção de mais de trezentas escolas de tempo integral. É também admirado pela sua valentia, tendo tido a coragem de defender a Constituição nacional e, portanto, a posse de João Goulart na presidência da República, quando da crise da renúncia de Jânio e das ameaças públicas do ministro do Exército de mandar bombardear o Palácio Piratini. Foi, também, o único governador estadual que nacionalizou duas empresas imperialistas, a Bond and Share e a ITT.[113]

Frente à situação crítica que o país atravessava, consequência da política econômica do governo Sarney, Prestes avaliava que a candidatura de Brizola era a única em torno da qual seria possível unir todos que se posicionavam contra esse governo, contra a Nova República e os generais, todos que sofriam as consequências da carestia de vida, todos que almejavam "por um governo capaz de enfrentar com coragem e decisão os graves problemas" que afetavam as grandes massas populares[114].

Mais uma vez, Prestes participava de uma campanha eleitoral, viajando pelo Brasil, levando sua palavra de "comunista revolucionário" aos trabalhadores. Com o resultado eleitoral desfavorável a Brizola no primeiro turno, em 15 de novembro de 1989 – tendo ficado a opção para o segundo turno limitada à disputa entre Lula e Fernando Collor de Mello –, Prestes tomou a decisão de apoiar o candidato do PT. Sua argumentação baseou-se na tese de evitar o mal maior:

> Teremos de contribuir com nosso voto para derrotar nas urnas de 17 de dezembro, no segundo turno, a candidatura do representante das forças mais reacionárias e fascistas. Participando, portanto, desse pleito em que a maioria do eleitorado poderá eleger o candidato que, por falta de outra alternativa, passou a encarnar as forças progressistas e democráticas de nosso país – o sr. Luiz Inácio Lula da Silva.[115]

---

[113] Luiz Carlos Prestes, *A meus amigos e companheiros! Ao povo brasileiro!*, Rio de Janeiro, 10 jun. 1989 (documento original, panfleto impresso, 2 p.; arquivo particular da autora).

[114] Idem.

[115] Luiz Carlos Prestes, *Apelo a meus amigos, companheiros e ao povo brasileiro!*, Rio de Janeiro, 23 nov. 1989 (documento original, panfleto impresso, 1 p.; arquivo particular da autora).

A seguir, Prestes explicou que, "muito embora sempre tenhamos feito restrições à candidatura do sr. Lula", diante do fato concreto que nos é colocado e, principalmente, visando a combater as vacilações dos "democratas e progressistas que tendem a negar-se a votar no candidato sr. Luiz Inácio Lula da Silva", formulava seu apelo a favor do voto em Lula, "a fim de conseguirmos derrotar o candidato das forças reacionárias e do fascismo – o candidato que conta com o apoio aberto político e monetário, dos monopólios internacionais, dos latifundiários, dos militares golpistas e ainda do Sistema Globo de Televisão"[116].

Prestes participou de novo, e ativamente, da campanha pela eleição de Lula, cujo desfecho, como é sabido, foi a derrota no pleito de 17 de dezembro. Em 7 de março de 1990, poucos dias antes de Fernando Collor de Mello assumir a presidência da República, Prestes, com a saúde abalada por uma grave enfermidade, faleceu no Rio de Janeiro. Durante dois dias e duas noites, seu corpo foi velado no saguão da Assembleia Legislativa do Estado do Rio de Janeiro por milhares de brasileiros saídos de todos os cantos do país. O cortejo em direção ao cemitério São João Batista, no Rio de Janeiro, assim como o enterro, transformou-se numa enorme manifestação de pesar e, também, de compromisso do povo brasileiro com o legado revolucionário de Luiz Carlos Prestes.

Nas palavras de Florestan Fernandes, proferidas na ocasião:

> Faleceu o único herói brasileiro que não forjou o pedestal de sua glória. Homem simples e franco no trato cotidiano, era um líder político (e militar) nato. Depois da célebre Marcha, na qual sobrepujou em argúcia e espírito inventivo as Forças Armadas oficiais, poderia ter se tomado um dos "grandes da República", Getúlio Vargas tentou seduzi-lo, mas encontrou o repúdio a qualquer composição política pessoal. O rebelde não se despia de suas convicções antioligárquicas e democráticas, buscando servir a nação – e sua independência – e submeter-se a uma vida de sacrifícios exemplares que o enobrecem como figura humana e como agente histórico. [...]
>
> Foi a década de 1970 e principalmente a luta contra a ditadura militar que escancararam para todos os olhos o significado político de sua dedicação ao movimento operário e sindical. [...] Privado de tudo, de sua condição de dirigente e confrontado por antagonismos antes imprevisíveis, ele apareceu na cena política na plenitude do seu ser real. Ao contrário de outros "comunistas" que renegaram e traíram seus compromissos e valores, ele procurou atualizar sua compreensão objetiva do Brasil, seu conhecimento do marxismo e sua atuação independente dentro do movimento operário e sindical. Algo surpreendente para uma pessoa de sua idade, além do mais tida como "dogmática" e "autoritária". [...]

---

[116] Idem.

O rebelde do começo não ressurge no radical da etapa derradeira. Surge um Prestes arquétipo, que infunde vitalidade à esperança dos trabalhadores livres e dos semilivres ou dos jovens e dos estudantes, todos desesperados e desorientados, que não viam esperança individual ou coletiva para si e para o Brasil. A revolução socialista formulada como a "única via" da liberdade, da igualdade e da democracia da maioria é posta no eixo da autoemancipação das classes trabalhadoras e das massas populares excluídas. Esse discurso ultrarradical encontrou ressonância mesmo entre seus detratores e seus inimigos e originou uma solida confiança nos de baixo em sua capacidade de ação – de criar uma sociedade nova, digna de inspirar os brasileiros a tomar em suas mãos a democratização do país e do Estado. Essa esperança transcendeu seu percurso solitário, foi além das fronteiras dos militantes e dos simpatizantes de seu ideário político e representa a principal herança por ele deixada ao movimento operário, sindical e partidário de orientação firmemente socialista.[117]

Luiz Carlos Prestes foi um revolucionário que dedicou a vida à luta por justiça social e liberdade para o povo brasileiro, um comunista convicto de o socialismo ser o único caminho para a humanidade sair da pré-história, conforme postulou Karl Marx, e chegar ao comunismo – um regime efetivamente igualitário em que cada um irá contribuir de acordo com sua capacidade, recebendo segundo suas necessidades.

Da mesma maneira que Fidel Castro e os revolucionários cubanos ao lutarem pela emancipação do seu povo se apoiaram na herança de José Martí, a revolução brasileira não poderá avançar sem resgatar o legado de Luiz Carlos Prestes.

---

[117] Florestan Fernandes, "O herói sem mito", disponível em: <www.marxists.org/portugues/tematica/livros/prestes/index.htm>. Acesso em: 8 mar. 2015.

Fontes consultadas

Arquivos

Arquivo Alfredo Carlos Felizardo, Porto Alegre (RS).

Arquivo da Memória Operária do Rio de Janeiro (Amorj), Rio de Janeiro (RJ).

Arquivo do Superior Tribunal Militar (STM), Brasília (DF).

Arquivo do Tribunal de Justiça do Estado do Rio de Janeiro, Rio de Janeiro (RJ).

Arquivo Edgard Leuenroth – Centro de Documentação e Pesquisa em História Social (IFCH--Unicamp), Campinas (SP).

Arquivo Estatal Russo de História Social e Política (RGASPH), Moscou, Rússia.

Arquivo Nacional, Rio de Janeiro (RJ).

Arquivo particular da autora, Rio de Janeiro (RJ).

Arquivo Público do Estado de São Paulo (Apesp), São Paulo (SP).

Arquivo Público do Estado do Rio de Janeiro (Aperj), Rio de Janeiro (RJ).

Biblioteca Nacional, Rio de Janeiro (RJ).

Centro de Documentação e Memória da Unesp (Cedem-Unesp), São Paulo (SP).

Centro de Pesquisa e Documentação de História Contemporânea do Brasil (CPDOC-FGV), Rio de Janeiro (RJ).

Instituto Histórico e Geográfico do Rio Grande do Sul, Porto Alegre (RS).

Depoimentos

Entrevistas concedidas por Luiz Carlos Prestes a Anita Leocadia Prestes e Marly de Almeida Gomes Vianna, gravadas em fita magnética e transcritas para papel, Rio de Janeiro, 1981-1983.

Periódicos

Correio da Manhã, Rio de Janeiro, 1921-1935.

Jornal do Comércio, Rio de Janeiro, 1924-1927, 1980-1990.

O Jornal, Rio de Janeiro, 1924-1927.

A Noite, Rio de Janeiro, 1924-1927, 1930.

O Combate, São Paulo, 1924-1927.

O Globo, Rio de Janeiro, 1925-1927, 1978--1990.

Diário da Manhã, Recife, 1927-1930.

Diário Nacional, São Paulo, 1927-1930.

A Esquerda, Rio de Janeiro, 1928.

A Pátria, Rio de Janeiro, 1934-1935.

A Manhã, Rio de Janeiro, 1935.

Continental, Rio de Janeiro, 1944.

Hoje, São Paulo, 1945-1947.

Tribunal Popular, Rio de Janeiro, 1945-1947.

Classe Operária, 1946-1953.

Problemas, 1947-1956.

Voz Operária, 1949-1959, 1965-1975, 1976-1979, 1980-1983.

Imprensa Popular, Rio de Janeiro, 1951-1958.

Notícias de Hoje, São Paulo, 1956-1959.

Novos Tempos, Rio de Janeiro, n. 1-6, 1957--1958.

O Nacional, Rio de Janeiro, 1957-1958.

Novos Rumos, Rio de Janeiro, 1959-1964.

Tema, São Paulo, n. 1 e 3, 1965.

Fato Novo, São Paulo, Verde Amarelo, 1970.

Estudos, n. 1-5, SAP, 1970-1974.

América Latina, Moscou, Progresso, n. 4, 1976.

Folha de S.Paulo, São Paulo, 1978-1990.

IstoÉ, São Paulo, 1978-1990.

Jornal do Brasil, Rio de Janeiro, 1978-1990.

O Estado de S. Paulo, São Paulo, 1978-1990.

Veja, São Paulo, 1978-1990.

Coojornal, ano IV, n. 37, jan. 1979.

Jornal de Brasília, Brasília, 8 abr. 1979, suplemento *Política*.

Movimento, n. 207, 16-22 jun. 1979; n. 250, 14-20 abr. 1980; n. 313, 29 jun.-5 jul. 1981.

Pasquim, n. 540, 2-8 nov. 1979; 26 abr.-2 maio 1984.

Ecos à Carta de Prestes, n. 1-4, 1980.

Tribuna da Imprensa, Rio de Janeiro, 1980--1990.

Última Hora, Rio de Janeiro, 1980-1990.

Voz da Unidade, São Paulo, 1980-1983.

Diário Popular, São Paulo, 24 ago. 1981.

Careta, n. 10, 9 set. 1981.

Temas de Ciências Humanas, São Paulo, n. 10, 1981.

A Tarde, Salvador, 16 abr. 1983;

Tribuna da Bahia, Salvador, 16 abr. 1983;

Jornal da Bahia, Salvador, 16-17 abr. 1983.

Resistência, Belém, n. 56, 1-15 jun. 1983.

A Esquerda, São Paulo, 1º-15 mar. 1984.

Diário do Povo, Campinas (SP), 10 mar. 1984.

Correio do Povo, Porto Alegre, 14 abr. 1984.

Fatos, 27 mai. 1985.

Jornal de Santa Catarina, Florianópolis, 4 set. 1985.

O Estado, Florianópolis, 4-5 set. 1985.

Jornal de Hoje, Duque de Caxias, 18 out. 1985.

Gazeta de Notícias, Rio de Janeiro, 16 mar. 1986.

Folha Macaense, Macaé, 11 abr. 1986.

A Gazeta, Vitória, 16 abr. 1986.

Diário Oficial do Estado do Rio de Janeiro, 8 set. 1986.

Tribuna de Minas, 7 e 9 jun. 1987.

O Dia, Rio de Janeiro, 17 jun. 1987.

Correio Braziliense, Brasília, 30 out. 1988.

Cultura Vozes, Petrópolis, v. 92, n. 2, mar.-abr. 1998; v. 94, n. 3, 2000.

Referências bibliográficas

ABREU, Alzira Alves de; BELOCH, Israel et al. (coords.). *Dicionário histórico-biográfico brasileiro pós-1930*. Rio de Janeiro, Editora da FGV, 2001. 5 v.

AMADO, Jorge. *O Cavaleiro da Esperança*: vida de Luiz Carlos Prestes. São Paulo, Companhia das Letras, 2011.

ANTUNES, Ricardo. *O continente do labor*. São Paulo, Boitempo, 2011.

BANDEIRA, Luiz Alberto Moniz. *O governo João Goulart*: as lutas sociais no Brasil, 1961-1964. São Paulo, Editora Unesp, 2010.

BARATA, Agildo. Entrevista. *Estado de S. Paulo*, jun. 1957. Folheto impresso, 8 p.

BASTOS, Abguar. *Prestes e a revolução social*. São Paulo, Hucitec, 1986.

BENEVIDES, Maria Victoria de Mesquita. *O governo Kubitschek*: desenvolvimento econômico e estabilidade política, 1956-1961. Rio de Janeiro, Paz e Terra, 1979.

_____. *A UDN e o udenismo*: ambiguidades do liberalismo brasileiro (1945-1965). Rio de Janeiro, Paz e Terra, 1981.

BERTOLINO, Osvaldo. *Maurício Grabois, uma vida de combates*: da batalha de ideias ao comando da Guerrilha do Araguaia. São Paulo, Anita Garibaldi/Instituto Maurício Grabois, 2004.

BETHELL, Leslie; ROXBOROUGH, Ian (orgs.). *A América Latina entre a Segunda Guerra Mundial e a Guerra Fria*. Rio de Janeiro, Paz e Terra, 1996.

BEUREN, Jacó. *O tenente Portela na Marcha da Coluna revolucionária*. Porto Alegre, A Nação, 1969.

BEZERRA, Gregório. *Memórias*, 1ª parte: *1900-1945*. Rio de Janeiro, Civilização Brasileira, 1979. [Ed. atual: *Memórias*. São Paulo, Boitempo, 2011.]

BIGNAMI, Ariel. *El pensamiento de Gramsci*: una introducción. Buenos Aires, El Folleto, s/d

_____. *Intelectuales e revolución, o el tigre azul*. Buenos Aires, Acercándonos, 2009.

_____. *Gramsci*: pensamiento, conciencia y revolución. Buenos Aires, Luxemburg, 2010.

BITTENCOURT, Getúlio. O panorama visto do exílio (entrevista com Luiz Carlos Prestes). In: *A quinta estrela*: como se tenta fazer um presidente no Brasil. São Paulo, Ciências Humanas, 1978. p. 35-46.

BONAVIDES, Paulo; AMARAL, Roberto. *Textos políticos da história do Brasil*. Brasília, Conselho Editorial do Senado Federal, 2002.

BORÓN, Atílio A., Estudio introductorio. In: LUXEMBURGO, Rosa. *Reforma social o revolución?* Buenos Aires, Luxemburg, 2010.

BRAGA, Sérgio Soares. *Quem foi quem na Assembleia Constituinte de 1946*: um perfil socioeconômico e regional da Constituinte de 1946. Brasília, Câmara dos Deputados, Coordenação de Publicações, 1998. 2 v.

_____ (org.). *Luiz Carlos Prestes*: o constituinte, o senador (1946-1948). Brasília, Conselho Editorial do Senado Federal, 2003.

CABALLERO, Manuel. *La Internacional Comunista y la Revolución Latinoamericana, 1919-1943*. Caracas, Nueva Sociedad, 1987.

CAMARGO, Aspásia; GÓES, Walder de (orgs.). *Meio século de combate*: diálogo com Cordeiro de Farias. Rio de Janeiro, Nova Fronteira, 1981.

CANALE, Dario; VIANA, Francisco; TAVARES, José Nilo (orgs.). *Novembro de 1935*: meio século depois. Petrópolis, Vozes, 1985.

CAPITANI, Avelino Biden. *A rebelião dos marinheiros*. Porto Alegre, Artes e Ofícios, 1997.

CARDOSO, Fernando Henrique. *O modelo político brasileiro e outros ensaios*. São Paulo, Difel, 1972.

CARONE, Edgard. *A República Nova (1930-1937)*. São Paulo, Difel, 1976.

_____. *A Terceira República (1937-1945)*. São Paulo, Difel, 1976.

_____. *A República Velha*, v. 2: *Evolução política, 1889-1930*. São Paulo, Difel, 1977.

_____. *O Estado Novo (1937-1945)*. São Paulo, Difel, 1977.

_____. *A Segunda República (1930-1937)*. São Paulo, Difel, 1978.

_____. *Movimento operário no Brasil (1877-1944)*. São Paulo, Difel, 1979.

_____. *A Quarta República (1945-1964)*: documentos. São Paulo, Difel, 1980.

_____. *Movimento operário no Brasil (1945-1964)*, v. 2. São Paulo, Difel, 1981.

_____. *O PCB*, v. 1: *1922-1943*. São Paulo, Difel, 1982.

_____. *O PCB*, v. 2: *1943-1964*. São Paulo, Difel, 1982.

_____. *O PCB*, v. 3: *1964-1982*. São Paulo, Difel, 1982.

_____. *Movimento operário no Brasil (1964-1984)*. São Paulo, Difel, 1984.

_____. *A República Liberal*, v. 1: *Instituições e classes sociais (1945-1964)*. São Paulo, Difel, 1985.

_____. *A República Liberal*, v. 2: *Evolução política (1945-1964)*. São Paulo, Difel, 1985.

CARVALHO, Apolônio de. *Vale a pena sonhar*. Rio de Janeiro, Rocco, 1997.

CHILCOTE, Ronald H. *O Partido Comunista Brasileiro*: conflito e integração (1922-1972). Rio de Janeiro, Graal, 1982.

CLAUDIN, Fernando. *La crisis del movimiento comunista*, t. I. Paris, Ruedo Ibérico, 1970.

COELHO, Marco Antônio Tavares. *Herança de um sonho*: as memórias de um comunista. Rio de Janeiro, Record, 2000.

REFERÊNCIAS BIBLIOGRÁFICAS 547

COSTA, Célia Maria Leite. A Frente Ampla de oposição ao regime militar. In: FERREIRA, Marieta de Moraes (coord.). *João Goulart*: entre a memória e a história. Rio de Janeiro, Editora da FGV, 2006. p. 177-91.

D'ARAÚJO, Maria Celina. *O segundo governo Vargas (1951-1954)*: democracia, partidos e política. São Paulo, Ática, 1992.

DREIFUSS, René Armand. *1964, a conquista do Estado*: ação política, poder e golpe de classe. Petrópolis, Vozes, 1981.

DULLES, John W. F. *O comunismo no Brasil, 1935-1945*: repressão em meio ao cataclismo mundial. Rio de Janeiro, Nova Fronteira, 1985.

_____. *Sobral Pinto, a consciência do Brasil*: a cruzada contra o regime Vargas (1930-1945). Rio de Janeiro, Nova Fronteira, 2001.

FALCÃO, João. *O Partido Comunista que eu conheci*: 20 anos de clandestinidade. Rio de Janeiro, Civilização Brasileira, 1988.

_____. *Giocondo Dias, a vida de um revolucionário*: meio século de história política do Brasil. Rio de Janeiro, Agir, 1993.

_____. *O Brasil e a Segunda Guerra Mundial*: testemunho e depoimento de um soldado convocado. Brasília, Editora da UNB, 1999.

FALCÓN, Gustavo. *Do reformismo à luta armada*: a trajetória política de Mário Alves (1923--1970). Salvador, Versal, 2008.

FELIZARDO, Joaquim José. *A legalidade*: o último levante gaúcho. Porto Alegre, Editora da UFRGS, 1988.

FERNANDES, Florestan. *A revolução burguesa no Brasil*: ensaio de interpretação sociológica. Rio de Janeiro, Zahar, 1975.

_____. *Poder e contrapoder na América Latina*. Rio de Janeiro, Zahar, 1981.

_____. *A contestação necessária*: retratos intelectuais de inconformistas e revolucionários. São Paulo, Ática, 1995.

FICO, Carlos; ARAÚJO, Maria Paula (orgs.). *1968, 40 anos depois*: história e memória. Rio de Janeiro, 7 Letras, 2009.

FORJAZ, Maria Cecília Spina. *Tenentismo e Aliança Liberal*: 1927-1930. São Paulo, Polis, 1978.

FORTES, Alexandre (org.). *História e perspectivas da esquerda*. São Paulo/Chapecó, Fundação Perseu Abramo/Argos, 2005.

GÓES, Maria da Conceição Pinto de. *A aposta de Luiz Ignácio Maranhão Filho*: cristãos e comunistas na construção da utopia. Rio de Janeiro, Editora da UFRJ, 1999.

GIOVANNETTI NETTO, Evaristo. *A bancada do PCB na Assembleia Constituinte de 1946*. São Paulo, Novos Rumos, 1986.

GOMES, Angela Maria de Castro. *A invenção do trabalhismo*. São Paulo/Rio de Janeiro, Revista dos Tribunais/Iuperj, 1988.

_____; FERREIRA, Jorge. *Jango*: as múltiplas faces. Rio de Janeiro, Editora da FGV, 2007.

GORENDER, Jacob. *Combate nas trevas*: a esquerda brasileira – das ilusões perdidas à luta armada. São Paulo, Ática, 1987.

GRAMSCI, Antonio. *Cadernos do cárcere*, v. 1. Rio de Janeiro, Civilização Brasileira, 2001; v. 2. Rio de Janeiro, Civilização Brasileira, 2001; v. 3. Rio de Janeiro, Civilização Brasileira, 2000; v. 4. Rio de Janeiro, Civilização Brasileira, 2002.

_____. *Escritos políticos*. Rio de Janeiro, Civilização Brasileira, 2004.

GRYNSZPAN, Mário. O período Jango e a questão agrária: luta política e afirmação de novos atores. In: FERREIRA, Marieta de Moraes (coords.). *João Goulart*: entre a memória e a história. Rio de Janeiro, Editora da FGV, 2006. p. 57-77.

HARRIS, Richard L. *Morte de um revolucionário*: a última missão de Che Guevara. Rio de Janeiro, G. Ermakoff, 2008.

HILL, Christopher. *O eleito de Deus*: Oliver Cromwell e a Revolução Inglesa. São Paulo, Companhia das Letras, 1988.

HOBSBAWM, Eric J. *Nações e nacionalismo desde 1780*: programa, mito e realidade. Rio de Janeiro, Paz e Terra, 1990.

_____. *Estratégias para uma esquerda radical*: escritos políticos, 1977-1988. Rio de Janeiro, Paz e Terra, 1991.

_____. *A era dos extremos*: o breve século XX (1914-1991). São Paulo, Companhia das Letras, 1995.

IANNI, Valéria. *Guerra y revolución en España*. Cidade do México, Ocean Sur, 2008.

INSTITUTO CAJAMAR, *Socialismo em debate*: 1917-1987. São Paulo, Instituto Cajamar, 1988.

IUMATTI, Paulo Teixeira. *Diários políticos de Caio Prado Júnior*: 1945. São Paulo, Paz e Terra, 1998.

JEIFETS, Lazar; JEIFETS, Victor; HUBER, Peter. *La Internacional Comunista y América Latina, 1919-1943*: diccionario biográfico. Moscou/Genebra, Instituto de Latinoamérica de la Academia de las Ciencias/Institut pour l'histoire de communisme, 2004.

KONDER, Leandro. *A democracia e os comunistas no Brasil*. Rio de Janeiro, Graal, 1980.

LACERDA, Carlos. *Depoimento*. Rio de Janeiro, Nova Fronteira, 1987.

LACERDA, Maurício de. *Segunda República*. Rio de Janeiro, Freitas Bastos, 1931.

LEOPOLDI, Maria Antonieta P. O difícil caminho do meio: Estado, burguesia e industrialização no segundo governo Vargas (1951-1954). In: GOMES, Angela de Castro (org.). *Vargas e a crise dos anos 50*. Rio de Janeiro, Relume Dumará, 1994. p. 161-203.

LOVE, Joseph L. *O regionalismo gaúcho e as origens da Revolução de 1930*. São Paulo, Perspectiva, 1975.

MACHADO, Paulo Henrique. *Pão, terra e liberdade na cidade imperial*: a luta antifascista em Petrópolis no ano de 1935. Rio de Janeiro, IFCS/UFRJ, 2008.

MAHAJO, Francisco Ignácio Taibo. *Ernesto Guevara, também conhecido como Che*: Paco Ignácio Taibo II. São Paulo, Expressão Popular, 2008.

MARANHÃO, Ricardo. *Sindicatos e democratização (Brasil, 1945-1950)*. São Paulo, Brasiliense, 1979.

MARIÁTEGUI, José Carlos. *Escritos fundamentales*. Buenos Aires, Acercándonos, 2008.

MARIGHELLA, Carlos. *Escritos de Carlos Marighella*. São Paulo, Livramento, 1979.

REFERÊNCIAS BIBLIOGRÁFICAS 549

MARTINS, Evaldo; SALUSTINO, Pedro. Que é a Corrente Renovadora? *Novos Tempos*. Rio de Janeiro, n. 1, set. 1957, p. 14-22.

MARX, Karl. *O 18 brumário de Luís Bonaparte*. São Paulo, Escrita, 1968. [Ed. atual: *O 18 de brumário de Luís Bonaparte*. São Paulo, Boitempo, 2011.]

_____; ENGELS, Friedrich. *Obras escogidas en tres tomos*. Moscou, Progreso, 1976.

MATTOS, Marcelo Badaró. *Trabalhadores e sindicatos no Brasil*. Rio de Janeiro, Vício de Leitura, 2002.

MENDONÇA, Sônia Regina de. *Estado e economia no Brasil*: opções de desenvolvimento. Rio de Janeiro, Graal, 1986.

MONJARDIM FILHO, José. *Processo de Prestes*. Rio de Janeiro, s./e., 1958.

MORAES, Dênis de. *A esquerda e o golpe de 64*: vinte e cinco anos depois, as forças populares repensam seus mitos, sonhos e ilusões. Rio de Janeiro, Espaço e Tempo, 1989.

_____. (org.). *Prestes com a palavra*: uma seleção das principais entrevistas do líder comunista. Campo Grande, Letra Livre, 1997.

_____; VIANNA, Francisco. *Prestes*: lutas e autocríticas. Petrópolis, Vozes, 1982.

MORAIS, Fernando. *Olga*. São Paulo, Alfa-Ômega, 1985.

MOREIRA LIMA, Lourenço. *A Coluna Prestes*: marchas e combates. São Paulo, Alfa-Ômega, 1979.

MOTTA, Rodrigo Patto Sá. *Em guarda contra o "Perigo Vermelho"*: o anticomunismo no Brasil (1917-1964). São Paulo, Perspectiva/Fapesp, 2002.

MUNHOZ, Sidnei. Guerra Fria: um debate interpretativo. In: DA SILVA, Francisco Carlos Teixeira (org.). *O século sombrio*: guerras e revoluções do século XX. Rio de Janeiro, Elsevier, 2004.

NAPOLITANO, Marcos. *1964*: história do regime militar brasileiro. São Paulo, Contexto, 2014.

NEVES, Lucília de Almeida. *CGT no Brasil, 1961-1964*. Belo Horizonte, Vega, 1981.

OLIVEIRA, Francisco. A economia brasileira: crítica da razão dualista. *Estudos Cebrap*. São Paulo, Cebrap, n. 2, out. 1972, p. 3-82. [Ed. atual: *Crítica à razão dualista/O ornitorrinco*. São Paulo, Boitempo, 2003.]

PENNA, Lincoln de Abreu (org.). *Manifestos políticos do Brasil contemporâneo*. Rio de Janeiro, e-papers, 2008.

PESSOA, Reynaldo X. Carneiro (org.). *PCB: vinte anos de política (1958-1979)*. São Paulo, Livraria Editora Ciências Humanas, 1980.

PINHEIRO, Marcos César de Oliveira. *O MUT e a luta do PCB pela hegemonia no movimento operário*: conciliação e conflito. Monografia de Bacharelado em História, Rio de Janeiro, UFRJ, 2004.

_____. *O PCB e os Comitês Democráticos na cidade do Rio de Janeiro (1945-1947)*. Dissertação de Mestrado em História Comparada, Rio de Janeiro, UFRJ, 2007.

PINHEIRO, Paulo Sérgio. *Estratégias da ilusão*: a revolução mundial e o Brasil, 1922-1935. São Paulo, Companhia das Letras, 1991.

POMAR, Pedro Estevam da Rocha. *A democracia intolerante*: Dutra, Adhemar e a repressão do Partido Comunista (1946-1950). São Paulo, Arquivo do Estado/Imprensa Oficial do Estado, 2002.

PRADO, Maria Lígia Coelho. *A democracia ilustrada*: o Partido Democrático de São Paulo, 1926- -1934. São Paulo, Ática, 1986.

PRADO JR., Caio. *A revolução brasileira*. São Paulo, Brasiliense, 1966.

PRESTES, Anita Leocadia. A que herança devem os comunistas renunciar?. *Oitenta*. Porto Alegre, LP&M, n. 4, 1980.

_____. *A Coluna Prestes*. Rio de Janeiro, Paz e Terra, 1997.

_____. *Os militares e a reação republicana*: as origens do tenentismo. Petrópolis, Vozes, 1993.

_____. *Luiz Carlos Prestes e a Aliança Nacional Libertadora*: os caminhos da luta antifascista no Brasil (1934-1935). Petrópolis, Vozes, 1997.

_____. *Tenentismo pós-30*: continuidade ou ruptura? São Paulo, Paz e Terra, 1999.

_____. *Da insurreição armada (1935) à "União Nacional" (1938-1945)*: a virada tática na política do PCB. São Paulo, Paz e Terra, 2001.

_____. *Uma epopeia brasileira*: a Coluna Prestes. São Paulo, Expressão Popular, 2009.

_____. *Os comunistas brasileiros (1945-1956/58)*: Luiz Carlos Prestes e a política do PCB. São Paulo, Brasiliense, 2010.

_____. Antonio Gramsci e o ofício do historiador comprometido com as lutas populares. *Revista de História Comparada*, v. 4, n. 3, dez. 2010, p. 6-18.

_____. Para um estudo da memória do PCB: a influência do pensamento antidialético de Mao Tsé-tung na estratégia política do PCB (mar. 1958). *Revista de História Comparada*, v. 5, n. 2, dez. 2011.

_____. *Luiz Carlos Prestes*: o combate por um partido revolucionário (1958-1990). São Paulo, Expressão Popular, 2012.

_____. *"Campanha Prestes" pela libertação dos presos políticos no Brasil (1936-1945)*: uma emocionante história de solidariedade internacional. São Paulo, Expressão Popular, 2013.

_____; PRESTES, Lygia (org., seleção e notas). *Anos tormentosos*: Luiz Carlos Prestes, correspondência da prisão (1936-1945), v. 1. Rio de Janeiro, Arpej/Paz e Terra, 2000.

_____. *Anos tormentosos*: Luiz Carlos Prestes, correspondência da prisão (1936-1945). Rio de Janeiro, Arpej/ Paz e Terra, 2002. 3 v.

PRESTES, Luiz Carlos. *Problemas atuais da democracia*. Rio de Janeiro, Vitória, s./d.

_____. *Carta aos comunistas*. São Paulo, Alfa-Ômega, 1980.

_____. Como cheguei ao comunismo. *Cultura Vozes*, n. 2, mar.-abr. 1998, p. 137-51.

REIS FILHO, Daniel Aarão; SÁ, Jair Ferreira de (orgs.). *Imagens da revolução*: documentos políticos das organizações clandestinas de esquerda dos anos 1961 a 1971. Rio de Janeiro, Marco Zero, 1985.

REIS, Daniel Aarão; RIDENTI, Marcelo (orgs.). *História do marxismo no Brasil*, v. 4: *Partidos e movimentos após os anos 1960*. Campinas, Editora da Unicamp, 2007.

RIBEIRO, Jayme Fernandes. *Guerra e paz*: a trajetória dos comunistas brasileiros nos anos 1950. Tese de Doutorado em História, Niterói, UFF, 2008.

RIDENTI, Marcelo. *O fantasma da revolução brasileira*. São Paulo, Editora Unesp, 1993.

RODRIGUES, José. *Luiz Carlos Prestes*: sua passagem pela Escola Militar. Fortaleza, Minerva, 1927.

RODRIGUES, Flávio Luís. *Vozes do mar*: o movimento dos marinheiros e o golpe de 64. São Paulo, Cortez, 2004.

ROIO, Marcos Del. *A classe operária na revolução burguesa*: a política de alianças do PCB, 1928--1935. Belo Horizonte, Oficina de Livros, 1990.

ROSE, R. S. *Uma das coisas esquecidas*: Getúlio Vargas e controle social no Brasil (1930-1954). São Paulo, Companhia das Letras, 2001.

ROSE, R. S.; SCOTT, Gordon D. *Johnny*: a vida do espião que delatou a rebelião comunista de 1935. Rio de Janeiro, Record, 2010.

SAID, Ana Maria. *Uma estratégia para o Ocidente*: o conceito de democracia em Gramsci e o PCB. Uberlândia, Edufu, 2009.

SALES, Jean Rodrigues. Partido Comunista do Brasil: definições ideológicas e trajetória política. In: RIDENTI, Marcelo; REIS, Daniel Aarão (orgs.). *História do marxismo no Brasil*, v. 4. Campinas, Editora da Unicamp, 2007. p. 63-103.

SANTANA, Marco Aurélio. *Homens partidos*: comunistas e sindicatos no Brasil. São Paulo, Boitempo, 2001.

_____. *Bravos companheiros*: comunistas e metalúrgicos no Rio de Janeiro (1945-1964). Rio de Janeiro, 7 Letras, 2012.

SILVA, Hélio. *1922*: sangue na areia de Copacabana. Rio de Janeiro, Civilização Brasileira, 1964.

_____. *1945*: por que depuseram Vargas. Rio de Janeiro, Civilização Brasileira, 1976.

SILVA, Luiz Henrique de Castro. *O revolucionário da convicção*: vida e ação de Joaquim Câmara Ferreira. Rio de Janeiro, Editora da UFRJ, 2010.

SISSON, Roberto. *La revolución democrática progresista brasileña*. Buenos Aires, Rio-Buenos Aires, s/d.

SOBRAL PINTO. *Por que defendo os comunistas*. Belo Horizonte, Comunicação, 1979.

SOBRINHO, Barbosa Lima. *A verdade sobre a Revolução de Outubro*: 1930. São Paulo, Alfa-Ômega, 1983.

SOUSA, Raimundo Alves de. *Os desconhecidos da história da imprensa comunista*. Rio de Janeiro, Fundação Dinarco Reis, 2005.

TAVARES, Flávio. *1964*: o golpe. Porto Alegre, L&PM, 2014.

TAVARES, Rodrigo Rodrigues. *A "Moscouzinha" brasileira*: cenários e personagens do cotidiano operário de Santos (1930-1954). São Paulo, Associação Editorial Humanitas/Fapesp, 2007. Coleção Histórias da Repressão e da Resistência, v. 6.

TEIXEIRA DA SILVA, Francisco Carlos. A modernização autoritária: do golpe militar à redemocratização 1964-1984. In: LINHARES, Maria Yedda (org.). *História geral do Brasil*. Rio de Janeiro, Campus, 1990. p. 351-84.

TOGLIATTI, Palmiro. *Socialismo e democracia*: escritos escolhidos do período 1944-1964. Rio de Janeiro, Muro, 1980.

VIANNA, Marly de Almeida Gomes. *Revolucionários de 1935*: sonho e realidade. São Paulo, Companhia das Letras, 1992.

_____. (org.). *Pão, terra e liberdade*: memória do movimento comunista de 1935. Rio de Janeiro/São Carlos, Arquivo Nacional/Universidade Federal de São Carlos, 1995.

VINHAS, Moisés. *O Partidão*: a luta por um partido de massas (1922-1974). São Paulo, Hucitec, 1982.

VIZENTINI, Paulo Gilberto Fagundes. *Os liberais e a crise da República Velha*. São Paulo, Brasiliense, 1983.

_____. A Guerra Fria. In: REIS FILHO, Daniel Aarão et al. (orgs.). *O século XX*, v. 2. Rio de Janeiro, Civilização Brasileira, 2000. p. 195-225.

WEFFORT, Francisco. *Formação do pensamento político brasileiro*: ideias e personagens. São Paulo, Ática, 2006.

Índice onomástico

Aguirre Cerda, Pedro, 202
Alambert, Zuleika, 435, 468, 475
Alencar (codinome de José Caetano Machado), 150
Allende Gossens, Salvador Guillermo, 420
Almeida (codinome de José Caetano Machado), 150, 153
Almeida, Antônio (pseudônimo de Luiz Carlos Prestes), 397, 400, 404
Almeida, José Américo de, 235
Almendra, Jacob Manoel Gaioso e, 83
Altobelli (codinome de Rodolpho Ghioldi), 153
Alves, Márcio Moreira, 425
Alves, Mário, 243, 312-3, 329, 362, 384, 387-8, 390-1, 393-4, 406-7, 411
Alves, Osvino Ferreira, 365
Amado, Jorge, 15, 228
Amaral, Luís, 103
Amazonas, João, 243-4, 274, 310-2, 334, 344
Anahory, Israel Abrahão, 160
Andrada, Antônio Carlos Ribeiro de, 114, 121, 126
Andrade, Auro de Moura, 357-8
Andrade, Carlos Drummond de, 237
Andrade, Joaquim dos Santos, 499
André (codinome de Elias Reinaldo da Silva), 150, 153
Aquino, 69
Aranha, Osvaldo, 117-8, 121, 124, 216, 218-20, 227
Archer, Renato, 405
Arouet, François-Marie, *ver Voltaire*
Arraes de Alencar, Miguel, 365, 370, 372-3, 376
Arroio, Ângelo, 344
Audrin, José, 80
Azevedo, Agliberto Vieira de, 215

Balbino, Antônio, 366
Bandeira, Luiz Alberto Moniz, 338, 346, 357
Bangu (codinome de Lauro Reginaldo da Rocha), 150, 217, 220, 222
Barata, Agildo, 215, 227, 245, 247, 254, 309-15
Barbedo, Alceu, 272
Barbosa Lima Sobrinho, Alexandre José, 116
Barbosa, Rui, 24, 28
Barcelos, 37, 40
Barreto Leite Filho, João, 182
Barron, Victor Allen, 182, 186-9, 192
Barros, Adhemar de, 272, 324, 369
Barros, Monteiro de, 29, 366
Barros, João Alberto Lins de, 56, 126, 236
Bartolomeu, Floro, 87
Basbaum, Leôncio, 116, 239
Bastos, Abguar, 137
Bastos, Justino Alves, 323
Batista Zaldívar, Fulgencio, 202, 204
Batista, Cícero Romão, 202, 204
Batista, Cícero Romão, *ver padre Cícero*
Batista, Miguel, 391, 393, 411
Batista, Pedro Ernesto, 117
Benario, Olga, 22, 157, 159-62, 186-9, 192-3, 195, 198-201, 212-3, 215, 221, 229, 239, 248, 252, 281
Benevides, Maria Victoria de Mesquita, 234, 238, 282, 306
Benévolo, Aníbal, 41-2, 50, 54-5
Bentes Monteiro, Euler, 30
Bergamini, Adolfo, 108
Berger, Harry (pseudônimo de Arthur Ewert), 138, 157, 178-9, 181, 186, 189-90, 196, 207, 210-5, 223
Bergner, Maria (codinome de Olga Benario), 160
Berle, Adolf, 237, 244, 249, 252

Bernardes, Arthur da Silva, 31-4, 40-1, 49, 51, 57, 70, 72, 76, 87, 94, 96, 114, 123, 136
Bethell, Leslie, 268
Bevilacqua, Peri, 368-9
Bezerra, Gregório, 167, 353-4, 456, 491, 493, 505
Bicalho, Luiz de Carvalho, 273
Bins, José Pedro, 52
Bitencourt, Manoel Liberato, 28, 37
Bittencourt, Getúlio, 471
Bocaiúva Cunha, Ranulfo, 370
Bonfim Jr., Orlando, 350, 356, 390, 445
Bonfim, Antônio Maciel, 150, 194
Bonnet, 197
Borges de Medeiros, Antônio Augusto, 49-50, 55, 67, 114, 123
Bosch, Juan, 395
Botelho, Otávio, 110-1, 134
Braga, Saturnino, 528, 536
Braga, Sérgio Soares, 264, 282
Brandão, Octávio, 150, 198
Brasil, Joaquim Francisco de Assis, 49-51, 108-9, 114
Brizola, Leonel, 324, 327, 347, 355, 358, 361, 371, 373, 375-6, 388, 505, 515-8, 524, 528-9, 534-9
Brochado da Rocha, Francisco de Paula, 357-60
Bruno (codinome de José Caetano Machado), 150
Buys, Frederico Cristiano, 34-5

Cabanas, João, 71
Café Filho, João Fernandes Campos, 297-8, 302-3, 305-7, 338
Caldeira, Accácio Salvador
Calógeras, Pandiá, 37
Caloni, Elvira Cupello, 187, 190-2, 221
Câmara, Diógenes de Arruda, 243-4, 279-81, 286, 289, 309-10, 334
Campello, Cleto, 84, 86, 89
Campos, Pedro Dias de, 94-5
Campos, Roberto, 327, 368
Caneppa, Vitório, 213-4, 217, 222
Cárdenas, Lázaro, 201-4
Cardoso, Joaquim Ignácio, 33
Carone, Edgard, 100, 231, 243, 252, 345, 356
Carvalho, Afonso de, 32-4
Carvalho, Apolônio de, 387-8, 391, 393, 407, 411-2
Carvalho, Setembrino de, 23, 45
Casa de Bragança (família nobre portuguesa), 511
Cascardo, Hercolino, 170, 172
Castello Branco, Humberto de Alencar, 378, 395-6, 405, 408
Castro Ruz, Fidel Alejandro, 18-9, 340, 388, 391, 409, 420, 495, 527, 541

Castro Ruz, Raúl Modesto, 453
Castro, José Pio Borges de, 26
Cavalcanti, Caio de Lima, 107
Cavalcanti, Carlos de Lima, 107, 114-5
Chade, Calil, 344
Chagas Freitas, Antônio de Pádua, 515
Chateaubriand, Assis, 27-8, 100
Chávez Frías, Hugo Rafael, 18
Chilcote, Ronald H., 149
Chuahy, Eduardo, 525
Churchill, Winston, 267
Cina (esposa de Fernando de Lacerda), 147
Codovilla, Victorio, 107, 112, 131, 141, 200
Coelho, Marco Antônio, 340, 400, 435, 444-5
Collor de Mello, Fernando, 539-40
Constant, Benjamim, 21-2
Cordeiro de Farias, Osvaldo, 56, 58, 63-4, 68-9, 73, 75-6, 80-1, 88, 109, 113, 116-7, 119, 123, 126
Cordeiro, Cristiano, 84
Corrêa, André Trifino, 56, 239, 247
Correia, Hércules, 491, 493, 516
Corvo, Luiz Rodrigues, 400
Costa e Silva, Artur da, 34, 36, 396, 400, 404-5, 408, 424, 427
Costa, David Capistrano da, 443
Costa, Elson, 445
Costa, José Silvino da, 101
Costa, Miguel, 72-5, 86, 94, 122-4, 138, 165, 247
Crispim, José Maria, 289-90
Cromwell, Oliver, 16
Cruz, Aristides Ferreira da, 88
Cruz, Victor César da Cunha, 32, 111
Cunha, Euclides da, 17

Dantas, Francisco San Tiago, 355-6, 366, 373-5
Debray, Régis, 407
Dias, Giocondo, 243, 309, 312-3, 390, 435, 456, 479, 491-2, 523
Diderot, Denis, 26
Dimitrov, Jorge, 155-6, 166, 419, 450, 459
Divinho (codinome de Valduvino Barbosa Loureiro), 150
Domingos José (codinome de Luiz Carlos Prestes), 217
Dornellas, Jacques, 525
Drujon, François, 200
Duarte, Paulo, 116
Dulles, John W. F., 148
Duro, Carlos de Oliveira, 62-3
Dutra, Djalma Soares, 75, 101-2, 105, 113-5, 123, 126
Dutra, Eurico Gaspar, 219, 236, 246, 251, 254, 262-3, 268-70, 272-6, 281-4, 286-7, 289

ÍNDICE ONOMÁSTICO 555

Edson Luís, 404, 422
Engels, Friedrich, 104, 112, 145, 214
Estillac Leal, Newton, 252
Ewert, Arthur, *ver também Berger, Harry*, 157, 161, 178, 186-7, 201
Ewert, Elise, 161, 186-7, 189, 199

Fagundes, Mário Portela, 45, 50-1, 53-6, 58, 62-4
Falcão, Armando, 330, 335
Falcão, João, 280, 395
Farias, Osvaldo Cordeiro de, 56, 58, 63-4, 68-9, 73, 75-6, 80-1, 88, 109, 116-7, 119, 123, 126
Felizardo, Alfredo Carlos, 214
Felizardo, Ermelinda Ferreira de Almeida, 21, 41, 214
Felizardo, Joaquim José, 21
Fernandes, Elza (pseudônimo de Elvira Cupello Caloni), 187, 190-1, 221, 223
Fernandes, Florestan, 451, 512, 532, 535-6, 540
Fernandes, Pedro (pseudônimo de Luiz Carlos Prestes), 139, 157
Ferreira, Joaquim Câmara, 387, 390-1, 393, 407-8, 410-2
Figueiredo, Afonso de, 160
Figueiredo, conde de, 160
Figueiredo, Eurico Lima, 533
Figueiredo, João Baptista, 469, 481, 485-7, 494, 497-8, 502, 504, 512, 515, 519-21, 523
Fiúza, Yedo, 254, 260
Fonseca, Hermes da, 34
Fontenelle, Américo, 345
Fournier, Severo, 217, 219-20
Franco, Virgílio de Melo, 124, 192
Franco, Wellington Moreira, 517
Freire, Ary Salgado, 56
Furtado, Celso, 364, 366

Garota (codinome de Elvira Cupello Caloni), 191, 221
Garoto (codinome de Luiz Carlos Prestes), 179-80
Gay, João Pedro, 41, 56, 62, 64
Geisel, Ernesto Beckmann, 440-6, 457, 459, 464, 469, 471, 473, 520
Gertel, Raquel, 223
Ghioldi, Carmen, 189
Ghioldi, Rodolpho, 153, 172, 179, 181, 187-9
Góis Monteiro, Pedro Aurélio de, 126, 186, 219, 252
Gomes, Augusto Maynard, 223
Gomes, Eduardo, 36, 40-1, 103, 235-6, 245-6, 250, 296, 307
Gomes, Eduardo de Sá Siqueira, 45, 52-3
Gomes, Francisco, 312-3

Gomes, João, 84, 92, 186
Gomes, Joaquim da Silva, 26
Gomes, Júlio (pseudônimo de Y. I. Rosovski), 144
Gordon, Abraham Lincoln, 373
Gorender, Jacob, 149, 312-3, 318-9, 387, 391, 393, 407, 411-2
Goulart, João Belchior Marques, 305-6, 327, 335, 337, 344-50, 355, 357-65, 368-9, 371-6, 378, 382, 384, 389-90, 392, 394, 401, 403-4, 416, 428, 537, 539
Graaf, Johann de, 185
Grabois, Maurício, 243-4, 274, 310, 312, 334, 344
Graça, Milton Coelho da, 432
Gramsci, Antonio, 19, 241-2, 262, 326, 362, 483, 508-9
Gruber, Franz Paul, *ver Graaf, Johann de*
Grynszpan, Mário, 352
Guedes, Armênio, 312-3, 461, 466, 468, 470, 473-6, 482, 484, 491, 493, 522
Guevara, Ernesto "Che", 345, 400, 407
Guimarães, Alberto Passos, 313
Guimarães, Honório de Freitas, 160
Guralski, August (pseudônimo de Abram Jakovlevich Jeifets), 129-31, 133, 135, 138, 146, 159
Guralski, Inês, (pseudônimo de N. Y. Tulchinskaya), 159-60

Handal, Schafik Jorge, 383, 430-1
Hill, Christopher, 16
Hitler, Adolf, 210, 222, 225-6
Hobsbawm, Eric J., 15, 174
Holanda, Jarbas de, 432
Holmos, Sérgio, 312
Horta, Oscar Pedroso, 139, 345

Índio (codinome de Rodolpho Ghioldi), 179

Jango, *ver também Goulart, João Belchior Marques*, 321, 335, 341, 346-7, 350-2, 355-6, 360, 363, 366, 368, 370-1, 373, 375, 379-81, 383-4, 387-90, 392, 394
Jeifets, Abram Jakovlevich, *ver Guralski, August*
Joaquinzão (codinome de Joaquim dos Santos Andrade), 499-500, 530
Julião, 222
Julião, Francisco, 352-4, 388
Jurema, Abelardo, 370

Kai-shek, Chiang, 130, 133
Khrushchov, Nikita, 309
Kirov, Serguei Mironovitch, 160
Klinger, Bertoldo, 73, 76-9, 88

Konder, Leandro, 470
Kruel, Amaury, 365-6
Kubitschek, Juscelino, 301-2, 304-6, 308, 321, 323-30, 334-5, 337-8, 341-2, 395, 404-5

Labarthe, Ilka, 163
Lacerda, Carlos, 173, 295-6, 328, 330, 345-6, 348-9, 364-5, 369-70, 404
Lacerda, Fernando de, 146, 228, 231, 289-90
Lacerda, Maurício de, 99, 108, 110, 112, 117, 119
Lacerda, Paulo, 116
Lampião, 87, 151, 153
Lassance, Carlos de, 213
Laudelino, 88
Leal, Aristides Corrêa, 56, 192
Leão, Josias Carneiro, 84-6
Lenin, Vladimir I., 18, 104, 112-3, 118, 133, 291, 344, 398, 416, 418, 450-1, 453, 459, 474, 506, 508
Lenski, Julian, 146
Leopoldi, Maria Antonieta P., 285
Lima, Afonso de Albuquerque, 431, 433
Lima, Francisco Negrão de, 395
Lima, Heitor Ferreira, 232, 250
Lima, Hermes, 360-1, 364,
Lima, Lourenço Moreira, 75-6, 80-1, 92, 94, 96
Lima, Luís Tenório de, 493
Lima, Paulo Mota, 228, 231
Lima, Pedro Mota, 228, 231, 237
Lima, Waldemar de Paula, 84, 86
Linhares, Maria Yedda Leite, 20
Linhares, José, 254, 260
Lira, Manoel, 71
Lisboa, Rosalina Coelho, 134, 163
Lobato, José Bento Renato Monteiro, 247
Lobo, Airton, 163
Lobo, Aristides, 132
Lombardo Toledano, Vicente, 204, 230
Longo, Moacir, 400
Lopes, Isidoro Dias, 55, 72
Lopes, Machado, 33, 51
Lott, Henrique Teixeira, 307, 321, 327-30, 232, 334-5, 338, 341, 346-7
Loureiro, Valduvino Barbosa, 150
Lucchesi, Ramiro, 312, 371, 394
Luz, Carlos, 307

Machado Filho, Alexandre Marcondes, ver *Marcondes Filho*
Machado, José Caetano, 150, 153, 178
Machado, José D. Pinheiro, 59
Machado, Raul, 207, 211
Magalhães, Juracy, 245, 267, 327, 329

Magalhães, Rafael de Almeida, 516
Magalhães, Sérgio, 322
Magalhães, Ururahy, 33
Makarenko, Anton, 144
Malina, Salomão, 491, 531
Maluf, Paulo Salim, 525-6
Manuilski, Dimitri, 141-2, 144-7, 150-1, 154, 156-7, 160, 182, 197
Maranhão Filho, Luiz Ignácio, 432, 443
Marcondes Filho, 238
Mariante, Álvaro, 92-3
Mariátegui, José Carlos, 318
Marighella, Carlos, 284, 310, 312, 362, 384, 387-8, 390-1, 393, 400, 406-12
Marquez (codinome de Valduvino Barbosa Loureiro), 150
Martí, José, 19, 541
Marx, Karl, 36, 104, 107, 112, 118, 326, 344, 541
Mattos, Almir, 335
Mattos, Horácio de, 90
Mazzo, Armando, 276
Medeiros, Luís Antônio, 530
Médici, Emílio Garrastazu, 432, 437-40, 442
Meirelles, Ilvo, 162, 192
Meirelles, Silo, 116-7, 119, 178, 245
Mello, Teodoro, 394, 491
Melo, Fidêncio de, 68,
Melo, João Massena, 443
Mesquita Filho, Júlio de, 247
Min, Van (pseudônimo de Chen Shao-yu), 160, 170
Miranda (codinome de Antônio Maciel Bonfim), 150, 153, 157, 161-2, 171-3, 176, 179-83, 187, 189-91, 194
Miranda, Emygdio da Costa, 56, 117
Miranda, Jaime, 394, 445
Monjardim Filho, José, 322
Monteiro, Bento Ribeiro Carneiro, 25
Moraes, Dênis de, 513
Moreira, Delfim, 28
Morena, Roberto, 305, 329
Moss, Grun, 345
Mota, Sílvio, 379
Mourão Filho, Olímpio, 379
Muller, Arthur, 134
Müller, Filinto, 72, 173, 186, 188, 192, 210
Muniz, Antônio Guedes, 345
Mussolini, Benito Amilcare Andrea, 266

Nascimento, Eugênio Carvalho do, 196, 209-10
Negro (codinome de Harry Berger), 179, 187
Neruda, Pablo, 204, 247
Neves, Eurico Andrade, 53, 215,

ÍNDICE ONOMÁSTICO   557

Neves, Tancredo de Almeida, 306, 349-50, 354, 356, 359, 520, 523, 525-7, 529
Nogueira Filho, Paulo, 107

Oest, Lincoln Cordeiro, 344
Olímpio, Matias, 83
Oliveira, Rafael Correia de, 103-4
Otero, Francisco Antônio Leivas, 312

Pacheco, Osvaldo, 435, 445
Padre Cícero, 86-7
Paim Filho, Firmino, 67-8
Paranhos, Manoel, 161
Paraventi, Celestino, 161
Pawley (embaixador americano), 268
Peçanha, Honório, 199
Peixoto, Augusto do Amaral, 334
Pereira, Astrojildo, 104, 237
Pereira, Claudino Nunes, 61, 67-8
Pereira, Hiram de Lima, 445
Pereira, Odon, 400
Pessoa, Epitácio, 28, 32-3, 37, 114, 123, 136
Pétain, Henri Philippe Benoni Omer Joseph, 266
Pinheiro Chagas, 366
Pinheiro, Israel, 395
Pinheiro, Marco César de Oliveira, 257-8, 263,
Pinheiro, Paulo Sérgio, 149,
Pires, Waldir, 382
Pires, Walter, 521, 527
Pomar, Pedro Estevam da Rocha (historiador), 276
Pomar, Pedro Ventura Felipe de Araújo (dirigente do PCB), 243, 312, 334, 344
Porto, Eurico Bellens, 194
Prado Júnior, Caio, 232, 237, 250-1, 253, 334
Prado Ugarteche, Manuel, 202
Prestes Maia, Francisco, 254
Prestes, Anita Leocadia, 199-201, 204, 212, 215, 322
Prestes, Antônio Pereira, 21-3
Prestes, Leocadia Felizardo, 16, 21-5, 27, 44, 134, 140-1, 157, 197-205, 208, 210, 212, 214-5, 221, 224, 228-30
Prestes, Lygia, 157, 197-201, 203-5, 230, 322

Quadros, Jânio da Silva, 321, 326-8, 330, 338-47, 383, 397, 537, 539
Queiroz (codinome de Antônio Maciel Bonfim), 150-3, 156, 171, 173, 215
Queiroz Filho, Eusébio, 194-5

Rabelo, Manuel, 227
Ramos, Nereu, 307
Reis, Dinarco, 312-3

Reyes Basoalto, Neftalí Ricardo, *ver Neruda, Pablo*
Ribeiro da Costa (ministro), 274
Ribeiro, Darcy, 384
Ribeiro, Ivan Ramos, 243
Ribeiro, Jair Dantas, 368
Ribeiro, Maria do Carmo, 281
Ribeiro, Orlando Leite, 106, 226, 229-31, 236, 239, 249, 252
Ribeiro, Valter, 443
Ribeiro, Walter, 394
Roca, Blas Calderio, 227
Rocha, Geraldo, 190
Rocha, Lauro Reginaldo da, 150, 217, 222
Rodrigues, José, 26-7, 29
Romano, Emílio, 215
Rondon, Cândido Mariano, 40, 50, 60, 68, 70-2
Roosevelt, Franklin D., 202, 235, 244, 249, 253, 285
Rosa, Alexandre, 46-7
Rosovski, Y. I., *ver Gomes, Júlio*
Rossi, Waldemar, 499
Rousseau, Jean-Jacques, 26
Rústico (codinome de August Guralski), 129, 133

Sá Filho, 274
Saldanha, Aristides, 295
Salles, José de Albuquerque, 477-80, 486-7
Sampaio, Cid, 324
Santa Rosa, 76
Santana, Marco Aurélio, 256, 290-1, 293, 381, 438
Santos, Geraldo Rodrigues dos, 435
Santos, Júlia dos, 192
Santos, Manoel dos, 192
Sarney, José, 525-6, 528-32, 535-9
Schemberg, Mário, 237, 394
Schilling, Paulo, 388
Seabra, José Joaquim, 44
Shao-yu, Chen, *ver Min, Van*
Silva, Elias Reinaldo da, 150, 153
Silva, Francisco Carlos Teixeira da, 421
Silva, Golbery do Couto e, 443
Silva, José Joaquim da, 214, 225
Silva, Luiz Inácio "Lula" da, 500-1, 512, 536-7, 539-40
Silva, Virgulino Ferreira da, *ver Lampião*
Simonsen, Roberto, 37, 39-40
Sinani (pseudônimo de Gueorgui Borisovich Skalov), 144-5, 147
Sinek, Olga (codinome de Olga Benario), 157
Siqueira Campos, Antônio de, 17, 34-6, 50, 54-6, 58, 63-4, 68-9, 73, 75, 83-4, 86, 109, 113-5, 117, 123-4
Siqueira Gomes, Eduardo Sá de, 45, 52-3

Siqueira, Givaldo, 493
Sisson, Roberto, 176-7, 247, 259
Soares, José Carlos de Macedo, 196, 212-3
Sobral Pinto, Heráclito Fontoura, 196, 200, 208, 210-2, 214-7, 221-4, 227, 229-30
Sousa, João de, 192
Sousa, Washington Luís Pereira de, *ver Washington Luís*
Sousinha (codinome de João de Sousa), 192
Souto, Edson Luís de Lima, ver *Edson Luís*
Souza (codinome de Elias Reinaldo da Silva), 150, 153
Souza, João de (codinome de Luiz Carlos Prestes), 118
Souza, João Francisco Pereira de, 55-6
Stalin, Joseph, 144, 263, 309, 313
Stassova, Elena, 197
Stuchevski, P. V., *ver Vallée, Léon-Jules*
Stuchskaia, Sofia Semionova, *ver Vallée, Alphonsine*

Távora, Belisário, 124
Távora, Joaquim, 36, 40, 81
Távora, Juarez, 44, 49-50, 63, 72, 75, 81, 109, 113-4, 123, 126, 137, 245, 302
Teixeira, Francisco, 379
Teixeira, Miro, 517
Teles, Edson, 534
Teles, Pantaleão, 36
Telles, Jover, 312, 362, 387-8, 390-1, 393, 410, 412
Thälmann, Ernst, 146
Tia Maria, 88
Timbaúba, Orestes, 313
Togliatti, Palmiro, 146, 262-3
Torres, Juan José, 432

Truman, Harry S., 268-9, 273, 276
Tsé-tung, Mao, 316
Tulchinskaya, N. Y., *ver Guralski, Inês*

Uriburu y Uriburu, José Félix Benito, 133

Vallée, Alphonsine (pseudônimo de Sofia Semionova Stuchskaia), 188, 192
Vallée, Léon-Jules (pseudônimo de P. V. Stuchevski), 183, 188, 192
Vargas, Benjamim Dornelles, 249
Vargas, Getúlio Dornelles, 21-2, 72, 110, 114-24, 126, 132-6, 156, 162-3, 165-7, 173-4, 176, 186, 192, 19, 201-4, 209-11, 214, 216, 218-20, 225-8, 230-2, 234-8, 242, 245-6, 249-54, 260, 288-9, 293, 295-8, 338, 381, 533, 540
Vasconcelos, Amarílio, 243
Velasco Alvarado, Juan, 431-2
Velasco, Miguel, 202
Veloso, Itair José, 445
Ventura, Álvaro, 243
Veras, Nestor, 445
Vianna, Francisco, 513
Vinhas, Moisés, 312
Virgulino, Honorato Himalaia, 211
Voltaire (pseudônimo de François-Marie Arouet), 26

Walters, Vernon, 368
Washington Luís, 95-6, 99-100, 106-8, 127, 135, 533
Weffort, Francisco, 17
Willard, Germaine, 197

Zola, Émile, 22

Sobre a autora

Anita Leocadia Prestes nasceu em 27 de novembro de 1936 na prisão de mulheres de Barnimstrasse, em Berlim, na Alemanha nazista, filha dos revolucionários comunistas Luiz Carlos Prestes, brasileiro, e Olga Benario Prestes, alemã. Afastada da mãe aos quatorze meses de idade, antes de vir para o Brasil, em outubro de 1945, viveu exilada na França e no México, com a avó paterna, Leocadia Prestes, e a tia Lygia. Em 1964, graduou-se em Química Industrial pela Escola Nacional de Química da antiga Universidade do Brasil, atual Universidade Federal do Rio de Janeiro (UFRJ). Em 1966, obteve o título de mestre em Química Orgânica. Devido à atuação clandestina nas fileiras do Partido Comunista Brasileiro (PCB), foi perseguida pelo regime militar instalado no país a partir de 1964, levando a que, no início de 1973, se exilasse na extinta União das Repúblicas Socialistas Soviéticas (URSS). Julgada à revelia em julho de 1973, foi condenada à pena de quatro anos e seis meses pelo Conselho Permanente de Justiça para o Exército brasileiro. Em dezembro de 1975, Anita Prestes recebeu o título de doutora em Economia e Filosofia pelo Instituto de Ciências Sociais de Moscou. Em setembro de 1979, com base na primeira Lei de Anistia no Brasil, a Justiça brasileira extinguiu a sentença que a condenou à prisão. Em seguida, Anita voltou ao Brasil. Desde 1958, até o falecimento de Prestes em 1990, atuou politicamente ao lado do pai tornando-se sua assessora. Autora de vasta obra sobre a atuação política de Prestes e a história do comunismo no Brasil, é doutora em História Social pela Universidade Federal Fluminense, professora do Programa de Pós-Graduação em História Comparada da UFRJ e presidente do Instituto Luiz Carlos Prestes, <www.ilcp.org.br>.

Capa da 1ª edição de *Olga*,
lançada pela Alfa-Ômega em 1985.

Publicado em 2015, trinta anos após o lançamento de *Olga*, de Fernando Morais, biografia que tornou célebre a história da militante comunista Olga Benario Prestes – companheira de Luiz Carlos Prestes, mãe de Anita Leocadia –, que foi extraditada para a Alemanha nazista pelo governo Vargas, este livro foi composto em Adobe Garamond Pro, corpo 11/13,2, e reimpresso em papel Polen Natural 70 g/m² pela gráfica Rettec para a Boitempo, em junho de 2022, com tiragem de 2 mil exemplares.